中核华纬　中铝九冶　中建二局 // 联合出版　系列丛书

PPP操作指引实务丛书

国家审计署2022至2023年度“PPP项目审计研究”重点课题资助项目
浙江省交通投资集团“PPP项目审计课题”资助项目

项目公司
标准操作规程

崔德高　雷建强　汪可吉 / 著
王雪荣　徐昌波　马骁赟　马　骅 / 审订

法律出版社 LAW PRESS · CHINA | 北京

图书在版编目(CIP)数据

项目公司标准操作规程 / 崔德高,雷建强,汪可吉著. -- 北京:法律出版社,2022
(PPP 操作指引实务丛书)
ISBN 978 -7 -5197 -6812 -6

Ⅰ.①项… Ⅱ.①崔… ②雷… ③汪… Ⅲ.①政府投资-合作-社会资本-中国-指南 Ⅳ.①F832.48 -62 ②F124.7 -62

中国版本图书馆 CIP 数据核字(2022)第 101109 号

PPP 操作指引实务丛书	**项目公司标准操作规程** **XIANGMU GONGSI BIAOZHUN CAOZUO GUICHENG**	崔德高 雷建强 著 汪可吉	策划编辑 周 洁 朱轶佳 责任编辑 周 洁 朱轶佳 装帧设计 臧晓飞

出版发行 法律出版社
编辑统筹 司法实务出版分社
责任校对 晁明慧
责任印制 胡晓雅
经　　销 新华书店

开本 710 毫米×1000 毫米 1/16
印张 58　**字数** 805 千
版本 2022 年 10 月第 1 版
印次 2022 年 10 月第 1 次印刷
印刷 永清县金鑫印刷有限公司

地址:北京市丰台区莲花池西里 7 号(100073)
网址:www.lawpress.com.cn
投稿邮箱:info@lawpress.com.cn
举报盗版邮箱:jbwq@lawpress.com.cn

销售电话:010 -83938349
客服电话:010 -83938350
咨询电话:010 -63939796

书号:ISBN 978 -7 -5197 -6812 -6
定价:198.00 元

凡购买本社图书,如有印装错误,我社负责退换。电话:010 -83938349

《项目公司标准操作规程》

著　崔德高　雷建强　汪可吉

审订　王雪荣　徐昌波　马骁赟　马　骅

参编　谭育红　刘栋柱　赵　烨　赵亚军　郑小刚
赵东尧　郑义坤　米海丽　王　菲　屈江锋
杜　毅　姚　新　李艳芳　车芳毅　汤　文
李　璇　童　超　谢一莹　贾　珺　王　卫

序　一

2021年，“黑天鹅”满天飞，各种新闻层出不穷，充分说明了世界的不确定性，就个人而言，在不确定的大环境中捋顺自己的方向，寻找自己的目标，不断确定自己的成果，不管多慢，总是在慢慢前行、慢慢成长，就是正向的，就是好的。

PPP模式①发展至今，按照国家“十四五”规划和2035年远景目标，依然要持续稳定发展和推动，海南、福建、天津、广东等地，都陆续发文鼓励发展。对于项目而言，各相关方则需要审视现状，总结经验教训，不断规范、不断提效。没有这个阶段性思考，不管未来发展多少年，依然效率低下。

对于PPP的研究，实际上我们经历了三个阶段。第一阶段是2014年到2017年上半年，这个阶段我们在强调风险。识别风险、分析风险、解决风险，并不断发出预警，输出成果为《PPP项目执行阶段操作指南：100个实务问题深度解析》和《PPP项目执行阶段操作指南：绩效考核实例》。第二阶段是2017年下半年到2019年上半年，有了一定的风险教训积累后，这个阶段我们就强调规范管理。要有节奏和方法，形成一些固定的方式，然后高效地执行，事半功倍，输出成果为《PPP项目执行阶段操作指南：100个实务问题深度解析（第二册)》。第三阶段为2019年下半年至今，我们逐渐提炼出核心关键工作，并用一定的逻辑关系，系统梳理成为固定行为，形成了标准化管理体系，其中，包括社会资本和项目公司的标准化、政府方的标准

① PPP，即Public－Private Partnership，是指政府和社会资本合作。

化，以及审计的标准化（当然，这里的标准化是指实务操作的标准化，并非理论标准化，那是我们努力奋斗的方向）。输出成果为针对社会资本和项目公司的《PPP 项目执行阶段操作指南：SPV 公司[①]标准操作规程》《PPP 项目合同体系示范文本及其解析》，针对政府方的《PPP 项目政府方监管要点》，针对审计的《PPP 项目审计实务指引》，以此进一步指导项目实务少走弯路，提高效率、提高项目成功可能性。

本书就是第三阶段经验教训总结的核心成果之一。这也是各方迫切的、需要的一个参考。从这几年的实践中总结而来，再回归到项目实践当中去，还是言之有物的，相信对各相关方会有不小助益。

本书写作中获得了不少单位、各位专家和朋友的支持，在此表示感谢，也感谢周洁编辑一如既往的支持。一路呼朋引伴，完成一件有意义的事情，感觉很好，未来还将继续，还将持续！

未来已成现在，现在已成过去。耐得住寂寞，“怼”得住目标。生而无畏，继续一往无前，继续快乐。

崔德高

2021 年 12 月 24 日

① SPV 公司，即 Special Purpose Vechicle 公司，是指特殊项目的公司，亦称项目公司。

序二　守正出奇　行稳致远

2018 年以来，在国家各部委的不断规范和完善下，PPP 模式进入了规范发展阶段，成为政府基建投融资的常态化工具之一。作为 PPP 项目的第一法律责任主体，项目公司也在项目融资、建设、运营全生命周期中发挥着越来越重要的作用。

答疑解惑、填坑搭桥是心之所系。

历经 5 年发展，多数 PPP 项目处于建设期，部分已经进入运营期，但项目公司成立后，只有明确应具体落实哪些规定动作，如何实施规范化管理，怎样回应各方关切，才能力保 PPP 项目稳健、安全、健康发展，行业中尚缺乏权威系统的经验参考；在项目建设运营的不同阶段，项目公司应如何合理设计和调整股东股权比例，满足各股东短期或长期的投资目的，充分发挥多元优势，提高项目实施效率，各方还处在“摸着石头过河、跟着感觉前进”的状态；作为多方利益枢纽，项目公司应怎样承上启下、联系左右、沟通内外，通过协调化解矛盾，统一认识步调，达到相互配合、相互支持、落实决策、推动工作的目的，尚有疑虑未解。我们愿以先行经历解惑释疑。

探求洞见、经世致用是行之所至。

如果说 PPP 模式是纵横捭阖的战略，凝聚多元力量锻造的钢筋铁骨，那么项目公司管理就是躬耕陇亩的经营，凭借精耕细作赢得行稳致远。笔者所在的九冶建设有限公司是 PPP 模式的先行者之一，旗下以铜川照金干部学院为代表的一批 PPP 项目已经进入稳步运营阶段，积累了扎实的全过程建设管理经验。我们的合作伙伴中建二局，凭借雄厚的经济实力和先进的管理水平，建立了涵盖范围广、管理体系成熟、可操作性强的项目公司管理制度。中核华兴的专家们一直走在建筑行业前沿，专注项目管理、深耕实务研究，搭建了完整清晰的 SPV 管理体系。本书的 140 条操作指南，就是从这些实践管理中总结、验证、提炼而来的，我们愿以实践经验开创模式。

互助成长、抛砖引玉是意之所向。

PPP 项目多在公益慈善领域，对参与各方的责任感、使命感、大局观均有较高要求。项目公司管理更是一条探索之路、创新之路，绝非一帆风顺。但让人欣喜的是，这条“斩棘”之路，因为有地方政府的信任理解，有金融机构的鼎力相助，有合作伙伴的共同努力而变得高潮迭起、妙趣横生。也正是来自各方的关心支持，坚定了我们“做最扎实的奋斗者”的决心。希望在本书初探的基础上，抛“砖石”之思，引“珠玉”之策，让我们与更多志同道合的伙伴们戮力同心、披荆斩棘，谋于长远、出奇制胜，共同创造有益于社会整体繁荣的新贡献。

踌躇慨既往，满志盼将来。让我们共同坚守“共商、共建、共治、共赢”的价值追求，脚踏实地、守正出奇，在 PPP 模式发展的新征程上携手行稳致远。

九冶建设有限公司第五工程公司

总经理、党委副书记　雷建强

2022 年 2 月 6 日

序　三

2021年是党和国家历史上具有里程碑意义的一年。我们隆重庆祝中国共产党成立一百周年，实现第一个百年奋斗目标，开启向第二个百年奋斗目标进军新征程，沉着应对百年变局和世纪疫情，构建新发展格局迈出新步伐，高质量发展取得新成效，实现了“十四五”良好开局。但同时我们必须看到我国经济发展面临需求收缩、供给冲击、预期转弱三重压力，疫情冲击下，百年变局加速演进，外部环境更趋复杂严峻和不确定。2021年中央经济工作会议要求“稳”字当头，积极扩大有效投资需求，适度超前进行基础设施建设。

经过多年实践，PPP模式发展渐趋稳定，对经济和社会的稳增长、促改革、调结构和稳民生等方面发挥了巨大的积极作用。2021年政府工作报告拟安排地方政府专项债券3.65万亿元，优化债券资金使用，优先支持在建工程，合理扩大使用范围。中央预算内投资安排6100亿元，继续支持促进区域协调发展的重大工程，推进“两新一重”建设，实施一批交通、能源、水利等重大工程项目，建设信息网络等新型基础设施，发展现代物流体系。

近年来PPP模式快速发展，其采购和实施流程日益规范，信息更加公开透明，各地营商环境不断优化，PPP项目发起和落地效率持续提升，但由于目前尚未出台PPP相关法规制度，PPP在实施过程中仍存在操作不规范、标准不统一等问题。截至2021年年底，全口径PPP项目共成交13,784项，其中共有10,772个项目成立了项目公司，因此对于项目公司规范管理的必要性亟待提升。

笔者长期从事基础设施建设投资相关工作，参与项目从投拓到运营的全生命期管理，先后参与管理投资项目总投资额近4000亿元，权益投资额约1200亿元。非常荣幸能够参与本书编撰工作，这让笔者有机会将实践经验梳理总结为操作规程，为PPP项目一线管理人员提供参考依据。

本书涵盖了项目公司标准操作规程核心条款、核心条款解析、具体实施办法，以及档案管理体系等内容，梳理了项目公司全流程标准化操作节点共140条，针对每一实施节点均提出了管理目标和实施建议，为提升PPP项目项目公司操作的标准化、合规性提供参考。

PPP项目大多是公共交通、公用设施、社会公共服务等民生工程项目，需要政府方、社会资本、社会各相关方等恪守契约精神，齐心诚信履约，共同协作经营，共谋人民福祉。PPP项目管控工作盘根错节、前路漫漫，不揣浅陋，以见教于大方。

汪可吉

2022年1月26日

序　四

风雨兼程七十载，勇立潮头写辉煌。

“稳字当头、稳中求进”是中央对 2022 年经济工作定下的总基调。在稳增长的大背景下，基建对经济发展有着深刻影响。2021 年中央经济工作会议提出要积极扩大有效投资，适度超前进行基础设施建设。基建作为逆周期政策的重要抓手，发力的必要性进一步提升。作为稳增长、促改革、调结构、惠民生的重要一环，PPP 模式通过引导社会资本投向，激发民间投资活力，在助力落实国家重大战略方面发挥了重要作用。

“十三五”期间，随着 PPP 发展渐趋稳定，越来越多的项目完成签约落地、开工建设并进入运营期。截至 2021 年年底，财政部 PPP 在库项目已逐年递增至 13, 810 个，总投资 20. 56 万亿元，PPP 模式已蔚然成势。与此同时，中建二局观大局、察大势、抓机遇，推动中建二局各项 PPP 模式管理制度的顶层设计渐趋成熟，亦已建立了一套可操作性强，呈现体系化、制度化、节点化、科学化特点的管理规则。

本书正是基于近 100 个 SPV 项目公司的案例样本，将项目公司的各项工作进行识别、量化，并通过一定的逻辑关系进行固化、确认，总结提炼成为可实践的操作标准，为 PPP 项目公司全流程操作提供“说明书”“路线图”，从而保障项目合规性，规避或有风险，提高实施效率。在本书的撰写过程中，作者们咨诹善道、博观约取，汇聚了来自中建二局和外部专家学者以及项目公司一线工作者的宝贵经验，重实际、接地气，可复制性强，对在执行阶段的 PPP 项目全流程管控工作具有重要的参考价值，有效促进项目公司管理的标准化。

善建不拔，问道不倦。该书的出版，是中建二局坚持“理论从实践中来、到实践中去”的生动写照，也必将进一步提高项目公司操作合法、合规性，提升 PPP 项目标准化管理程度和项目实施效果。非常荣幸能够参与本书的编审工作，中建二局“一核心、两跨越、三并跑”的攻坚号角已经吹响，让我们奋斗超越、笃行不怠，充分激发 PPP 模式效能，共同助力中建二局在新的时代抵达新的境界、谱写新的篇章。

中国建筑第二工程局有限公司副总经理

中建玖合发展集团有限公司党委书记、董事长

徐昌波

2022 年 1 月 18 日

序五　规范操作　标准为王

经过近 5 年的发展，PPP（政府和社会资本合作）模式目前已成为我国地方政府基建投资重要的操作模式。作为 PPP 项目的直接参与者，社会资本方在 PPP 项目中的工作重心也逐步由项目拓展转向项目公司管理。

在 PPP 项目具体实施过程中，通常由社会资本方独立或与政府出资代表共同设立项目公司，由项目公司继承社会资本方在 PPP 项目合同下的所有权利和义务。因此，项目公司是 PPP 项目的重要实施载体，负责项目融资、建设、运营等全生命周期事宜，确保 PPP 项目能够正常运营。在 PPP 模式中，政府职能发生了转变，其对项目不具有实际控制力，这凸显了项目公司市场化运作的理念。虽然财政部对于项目公司的设立并未作明确规定，但在实际操作中，绝大部分 PPP 项目都需设立项目公司，以起到"表外融资、隔离债务风险及明确权责利关系"等作用。

自 2017 年财政部办公厅发布《关于规范政府和社会资本合作（PPP）综合信息平台项目库管理的通知》（财办金〔2017〕92 号）以来，PPP 项目的发展进入了规范化阶段。但项目公司作为 PPP 项目建设的实施者和运营者，并未形成一套较为全面、标准的操作规程。在面临实际问题时，项目公司往往不能提出具体的解决方案，也没有专业化和标准化的操作规程做指引，这已成为阻碍 PPP 项目顺利推进的关键因素。以项目公司为核心载体，建立一套投资项目管理手册，作为项目公司管理的指明灯，已是从事投资类工作者和管理者的迫切需求。

本书从项目公司角度进行编写，操作规程起始于"签订 PPP 项目投资协议”，而后根据时间轴梳理了项目公司的各项标准化操作条文，涵盖了PPP项目在采购、执行及移交等阶段的方方面面内容，总共有140条操作指南，能够为PPP项目的正常实施提供参考性借鉴，形成了一套切实可行的操作规程，便于顺利推进投资项目的各项事宜。

笔者所在的中建二局投资公司，作为中建二局的综合基础设施投资平台，自2014年承接第一个PPP项目至今，已累计承接PPP项目总投资逾3000亿元，项目类型涵盖市政道路、高速公路、综合管廊、海绵城市、轨道交通、公用建筑、水域治理等。在承接PPP项目之后，如何有效开展项目管理，确保项目顺利实施，一直是中建二局投资公司不断探索的重要课题。

作为“第一个吃螃蟹的人”，在本书正式印发前，中建二局投资公司已将其标准化操作规程试用到PPP项目的管理之中。在项目实施过程中，项目公司能够厘清股东会、董事会的权责边界，按照规程有条不紊地推进各项工作，显著提升了工作输出效率和质量，在解决实际问题时起到了积极作用，有效提升了项目的管理效率，进一步提高了降本创效能力。目前，中建二局投资公司已实现了标准化手册的OA上线管理，投资项目管理由标准化向信息化迈进。

一言以蔽之，本书具有适用性广、实操性强和信息量大等特点，能够给项目公司的经营和管理带来许多规范性指导，为PPP项目的高质量发展厘清方向、找准对策，值得从事投资项目的工作者、管理者及研究者阅览。

中国建筑第二工程局有限公司投资分公司

党委书记、董事长　马骁赟

2022年1月20日

序六　以梦为马　不负韶华

PPP 作为一次重大体制机制变革，在“国家治理现代化、市场起决定性作用、加快转变政府职能、建立现代财政制度、推动城镇化健康发展”等五个方面积极践行供给侧结构性改革，充分实现了“风险分担、激励相容、物有所值、全生命周期管理”的科学理念，发挥了“改革加速器、增长推进器、民生稳定器”的重要作用。

党的十九大以来，我国经济已由高速增长阶段转向高质量发展阶段，这就要求我们继续坚持质量第一、效益优先，推动经济发展质量、效率变革，为 PPP 的发展开辟出更广阔的空间。在质量变革方面，PPP 从关注前期建设到关注后期运营，初步建立激励与考核相匹配的长期付费机制，提高公共服务供给质量；在效率变革方面，PPP 坚持“专业的人做专业的事”，发挥社会资本的技术、管理优势，由其统筹负责全生命周期管理，切实提高公共服务供给效率。当然，伴随发展也带来一些问题，一些地方在稳增长、拉投资的压力下将 PPP 视为替代融资平台的新工具，泛化滥用、变相融资现象逐渐增多，不仅加大了地方隐性债务风险，也加大了社会投资方的管理风险。因此，国家不断规范提高 PPP 入库、建设和运营的相关要求，出台大量的政策指导性文件，并持续酝酿立法。

2022 年以来，国家又把高质量发展和防控风险放到更加重要的位置，一方面继续对融资平台、政府投资基金、PPP 等方式增加地方隐性债务的行为三令五申予以规范，另一方面又对国有企业提出“强内控、防风险、促合规”的要求，递进开展工作，以内部控制体系建设为抓手，促进 PPP 风险管理与合规建设，要求政府方和社会资本方要携起手来做规范的、真正的 PPP，使 PPP 回归质量变革、效率变革的本源，推动 PPP 事业的健康可持续发展。这也亟须我们在实务中不断完善管控，总结经验，自下而上的不断发现问题并解决问题。

自 2014 年以来，邢台路桥建设集团就积极参与 PPP 项目，逐步形成了开发—启动—建设—运营—再开发的良性循环。2020 年邢台市委市政府整合组建了邢台市交通建设集团，更是以“成为具有全国影响力的综合性交通设施建设、投资、运营集团”的企业愿景，助力推动 PPP 项目，积极与专家学者一道对相关经验进行总结提高。截至 2022 年 2 月底，已经累计参与 PPP 项目近 100 个，计划总投资超过 1200 亿元，已签约落地项目 31 个、计划总投资超过 400 亿元，其中 29 个项目已开工建设，10 个项目已经进入运营。集团 PPP 项目规模在河北省建筑业名列前茅，并在此过程中积累了大量的建设和运营经验。

崔德高先生多年工作在 PPP 一线，对 PPP 的顶层设计、微观管控都有着丰富的理论和实务经验，他秉承“实践出真知”的理念，从大量的一线实例中解决难题，总结经验，成就了这本《项目公司标准操作规程》，为投资项目的标准化管理找到一个精准的切入点，明晰 PPP 标准化管理中繁杂的关系和纠葛，明晰了权责边界，从项目公司的视角，对决策到项目管理的全流程给予了专业分析和具备实操性的解决措施，给正在从事 PPP 事业的伙伴们提供了启示和指导，对 PPP 的高质量发展有着重要意义。

以梦为马，不负韶华。愿各方的参与者共同努力，把 PPP 这条道路越走越稳，越走越阔！

邢台市交通建设集团有限公司

党委书记、董事长　马骅

2022 年 2 月 19 日

缩略语

英文	中文
HSE	HSE，是健康（Health）、安全（Safety）和环境（Environment）的英文首字母缩写，HSE 管理体系指的是健康、安全和环境三位一体的管理体系
PDCA	PDCA，是计划（Plan）、执行（Do）、检查（Check）和处理（Act）的英文首字母缩写，PDCA 循环就是按照这样的顺序进行质量管理，并且循环不止地进行下去的科学程序。PDCA 循环是由美国质量管理专家沃特·阿曼德·休哈特（Walter A. Shewhart）首先提出的，由戴明采纳、宣传，获得普及，所以又称戴明环
EPC	EPC（Engineering Procurement Construction），是指承包方受业主委托，按照合同约定对工程建设项目的设计、采购、施工等实行全过程或若干阶段的总承包。并对其所承包工程的质量、安全、费用和进度进行负责
ABO	ABO 模式，一般指授权（Authorize）—建设（Build）—运营（Operate）模式，即政府将项目以授权的方式交由相关企业建设、运营，相关企业依授权履行业主职责，政府依据协议给予补贴，合作期满项目无偿移交给政府。这里的相关企业可以是政府融资平台，也可以引入社会资本。如果相关企业具有相应的建设、运营能力，则可直接承揽项目建设、运营，否则应按规定履行招标程序选定承包方。授权经营模式（ABO）系北京市首创，2016 年北京市交通委员会代表北京市政府与北京市基础设施投资有限公司（以下简称京投公司）正式签署《北京市轨道交通授权经营协议》，提出了 ABO 模式，由市政府授权京投公司履行北京市轨道交通业主职责，京投公司按照授权负责整合各类市场主体资源，提供北京市轨道交通项目的投资、建设、运营等整体服务。政府履行规则制定、绩效考核等职责，同时支付京投公司授权经营服务费，以满足其提供全产业链服务的资金需求

续表

英文	中文
F－EPC	F－EPC 模式，指的是融资总承包模式，也就是在原来的 EPC 模式中增加了融资（financing）这一功能要求。采用融资总承包模式的工程方，需要为业主方解决一部分资金问题。只有解决了融资问题，工程方才可以开始建造施工
EPC＋O	EPC＋O，是指“设计施工总承包单位（EPC）＋商业运营（Operation）”，即设计、采购、施工及运营（或运营维护）一体化的总承包模式，是在 EPC 总承包模式基础上向后端运营环节的延伸，要求总承包商除承担建设期内传统的设计、采购、施工任务外，还要承担运营期内的运营维护职责，通过该种整合方式提高项目的运营效率，降低全生命周期内的成本
ABS	ABS，资产证券化（Asset－backed Securities），是指以基础资产未来所产生的现金流为偿付支持，通过结构化设计进行信用增级，在此基础上发行资产支持证券的过程。它是以特定资产组合或特定现金流为支持，发行可交易证券的一种融资形式。资产证券化仅指狭义的资产证券化
SMART	SMART 原则是为了员工更加明确高效地工作，更是为了给管理者将来对员工实施绩效考核提供考核目标和考核标准，使考核更加科学化、规范化，更能保证考核的公正、公开与公平。其中：S 代表具体（Specific），指绩效考核要切中特定的工作指标，不能笼统；M 代表可度量（Measurable），指绩效指标是数量化或者行为化的，验证这些绩效指标的数据或者信息是可以获得的；A 代表可实现（Attainable），指绩效指标在付出努力的情况下可以实现，避免设立过高或过低的目标；R 代表相关性（Relevant），指绩效指标是与工作的其他目标是相关联的，绩效指标是与本职工作相关联的；T 代表有时限（Time－bound），注重完成绩效指标的特定期限。无论是制定团队的工作目标还是员工的绩效目标，都必须符合上述原则，五个原则缺一不可。制定的过程也是团队自身能力不断增长的过程，经理必须和员工一起在不断制定高绩效目标的过程中共同提高绩效能力

续表

英文	中文
VFM	根据我国财政部文件《政府和社会资本合作项目物有所值评价指引（试行）》（财金〔2015〕167号），VFM（Value for Money），即物有所值评价，是判断是否采用PPP模式代替政府传统采购模式，实施基础设施及公共服务项目的一种评估方法。VFM理论是利用全生命周期理论，评价政府部门能否从项目产品或服务中获得最大收益的一种评价方法，是政府部门选择传统模式还是PPP模式的决策支持技术，有利于促进资源最大化利用，可以更好地提升基础设施项目建设运营的效率和效果
WBS	WBS（Work Breakdown Structure，WBS），即工作分解结构，与因数分解是一个原理，即把一个项目，按一定的原则分解，项目分解成任务，任务再分解成一项项工作，再把一项项工作分配到每个人的日常活动中，直到分解不下去为止，即项目→任务→工作→日常活动。WBS是以可交付成果为导向，对项目要素进行的分组，归纳和定义了项目的整个工作范围，每下降一层代表对项目工作的更详细定义。WBS总是处于计划过程的中心，也是制订进度计划、资源需求、成本预算、风险管理计划和采购计划等的重要基础
REITs	REITs（Real Estate Investment Trust），即不动产投资信托基金是一种通过发行收益凭证汇集投资者的资金，将不动产交由专业投资机构经营管理，并将投资收益及时分配给投资者的投资基金。2021年9月，国家发改委明确，规范推广政府和社会资本合作（PPP）模式，稳妥开展基础设施领域不动产投资信托基金（REITs）试点，盘活存量资产，形成投资良性循环
MIC	MIC是作者在国外实施的一个通讯工程项目名称。
Turnkey项目	也称为交钥匙工程（Turnkey project，又称turnkey、turn－key），是一种专案类型，指的是卖方将专案架设好并调整完成，在可立即使用的情况下卖给买家，是科技业常见的一种技术转移方式

目录 CONTENTS

第一章

《项目公司标准操作规程》要点

PPP 项目的管理和常规项目的管理内容不一致，从全范围来看，将各项工作进行识别、量化，并通过一定的逻辑关系进行固化、确认，即可成为标准的工作指导程序，这里有高度的共性，部分条款根据项目类型的不同，具有其高度盖然性，① 各位管理人员在阅读时应当结合自身项目情况，自行对照筛选。

本标准操作规程是基于近 100 个项目公司的案例样本实务所总结提炼，存在普遍适用的局限性，如果继续提炼使其高度概括普遍适用，则会对具体的项目工作指导效果有限，因此，本规程刻意保留了项目适用的局限性。②

完整的标准操作规程包括六部分内容。第一部分为标准操作规程的高度概括，即对标准化条款的凝练，这是识别关键工作的过程；第二部分为标准化条款的逐条深度解析，明确其来由，使受众既知其然，更知其所以然；第三部分为每一项具体工作的量化，配套表单，为实际管理人员所用；第四部分为每一项具体工作实务当中的风险、分析和应对，为过程中经验教训的总结，是动态成果；第五部分为要求的管理成果，即档案管理体系，是对结果的要求；第六部分为政策依据，即 PPP 相关政策合集，也是动态成果。

本章内容为第一部分，分为四节，第一节为建议性的公司管理组织架构，只有完善的组织才能发挥管理体系的高效性，我们建议“投建分离”，且只有岗位做实，工作才有可能做实。第二节为配套的管理制度、管理办法和管理程序，这是“投”和“建”执行的依据，用制度来规范工作的标准化开

① 盖然性，是指有可能但又不是必然的性质。高度盖然性，即根据事物发展的高度概率进行判断的一种认识方法，是人们在对事物的认识达不到逻辑必然性条件时不得不采用的一种认识手段。

② 其局限性在于，近 100 个 PPP 项目多为央企或国企项目，管理标准要求较高，对于民营企业的管理适用相对局限。

展，效率最优，协同最优。第三节为领导重视，强调标准化工作必须获得组织的重视和领导支持，方可以获得健康运行的环境和基础。第四节为标准化操作规程的工作识别，通过关键工作的识别，让各位管理人员可以迅速吸收 PPP 项目全生命周期中具体的关键工作内容，大概识别其逻辑关系及工作量，可以迅速构建起整体的工作架构，可以帮助各位管理者迅速代入，构建起完整的标准化体系思维。

完整体系的建立，是上下协同，建立共同语言、共同规则的一个过程，要从个人经验的舒适区，向未知的、不熟悉的区域“蹚过”，过程可能不适应、不舒服，但是也只有迈过这道坎，才可以享受后段的流畅和愉悦。

因此，这不会是一个迅速的接受过程，而是一个长期持久战过程，这也是从传统建设工程向投融资项目转变的一个必经之路，是企业管理升级的一个必然，特此提醒。

第 1 节 公司管理组织架构

PPP 项目的管理标准化不是空中楼阁，它不会自动执行，必须要有完整的配套机制，上下联动、前后协同，才能发挥出最大的功效。这个配套机制，至少应当包括适当的组织架构、适配的管理制度、管理办法和管理程序，还有最为重要的“领导重视”。

对于 PPP 项目的管理组织架构，从多年的实践经验教训来看，投建分离是最佳方案，即投资与建设分离，不可混同，不可“两块牌子，一套人马”。实践中实行“两块牌子，一套人马”管理体系的，无一例外，全军覆没。因此，建议施行投建分离。

基于近百个项目公司的案例总结，从高效管理出发，投建分离的内涵概述如下：

一、股东公司层面的组织架构

（一）项目落地前的主管部门为市场开发部门①

市场开发部负责新业务的开拓，对于已落地项目，市场开发部应当结合项目过程及落地情况，对后端执行团队进行正式交底，以确保项目信息流的前后一致。在项目实施过程中，如果发生项目公司无法独立解决，需要股东公司层面解决的情况，由于市场开发部对项目的背景情况最为熟悉，因此，其应当出席。当涉及补充协议谈判时，市场开发部也应当出席。

（二）项目落地后的主管部门为建设运营部②

建设运营部负责设计、制定公司 PPP 项目管理体系、管理制度、管理办

① 部门名称并非固定，各单位叫法可能会有不同，也可能称为市场部、经营部、市场开发室等。

② 也可能称为工程管理部、工程技术部、建设运营室等。

法和管理程序等，指导各项目公司规范经营管理，协助各项目公司解决实务问题，负责对各项目公司、项目公司主要负责人的考核，是项目公司和股东公司之间的接口，是 PPP 项目执行阶段的主要管理部门。

建设运营部是主要管理部门，若想将管理工作做实，实现管理创效，工作量就必然很大，建议团队人员配置完整，否则，各专业问题汇集上来后，不能及时、迅速疏解，形成问题积压，导致项目效率低下，更没有精力去做前瞻性的管理研究和思考。另外，对各项目公司规范经营管理的监督检查（尤其是商务工作），也需要投入大量的人力和精力，这也是无法避开的现实问题。

2021 年 2 月 20 日，国务院国资委办公厅发布《关于做好 2021 年中央企业内部审计工作有关事项的通知》（国资厅监督〔2021〕20 号）后，PPP 项目属于重点审计对象，各央企也加大了内部审计的要求和力度，按照专业对口的原则，该项工作应当由建设运营室主要负责对接、配合、落实。

因此，建议配置相应专业人员。具体人数及岗位，可以根据公司的规定和要求设置。以中核为例，SPV 中心（和建设运营室类似）设置投资控制部、工程技术部、合同法务部，以及综合管理部四个部门，共计 36 人，统管近 40 个 PPP 项目，效率较高，协同顺畅，可供参考。

（三）项目落地后的融资主管部门为财务融资部

财务融资部负责 PPP 项目的融资落地和财务管理工作，对各项目公司的融资负责，对各项目公司的财务具体工作负责。

能否融资落地是 PPP 项目成败的关键，融资成本的高低又是投资回报的关键，财务管理更是未来审计的重点，因此，财务融资部也是关键部门。

部门的人员及配置根据公司规定执行，满足不相容岗位分离原则，同时应当结合规范落实各项工作的工作量考虑。

（四）项目落地后的统管部门为经理办公室

经理办公室，也可能称为综合管理部、行政部等，负责股东会、董事会、监事会、总经理办公会等工作的具体开展和落实。根据公司管理制度规定，重要事项（“三重一大”①）必须上会决议，项目公司则应根据《公司章程》规定执行，确保程序合规，确保各项工作的稳定、高效推进。

二、项目公司层面的组织架构

项目公司属于独立法人经营，根据《PPP 项目合同》的约定，项目公司是 PPP 项目的第一法律责任人，对 PPP 项目的经营目标负责，承担完全履约的责任，其规范经营管理的依据是《股东协议》与《公司章程》，因此，完整的组织架构是实现股东公司投资目标的根本条件。

（一）部门设置

从实务经验教训来看，应当坚决杜绝项目公司和施工项目部“两块牌子，一套人马”的组织管理形式。根据 PPP 项目的特性，以及项目公司规范经营管理需要，部门设置建议如下。

1. 投资控制部（建设阶段）

投资控制部是核心部门，也是工作量最大的部门。

投资控制部核心工作包括三项：一是过程结算，实施过程确权，逐月确认实际总投资，负责步步为营，确认公司投资计划实现情况；二是通过过程确权，动态控制，防止违规超概算情形发生；三是根据实际总投资等变量的确认，定期、动态对投资回报等股东投资目标进行测试和分析，确保实际投资收益与股东公司目标不发生重大偏离。

因此，建议各项目公司配置成熟商务人员，这是公司投资回报实现的核心，也是不发生违规超概算情形的核心。

2. 工程技术部（建设阶段）

工程技术部相对来说工作量较小，主要负责管控 PPP 项目的进度、质量和 HSE，确保不发生重大情况；负责部分商务工作，如设计变更、工程签证、工程洽商的确认等。

---

① “三重一大”，即重大事项决策、重要干部任免、重大项目投资决策、大额资金使用。“重大事项决策、重要干部任免、重要项目安排、大额资金的使用，必须经集体讨论做出决定”的制度，简称“三重一大”制度，最早源于 1996 年第十四届中央纪委第六次全会公报。

其中，进度与投资紧密相关，是需要重点管控的内容；安全也是一票否决的重要事项，特殊情况下甚至可以涉及刑责，因此，必须重视；根据住房和城乡建设部《关于落实建设单位工程质量首要责任的通知》（建质规〔2020〕9号）的规定，项目公司是工程质量第一责任人，依法对工程质量承担全面责任，因此，质量部分也是重要工作内容。

本部分工作主要在施工项目部完成，同时有工程监理和质安站监督，因此，项目公司工作量相对较小，主要在于过程监督管理。

3. 合同法务部

合同法务部的主要职责：一是项目公司经营管理事项的法务管理，规避法律风险，如招投标采购、合同评审、合同谈判和签订、重要事项的法务审核等；二是对履约过程的监督，即项目公司主要合同的履约情况内部督促，确保高效地完全履约；三是对投资控制部的商务工作进行技术协助，如对设计变更、工程签证、材料调差、工期和费用索赔等进行法务审查，确保形成完整的、有效的证据链，规避未来的审计审减风险等。

合同法务部属于重要核心部门，建议配备熟悉法律和工程的人员。

4. 综合管理部

综合管理部一般负责后勤和管理，对股东会、董事会以及监事会进行组织、对人力资源、固定资产进行管理，对保险进行落实和管理、对办公条件进行维护等。具体可以根据公司的现有规定和制度执行，属于“大内总管”。

5. 财务部

财务部是核心部门，按照公司现有规定和制度执行。

财务部可以在项目公司设置，也可以在股东公司统管，但应当指定各个项目公司的具体负责人，以实现高效对接。

6. 运营管理部（运营阶段）

运营管理部是运营阶段必设部门，但是建设阶段不一定设置，指定具体负责人即可，该名负责人在建设阶段配合项目公司涉及提前筹划的运营事项工作的开展，并负责给项目公司提出运营前置所必需的工作条件和要求等。

（二）具体人员设置

以上部门设置供参考，公司可以结合现有管理体系和工作安排进行调整。对于具体人员的设置，建议如下：

1. 项目公司总经理

项目公司总经理是必设岗位，是 PPP 项目的第一责任人，建议由法定代表人担任。建议由公司正式下发任命书确认，同时签订《项目公司总经理工作目标责任书》，授予相应权利和义务，对公司负责。

2. 项目公司副总经理（或有）

项目公司副总经理不是必设岗位，一般情况下，以下三种情形才会设置：一是 PPP 项目特别重要，属于公司重要优先级的项目，比如政治类项目，属于“明星工程”，省市领导、集团领导重点关注的情况下，可以配置；二是 PPP 项目体量特别大，管理班子必须充足的情况下，可以配置；三是公司想要重点培养年轻干部，拟未来提拔的情况下，可以配置。

除了以上三种情形外，一般不予配置。

3. 部门经理

部门经理全面负责部门管理工作，对项目公司总经理负责，共同对项目公司的经营管理目标负责。

本岗位为必设岗位，建议由成熟的专业人员担任。具体任职条件，按照公司现有管理规定和制度执行。

4. 部门副经理

部门副经理属于或有岗位，一般只有在项目体量特别大，工作任务特别重的时候才会设置，由项目公司总经理根据需求进行设置。

具体任职条件，按照公司现有管理规定和制度执行。

5. 部门主管

部门主管也是根据需求进行设置，由项目公司总经理根据需求进行确认，一般主管由工作 3 ~ 5 年、有一定经验，但尚不能主持部门工作的专业人员担任。

6. 部门主办

部门主办一般为刚毕业或毕业 1～3 年的年轻人员，由项目公司总经理根据项目需求进行配置。

以上人员及其要求，统一由项目公司总经理根据项目需求情况，同时结合建设单位管理费上限，以及股东公司的刚性要求进行设定。但不管如何，一切应当以能够满足项目公司规范经营管理为前提条件。

以上部门设置和人员配置，仅供参考，以公司现有管理体系和规定为准。当现有管理体系和规定不能匹配本标准操作规程的，建议公司讨论，确认如何进行组织平衡。

三、管理成本的处理

以上组织架构搭设后，必然会产生相应的管理成本，该等管理成本，可以从 PPP 项目的建设单位管理费中支出。

PPP 项目的建设单位管理费，除非《PPP 项目合同》中有特别约定，否则一般按照财政部《关于印发〈基本建设项目建设成本管理规定〉的通知》（财建〔2016〕504 号）执行，采用累进式计取（见表 1－1），一般采用上限原则使用。实务中，当由于非项目公司原因导致建设期延长，原有建设单位管理费额度不足时，还可以通过签订《PPP 项目合同补充协议》或费用索赔的形式进行额外的主张。

表 1－1　建设单位管理费费率

工程总概算/万元	费率/%	算例	
		工程总概算/万元	项目建设管理费/万元
1000 以下	2	1000	1000×2%＝20
1001～5000	1.5	5000	20＋（5000－1000）×1.5%＝80
5001～10,000	1.2	10,000	80＋（10,000－5000）×1.2%＝140

续表

工程总概算/万元	费率/%	算例	
		工程总概算/万元	项目建设管理费/万元
10,001～50,000	1	50,000	140+（50,000－10,000）×1%＝540
50,001～100,000	0.8	100,000	540+（100,000－50,000）×0.8%＝940
100,000以上	0.4	200,000	940+（200,000－100,000）×0.4%＝1340

从实践来看，该部分建设单位管理费完全可以支撑管理团队的成本支出，通过全面预算管理，在合理使用的情况下，甚至还有部分结余。

对于建设单位管理费的使用，实践中有两种方式：第一种是直接在项目公司使用，实报实销；第二种是通过《技术委托服务协议》的形式，项目公司委托股东公司输送专业管理团队至项目公司，做实管理，合同金额即为建设单位管理费，服务周期为建设期，形成一个服务合同，直接将建设单位管理费支付给股东公司，由股东公司统一支配。该种情形下，股东公司可以统筹支配，高效使用该笔资金，对于固定资产，其归属权也属于股东公司，现金流也更有利。

如果公司采用完整组织架构的管理体系，那么建设单位管理费的使用方式建议采用第二种。其中，新项目可以直接采用第二种方式，在项目落地初期即签订协议，实现回款，同时实现管理成本的高效集约。

完整的、运作良好的组织架构，是高效管理的前提条件，也是企业进行高效管理的必要条件。从实务来看，如果缺乏清晰的管理组织架构，将会导致企业上下管理边界模糊，推诿扯皮事项不断发生，陷入“谁都要管，但谁都不承担责任”的尴尬境地，这种教训我们应当予以避免。

第2节 公司配套管理制度、管理办法和管理程序

管理制度是高效管理的核心依据之一。

项目公司规范经营管理的依据有三条：一是现行的法律法规和政策；二是签订的各类合同协议；三是管理制度。未来内部审计或政府审计的依据也是如此，因此，完善的管理制度、管理办法和管理程序，是管理组织高效运转的基础，应当系统建立。

总体来说，管理制度应当分为股东公司的管理制度和项目公司的管理制度。

股东公司的管理制度应当分为投资前的管理制度、投资中的管理制度，以及投资后的管理制度三部分。投资前的管理制度，一般包括《公司 PPP 业务管理办法》《项目投资管理办法》等，主要明确公司投资 PPP 项目的标准、要求，以及处理程序等；投资中的管理制度，一般包括《公司 PPP 项目监督检查管理办法》《PPP 项目审查指导意见》等，主要明确公司主要主管部门和项目公司如何高效协同，指导各项工作高效推进，形成良性管理结果的办法等；投资后的管理制度，一般包括《PPP 项目后评估及其应用》等，主要明确项目完成后应当如何总结经验，并如何将总结的成果进行应用等。

本部分管理制度，是公司主管部门指导项目公司、监管项目公司，开展具体工作的具体指导文件。

项目公司的管理制度应当分为公司经营管理部分、建设工程项目管理部分和项目运营管理部分，根据运行中的项目公司，一般至少应包括以下管理制度（见表 1－2）：

表 1-2　常规项目公司经营管理制度

序号	类别	制度
1	公司治理制度	股东会议事规则
2	公司治理制度	董事会议事规则
3	公司治理制度	监事会议事规则
4	公司治理制度	总经理办公会议事规则
5	基本管理制度	会议组织与管理制度
6	基本管理制度	公司工商登记注册
7	基本管理制度	人事、组织、授权管理制度
8	基本管理制度	薪酬、考核与考勤管理制度
9	基本管理制度	印章管理制度
10	基本管理制度	差旅管理制度
11	基本管理制度	车辆管理制度
12	基本管理制度	项目公司接待管理制度
13	基本管理制度	办公及配套设施管理制度
14	基本管理制度	经营开发管理制度
15	基本管理制度	廉洁风险防控管理制度
16	项目建设管理制度	投融资管理制度
17	项目建设管理制度	内部预算管理制度
18	项目建设管理制度	资金使用管理制度
19	项目建设管理制度	投资收益分析制度
20	项目建设管理制度	建设单位管理费使用制度
21	项目建设管理制度	资产及内部移交管理制度
22	项目建设管理制度	税务筹划管理制度
23	项目建设管理制度	财务决算管理制度
24	项目建设管理制度	估概算评估程序
25	项目建设管理制度	建设投资预算编制及管理制度
26	项目建设管理制度	概预算编制程序

续表

序号	类别	制度
27	项目建设管理制度	变更签证管理程序
28	项目建设管理制度	竣工结算管理程序
29	项目建设管理制度	竣工结算管理程序
30	项目建设管理制度	发包结算及付款管理程序
31	项目建设管理制度	合同管理制度
32	项目建设管理制度	法务管理制度
33	项目建设管理制度	风险管理制度
34	项目建设管理制度	保险制度
35	项目建设管理制度	担保制度
36	项目建设管理制度	服务类招标采购管理制度
37	项目建设管理制度	采购分包策划
38	项目建设管理制度	采购数据库管理制度
39	项目建设管理制度	组织协调管理制度
40	项目建设管理制度	报批报建管理制度
41	项目建设管理制度	进度计划编审及执行管理制度
42	项目建设管理制度	监理单位管理制度
43	项目建设管理制度	质量管理制度
44	项目建设管理制度	安全文明施工管理制度
45	项目建设管理制度	应急预案管理制度
46	项目建设管理制度	设计技术管理制度
47	项目建设管理制度	施工技术管理制度
48	项目建设管理制度	采购技术管理制度
49	项目建设管理制度	调试技术管理制度
50	项目建设管理制度	新技术应用管理制度
51	项目建设管理制度	知识产权管理制度
52	项目建设管理制度	档案管理制度

续表

序号	类别	制度
53	项目建设管理制度	信息管理制度
54	项目建设管理制度	档案安全管理制度
55	项目建设管理制度	文档编码规定
56	项目建设管理制度	内部文件流转制度

以上为常规管理制度，根据 PPP 项目类型不同，项目公司经营管理方式不同，企业管理组织架构不同，相应的管理制度也有不同，各项目公司可以参照，不建议照搬。

如葛洲坝集团，其管理模式是成立集团公司层面的 PPP 事业部，统筹对公司承接的 PPP 业务进行管控。后因管理模式调整，经过董事会决议，撤销了 PPP 事业部，将其 PPP 项目管理职能分别移交至公司生产管理部和其他职能部门。该种情形下，配套的管理制度必然随之调整变化，因此，不可一概而论。

项目公司成立后，应站在第一法律责任人的角度，用全生命周期 10 年至 30 年的视角，以公司投资的经营目标为要求，统筹考虑项目公司的管理工作，通过《项目公司经营管理大纲》（类似于施工总承包单位的《施工组织设计》，监理单位的《监理大纲》）的设计和编制来确定自身的具体管理工作安排，确定自身经营目标的可实现性。

《项目公司经营管理大纲》明晰后，即可设置对应的项目公司组织架构、对应的岗位要求等，再匹配合适的、必须的经营管理制度，针对性将会增强。实施中，不断 PDCA 进行补充和完善，以保证相应制度的适用性和先进性。

需要注意的是，项目公司管理制度完成后，还应根据《公司章程》的要求，通过董事会或股东会的决议之后，方可正式发布并遵照执行。

第3节　领导重视

领导重视是PPP项目整体高效运作的重要一环。

由于PPP项目管理的特殊性，需要适配对应的组织管理、资源配置等，不可避免地会对公司现有的传统项目管理体系有所冲击，领导重视有助于资源的合理匹配和调动，也有助于各项工作的顺利开展，对于PPP项目的健康推进，从各企业的经验教训来看，极为重要。

对于公司领导来讲，符合国家政策方向、顺应行业发展需求、满足公司经营预期，同属于公司主营业务内容的，就可以推动。

针对当前行业中不断涌现的各种经营模式，比如城市更新、片区开发、PPP、EPC、ABO、F－EPC、EPC＋O，以及投融建等，各家企业都在不断探索，但是不论哪种探索，都绕不开金融机构——只有融资可以落地的模式，才能够有一定的想象空间，对于当前的政策和市场来看，最为合规、最为可行的还是PPP和EPC两种模式。其他模式均为推动尝试，但是融资落地的，尚没有见到标杆案例，财政部对于其他模式也有官方回复，“存在增加地方政府隐形债务的风险”，结合国家“十四五”规划及2035年远景目标所定基调，“规范、持续稳定的发展PPP模式”，不论从哪个方面来说，PPP项目都是值得投资的、相对安全的投融资模式。

对于企业来说，业务、融资、履约和回款是不变的主题。PPP的融资从当前来看，只要项目正常，一般没有障碍，未来运营期还可以进行ABS再融资，整个通道已经打通，相对健康。履约部分，已经不再是大概率风险的事件，本轮标准操作规程的设计和应用，即可解决这一痛点问题，可以使得履约更加高效。而回款部分，从财政上已经获得了人大决议、认可，只要社会资本或项目公司履约正常，顺利通过绩效考核，则回款可以合理预期，提前锁定（特殊情况的，单项处理）。因此，PPP 模式对于企业来说，是相对安全、稳定的选择，可以满足国资委坚持主营业务、保值增值、提质增效的基本要求。

由于现有投融资模式的综合性和复杂性，传统施工人员缺少成熟的经验，对于具体的实务指引就有迫切的需求。也因此，项目公司经营管理标准化的推行就非常重要，有助于企业实现预期投资目标，所以应当获得领导的重视和支持。

当然，这也是项目推行顺利，直至成功的重要基础之一。

第 4 节 《项目公司标准操作规程》核心要点

组织架构完成、管理制度匹配、领导重视全部到位，还缺少项目公司具体开展各项工作的战术指引，即具体的项目公司标准操作规程。前三项是标准操作规程生存的土壤和环境，只有具备生存土壤和环境，才能最大限度发挥战术指引的效率和效能。

本部分通过不同的项目样本实践工作提炼，结合法律法规政策规定、PPP 项目合同的约定、国有企业内部审计的规定、社会审计和政府审计的内容，以及其他包括国资委、审计署的专项检查等，高度浓缩了各项必要的关键工作，并通过一定的逻辑关系进行链接，最终形成标准化工作项。

本项内容并非一成不变，可以根据项目不同、需求不同进行灵活修正，本部分旨在提供一个基础的逻辑框架和关键工作提示，其核心在于框架和要点。

PPP 项目分为识别、准备、采购、执行和移交五个阶段。本标准操作规程的设计目的是指导项目公司的具体工作，因此，操作规程的起始点为采购阶段主要工作完成，已经选定社会资本方时，到项目公司成立，正式签订《PPP 项目合同》，接着为建设阶段、正式运营阶段、最终的移交阶段，以及最后的重点提示等，基本线条如上，主要遵循 PDCA 原则，事先设定目标、然后进行计划或策划、动态执行和监管、纠偏，完成后确认成果，总结经验教训，如此循环。

按照以上基本原则，完整的《项目公司标准操作规程》设计如 1 – 3 所示。

表 1－3　项目公司标准操作规程核心要点

序号	类别	条款
第 1 条	项目公司成立前置工作	签订 PPP 项目投资协议
第 2 条	项目公司成立前置工作	项目公司高管任命
第 3 条	项目公司成立前置工作	项目公司总经理工作目标责任书签订
第 4 条	项目公司成立前置工作	项目公司成立
第 5 条	执行阶段（建设期）	签订 PPP 项目合同
第 6 条	执行阶段（建设期）	签订施工总承包合同
第 7 条	执行阶段（建设期）	项目公司组织架构搭设及人员组织
第 8 条	执行阶段（建设期）	项目公司首次会议的召开
第 9 条	执行阶段（建设期）	项目合同交底
第 10 条	执行阶段（建设期）	项目合同的 WBS 深度任务分解
第 11 条	执行阶段（建设期）	建设期绩效考核的交底与 WBS 深度任务分解
第 12 条	执行阶段（建设期）	施工总承包合同交底
第 13 条	执行阶段（建设期）	项目公司经营管理目标确定与分解
第 14 条	执行阶段（建设期）	投资控制目标与分解
第 15 条	执行阶段（建设期）	融资目标与分解
第 16 条	执行阶段（建设期）	进度目标与分解
第 17 条	执行阶段（建设期）	安全目标与分解
第 18 条	执行阶段（建设期）	质量目标与分解
第 19 条	执行阶段（建设期）	二次经营要求（或有）
第 20 条	执行阶段（建设期）	编制项目公司经营管理大纲
第 21 条	执行阶段（建设期）	定期沟通机制的建立
第 22 条	执行阶段（建设期）	建立项目公司经营管理月报
第 23 条	执行阶段（建设期）	往来文件管理
第 24 条	执行阶段（建设期）	编制资金筹措及资金使用计划
第 25 条	执行阶段（建设期）	建设单位管理费的计划和使用
第 26 条	执行阶段（建设期）	项目资本金注资

续表

序号	类别	条款
第 27 条	执行阶段（建设期）	融资贷款落实
第 28 条	执行阶段（建设期）	股东借款的处理
第 29 条	执行阶段（建设期）	建设期保险购买和管理
第 30 条	执行阶段（建设期）	建设期保函的提交及管理
第 31 条	执行阶段（建设期）	确定 PPP 项目合规性状态及办理相关行政批准手续
第 32 条	执行阶段（建设期）	确定人大决议获取
第 33 条	执行阶段（建设期）	确定项目入库状态
第 34 条	执行阶段（建设期）	获得实施机构（或实际管理单位）、出资代表，及其管理代表的书面授权文件
第 35 条	执行阶段（建设期）	管理制度的建立与颁布
第 36 条	执行阶段（建设期）	党建管理
第 37 条	执行阶段（建设期）	项目公司档案管理体系建立
第 38 条	执行阶段（建设期）	项目公司的“三会一层”治理
第 39 条	执行阶段（建设期）	财务管理
第 40 条	执行阶段（建设期）	税务管理
第 41 条	执行阶段（建设期）	法务管理
第 42 条	执行阶段（建设期）	工商管理
第 43 条	执行阶段（建设期）	人事组织管理
第 44 条	执行阶段（建设期）	办公室综合管理
第 45 条	执行阶段（建设期）	印章管理
第 46 条	执行阶段（建设期）	培训要求
第 47 条	执行阶段（建设期）	监理单位的落实
第 48 条	执行阶段（建设期）	跟踪审计的落实
第 49 条	执行阶段（建设期）	项目开工条件的确定
第 50 条	执行阶段（建设期）	土地指标、征地拆迁问题的处理

续表

序号	类别	条款
第 51 条	执行阶段（建设期）	监理开工令的签发
第 52 条	执行阶段（建设期）	施工总承包单位的管理
第 53 条	执行阶段（建设期）	监理单位的管理
第 54 条	执行阶段（建设期）	跟踪审计单位的管理
第 55 条	执行阶段（建设期）	投资控制动态管理
第 56 条	执行阶段（建设期）	超概算情形的处理
第 57 条	执行阶段（建设期）	政府方前期费用的支付
第 58 条	执行阶段（建设期）	征地拆迁、土地费用的处理
第 59 条	执行阶段（建设期）	项目范围增加或减少的处理
第 60 条	执行阶段（建设期）	甩项的处理
第 61 条	执行阶段（建设期）	重大变更签证的处理
第 62 条	执行阶段（建设期）	人工费、主材的调价
第 63 条	执行阶段（建设期）	暂估价的处理
第 64 条	执行阶段（建设期）	询价、认质认价的处理
第 65 条	执行阶段（建设期）	建设期利息的计取
第 66 条	执行阶段（建设期）	财政评审的介入处理
第 67 条	执行阶段（建设期）	专项资金或奖补资金的处理
第 68 条	执行阶段（建设期）	工程建设其他费的处理
第 69 条	执行阶段（建设期）	工程进度款的支付
第 70 条	执行阶段（建设期）	设计管理（或有）
第 71 条	执行阶段（建设期）	建设期合同动态管理
第 72 条	执行阶段（建设期）	合同偏差的处理
第 73 条	执行阶段（建设期）	索赔与被索赔动态管理
第 74 条	执行阶段（建设期）	进度动态管理
第 75 条	执行阶段（建设期）	进度偏差的处理
第 76 条	执行阶段（建设期）	赶工要求的处理

续表

序号	类别	条款
第 77 条	执行阶段（建设期）	工程建设特殊情况的处理
第 78 条	执行阶段（建设期）	安全文明施工动态管理
第 79 条	执行阶段（建设期）	安全事故的处理
第 80 条	执行阶段（建设期）	质量动态管理
第 81 条	执行阶段（建设期）	质量问题的处理
第 82 条	执行阶段（建设期）	采购动态管理
第 83 条	执行阶段（建设期）	关联交易的处理
第 84 条	执行阶段（建设期）	建设期档案管理
第 85 条	执行阶段（建设期）	项目的竣工验收
第 86 条	执行阶段（建设期）	项目的结算和决算
第 87 条	执行阶段（建设期）	建设期绩效考核的准备和开展
第 88 条	执行阶段（建设期）	保修期工作的安排
第 89 条	执行阶段（建设期）	建设期保函的退还
第 90 条	执行阶段（建设期）	股权变更管理（或有）
第 91 条	执行阶段（建设期）	会计师事务所的落实
第 92 条	执行阶段（建设期）	财务年报提交
第 93 条	执行阶段（建设期）	配合实施机构信息公示
第 94 条	执行阶段（运营期）	项目的试运营管理
第 95 条	执行阶段（运营期）	运营期目标的更新与确定
第 96 条	执行阶段（运营期）	运营管理大纲的更新和批准
第 97 条	执行阶段（运营期）	运营管理手册的编制和批准
第 98 条	执行阶段（运营期）	运营管理制度的更新和批准
第 99 条	执行阶段（运营期）	运营期保函的提交和管理
第 100 条	执行阶段（运营期）	运营期保险的购买
第 101 条	执行阶段（运营期）	获得正式运营许可
第 102 条	执行阶段（运营期）	委托运营单位的选择

续表

序号	类别	条款
第 103 条	执行阶段（运营期）	委托运营合同的起草、评审、谈判与签订
第 104 条	执行阶段（运营期）	委托运营合同的内部交底与 WBS 深度任务分解
第 105 条	执行阶段（运营期）	运营期绩效考核的交底与 WBS 深度任务分解
第 106 条	执行阶段（运营期）	委托运营合同与运营期绩效考核的外部交底
第 107 条	执行阶段（运营期）	运营工作的动态管理
第 108 条	执行阶段（运营期）	运营成本的动态确认（含调价）
第 109 条	执行阶段（运营期）	调价管理
第 110 条	执行阶段（运营期）	运营期采购管理
第 111 条	执行阶段（运营期）	运营期合同动态管理
第 112 条	执行阶段（运营期）	运营档案管理
第 113 条	执行阶段（运营期）	运营期往来文件管理
第 114 条	执行阶段（运营期）	法务管理
第 115 条	执行阶段（运营期）	运营期绩效考核的准备和开展
第 116 条	执行阶段（运营期）	项目回款落实
第 117 条	执行阶段（运营期）	不能及时回款的处理
第 118 条	执行阶段（运营期）	银行还本付息的处理
第 119 条	执行阶段（运营期）	超额收益的处理
第 120 条	执行阶段（运营期）	资产证券化的处理
第 121 条	执行阶段（运营期）	非项目公司原因造成计划外暂停服务的处理
第 122 条	执行阶段（运营期）	中期评估工作的准备和开展
第 123 条	执行阶段（运营期）	设备更新、中大修专项管理
第 124 条	执行阶段（运营期）	运营期保函的退还
第 125 条	移交阶段	移交保函提交
第 126 条	移交阶段	项目移交方案策划和准备
第 127 条	移交阶段	移交工作小组的成立

续表

序号	类别	条款
第 128 条	移交阶段	项目移交启动与落实
第 129 条	移交阶段	项目整体移交
第 130 条	移交阶段	移交保函的退还
第 131 条	移交阶段	项目总结与后评价
第 132 条	其他重点提示	合同争议的处理（或有）
第 133 条	其他重点提示	补充协议的处理
第 134 条	其他重点提示	情势变更的处理
第 135 条	其他重点提示	不可抗力的处理（或有）
第 136 条	其他重点提示	合同提前终止管理（或有）
第 137 条	其他重点提示	项目公司固定提交的类型和报告
第 138 条	其他重点提示	项目公司应特别熟知项
第 139 条	其他重点提示	投资收益动态管理
第 140 条	其他重点提示	附件

以上标准操作规程关键工作的提炼，其特殊性在于样本项目的社会资本方企业均为国企或央企，因此，对于部分管理内容的要求较高，如果是民营企业，各位管理人员在阅读过程中可以对比差异，斟酌参考。

第二章

《项目公司标准操作规程》核心条款、解析与实施办法

本章是核心章节。

就 140 条标准操作规程，每一条均按照核心条款详述、条款解析，以及该项工作的具体实施办法进行展开。其中：

【核心条款】 列示了标准操作规程的具体条目，明确该关键工作的核心内容，说明本项工作的具体要点。其中，部分工作的前后关系并非完全按照时间线进行设定，而是根据实践的经验教训作出适应性调整，并在解析中进行详细说明，可能将这部分工作前置更优，因此调整。

【条款解析】 列示了标准操作规程具体内容的详细解析：一是明确该关键工作的原由，说明为什么设置本项工作；二是对逻辑关系的解析，一般是根据案例项目的实践经验和基本原则作出，供各位管理人员自我思考，对比参照。

通过解析，可以准确抓住其中的逻辑关系，让各位读者既能知其然，也能知其所以然。同时，抓住核心逻辑后，可以把握要领，根据企业自身的项目管理需求进行灵活的适应性变动，效果更佳、效率更高。未来经营管理和实际应用中，我们还将不断的迭代优化，以使其更加客观实效。

【实施办法】 是具体工作落实的指导，前述提炼、固定了具体的关键工作，并捋顺了其逻辑关系及由来，但是应当如何开展具体的工作，还需要进一步梳理，按照项目管理中目标、计划、执行、检查、纠偏的 PDCA 逻辑关系，我们继续延伸。

通过明确管理依据、实施方案、管理表单、实务风险提示、工作完成后的档案搜集，以及重要提醒等内容，指导具体工作如何高效推进。其中：

管理依据包括法律法规政策、一般的合同约定，以及管理制度（范例），这是项目公司成员开展具体工作的基本依据、基本规则，必须熟悉。

管理表单为部分示范，其本意是将制度表单化，未来将软件化，更易于一线管理人员的实际运用。该表单一般根据各企业自身的情况进行定制，故仅作范例。

实务风险提示为开口项，对应已出版的两册《PPP 项目执行阶段操作指南：100 个实务问题深度解析》，未来将不断根据实务识别风险进行增补，属于动态增加的内容，项目公司可以根据实际情况自行增加、补充，甚至可以形成自己的实务问题库。

工作完成后的档案搜集为提示的基础档案资料，实际管理中，应形成项目公司档案管理体系，应当通过基础档案资料的搜集和专项档案的处理形成全覆盖，其要点是必须满足商务结算，内部审计、外部审计、政府审计的要求，还需要满足绩效考核的要求。本项基础档案资料与第三章专项档案结合，即可构成项目公司完整档案管理体系。

以下内容阅读时，建议各位管理者将自己身份设定为项目公司经营管理人员。

关于失效文件使用的特别说明：

本书在撰写过程中，有四份失效文件，在此进行统一说明。

财政部《关于印发政府和社会资本合作模式操作指南（试行）的通知》（财金〔2014〕113 号）、《关于印发〈政府和社会资本合作项目财政承受能力论证指引〉的通知》（财金〔2015〕21 号）、《关于印发〈PPP 物有所值评价指引（试行）〉的通知》（财金〔2015〕167 号）失效后，并未正式发布替代更新的政策，实务中，部分核心内容依然在沿用。再者，此前的诸多项目也都是按照这三个文件执行，因此，本书中继续引用，在此特别说明。

财政部《关于印发〈政府和社会资本合作（PPP）综合信息平台信息公开管理暂行办法〉的通知》（财金〔2017〕1 号）自 2022 年 1 月 1 日起失效，本书书稿编写时（2021 年 12 月前），依然在有效期内，所以部分内容引用了该文件规定。但是《关于修订发布〈政府和社会资本合作（PPP）综合信息平台信息公开管理办法〉的通知》（财金〔2021〕110 号）文件发布后，应当按照新文件执行，特此说明。

第 1 节　签订《PPP 项目投资协议》

核心条款

第一条　收到中标通知书后，公司应和实施机构在规定时间内签订 PPP 项目投资协议。协议的核心商务条件应和中标通知书一致，应和谈判备忘录内容一致。

PPP 项目投资协议应根据公司规定，经过集体评审通过，并附法律意见书，报公司书面批准后签订。协议签订时，应明确具体的签约日期，不得空白。

条款解析

PPP 项目分为识别阶段、准备阶段、采购阶段、执行阶段和移交阶段，本标准操作手册重点是项目落地后的执行，因此，本规程从采购阶段的结果为始，即政府方实施机构与中标社会资本签订《PPP 项目投资协议》开始。

签订《PPP 项目投资协议》时，应当关注几个核心要点：一是谈判备忘录；二是合同评审；三是签约日期。这在实务当中关注度相对较低，但是却可能产生不当后果。

以上三点要求必须获得正式的书面文件及对其确认。例如，谈判备忘录必须落实到纸面上，且各参与方签字和/或盖章；合同签约必须写明具体的签约日期；社会资本内部必须要有书面评审记录，建议附有法律意见书，确保“事实”评审，风险经过充分识别和思考。

实施办法

一、管理依据

（一）法律法规、政策依据

1. 关于合同起草与审核

国家发改委《关于开展政府和社会资本合作的指导意见》（发改投资〔2014〕2724号）第2条第4项规定，“……在平等协商、依法合规的基础上，按照权责明确、规范高效的原则订立项目合同”。第5条第4项明确规定，“项目实施机构和社会资本依法签订项目合同，明确服务标准、价格管理、回报方式、风险分担、信息披露、违约处罚、政府接管以及评估论证等内容。各地可参考《政府和社会资本合作项目通用合同指南》（见附件2），细化完善合同文本，确保合同内容全面、规范、有效”。

财政部《关于规范政府和社会资本合作合同管理工作的通知》（财金〔2014〕156号）第2条规定了PPP合同管理的“依法治理、平等合作、维护公益、诚实守信、公平效率和兼顾灵活”等六项核心原则。

在进行合同评审时，尤其要注意以下几点：“在PPP模式下，政府与社会资本是基于PPP项目合同的平等法律主体，双方法律地位平等、权利义务对等，应在充分协商、互利互惠的基础上订立合同，并依法平等地主张合同权利、履行合同义务。”“PPP项目合同中除应规定社会资本方的绩效监测和质量控制等义务外，还应保证政府方合理的监督权和介入权，以加强对社会资本的履约管理。与此同时，政府还应依法严格履行行政管理职能，建立健全及时有效的项目信息公开和公众监督机制。”“政府和社会资本应在PPP项目合同中明确界定双方在项目融资、建设、运营、移交等全生命周期内的权利义务，并在合同管理的全过程中真实表达意思表示，认真恪守合同约定，妥善履行合同义务，依法承担违约责任。”“鉴于PPP项目的生命周期通常较长，在合同订立时既要充分考虑项目全生命周期内的实际需求，保证合同内容的完整性和相对稳定性，也要合理设置一些关于期限变更（展期和提前终止)、内容变更(产出标准调整、价格调整等)、主体变更(合同转让)的灵活调整机制,为未来可能长达 20～30 年的合同执行期预留调整和变更空间。”

该通知附件《PPP 项目合同指南(试行)》第一章第二节第 1 条明确规定,“PPP 项目合同是政府方与社会资本方依法就 PPP 项目合作所订立的合同。其目的是在政府方与社会资本方之间合理分配项目风险,明确双方权利义务关系,保障双方能够依据合同约定合理主张权利,妥善履行义务,确保项目全生命周期内的顺利实施。PPP 项目合同是其他合同产生的基础,也是整个 PPP 项目合同体系的核心。在项目初期阶段,项目公司尚未成立时,政府方会先与社会资本(即项目投资人)签订意向书、备忘录或者框架协议,以明确双方的合作意向,详细约定双方有关项目开发的关键权利义务。待项目公司成立后,由项目公司与政府方重新签署正式 PPP 项目合同,或者签署关于承继上述协议的补充合同。在 PPP 项目合同中通常也会对 PPP 项目合同生效后政府方与项目公司及其母公司之前就本项目所达成的协议是否会继续存续进行约定”。

国家发改委《关于切实做好传统基础设施领域政府和社会资本合作有关工作的通知》(发改投资〔2016〕1744 号)第 6 条要求,“依法签订规范的项目合同,明确服务标准、价格管理、回报方式、风险分担、履约监督、信息披露等内容,细化完善合同文本,确保合同内容全面、规范、有效”。

对于 PPP 项目合同的审核,财政部于 2015 年 4 月 7 日发布的《关于印发〈政府和社会资本合作项目财政承受能力论证指引〉的通知》(财金〔2015〕21 号)① 第 29 条规定,“在 PPP 项目正式签订合同时,财政部门(或 PPP 中心)应当对合同进行审核,确保合同内容与财政承受能力论证保持一致,防止因合同内容调整导致财政支出责任出现重大变化”。

财政部《关于印发〈政府和社会资本合作项目财政管理暂行办法〉的通知》(财金〔2016〕92 号)附件《政府和社会资本合作项目财政管理暂行办

① 本文件已失效。

法》对合同审核提出了更加具体和明确的要求。该办法第三章第17条规定，“PPP项目合同审核时，应当对照项目实施方案、物有所值评价报告、财政承受能力论证报告及采购文件，检查合同内容是否发生实质性变更，并重点审核合同是否满足以下要求：（一）合同应当根据实施方案中的风险分配方案，在政府与社会资本双方之间合理分配项目风险，并确保应由社会资本方承担的风险实现了有效转移；（二）合同应当约定项目具体产出标准和绩效考核指标，明确项目付费与绩效评价结果挂钩；（三）合同应当综合考虑项目全生命周期内的成本核算范围和成本变动因素，设定项目基准成本；（四）合同应当根据项目基准成本和项目资本金财务内部收益率，参照工程竣工决算合理测算确定项目的补贴或收费定价基准。项目收入基准以外的运营风险由项目公司承担；（五）合同应当合理约定项目补贴或收费定价的调整周期、条件和程序，作为项目合作期限内行业主管部门和财政部门执行补贴或收费定价调整的依据”。

国家发改委《关于印发〈传统基础设施领域实施政府和社会资本合作项目工作导则〉的通知》（发改投资〔2016〕2231号）附件《传统基础设施领域实施政府和社会资本合作项目工作导则》第12条规定，“PPP项目实施机构依据审查批准的实施方案，组织起草PPP合同草案，包括PPP项目主合同和相关附属合同（如项目公司股东协议和章程、配套建设条件落实协议等）。PPP项目合同主要内容参考国家发改委发布的《政府和社会资本合作项目通用合同指南（2014年版）》”。第15条规定，“PPP项目实施机构应按相关规定做好公示期间异议的解释、澄清和回复等工作。公示期满无异议的，由项目实施机构会同当地投资主管部门将PPP项目合同报送当地政府审核。政府审核同意后，由项目实施机构与中选社会资本方正式签署PPP项目合同。需要设立项目公司的，待项目公司正式设立后，由实施机构与项目公司正式签署PPP项目合同，或签署关于承继PPP项目合同的补充合同”。

在国家发改委办公厅《关于印发〈政府和社会资本合作（PPP）项目专项债券发行指引〉的通知》（发改办财金〔2017〕730号）的附件《政府和

社会资本合作（PPP）项目专项债券发行指引》中也有关于 PPP 项目合同的相关约定。该指引第 2 条第 4 项明确规定，“应建立以 PPP 项目合同为核心的合同体系，相关合同文件应合法、规范、有效，包含股东持股比例、项目运营收益来源和标准（包括但不限于项目运营收入、运营成本、财政补贴、税收优惠、提前终止补偿等）、项目风险分担模式等内容”。

合同审核时，应特别注意不得存在“构成违法违规举债担保”的情形。财政部办公厅《关于规范政府和社会资本合作（PPP）综合信息平台项目库管理的通知》（财办金〔2017〕92 号）第 3 条第 4 项明确规定，“包括由政府或政府指定机构回购社会资本投资本金或兜底本金损失的；政府向社会资本承诺固定收益回报的；政府及其部门为项目债务提供任何形式担保的；存在其他违法违规举债担保行为的”，“应予以清退”。

国家发改委《关于鼓励民间资本参与政府和社会资本合作（PPP）项目的指导意见》（发改投资〔2017〕2059 号）第 6 条再次强调，“在与民营企业充分协商、利益共享、风险共担的基础上，客观合理、全面详尽地订立 PPP 项目合同。明确各方责权利和争议解决方式，合理确定价格调整机制，科学设定运营服务绩效标准，有效设置排他性条款，保障项目顺利实施。PPP 项目合同既要规范民营企业投资行为，确保项目持续稳定运行，也要保证当政府方不依法履约时，民营企业可以及时获得合理补偿乃至合法退出。要依据相关法律法规和合同约定，对 PPP 项目进行全生命周期监管。禁止政府和投资人签订承诺回购投资本金、承诺最低收益等条款，严禁利用 PPP 模式违法违规变相举债，严防地方政府隐性债务风险”。

财政部《关于进一步加强政府和社会资本合作（PPP）示范项目规范管理的通知》（财金〔2018〕54 号）第 2 条第 4 项也作出强调，“杜绝违法违规现象。坚守合同谈判底线，加强合同内容审查，落实项目风险分配方案，合同中不得约定由政府方或其指定主体回购社会资本投资本金，不得弱化或免除社会资本的投资建设运营责任，不得向社会资本承诺最低投资回报或提供收益差额补足，不得约定将项目运营责任返包给政府方出资代表承担或另行指定社会资本方以外的第三方承担”。

财政部《关于推进政府和社会资本合作规范发展的实施意见》（财金〔2019〕10 号）第 3 条第 1 项中明确要求，不得出现“存在政府方或政府方出资代表向社会资本回购投资本金、承诺固定回报或保障最低收益的。通过签订阴阳合同，或由政府方或政府方出资代表为项目融资提供各种形式的担保、还款承诺等方式，由政府实际兜底项目投资建设运营风险的”行为，否则，“已入库项目应当予以清退，项目形成的财政支出责任，应当认定为地方政府隐性债务，依法依规提请有关部门对相关单位及个人予以严肃问责”，该意见对实践中突出存在的问题进行了明确的规定。

在合同审核过程中，有一个盲点还需要特别关注，即签约主体。政府方签约主体可以是政府、职能部门、事业单位，但不能是国有企业或平台公司，这一点问题在实践中还有少数的项目存在。财政部《关于进一步加强政府和社会资本合作（PPP）示范项目规范管理的通知》（财金〔2018〕54 号）第 2 条第 3 项要求，“严格审查签约主体。坚持政企分开原则，加强 PPP 项目合同签约主体合规性审查，国有企业或地方政府融资平台公司不得代表政府方签署 PPP 项目合同，地方政府融资平台公司不得作为社会资本方”。

2. 关于谈判备忘录

财政部《关于印发政府和社会资本合作模式操作指南（试行）的通知》（财金〔2014〕113 号）① 第 20 条规定，“项目实施机构应成立专门的采购结果确认谈判工作组。按照候选社会资本的排名，依次与候选社会资本及与其合作的金融机构就合同中可变的细节问题进行合同签署前的确认谈判，率先达成一致的即为中选者。确认谈判不得涉及合同中不可谈判的核心条款，不得与排序在前但已终止谈判的社会资本进行再次谈判”。第 21 条规定，“确认谈判完成后，项目实施机构应与中选社会资本签署确认谈判备忘录，并将采购结果和根据采购文件、响应文件、补遗文件和确认谈判备忘录拟定的合

① 本文件已失效。

同文本进行公示，公示期不得少于5个工作日”。

财政部《关于印发〈政府和社会资本合作项目政府采购管理办法〉的通知》（财库〔2014〕215号）第17条规定，“项目实施机构应当在预中标、成交社会资本确定后10个工作日内，与预中标、成交社会资本签署确认谈判备忘录，并将预中标、成交结果和根据采购文件、响应文件及有关补遗文件和确认谈判备忘录拟定的项目合同文本在省级以上人民政府财政部门指定的政府采购信息发布媒体上进行公示，公示期不得少于5个工作日。项目合同文本应当将预中标、成交社会资本响应文件中的重要承诺和技术文件等作为附件。项目合同文本涉及国家秘密、商业秘密的内容可以不公示”。

国家发改委对谈判备忘录也有规定。2016年10月24日发布的《关于印发〈传统基础设施领域实施政府和社会资本合作项目工作导则〉的通知》（发改投资〔2016〕2231号），附件《传统基础设施领域实施政府和社会资本合作项目工作导则》第14条规定，“PPP项目实施机构根据需要组织项目谈判小组，必要时邀请第三方专业机构提供专业支持。谈判小组按照候选社会资本方的排名，依次与候选社会资本方进行合同确认谈判，率先达成一致的即为中选社会资本方。项目实施机构应与中选社会资本方签署确认谈判备忘录，并根据信息公开相关规定，公示合同文本及相关文件”。

3. 关于合同签订时效与批准

财政部《关于印发政府和社会资本合作模式操作指南（试行）的通知》（财金〔2014〕113号）[①] 附件《政府和社会资本合作模式操作指南（试行）》第21条规定，“公示期满无异议的项目合同，应在政府审核同意后，由项目实施机构与中选社会资本签署。需要为项目设立专门项目公司的，待

① 本文件已失效。征求意见中的《政府和社会资本合作模式操作指南（修订稿）》（财办金〔2019〕94号）第18条规定，“项目采购文件和PPP项目合同草案及其他法律文本，应与经政府审核同意的实施方案相关实质性内容保持一致。PPP项目合同草案向社会资本正式发布前应获得政府审核同意”。第22条规定，“采购结果公示结束后，项目实施机构应将根据采购文件（含有关补遗文件）、社会资本响应文件（含有关补遗文件）和确认谈判备忘录拟定的PPP项目合同报本级政府审核同意后，与依法选定的社会资本签订PPP项目合同。需要设立项目公司的，待项目公司成立后，由项目公司与实施机构签署关于PPP项目合同的承继合同”。

项目公司成立后，由项目公司与项目实施机构重新签署项目合同，或签署关于承继项目合同的补充合同”。

财政部《关于印发〈政府和社会资本合作项目政府采购管理办法〉的通知》（财库〔2014〕215号）附件《政府和社会资本合作项目政府采购管理办法》第19条规定，“项目实施机构应当在中标、成交通知书发出后30日内，与中标、成交社会资本签订经本级人民政府审核同意的PPP项目合同。需要为PPP项目设立专门项目公司的，待项目公司成立后，由项目公司与项目实施机构重新签署PPP项目合同，或者签署关于继承PPP项目合同的补充合同”。

财政部《关于印发〈政府和社会资本合作项目财政管理暂行办法〉的通知》（财金〔2016〕92号）第三章第16条规定，“采购结果公示结束后、PPP项目合同正式签订前，项目实施机构应将PPP项目合同提交行业主管部门、财政部门、法制部门等相关职能部门审核后，报本级人民政府批准”。

国家发改委也作出了明确的规定，《关于印发〈传统基础设施领域实施政府和社会资本合作项目工作导则〉的通知》（发改投资〔2016〕2231号）附件《传统基础设施领域实施政府和社会资本合作项目工作导则》第15条规定，“PPP项目实施机构应按相关规定做好公示期间异议的解释、澄清和回复等工作。公示期满无异议的，由项目实施机构会同当地投资主管部门将PPP项目合同报送当地政府审核。政府审核同意后，由项目实施机构与中选社会资本方正式签署PPP项目合同。需要设立项目公司的，待项目公司正式设立后，由实施机构与项目公司正式签署PPP项目合同，或签署关于承继PPP项目合同的补充合同”。

4. 关于合同信息公示

《PPP项目投资协议》也是PPP项目信息必须公示的内容，依据为财政部《关于修订发布〈政府和社会资本合作（PPP）综合信息平台信息公开管理办法〉的通知》（财金〔2021〕110号）第9条规定，“管理库项目采购阶段应当公开的信息主要包括：（一）资格预审信息，包括项目资格预审公告及文件、资格预审文件评审结论性意见等；（二）项目采购信息，包括项目采购方式、（预）中标或成交结果公告、中标或成交通知书等；（三）合同签署信息，包括PPP项目合同审核批准情况、政府方授权文件调整更新情况、已签署的PPP项目合同等；（四）采购阶段方案调整情况，包括采购前调整的实施方案及审核意见、物有所值评价报告及审核意见、财政承受能力论证报告及审核意见，采购后财政支出责任信息等；（五）其他应当公开的信息”。

本节关联本章第5节、第6节和第103节，可以关联阅读。

（二）PPP项目合同常规约定

以××教育园区PPP项目为例，其《PPP项目合同》第3.2条约定如下：

“项目合同必须报请本级人民政府或政府授权机构审核同意，在获得同意前项目合同不得生效。

“采购人应当在中标通知书发出后30日内，与中标人签订本级人民政府审核同意的PPP项目合同。需要为PPP项目设立专门项目公司的，待项目公司成立后，由项目公司与采购人重新签署PPP项目合同，或者签署关于继承PPP项目合同的补充合同。

“采购人应当在PPP项目合同签订之日起2个工作日内，将PPP项目合同在省级以上人民政府财政部门指定的政府采购信息发布媒体上公告，但PPP项目合同中涉及国家秘密、商业秘密的内容除外。

“中标人无正当理由拒签合同的，采购人取消中标资格，其投标保证金不予退还；给采购人造成的损失超过投标保证金数额的，中标人还应当对超过部分予以赔偿。

“发出中标通知书后，采购人无正当理由拒签合同的，采购人向中标人退还投标保证金；给中标人造成损失的，还应当赔偿损失。

“项目合同不可变的细节：投标报价、付费机制、运营期限”。

（以上为合同常规约定示范，具体以各项目实际签约合同为准。下同。）

（三）管理制度

本项工作开展时，项目公司尚未成立，故仅匹配中标社会资本公司相关管理制度。本项工作一般匹配《合同管理制度》，请各部门、各人员按照既有制度严格遵照执行。

（鉴于各企业管理体系、管理架构不一致，本书未对管理制度进行范例。此处最核心的表意是，管理制度是具体工作的主要依据之一，应当严格遵守，并遵照执行。下同。）

（四）经验教训

1. 谈判备忘录是一项非常重要的动作，是合同修订前后一致性的过程行为，如果缺少这个文件，未来合同修订完善和谈判将没有依据，大概率会被律师否决，政府方也不会承担相应责任和风险，因此，要求商务谈判人员在谈判过程中及时督促作好谈判备忘录，并正式签署。

2. 谈判备忘录应重点明确绩效考核办法与细则、政府付费的程序和办法、股权变更、询价和认质认价的程序、工程预付款和进度款比例、计价依据、调价原则、建设期利息计算、审计办法等核心条款的原则，为 PPP 项目投资协议、PPP 项目合同的完善做好准备。

3. 合同评审，应明确主责牵头部门，拟派出项目公司总经理应当参与，应避免“谁都参与，谁都不负责”的情形；建议采用 WBS 深度解析法①进行评审，要求出具正式评审成果；建议出具法律意见书。

4. 应当捋顺 PPP 项目合同体系之间的关系，PPP 项目主合同体系包括以下六份协议：

（1）实施机构和中标社会资本签订的《PPP 项目投资协议》；

（2）中标社会资本和政府方出资代表共同成立项目公司时签订的《股东协议》和《公司章程》；

---

① 崔德高：《项目合同 WBS 深度解析法的实务应用——以 PPP 项目合同为例》，载《施工企业管理杂志》2019 年第 10 期。

（3）实施机构和新成立的项目公司签订的《PPP 项目合同》；

（4）项目公司和金融机构签订的《融资协议》；

（5）项目公司和施工总承包单位签订的《施工总承包合同》；

（6）项目公司和被委托运营单位签订的《委托运营服务协议》。

以上六份协议组成了 PPP 项目主合同体系，其中，《PPP 项目合同》在 PPP 项目实施过程中最为核心。

5. 协议签订时，相关责任人应确认签约日期，建议按实签订。

6. 前期协议签订时，项目公司成员未参与，对项目背景情况不清楚，未来实施时，由于缺少商务端对执行端的有效交底，可能会导致实施效率较低，实务中甚至出现执行偏差的问题，怎么办？鉴于跟踪谈判 PPP 项目投资协议的部门与后期实施的部门不同，为保证信息的延续性，建议 PPP 项目开始谈判过程中，项目公司拟委派人员就参加全过程谈判。如项目公司拟任总经理参与整个谈判过程，有利于前期即与实施机构、政府相关单位保持良好的接触，可以为后续的项目在实施阶段的推进创造有利条件。

同时，应通过管理方式和管理手段来解决前后端信息流不一致的问题。比如，采用本规程建议的全生命周期管理表单化、档案化进行管理，始终保持全生命周期的信息流一致。同时做实合同管理制度，保证前后端合同交底严格落实。

二、工作实施方案

1. 项目中标，获得《中标通知书》后，牵头部门应尽快组织完成《PPP 项目投资协议》的签订。

2. 牵头部门应先核实《合同谈判备忘录》《中标通知书》《PPP 项目投资协议》的核心商务条件，确认核心内容一致，并将关键信息提炼，填写管理表单。

3. 牵头部门完成以上基础工作后，应及时组织合同法务部、投资控制部、工程技术部、采购部等相关部门共同评审《PPP 项目投资协议》，同时邀请公司律师参加评审会议。

4. 各部门给出正式评审意见，并由评审人签字确认，律师应出具《法律意见书》。

5. 牵头部门根据评审意见与实施机构对接、谈判，最终形成正式签订版的《PPP 项目投资协议》。

6. 经实施机构、公司共同确认的终版《PPP 项目投资协议》，应由授权负责人页签。

7. 《PPP 项目投资协议》应获得本级人民政府书面批准。

8. 终版《PPP 项目投资协议》由授权负责人编写正式报告，以上文件为该报告的附件，按照公司相关规定报公司决策。授权负责人应及时向领导答疑释义，直至获得公司书面批准。公司书面批准后即申请用印，正式签订。

三、管理表单

管理表单是日常管理的工作量化，是各种管理目标、管理制度、管理要求、管理成果的最终体现，也是一线人员上手即用的最高效办法，是管理标准化的最终集成。

由于不同企业之间的管理要求并不一致，没有一种放之四海而皆准的管理体系（也可以求同，但是其深度可能就不足以支撑现场使用），因此，此处仅作示例（见表 2 – 1 ~ 表 2 – 4），读者可以按照示范，自行设计、制定符合自己企业的管理表单。

表 2 – 1　签订《PPP 项目投资协议》管理表单第 1 页——签订《PPP 项目投资协议》

牵头部门		项目负责人	×××
合同谈判备忘录概况			
附件 1			
《中标通知书》核心商务条件			
发出日期		接收日期	
运作模式	BOT	合作期限	15 年，建设期 3 年、运营期 12 年

续表

投资回报率	8%	工程造价下浮率	3%
其他	附件 2		
《PPP 项目投资协议》核心商务条件			
项目名称		项目总投资额	9.99 亿元
运作模式	BOT	合作期限	15 年，建设期 3 年、运营期 12 年
投资回报率	8%	工程造价下浮率	3%
资本金出资情况			
融资情况			
增信情况			
投资回报	内部收益率	8%	
	投资回收期	10 年	
	净利润	1.2 亿元	
	资本金净利润率	8%	
《PPP 项目投资协议》评审意见			
合同法务部		评审人	
投资控制部		评审人	
工程管理部		评审人	
采购部		评审人	

续表

《法律意见书》	附件 5	律师	
公司批准意见			
附件 8			

表 2－2　签订《PPP 项目投资协议》管理表单第 2 页——使用说明

工作实施方案
1. 项目中标，获得《中标通知书》后，牵头部门应组织尽快完成《PPP 项目投资协议》的签订。 2. 牵头部门应先核实《合同谈判备忘录》、《中标通知书》和《PPP 项目投资协议》的核心商务条件，确认核心内容一致，并将关键信息提炼，填写本表。 3. 牵头部门完成以上基础工作后，应及时组织合同法务部、投资控制部、工程技术部、采购部等相关部门共同评审《PPP 项目投资协议》，同时邀请公司律师参加评审会议。 4. 各部门给出正式评审意见，并由评审人签字确认，律师应出具《法律意见书》。 5. 牵头部门根据评审意见与实施机构对接、谈判，最终形成正式签订版的《PPP 项目投资协议》。 6. 经实施机构、公司共同确认的终版《PPP 项目投资协议》，应由授权 DPM 页签。 7. 《PPP 项目投资协议》应获得本级人民政府书面批准。 8. 终版《PPP 项目投资协议》由授权 DPM 编写正式报告，以上文件为该报告的附件，按照公司相关规定报公司上会集体决策。DPM 应及时向领导答疑释义，直至获得公司书面批准。公司书面批准后即申请用印，正式签订。
要求存档成果文件
1. 《合同谈判备忘录》 2. 《中标通知书》 3. 《PPP 项目投资协议》评审会会议纪要及正式评审意见（第一轮） 4. 《PPP 项目投资协议》法律意见书（第一轮） 5. 合同谈判记录（第一次、第二次……）

续表

6. 《PPP 项目投资协议》评审会正式评审意见（第二轮） 7. 《PPP 项目投资协议》法律意见书（第二轮） 8. 终版《PPP 项目投资协议》（授权 DPM 页签） 9. 公司集体决策书面批准文件 10. 本级人民政府书面批准签订本合同的正式文件 11. 正式签定版《PPP 项目投资协议》存档 12. 其他相关正式文件
还应根据专项档案管理的要求，梳理形成专项档案，确保及时、完整、真实、有效

表 2－3　签订《PPP 项目投资协议》管理表单第 3 页——管理依据与经验提醒

法律法规、政策依据
财政部《关于印发政府和社会资本合作模式操作指南（试行）的通知》（财金〔2014〕113 号）①，财政部《关于印发〈政府和社会资本合作项目政府采购管理办法〉的通知》（财库〔2014〕215 号），财政部《关于印发〈政府和社会资本合作项目财政管理暂行办法〉的通知》（财金〔2016〕92 号），国家发展改革委《关于印发〈传统基础设施领域实施政府和社会资本合作项目工作导则〉的通知》（发改投资〔2016〕2231 号），财政部《政府和社会资本合作模式操作指南（修订稿）》（财办金〔2019〕94 号）
合同依据
根据《PPP 项目投资协议》《公司章程》的约定，摘出相对应的合同条款，作为本项工作的合同依据
管理制度依据
项目公司管理制度
本项工作开展时，项目公司尚未成立，故仅匹配母公司相关管理制度
公司管理制度
本项工作匹配母公司《××××管理制度》，请各部门、各人员遵照执行
岗位职责依据：项目公司总经理
根据工作任务分配，确认责任岗位，并明确责任岗位的职责，作为本项工作的执行依据

① 本文件已失效。

续表

经验提醒
1.【谈判备忘录】是一项非常重要的动作，是合同修订前后一致性的一道过程，如果缺少这个文件，未来合同修订完善和谈判将没有依据，大概率会被律师否决，政府方领导也不愿承担相应责任和风险，因此，要求商务谈判人员，在中标后的谈判过程中，应及时督促政府方实施机构做好【谈判备忘录】的记录，并正式成稿。 2.【谈判备忘录】应重点明确绩效考核办法与细则、政府付费的程序和办法、股权变更、询价和认质认价的程序、工程预付款和进度款比例、计价依据、调价原则、建设期利息计算、审计办法等核心条款的原则，为 PPP 项目投资协议、PPP 项目合同的完善做好前置准备。

表 2－4　签订《PPP 项目投资协议》管理表单第 4 页——可能碰到的实务问题和应对

序号	可能碰到的实务问题	解析与应对
1	在 PPP 项目实施过程中，政府方继续沿用传统行政管理思维，要求社会资本方与之在《PPP 项目合同》之外，另行签署《PPP 项目管理协议》，该《PPP 项目管理协议》甲方为政府方实施机构，乙方为项目公司和施工总承包单位，核心内容为：项目公司、施工总承包单位属于项目实施乙方，直接受实施机构的管理，一切事宜需要实施机构的审批。这种做法是否有依据？是否合法合规？	详细内容，请关联《PPP 项目执行阶段操作指南：100 个实务问题深度解析》，问题 1 进行阅读。
2	鉴于目前各式 PPP 项目合同大都是明显有利于政府方的条款，请问是否有标准的合同格式？	详细内容，请关联《PPP 项目执行阶段操作指南：100 个实务问题深度解析》问题 31 进行阅读。
3	某 PPP 项目，地方政府要求以政府为主体签订《PPP 投资协议》及《PPP 项目合同》，请问这样是否可以？	详细内容，请关联《PPP 项目执行阶段操作指南：100 个实务问题深度解析》问题 32 进行阅读。

续表

序号	可能碰到的实务问题	解析与应对
4	对于PPP项目政府方付费时间节点有什么具体的考量?	详细内容，请关联《PPP项目执行阶段操作指南：100个实务问题深度解析》问题80进行阅读。
5	某项目合同谈判中，政府方要求法律风险双方共担，社会资本方要求政府方承担，应如何合理公平地约定?	详细内容，请关联《PPP项目执行阶段操作指南：100个实务问题深度解析（第二册)》问题1进行阅读。
6	“对于上述任何土地的状况，甲方不对乙方作出任何声明和保证。乙方已接受该土地的现状（包括地下土层条件)，甲方无须承担任何责任和义务”，这样的条款是否具备法律效力?	详细内容，请关联《PPP项目执行阶段操作指南：100个实务问题深度解析（第二册)》问题2进行阅读。
7	“对项目公司提交的质量保证与质量控制方案，甲方的任何审阅、协商、评论或不予审阅、不予协商、不予评论，或甲方对此所作出的其他作为或不作为，均不会减轻或影响项目公司遵守本协议或法律所要求的与质量保证有关的义务或责任”，这样的条款意义何在?	详细内容，请关联《PPP项目执行阶段操作指南：100个实务问题深度解析（第二册)》问题3进行阅读。
8	招标文件与实施方案在部分核心条款上不一致，应以哪个为准?	详细内容，请关联《PPP项目执行阶段操作指南：100个实务问题深度解析（第二册)》问题4进行阅读。
9	合同中前后条款约定矛盾，应如何处理?	详细内容，请关联《PPP项目执行阶段操作指南：100个实务问题深度解析（第二册)》问题5进行阅读。

续表

序号	可能碰到的实务问题	解析与应对
10	对于政府方付费的程序和办法约定，有没有好的建议？	详细内容，请关联《PPP项目执行阶段操作指南：100个实务问题深度解析（第二册）》问题6进行阅读。
11	《PPP项目合同》中未对项目的设备更新、大修作出明确约定，应如何处理？	详细内容，请关联《PPP项目执行阶段操作指南：100个实务问题深度解析（第二册）》问题7进行阅读。
12	技术进度、政策变化等原因导致项目的原商务条件不再适用，如何解决此类风险？发生后应如何处理？	详细内容，请关联《PPP项目执行阶段操作指南：100个实务问题深度解析（第二册）》问题8进行阅读。
13	政府承担PPP项目最低需求风险是否意味着政府向社会资本承诺固定回报？	详细内容，请关联《PPP项目执行阶段操作指南：100个实务问题深度解析（第二册）》问题10进行阅读。

对表单逻辑关系解析如下：

第1页，核心信息提示，审核、批准。

第2页，本项工作具体怎么做，做完之后需要保存哪些档案。

第3页，本项工作的依据，包括政策、合同、管理制度、责任岗位的岗位职责，以及实务经验提醒。

第4页，动态实务风险、问题及其应对，可以动态增加，保持适应性。旨在提示本项工作应当如何清晰思考和完成，并留下档案证据。

这个表单的意义在于明确了各项工作的核心量化指标，可以迅速让责任人员清晰接受关键信息，不走弯路，高质高效完成本项任务。表单格式和形式可以根据企业的管理特性进行调整，核心在于逻辑关系，及其内容。只要逻辑关系明确，内容不遗漏，即可。

采用表单的另一层含义，也是本书的另一个重要目的，是重点强调“成果意识”，即管理成果实质化。这是目前行业的弱项，重实施、轻证据，这也是商务工作不强的原因之一。

因此，期望通过该种形式不断加强从业人员的成果意识、档案证据意识。

四、实务风险解析与建议

实务问题1：在PPP项目实施过程中，政府方继续沿用传统行政管理思维，要求社会资本方与之在《PPP项目合同》之外，另行签署《PPP项目管理协议》，《PPP项目管理协议》甲方为政府方实施机构，乙方为项目公司和施工总承包单位，核心内容为：项目公司、施工总承包单位属于项目实施乙方，直接受实施机构的管理，一切事宜需要实施机构的审批。这种做法是否有依据？是否合法合规？

解析与建议：

无依据，不合规，详细内容，请关联《PPP项目执行阶段操作指南：100个实务问题深度解析》问题1进行阅读。①

实务问题2：鉴于目前各式PPP项目合同大都是明显有利于政府方的条款，请问是否有标准的合同格式？

解析与建议：

财政部和发改委分别发布了合同指南，但都属于原则性约定，可以参考。详细内容请关联《PPP项目执行阶段操作指南：100个实务问题深度解析》问题31进行阅读。

实务问题3："对于上述任何土地的状况，甲方不对乙方作出任何声明和保证。乙方已接受该土地的现状（包括地下土层条件），甲方无须承担任何责任和义务"，这样的条款是否具备法律效力？

解析与建议：

不合理，国务院《政府投资条例》（国务院令第712号）第23条规定，"因国家政策调整、价格上涨、地质条件发生重大变化等原因确需增加

① 此处仅索引，读者可延伸至附赠《PPP项目执行阶段操作指南：100个实务问题深度解析》两册电子书阅读，下同。

投资概算的，项目单位应当提出调整方案及资金来源，按照规定的程序报原初步设计审批部门或者投资概算核定部门核定”。详细内容请关联《PPP项目执行阶段操作指南：100个实务问题深度解析（第二册）》问题2进行阅读。

其他相关实务风险问题，还可以关联《PPP项目执行阶段操作指南：100个实务问题深度解析》问题32、问题80，《PPP项目执行阶段操作指南：100个实务问题深度解析（第二册）》问题1、问题3、问题4、问题5、问题6、问题7、问题8、问题10进行阅读。

备注说明：

实务风险与解析为动态内容，已列示部分为实务中实际出现的问题，部分已经在已有著作中解析和建议，部分为后续新增。各位读者可以自行动态增加和完善，参照现有模式进行分析和提出解决方案，从而逐渐形成自己的问题库，逐渐形成自身的核心竞争力。特此说明，下同。

五、管理成果要求（基础档案）

1. 招标文件、投标文件；

2. 合同谈判备忘录；

3. 中标通知书；

4. 《PPP项目投资协议》评审会会议纪要及正式评审意见（第一轮、第二轮……）；

5. 《PPP项目投资协议》法律意见书（第一轮、第二轮……）；

6. 合同谈判记录/会议纪要（第一次、第二次……）；

7. 终版《PPP项目投资协议》（授权负责人页签）；

8. 公司（社会资本）决策书面批准文件（国企央企应有集团书面批准文件）；

9. 本级人民政府书面批准签订本合同的正式文件；

10. 正式签字盖章版《PPP项目投资协议》存档；

11. 其他相关文件等。

六、补充说明

本项是政府方监管要点内容，可以关联《PPP 项目政府方监管要点》① 阅读，共涉及三项监管要点，分别如下：

1. 监管要点 11：PPP 项目合同文件是否按照规定起草？合同评审是否完整清晰？

2. 监管要点 12：合同谈判备忘录是否记录清晰？

3. 监管要点 14：PPP 项目合同终稿签订前是否获得了合适的正式审批？

---

① 崔德高：《PPP 项目政府方监管要点》，法律出版社 2020 年版。

第 2 节　社会资本高管任命

核心条款

第二条　社会资本中标后，应根据公司管理制度和审批程序，及时任命拟组建项目公司的授权董事、监事及高管，在获得公司正式批准后，出具书面任命书。法人代表应和项目公司总经理为同一人，应为全职任用，项目公司总经理不得在两个以上项目任职。同一 PPP 项目的施工项目经理，不得兼任该 PPP 项目的项目公司法人代表、项目公司总经理。

条款解析

就社会资本的角度而言，项目中标之后，应当立刻着手推进。从实践经验来看，应当立即落实第一责任人员，明确责任。

由于第一责任人的目标是实现投资目标，因此，其能力应当满足工作需要，要求相对较高。

立即落实第一责任人，有助于高效推进项目的进展。项目公司总经理是 PPP 项目成败的关键人物，是 PPP 项目社会资本方投资收益目标的第一责任人，从权责对等的角度考虑，建议项目公司总经理和法人代表是同一人。同时，项目公司总经理是经营一家独立的法人公司，其工作量是一个正常项目经理的 2 ~ 3 倍，因此，建议项目公司总经理为全职。

而根据住建部的政策明文规定，项目经理不能兼任项目公司法定代表人、项目公司总经理，这一点，企业必须排除，不得踩红线。

实施办法

一、管理依据

（一）法律法规、政策依据

住房和城乡建设部办公厅于2019年9月6日发布的《关于〈注册建造师管理规定〉有关条款适用问题的复函》（建办法函〔2019〕507号）明确释义，“‘施工企业注册建造师在本单位执业期间同时在其他企业担任了法定代表人’违反《注册建造师管理规定》相关规定”，因此，各社会资本方应予以重视，避免该等情形发生。

（二）PPP项目合同常规约定

以某教育园区PPP项目为例，其《公司章程》第15条约定如下：

“本公司不设董事会，设执行董事一名，执行董事由乙方委派。

“公司不设监事会，设监事一名，由甲方委派。

“项目公司设经营管理机构，负责公司的日常经营管理工作。经营管理机构设总经理1人，为项目公司的法定代表人；财务负责人1人，副总经理1人，其中总经理由乙方提名，执行董事聘任。”

再以湖南某妇幼PPP项目为例，其《公司章程》第24条、第25条分别规定，“公司设经理、副经理各一人，由股东公司委派经理一人，政府方出资代表委派副经理一人。经理、副经理对董事会负责，行使下列职权……”，“经理为公司的法定代表人”。

（三）管理制度

本项工作开展时，项目公司尚未成立，故仅匹配中标社会资本母公司相关管理制度。

本项工作一般匹配《董事（含董事长）管理制度》《项目公司总经理（含副总经理）管理制度》，及其他相关管理制度，请各部门、各人员按照既有制度严格遵照执行。

未来项目公司成立后，应当建立人力资源管理制度，当高管发生变化时，应报实施机构批准后，按照项目公司人力资源管理制度执行，然后报市场监督管理部门备案（或有）。

（四）经验教训

1. 项目公司总经理必须专职、必须充分授权；各高级管理人员应当实质履职，不得为挂名履职。

2. 项目公司总经理不得由项目经理兼任。

3. 《公司章程》中除涉及公众利益、公共安全的事项，应尽量避免约定出资代表的一票否决权。

4. 实务中有可能发生“两块牌子，一套人马”的组织情况，即项目部和项目公司两块牌子，实际管理就是项目部管理，项目经理实际履职，该种情形极易造成谁都管、谁都不负责任的情况，应予避免。

二、工作实施方案

1. 《PPP 项目投资协议》签订后，社会资本应及时组建项目公司经营管理核心团体（项目公司总经理和项目法人应为同一人）。

2. 项目公司核心管理团队成员选定，应满足管理制度规定的合规程序要求。

3. 具体经办部门应将拟派核心管理团队人员及时上报公司审核、批准。

4. 公司批准后，应出具相应的决策文件，如正式会议纪要作为人力资源部正式任命的依据。

5. 公司人力资源部根据现行管理制度具体落实任命程序。

6. 项目实施过程中，若发生高管人员变动，获得实施机构、股东批准后，再通过“三会”决议落实，应满足项目公司管理制度的程序和要求。

7. 相关文件完整存档，不得遗漏。

三、管理表单

略。

四、实务风险解析与建议

实务问题1：实务中，可能出现社会资本高管由母公司高管担任，但实际负责人是另外委派的情形。实际负责人因为没有正式任命和授权，没有实质性权限，因此效能有限，需要协调的工作就很难高效推进。

解析与建议：

当该实际负责人需要获得某项批准时，必须向授权高管请示，由于授权高管对项目情形并不熟悉，因此就增加了隐形的沟通成本。而该种情形下，相关法律风险和责任由母公司高管承担：一是增加了领导们的法律风险，二是本质上降低了实际负责人的责任感，对项目推进并无任何益处。

因此，强烈建议项目公司总经理全职，充分授权，权责对等，从实践情况来看，效果明显。

实务问题2：社会资本高管任命时，可能出现项目公司架空的现象，精兵强将全部安排在施工项目部，而项目公司并不参加实际管理，这在“两块牌子，一套人马”的企业最为常见。由于缺少第一责任人，各项工作群龙无首，极易导致项目失败。应当怎样处理?

解析与建议：

社会资本高管必须正式任命，尤其是项目公司总经理，是项目公司成立后，贯彻社会资本意志，实现社会资本投资回报经营指标的第一责任人，必须严肃任命，并赋予相应权限。法定代表人应和项目公司总经理为同一人，应为全职任用，项目公司总经理不得在两个以上项目任职。同一 PPP 项目的施工项目经理，不得兼任该 PPP 项目的项目公司法人代表、项目公司总经理。

五、管理成果要求（基础档案）

1. 关于项目公司高管的提名申请，及相关会议纪要（总经理办公会）；
2. 关于高管的正式任命；
3. 关于人员调整的请示，及实施机构的批准；

4. 关于人员调整的“三会”文件；

5. 工商备案文件；

6. 其他相关文件等。

六、补充说明

无，不直接涉及政府方监管要点。

第3节 项目公司总经理工作目标责任书签订

核心条款

第三条 项目公司总经理对PPP项目的投资经营目标负责，是实现公司投资经营目标的第一责任人。

公司根据管理制度，与项目公司总经理签订工作目标责任书，下达经营指标任务，以此作为项目公司总经理考核的基准。

条款解析

项目公司总经理确定后，对其赋予了相应的责任、权利和义务，同样，也需要下达明确的目标，这是量化的责任确定，也是项目公司总经理的压力所在。

有了明确的目标和配套的奖惩机制，项目公司总经理就可以有的放矢，工作有所侧重，才能带领项目公司按照公司既定的方向前行。

如果没有明确的目标责任，那么项目公司经营得如何，则完全依赖于项目公司总经理自身的责任感和专业素养，这将存在严重的不确定性。而实务中这种情形多有存在，这也是很多项目推进不顺的隐性原因之一。

因此，各社会资本应当重视。

实施办法

一、管理依据

（一）法律法规、政策依据

参见《建设工程项目管理规范》，该规范第4.1节“一般规定”如下：

项目管理责任制度应作为项目管理的基本制度。

项目管理机构负责人责任制应是项目管理责任制度的核心内容。

建设工程项目各实施主体和参与方应建立项目管理责任制度，明确项目管理组织和人员分工，建立各方相互协调的管理机制。

建设工程项目各实施主体和参与方法定代表人应书面授权委托项目管理机构负责人，并实行项目负责人责任制。

项目管理机构负责人应根据法定代表人的授权范围、期限和内容，履行管理职责。

项目管理机构负责人应取得相应资格，并按规定取得安全生产考核合格证书。

项目管理机构负责人应按相关约定在岗履职，对项目实施全过程及全面管理。

该规范第 4.5 节“项目管理目标责任书”规定如下：

项目管理目标责任书应在项目实施之前，由组织法定代表人或其授权人与项目管理机构负责人协商制定。

项目管理目标责任书应属于组织内部明确责任的系统性管理文件，其内容应符合组织制度要求和项目自身特点。

编制项目管理目标责任书应依据下列信息：(1) 项目合同文件；(2) 组织管理制度；(3) 项目管理规划大纲；(4) 组织经营方针和目标；(5) 项目特点和实施条件与环境。

项目管理目标责任书宜包括下列内容：(1) 项目管理实施目标；(2) 组织和项目管理机构职责、权限和利益的划分；(3) 项目现场质量、安全、环保、文明、职业健康和社会责任目标；(4) 项目设计、采购、施工、试运行管理的内容和要求；(5) 项目所需资源的获取和核算办法；(6) 法定代表人向项目管理机构负责人委托的相关事项；(7) 项目管理机构负责人和项目管理机构应承担的风险；(8) 项目应急事项和突发事件处理的原则和方法；(9) 项目管理效果和目标实现的评价原则、内容和方法；(10) 项目实施过程中相关责任和问题的认定和处理原则；（11）项目完成后对项目管理机构负责人的奖惩依据、标准和办法；（12）项目管理机构负责人解职和项目管理机构解体的条件及办法；（13）缺陷责任期、质量保修期及之后对项目管理机构负责人的相关要求。

组织应对项目管理目标责任书的完成情况进行考核和认定，并根据考核结果和项目管理目标责任书的奖惩规定，对项目管理机构负责人和项目管理机构进行奖励或处罚。

项目管理目标责任书应根据项目实施变化进行补充和完善。

以上均是管理需要，可以借鉴使用，可将“项目管理”替换成“项目公司经营管理”，再根据 PPP 的特性作出适应性调整。

本节内容和第 13 节关联，可以关联阅读。

（二）PPP 项目合同常规约定

无，不涉及。

（三）管理制度

本项工作开展时，项目公司尚未成立，故仅匹配母公司相关管理制度执行。

（四）经验教训

项目公司总经理应当明确责任目标，否则仅享受权利，不承担责任，对于项目的健康推进会有负面影响。目标责任书的签订，也是 SMART 原则的体现。项目公司总经理根据签订的目标再做下一步的实施策划，有的放矢，事半功倍，经过实践检验，效率很高。

二、工作实施方案

1. 公司主要负责领导是公司投资项目的第一责任人，也是项目公司与母公司的直接接口人。

2. 项目公司总经理是 PPP 项目经营管理目标实现的第一责任人，是公司在项目上的直接执行人。

3. 公司主要负责领导和项目公司总经理共同对公司投资项目的经营目标负责。

4. 主要负责领导对项目公司总经理下达工作责任目标，并与之签订工作目标责任书，对项目公司总经理进行直接考核，该考核结果与项目公司总经理的职务升迁、绩效兑现、奖金发放等挂钩。

5. 在前期工作基础上，双方正式签订工作目标责任书，并遵照执行。

6. 该目标责任书作为项目公司总经理工作的根本要求和目标，除非主要负责领导或公司书面同意调整，否则不得随意发生变化。

三、管理表单

略。

四、实务风险解析与建议

实务问题：本项工作，在 PPP 实务中一般不会有具体的实务风险，但是从管理角度而言，则显性地存在问题。

解析与建议：

由于各单位均有配套管理制度，一般会对具体的岗位有明确的职责和目标要求，故此处不再赘述，仅作提示。

建议详见本节经验教训部分。

五、管理成果要求（基础档案）

1.《项目公司总经理工作目标责任书》；

2. 各项指标完成的成果文件；

3. 其他相关报告、申请、批准、会议纪要、奖惩文件等。

六、补充说明

无，不直接涉及政府方监管要点。

第 4 节　项目公司成立

核心条款

第四条　项目公司总经理应及时组织召开首次三会，落实股东协议和公司章程，根据公司规定，经过集体评审通过，并附法律意见书，报公司书面批准后签订。同时协调各股东完成项目公司注册资本金注资，办公地点选定等前置工作，完成项目公司注册成立工作。项目公司应开设独立基本账户和/或专有银行账户（专有账户供专项资金、奖补资金等使用）。

申领营业执照时，应考虑营业范围能完整覆盖项目运营内容。若运营需要申领资质的，应在建设期内完成资质申领工作。

条款解析

项目公司总经理确认后，应首先注册成立项目公司。

项目公司是 PPP 项目的第一法律责任主体，成立项目公司，是 PPP 项目各项工作开展的起始。极少数情况，社会资本直接作为履约主体，不成立项目公司，这也是可以的。

项目公司的股东，可能有政府方出资代表，也可能没有，这都是常见情形。但是联合体多股东的情况下，在实务中则多发矛盾、纠纷，各项利益难以协调和平衡，其根本原因在于，《股东协议》和《公司章程》约定不明，各方责任、权利和义务界定模糊，具体开展工作时，各方考虑自身利益较多，当不能满足自身预期时，很有可能采取消极的态度和方式，从而导致不利后果。因此，《股东协议》和《公司章程》是关键工作，建议各股东方在事前审慎、全面考虑，并妥善约定、签署，避免未来矛盾后置。

另外需要提醒的是，在制定《公司章程》时，除了涉及公众利益和公共安全的事项外，应尽量避免约定一票否决权（100% 表决通过），实务中常有该类表决条款引致的矛盾纠纷。

同时，PPP 项目既包含建设，也包含运营，因此，项目公司注册成立时，还应当考虑建设、运营的营业范围，以及相关资质要求。

实施办法

一、管理依据

（一）法律法规、政策依据

财政部《关于印发政府和社会资本合作模式操作指南（试行）的通知》（财金〔2014〕113 号）第 23 条规定，“社会资本可依法设立项目公司。政府可指定相关机构依法参股项目公司。项目实施机构和财政部门（政府和社会资本合作中心）应监督社会资本按照采购文件和项目合同约定，按时足额出资设立项目公司”。

财政部《关于规范政府和社会资本合作合同管理工作的通知》（财金〔2014〕156 号）附件《PPP 项目合同指南（试行）》第 1 章第 1 节第 2 条规定，“……项目公司可以由社会资本（可以是一家企业，也可以是多家企业组成的联合体）出资设立，也可以由政府和社会资本共同出资设立。但政府在项目公司中的持股比例应当低于 50%、且不具有实际控制力及管理权”。

2016 年 10 月 24 日，国家发改委发布了《关于印发〈传统基础设施领域实施政府和社会资本合作项目工作导则〉的通知》（发改投资〔2016〕2231 号），其附件《传统基础设施领域实施政府和社会资本合作项目工作导则》第 16 条规定，“社会资本方可依法设立项目公司。政府指定了出资人代表的，项目公司由政府出资人代表与社会资本方共同成立。项目公司应按照 PPP 合同中的股东协议、公司章程等设立。项目公司负责按 PPP 项目合同承担设计、融资、建设、运营等责任，自主经营，自负盈亏。除 PPP 项目合同另有约定外，项目公司的股权及经营权未经政府同意不得变更”。

项目公司的设立也是PPP项目信息公示要求的内容，根据财政部《关于修订发布〈政府和社会资本合作（PPP）综合信息平台信息公开管理办法〉的通知》（财金〔2021〕110号）第10条第1项规定，管理库项目执行阶段应当公开的信息主要包括“社会资本方或项目公司信息，包括中标社会资本方或项目公司基本信息、项目公司股权结构、增减资情况说明、履约保证措施等”。

（二）PPP项目合同常规约定

以四川省某市政配套、保障性安居工程PPP项目为例，其《PPP项目合同》第5.1.1条“按要求成立项目公司”约定如下：

乙方与×××城市投资有限责任公司在本合同签订30日内合资组建项目公司，设立注册地在×××，具体负责项目的筹融资、建设、经营、维护及管理；项目公司注册资本金暂定为人民币3600万元，合资双方按比例以现金出资，×××城投公司持有项目公司10%股权，剩余的90%的股权由乙方或乙方和融资方共同持有。×××城投公司持有的项目公司股权，×××城投公司和项目公司按国家税法及相关规定依法承担各自的纳税义务。项目公司分红双方另行约定。

乙方应向甲方提交项目公司所有股东合法签署盖章的股东合资协议、《项目公司章程》、项目公司资本金缴纳证明、项目公司营业执照，以及为证明上述文件有效性、真实性的各股东方和项目公司的股东会、董事会决议等文件。甲方应确保政府方的出资方代表及相关部门或人员应予以紧密的配合。

（三）管理制度

本项工作开展时，项目公司正在成立中，故仅匹配母公司相关管理制度执行。

（四）经验教训

项目公司总经理确认后，应首先注册成立项目公司，不得拖延。

部分PPP项目的运营需要资质，项目公司在办理营业执照的同时，应同时考虑相应的经营范围和资质办理情况（自运营的情况下）。

二、工作实施方案

1. 主办人至行政服务中心市场监督管理部门窗口，了解注册项目公司所需要件及要求。

2. 按照要求的要件及要求准备各项材料，其中，股东协议、公司章程、首次“三会”应当专项办理。

3. 协调召开首次“三会”，并获得各方决议。

4. 股东协议、公司章程应按照各股东的一致意见进行起草，经过律师审查通过后，报各股东方确认。

5. 至市场监督管理部门窗口提交申报材料，等待获批。

6. 获得正式营业执照（营业范围应当充分考虑）。

7. 向牵头股东确认开户银行，并至银行申办专户。

8. 获得银行专户。

9. 确认运营初步方案，确认是否由项目公司准备申办运营资质（或有）。

10. 每年度定期申办工商年报。

11. 其他相关事宜。

三、管理表单

略。

四、实务风险解析与建议

实务问题 1：项目公司注册资本金和项目资本金分不清的问题。项目公司注册资本金和项目资本金是两个性质的资金，应根据不同的政策依据执行。某交通道路 PPP 项目，政府方出资代表已经按照《公司章程》和《PPP 项目合同》的要求出资到位并已验资，现在上级专项补助资金可以到位 200 万元，政府方出资代表想退回之前出资的 200 万元，用这个专项补助资金替代，问我们财务上应如何实现？是否合规？

解析与建议：

两笔资金性质不同、时限不同、要求不同，但相同的是不得撤回、不得擅自挪作他用。本身该要求就不合规，不能安全实现。详细内容请关联

《PPP 项目执行阶段操作指南：100 个实务问题深度解析（第二册）》问题 26 进行阅读。

实务问题 2：作价入股的处理。实务中，政府方有可能会发生以固定资产作价入股的情形，项目公司应如何处理？

解析与建议：

如果涉及政府方以固定资产折价入股的，应事先协调政府方将固定资产委托有资质的第三方进行资产评估，按照最终评估价格作价入股。资产移交，交割至项目公司后，视同注资到位。

实务问题 3：实务中，部分项目公司的章程议案议题过于细致，导致需要频繁召开董事会和股东会，严重影响项目公司正常运行，应如何处理？

解析与建议：

（1）常规议案议题根据公司法规定设定；

（2）特殊议案、专有议案应尽量考虑实务操作的可行性。

最终议案议题必须由律师审定，可以要求出具法律意见书，进行扎口把关。

实务问题 4：政府方可能会在公司章程中增加一票否决权的范围，是否适当？

解析与建议：

应在公司章程制定中严控一票否决权的设定。

除了涉及公众利益和公众安全的事项，不得赋予政府方出资代表其他一票否决权，因为投融资风险、建设风险和运营风险，均由社会资本方承担。

实务问题 5：政府方出资代表不承担亏损风险，要求由中标社会资本方兜底，是否妥当？

解析与建议：

极个别项目案例中，政府方出资代表不要求分红，不承担亏损风险，要求中标社会资本兜底。

该种情形，若中标社会资本认同，并在股东协议和公司章程中明确认可，则受法律保护。PPP 相关政策中，仅对政府方作出明确限制，不得对社会资本进行兜底，但未对社会资本为政府方出资代表兜底作出明确禁止。

因此，如果政府方出资代表提出该等要求，社会资本应明确拒绝，或可提请本级人民政府解决，绝不兜底。

其他相关实务风险问题，还可以关联《PPP 项目执行阶段操作指南：100 个实务问题深度解析》问题 43，《PPP 项目执行阶段操作指南：100 个实务问题深度解析（第二册）》问题 11、问题 12 进行阅读。

五、管理成果要求（基础档案）

1. 《股东协议》及其评审记录；
2. 《公司章程》及其评审记录；
3. 首次股东会、董事会、监事会议案，及其完整记录；
4. 正式营业执照；
5. 正式银行开户证明；
6. 正式资质文件（如有）；
7. 年度工商年报；
8. 其他相关文件等。

六、补充说明

本项是政府方监管要点内容，可以关联《PPP 项目政府方监管要点》阅读，共涉及一项监管要点如下：

监管要点 17：项目公司是否已经按照约定设立？

第5节 签订 PPP 项目合同

核心条款

第五条 项目公司注册完成后，应根据规定，及时和实施机构签订 PPP 项目合同。PPP 项目合同应根据公司规定，经过集体评审通过，并附法律意见书，报公司书面批准后签订。协议签订时，应明确具体的签约日期，不得空白。

PPP 项目合同中应明确约定绩效考核的办法和细则、政府方付费的程序和办法、计价依据、人工和主材的调价办法、暂估价的确定、询价和认质认价的处理、变更签证的处理、建设期利息的计取、工程预付款和进度款比例、审计方式的确定、征地拆迁或土地补偿款的处理（必须上限原则）、采购原则、股权变更处理办法、税务处理原则、中期评估的程序和办法、争议的处理（必须有专家评议简易处理程序）等核心实务内容，不得遗漏或模糊。

PPP 项目合同评审时，商务部门、投融资主管部门、项目管理部门、法务部门、项目公司管理成员以及律师等共同参加，要求从合法合规性、前后一致性①，以及实施可实现性等方面逐条进行审核，建议采用 WBS 深度解析法，形成详细的、细致的评审意见后提交公司审核。

条款解析

项目公司成立后，首先应和实施机构签订 PPP 项目主合同或承继协议，确立自己的第一法律责任主体的地位。合同签订后，根据合同相对性原则，

① 前后一致性，包括可行性研究报告、立项批复、实施方案、招标文件、投标文件、谈判备忘录、中标通知书、合同等。

此时工作才算正式开始，项目公司才算真正地走上 PPP 项目履约的舞台。

PPP 项目合同签订的品质优劣，直接关系项目全生命周期的管理成败，因此，各方应当认真应对。

应根据公司既有的管理制度和体系要求，履行合同评审、合同签订的程序，确保签约程序合规。对于政府方，合同正式签订前，应根据政策规定，获得本级人民政府的批准。

关于合同评审，实务中经常发生流于形式的情形，各个部门都参与评审，但是评审的人都不承担责任（因为未来具体合同履约的人不是评审的人，所以结果好坏对他们影响不大，且“法不责众”）。同时，评审的品质好坏和参与评审人员的专业度、责任心相关，但往往实际参与评审的人有可能是部门新手，所以可能流于形式。基于此，建议最好有未来实际参与项目履约的人参加评审，比如项目公司总经理、相关负责人等。同时建议律师参与评审，并由律师出具法律意见书，从独立角度发表专业意见。

合同评审的核心之一是实施可实现性，即合同内约定的条款，未来是否可以做到，是否可以实现？如果可以实现，则风险较低，如果无法实现，则不能轻易承诺，应当进行适当修订或调整。实践来看，WBS 深度解析法是高效的方法和工具，建议使用。

同时，结合 PPP 项目实践，由于合同约定不清晰、不明确，或没有约定，经常导致各类实务问题频发。比如，绩效考核约定不清晰、回款约定不明确、调差约定模糊，造成了履约困扰，严重影响项目推进。通过案例项目的系统调研和搜集整理，对高频问题有了明确的指向，因此，重点提醒，期望引起重视。

实施办法

一、管理依据

（一）法律法规、政策依据

《建设工程项目管理规范》第 7.1 条“一般规定”规定，“组织应建立项目合同管理制度，明确合同管理责任，设立专门机构或人员负责合同管理工作。组织应配备符合要求的项目合同管理人员，实施合同的策划和编制活动，规范项目合同管理的实施程序和控制要求，确保合同订立和履行过程的合规性”。

该规范第7.2条“合同评审”规定如下：

“合同订立前，组织应进行合同评审，完成对合同条件的审查、认定和评估工作。以招标方式订立合同时，组织应对招标文件和投标文件进行审查、认定和评估。

“合同评审应包括下列内容：1 合法性、合规性评审；2 合理性、可行性评审；3 合同严密性、完整性评审；4 与产品或过程有关要求的评审；5 合同风险评估。

“合同内容涉及专利、专有技术或者著作权等知识产权时，应对其使用权的合法性进行审查。

“合同评审中发现的问题，应以书面形式提出，要求予以澄清或调整。

“组织应根据需要进行合同谈判，细化、完善、补充、修改或另行约定合同条款和内容。”

该规范第7.3条“合同订立”规定如下：

“组织应依据合同评审和谈判结果，按程序和规定订立合同。

“合同订立应符合下列规定：1 合同订立应是组织的真实意思表示；2 合同订立应采用书面形式，并符合相关资质管理与许可管理的规定；3 合同应由当事方的法定代表人或其授权的委托代理人签字或盖章；合同主体是法人或者其他组织时，应加盖单位印章；4 法律、行政法规规定需办理批准、登记手续后合同生效时，应依照规定办理；5 合同订立后应在规定期限内办理备案手续。”

以上规定可以参考，虽然项目属性不同，但管理程序相通，可以借鉴。

本节内容与本章第1节、第6节和第103节相关联，可以关联阅读。

（二）PPP项目合同常规约定

以四川省某市政配套、保障性安居工程PPP项目为例，其《PPP项目投资协议》第 1 条约定如下：

“乙方（中标社会资本）是一家按照中国法律注册成立，并已经合法开展经营活动的有限责任公司。除非本合同另有约定，在项目公司成立之后，本合同中明确的乙方权利义务除作为中标社会资本方和项目公司股东方应享有和承担的权利义务外由项目公司全面承继。待项目公司成立后，由项目公司与项目实施机构重新签署 PPP 项目合同，或者签署关于继承 PPP 项目合同的补充合同。”

（三）管理制度

一般对应《合同管理制度》，具体内容略。

（四）经验教训

1. 合同签订和合同生效是两个概念，合同签订并不必然等同于合同生效，项目公司应当重点关注。

部分合同中可能约定了合同生效的前提条件，常规约定如，“项目合同必须报请本级人民政府或政府授权机构审核同意，在获得同意前项目合同不得生效”。部分合同还约定了融资交割完成、保险购买到位、履约保函提交完成等作为生效的前提条件，项目公司应当重点关注，专项落实，确保合同签订后尽快生效。

2. 还有相对复杂的合同生效条件，项目公司应当更加关注。还以四川省××市政配套、保障性安居工程 PPP 项目为例，合同第 5 章约定了《PPP 项目合同》前提条件及期限要求，“本合同规定的前提条件只有在全部得以满足的情况下，合同所有条款方能生效，否则，有关条款将不能生效。如果在合同约定期限内仍不能实现所有前提条件得以满足或被豁免，本合同将终止，有责任满足前提条件或取得豁免的一方将承担违约责任”，具体约定如下：

“5.1 前提条件内容

“5.1.1 按要求成立项目公司。具体内容详见第 4 节。

“5.1.2 完成项目的政府审批手续。

“完成项目的政府审批手续是指项目按照国家有关规定获得项目开工前的所有批准、同意、许可、免除、执照、备案或其他应办理的手续，并负责将本项目所有核准、协议、文件及相关资料的原件提供给乙方。本项目规划、建设等所有审批手续的主体应为项目公司。对于项目公司成立前已办理的各项审批手续，在项目公司成立后，甲方和××人民政府相关部门应配合项目公司完成所有审批手续更名至项目公司的工作。

“××人民政府和甲方负责项目前期工作和提供本项目建设相关的先行条件：包括拆迁安置补偿、土地征用、管线迁移、树木迁移、进场道路、施工水电接口、施工临时用地征用、协商、维稳工作等，满足乙方的施工需要，做好达到开工条件的所有前期工作，所需费用纳入非工程费用总价，最终由××人民政府承担。

“甲方配合乙方协调处理好于政府各职能部门的关系，负责协调好项目场地周边所涉及的有关单位及群众的关系。

“5.1.3 乙方向甲方提交了建设期履约保函。

“按甲方审批通过的项目财评工程造价的5%提交履约保函，如分期开工建设可按照分期的财评工程造价提供，建设期的履约保函在项目公司签订合同后且甲方审批通过财评工程造价15个工作日内交纳。

“5.1.4 甲方向乙方提交了以下文件：

“（1）本项目《××发展和改革局关于同意××新城区市政配套工程可行性研究报告的批复》已经完成；

“（2）项目的物有所值评价报告、财政承受能力论证报告、实施方案已经通过专家评审合格并通过××人民政府常务会议审定；

“（3）项目相关手续满足国家相关政策的要求，完成本项目在国家财政部PPP项目的入库手续；

“（4）其他证明项目已经按照《关于在公共服务领域推广政府和社会资本合作模式指导意见的通知》（国办发〔2015〕42号）文件及其他相关文件要求，完成了PPP项目在项目采购阶段‘谈判与合同签署’环节前所需获得的所有政府审批手续的文件；

“（5）项目的建设用地已经由国土局或上级部门批准；

“（6）项目的立项、可研、环评、地勘、规划设计、施工图设计、施工图审查等由本级人民政府相关部门和甲方负责完成，已达到法定允许的施工条件；

“（7）××人民政府已通过《授权书》授权××城市投资有限责任公司作为本项目政府方出资代表；

“（8）证明甲方具备签订本合同主体资格的文件，如××人民政府已通过《授权书》授权甲方为本项目签约机构和项目实施机构；

“（9）证明本合同项下政府应承担的支付义务已经按照规定纳入财政年度预算及中长期财政规划并被批准的文件，由××人民政府授权××财政局对本项目出具的优先支付承诺函并提请本级人大审议通过；

“（10）项目建设和运营维护所需要办理的审批手续清单（以本合同签订日之前已经颁布的有关规定为准）。

“5.1.5 其他前提条件（按照双方约定可以添加，略）。

“5.2 前提条件豁免或给予宽限期

“5.2.1 豁免或给予宽限期的权利

“上述前提条件可以被豁免或在给予的宽限内得以满足，但只有负责满足该前提条件的一方的相对方拥有给予对方豁免或宽限期的权利。

“5.2.2 请求豁免或宽限期的形式及时间

“一方请求对方给予豁免或宽限期的，应在满足前提条件的时间之前，以书面方式向对方提出；对方同意或不同意，均应于收到上述请求后10个工作日内给予书面答复。超出10个工作日未予书面答复的，视为同意请求。

“5.3 前提条件满足的期限要求

“5.3.1 约定期限

“合同签订后30日之内，双方应满足自己应负责满足的前提条件，并按本合同要求将有关证明材料提交对方。如果一方给予未能满足前提条件的另一方宽限期的，约定期限相应推迟到宽限期结束。

“5.3.2 确认生效日

“如双方均满足了所有前提条件或取得了相应的豁免，则本合同生效。甲方应向乙方出具书面确认函，确认所有前提条件满足或得以豁免之日为生效日。

“5.4 未满足前提条件的后果

“如果双方约定的上述任一前提条件在规定的时间内未满足，并且另一合同方也未同意豁免或给予宽限期，则按以下约定处理：

“5.4.1 合同终止

“负责满足前提条件的合同一方的相对方有权终止本合同。

“5.4.2 合同终止通知

“提出终止合同一方应以书面形式通知对方。终止合同通知到达对方时（或按法律法规及本合同约定视为到达对方时），本合同终止。

“5.4.3 合同终止的效力和后果

“合同项下的权利和义务将终止。如果由于未满足前提条件而导致本合同终止，除本合同中明确规定的在合同终止后仍属有效的条款外，其他权利义务将终止。

“经济赔偿。如因合同一方未能在规定的时间内满足其应当满足的前提条件而导致合同终止的，合同另一方有权向其主张一定的经济赔偿，但经济赔偿的额度应当与合同另一方因此所遭受的损失相匹配，并符合我国合同法关于损害赔偿的规定。”

以上实例可见，该项目《PPP项目合同》生效条件比较苛刻，部分内容项目公司并不具备把控力，但合同约定如此，则项目公司必须专项落实，逐一兑现，否则极端情况下，可能会导致合同持续不能生效。该种约定不在少数，本项内容应当引起项目公司充分重视，特此提醒。

二、工作实施方案

1. 项目公司注册完成后，应根据规定，及时组织和实施机构签订PPP项目合同。

2. 项目公司总经理应组织相关部门、人员，包括商务部门、投融资主管部门、项目管理部门、法务部门、项目公司管理成员及律师等共同参加。

3. 要求从合法合规性、前后一致性，以及实施可实现性等方面逐条进行审核，建议采用 WBS 深度解析法，形成详细的、细致的评审意见后，提交公司审核。

4. 律师应同时出具法律意见书随附。

5. PPP 项目合同中应明确约定：绩效考核的办法和细则、政府方付费的程序和办法、计价依据、人工和主材的调价办法、暂估价的确定、认质认价询价的处理、变更签订的处理、建设期利息的计取、工程预付款和进度款比例、审计方式的确定、征地拆迁或土地补偿款的处理（必须上限原则）、采购原则、股权变更处理办法、税务处理原则、中期评估的程序和办法、争议的处理（必须有专家评议简易处理程序）等核心实务内容，不得遗漏或模糊。

6. 报公司书面批准后签订，最终审核责任人应页签确认。

7. 获得本级人民政府批准签订的文件。

8. 协议签订时，应明确具体的签约日期，不得空白。

9. 项目公司总经理为第一责任人。

三、管理表单

略。

四、实务风险解析与建议

实务问题：PPP 项目合同签订时，应重点注意哪些问题？

解析与建议：

《PPP 项目合同》签订时应重点注意四部分：

（1）PP 政策规定的、提醒的部分，主要依据财政部《关于规范政府和社会资本合作合同管理工作的通知》（财金〔2014〕156 号）和国家发改委《关于开展政府和社会资本合作的指导意见》（发改投资〔2014〕2724 号）；

（2）招标、投标约定好的部分，要前后一致，强调变化必须通过合同谈判备忘录进行固定，尤其是己方的诉求必须在合同中明确体现，不能依靠口头承诺和约定俗成；

（3）合法合规性，合同成稿必须经过律师审核，并出具法律意见书，避免合同无效的情况发生；

（4）实施过程中可能出现的高频风险，以及大概率遇到的问题，应尽可能事先在合同中有所体现，或有原则约定。

以下是针对本部分的明确建议：

（1）基于众多实务合同法律责任主体混乱、约定前后不一致，建议在《PPP 项目投资协议》中明确完整《PPP 项目合同》体系，并明确签订原则和审查原则。

（2）建议在《公司章程》中限制政府方的一票否决权，尽量避免 100% 表决通过的设定。

（3）建议在《PPP 项目合同》中约定明确施工总承包合同签订原则，比如，是否还需要实施机构审核、施工进度款支付比例、计价原则、主材人工调价依据和原则、变更签证原则、结算和决算原则（过程结算）等。

（4）建议约定明确建设单位管理费的计算方式及使用范围、使用方式等。

（5）建议约定明确由于政府方原因融资不能的责任豁免以及处理原则（或直接约定违约责任）。

（6）建议约定明确政府方对合规性手续的办理支持事项，包括：①提供可研报告及立项批复（核准、审批、备案）；②“两评一案”的政府批文原件；③政府批准文件、人大决议原件；④政府对实施机构、政府出资代表的书面授权文件；⑤实施机构对实际管理机构的书面授权文件（或有）；⑥合规性手续办理，前后法人不一致时，协助办理变更手续；⑦建设用地规划许可证、建设工程规划许可证、建筑工程施工许可证、不动产权证书（或有）；⑧项目入财政部库并及时更新相关信息；⑨其他相关合规性手续。

应在合同中对以上合规性手续的办理责任进行明确约定，政府方有协助和支持义务，如果由于政府方原因导致不能及时办理的，已方有权暂时不予开工，并有权责任豁免或追究实施机构违约责任。

（7）建议约定明确项目保险购买原则，项目公司可以根据危险源灵活设计保险购买方案，保险受益人是项目公司，非实施机构。

（8）建议约定明确建设期保函兑取原则，虽然见索即付，但不得任意兑取，实施机构应向金融机构提交相应支撑性证据文件。

（9）建议约定明确绩效考核的办法和细则，非常重要，应双方确认后作为合同附件。

（10）建议约定明确未来项目公司回款，政府方付费的程序和办法，应细致至可以遵照执行的层面，非常重要。同时还应约定明确政府方不能及时付费的后果，即其违约责任，非常重要。

（11）建议约定明确由于政府方原因导致进度滞后的详细处理原则和方法，受损方可以工期索赔及费用索赔，费用索赔至少应包括建设单位管理费。

（12）建议约定明确跟踪审计的性质、审计的方法，确认采用过程结算，非常重要。

（13）建议约定明确双方的定期沟通机制，并明确约定双方不得拒收对方发来的正式工作联系函件，不得拒发正式会议纪要，正式工作联系函件要求必须书面行文，否则对方有权拒绝实施。

（14）建议约定明确土地指标、征地拆迁的推进计划，费用处理原则，尤其是突破计划后的处理原则，以及费用处理原则。项目公司不支付超过上限的任何费用，且在收到增值税专用发票后支付前述前期费用，或未来政府付费时，同等金额豁免开票。

（15）建议约定明确项目公司开票税率为6%。

（16）建议约定明确投资控制的措施和办法，政府方不得擅自增加项目范围、提高项目标准，或擅自删减项目内容，否则应由实施机构负责落实相关的合规性手续，项目公司协助，合规性手续获得后，项目公司通过《PPP项目合同补充协议》确定后，方可遵照实施。如果擅自删减项目内容，应对项目公司进行补偿。

（17）建议约定明确甩项的处理原则；变更签证的处理原则；人工费、主材的调价原则；暂估价的处理原则；询价、认质认价的处理原则；建设期利息的计算方式；专项资金或奖补资金的使用原则；工程进度款的和其他二类费的支付原则。

（18）建议约定明确财政评审的介入情况。

（19）建议约定明确项目公司的采购原则、采购办法。

（20）建议约定明确建设期股权变更的原则和办法，特殊情况下，股权锁定期内也可以走特殊审批通道，本级人民政府批准后，可以变更。

（21）建议约定明确试运营的处理原则，正式运营许可的获取办法。

（22）建议约定明确运营期运营成本的确认方式。

（23）建议约定明确运营期调价原则，应可以简单、明确地实际操作。

（24）建议约定明确中期评估的开展原则和方法。

（25）建议约定明确设备中大修、更新的原则及其费用的确认、处理原则。

（26）建议约定明确合同争议处理的详细办法，建议增加邀请专家组进行论证的简易处理程序。

（27）建议约定明确补充协议的处理原则，必须获得本级人民政府书面批准后，方可签订。

（28）建议约定明确合同提前终止的处理原则，以及具体操作方法。

其他相关实务风险问题，还可以关联《PPP项目执行阶段操作指南：100个实务问题深度解析》问题49、问题80，《PPP项目执行阶段操作指南：100个实务问题深度解析（第二册）》问题6进行阅读。

五、管理成果要求（基础档案）

1. 合同草稿；

2. 各部门评审会议纪要、评审意见；
3. 律师法律意见书；
4. 公司批复文件；
5. 政府方回复意见，双方交流、谈判会议纪要；
6. 最终确认版待签合同（页签确认）；
7. 律师正式法律意见书、公司书面批准文件；
8. 政府书面批准文件（或有）；
9. 双方签订的正式版 PPP 项目合同原件；
10. 其他相关文件等。

六、补充说明

再次提醒，项目公司成立后，首先应和实施机构签订 PPP 项目主合同，或承继协议，确立自己的第一法律责任主体的地位。

本项是政府方监管要点内容，可以关联《PPP 项目政府方监管要点》阅读，共涉及四项监管要点，分别如下：

1. 监管要点 11：PPP 项目合同文件是否按照规定起草？合同评审是否完整清晰？
2. 监管要点 12：合同谈判备忘录是否记录清晰？
3. 监管要点 14：PPP 项目合同终稿签订前是否获得了合适的正式审批？
4. 监管要点 19：实施机构和项目公司的正式 PPP 项目合同是否及时签订？

第6节 签订施工总承包合同

核心条款

第六条 施工总承包合同应和PPP项目合同同时签订。施工总承包合同应根据公司规定，经过集体评审通过，并附法律意见书，报公司书面批准后签订。协议签订时，应明确具体的签约日期，不得空白。

涉及关联交易的施工总承包合同，应在股东会决议通过后签订，签订后一周内提交实施机构一份原件备案。

施工总承包合同中应明确约定预付款比例、进度款付款比例、计价依据、人工和主材的调价办法、暂估价的确定、认质认价的处理、变更签证的处理、建设期利息的计取，以及违约罚则等条款，合同文本的内容不得突破PPP项目合同的约定。

条款解析

实务中，施工总承包合同一般不会和PPP项目合同一起签订，但是由于出现过极端的案例，因此将施工总承包合同的排序提前，建议同时签订。

某PPP项目，项目公司由中标社会资本和政府方出资代表共同成立，当项目公司和中标社会资本签订施工总承包合同时，由于涉及关联交易，所以应当通过股东会决议，但是股东会决议中，政府方出资代表以自身承担出资责任，但不享受分红收益，造成国有资产流失为由，要求社会资本给予收益补贴，否则就不同意签订（《公司章程》中约定，必须100%表决通过）。社会资本对于该项不合理要求自然是拒绝的，但沟通协调很长过程，造成了极大困扰。通过近三个月的沟通协调，政府方出资代表不再要求收益补贴，但再次提出另一个要求，要求在签订《施工总承包合同》时，必须参照当地同类型项目情况，按照定额下浮一定比例，方才同意签订，否则依然不同意。社会资本只能再次协调处理，前后浪费半年时间。

鉴于以上极端案例，因此建议将《施工总承包合同》和《PPP 项目合同》一起签订，此时的工作主体还是社会资本和实施机构，这样既有助于施工总承包单位各项工作的同步开展，也有助于规避各种意外情形。

《施工总承包合同》一般是和社会资本方签订，其要点是不得有违背 PPP 项目合同的条款。最高人民法院《关于审理建设工程施工合同纠纷案件适用法律问题的解释（一）》（法释〔2020〕25 号）第 2 条规定，“招标人和中标人另行签订的建设工程施工合同约定的工程范围、建设工期、工程质量、工程价款等实质性内容，与中标合同不一致，一方当事人请求按照中标合同确定权利义务的，人民法院应予支持”，第 22 条规定，“当事人签订的建设工程施工合同与招标文件、投标文件、中标通知书载明的工程范围、建设工期、工程质量、工程价款不一致，一方当事人请求将招标文件、投标文件、中标通知书作为结算工程价款的依据的，人民法院应予支持”，这也是合同前后一致性的要求，同样也是底线之一。

同时，应将商务部分约定清晰，为未来结算做好准备。尤其是基价和调差部分，实务中，人工费和材料价差的调整属于多发争议问题，建议审慎。

实施办法

一、管理依据

（一）法律法规、政策依据

本节内容与本章第 1 节、第 5 节和第 103 节相关联，可以关联阅读。

（二）PPP 项目合同常规约定

以天津市某高速公路 PPP 项目为例，其《PPP 项目合同》第 3.1 条第 6 项明确，“乙方为本协议和其他协议实施之目的所签署的、需甲方批准的其他合同、协议等，甲方应该给予及时批准”。第 7.3.6 条约定，“乙方应确保使融资文件、乙方股东之间的任何协议、乙方章程及其他相关协议项下要求的内容，以及其他由乙方签订的与本项目有关的任何协议（包括与中标社会资本签订的《施工总承包合同》），同本协议的规定保持一致”。

（三）管理制度

一般对应《合同管理制度》，具体内容略。

（四）经验教训

1. 签订施工总承包合同的单位应当具有相应的资质条件。

最高人民法院《关于审理建设工程施工合同纠纷案件适用法律问题的解释（一）》（法释〔2020〕25号）第1条规定，建设工程施工合同具有下列情形之一的，应当依据《民法典》第153条第1款的规定，认定无效：①承包人未取得建筑业企业资质或者超越资质等级的；②没有资质的实际施工人借用有资质的建筑施工企业名义的；③建设工程必须进行招标而未招标或者中标无效的。

承包人因转包、违法分包建设工程与他人签订的建设工程施工合同，应当依据《民法典》第153条第1款及第791条第2款、第3款的规定，认定无效。

该解释第2条规定，招标人和中标人另行签订的建设工程施工合同约定的工程范围、建设工期、工程质量、工程价款等实质性内容，与中标合同不一致，一方当事人请求按照中标合同确定权利义务的，人民法院应予支持。

2. 对于既是社会资本方，又是施工总承包单位的情况，根据《招标投标法实施条例》第9条的规定，必须采用公开招标的方式选择社会资本方。如果采用的邀请招标、竞争性谈判、竞争性磋商、单一来源采购的方式，则项目公司不能直接和社会资本方签订施工总承包合同，应当进行二次招标。

3. 站在政府方的角度，一般情况下，不需要对《施工总承包合同》的签订过度关注，但有两点需要把握：

（1）如果中标社会资本方不是施工总承包单位的，则项目公司成立后，应通过公开招标的形式选择施工总承包单位，采购程序必须有。

（2）《施工总承包合同》的约定，不得违背 PPP 项目合同内的约定及原则。

二、工作实施方案

1. 起草施工总承包合同（建议采用国家示范文本）。

2. 项目公司连同律师审查无误后，报股东公司上会确认。

3. 公司确认后，项目公司按照 PPP 项目合同约定，向实施机构申报或备案。

4. 实施机构批准或签收备案后，项目公司再根据《公司章程》的约定，通过股东会决议。

5. 股东会决议通过后，项目公司和施工总承包单位即可正式签订《施工总承包合同》。

6. 《施工总承包合同》正式签订后，对施工总承包单位/项目部进行详细交底。

7. 建立《施工总承包合同》专项管理档案，由工程技术部负责牵头管理。

8. 定期进行合同分析，纠正偏差，并妥善存档。

9. 直至合同关闭完成。

三、管理表单

略。

四、实务风险解析与建议

实务问题：政府要求 PPP 项目的施工总承包单位在当地新设分公司作为施工实施主体，是否合规？有哪些风险问题？案例情况如下：

（1）某 PPP 项目协议条款约定，“为使本项目工程款能充分发挥效益，施工企业必须在项目所在地设立能够独立核算的分公司，并授权该分公司实施本项目”。

（2）某 PPP 项目实施过程中，某高新区税收协控联管工作小组发出通知，要求，“区域外单位在高新区内从事建筑服务业项目的，符合条件的应在高新区设立分公司，由分公司为招标方提供建筑服务，在高新区全额纳税。没有在高新区设立分公司的，对在高新区全额纳税要有特别约定”。且该通知明确对于中标施工企业在高新区未设立分公司或就高新区全额纳税未达成特别约定致使中标施工企业在高新区少纳税的，一经查实，将暂停办理相关行政审批、许可手续等。

（3）某 PPP 项目施工合同为项目公司与两家社会资本方签订，其中社会资本方 1 承担 80% 工程量，社会资本方 2（当地企业）承担 20% 工程量。当地政府为了把税收留在当地要求社会资本方 1 开办分公司，税收也以提前缴税的方式实际发生了。现在融资银行提出要求施工合同和资金流向一致，而且社会资本方 1 给分公司出具委托书（授权书）也不行。此情形下若签订补充合同把社会资本方 1 变更为分公司，则存在分公司无资质的问题。社会资本方 1 现在面临两难问题。

针对上述情况，若满足了税务局的要求，则违背了财政部和发改委的政策，同时也违背了建筑法规的相关规定，且满足不了银行的要求，导致项目合规性、资金来源都存在严重障碍。

该种情形下，社会资本方、项目公司应如何处理?

解析与建议：

住房和城乡建设部办公厅《关于开展建筑企业跨地区承揽业务要求设立分（子）公司问题治理工作的通知》（建办市函〔2021〕36 号）明确要求，“各级住房和城乡建设主管部门要严格执行《住房城乡建设部关于印发推动建筑市场统一开放若干规定的通知》（建市〔2015〕140 号）第八条规定，不得要求或变相要求建筑企业跨地区承揽业务在当地设立分（子）公司；对于存在相关问题的，要立即整改”。

因此，目前该种情况已经得到遏制，相对较少了。

其他详细内容请关联《PPP 项目执行阶段操作指南：100 个实务问题深度解析（第二册）》问题 94 进行阅读。

其他相关实务风险问题，还可以关联《PPP 项目执行阶段操作指南：100 个实务问题深度解析（第二册）》问题 44、问题 46、问题 47、问题 80 进行阅读。

五、管理成果要求（基础档案）

1. 合同评审会议纪要：附 WBS 深度任务分解工作任务清单、法律意见书；
2. 股东会决议（关联交易）；
3. 《施工总承包合同》原件；
4. 政府方签收记录（合同原件签收）；
5. 财政部 PPP 项目信息管理库信息公示；
6. 合同交底记录（项目公司对施工总承包单位）；
7. 其他相关文件等。

六、补充说明

本项是政府方监管要点内容，可以关联《PPP 项目政府方监管要点》阅读，共涉及一项监管要点如下：

监管要点 60：是否及时批准了《施工总承包合同》等重大协议的签订？保留相应审核记录、招采记录，签订后应保留一份合同原件备案。

第7节 项目公司组织架构搭设及人员组织

核心条款

第七条 项目公司应根据项目的情况设置合适的组织架构，应包括投资控制部、工程技术部、综合管理部、财务部、运营管理部、投融资管理部等，各部门应包括部门经理、部门副经理、主管、主办等，部门设置和人员组织应满足前期文件①约定，还应考虑管理成本。组织架构搭设、人员组织安排完成后，应报实施机构备案，并通过“三会”程序决议后，方可遵照执行。

项目公司管理团队应与施工项目部完全分开，不得互相兼任职务，不得出现“两块牌子，一套人马”的情形。

项目公司在实施过程中，高级管理人员（总经理、副总经理、财务总监）发生变动，应根据合同约定获得实施机构的批准，或向实施机构报备后，通过合适“三会一层”② 程序决议，方可实施。

条款解析

合同签订完，意味着履约的开始，履约部分需要有完整的团队来逐一落实，因此，项目公司总经理应及时组建完整管理团队。

项目公司经营管理团队应当与施工项目部管理团队完全分开，其身份角色不一致，互相兼任的话，很难清晰区分。由于项目公司经营管理团队的管理成本从建设单位管理费支出，且纳入总投资，不额外增加其他费用，因此，强烈建议两个团队完全分开。

---

① 部分招标文件对此作出要求。

② 指股东会、董事会、监事会，以及或有的总经理办公会（经营层）。

组织架构搭设和人员配置，一是根据项目特性和情况进行配置，二是根据母公司的现有管理体系，三是根据项目的定位（政治类项目、标杆项目，或常规项目），四是母公司是否有培养人员的需要，五是建设单位管理费的限额等因素综合考量，以上部门与岗位的设置均为建议，可以根据实际情况增减。

总体来说，必须要有高效的团队才能高效履约，因此，组织架构搭设必须适当，必须做实。同时，履约过程中如果高管发生变化，必须履行适当的批准和调整程序，这也是审计要点之一。

实施办法

一、管理依据

（一）法律法规、政策依据

财政部《关于印发〈基本建设项目建设成本管理规定〉的通知》（财建〔2016〕504 号）附件 1《基本建设项目建设成本管理规定》第 5 条规定，“项目建设管理费是指项目建设单位从项目筹建之日起至办理竣工财务决算之日止发生的管理性质的支出。包括：不在原单位发工资的工作人员工资及相关费用、办公费、办公场地租用费、差旅交通费、劳动保护费、工具用具使用费、固定资产使用费、招募生产工人费、技术图书资料费（含软件）、业务招待费、施工现场津贴、竣工验收费和其他管理性质开支。项目建设单位应当严格执行《党政机关厉行节约反对浪费条例》，严格控制项目建设管理费”。

建设单位管理费的主要内容之一，就是项目公司的人员薪酬。

《建设工程项目管理规范》第 4.3 条“项目管理机构”规定如下：

“建立项目管理机构应遵循下列规定：1 结构应符合组织制度和项目实施要求；2 应有明确的管理目标、运行程序和责任制度；3 机构成员应满足项目管理要求及具备相应资格；4 组织分工应相对稳定并可根据项目实施变化进行调整；5 应确定机构成员的职责、权限、利益和需承担的风险。

“建立项目管理机构应遵循下列步骤：1 根据项目管理规划大纲、项目管理目标责任书及合同要求明确管理任务；2 根据管理任务分解和归类，明确组织结构；3 根据组织结构，确定岗位职责、权限以及人员配置；4 制定工作程序和管理制度；5 由组织管理层审核认定。”

项目属性不同，但项目管理原则是一致的，可以参考。

（二）PPP 项目合同常规约定

以天津市某高速公路 PPP 项目为例，其《PPP 项目合同》第 3 条第 2 款第 6 项明确规定，“乙方具备相应的财务能力、运营能力、人力资源、技术支持和经验，实施本项目并履行其在本协议下的每一项义务”。

《股东协议》第 22 条规定，“项目公司设立董事会，依法行使以下职权：……（八）决定项目公示内部管理机构的设置；（九）决定聘任或者解聘公司经理及其报酬事项，并根据董事长或经理的提名决定聘任或者解聘公司高级管理人员及其报酬事项；（十）制定项目公司的基本管理制度（包括员工薪酬、福利、奖励制度，具体组织机构及对应人员职责、管理模式）”。

（三）管理制度

一般对应《人事、组织、授权管理制度》《薪酬、考核与考勤管理制度》等，具体内容略。

（四）经验教训

1. 强烈建议两个管理团队完全分开。

2. 高管变化时，必须履行适当的批准和调整程序，这是审计要点之一。

二、工作实施方案

1. 项目公司总经理确认到岗后，应根据项目情况及时搭建组织架构，并考虑管理团队成员。

2. 组织架构初步搭设后，统筹考虑管理团队成员，人选初定后，应及时向母公司请示确认。

3. 母公司主管部门负责对项目公司总经理的提名人员进行批准，并给出书面批准意见。

4. 项目公司总经理根据批准意见，及时按照母公司管理制度完成人员调动程序。

5. 项目公司成立后，还应根据项目公司管理制度，完成人员任命的程序和动作。

6. 当人员发生变化和调整时，也应根据母公司及项目公司管理制度进行程序闭环。

三、管理表单

略。

四、实务风险解析与建议

实务问题 1：PPP 项目签约后，政府方要求由政府方全权主导项目公司日常管理工作，社会资本方仅出 1 名人员担任董事会秘书，兼合同法务部人员，象征性任职，不履行实际职权，虽然在项目公司的治理架构中规定财务经理、董事长是社会资本方的，但在实际执行中，却要求其不履行具体职责。针对此类情况，法律层面是否有应对条款？

解析与建议：

详细内容，请关联《PPP 项目执行阶段操作指南：100 个实务问题深度解析》问题 4 进行阅读。

实务问题 2：项目公司高级管理人员及员工都属于委派人员，公司所作出的职代会决议是否有效？依据是什么？如果无效，应该履行怎样的流程？依据是什么？

解析与建议：

详细内容，请关联《PPP 项目执行阶段操作指南：100 个实务问题深度解析（第二册）》问题 16 进行阅读。

其他相关实务风险问题，还可以关联《PPP 项目执行阶段操作指南：100 个实务问题深度解析（第二册）》问题 17、问题 19 进行阅读。

五、管理成果要求（基础档案）

1. 拟任用项目公司管理团队成员的专项报告；

2. 拟任用项目公司管理团队成员的书面简介；

3. 母公司决策、批准书面文件；

4. 项目公司正式任命文件；

5. 项目公司管理团队成员的离职报告、调任报告、聘任批准报告等（或有）；

6. 项目公司总经理办公会的决议、批准文件（或会议纪要）；

7. 新换管理人员的正式任命文件；

8. 其他相关文件等。

六、补充说明

本项是政府方监管要点内容，可以关联《PPP 项目政府方监管要点》阅读，共涉及一项监管要点如下：

监管要点 59：确认项目公司是否有完整的组织架构，各岗位人员是否均已实际到位履职？确认项目公司是否有经过董事会正式批准的管理制度和管理体系，并遵照执行？

第8节　项目公司首次会议的召开

核心条款

第八条　项目公司管理团队就位后，应及时召开项目公司首次会议，统一“规范经营管理”的思想。由项目公司总经理组织召开，管理团队全员参加。

会议中应明确，区别于施工单位角色，项目公司为建设单位身份，对项目公司的合规经营管理承担法律责任，对PPP项目的经营管理目标承担责任，对所有项目参与方承担组织协调责任，为PPP项目的核心第一责任主体。各管理人员对项目目标承担相应责任，对项目公司总经理负责。管理过程中，应善加使用监理单位、跟踪审计单位、法律顾问等第三方服务机构。

会议同时宣布人员任命，下达项目公司经营管理大纲、管理制度、岗位职责的编制任务。对项目公司管理人员提出“熟悉规则”的基本要求，对PPP相关法律法规和政策、主合同（股东协议和公司章程、PPP项目合同、融资协议、施工总承包合同、委托运营协议）、项目公司经营管理大纲、管理制度、岗位职责认真学习并细加研究。

条款解析

当组织架构搭设好，人员全部就位后，由于管理团队几乎都是临时组建，其成员有不同的管理经历和经验，不能直接形成管理合力，因此，首次会议就十分必要。

项目公司总经理组织成员互相了解、互相熟悉，有助于管理的进一步捋顺和高效地开展。首次会议的核心，一是统一思想认识，明确基础规则；二是宣布任命，成员互相熟悉；三是提出要求，启动各项工作。

首次会议有一定的仪式，是项目正式启动的标志，是给项目公司团队人员“一切从零开始”的一个信号。其中，项目公司经营管理大纲、管理制度、岗位职责等，是项目公司未来清晰管理的具体办法和依据，必须全员参与，只有共同深度思考，才能形成思想上的一致，才能实现高效的管理合力。

实施办法

一、管理依据

（一）法律法规、政策依据

本项工作内容属于项目公司内部管理动作，非政策规定。

（二）PPP 项目合同常规约定

本项工作内容属于项目公司内部管理动作，一般合同中不会有相应约定。

（三）管理制度

一般对应《会议组织与管理制度》等，具体内容略。

（四）经验教训

1. 首次会议必须要开，本项工作没有强制要求必须去做，但从管理的角度来看，则是必要的工作。

2. 项目公司在 PPP 项目体系中，属于建设单位身份，根据住房和城乡建设部《关于落实建设单位工程质量首要责任的通知》（建质规〔2020〕9 号）的规定，“建设单位是工程质量第一责任人，依法对工程质量承担全面责任”。这种关键的信息，可以在首次会议的时候进行专项提示。

3. 由于部分管理人员难以迅速转变身份，代入建设单位的角色，因此就需要在首次会议中进行交底和强调，非常重要。

二、工作实施方案

1. 项目公司总经理组织，全员参与，一般应准备一天时间。

2. 项目公司总经理应当做好前期准备，将会议内容做好策划，准备好相关资料。

3. 根据标准操作规程的要求，宣布人员任命、明确公司目标要求、布置下步工作任务等。

4. 安排专人做好会议记录，会议结束后，形成正式会议纪要，与会人员签字，并附会议照片。

5. 做好会议纪要的专项存档。

6. 做好持续跟踪与落实工作。

三、管理表单

略。

四、实务风险解析与建议

实务问题：结合当前现状，站在项目公司总经理角度，项目落地后，具体工作的开展，尤其是首次会议召开之前，应当对具体的工作有哪些思考？请给出一些具体的建议。

解析与建议：

PPP 项目落地后，各项工作应当有条不紊地展开，其核心是一家独立法人公司的经营，而不仅是一个建设工程的施工，因此，应当区别对待。

根据 PPP 相关法律法规政策、PPP 项目合同、实务经验总结等系统梳理研究，PPP 项目落地后，一般情况下可以按照以下程序办法执行：

1. 落实项目公司总经理，落实其他团队成员，组建项目公司经营管理团队。建议项目公司总经理和法人代表为同一人。

项目公司总经理应当有责任心，有冲劲，思想开放，愿意学习新的事物，可以接受新的理念，最好是公司拟重点培养的人，适当挑点重担。

项目公司总经理必须签订工作目标责任书，工作目标责任书包含各项管理指标和经济指标，比如，投资回报率 8%，其中，建设利润 12%，建设工期 30 个月；运营利润 3%；回款目标，年度回款 8000 万元；二次经营目标，建设期新签项目 3000 万元等，以此作为考核的依据。

建议项目公司总经理和项目法人是同一人，承担相应的法律责任，有助于形成实质管理，对项目的具体工作开展有重大影响。

项目公司经营管理团队必须独立，不能和施工项目部共用。

2. 项目公司总经理组织，对全员召开项目首次会议，统一思想，宣布任命，布置工作任务，学习合同。

人员就位后，项目公司总经理应组织召开项目公司首次会议，统一“规范经营管理”的思想。会议同时宣布人员任命，要求统一学习合同，共同思考如何实现经营管理目标的任务。

以上完成后，全员共同学习 PPP 项目合同，合同中涉及工作任务的，直接形成工作任务清单，根据岗位职责分工，直接分配给相关责任人员，确定责任时间；如果责任人对工作任务有疑虑的，现场明确工作方案，直至理解无误。整个合同读完后，应当形成各人手上的工作任务清单。

合同分解完成之后，继续深入学习建设期绩效考核办法和细则，同样将考核细则中的每一条，形成对应岗位人员的工作任务清单，同时明确完成的标准（形成的具体成果文件），直至各人全部理解，并全部接受。

3. 建议对施工项目部进行专门的施工总承包合同交底。

项目公司正式对施工项目部进行施工总承包合同的交底，既是区分项目公司和项目部管理工作不同的需要，以便建立恰当的协同工作关系；也是一种仪式，让施工项目部知道实际工作中思考的出发点和依据，知道自己乙方的身份角色，以便于各项工作的顺利开展。交底过程中应特别强调，施工项目部的实施依据是施工总承包合同，项目公司的实施机构是 PPP 项目合同。

4. 建立持续稳定的沟通机制，建立项目公司经营管理月报制度，并固定程序和模板，严格遵照执行。

建议建立每月 24 日项目公司内部会议，每月 25 日和实施机构月度例会的定期沟通机制。月度例会上向实施机构、股东和主要领导提交《项目公司经营管理月报》，月报应当固定模板，全面反映当前待解决问题，请求实施机构协助解决事项，上月工作完成情况（完成投资额、投融资情况、资金使用情况、进度情况、质量情况、HSE 情况、变更签证情况、询价认质认价情况、材料人工调差情况，运营筹备情况等），下月计划实施情况等。①

每月25日提交月报，每年6月25日提交半年报，每年12月25日提交年报。当有特殊事项或重要事件时，应及时提交专项报告。以上报告，均由项目公司总经理审定签字后方可发出。

项目公司和实施机构固定的沟通程序建议包括：

（1）每月25日的定期月度例会；

（2）若有重要事项需要协调处理的，可以组织召开专项会议；

（3）专项会议无法解决的，可以组织召开联席会议，邀请各个相关职能部门共同参加、协商；

（4）联席会议依然无法解决的，可以升级，专项报告给本级人民政府和股东方，可以向县委书记/市委书记汇报。

以上内容，必须出具正式会议纪要，详细记录，妥善存档。

5. 编制资金筹措及资金使用计划，编制项目公司管理制度。

根据PDCA原则，一定是先制订计划作为执行依据，然后遵照执行，过程中动态管理，及时纠偏，然后继续新一轮循环。因此，前述前期工作完成后，即开始正式的建章立制工作，同时考虑全面预算管理，落实好资金问题。

资金筹措包括项目公司注册资本金、项目资本金，以及融资资金。项目资本金必须是自有资金，应当按照PPP项目合同的约定及时足额缴纳到位，如果不能按约执行的，应当审慎应对，认真处理，避免未来被追究违约责任。融资资金主要考虑放款到位与项目公司的资金使用匹配，不能出现“进度等资金”，也不能出现“资金等进度”的情况，否则即产生不当资金沉淀；同时还要考虑未来政府付费，与金融机构还本付息的时间点匹配，否则也会产生不当资金成本，蚕食利润。

资金筹措计划包括建设期的资金计划，还应编制当年的资金使用计划/资金预算，并根据公司章程通过股东会决议后遵照执行。做好资金计划，量入

① 详见第三章第1节范例。

为出，既是投资控制，防止违规超概算的高效方法，也是项目健康推进的生命线。

资金使用计划同样包括建设期资金使用安排，也包括当年的资金需求及安排，该项工作应当由各部门共同编制。

同时编制项目公司经营管理制度。其中，档案管理制度、“三会”管理制度、财务制度、进度管理制度、投资控制管理制度等必须具备。管理制度应当简明扼要，行之有效，不得随便抄模板，未来严格遵照执行，这也是未来审计的核心要点之一，应当审慎。管理制度初稿完成后，全员共同审订，重点关注两点：一是可以做得到；二是可以有效支撑该项工作的正常开展。完成后通过“三会”正式发布。管理制度每年 12 月底更新完善一次，建设期进入运营期，也要更新完善一次。

6. 商务部门同时审查估算、概算和预算，确认三算适当，不存在缺项、漏项或少项、定额套低等情形。

这是多发的超概算情形的根本原因，因此，需要事先、提前确认清楚。

项目公司可以委托第三方咨询机构协助完成，费用从二类费中支出。如果三算对比没有问题，则可以推动正式开工；如果三算对比存在问题，可以协调实施机构和设计单位协商处理，可以优化设计，满足概算要求；也可以调整概算，以及估算和预算，并获得正式批复。

该项工作十分重要，必须严格落实。

7. 工程技术部确认 PPP 项目合规性状态，专项办理相关合规性手续，做好前期开工准备。

合规性手续是各项工作健康顺利推进的前提，实务中已经出现了极端情况（项目公司总经理、法人代表承担刑事责任），因此，项目公司应当慎重，并专项处理，专项落实。

PPP 项目合规性手续包括三类：一是国企、央企必须获得的集团批准文件；二是 PPP 合规性手续，包括本级人民政府的正式书面批准，人大对政府支出责任的正式书面决议，政府对实施机构和出资代表的书面授权，财政部

PPP 项目信息管理库公示等；三是建设工程合规性手续，包括项目的立项批复（审批、备案、核准），规划选址意见书、建设用地规划许可证、建设工程规划许可证、不动产权证书、建筑工程施工许可证、质监安监、环保消防等手续。

办理时，应确认项目前期已办理合规性手续的情况，并协调办理法人变更手续（划拨土地除外）。部分地方政府出台了建筑工程施工许可证的容缺办理政策，项目公司应向当地行政服务中心咨询，并依据政策办理。若以上文件缺失，或存在办理障碍，项目公司应及时协调实施机构处理。

工程技术部还应确认现场施工条件，确认是否具备全面开工的现场条件，如果不具备，应当根据实际情况，专项处理，直至获得相关条件。

8. 综合办组织召开“三会”，决议通过相关议案，为开展具体工作做好准备。

需要上会的议案包括经营方案、投资计划、资金预算、融资方案、组织架构、高管任命、管理制度等，以公司章程约定为准。

项目公司可以一次准备多项议案，一次召开，一次决议。和相关领导协调一致后，可以将相应的成果提前准备，按照封面、目录、会议通知、会议议案、表决票、决议、内部审批、会议纪要、相关照片，以及授权文件等顺序摆放，通过会议决议后遵照执行，并将相关文件统一存档。

9. 提交建设期保函，提交一级控制进度计划，购买建设期保险，获得开工批准。

履约保函按照 PPP 项目合同的约定，正常提交。

同步提交一级控制进度计划，工期按照合同约定执行，采用 project 软件编制，明确关键线路和关键工作，应当确认实施机构签收。

建设期保险，应当在充分识别现场危险源的情况下足额购买，至少应包含建安工程一切险、第三者责任险、人身意外伤害险等。

还应当根据 PPP 项目合同约定的条件，向实施机构或监理单位获得正式的开工通知或开工令，这是一切施工工作的起点。

10. 组织施工项目部正式开工（项目部的前期启动工作，由项目公司总经理提前和项目经理沟通，同步开展）。

11. 项目实施过程中，商务部门对跟踪审计的观点应当改变，工程技术部对监理单位的观点应当改变。

监理单位和跟踪审计单位一般由实施机构采购，费用由项目公司承担。监理单位和跟踪审计单位属于聘请的第三方专业机构，应当对项目公司起到监督、提醒的作用。监理单位应当按照监理的法定要求，对项目进行监督管理；跟踪审计单位可以提示项目公司各项工作哪里不符合审计标准，提示项目公司补正和完善。

项目公司和监理、跟踪审计不是对立的，要改变思维，借助他们的第三方角色和专业能力，协助自身实现预期目标。

12. 项目正常实施，各部门、各人员按照管理制度、岗位职责，对照工作任务清单和绩效考核标准清单，对标项目公司经营管理目标，稳步推动，并动态管理。每月 24 日内部会议，通报本月完成情况，待解决问题，请求上级协助事项，同时检查管理成果，确认后，形成当月《项目公司经营管理月报》。

以上是大概的核心内容，具体专业细节不展开赘述，供参考。

五、管理成果要求（基础档案）

1. 正式签发的会议纪要；
2. 现场照片；
3. 团队成员确认的工作任务清单；
4. 其他相关文件等。

六、补充说明

本项工作不直接涉及政府方监管要点。

第 9 节 项目合同交底

核心条款

第九条 项目公司首次会议后，项目公司总经理应组织前端商务团队进行正式合同交底，包括 PPP 项目投资协议、股东协议、公司章程、PPP 项目合同。

合同交底应以专项会议的形式正式进行，就第五条内容逐条进行，应分别确认责任人、实施方案及责任时间，不得流于形式走过场。交底会议应形成完整的会议纪要，参与交底的人员应全部在交底记录上签名确认。

条款解析

人员就位，首次会议统一思想后，首先应当考虑全员需要对项目及其背景有清晰的认知，这样便于各项工作的精准开展，这项动作即为合同交底。

首次会议结束后，项目公司总经理应安排前端商务人员对项目公司全部成员进行前后端交底，重点交底内容包括：公司投资本项目的关注点，如政治类项目，或经济类项目。政治类项目，必须高标准、严要求完成，利润目标为其次；经济类项目，则不得质量镀金，以利益优先；项目接洽与谈判等背景信息、背景条件；合同谈判、签订与履约过程中必须关注的重点，即前期合同评审中已经识别的重要风险项；公司预期的建设利润、运营利润、融资息差、工期要求等。

对于国企、央企，国资委要求投资项目必须报集团批准，集团在审批的时候，通常会邀请主管部门及专家进行评议，专家评议的意见和风险提醒等，也应当一并交底，对于后期项目管理大纲的策划，有重要作用。

以上信息交底越全面，未来团队实施边界越清晰。

实务中合同交底多流于形式，强烈建议项目公司认真交底，将交底做实，并形成正式的交底记录和会议纪要。

实施办法

一、管理依据

（一）法律法规、政策依据

项目合同交底没有强关联的法律法规政策，但是在《建设工程项目管理规范》中则有明确规定，该规范第7.5条“合同实施控制”规定如下：

“项目管理机构应按约定全面履行合同。

“合同实施控制的日常工作应包括下列内容：合同交底；合同跟踪与诊断；合同完善与补充；信息反馈与协调；其他应自主完成的合同管理工作。

“合同实施前，组织的相关部门和合同谈判人员应对项目管理机构进行合同交底。合同交底应包括下列内容：合同的主要内容；合同订立过程中的特殊问题及合同待定问题；合同实施计划及责任分配；合同实施的主要风险；其他应进行交底的合同事项。

“合同交底需由组织的相关部门及合同谈判人员负责进行。相关部门及合同谈判人员进行合同交底，既是向项目管理机构作合同文件解析，也是合同管理职责移交的一个重要环节。合同交底可以书面、电子数据、视听资料和口头形式实施，书面交底的应签署确认书。”

以上可参考。

（二）PPP项目合同常规约定

本项工作内容属于项目公司内部管理动作，一般合同中不会约定。

（三）管理制度

一般对应《合同管理制度》等，具体内容略。

（四）经验教训

合同交底是前后端高度衔接的必备动作，但实践中经常忽略，强烈建议该项工作由项目公司总经理落实，必须做到扎实细致，确保前后端信息流一致，对于项目的履约有着十分重要的助力。

二、工作实施方案

1. 项目公司总经理组建管理团队完成，核心人员就位后，应发起前后端交底。

2. 公司主要负责领导是交底人，项目公司管理团队是被交底人。

3. 前后端交底应严肃、认真、细致，不得走过场，应全程严谨细致地交底到位。

4. 主要负责领导应组织前端项目参与人员全部参与交底会议，对项目公司管理团队成员逐条、逐项进行交底。交底内容包括项目概况、项目投资背景情况、中间人情况、投标情况、合同谈判情况、合同评审及风险识别与应对情况、公司对项目的投资目标要求、工期要求、回款要求等，不得遗漏。

5. 项目公司管理团队应详细记录被交底内容，并逐一识别其详细工作内容，与各自的职责岗位匹配，确保各项交底内容均可对应到人，避免产生管理真空。

6. 交底过程中，项目公司应做好完整的会议纪要签到、会议纪要，以及照片等完整过程记录。

7. 交底完成后，主要负责领导和项目公司管理团队成员应共同签字确认。

8. 交底完成后，项目公司总经理应组织所有成员及时消化被交底内容，并将相关工作逐项责任到人。

三、管理表单

略。

四、实务风险解析与建议

严格按照项目公司管理制度执行即可。

暂无直接实务风险和问题反馈，未来待动态补充。

五、管理成果要求（基础档案）

1. 主要负责领导交底文件，如PPT、书面材料；

2. 会议纪要签到表、会议纪要、照片；

3. 项目公司管理团队学习交底的专项会议纪要及相关成果（如各项工作责任到人的任务书）；

4. 其他相关文件等。

六、补充说明

本项是政府方监管要点内容，可以关联《PPP项目政府方监管要点》阅读，共涉及五项监管要点，分别如下：

1. 监管要点28：确认项目公司是否根据合同履约？并及时更新和上报相关信息？

2. 监管要点31：确认自身（政府方）是否根据合同履约？

3. 监管要点51：对案例PPP项目进行定期监督、检查、管理，确保项目建设合法合规、顺利有序推进。

4. 监管要点70：确认PPP项目建设期是否按照合同约定履约？若有工期变化，是否按照约定履行了批准手续？确认是否存在实施机构原因导致的建设期延误，若有，应批准乙方的顺延建设期要求。

5. 监管要点81：确认项目公司是否存在视为放弃或严重违约情形？若有该等情形发生，实施机构是否及时介入？是否按照合同约定追究其违约责任？

第 10 节　项目合同的 WBS 深度任务分解

核心条款

第十条　合同交底完成后，项目公司总经理应组织全体成员深度学习股东协议、公司章程、PPP 项目合同和施工总承包合同，通过 WBS 深度任务分解，正式将合同条款逐条转换为各人的工作任务清单，明确责任人、实施方案、责任时间，以及要求的成果目标，结合岗位职责，最终形成个人工作目标责任书/工作任务清单，以此作为个人考核的原始依据。①

项目合同任务分解时，应重点关注绩效考核办法与细则，② 若原有约定不清晰或不具备可行性，项目公司应将该项工作定人定责，专项协调实施机构，通过备忘录或补充协议形式进行完善和确定，③ 为未来绩效考核和顺利回款做准备。

各人的工作任务，应以可以通过审计、通过绩效考核为标准实施，具体的工作成果，应满足“程序合规、依据充分、证据完整、数据翔实、计算清晰和签字有效”等基本要求。

条款解析

前端商务团队对项目公司成员交底完成后，项目公司团队基本对项目的

---

① 此处的 WBS 深度任务分解，与合同评审对应，与合同交底统一。但此处为主动分解、主动学习，前端为被动交底，应有区别。

② WBS 深度任务分解形成各人的工作任务清单，绩效考核办法和细则形成各人的工作任务完成标准。

③ 依据财政部《关于印发〈政府和社会资本合作（PPP）项目绩效管理操作指引〉的通知》（财金〔2020〕13 号）。

背景情况有所了解，但管理团队的核心目标在于“完全履约”，因此，要对“完全履约”的依据进行深入了解、学习。

按照合同履约，是目前建设工程行业的短板，实务中管理人员还没有普遍建立起研习合同的习惯，但是不熟悉合同，势必导致履约不完全，因此，建议全员一起深度研习，将合同里项目公司的责任和义务直接转换成工作任务清单，且直接落实到责任岗位和责任人，简单直接。

这既是一个对合同学习的过程，也是一个履约分析的过程，更是对实施可实现性的验证过程，在这过程中所发现的无法实现的条款，则是下一步需要重点处理的部分，可以通过专项方案或补充协议进行处理。

前端交底属于被动接收信息，WBS 深度分解属于主动识别信息，两者结合，整体合同就会和庖丁解牛一样，清晰无比。

本项工作与绩效考核细则 WBS 深度任务分解对应和互补。项目合同的 WBS 深度分解形成各人手上的任务清单，绩效考核细则的 WBS 深度任务分解形成各人手上工作任务清单的完成标准或结果要求，环环相扣，均需满足。

实施办法

一、管理依据

（一）法律法规、政策依据

《建设工程项目管理规范》第 7.5.1 条规定，项目管理机构应按约定全面履行合同。

财政部《关于规范政府和社会资本合作合同管理工作的通知》（财金〔2014〕156 号）明确要求，“‘按合同办事’不仅是 PPP 模式的精神实质，也是依法治国、依法行政的内在要求。加强对 PPP 合同的起草、谈判、履行、变更、解除、转让、终止直至失效的全过程管理，通过合同正确表达意愿、合理分配风险、妥善履行义务、有效主张权利，是政府和社会资本长期友好合作的重要基础，也是 PPP 项目顺利实施的重要保障”，对于 PPP 合同管理，确立了“依法治理、平等合作、维护公益、诚实守信、公平效率、兼顾灵活”等六项原则，其中，诚实守信原则明确规定：“……认真恪守合同约定，妥善履行合同义务，依法承担违约责任”，对合同履约的各方提出了明确要求。

国家发改委《关于依法依规加强 PPP 项目投资和建设管理的通知》（发改投资规〔2019〕1098 号）对政府方和社会资本方都进行了行为约束，该通知规定，“政府应依法依规履行承诺，不得擅自变更合同约定的政府方责任和义务。根据 PPP 项目合同约定，加强对社会资本方履约能力全过程动态监管，防止因社会资本方超出自身能力过度投资、过度举债，或因公司股权、管理结构发生重大变化等导致项目无法实施。依照规定将存在严重失信行为的地方政府、社会资本，通过‘信用中国’网站等平台向社会公示，由相关部门依法依规对其实施联合惩戒”。

财政部《关于推进政府和社会资本合作规范发展的实施意见》（财金〔2019〕10 号）第 1 条第 4 款强调，“诚信履约。加强地方政府诚信建设，增强契约理念，充分体现平等合作原则，保障社会资本合法权益。依法依规将符合条件的 PPP 项目财政支出责任纳入预算管理，按照合同约定及时履约，增强社会资本长期投资信心”。

（二）PPP 项目合同常规约定

本项工作内容属于项目公司内部管理动作，一般合同中不会有约定。

（三）管理制度

一般对应《合同管理制度》等，具体内容略。

（四）经验教训

1. 管理人员尚未形成主动学习合同习惯之前，由项目公司组织，统一分解研习，是实现目标的基本管理要求，也是高效路径，建议严格执行。

2. 工作任务清单完成后，项目公司应持续跟踪、定期确认完成情况，以提交的正式管理成果为准，保证逐项落实到位。

二、工作实施方案

1. 公司相关部门向项目公司管理团队交底后，项目公司总经理或副总经理应及时组织内部学习。

2. 项目公司管理团队内部学习的内容包括前后端交底内容、PPP 项目实施方案、PPP 项目投资协议、拟签订的 PPP 项目合同等内容。

3. 学习时，所有管理团队成员全部就位，不得缺席。

4. 由主持人将文件投影，逐条、逐句、逐字学习，涉及具体工作任务时，由相关职能部门、职能岗位的具体人员认领，同时明确该项任务应如何完成，应什么时限完成，直至任务人员清晰明白。该项工作由项目公司总经理或副总经理确认（该方法即为 WBS 深度解析法）。

5. 合同研习过程中，发现的风险问题应专项处理、专项落实，确保无遗漏。

6. 《PPP 项目合同》中若存在无法分解的合同或不能承担的风险，应及时向相关方反馈，同时项目公司还应提出合理的建议。

7. 项目公司应作好完整的会议纪要签到、会议纪要，以及照片等完整过程记录。

8. 研习完成后，项目公司管理团队成员应共同签字确认。

9. 管理团队成员，应根据确认的工作任务清单，逐条落实销项，以确认的管理成果为准，确保执行到位。

三、管理表单

略。

四、实务风险解析与建议

实务问题：关于合同 WBS 深度解析，应如何理解？实务中应如何应用？

解析与建议：

详细内容，请关联《PPP 项目执行阶段操作指南：100 个实务问题深度解析（第二册）》问题 22 进行阅读。

五、管理成果要求（基础档案）

1. 会议纪要签到表、会议纪要、照片；

2. 任务分解清单（包含责任人、责任时间、实施方案等）；

3. 风险提示清单（包含解决建议）；

4. 其他相关文件等。

六、补充说明

本项是政府方监管要点内容，可以关联《PPP 项目政府方监管要点》阅读，共涉及五项监管要点，分别如下：

1. 监管要点 28：确认项目公司是否根据合同履约？并及时更新和上报相关信息？

2. 监管要点 31：确认自身（政府方）是否根据合同履约？

3. 监管要点 51：对案例 PPP 项目进行定期监督、检查、管理，确保项目建设合法合规、顺利有序推进。

4. 监管要点 70：确认 PPP 项目建设期是否按照合同约定履约？若有工期变化，是否按照约定履行了批准手续？确认是否存在实施机构原因导致的建设期延误，若有，应批准乙方的顺延建设期要求。

5. 监管要点 81：确认项目公司是否存在视为放弃或严重违约情形？若有该等情形发生，实施机构是否及时介入？是否按照合同约定追究其违约责任？

第 11 节　建设期绩效考核的交底与 WBS 深度任务分解

核心条款

第十一条　项目公司应根据 PPP 项目合同的约定，明确建设期绩效考核中各项工作的完成标准，并与本规程第十条形成的管理人员工作任务清单结合，逐条交底，责任到人，不得遗漏。

以上形成精确到各岗位个人的工作任务清单、工作任务清单完成标准，同时应明确相关工作的实施方案、完成时限、形成的管理成果要求等，并通过正式文件进行固定。若岗位人员调整变动，应做好详细的交底、交接，方可办理人员变动手续。

原则上，项目公司应于每月 24 日定期进行检查完成任务清单情况，并根据任务偏差情况制定解决方案，逐条销项，以此作为各岗位个人工作绩效考核内容之一。

条款解析

PPP 项目合同的 WBS 深度分解形成各人的工作任务清单，而建设期绩效考核细则的 WBS 深度任务分解形成的则是各人手上工作任务清单的完成标准或结果要求，这样可以高效地以“结果为导向”，将绩效考核的工作明确提前到日常管理工作过程当中，明确落实到各个责任岗位和责任人员。

实施过程中，项目公司只需要对实现的结果进行动态监管或支持，直至成果完成，该绩效考核条款即可关闭，即可高效提前锁定得分。

通过合同分解和绩效考核分解，直接形成了各人手中的工作任务清单，这是对各人工作量化的过程，也是对各人工作完成标准的确认，还是对完成工作难度的提前测试，对高效履约有明确帮助。

实施办法

一、管理依据

（一）法律法规、政策依据

财政部《关于推进政府和社会资本合作规范发展的实施意见》（财金〔2019〕10号）第2条第1项第3点规定，“规范的PPP项目应当建立完全与项目产出绩效相挂钩的付费机制，不得通过降低考核标准等方式，提前锁定、固化政府支出责任”。第3条规定，各级财政部门要将规范运作放在首位，严格按照要求实施规范的PPP项目，不得出现社会资本方实际只承担项目建设、不承担项目运营责任，或政府支出事项与项目产出绩效脱钩的行为。如果发生，则“应在限期内进行整改。无法整改或逾期整改不到位的，已入库项目应当予以清退，涉及增加地方政府隐性债务的，依法依规提请有关部门予以问责和妥善处置”。

财政部办公厅《关于规范政府和社会资本合作（PPP）综合信息平台项目库管理的通知》（财办金〔2017〕92号）第2条对绩效考核及绩效考核的基数作出了明确的规定，“各级财政部门应认真落实相关法律法规及政策要求，对新申请纳入项目管理库的项目进行严格把关，优先支持存量项目，审慎开展政府付费类项目，确保入库项目质量。存在下列情形之一的项目，不得入库：……未建立按效付费机制。包括通过政府付费或可行性缺口补助方式获得回报，但未建立与项目产出绩效相挂钩的付费机制的；政府付费或可行性缺口补助在项目合作期内未连续、平滑支付，导致某一时期内财政支出压力激增的；项目建设成本不参与绩效考核，或实际与绩效考核结果挂钩部分占比不足30%，固化政府支出责任的”。

其实，早在2014年9月23日，财政部《关于推广运用政府和社会资本合作模式有关问题的通知》（财金〔2014〕76号）就明确提出，“财政补贴要以项目运营绩效评价结果为依据，综合考虑产品或服务价格、建造成本、运营费用、实际收益率、财政中长期承受能力等因素合理确定”，要求“稳步开展项目绩效评价”，“省级财政部门要督促行业主管部门，加强对项目公共产品或服务质量和价格的监管，建立政府、服务使用者共同参与的综合性评价体系，对项目的绩效目标实现程度、运营管理、资金使用、公共服务质量、公众满意度等进行绩效评价。绩效评价结果应依法对外公开，接受社会监督。同时，要根据评价结果，依据合同约定对价格或补贴等进行调整，激励社会资本通过管理创新、技术创新提高公共服务质量”。

国家发改委对于绩效考核的意见和原则与财政部一致，并且明确鼓励委托第三方进行绩效评价的工作。《关于开展政府和社会资本合作的指导意见》（发改投资〔2014〕2724号）第5条第5款明确规定，“项目实施过程中，加强工程质量、运营标准的全程监督，确保公共产品和服务的质量、效率和延续性。鼓励推进第三方评价，对公共产品和服务的数量、质量以及资金使用效率等方面进行综合评价，评价结果向社会公示，作为价费标准、财政补贴以及合作期限等调整的参考依据。项目实施结束后，可对项目的成本效益、公众满意度、可持续性等进行后评价，评价结果作为完善PPP模式制度体系的参考依据”。

国务院办公厅转发财政部发展改革委人民银行《关于在公共服务领域推广政府和社会资本合作模式指导意见的通知》（国办发〔2015〕42号）也确定了基本原则，“……政府作为监督者和合作者，减少对微观事务的直接参与，加强发展战略制定、社会管理、市场监管、绩效考核等职责，有助于解决政府职能错位、越位和缺位的问题，深化投融资体制改革，推进国家治理体系和治理能力现代化”，“建立政府、公众共同参与的综合性评价体系，建立事前设定绩效目标、事中进行绩效跟踪、事后进行绩效评价的全生命周期绩效管理机制，将政府付费、使用者付费与绩效评价挂钩，并将绩效评价结果作为调价的重要依据，确保实现公共利益最大化。依法充分披露项目实施相关信息，切实保障公众知情权，接受社会监督”。

2016年9月24日，财政部《关于印发〈政府和社会资本合作项目财政管理暂行办法〉的通知》（财金〔2016〕92号）的附件《政府和社会资本合作项目财政管理暂行办法》第25条规定，“各级财政部门应当会同行业主管部门开展PPP项目绩效运行监控，对绩效目标运行情况进行跟踪管理和定期检查，确保阶段性目标与资金支付相匹配，开展中期绩效评估，最终促进实现项目绩效目标。监控中发现绩效运行与原定绩效目标偏离时，应及时采取措施予以纠正”。第27条规定，“各级财政部门应当会同行业主管部门在PPP项目全生命周期内，按照事先约定的绩效目标，对项目产出、实际效果、成本收益、可持续性等方面进行绩效评价，也可委托第三方专业机构提出评价意见”。

2016年10月11日，财政部《关于在公共服务领域深入推进政府和社会资本合作工作的通知》（财金〔2016〕90号）第5条强调，“着力规范推进项目实施……要加强项目全生命周期的合同履约管理，确保政府和社会资本双方权利义务对等，政府支出责任与公共服务绩效挂钩”。

2016年12月24日，国家发改委《关于印发〈传统基础设施领域实施政府和社会资本合作项目工作导则〉的通知》（发改投资〔2016〕2231号）附件《传统基础设施领域实施政府和社会资本合作项目工作导则》第19条（运营绩效评价）规定，“PPP项目合同中应包含PPP项目运营服务绩效标准。项目实施机构应会同行业主管部门，根据PPP项目合同约定，定期对项目运营服务进行绩效评价，绩效评价结果应作为项目公司或社会资本方取得项目回报的依据。项目实施机构应会同行业主管部门，自行组织或委托第三方专业机构对项目进行中期评估，及时发现存在的问题，制订应对措施，推动项目绩效目标顺利完成”，再次对绩效考核的落实进行了强调和说明。

绩效考核也是PPP项目信息公示的内容。财政部《关于修订发布〈政府和社会资本合作（PPP）综合信息平台信息公开管理办法〉的通知》（财金〔2021〕110号）附件《政府和社会资本合作（PPP）综合信息平台信息公平管理办法》第10条第3项规定，管理库项目执行阶段应当公开的信息主要包括："履约信息，包括项目建设信息、绩效管理信息、项目公司运营信息、合作期间重大事件、合同变更信息、项目移交信息等。"

2020 年 3 月 16 日，财政部发出了正式的《政府和社会资本合作（PPP）项目绩效管理操作指引》，该指引对绩效考核的具体操作明确了详细的规定，相关方应予遵守。

（二）PPP 项目合同常规约定

建设期绩效考核一般有约定，但分解交底的工作属于项目公司内部管理动作，本项工作的根本目的是将合同中约定的建设期绩效考核要求，进行分解量化，并直接传导至对应的责任人员。

具体以云南省某农村人居环境整治 PPP 项目为例，其《PPP 项目合同》第 62 条约定，"据财政部《关于规范政府和社会资本合作（PPP）综合信息平台项目库管理的通知》（财办金〔2017〕92 号）、《关于印发〈政府和社会资本合作（PPP）项目绩效管理操作指引〉的通知》（财金〔2020〕13 号）等相关文件，制定符合本项目特点的绩效考核体系，本体系分为使用适用性付费绩效考核指标（建设期绩效考核）和运维服务绩效考核指标（运营期绩效考核），分别针对项目的建设期和运营期进行绩效评价。绩效考核体系作为 PPP 项目合同的组成部分，便于政府主管部门对项目全生命周期进行绩效监控和量化考核。绩效考核办法和细则，待项目公司成立后，由项目公司进行补充、完善，报甲方批准后，以《PPP 项目合同补充协议》形式进行确定，以此作为未来考核的依据。""具体见合同附件一：绩效考核指标及付费办法。本考核办法为暂定办法，待项目公司成立后，甲乙双方正式完善和确定绩效考核的办法和细则，并作为《PPP 项目合同》的附件进行确认。"

（三）管理制度

略。

（四）经验教训

1. 将工作要求和标准对标至各位管理人员的日常工作中，这是高效通过绩效考核的不二途径。将绩效考核的工作明确提前到日常管理工作过程当中，明确落实到各个责任岗位和责任人员。

2. 标准分解后，应强调执行、检查与确认，以及持续，直至对应成果、证据完成，方可确认管理目标的必然实现。实施过程中，项目公司只需要对实现的结果进行动态监管或支持，直至成果完成，该绩效考核条款方可关闭，这样，即可高效提前锁定得分。

二、工作实施方案

1. 项目公司总经理组织，全员参与，会议时间至少半天，应当一次开完。

2. 按照绩效考核细则，逐条审阅，逐条确认打分证据，对应责任人，要求限时输出确认的工作成果（打分用的证据文件）；对应责任人确认无误后，输出各人工作任务清单和要求。

3. 安排专人做好会议记录，会议结束后，形成正式会议纪要，与会人员签字，并附会议照片。

4. 与会人员无异议后，共同签字确认，作为下步工作的依据和要求。

三、管理表单

略。

四、实务风险解析与建议

实务问题 1：如何看待财政部新发《政府和社会资本合作（PPP）项目绩效管理操作指引》？有何建议？

解析与建议：

绩效考核不复杂，其核心是“事前设定绩效目标、事中进行绩效跟踪、事后进行绩效评价”，其本质是“规则前置、细则明确、动作完整、管理到位”，以此形成全生命周期的系统 PDCA 循环，保持项目受控，推动项目健康发展。在《政府和社会资本合作（PPP）项目绩效管理操作指引》之前，与绩效考核相关的政策共计 46 份，该操作指引与之前的政策并无冲突，应属于进一步的补充、完善和细化，对于实务中的执行提出了更加明确的、清晰的指导意见。核心内容提炼如下：

本操作指引的积极意义，重点在以下三部分：

1. 明确了准备阶段实施机构及其他相关部门各自的工作职责和实施办法。对应前述“准备阶段《实施方案》中的产出说明、绩效考核办法与原则”工作，操作指引进行了细致的分工。其中，绩效目标分为总体目标和年度目标是首次清晰分类，绩效指标则是多次提及，所以该部分内容应可更好地指导实施机构的工作。

2. 明确了采购阶段实施机构及其他相关部门各自的工作程序和实施办法。对应前述“采购阶段合同谈判期间的备忘录（与绩效考核相关的内容），合同签订期间经过双方确定的绩效考核办法与细则（需本级人民政府批准后方可签订）”，该操作指引进行了清晰的描述和要求。实践中，采购阶段社会资本与实施机构的谈判多为商务谈判和合同核心内容的谈判，少有对绩效考核办法和细则进行深入交流的，大概率是沿用《PPP 项目实施方案》中的版本。由于实施方案编制时，缺少更加详细的项目实施背景信息，所以多为原则性的、概要性的办法和细则，不能精准指导执行，从而导致执行阶段的矛盾。该操作指引对此进行了明确的规定，可以有效指导社会资本重点关注，事先对招标文件中的绩效考核办法和细则进行研读，然后在合同谈判期间通过备忘录进行完善、细化和更新，最终双方通过《PPP 项目合同》达成共识，这对未来项目执行阶段的健康实施，以及未来的绩效考核来说，进一步降低了争议纠纷的可能。动作虽小，意义非常大。该项对社会资本非常友好，希望可以引起社会资本的重视。

3. 明确了执行阶段年度考核具体应如何开展，程序更加清晰，实施机构和项目公司的职责更加明确。该操作指引首次提出由项目公司自行进行日常监管，实务中，项目公司可以通过将绩效考核办法和细则 WBS 分解至各对应岗位责任人员，以此作为工作自评的基准依据，并通过《项目公司经营管理月报》的形式定期向实施机构提交日常监控报告，以此保证信息畅通，更加有助于工作的协同。另外，该操作指引要求实施机构具体落实 PDCA 中

“C”的偏差识别工作，并负责问题的关闭，责任更加清晰。

该操作指引还对中期评估和绩效考核的规则更新作了原则性约定，根据约定，“原则上不予调整”，所以更加要求社会资本重视合同谈判期间的窗口期，必须要在《谈判备忘录》中明确好绩效考核的详细内容，然后在《PPP项目合同》中进行固定，对于后期的实施来说，才能事半功倍。否则，按照实务中相关各方的惯性思维，先签署合同，未来通过《补充协议》再行明确，根据该操作指引的规定，“因项目实施内容、政策标准或突发事件、不可抗力确需调整的”，必须要实施机构、项目公司共同协商一致，然后财政部门、行业主管部门审核通过，最终报本级人民政府批准后执行，可见其程序相当复杂和冗长，必然效率不高，强烈不建议。

通过以上交叉比对我们会清晰的发现，对于考核目标部分，却未能详细深入，仅在附件中列示了参考使用的“PPP 项目建设期绩效评价共性指标框架”“PPP 项目运营期绩效评价共性指标框架”，实际指导作用有限。实际上，实施机构、咨询机构和社会资本最为苦恼的就是“考核目标”的各项细化，这也是急需设定上层规则的部分。如前所述，考核目标包括产品质量、运营服务数量和质量、运营成本、资金使用效率、综合运营管理情况、项目设施状况、安全生产、综合治理、公众满意度、价格和收费机制、环境保护、劳动者权益、信息发布等，但是鉴于项目类型不同、项目内容不同、合同约定不同等因素综合后，如何科学合理地设置相关联的、相对应的一级指标、二级指标和三级指标，就需要完整的、系统的思考和设计，才能从根本上体现绩效考核的核心意义，推动项目的健康实施。少了该部分最急需、最核心、最繁杂的内容，本操作指引的含金量就大大缩减，因此，我们继续期盼该部分内容的权威发布。

除了翘首以盼上层规则尽快完善出台以外，我们也要积极探索，主动出击，不能仅仅被动的等待，项目不等人，对社会资本（项目公司）提出以下建议：

1. 采购阶段中，合同谈判期间，应对招标文件中的绩效考核办法和细则足够重视，倾注足够精力，并在《谈判备忘录》中明确双方谈判一致的绩效考核相关内容，落笔为安。

2. 合同签订期间，对《PPP 项目合同》中的绩效考核办法和细则应足够重视，倾注足够精力，依据《谈判备忘录》进行细化和完善，务求清晰明确，尽量不采用补充协议的形式未来再去完善。

3. 对于已经落地，但没有约定清晰的项目，建议社会资本（项目公司）主动研究项目特性和已有的绩效考核办法、原则，主动对方案提出修正或完善，主动与实施机构沟通和商讨，争取形成一致意见，以期对项目的健康推进打好基础。这一点，该操作指引也予以了肯定，“本指引施行前已发布中标通知书的项目，沿用采购文件或项目合同中约定的绩效评价指标及结果应用等条款，按照本指引开展绩效监控、绩效评价相关工作，绩效目标与绩效指标体系不完善的，可参照本指引进行补充完善”，社会资本（项目公司）可以据此开展，不要被动等待。过程中，可以邀请咨询机构或专家予以外援。

4. 绩效考核办法和细则形成一致意见确定后，项目公司可以将最末考核指标（一般为三级指标）逐条分配给相关责任人，作为各管理责任人日常工作自我检查的考评标准，将考核的目标和日常工作紧密关联，并形成系统工作机制，更加高效。

实务问题 2：绩效考核的基数究竟是 30% 建设成本？还是 100% 总投资？

解析与建议：

最近发现，还有不少政府方要求项目公司将 100% 投资作为绩效考核基数，理由是财政部《关于推进政府和社会资本合作规范发展的实施意见》（财金〔2019〕10 号）第 2 条第 1 项第 3 点的要求，规范的 PPP 项目应当“建立完全与项目产出绩效相挂钩的付费机制，不得通过降低考核标准等方式，提前锁定、固化政府支出责任”。

那么，财金〔2019〕10 号文究竟是不是要求 100% 总投资作为绩效考核基数呢？

先说答案，显然不是。厘清楚关系，也非常简单，三条：

1. 建设成本中，至少30%纳入绩效考核基数。财政部办公厅《关于规范政府和社会资本合作（PPP）综合信息平台项目库管理的通知》（财办金〔2017〕92号）第2条第3项规定，新项目存在“……项目建设成本不参与绩效考核，或实际与绩效考核结果挂钩部分占比不足30%，固化政府支出责任的”情形的，不得入库，因此，绩效考核基数必须不低于“30%建设成本”。

2. 运营成本中，“政府承担的年度运营补贴支出”应完全纳入绩效考核基数。财政部《关于印发〈政府和社会资本合作（PPP）项目绩效管理操作指引〉的通知》（财金〔2020〕13号）附件《政府和社会资本合作（PPP）项目绩效管理操作指引》第22条第1项明确规定，“政府付费和可行性缺口补助项目，政府承担的年度运营补贴支出应与当年项目公司（社会资本）绩效评价结果完全挂钩。财政部门应按照绩效评价结果安排相应支出，项目实施机构应按照项目合同约定及时支付”，因此，运营期绩效考核基数必须与“政府承担的年度运营补贴支出”完全挂钩。

3. “建立完全与项目产出绩效相挂钩的付费机制，不得通过降低考核标准等方式，提前锁定、固化政府支出责任”，并不当然解释为“100%总投资”全部纳入绩效考核基数。

另外三条隐含的要素是：

1. 法不溯及既往。

2. PPP项目基本风险分担原则。通常情况下，法律法规政策风险由政府方承担，投融资风险、建设风险和运营风险由社会资本方承担，不可抗力由双方共担。新出一个政策文件就任意要求项目公司/社会资本修正，其不确定性太高，将必然地打击社会资本，甚至金融机构的投资信心，所以，实施机构应审慎作为。

3. 政策发布的时候，基本上也有明确，不是对所有PPP项目适用，各方应自我甄别后作出决定。财政部办公厅《关于规范政府和社会资本合作（PPP）综合信息平台项目库管理的通知》（财办金〔2017〕92号）第2条第

3 项明确规定，适用的是“新入库项目”，意味着已经入库实施的老项目不适用，这是基于“法不溯及既往”原则，依法签订的《PPP 项目合同》受《合同法》保护，当然具有其法律效力。财政部《关于印发〈政府和社会资本合作（PPP）项目绩效管理操作指引〉的通知》（财金〔2020〕13 号）附件《政府和社会资本合作（PPP）项目绩效管理操作指引》第 27 条也明确规定，“本指引施行前已发布中标通知书的项目，沿用采购文件或项目合同中约定的绩效评价指标及结果应用等条款”，并未强制要求所有项目必须调整，不合适、不完善的，则可以“可参照本指引进行补充完善”。明确为“参照”！

因此，不区分情形，即强势要求项目公司签订补充协议，约定 100% 总投资作为绩效考核基数，是明显不当的！如何规避？

请律师介入，输出相关法律意见书，即可高效规避该类情形。这一点，江苏省财政厅做得比较好，其早在 2018 年就发布了《关于建立全省政府和社会资本合作（PPP）项目全生命周期法律顾问制度的意见》（苏财规〔2018〕19 号）。要求“建立 PPP 项目全生命周期法律顾问制度，法律顾问接受财政部门委托，通过建言献策、审核把关、质询论证、法律咨询、出具法律意见书等方式参与当地 PPP 宏观管理及 PPP 项目全生命周期事前、事中、事后管理全过程，充分发挥法律顾问在 PPP 相关法律法规和政策制度等方面的经验优势，为 PPP 项目全生命周期管理提供智力支持和专业服务。有效防范和化解涉及 PPP 管理的现时或潜在各类风险，大幅提高政府 PPP 管理能力、管理质量和管理效率”。这样可以有效避免相关方不作为、胡乱作为的情形。

其他相关实务风险问题，还可以关联《PPP 项目执行阶段操作指南：100 个实务问题深度解析》问题 89，《PPP 项目执行阶段操作指南：100 个实务问题深度解析（第二册）》问题 41、问题 68、问题 69 进行阅读。

五、管理成果要求（基础档案）

1. 正式签发的会议纪要；

2. 现场照片；

3. 团队成员确认的详细工作任务清单和要求；

4. 其他相关文件等。

六、补充说明

本项是政府方监管要点内容，可以关联《PPP 项目政府方监管要点》阅读，共涉及两项监管要点，分别如下：

1. 监管要点 38：确认是否按约及时进行绩效考核工作？

2. 监管要点 89：确认是否按约及时进行绩效考核工作？

第 12 节　施工总承包合同交底

核心条款

第十二条　项目公司在合同深度任务分解后，应及时对施工项目部进行正式合同交底。合同交底内容包括施工总承包合同、PPP 项目合同，使施工项目部清晰站位，明确项目公司目标，双方根据法律、合同角色，各司其职。

合同交底应以专项会议的形式正式进行，就第六条评审意见、第十条 WBS 深度分解内容逐条交底，应分别确认责任人、实施方案及责任时间，不得流于形式走过场。交底会议应形成完整的会议纪要，参与交底的人员应全部在交底记录上签名确认。

当公司与施工总承包单位为同一人时，可以将“施工总承包合同交底”与“项目合同的 WBS 深度任务分解”工作合并进行。

条款解析

根据合同相对性，项目公司对《PPP 项目合同》深度学习和分解后，应对施工总承包单位进行《施工总承包合同》的交底，其意义同本章第 9 节。

事实上，如果既是社会资本方又是施工总承包单位的，两场合同交底可以合并，这样有利于施工项目部的人理解项目公司的管理身份及管理要求，未来在项目公司经营管理中，可以更加高效地协同和支持。

让下游的人明晰合同核心责任、权利和义务，有助于项目公司管理工作的高效开展。项目各相关方的有效配合是预期目标实现的关键，因此，项目公司应当与各方充分沟通，争取获得支持。

实施办法

一、管理依据

（一）法律法规、政策依据

施工总承包合同交底和PPP项目合同交底一样，在项目公司的基础工作中属于同类型工作，没有强关联的法律法规政策，但是在《建设工程项目管理规范》中则有明确规定，具体可参见该规范第7.5.1条、第7.5.2条、第7.5.3条规定。

结合PPP项目实际经营管理需要，项目公司应当组织施工总承包合同交底，以确保信息流的前后一致性。

详细内容可参见本章第9节。

（二）PPP项目合同常规约定

本项工作内容属于项目公司内部管理活动，一般合同中不会有约定。

（三）管理制度

一般对应《合同管理制度》等，具体内容略。

（四）经验教训

1. 根据合同相对性，项目公司对《PPP项目合同》深度学习和分解后，应对施工总承包单位进行《施工总承包合同》的交底，其意义同本章第9节。

2. 合同交底是前后端高度衔接的必备动作，但实践中经常忽略，或流于形式。强烈建议该项工作由项目公司总经理落实，必须做到扎实细致，确保前后端信息流一致，对于项目的履约有十分重要的助力。

二、工作实施方案

1. 项目公司对PPP项目合同深度学习和任务分解后，应对施工项目部发起施工总承包合同交底，必要时，可以延伸至PPP项目合同。

2. 项目公司相关部门是交底人，施工项目部管理团队是被交底人。

3. 前后端交底应严肃、认真、细致，不得走过场，应全程严谨细致地交底到位。

4. 项目公司相关部门应组织项目参与人员全部参与交底会议，对施工项目部管理团队成员逐条、逐项地进行交底。交底内容包括项目概况、项目投资背景情况、合同评审及风险识别与应对情况、项目公司对项目的投资目标要求、工期要求、质量要求、HSE 要求、产值确认要求、设计变更和工程签证的要求、人工材料调差要求、暂估价处理要求等，不得遗漏。

5. 施工项目部管理团队应详细记录被交底内容，并逐一识别其详细工作内容，与各自的职责岗位匹配，确保各项交底内容均可对应到人，避免产生管理真空。

6. 交底过程中，项目公司应做好完整的会议纪要签到、会议纪要，以及照片等完整过程记录。

7. 交底完成后，项目公司和施工项目部全体成员应共同签字确认。

8. 交底完成后，施工项目经理应组织所有成员及时消化被交底内容，并将相关工作逐项责任到人。

三、管理表单

略。

四、实务风险解析与建议

暂无直接实务风险和问题反馈，未来待动态补充。

五、管理成果要求（基础档案）

1. 交底文件，如 PPT、书面材料；

2. 会议纪要签到表、会议纪要、照片；

3. 项目公司管理团队向施工项目部交底的专项会议纪要及相关成果（如各项工作责任到人的任务书）；

4. 其他相关文件等。

六、补充说明

本项是政府方监管要点内容，可以关联《PPP 项目政府方监管要点》阅

读，共涉及五项监管要点，分别如下：

1. 监管要点 28：确认项目公司是否根据合同履约？并及时更新和上报相关信息？

2. 监管要点 31：确认自身（政府方）是否根据合同履约？

3. 监管要点 51：对案例 PPP 项目进行定期监督、检查、管理，确保项目建设合法合规、顺利有序推进。

4. 监管要点 70：确认 PPP 项目建设期是否按照合同约定履约？若有工期变化，是否按照约定履行了批准手续？确认是否存在实施机构原因导致的建设期延误，若有，应批准乙方的顺延建设期要求。

5. 监管要点 81：确认项目公司是否存在视为放弃或严重违约情形？若有该等情形发生，实施机构是否及时介入？是否按照合同约定追求其违约责任？

第 13 节　项目公司经营管理目标确定与分解

核心条款

第十三条　结合 PPP 项目合同要求、项目公司总经理工作目标责任书，项目公司应确立经营管理目标，并予量化，作为项目公司经营管理的基准要求。

项目公司经营管理目标应分为总体目标和年度目标。总体目标是指基于 PPP 项目合同，全生命周期的目标，包括建设期目标：进度目标、安全目标、质量目标、投资控制目标等；运营期目标：正式进入运营期时点目标、回款目标、投资回报目标等。年度目标是指根据当年度工作安排，所作出的更为细致的工作目标，如建设期形象进度目标、年度完成产值目标、其他相关管理目标/指标等，如进入运营期当年的时点目标、回款目标等。

以上各项目标为项目公司经营管理的核心要求，也是项目公司管理团队的核心目标。该项目标一经确定，不得轻易调整，确需调整的，应获得适当的批准程序，方可进行。

条款解析

按照 PDCA 原则，先定目标，再做方案，然后执行，过程管理，检查纠偏，以此形成良性的管理循环，直至实现目标。

通过合同交底、深入分解学习合同、熟悉绩效考核的标准要求，项目公司各管理人员对于项目的实施难度、实施边界有了一定的了解，在此基础上，应当建立项目公司的经营管理目标，有了目标，才能将大家团结在一起，利出一孔，全力前行。

根据本章第3节，已经明确了项目公司总经理目标责任书，该目标需要整体项目公司管理团队的人共同完成，因此，需要将总体目标进行细化分解。比如，投资回报率多少，谁来负责；建设工期目标怎样，谁来负责；建设利润多少，谁来负责；融资息差目标多少，谁来负责；等等。

对于有经验的项目公司总经理、有追求的管理团队来说，设定项目公司经营管理目标时，可以适当高于母公司既定的经营管理目标。适当高于既定目标，一是对自己的挑战；二是容易出成绩亮点；三是超额完成任务后，通常可以获得经济奖励，增加个人收入；四是更容易培养可以战斗的核心团队。

但是实务中，很多项目公司都还没有做实，管理团队可能配置不全，甚至都没有获得相应授权，更不用说自己制定追求的目标。只是从规范经营管理的角度来看，这是管理的必要动作，哪怕之前没有做，未来也要走这条规范的路。

实施办法

一、管理依据

（一）法律法规、政策依据

本节内容匹配《建设工程项目管理规范》第4.5条规定。

详细内容可参见本章第3节。

（二）PPP项目合同常规约定

本项目标确定的工作内容属于项目公司内部管理活动，一般合同中不会有约定。但《PPP项目合同》中会对工作目标提出明确要求，比如工期要求、质量要求、投资要求等。

以天津市某高速公路PPP项目为例，其《PPP项目合同》第23.1条第1款约定，“乙方承诺本项目于2020年10月31日前完工。乙方应根据本项目需要，按照最终确定的工程建设计划的进度并履行本协议的义务”。第12条、第13条分别约定，“本项目初步设计概算批复总投资316,544.9137万元”，“乙方承担项目投资控制责任”。第23.2条约定，“本项目的质量目标为达到国家合格及以上标准，并符合绿色公路和品质工程的要求”。第 23.3 条约定，“本项目的安全文明施工目标为创建文明工地，确保无安全事故发生”。

项目公司的目标可以高于合同的要求，至少应当等同。

（三）管理制度

一般对应《总经理办公会议事规则》，具体内容略。

（四）经验教训

1. 建议项目公司制定明确的量化目标，并正式发布。

2. 目标一经设定，应严格遵照执行，不得擅自调整或变更，应强调其严肃性。

3. 项目公司应当定期分析，确认目标实现程度，并根据情况进行处理，确保目标不发生重大偏离。

二、工作实施方案

1. 项目公司总经理组织全体成员正式会议。

2. 根据《项目公司总经理工作目标责任书》以及项目具体情况，和全体成员共同确定各项经济指标和管理指标的最终目标，获得团队一致确认通过。

3. 就确定的各项指标，逐条分解给相关责任部门、责任人，并和责任部门、责任人确认一致。

4. 形成正式的会议纪要，与会人员签字，项目公司总经理正式签发后，作为项目公司经营管理的核心目标。

5. 输出正式成果文件，并完全遵照执行。

三、管理表单

略。

四、实务风险解析与建议

暂无直接实务风险和问题反馈，未来待动态补充。

五、管理成果要求（基础档案）

1. 会议纪要；

2. 现场照片；

3. 确认一致的项目公司经营管理核心目标，以及目标分解书（责任人签字的正式版本）；

4. 其他相关文件等。

六、补充说明

本项工作不直接涉及政府方监管要点。

第 14 节　投资控制目标与分解

核心条款

第十四条　项目公司应根据国家发改委《中央预算内直接投资项目概算管理暂行办法》（发改投资〔2015〕482 号）及《政府投资条例》的规定，以批复概算作为投资控制的目标，对项目投资进行严格管控。

当 PPP 项目有多个子项时，其投资控制应以发改委的审批、核准、备案的情况确定，发改委立项批复为一个整体项目的，其投资控制应以整体概算为准；当发改委立项批复为多个子项分别批复的，其投资控制应以批复的单个子项概算为准。

投资控制目标应由投资控制部负责。投资控制部应对初步设计概算进行核查，确认是否存在缺项漏项、定额错误、工程量偏差等问题，若有重大偏差，应与实施机构、设计单位充分沟通，协调概算重新批复后遵照实施。①该项核查工作不得缺失，应严格执行到位。

投资控制部应以批复概算中各对应子项作为控制单元，不得随意突破概算。当确需突破概算时，应根据政策、合同约定，事先履行适当的书面批准手续，方可遵照执行。部分政府出台了地方政策，且 PPP 项目合同中对此也有约定，则项目公司还应满足地方政策的相关规定。

投资控制管理内容应在项目公司经营管理月报中专章体现。

条款解析

设定经营管理目标时，投资控制目标是核心目标之一。

---

① 本项工作通常称为“三算对比”，即估算、概算和预算，“三算对比”确认无误后，方可遵照实施。

PPP项目违规超概算属于高频实务风险之一。违规超概算的后果非常严重，相应责任单位、责任领导均要承担明确的责任和后果，而违规超概算后的政府支出责任增加，原则上不能通过财政支出，而由责任单位自行处理，对于社会资本或项目公司来说，这是不可接受的风险和后果。因此，明确和清晰的投资控制目标、制度和办法非常必要。

违规超概算的情形，大多是由于政府方的投资冲动，习惯了传统模式的任意变更或增加内容、提高标准等，不清楚违规超概算的后果，依然按照传统模式的方法进行管理。而社会资本或项目公司从做大施工产值的角度考虑，多多益善，因此也是埋头就干，忽略了合规程序的履行，由此导致违规超概算的事实发生。

为了避免该种情形发生，必须设定清晰的目标和管理办法，并在未来的实务管理中动态进行控制管理，确保不发生违规情形。本项工作和本章第55节“投资控制动态管理”、第56节“超概算情形的处理”匹配，本项工作是目标设定和任务分解，第55节是过程的动态管控，第56节是确需发生超概算情形的正当处理，应当结合起来看，并遵照执行。

实施办法

一、管理依据

（一）法律法规、政策依据

2014年5月14日，国家发改委发布的《政府核准投资项目管理办法》（国家发展和改革委员会令第11号，已失效）第26条规定，“取得项目核准文件的项目，有下列情形之一的，项目单位应当及时以书面形式向原项目核准机关提出调整申请。原项目核准机关应当根据项目具体情况，出具书面确认意见或者要求其重新办理核准手续。（一）建设地点发生变更的；（二）建设规模、建设内容发生较大变化的；（三）项目变更可能对经济、社会、环境等产生重大不利影响的；（四）需要对项目核准文件所规定的内容进行调整的其他情形”。

国家发改委《关于开展政府和社会资本合作的指导意见》（发改投资〔2014〕2724号）附件《政府和社会资本合作项目通用合同指南》第13条明确，“明确社会资本主体对约定的项目总投资所承担的投资控制责任。根据合作项目特点，可约定社会资本主体承担全部超支责任、部分超支责任，或不承担超支责任”。

2015年3月15日，国家发改委《关于印发〈中央预算内直接投资项目概算管理暂行办法〉的通知》（发改投资〔2015〕482号）附件《中央预算内直接投资项目概算管理暂行办法》第8条规定，“项目单位在其主管部门领导和监督下对概算管理负主要责任，按照核定概算严格执行”。第13条规定，“项目初步设计及概算批复核定后，应当严格执行，不得擅自增加建设内容、扩大建设规模、提高建设标准或改变设计方案。确需调整且将会突破投资概算的，必须事前向国家发展改革委正式申报；未经批准的，不得擅自调整实施”。第17条规定，“申请调整概算的项目，如有未经国家发展改革委批准擅自增加建设内容、扩大建设规模、提高建设标准、改变设计方案等原因造成超概算的，除按照第十五条提交调整概算的申报材料外，必须同时界定违规超概算的责任主体，并提出自行筹措违规超概算投资的意见，以及对相关责任单位及责任人的处理意见。国家发展改革委委托评审，待相关责任单位和责任人处理意见落实后核定调整概算，违规超概算投资原则上不安排中央预算内投资解决”。相关的法律责任，根据第21条和第22条的规定，包括“因主管部门未履行概算管理和监督责任，授意或同意增加建设内容、扩大建设规模、提高建设标准、改变设计方案导致超概算的，主管部门应当对本部门直接负责的主管人员和其他责任人员进行诫勉谈话、通报批评或者给予党纪政纪处分。国家发展改革委相应调减安排该部门的投资额度”，“因项目单位擅自增加建设内容、扩大建设规模、提高建设标准、改变设计方案，管理不善、故意漏项、报小建大等造成超概算的，主管部门应当依照职责权限对项目单位主要负责人和直接负责的主管人员以及其他责任人员进行诫勉谈话、通报批评或者给予党纪政纪处分；两年内暂停申报该单位其他项目。

国家发展改革委将其不良信用记录纳入国家统一的信用信息共享交换平台；情节严重的，给予通报批评，并视情况公开曝光”。

不仅如此，《政府投资条例》也对此作出了明确规定。该条例第21条规定，“政府投资项目应当按照投资主管部门或者其他有关部门批准的建设地点、建设规模和建设内容实施；拟变更建设地点或者拟对建设规模、建设内容等作较大变更的，应当按照规定的程序报原审批部门审批”。第23条还规定，“政府投资项目建设投资原则上不得超过经核定的投资概算。因国家政策调整、价格上涨、地质条件发生重大变化等原因确需增加投资概算的，项目单位应当提出调整方案及资金来源，按照规定的程序报原初步设计审批部门或者投资概算核定部门核定；涉及预算调整或者调剂的，依照有关预算的法律、行政法规和国家有关规定办理”。如果违反前述规定，“未经批准变更政府投资项目的建设地点或者对建设规模、建设内容等作较大变更”，“擅自增加投资概算”，其法律责任根据该条例第34条的规定，“责令改正，根据具体情况，暂停、停止拨付资金或者收回已拨付的资金，暂停或者停止建设活动，对负有责任的领导人员和直接责任人员依法给予处分”。如果构成犯罪的，则“依法追究刑事责任”。

国家发改委《关于依法依规加强PPP项目投资和建设管理的通知》（发改投资规〔2019〕1098号）规定，“实施方案、招投标文件、合同的主要内容应与经批准的可行性研究报告、核准文件、备案信息保持一致。实施方案、招投标文件、合同或建设中出现以下情形的，应当报请原审批、核准、备案机关重新履行项目审核备程序：（1）项目建设地点发生变化；（2）项目建设规模和主要建设内容发生较大变化；（3）项目建设标准发生较大变化；（4）项目投资规模超过批复投资的10%”。

除了上述规定以外，一般地方政府都发布了相应的政府投资项目管理办法，以浙江某地为例，该市发布了《××市人民政府关于印发政府投资项目管理办法的通知》，该通知规定项目内容的变更和造价调整实行分类管理，分别为：

（1）简易程序：单项工程变更金额10万元（含）以下，且累计变更金额在100万元（含）以下的，由项目建设单位主管部门审核把关。

（2）备案程序：单项工程变更金额50万元（含）以下，且累计变更金额在300万元（含）以下或合同价5%（含）以内的，由项目主管部门审核，在工程变更施工前报市发改、财政、监察部门备案。适用于简易程序的项目变更除外。

（3）会签程序：单项工程变更金额100万元（含）以下，且累计变更金额在500万元（含）以下或合同价10%（含）以内的，须在工程变更施工前由建设单位提出申请，市发展改革部门接到申请后牵头组织财政、审计、公共资源交管办及相关单位到项目现场进行踏勘，当场会签确认，经会签确认的变更申请单作为工程变更的依据。适用于简易程序、备案程序的项目变更除外。

（4）会审程序：单项工程变更金额300万元（含）以下，且累计变更金额在2000万元（含）以下，须在工程变更施工前由建设单位提出申请，市发改部门在接到申请后牵头组织财政、审计、公共资源交管办及相关单位，并视项目具体情况邀请专家进行现场踏勘、会审论证，经会签形成会议纪要，作为工程变更依据。适用于简易程序、备案程序、会签程序的项目变更除外。

（5）审批程序：单项工程变更金额300万元以上，或情形复杂的工程变更，经会审后报市政府审批。总投资1000万元以上的政府投资项目投资增减额50%（不含）以上，或增减额在2000万元（不含）以上的，须报请市人大常委会做出决议、决定。

所以，项目公司在实施过程中，除了要确认满足国家的相关政策规定，还要满足地方政府发布的行政管理办法，当然，也要满足《PPP项目合同》的约定，这是未来审计的重点。因此，项目公司应当设定适当的投资控制目标，并严格执行。

本节与本章第55节、第56节关联，可以关联阅读。

（二）PPP项目合同常规约定

以天津市某高速公路PPP项目为例，其《PPP项目合同》第12条、第

13 条分别约定，“本项目初步设计概算批复总投资 316, 544. 9137 万元”，“乙方承担项目投资控制责任”。

（三）管理制度

一般对应《估概算评估程序》《建设投资预算编制及管理制度》《概预算编制程序》《投资控制管理办法》等，具体内容略。

（四）经验教训

1. 投资控制应当作为项目公司的重要工作之一，专项处理、专项落实。

2. 投资控制实际上就是商务管理工作，就是动态、逐月确认实际总投资，再与批复概算进行比对的过程，因此可以和过程结算挂钩。这既是对各相关方的负责，也是对过程的及时确权，对自身有利。

3. 对于合同范围外的、增加总投资费用的任何工作，均应当严格按照合同和管理制度进行落实，以书面文件和证据为准，不得因为“领导指示”“领导要求”而先落实再补充。

4. 项目公司应坚决避免先干活，再补程序的情形。

二、工作实施方案

1. 投资控制部负责人组织召开部门会议。

2. 就项目公司确定的投资控制目标进行分析，结合《PPP 项目合同》的约定，确认如何实现，共同讨论。

3. 就讨论形成的管理措施、技术措施等，逐一分解，形成部门各人的工作任务清单、工作重点和要点。

4. 就以上确认的方案，输出正式的会议纪要，或工作专项报告。

5. 以上会议纪要或专项报告，作为部门未来工作的核心依据之一。

三、管理表单

略。

四、实务风险解析与建议

实务问题 1：某 PPP 项目共有 11 个子项目，存在个别子项目超概算 100%以上，但是总的工程费用不超，由于审计是按照各子项目控制价分别核算，对超出控制价的子项目如何妥善处理？

解析与建议：

详细内容请关联《PPP 项目执行阶段操作指南：100 个实务问题深度解析》问题 16 进行阅读。

实务问题 2：PPP 项目投资控制是以概算为基准，设计概算由谁批复？其组成和费用适用原则是什么？

解析与建议：

详细内容请关联《PPP 项目执行阶段操作指南：100 个实务问题深度解析（第二册）》问题 81 进行阅读。

其他相关实务风险问题，还可以关联《PPP 项目执行阶段操作指南：100 个实务问题深度解析》问题 19，《PPP 项目执行阶段操作指南：100 个实务问题深度解析（第二册）》问题 78 进行阅读。

五、管理成果要求（基础档案）

1. 正式会议纪要及现场照片；
2. 专项报告；
3. 投资控制目标及相关方案、任务清单；
4. 其他相关文件等。

六、补充说明

本项是政府方监管要点内容，可以关联《PPP 项目政府方监管要点》阅读，共涉及两项监管要点，分别如下：

1. 监管要点 26：确认项目公司是否加强了项目成本控制，明确了投资控制目标？确保项目不超概算，否则，确认是否及时获得了相应的批准手续？

2. 监管要点 71：常态化监管投资是否超出批复概算？投资控制上限 31.65 亿元，若要超出，必须履行完成相应正式批准手续，以避免行政后果。

第 15 节　融资目标与分解

核心条款

第十五条　项目公司应根据当年投资目标，确定当年融资目标，并将融资任务分解至相关责任部门。

项目公司应积极配合融资部门的各项工作指令，协助融资部门对接金融机构、参与融资谈判，同时积极向实施机构主张合理的融资条件成就。

融资管理内容应在项目公司经营管理月报中专章体现。

条款解析

从逻辑关系来看，应当融资目标在前，投资控制目标在后，但是相对来说，融资比较容易，投资控制难度更高，站在实务实施的角度考虑，将投资控制目标与分解放到了前面。

实际上融资更加重要，融资如果成功，则项目有可能成功；融资如果不成功，项目肯定不成功。实务中，社会资本一般都会在确定投资之前和金融机构接洽，确认有融资可能后才会投资，否则一般不会投标，所以融资可行性相对较高。

融资的目标金额通常在合同中有明确的约定，项目总投资中除项目资本金以外的部分，一般占总投资的 70% ~80%，但是融资过程中，应当事先考虑几个变量：一是如果可以顺利融资，放款的时间应当事先匹配，应当避免进度超前，等着资金的情况，也应当避免提前放款，造成大额资金沉淀的情况；二是可能的设计变更、工程签证、增加项目范围、提高项目标准等导致的总投资增加，该增加部分的资金来源；三是金融机构放款的时限，一般

PPP 项目实施进度多数会滞后，延期 1 年、2 年，甚至 3 年，这个时间如何匹配，应当提前考虑；四是金融形势的变化，如果融资环境恶劣，短期不能贷款落地的应对措施；五是融资利率的动态变化，是否会导致融资成本增加等。

融资的重要性不言而喻，和项目成败直接关联，因此，融资目标应当明确设定，系统思考，专人负责，同时还建议系统思考资产证券化、REITs 等融资工具的合理使用，以进一步降低融资成本。

实施办法

一、管理依据

（一）法律法规、政策依据

财政部《关于推进政府和社会资本合作规范发展的实施意见》（财金〔2019〕10 号）第 3 条规定，“各级财政部门要将规范运作放在首位，严格按照要求实施规范的 PPP 项目，不得出现以下行为：（一）……通过签订阴阳合同，或由政府方或政府方出资代表为项目融资提供各种形式的担保、还款承诺等方式，由政府实际兜底项目投资建设运营风险的……”否则，“对于存在本条（一）项情形，已入库项目应当予以清退，项目形成的财政支出责任，应当认定为地方政府隐性债务，依法依规提请有关部门对相关单位及个人予以严肃问责”。

2017 年 11 月 10 日，财政部办公厅《关于规范政府和社会资本合作（PPP）综合信息平台项目库管理的通知》（财办金〔2017〕92 号）第 3 条第 3 项、第 4 项规定，“未按合同约定落实项目债权融资的”“政府及其部门为项目债务提供任何形式担保的；存在其他违法违规举债担保行为的”，“应予以清退”。

国家发改委《关于依法依规加强 PPP 项目投资和建设管理的通知》（发改投资规〔2019〕1098 号）第 4 条第 10 项要求，“PPP 项目的融资方式和资金来源应符合防范化解地方政府隐性债务风险的相关规定。不得通过约定回购投资本金、承诺保底收益等方式违法违规变相增加地方政府隐性债务，严防地方政府债务风险”。

《关于印发〈传统基础设施领域实施政府和社会资本合作项目工作导则〉的通知》（发改投资〔2016〕2231号）附件《传统基础设施领域实施政府和社会资本合作项目工作导则》第18条第1款规定，“PPP项目融资责任由项目公司或社会资本方承担，当地政府及其相关部门不应为项目公司或社会资本方的融资提供担保。项目公司或社会资本方未按照PPP项目合同约定完成融资的，政府方可依法提出履约要求，必要时可提出终止PPP项目合同”。

融资情况也是信息公示的重要内容之一，财政部《关于修订发布〈政府和社会资本合作（PPP）综合信息平台信息公开管理办法〉的通知》（财金〔2021〕110号）附件《政府和社会资本合作（PPP）综合信息平台信息公开管理办法》第10条规定，“管理库项目执行阶段应当公开的信息主要包括：……（二）项目融资信息，包括融资机构、金额等”。

（二）PPP项目合同常规约定

以天津市某高速公路PPP项目为例，关于融资要求和目标，其《PPP项目合同》第14条、第15.3.2条分别约定，“本项目资本金为总投资的25%，并以项目公司注册资本的形式落实”，“项目公司注册资本及交通运输部和××投资补助以外的建设资金由中标社会资本负责协助乙方筹集。乙方在融资过程中如需提供股东方的相关担保，该担保无论何种形式，均由中标社会资本提供和/或解决。甲方及政府出资代表不为乙方提供任何方式的担保，甲方及政府出资代表不承担任何融资责任”。第15.1.1条、第15.1.2条分别要求，“甲方负责向乙方提供项目融资所需要的政府文件（但不包括任何性质的担保和承诺），乙方应在甲方提供所需要的政府文件后六十个工作日内完成融资交割”，“乙方在完成融资交割后七个工作日内，应向甲方书面确认融资交割完成，并提交所有已签署的融资文件的复印件，以及甲方合理要求的证明已完成融资交割的任何其他文件”。

对于融资交割未完成的违约责任，第15.1.3条、第59.2（5）条约定，“融资交割应以不影响项目实施为原则，若乙方未能按照本协议的规定完成融资交割，或在完成融资交割后七个工作日内不能向甲方证明其融资交割完成，则甲方有权兑取建设期履约保函”，“乙方提供的项目资本金不满足合同要求，或未能按建设进度计划完成投融资，或未设立项目建设资金专用账户的，视为乙方违约，甲方有权责令乙方立即改正；乙方逾期未改正的，甲方有权提取建设期履约保函；若上述款项不足以弥补甲方因此所受损失的，乙方还应赔偿甲方差额部分的损失”。

对于融资的落实，第8.1条第5款约定，“经甲方书面同意后，乙方可以本项目特许经营权及其收益权进行融资”。第15.2.1条约定，“乙方开展项目融资，须报甲方书面备案；乙方以项目经营权、收益权质押进行融资的，须事先征得甲方同意”。第15.3.1条约定，“出于本项目投资、勘察设计、建设、运营和维护，以及大规模重置更新或改造之需要，在征得甲方及债权人书面同意的前提下，乙方有权依法通过发债、资产证券化、设立基金等方式进行其他融资，其他融资仅限于项目特许期内”。

《股东协议》第16条同时约定，“注册资本及交通运输部投资补助和××投资补助以外的建设资金，经股东会决议后，可由项目公司按照股东会审议通过的融资方案解决。项目公司融资能力不足的，由中标社会资本落实项目公司融资资金来源，中标社会资本就项目公司的融资义务承担连带保证责任。项目公司融资过程中如需提供股东方的相关担保，该担保无论何种形式，均由中标社会资本负责；甲方不为项目公司的融资提供任何方式的担保，甲方不承担任何融资责任”。

项目公司设定融资目标时，应同时考虑以上边界条件。

（三）管理制度

一般对应《投融资管理制度》等，具体内容略。

（四）经验教训

社会资本在接洽新业务时，应当同时与金融机构接触，明确具体融资放款的条款，并作为和政府方谈判的要点之一，确保项目落地后“可融”。

二、工作实施方案

1. 财务部负责人组织召开部门会议。

2. 就项目公司确定的融资目标进行分析，结合《PPP 项目合同》的约定，确认如何实现，共同讨论。

3. 就讨论形成的管理措施、技术措施等，逐一分解，形成部门各人的工作任务清单、工作重点和要点。

4. 就以上确认的方案，输出正式的会议纪要或工作专项报告。

5. 以上会议纪要或专项报告，作为部门未来工作的核心依据之一。

三、管理表单

略。

四、实务风险解析与建议

暂无直接实务风险和问题反馈，未来待动态补充。

五、管理成果要求（基础档案）

1. 正式会议纪要及现场照片；

2. 专项报告；

3. 融资控制目标及相关方案、任务清单；

4. 其他相关文件等。

六、补充说明

本项是政府方监管要点内容，可以关联《PPP 项目政府方监管要点》阅读，共涉及两项监管要点，分别如下：

1. 监管要点 20：确认项目融资是否按约及时到位？

2. 监管要点 57：确认项目公司注册资本金、项目资本金是否已经足额、及时出资缴纳到位？融资贷款的条件是否按照协约约定达成？融资贷款是否及时到账，且未影响项目的正常推进？

第 16 节　进度目标与分解

核心条款

第十六条　项目公司应根据一级控制进度计划，分解当年的进度控制目标，并匹配相应的资源计划，以保证目标可实现。进度目标应根据公司章程、PPP 项目合同的要求，经“三会一层”批准后遵照执行。

进度目标应由工程技术部负责。工程技术部应明确关键线路和关键工作，并进行动态管理，原则应于每月 24 日进行进度偏差分析，当有进度偏差时，应及时分析原因，并提出解决方案，跟踪落实，直至偏差消除。

当进度偏差是由于政府方原因时，应及时督促、协助实施机构消除影响，并固定过程证据，作为工期索赔和费用索赔的依据。

进度管理内容应在项目公司经营管理月报中专章体现。

条款解析

投融资项目，首先应确保融资到位，其次是进度目标必须适当。因为涉及投资收益，就可以考虑优先。进度顺利，实施效率就可以保证，投资收益相对就能稳妥；如果进度滞后，由此带来的各种隐形损失将会大幅降低预期收益。因此，健康的、科学的、可实现的进度目标就很重要。

进度目标不一定是合同约定的工期，在实施可行的情况下，项目公司可以设定比合同工期更加紧凑的工期。如岳阳某项目，合同工期 24 个月，项目公司在内控策划时按照 20 个月进行控制，充分考虑了雨季、设计变更等特殊情况的工期冗余，确保有足够机动时间，即自由时差。合同约定的工期为常规工期，按照《政府投资条例》第 24 条的规定，“政府投资项目应当按照国家有关规定合理确定并严格执行建设工期，任何单位和个人不得非法干预”，但项目公司可以自我约束，即便投入部分赶工措施费，但由此引来的财务综合收益，远高于该部分费用。

实务中，项目工期大部分滞后，核心原因之一在于缺少整体控制，对影响工期的要素没有进行系统的管理，因此，应当提前建立好规则，并做好明确分工。

实施办法

一、管理依据

（一）法律法规、政策依据

财政部《关于修订发布〈政府和社会资本合作（PPP）综合信息平台信息公开管理办法〉的通知》（财金〔2021〕110号）的附件《政府和社会资本合作（PPP）综合信息平台信息公开管理办法》第10条明确规定：“管理库项目执行阶段应当公开的信息主要包括：（一）社会资本方或项目公司信息，包括中标社会资本方或项目公司基本信息、项目公司股权结构、增减资情况说明、履约保证措施等；（二）项目融资信息，包括融资机构、金额等；（三）履约信息，包括项目建设信息、绩效管理信息、项目公司运营信息、合作期间重大事件、合同变更信息、项目移交信息等；（四）财政实际支出信息，包括项目投资竣工决算数、财政实际支出等；（五）其他应当公开的信息。”

《建设工程项目管理规范》第9.1条规定，“组织应建立项目进度管理制度，明确进度管理程序，规定进度管理职责及工作要求。项目进度管理应遵循‘编制进度计划；进度计划交底，落实管理责任；实施进度计划；进行进度控制和变更管理’的程序”。

该规范第9.2条“进度计划”进一步规定如下：

“项目进度计划编制依据应包括下列主要内容：1 合同文件和相关要求；2 项目管理规划文件；3 资源条件、内部与外部约束条件。

“组织应提出项目控制性进度计划。项目管理机构应根据组织的控制性进度计划，编制项目的作业性进度计划。

“各类进度计划应包括下列内容：1 编制说明；2 进度安排；3 资源需求计划；4 进度保证措施。

“编制进度计划应遵循下列步骤：1 确定进度计划目标；2 进行工作结构分解与工作活动定义；3 确定工作之间的顺序关系；4 估算各项工作投入的资源；5 估算工作的持续时间；6 编制进度图（表）；7 编制资源需求计划；8 审批并发布。

“编制进度计划应根据需要选用下列方法：1 里程碑表；2 工作量表；3 横道计划；4 网络计划。

“项目进度计划应按有关规定经批准后实施。

“项目进度计划实施前，应由负责人向执行者交底、落实进度责任；进度计划执行者应制定实施计划的措施。”

本节内容与本章第 74 节、第 75 节和第 76 节关联，可以关联阅读。

（二）PPP 项目合同常规约定

以天津市某高速公路 PPP 项目为例，其《PPP 项目合同》第 23.1（1）条约定，“乙方承诺本项目于 2020 年 10 月 31 日前完工。乙方应根据本项目需要，按照最终确定的工程建设计划的进度并履行本协议的义务”。

（三）管理制度

一般对应《进度管理制度》《进度计划编审及执行管理制度》《组织协调管理制度》等，具体内容略。

（四）经验教训

1. 设定进度目标后，遵循该目标进行各项工作分解，属于主动控制，一般风险可控；不设定目标，按照传统经验实施，属于被动控制，一般风险不可控，进度滞后成了大概率事件。因此，建议设定明确的进度目标。

2. 建议进度目标要小于合同工期目标，留有一定的自由时差时间。

3. 根据该目标编制一级控制进度计划、年度进度计划后，还应对应编制相应的资源匹配计划，以确保资源满足进度的基本要求。

4. 当进度目标由于非己方原因发生偏差时，项目公司应当及时反应，按照合同约定主张工期和费用索赔。

二、工作实施方案

1. 工程技术部负责人组织召开部门会议。

2. 就项目公司确定的进度目标进行分析，结合《PPP 项目合同》的约定，确认如何实现，共同讨论。

3. 就讨论形成的管理措施、技术措施等，逐一分解，形成部门各人的工作任务清单、工作重点和要点。

4. 就以上确认的方案，输出正式的会议纪要或工作专项报告。

5. 以上会议纪要或专项报告，作为部门未来工作的核心依据之一。

三、管理表单

略。

四、实务风险解析与建议

实务问题：PPP 项目的进度多有滞后，应当如何系统思考、系统管理？

解析与建议：

从项目调研分析来看，PPP 项目工期滞后的原因包括内部因素和外部因素两类，内部因素是指项目本身的问题，外部因素是指项目以外的问题。

1. 内部因素分析。内部因素主要包括规划问题、征地拆迁问题、土地指标问题、合规手续问题、设计问题、融资问题等。其中，合规手续是全面开工的必要前置条件，如果不具备，则不能顺利全面开工。合规手续包括国企、央企内部的集团审批手续；建设工程合规手续和 PPP 项目合规手续三类，缺一不可。从样本项目来看，约有 36% 的项目存在各式合规手续不全的现象，其多为政府方原因导致。该种情形，还有可能导致融资不能的后果。因此，实施机构和项目公司应共同协作，尽快办理。

2. 外部因素分析。外部因素主要包括金融形势导致的融资不能，以及不可抗力等。其中，金融形势的变化，可能会导致预期的融资就位受到影响，在没有备选方案的情况下，极有可能会影响项目进度，该种情形在样本项目中约占20%。但金融形势的变化不属于不可抗力，其责任还在于社会资本，因为，为了避免违约责任，社会资本方一般可以采用临时股东借款的情况应急处理。[①] 不可抗力，如本次疫情。这种情形属于小概率事件，但若发生，应按照PPP项目合同的约定，以及相关政策的规定，及时办理相关手续即可。

明确进度滞后的根本原因之后，进度管理即相对简单和容易，其核心是事前策划、准确的起始点、事中动态管理和纠偏，以及事后及时总结和关闭，相关要点（见图2-1）简析如下：

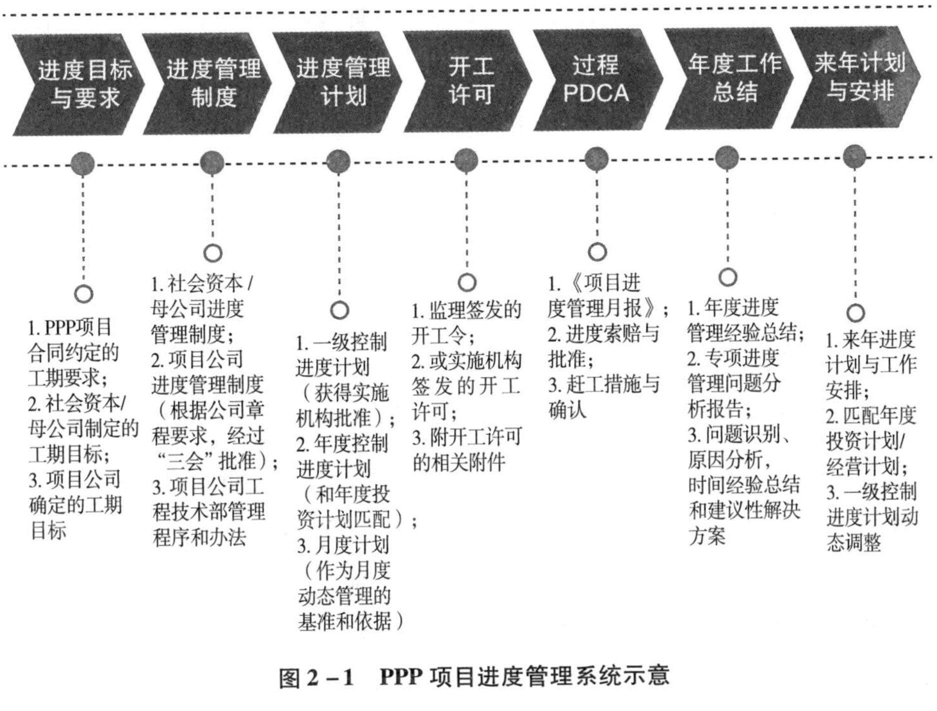

图2-1 PPP项目进度管理系统示意

第一，明确进度要求和目标。进度要求，是指PPP项目合同约定的工期

① 股东借款的前提条件是，项目资本金必须及时、足额缴纳到位。

要求，一般明确约定了建设周期，以及起始点和结束点，起始点一般为监理签发的开工令，或实施机构签发的开工通知所载明日期；结束点一般为竣工验收合格证所载明的日期。另外，由于项目公司是独立法人公司，正式经营管理时，应有完整的、独立运行的管理制度与体系，因此，部分项目公司总经理在接到股东要求时，可能会提出更高的进度目标要求，在向下管理时，即以项目公司确定的进度目标为基准进行要求，确保整体的进度周期有足够冗余时差。

第二，明确进度管理相关制度。项目公司成立后，应建章立制，通过制度进行规范管理。通常来说，项目公司经营管理制度中应当包含进度管理制度，或进度管理办法、程序，这也是项目公司未来进行进度管理的依据。该项管理制度，建议明确进度管理所要求的最终管理成果，该成果应当与档案管理体系匹配。

第三，明确一级控制进度计划及年度计划。项目实施前，项目公司应当经过系统策划来明确如何规范经营管理、如何建设和运营本项目，即 PDCA 中的 Plan，策划成果通常为《项目公司经营管理大纲》,① 其中，一级控制进度计划是核心内容之一。这也是项目公司未来进行整体进度管理的纲领性文件，无论是施工总承包单位，还是监理单位，抑或其他劳务分包或专业分包，均应按照这个标准和要求开展各项工作。明确关键线路及关键工作的作用，一是在管理过程中，明确提示管理重点，避免由于关键工作滞后而导致整体进度延期；二是未来工期索赔的要件之一，就是导致工期索赔事件影响的，必须是关键线路上的关键工作，否则可能导致索赔失败。

第四，明确监理签发的开工令，或实施机构签发的开工许可。一般情况下，PPP 项目合同会约定建设期的起始点为监理签发的开工令或实施机构签发的开工许可所载明的日期，实际签发时，必须是一个明确的时点。明确建议按实际进场施工之日签发。

---

① 与施工总承包单位的《施工组织设计》、监理单位的《监理大纲》类似。

第五，月度动态管理，形成《项目公司进度管理月报》。一般要求每月编制《项目公司进度管理月报》，由工程技术部经理签发后，于每月25日定期发布①。每年12月25日，另行编制《项目公司进度管理年报》，以此形成系统进度管理成果，确保进度目标始终受控。

当项目出现进度偏差，项目公司在精准的原因识别与分析后，若确认是由于非己方原因所导致，如政府方征地拆迁不到位、不可抗力等，则应当根据PPP项目合同的约定，确认是否已经触发进度索赔的情形，若已经触发，则应当及时按照合同约定的程序和办法，向实施机构提出索赔主张，并持续跟踪，直至获得书面批准。同时，当进度索赔完成后，双方应形成正式的书面文件，如果进度滞后比较严重的，则建议通过PPP项目合同补充协议确认，并重新更新、确认新的一级控制进度计划，以此作为后续进度管理的新基准。

当项目出现赶工要求时，项目公司应该区别原因，并适当处理。当该等赶工要求是由于自身原因导致，如自身要求进度缩减或由于自身原因导致进度滞后，后期通过赶工措施进行进度纠偏的，则该等措施属于自身行为，相关费用自行消化。当该等赶工要求是实施机构要求的，项目公司应当从技术是否可行？赶工措施费用如何处理？两个角度考虑，报实施机构批准确认后，即可遵照执行。

第六，年度进度管理工作总结。要求项目公司定期进行年度进度管理工作梳理与总结，并形成《项目公司进度管理年报》，经工程技术部经理签发后，于12月25日正式发布。当有典型问题、共性问题、多发问题或后果严重的重大问题时，相关的研究可以站在更高角度展开，尽量形成可复制的解决方案，这样便于同类项目借鉴参考，更有利他意义。

第七，下一年度进度管理工作计划与安排。上一年总结完成，下一年计划立即落实，效率最高。通过下一年度的计划编制与方案策划，可以迅速测

---

① 《项目公司进度管理月报》的内容，是《项目公司经营管理月报》中的一部分。

试经验总结的初步成效。

进度管理并不是一项高新技术，PPP 项目的进度管理和传统项目的进度管理也并没有本质性差别，其核心就是强调按约履行、系统性思考，以及动态管理三项，从 PPP 项目的特性考虑，我们还增加了两项建议，一是强调完整的证据链，二是有始有终。

五、管理成果要求（基础档案）

1. 正式会议纪要及现场照片；
2. 专项报告；
3. 进度目标及相关方案、任务清单；
4. 过程管理动态文件；
5. 赶工措施、工期费用索赔文件；
6. 其他相关文件等。

六、补充说明

本项是政府方监管要点内容，可以关联《PPP 项目政府方监管要点》阅读，共涉及一项监管要点如下：

监管要点 70：确认 PPP 项目建设期是否按照合同约定履约？若有工期变化，是否按照约定履行了批准手续？确认是否存在实施机构原因导致的建设期延误，若有，应批准乙方的顺延建设期要求。

第 17 节　安全目标与分解

核心条款

第十七条　项目公司应明确安全管控目标，制定匹配的管理制度，经“三会一层”批准后严格执行。同时应设置安全专员，安全专员必须持证上岗。

安全目标应由 HSE 管理部负责。HSE 管理部应根据安全文明施工管理等相关制度严格执行，应善加利用监理单位的管理职能，全面管理，并妥善保存过程管控记录，原则应于每月 24 日进行自检，确认安全管理工作没有偏差。安全管理工作至少应包括定期检查、不定期检查、专项检查、安全应急管理预案及演练等，其中，应急预案演练每年至少举行一次，重大节假日必须进行安全专项检查。

项目公司还应熟悉本地安全文明施工、环境保护等政策规定，并严格遵守。

安全管理内容应在项目公司经营管理月报中专章体现。

条款解析

安全管理是项目公司建设期经营管理的头等大事之一，坚决不允许出现有责任的安全事故发生，因此，必须按照《PPP 项目合同》约定的标准，固定安全目标，并根据目标开展各项具体的工作。

安全目标，一是不允许出现任何有责安全事故，二是根据合同约定明确安全文明标准化工地的等级要求，三是不允许出现环保处罚等。如果企业有更高要求的，则以更高标准为准。

安全管理工作，必须设置完善的管理体系，必须设置专职的安全管理人员，安全管理工作必须专人负责，实行一票否决制，不容任何闪失。

实施办法

一、管理依据

（一）法律法规、政策依据

安全相关的法律法规政策较多，典型的包括：《安全生产法》《消防法》《特种设备安全法》《建筑法》《安全生产许可证条例》《安全生产事故报告和调查处理条例》《生产安全事故应急条例》《建设工程安全生产管理条例》《突发事件应急预案管理办法》《生产安全事故应急预案管理办法》《安全生产事故隐患排查治理暂行规定》《安全生产培训管理办法》《安全生产预防及应急专项资金管理办法》《建设项目安全设施“三同时”监督管理办法》《建筑工程安全防护、文明施工措施费用及使用管理规定》《消防安全责任制实施办法》等，具体内容不予赘述。

对于具体的落实，《建设工程项目管理规范》第12.1条规定：

“组织应建立安全生产管理制度，坚持以人为本、预防为主，确保项目处于本质安全状态。

“组织应根据有关要求确定安全生产管理方针和目标，建立项目安全生产责任制度，健全职业健康安全管理体系，改善安全生产条件，实施安全生产标准化建设。

“组织应建立专门的安全生产管理机构，配备合格的项目安全管理负责人和管理人员，进行教育培训并持证上岗。项目安全生产管理机构以及管理人员应当恪尽职守、依法履行职责。

“组织应按规定提供安全生产资源和安全文明施工费用，定期对安全生产状况进行评价，确定并实施项目安全生产管理计划，落实整改措施。”

该规范第12.2条“安全生产管理计划”进一步规定：

“项目管理机构应根据合同的有关要求，确定项目安全生产管理范围和对象，制订项目安全生产管理计划，在实施中根据实际情况进行补充和调整。

“项目安全生产管理计划应满足事故预防的管理要求，并应符合下列规定：1 针对项目危险源和不利环境因素进行辨识与评估的结果，确定对策和控制方案；2 对危险性较大的分部分项工程编制专项施工方案；3 对分包人的项目安全生产管理、教育和培训提出要求；4 对项目安全生产交底、有关分包人制定的项目安全生产方案进行控制的措施；5 应急准备与救援预案。

“项目安全生产管理计划应按规定审核、批准后实施。

“项目管理机构应开展有关职业健康和安全生产方法的前瞻性分析，选用适宜可靠的安全技术，采取安全文明的生产方式。

“项目管理机构应明确相关过程的安全管理接口，进行勘察、设计、采购、施工、试运行过程安全生产的集成管理。”

本节内容与本章第 78 节和第 79 节关联，可以关联阅读。

（二）PPP 项目合同常规约定

以天津市某高速公路 PPP 项目为例，其《PPP 项目合同》第 23.3 条约定，“本项目的安全文明施工目标为创建文明工地，确保无安全事故发生。乙方负责安全文明施工目标的控制，具体管理内容如下：（1）乙方应结合项目安全文明目标，编制安全文明管理规划及安全应急预案，乙方编制的应急预案应当符合国家法律、法规、行政规章及相关行业标准。（2）乙方应根据项目施工安全目标的要求配置必要的资源，确保施工安全，保证目标实现。（3）乙方应督促专业工作单位落实安全保证体系，不定期组织工地安全文明检查，会同承包商处理工地各种纠纷”。

（三）管理制度

一般对应《安全文明施工管理制度》《应急预案制度》等，具体内容略。

（四）经验教训

1. 安全目标及其管理应当作为项目公司的最优先级工作来抓，应当专项落实，专项处理。

2. 项目公司是建设单位，对项目负有建设单位责任，是项目的集成者，因此，绝不应存在完全交由施工总承包单位、监理单位进行管理的想法，应当对具体的工作进行监督、管理，确保安全管理工作落实到位。

3. 同时提醒，项目公司应当足额购买相关保险，转移相关保险。

二、工作实施方案

1. HSE 管理部负责人组织召开部门会议。

2. 就项目公司确定的 HSE 目标进行分析，结合《PPP 项目合同》的约定，确认如何实现，共同讨论。

3. 就讨论形成的管理措施、技术措施等，逐一分解，形成部门各人的工作任务清单、工作重点和要点。

4. 就以上确认的方案，输出正式的会议纪要或工作专项报告。

5. 以上会议纪要或专项报告，作为部门未来工作的核心依据之一。

6. HSE 相关责任人员，根据工作任务清单及要求，动态落实、逐项确认完成，并予以销项。

三、管理表单

略。

四、实务风险解析与建议

安全皆是风险。

具体直接实务风险和问题反馈，可以参见各安全警示案例，此处不再赘述。

五、管理成果要求（基础档案）

1. 正式会议纪要及会议现场照片；

2. 各人工作任务分解清单、目标责任书；

3. 专项报告（部分情况下，需要向股东公司专项汇报所形成的材料）；

4. 过程检查、管理文件；

5. 处理、处罚文件；

6. 其他相关文件等。

六、补充说明

本项是政府方监管要点内容，可以关联《PPP 项目政府方监管要点》阅读，共涉及一项监管要点如下：

监管要点 47：监督、检查建设期间是否存在大气污染情形，确认安全文明施工措施是否到位？

第 18 节　质量目标与分解

核心条款

第十八条　项目公司应根据PPP项目合同的约定明确质量管控目标，一般质量管控目标为合格，不得质量镀金。

质量目标应由工程技术部负责。工程技术部应根据质量管理等相关制度严格执行，应善加利用监理单位的管理职能，全面管理，并妥善保存过程管控记录，原则应于每月24日进行自检，确认质量管理工作没有偏差。质量管理工作至少应包括检验批验收、分部分项验收、单项工程验收、竣工验收等，重要节点，还应根据规定邀请质安站共同验收。

当PPP项目合同约定必须创优时，工程技术部应做好事先策划工作，并严格遵照执行。

质量管理、创优等工作内容应在项目公司经营管理月报中专章体现。

条款解析

质量问题的发生概率较低，因此安全目标之后，是质量目标的确定。

质量目标根据《PPP项目合同》约定执行，大概率是合格，也有部分项目有更高要求，比如优质结构工程奖，创杯（如江苏金陵杯、上海白玉兰杯、鲁班奖）等。质量工作属于基本要求，这是底线，各项细节工作已经非常成熟，不用刻意研究，按照既有规则执行即可。

但是需要注意质量出现问题的典型项目案例。最典型的是天津市粤翠名邸项目，质量管理失控导致重大工程质量事故，混凝土不达标，多栋楼需拆除重建，或致数亿元的损失。① 由于性质比较恶劣，住建部在2021年6月25日专门下发建督罚字〔2021〕40号文件，给予该项目施工总承包单位建筑工程施工总承包一级资质降为建筑工程施工总承包二级资质的处罚。

再加上建设工程质量执行终身负责制，因此，项目公司对于质量管理绝对不能掉以轻心。

实施办法

一、管理依据

（一）法律法规、政策依据

项目公司在PPP项目体系中属于建设单位身份。

根据住房和城乡建设部《关于落实建设单位工程质量首要责任的通知》（建质规〔2020〕9号）的规定，“建设单位是工程质量第一责任人，依法对工程质量承担全面责任”，该通知第2条第4项和第5项分别规定：

“（四）全面履行质量管理职责。建设单位要健全工程项目质量管理体系，配备专职人员并明确其质量管理职责，不具备条件的可聘用专业机构或人员。加强对按照合同约定自行采购的建筑材料、构配件和设备等的质量管理，并承担相应的质量责任。不得明示或者暗示设计、施工等单位违反工程建设强制性标准，禁止以‘优化设计’等名义变相违反工程建设强制性标准。严格质量检测管理，按时足额支付检测费用，不得违规减少依法应由建设单位委托的检测项目和数量，非建设单位委托的检测机构出具的检测报告不得作为工程质量验收依据。

“（五）严格工程竣工验收。建设单位要在收到工程竣工报告后及时组织

① 参见《住建部追责一起重大工程质量事故，混凝土不达标，多栋楼拆除！或致数亿损失！》，载搜狐号“新华通软件”2021年7月12日，https：//www. souhu. com/a/477002253_120837394。多位建筑界人士向记者表示，类似樾梅江这样只是主体完工的情况，建筑成本大概在2000元/平方米。如果以99,100平方米的全部住宅建设面积计算，该项目的建设成本约在2亿元。樾梅江的项目此前已经基本建成，这就意味着全部拆除，天房集团将损失约2亿元的建设费用。

竣工验收，重大工程或技术复杂工程可邀请有关专家参加，未经验收合格不得交付使用。住宅工程竣工验收前，应组织施工、监理等单位进行分户验收，未组织分户验收或分户验收不合格，不得组织竣工验收。加强工程竣工验收资料管理，建立质量终身责任信息档案，落实竣工后永久性标牌制度，强化质量主体责任追溯。”

《建设工程项目管理规范》第10.2条“质量计划”规定：

“项目质量计划应在项目管理策划过程中编制。项目质量计划作为对外质量保证和对内质量控制的依据，体现项目全过程质量管理要求。

“项目质量计划编制依据应包括下列内容：1 合同中有关产品质量要求；2 项目管理规划大纲；3 项目设计文件；4 相关法律法规和标准规范；5 质量管理其他要求。

“项目质量计划应包括下列内容：1 质量目标和质量要求；2 质量管理体系和管理职责；3 质量管理与协调的程序；4 法律法规和标准规范；5 质量控制点的设置与管理；6 项目生产要素的质量控制；7 实施质量目标和质量要求所采取的措施；8 项目质量文件管理。

“项目质量计划应报组织批准。项目质量计划需修改时，应按原批准程序报批。”

本节内容与本章第80节、第81节关联，可以关联阅读。

（二）PPP项目合同常规约定

以天津市某高速公路PPP项目为例，其《PPP项目合同》第23.2条约定，“本项目的质量目标为达到国家合格及以上标准，并符合绿色公路和品质工程的要求。乙方负责质量目标的控制，具体管理内容如下：（1）针对甲方提出的质量管理目标，建立相应的质量管理规划，并报送甲方认定。（2）乙方应参加设计交底会议，分析、确定质量控制重点、难点；安排承包商负责建筑工程实施过程中的质量控制工作。（3）乙方应会同监理对施工质量进行检验。对不符合设计要求及国家质量标准的材料、构配件、设备，有权通知监理单位组织更换；对不符合规范和质量标准的工序、分部分项工程和不安全的施工作业，有权通知监理单位组织整改、返工。（4）组织质量事故的调查，并向甲方汇报。（5）组织定期或不定期的质量检查会和分析会，分析、通报施工质量情况，协调有关单位间的施工活动以消除影响质量的各种外部干扰因素。（6）组织各类质量检查和验收”。

（三）管理制度

一般对应《质量管理制度》《监理单位管理制度》《施工技术管理制度》《调试技术管理制度》《新技术应用》等，具体内容略。

（四）经验教训

1. 质量是项目的根本。PPP 项目包含建设和运营，前期建设质量不好，后期运营就会增加维修养护成本，总的成本将会增加，投资回报将会降低，因此，保质保量是实现投资回报的基础条件之一。

2. 质量工作依然需要警钟长鸣。

二、工作实施方案

1. 工程技术部负责人组织召开部门会议。

2. 就项目公司确定的质量目标进行分析，结合《PPP 项目合同》的约定，确认如何实现，共同讨论。

3. 就讨论形成的管理措施、技术措施等，逐一分解，形成部门各人的工作任务清单、工作重点和要点。

4. 就以上确认的方案，输出正式的会议纪要或工作专项报告。

5. 以上会议纪要或专项报告，作为部门未来工作的核心依据之一。

三、管理表单

略。

四、实务风险解析与建议

实务问题：PPP 项目的施工质量部分，有没有对应的、专门的法律、法规政策要求？

解析与建议：

详细内容请关联《PPP 项目执行阶段操作指南：100 个实务问题深度解

析》问题8进行阅读。

五、管理成果要求（基础档案）

1. 正式会议纪要及现场照片；
2. 专项报告；
3. 质量目标及相关方案、任务清单；
4. 其他相关文件等。

六、补充说明

本项是政府方监管要点内容，可以关联《PPP项目政府方监管要点》阅读，共涉及一项监管要点如下：

监管要点68：确认项目材料、设备检测是否全部合格？（监理必须跟踪取样，并确认各程序合规）若不合格，要求项目公司整改完成并报备确认，各项工作应完整关闭。

第 19 节　二次经营要求（或有）

核心条款

第十九条　为提高投资经营意识，项目公司可以基于实施中的 PPP 项目深度开发本地市场，拓宽投资业务，可以设定二次经营任务目标。

项目公司总经理为二次经营的第一责任人，其他管理人员应积极参与，该项内容作为个人绩效考核的加分项，与薪酬挂钩。

条款解析

目前来说，PPP 模式推行存在很大一部分障碍，是从业人员的投资经营理念没有建立，不是投融资项目的经营管理思维，还停留在施工项目管理的阶段，不能深入理解其本质是独立经营的法人公司，因此，建议设定二次经营①目标，逐步培养“开拓业务”“当家过日子”的观念。

这种二次经营的“主人翁”想法，有助于项目公司主要负责人改变思考出发点。只有思考出发点从根本上改变了，才能慢慢引导项目经营管理的系统性转变。

二次经营目标属于或有，不一定会设置，各个企业可以根据需要取舍。

---

① 传统的二次经营，是指中标实施之后，过程中的设计变更、工程签证，材料调差等；这里的二次经营，是指基于当前实施的项目，在做好本项目的前提条件下，积极开拓本项目的业主、本地的市场，承接其他新的业务。详见本节实务问题 1。

实施办法

一、管理依据

（一）法律法规、政策依据

本项工作属于项目公司内部管理行为，无直接对应的法律法规和政策。

（二）PPP 项目合同常规约定

这是项目公司内部管理行为，一般 PPP 项目合同中不会约定。

（三）管理制度

一般对应《经营开发管理制度》等，具体内容略。

（四）经验教训

1. PPP 项目多为涉及公众利益和公共民生的项目，通过做好、做优，逐步建立良好的声誉，对于二次经营、项目开发有重要助益作用，通过设定二次经营目标，可以互相促进、互相成就。

2. 同时，这也是对从业者的更高要求，对于个人的职业发展更有益。

二、工作实施方案

1. 项目公司总经理组织召开会议，项目公司全体管理人员参与，就二次经营主题专项讨论。

2. 结合公司要求、项目情况、市场情况等，充分讨论，明确二次经营的可能性、方向性和可能的方案。

3. 形成达成一致意见的二次经营目标，以及实现路径，明确责任人。

4. 输出正式会议纪要或工作目标责任书，相关责任人签字。

5. 项目公司总经理正式签发。

6. 综合管理部落实配套的支持、奖励政策，根据《公司章程》的要求，通过“三会”决议后遵照执行。

7. 财务部做好奖励匹配。

8. 全员按照目标遵照执行，落实奖惩。

三、管理表单

略。

四、实务风险解析与建议

实务问题 1：为什么要考虑二次经营？如何进行二次经营策划？

解析与建议：

1. 为什么要考虑二次经营？

设计工作是先方案设计，后初步设计，接着是施工图设计，其价值为方案设计最高，初步设计其次，施工图设计部分则为最弱，究其原因，策划含金量最高。

对于施工项目的实施，项目部编制的首要文件为《施工组织设计》，监理单位编制的是《监理大纲》。而对 PPP 项目而言，项目公司成立后应首先策划《项目公司经营管理大纲》，这步动作是从项目总体目标着手，从全生命周期的路径上考量应通过怎样的全过程的管理或方法去实现预定的目标。只有方案可行，未来通过执行过程的 PDCA 动态管理，才有可能实现最终目标，其间考量的是执行力，但在此之前，首先考量的是策划能力。

理论上可以实现预期目标，现实中才有可能实现；理论上若没有考虑、没有系统策划，则项目公司相关人员将会没有依据，凭着经验各自为战，是无论如何也不可能实现项目目标的。

同此类比，二次经营能否成功，完整的、可行的、优质的策划最为关键。

通过经营策划，满足在手项目的经营预期同时，将二次经营工作穿插同步开展，事半功倍。

我们的预期，一是在手项目的经营目标实现，二是二次经营目标的实现。因此在策划时，应同时对在手资源进行合理分配，让相关的人员各自发挥优势，以总体目标为先，向着一个目标集体发起冲锋，方有可能实现。以笔者协助某央企的管廊 PPP 项目清算为例，清算过程发生两点重要事项：一是该 PPP 项目中标融资利率为 4.9%，实际融资利率为 4.2%，清算时，项目公司直接按照实际融资利率计算；二是由于政府投资范围缩减、合规手续未能办理，项目公司无法进行再融资，前期融资贷款需要还本付息时，原社会资本方（同时也是施工总承包单位）通过退还项目公司施工预付款的形式协助项目公司还本付息，使项目公司免于违约责任。实际上，如果项目公司经过前期策划、完整思考，精准到人，就可以明确：（1）融资利率应按中标利率计算，其间差额0.07%，应为项目公司享有的息差；（2）社会资本（施工总承包单位）退还预付款没有依据、没有必要，其本质属于股东借款，只要经过合适程序，即可计算借款利息，同样按照4.9%中标融资利率计算。以上两项相加，约有1000万元的收益，由此可见，前期策划的功效非常强大。以上，没有计算外部二次经营的损益。

因此，事先谋求，精准策划是二次经营需要考虑的首要因素。

2. 如何进行二次经营策划？

安内方能攘外，不能单纯重点考虑二次经营，而忽略在手项目的健康推进，策划工作应有主次，必须以在手项目的策划为主，其他业务的开拓为次，因此，整体的二次经营策划应为主次结合，有机一体。

同样以该央企的管廊PPP项目为例，其策划应分为三部分：

第一部分，在手项目预期经营目标实现的策划，以口碑实现营销，以案例为载体，同时凝聚核心竞争力，实现本质潜在营销。

坐稳大本营，凝聚竞争力。在手项目经营目标的实现，既是既有计划的兑现，也是对外输出企业形象、企业战斗力的第一窗口，通过这个窗口，可以迅速建立起潜在客户对企业、对团队的第一直观印象，为二次经营打造好扎实的前提基础。

与此同时，既有项目更是企业核心竞争力、团队核心竞争力、个人核心竞争力打造的最佳平台。因此，我们应就既有项目，不断打造核心团队战斗力，打造自身核心竞争力，为二次经营做好基础、做好准备。

优秀的团队、优秀的成果本身就是核心竞争力，当二次经营市场开拓成功，团队甚至可以裂变，形成良性的扩张，因此，这个过程，既是核心竞争力的体现，也是持续核心竞争力的打造。

第二部分，同一客户的二次经营策划。

在笔者工作生涯中，经历最优、最长的二次经营典型案例，是南京市移动公司项目。南京某施工单位自2003年起进入南京市移动公司项目中，负责移动营业厅装修工程，该施工单位通过快速的响应、扎实的工程质量，迅速获得了移动基建办领导的认可，该施工单位更是组建了一支应急小组，任何与项目相关的事项，基本3个小时内可以全区域覆盖响应，为移动公司解决了众多疑难杂症，自此快速形成了区别于一般公司的良好口碑，于是不断获得了南京市移动公司的各项工程订单，截至本书完稿时，该施工单位依然在与移动公司合作中。

对同一客户的二次经营开发成本，远低于新市场的开拓成本。由于先入为主的影响，更易和客户取得深入沟通，建立起充分的信任，因此，应因地制宜，积极开拓，充分识别客户的需求，为客户排忧解难，一方面，充分展现自身实力，形成充分信任，另一方面，为客户建言献策，利用自身的优势为客户实现增值目标，形成利益捆绑，从而实现持续的、稳定的、排他的合作关系。

这种合作关系最为稳固，不容易被第三人攻破，因此，在策划时应重点考虑和侧重。

第三部分，同一区域的二次经营策划。

企业追求做大做强，必须要走出去，面对更广阔的市场环境攻城略地，占领市场。这是一项硬功夫，必须具有充分的竞争实力才能站稳脚跟，与各潜在竞争对手充分竞争，获得市场。

如何去实现？必须经过充分、完整的策划。这一项策划有别于同一客户的二次经营，面对陌生的客户，如何让客户迅速认知、迅速认可，更为重要。

每一个行业、每一个区域、不同的潜在客户群体、不同的潜在竞争对手，都是策划中需要具体考虑的变量，应结合每一个变量的客观实际情况进行排列组合，形成最能结合实际情况的组合，该组合应能反应客户的敏感点或需求点，然后再结合自身情况进行SWOT分析，形成可行的二次经营方案，开疆拓土，有的放矢，才能高效推进、高效落实。

这种策划是一项长期的计划，需要持续推进才能有所效果，在市场开拓初期，可能还需要进行市场调研、市场培育等前置过程，要有充分的合适策划，才能达到更优状态。

实务问题2：二次经营的解决方案有哪些?

解析与建议：

实现二次经营核心竞争力的方法，建议以下四点：

第一，聚焦主营业务，保持行业领先技术水平，从根本上与竞争对手拉开差距，这是核心竞争力的本源。

第二，就企业而言，持续研发，形成核心技术成果。企业核心竞争力，最终还需要通过成果来体现，这也是二次经营客户最为直观的认知和判断。该类成果可以是独步一方的业绩，如P4实验室，全国寥寥无几；可以是专利成果；可以是行业荣誉成果，如鲁班奖、国家优质奖章等；可以是学术成果，比如行业标准的制定，专业著作等。

第三，就员工个人而言，工作中善于发现和总结实务中的问题，死磕解决，并持续讲问题、思考、解决方案、心得连贯形成理论成果，输出论文或者著作，既是个人的财富，也是公司的财富，更是共同的核心竞争力。二次经营中，在与客户沟通时，除了要以公司的成就业绩进行初步沟通，在深入交流时，更需要一线的经验和建议为客户带来增值，让客户更有深层次认知，效果更佳。

第四，论坛、培训、讲课参与或输出，大胆走出去、讲出来。这里包含两层含义：一是要学会持续总结，才能言之有物、胸有成竹；二是持续输出形成行业权威，占据话语权，为二次经营和客户的认可带来潜在加分。

通过以上核心点和实现方法的总结提炼，可以通过策划工作，将以上内容完整地嵌入《项目公司经营管理大纲》，并通过WBS工作任务分解，形成直接具体到人的工作机制，可以通过PDCA的过程管控做实，只要严格执行力，即可无悬念地达成二次经营的预期目标。

但在实施过程中，要面对现实，明确认知以上工作不可能一蹴而就，这是一场持久战。我们要根据自身经营人员的特性、二次经营市场情况的分析，因地制宜地调整经营策略，保持主方向不变，兼顾灵活，方可实现预期目标。

这也是二次经营策划的魅力和难点所在。

五、管理成果要求（基础档案）

1. 《项目公司总经理年度目标责任书》；
2. 项目公司个人工作任务目标清单；
3. 相应会议纪要、内部发文；
4. 新签经营协议及其管理文件；
5. 其他相关文件等。

六、补充说明

本项工作不直接涉及政府方监管要点。

第 20 节　编制项目公司经营管理大纲

核心条款

第二十条　以实现合同目的、项目公司总经理工作责任书、项目公司经营管理目标为基本要求，项目公司总经理应组织管理团队共同设计、编制项目公司经营管理大纲，大纲应详细策划项目公司经营管理方案、建设工程项目管理方案、行业运营管理方案等内容，明确建设期、运营期和移交期的各项具体工作内容、措施和方法，作为项目公司经营管理的纲领性文件。

其中，建设方案应包括一级控制进度计划，① 由项目公司总经理审定后，提交实施机构批准（或备案）执行。一级控制进度计划可以单独提交实施机构确认。

各项目参与方的计划、方案，应以满足《项目公司经营管理大纲》为要求，不得突破大纲的范围和标准。

条款解析

项目目标确定，项目合同深度学习，绩效考核内容也逐一量化，下一步就要思考如何实现这些要求和目标。如何实现？必须策划先行。有了这些输入条件，做起项目策划才能有的放矢，提高目标可实现性。

项目设计需要经过方案设计、初步设计，然后才是施工图设计，有一个

---

① 应用 Project 软件编制，细化至单项工程，明确关键线路和关键工作。对于顺延工期有争议需要进行鉴定的，根据住房和城乡建设部《关于发布国家标准〈建设工程造价鉴定规范〉的公告》（住房和城乡建设部公告第 1667 号）的附件《建设工程造价鉴定规范》第 5.7.5 条规定：鉴定人应参考施工进度计划，判别是否因增加了关键线路和关键工作的工程量而引起工期变化，如增加了工期，应相应顺延工期；如未增加工期，工期不予顺延。

前期策划的过程；施工项目开始前，需要编制施工组织设计，进行一个施工组织的方案策划；监理单位进场开展工作前，需要编制监理大纲和监理细则，进行监理工作的前期策划。同样，项目公司在正式工作开展前，也需要进行一个项目公司经营管理的策划，这是PDCA当中的一个“P”的过程。

没有策划，没有思考，盲目前行，显然不能满足10年至30年的经营管理预期；只有经过系统性思考，才能有的放矢、高效前行，再辅以过程监管，不断修正，才能行稳致远，长治久安。这是基本的管理要求。

项目公司经营管理策划，应从全生命周期的角度展开，应重点思考各个阶段的工作重点，高频风险，以实现既定的目标和合同要求为标准，通过各项措施、方法来最终达成。其中，比较重点的部分是，项目公司前期准备阶段的重点工作及实施路径、实施办法；建设阶段的重点工作及实施路径、实施办法；运营阶段的重点工作及实施路径、实施办法；移交阶段的重点工作及实施路径、实施办法；项目公司的组织架构，各岗位设置，管理制度等。

一切以实现既定的目标为准。

实施办法

一、管理依据

（一）法律法规、政策依据

《建设工程项目管理规范》第5章“项目管理策划”中明确，“项目管理规划大纲应是项目管理工作中具有战略性、全局性和宏观性的指导文件”，其应具备“项目管理目标和职责规定；项目管理程序和方法要求；项目管理资源的提供和安排”三项内容，该规范第5.2条“项目管理规划大纲”规定：

“项目管理规划大纲应是项目管理工作中具有战略性、全局性和宏观性的指导文件。

“编制项目管理规划大纲应遵循下列步骤：1 明确项目需求和项目管理范围；2 确定项目管理目标；3 分析项目实施条件，进行项目工作结构分解；

4 确定项目管理组织模式、组织结构和职责分工；5 规定项目管理措施；6 编制项目资源计划；7 报送审批。

“项目管理规划大纲编制依据应包括下列内容：1 项目文件、相关法律法规和标准；2 类似项目经验资料；3 实施条件调查资料。

“项目管理规划大纲宜包括下列内容，组织也可根据需要在其中选定：1 项目概况；2 项目范围管理；3 项目管理目标；4 项目管理组织；5 项目采购与投标管理；6 项目进度管理；7 项目质量管理；8 项目成本管理；[①] 9 项目安全生产管理；10 绿色建造与环境管理；11 项目资源管理；12 项目信息管理；13 项目沟通与相关方管理；14 项目风险管理；15 项目收尾管理。

“项目管理规划大纲文件应具备下列内容：1 项目管理目标和职责规定；2 项目管理程序和方法要求；3 项目管理资源的提供和安排。”

其他还可参见该规范第 5. 1 条、第 5. 3 条和第 5. 4 条规定。

项目公司的经营管理，其核心是公司经营管理，但主要标的物依然是建设工程，以及未来的公共服务，所以即便“套了马甲”，但管理是相通的，方式方法也是一致的，因此，该规范的内容可以借鉴、参考。

本节内容与本章第 96 节关联，可以关联阅读。

（二）PPP 项目合同常规约定

PPP 项目合同中一般不会有精准的管理大纲要求，但可能会有其他相关的内容。以天津市某高速公路 PPP 项目为例，其《PPP 项目合同》第 6. 2. 4 条约定，“甲方（1）对乙方年度建设、运营计划的监管。（2）对本项目建设、运营、移交工作和过程的监管。（3）对乙方安全生产的监管。（4）对社会资本和乙方履行本协议项下义务监管。（5）对乙方进行生产设施、设备运营维护和更新改造的监管”。

该合同第 23. 1 条、第 23. 2 条、第 23. 3 条分别约定“乙方应向甲方提交建设工程进度报告，该报告应详细、合理地说明已完成和进行中的建设工程

① 此处在项目公司，应当更新为投资控制。

情况，以及甲方合理要求的其他相关事项”。“本项目的质量目标为达到国家合格及以上标准，并符合绿色公路和品质工程的要求”“本项目的安全文明施工目标为创建文明工地，确保无安全事故发生”。

如何兑现以上约定，实现以上目标？可以通过《项目公司经营管理大纲》进行策划、安排和落实。

（三）管理制度

一般对应《总经理办公会议事规则》，具体内容略。

（四）经验教训

1. 个人经验无法满足PPP项目的管理需要，也无法满足项目公司经营管理的需要，如果没有事先策划，项目公司的内部管理将难以形成合力，目标将很难实现，因此，必须认真开展经营管理大纲的策划工作。

2. 建议全员参与，慎重编写、论证，通过最终评审后正式发布，再行集体交底后，遵照执行。经过共同的、系统的深度思考，大家的工作语言、工作平台都在一个“频道”上，将有助于工作效率的高水平持续。

二、工作实施方案

1. 项目公司总经理组织，项目公司全员参与，共同编写项目公司经营管理大纲。

2. 项目公司总经理和全员共同确认大纲的编制目的、围绕必须要实现的目标，以及《PPP项目合同》所约定的各项条件，确认输入条件和输出要求。

3. 根据输入的各项条件，全员群策群力，明确大纲编制的具体内容，形成确定的各个章节，各相应的职能部门和对应岗位人员就对应的内容进行策划、设计、编制。

4. 各部门编制完成后，共同统稿，逐条论证，确认是否可以满足项目公司经营管理要求，是否可以实现预期经营管理目标，并做好相关记录。

5. 各部门、各对应责任人根据论证情况，重新修订完善，最终再次统稿确认后，报项目公司总经理批准。

6. 项目公司总经理确认无误后，通过总经理办公会正式发布，全体成员遵照执行。

7. 管理大纲轻易不得调整，但建议每年年底更新一次，建设阶段向运营阶段过渡时建议更新一次。

8. 更新后的大纲，也需要总经理办公会审议通过后正式发布，方可生效。

9. 做好每一次评审、审议，以及签发的档案记录，妥善存档、保存。

三、管理表单

略。

四、实务风险解析与建议

实务问题 1：项目公司经营管理大纲的策划，应重点从哪些角度去思考？

解析与建议：

结合项目实践，针对此前 PPP 项目全生命周期的管理实务的阶段性思考和总结概要如下：

1. 合同方面

合同是履约的根本依据，也是履约的根本目标，是对于政府方的郑重承诺。合同是最核心的法律文件，是项目公司存在的意义。因此，项目的整体策划，首先应对签订的合同进行系统的思考，具体如下：

（1）讲求合同的全生命周期动态管理。根据“完全履约”的管理思维，PDCA 的管理循环，项目公司在合同签约落地后，应重点考虑如何实现合同目标与要求，动态管理是“不二法门”。

要求定期对各人的工作成果进行检查确认，定期对合同的完成度进行检查，确认是否存在履约偏差，及时纠偏。这是基本的 PDCA 循环。同时应当建立完整的档案管理体系，对管理成果进行逐一确认。以结果为导向，所有的管理应当可以通过成果证据“自证”，履约与否最终就是通过绩效考核、协同审计来确认的，因此，我们应当在过程中充分地准备好绩效考核和审计所要求的成果文件、证据文件。这部分工作，需要通过档案管理体系进行确认，因此，应当予以重视。

这也是管理大纲策划时的重点，应通过机制保证以上要点的可持续进行。

（2）合同管理的定期经验教训总结。前事不忘，后事之师，从实践中不断总结经验教训，为其他项目、未来新的项目提供经验建议，是管理迭代、成效优化的高效方法。建议每一个项目合同关闭时，均开展思考和总结，提出实务经验建议，可以是对合同谈判的建议，可以是对合同条款的建议，可以是对组织的建议，也可以是对管理的建议，形式不限、内容不限，只要是对已经识别的问题的系统梳理结果即可。

持续如此，就是一个本质的 PDCA 循环。

2. 资金方面

项目公司应当提前筹划、系统思考，不能等项目落地了，再来见招拆招。结合项目公司投资的 PPP 项目案例，该部分在管理大纲编制中应重点关注以下几点：

（1）项目资本金应当及时注资到位。根据“项目资本金符合国家规定比例，项目公司股东以自有资金按时足额缴纳资本金”，项目公司应当根据《公司章程》和《PPP 项目合同》约定，督促各股东及时足额注资到位，避免违约责任。

（2）融资管理应当提前筹划，全面考量。实务中，融资风险不属于不可抗力，而是由社会资本承担的风险，因此，应重点考虑融资方案。第一，重点审查 PPP 项目的合规性手续情况，这是融资放款的充分必要条件。第二，拓宽融资渠道，同时对接多家金融机构，除工农中建等商业银行外，针对项目实情对接国开行、农发行等政策性银行。第三，多家谈判降低融资成本，做好备份。

（3）充分利用融资工具，降低融资成本。目前国家正在积极鼓励推进资产证券化（ABS）、REITs 等融资方式，实务中，进入运营期且有稳定现金流的项目采用 ABS 的方式再融资，可以大幅降低融资成本，未来，合适的项目可以考虑并开展相关业务。通过合适的投融资方案，可以大幅提高投资回报率，这是需要系统性考虑的重点。

（4）资金应当通过管控实现高效周转、高效使用，不能产生不当资金沉淀。资金的高效使用是实现项目投资目标的基本要求，因此，资金必须管控，必须合理使用。

针对以上情形，在编制项目公司经营管理大纲时，建议重点考虑如下三点：

第一，应当提前做好全周期的资金方案计划，每年度根据当年的项目进展要求，匹配做好年度投资计划、年度资金预算，并通过股东会决议后执行，这既是《公司章程》的要求，也是量入为出，全面预算管理，提高资金使用效率的高效路径。

第二，资金专项管控，提高资金使用效率。

第三，总包层面资金管控。确保项目资金专款专用，与股东公司联动做好总包层面资金管控。

3. 工程方面

PPP 项目的预期利润包括三个方面：一是建设工程利润，二是运营利润，三是或有的融资息差。其中，最为确定的是建设工程利润，因此，建设工程的管理必须高效、务实，否则预期利润可能会受影响，总体收益也会受到影响。

目前实务中，建设工程管理可能存在的问题较多，建议在管理大纲编制时重点考虑，总结如下：

（1）合规性手续问题。PPP 项目的合规性手续包括三类，各项手续是项目合法合规实施的充分必要条件，但项目基本都会遇到合规性手续不全的情况，这将直接阻碍项目的按期开工，所以进场后要及时成立专项小组，积极对接当地政府相关部门，主动作为，专项处理，追踪落实办理情况，直至关闭结束。

（2）土地指标、征地拆迁问题。实务中，部分项目进场后会遇到征地拆迁困难的情况，有的是政府方征地拆迁手续不齐全，有的是拆迁户对拆迁赔偿不满意，将很大程度阻碍项目的顺利实施，所以，应在项目公司成立之初彻底摸排现场征地拆迁实际情况，根据具体情况及时采取相应措施。针对征地拆迁手续不齐全这种情况，要积极对接政府方和负责征地拆迁主管部门，配合政府方对接自然资源、林业、规划等部门完善前期各类手续，将手续办理期间的难点及时反馈政府寻求协调解决。

（3）施工项目管理问题。这是施工企业投资 PPP 项目的最大优势，但实务中，部分施工单位管理水平较差，不能满足工程需要，这也成为制约因素，还需要引起项目公司的格外重视。

（4）保修问题。以山西某学校项目为例，由于质量缺陷整改严重滞后，导致校方强烈不满。2019 年 12 月 31 日项目通过了甩项竣工验收，但截至 2021 年 10 月，现场仍存在路面沉降开裂、墙体及地面石材开裂、坡道挡墙开裂、空调故障、园区绿化植物死亡、地下室监控未安装等诸多问题，项目公司针对上述问题，多次沟通施工单位相关领导并发函催促，施工单位一直以资金紧张为由拒不整改。实际上，作为 PPP 项目工程竣工交付后就转入保修期，现场质量问题及缺陷不整改，很容易引起使用单位的不满和投诉，从而影响运营期绩效考核，导致回款受损。针对此类问题，项目公司要积极作为，发文催促施工单位限期立即安排进场修复质量缺陷，明确提出如施工单位不整改，项目公司将派驻专业维修队伍进场，费用从工程质保金中扣除。同时做好维修部位、维修内容、投入资源等记录，并留存相关影像资料存档。我们认为以上问题并不属于不可解决的技术问题，这是管理缺失、管理不到位的问题，可以通过加强管理解决。

在建设阶段，项目公司除了对以上问题要认真管理，不能出现原则性问题外，还应当重点关注投资控制问题、进度问题和 HSE 问题等。

以上各项重点内容，均应在管理大纲编制时重点考量，这样才能在执行阶段管理中有的放矢，事半功倍，避免相关问题的发生。

4. 商务方面

商务工作是项目公司经营管理中工作量最大的部分，也是最核心的工作之一，因此，项目公司应当专门部门专项处理。商务工作并不复杂，其核心在于事前、事中和事后的全生命周期管理，PDCA 管理循环依然适用，同时还强调各种商务资料的及时签署，档案证据的完整落实，核心在于“程序合规、依据充分、证据完整、数据翔实、计算清晰和签字有效”六条基本要求。

（1）估算的确认。实务中，部分项目建议书或可行性研究报告没有经过充分论证，所以发改部门批复的金额，有可能会被后续的概算突破，从而导致必然违规超概算。因此，项目公司首先应对批复的概算及其内容进行确认，是否存在明显的缺项漏项，如果有，应当事前进行协调和协商，确保估算适当。同时，在项目实施过程中，如果发生项目地点发生变化、项目范围和项目内容发生变化，以及项目标准发生调整等情况，项目公司应当依据国家发改委《关于印发〈中央预算内直接投资项目概算管理暂行办法〉的通知》（发改投资〔2015〕482 号），国务院《政府投资条例》（国务院令第 712 号）等政策规定，第一时间向发改部门报批，重新获得新的立项批复，确定新的批复概算。

（2）概预算的确认与批复。实务中，初步设计单位一般会限额设计，但是设计单位往往考虑安全第一，所以安全冗余较多，费用问题可能会排其次，后续可能会通过不当手段实现概算低于估算的目的。在此情形下，如果项目公司不注意审查，未来项目实施时，又依据批复的施工图纸和施工预算进行实施，这就导致必然会产生超概算的后果。因此，应当在具体的实施前进行估算、概算和施工图预算的三算对比，该项工作完成，三算对比无误，则实施无风险；如果三算对比发现问题，应当及时组织实施机构、初步设计单位、初步设计概算编制单位等协商处理，可以优化设计，也可以调整初步设计概算，必要时，还应同步申报调整估算，确保实施的基础无误。

（3）结算管理。结算管理分为过程结算和项目的竣工结算，其中，最核心的是过程结算。主要强调动态管理，不发生违规超概算事件；强调过程结算，实时确权。

商务工作是一个系统性工作，这里仅作要点提示，项目公司应当在管理大纲中系统思考，全面应对。

5. 运营方面

PPP 项目既包含建设也包含运营，其全生命周期中，运营周期最长，而运营部分，又是施工企业的弱项，因此，应当重点专项考虑和策划。针对项目实践，应当重点关注以下五项内容：

（1）做好运营策划，选择适当运营方案，必要时，可以灵活调整运营服务范围。PPP 项目作为一个比较新颖的模式，在筹划前期到投标时，建议对运营服务范围、相关业态，以及市场行情充分了解，准确定位项目需求和目标，避免项目决策失误导致后期加大运营成本及绩效考核风险。运营可以自运营，也可以委托第三方运营，但不论何种形式，项目公司都是第一法律责任单位，都必须对运营的结果负责，因此，《委托运营合同》必须重点关注，强烈建议律师参与起草和审核。运营实务中，可能出现项目范围变化的情形，项目公司应当客观考量。PPP 项目实施方案和 PPP 项目合同一般为咨询机构编写，前期不会有深入思考，所以落地后，项目公司应当根据实际情况进行统筹考量。建议项目公司在运营期每年年初向实施机构提交运营方案，随附运营成本预算，报实施机构批准后执行。

（2）妥善处理建设期向运营期过渡遗留问题，降低绩效考核风险。这是实务当中的一个盲点，应当重点关注。项目的建设期向运营期过渡期间，项目公司应当系统梳理 PPP 项目合同约定的进入运营期的前提要求，并妥善安排，保证全面实现进入运营期的条件。同时，部分项目的运营期绩效考核方案与细则不够完善的，项目公司可以根据财政部《关于印发〈政府和社会资本合作（PPP）项目绩效管理操作指引〉的通知》（财金〔2020〕13 号）的规定，及时与政府方商谈制定合理的运营期绩效考核机制，并通过补充协议进行确认。另外，运营管理人员应当提前介入，针对运营期的工作做详细的策划，将可能影响运营期服务质量、社会满意度及绩效考核的因素，包括运营范围、考核机制、缺口补助回款条件、质量问题等逐一列出、充分分析，提出解决方案并付诸行动，确保平稳进入运营期。

（3）获取运营许可证书，确认进入运营的具体日期，降低未来回款争议风险。多数 PPP 项目合同约定，“竣工验收合格次日起，进入运营期”，但是该项约定比较模糊，实务中多发争议，因此，建议项目公司与政府方实施机构沟通协调，通过签订正式进入运营的函，或运营证书，来锁定运营期起始日，确保缺口补助按期回款。

（4）及时开展中期评估，为健康运营打好扎实基础。根据政策规定，PPP 项目可以在 3 ~5 年时开展中期评估工作，项目公司应当重点关注该项动作，这是对解决项目既有矛盾非常有利的窗口和工具。中期评估的核心对象是 PPP 项目合同，以及项目实施的现状，并就当下存在的问题提出的系统性解决方案或建议。因此，建议项目公司重点关注，并统筹考虑项目矛盾或问题，当其他方案无法解决时，可以考虑中期评估解决。

（5）重点关注运营期绩效考核，以及回款风险，提前预案，专项处理。企业的生命线是现金流，项目公司“持续、稳定提供公共服务”的前提条件是及时、足额地获得政府的回款。因此，顺利通过绩效考核，并顺利获得回款，是运营期项目公司的首要任务。第一，顺利通过绩效考核的高效办法是对绩效考核细则的 WBS 深度解析，并将相关要求在日常管理中予以体现，以拿到管理成果为目标，即可提前锁定绩效考核得分。第二，项目公司应当先保证“钱可以算回来”，然后再保证“钱可以要回来”。政府付费后，优先金融机构还本付息，劣后向投资人分配利润；若不能及时回款，则应做好完整证据链，确保可以追究责任单位的违约责任、违约利息等。这是一项关键核心工作，项目公司应当审慎对待，审慎处理。目前实务中，已经有多起政府方不能及时足额付费的案例，按照央企两金压降、清欠的要求，各项目公司应当提前谋划、专项处理、专项落实。

以上主要内容可以作为管理大纲编制时的借鉴，抛砖引玉。总体来说，全面思考、重点应对，是优秀管理大纲的基本要求，各项目公司应当审慎、认真。

实务问题2：站在当前的时点（2022年4月），基于PPP项目实务，在策划PPP项目具体经营管理方案的时候，有没有什么重点或侧重的意见和建议?

解析与建议：

站在第三方的角度，基于PPP项目实务频发问题及行业发展现状，结合2022年发布的各项政策，经过系统梳理，我们认为项目公司应当沉下心来系统思考，聚焦核心目标，务实地剖析项目执行和实施的偏差，然后针对性地提出解决方案，重新出发，可能更加高效。对于需要重点思考和关注的内容，建议如下：

1. 聚焦合同，回归合同。PPP项目合同是履约的根本法律文件，严格按照合同履约，是规范管理的第一要素。回归合同，逐条梳理合同约定的责权利，逐条确定是否已经“完全履约”，本项工作项目公司应当作为头等大事来抓。

2. 规范管理，程序适当。履约过程中，程序十分重要，需要按照合同的约定、制度的规定严格执行。比较典型的程序管理包括合同程序管理；采购程序管理；设计变更、工程签证的程序管理；付款程序管理；项目范围、项目内容、项目地点调整的程序管理；总投资发生变化的程序管理；项目标准发生变化的程序管理；“三会”程序管理等。项目公司应当认真应对，严格按照规定的程序执行，必须获得相应的批准，确保“程序合规”，否则未来审计时将会出现重大漏洞，也会给自身的权益带来重大影响。

3. 重视档案，证据为王。无论是政策规定，还是未来结算决算需要，抑或审计要求，还包括绩效考核与回款，无一不是对档案证据的深度考察。可以说，档案证据做的好与坏，直接影响最终目标的实现与否，这是最直接的档案成果要求，项目公司应当重点审视。基本要求如下：（1）档案文件必须能够成为“有效证据”。（2）“有效证据”应能够闭环形成完整的“证据链”。（3）档案材料应有完整的、体系的逻辑关系。（4）档案材料范围应能够覆盖 PPP 项目的全生命周期中重要的工作事项。（5）档案管理员应当接受档案馆的培训，还应接受律师事务所的培训。（6）档案管理应当建立完整体系。将粗放的施工管理，通过系统的、理性的证据进行固化，并向投资项目经营管理的方向转换，这是传统思维方式的本质性改变，需要一定精力，需要认真深思，才有可能实现。

4. 重视审计，结果导向。PPP 项目审计包括内部审计、社会审计（第三方跟踪审计）、政府审计，以及或有的专项监督检查。而最终的政府审计是 PPP 项目绕不过去的槛，项目公司应当严阵以待，审慎面对，各项工作应当以“可以通过政府审计”的标准去要求，不得马虎。根据《审计法》第 23 条的规定，PPP 项目必然经过政府审计。因此，明确建议如下：（1）正视内部审计，积极敞开配合，并对识别问题系统性整改和消除。国资委要求中央企业必须建立内部审计管理制度，并良性运行。内部审计是帮助项目公司寻找自身管理缺陷的一个高效行为，属于关起门来内部协查的动作，所以无须隐瞒，应当积极欢迎“帮手”的到来，借助不同专业、不同角色人员的检查，充分识别自身的不足和缺陷，并对检查结果充分重视，不仅要积极消除被查出的问题和影响，还要深度分析其成因，进行系统应对和处理，以防止未来再出现同样的问题。所以，内部审计本质上就是自查自纠，不必惊慌害怕，坦然地开放欢迎即可。（2）重新面对社会审计，转换思维，从严审计。第三方跟踪审计是基于项目公司不专业，聘请对方为项目公司提供专业服务，应当充分利用第三方的专业能力。可以在协议中约定，请第三方以政府审计的标准对项目公司的工作进行审视，逐月出具审计月报，帮助项目公司动态修正，及时纠偏，这样即可高效应对最终的审计扎口。（3）政府审计才是最终关卡，以通过政府审计为本质目标。① 这是项目公

① 完整论述，详见崔德高：《基于 VFM 视角下的 PPP 项目审计》，载《施工企业管理》2021 年第 6 期。

司最终要面对的终极大考，前述各项工作均应以此为标准进行要求，否则，最终总投资的确认，绩效评价的结果，必将产生负面后果，导致各方的预期打折或落空。

PPP 项目的审计是既审结果，亦审过程，基本要求包括“程序合规、依据充分、证据完整、数据翔实、计算清晰、签字有效”。因此，对待各种审计不要区别对待，建议重视审计，并持续以政府审计的要求为标准进行自检对标。

5. 绩效前置，重视中评。政府付费的前提条件是绩效评价，绩效评价的重点不在于绩效考核，而在于各条绩效考核细则的落实情况。完全按照合同履约，逐条细则对应完成，并通过有效证据和完整证据链反应，现场检查无不当情形，则绩效考核和绩效评价的结果即可提前准确预期。这种方式，是最高效的应对绩效考核的办法。而每 3 ~ 5 年的中期评估程序则是对 PPP 项目合同的回头审视，项目实施过程中无法解决的矛盾，可以在这个窗口期进行商谈、讨论，从合同源头进行关闭。①

6. 强调回款，现金优先。资金是项目公司持续稳定提供公共服务的生命线，现金流是企业存亡的生命线，因此，项目公司应时刻统筹考虑资金的良性运转。项目公司应当未雨绸缪，提前谋划，做好各种可能性的应对准备。相关要点包括：（1）应当确认自身“完全履约”。只有自身“完全履约”，才可以避免被抓住把柄，并以此作为不及时足额付费的理由。（2）应当做好如何向金融机构还本付息的预案。比如申请展期、考虑股东借款等，一定不能产生实质性违约。（3）应当做好追究违约责任的准备。站在项目公司角度，应当将回款分开来看，一是相应的费用一定要算回来，二是相应的费用一定要能够要回来。算不回来必然是项目公司工作不到位，要不回来的可能性则较多，可以根据不同情形不同处理。

7. 教训总结，经验传承。项目各方应当加强经验教训总结，并逐步将该

① 完整论述，详见崔德高：《PPP 项目中期评估调整窗口的把握》，载《施工企业管理》2020 年第 7 期。

项工作当作常规工作来抓。当下的行业模式几乎多为复杂的复合交易模式，比如片区开发、FEPC、EPC0、AB0 等，几乎都和投融资挂钩，因此，项目实施要求更高，强烈建议各方在项目实施过程中，不断积累经验教训，并形成管理成果，同时加强新型模式的深入学习，加强其他横向专业的信息吸收，逐步形成企业的固定管理体系，甚至建立起企业的各种示范文本，这既是对一线管理团队的挑战，也是不断提高团队作战能力、增加企业核心竞争力，以及推动行业稳定发展的最基础、最高效动作。

8. 专业糅合，法律必备。PPP 及其他交易模式，综合来看，对于专业糅合度要求较高。其中，法律知识是规范经营管理的“基础核心底层资产”，不管未来模式如何变化，对于法律知识的要求和能力将持续走高。简单来说，想要把投融资项目做好，必须具有充分的法律知识储备，必须具有基本的法律思维。因此，建议中标社会资本、项目公司等从业人员，同步开展系统的法律培训学习，形成建设工程 + 专业法律的格局。

以上是针对当前现状的简单总结和分析，各项目公司在策划经营管理方案时应当结合项目情况进行针对性的分析和思考，并有所应对，可以使工作更加简洁高效。

五、管理成果要求（基础档案）

1. 项目公司经营管理大纲；
2. 总经理办公会批准通过的文件；
3. 过程执行文件；
4. 更新后的版本及其过程执行文件；
5. 其他相关文件等。

六、补充说明

本项是政府方监管要点内容，可以关联《PPP 项目政府方监管要点》阅读，共涉及一项监管要点如下：

监管要点 74：要求项目公司及时提交《项目公司经营管理大纲》、年度建设进度计划、采购计划、资金计划等，作为年度监管的重要依据。要求项目公司按期提交固定格式的《项目公司经营管理月报》、《项目公司经营管理年报》、会计师事务所出具的财务年报等。要求定其召开周例会或月例会，施工总承包单位、监理单位、跟踪审计单位、项目公司、实施机构等共同参加，听取各方工作汇报，并及时落实、处理问题。以上确认定期执行，并存档备案。

第 21 节　定期沟通机制的建立

核心条款

第二十一条　正式开展工作前，项目公司应与实施机构建立定期沟通机制，形成每月固定例会，或每周周会，特殊情况专项会议的沟通常态，同时固定发布项目公司经营管理月报、项目公司经营管理半年报、项目公司经营管理年报、特殊情况专项报告、财务年报、审计报告等报告，保证双方沟通畅通、信息流一致。

机制中应明确双方对接管理人员及相应职能，以及双方往来函件公文的交接签认程序等，形成畅通的沟通渠道。建议在合同或补充协议中增加双方工作邮箱作为正式工作联系路径，以保证特殊情形下的正常沟通。①

双方会议时应形成正式会议纪要，参与人员在核查纪要内容无误后，应签名确认，作为管理工作依据之一。

条款解析

策划工作落实后，紧接着需要确定的就是定期沟通机制。

这一项工作为刻意提前，项目公司开展各项工作，都要建立并实施和实施机构、各股东之间的固定沟通渠道、沟通机制和沟通方式。

纵观上百个 PPP 项目案例，实务中，多数项目的矛盾和争议，是由于项目公司和实施机构严重缺少沟通：平时没有汇报、没有交流，只有在发生事件需要解决的时候，双方才会坐到一起，这导致双方不能建立信任感，不能

① 如疫情影响，不能现场办公，电子邮件更为高效。

有效协同。因此，固定的、适当的沟通机制就非常重要。

将沟通协调的流程通过事先约定固定下来，大家遵照执行，项目公司定期向实施机构、股东汇报工作进展，及时通报项目情况。这不仅有助于高效的交流，使各方的项目信息流保持一致，更有助于项目问题的及时推动解决，便于获得各方的积极支持，对项目目标的实施大有裨益。

实施办法

一、管理依据

（一）法律法规、政策依据

《建设工程项目管理规范》第 16.1 条沟通管理的“一般规定”要求，“组织应建立项目相关方沟通管理机制，健全项目协调制度，确保组织内部与外部各个层面的交流与合作。项目管理机构应将沟通管理纳入日常管理计划，沟通信息，协调工作，避免和消除在项目运行过程中的障碍、冲突和不一致。项目各相关方应通过制度建设、完善程序，实现相互之间沟通的零距离和运行的有效性”。

第 16.4 条“沟通程序与方式”规定：

“项目管理机构应制定沟通程序和管理要求，明确沟通责任、方法和具体要求。

“项目管理机构应在其他方需求识别和评估的基础上，按项目运行的时间节点和不同需求细化沟通内容，界定沟通范围，明确沟通方式和途径，并针对沟通目标准备相应的预案。

“项目沟通管理应包括下列程序：1 项目实施目标分解；2 分析各分解目标自身需求和相关方需求；3 评估各目标的需求差异；4 制订目标沟通计划；5 明确沟通责任人、沟通内容和沟通方案；6 按既定方案进行沟通；7 总结评价沟通效果。

“项目管理机构应当针对项目不同实施阶段的实际情况，及时调整沟通计划和沟通方案。

“项目管理机构应进行下列项目信息的交流：1 项目各相关方共享的核心信息；2 项目内部信息；3 项目相关方产生的有关信息。

“项目管理机构可采用信函、邮件、文件、会议、口头交流、工作交底以及其他媒介沟通方式与项目相关方进行沟通，重要事项的沟通结果应书面确认。

“项目管理机构应编制项目进展报告，说明项目实施情况、存在的问题及风险、拟采取的措施，预期效果或前景。”

（二）PPP 项目合同常规约定

本项工作内容属于项目公司内部管理活动，一般 PPP 项目合同中不会有约定。

（三）管理制度

一般对应《会议组织与管理制度》《组织协调管理制度》等，具体内容略。

（四）经验教训

1. 实务中，多数项目之所以产生问题和矛盾，是因为项目公司和实施机构严重缺少沟通，部分极端案例中，项目公司甚至联系不到实施机构一方，该种情形下，各种矛盾纠纷的发生就是必然的，因此，充分的交流沟通就是必要的。

2. 交流沟通分为正式和非正式两种，正式沟通可以通过定期和不定期沟通机制落实，非正式沟通可以通过团建落实，互相结合，更为高效。

3. 建议项目公司对正式沟通做好充分准备，固定好相关材料的模板，不仅尽显职业化，而且效率高，更易获得支持。

二、工作实施方案

1. 项目公司总经理组织全员参与共同会议，根据项目客观情况，确定合适的、可行的沟通机制。

2. 初步确定沟通机制后，项目公司指定合适人员与相关方进行沟通，非正式地确认定期沟通机制。

3. 各方（实施机构、出资代表、各股东、跟踪审计、监理单位等）反馈信息后，项目公司组织内部会议，确认最终的定期、不定期沟通机制，形成正式的方案。

4. 在就近的月度例会中，项目公司要明确正式沟通机制和沟通方式，各方达成一致意见后，写入会议纪要。

5. 项目公司总经理正式签发沟通机制后，发送给相关单位，未来严格遵照执行。

6. 每次沟通均应留下相关会议纪要或文字记录，有条件的，建议保留现场会议录音。

三、管理表单

略。

四、实务风险解析与建议

实务问题：项目公司与业主单位、政府主管部门等沟通不畅或缺乏直接沟通，或与业主单位关系由合作变为上下级关系，在项目实施过程中缺乏主导权，可能降低项目运作效率，应如何处理?

解析与建议：

这是缺乏自信的表现，根本原因在于不能准确认清自己在合同中的角色。

建议熟读基本的法律法规，认识到合同相对性，明确自己身处 PPP 项目各关系方的位置，各项工作开展时，能够迅速对应到相关的合同中即可。

归根结底，还是对合同不熟悉。

详细回复可以参见《PPP 项目执行阶段操作指南：100 个实务问题深度解析（第二册）》问题 76。

其他相关实务风险问题，还可以关联《PPP 项目执行阶段操作指南：100 个实务问题深度解析（第二册）》问题 48、问题 59 进行阅读。

五、管理成果要求（基础档案）

1. 项目公司内部会议纪要及其附件；

2. 月度例会会议纪要及其附件；

3. 正式签发记录；

4. “三会”正式决议文件；

5. 其他相关文件等。

六、补充说明

本项是政府方监管要点内容，可以关联《PPP 项目政府方监管要点》阅读，共涉及三项监管要点，分别如下：

1. 监管要点 50：定期与项目公司沟通、会议，确认是否存在阻碍项目建设的情形，如有，确认是否及时推动协调解决？

2. 监管要点 74：要求项目公司及时提交《项目公司经营管理大纲》、年度建设进度计划、采购计划、资金计划等，作为年度监管的重要依据。要求项目公司按期提交固定格式的《项目公司经营管理月报》、《项目公司经营管理年报》、会计师事务所出具的财务年报等。要求定期召开周例会或月例会，施工总承包单位、监理单位、跟踪审计单位、项目公司、实施机构等共同参加，听取各方工作汇报，并及时落实、处理问题。以上确认定期执行，并存档备案。

3. 监管要点 88：确认是否定期向政府提交年度监督检查报告？

第 22 节 建立项目公司经营管理月报

核心条款

第二十二条 自项目公司管理成员就位起，项目公司应即时制定项目公司经营管理月报的格式和内容，定期于每月 25 日向实施机构、各股东公司、授权董事等相关方提交，保证各项目关系方对项目公司经营管理的信息及时获取，且信息流一致，确保各项工作的透明和良性进展。

《项目公司经营管理月报》要全面反映月度经营管理工作和管理成果，明确项目进展情况，存在问题及请求协助等信息，由项目公司总经理审定、签字后发出。

项目公司还应于每年 6 月 25 日提交项目公司运营情况半年报，12 月 25 日提交项目公司经营情况年报。当有特殊事项或重要事件时，应及时提交专项报告。

条款解析

定期沟通机制中的关键一环，是项目公司定期向政府方、股东方提交的固定报告，月报是最为典型的一种。除此以外，还包括半年报、年报、重要事件的专项报告等。

以上各种报告，项目公司可以根据项目的特性以及和实施机构确定的形式进行固定，但是月报建议确认提交。具体的月报模板可以根据公司具体情形自行设置，建议每月装订成一册，便于存档。到年底时，可以增加年报，然后将月报和年报装订成一本，即形成项目公司年度经营管理成果，简单高效。

月报可以分为两个版本，一个是发给股东的版本，另一个是发给政府方的版本。这两个版本的核心内容完全一致，发给股东的版本要增加企业内部经营管理目标的实现情况汇报。详见本书第三章第1节“《项目公司经营管理月报专项档案》范例”。

实施办法

一、管理依据

（一）法律法规、政策依据

2021年12月16日，财政部发布的《关于修订发布〈政府和社会资本合作（PPP）综合信息平台信息公开管理办法〉的通知》（财金〔2021〕110号）附件《政府和社会资本合作（PPP）综合信息平台信息公开管理办法》第10条第3项规定，管理库项目执行阶段应当公开的信息主要包括“履约信息，包括项目建设信息、绩效管理信息、项目公司运营信息、合作期间重大事件、合同变更信息、项目移交信息等”。

《政府和社会资本合作模式操作指南（修订稿）》（财办金〔2019〕94号）第44条和第45条分别规定“……项目公司（社会资本）应严格按照合同约定做好项目投资、建设、运营、维护、移交等工作的日常管理和信息记录，自觉接受行政监督和公众监督，确保项目持续稳健运营……”“项目各参与方应依托综合信息平台，依法依规披露项目全生命周期信息，保障公众知情权，接受社会监督。社会公众及项目利益相关方发现项目存在违法、违约情形或公共产品和服务不达标的，可向相关部门提请监督检查”。

同时，根据国务院办公厅转发财政部发展改革委人民银行《关于在公共服务领域推广政府和社会资本合作模式指导意见的通知》（国办发〔2015〕42号）“……政府作为监督者和合作者，减少对微观事务的直接参与，加强发展战略制定、社会管理、市场监管、绩效考核等职责，有助于解决政府职能错位、越位和缺位的问题，深化投融资体制改革，推进国家治理体系和治理能力现代化”的原则，以及“融资、建设、运营等风险由项目公司（社会资本）承担”的原则，实施机构应尽量减少对项目公司（社会资本）微观事务、具体工作的插手，所以项目公司定期向实施机构提交建设、运营情况报告，是信息共享、工作透明的一个简单、高效途径。

（二）PPP 项目合同常规约定

以天津市某高速公路 PPP 项目为例，其《PPP 项目合同》第 6.2.4 条约定，“甲方（1）对乙方年度建设、运营计划的监管。（2）对本项目建设、运营、移交工作和过程的监管。（3）对乙方安全生产的监管。（4）对社会资本和乙方履行本协议项下义务监管。（5）对乙方进行生产设施、设备运营维护和更新改造的监管”。

该合同第 23.1 条第 2 款约定，“乙方应向甲方提交建设工程进度报告，该报告应详细、合理地说明已完成和进行中的建设工程情况，以及甲方合理要求的其他相关事项”。

以上内容，均可通过固定格式的《项目公司经营管理月报》进行反映和落实。

（三）管理制度

一般对应《档案管理制度》《信息管理制度》《档案安全管理制度》《文档编码规定》《内部文件流转制度》等，具体内容略。

（四）经验教训

1. 对内，管理强调动态、持续，持续输出的月报，就是一个动态的管理过程，有助于项目公司抓住主要问题、主要矛盾。管理还强调成果意识，输出的月报就是当月管理成果的一个总结，到年底时合并成册，就是一年的管理成果，当年的工作即可高效地量化，也是日常工作的一个直观展现。

2. 对外，保持沟通，保持信息顺畅，保持项目健康推进才是核心。《项目公司经营管理月报》、半年报、年度报告、专项报告等都是适当的形式。

二、工作实施方案

1. 综合管理部根据项目情况，参照范本，设计、确定适应项目需求的

《项目公司经营管理月报》样本。

2. 各部门进行评审、修订、确认。

3. 修订完成的范本报项目公司总经理确认后，遵照执行。

4. 同样方式确认项目公司经营管理半年报、年报，以及专项报告等形式，正式确认后，遵照执行。

5. 每月25日定期向实施机构、股东方、各相关领导提交报告，并做好签收记录。

6. 每年年底，将当年月报、年报装订成册，正式发布，作为过程档案妥善保存。

7. 同时制订第二年的工作计划与安排，经项目公司内部讨论一致，报总经理办公会确认后，正式发布。

三、管理表单

略。

四、实务风险解析与建议

实务问题：PPP项目实施中，政府方怠于履约，对合同约定和项目公司的请示不回复、不响应，项目公司应如何应对？

解析与建议：

详细内容请关联《PPP项目执行阶段操作指南：100个实务问题深度解析（第二册）》问题48进行阅读。

五、管理成果要求（基础档案）

1. 项目公司经营管理月报；

2. 项目公司经营管理半年报；

3. 项目公司经营管理年报，含财务年报；

4. 项目公司经营管理专项报告；

5. 2019年度经营管理报告工作总结与建议；

6. 2020年度经营管理报告工作计划与安排；

7. 其他相关文件等。

六、补充说明

本项是政府方监管要点内容，可以关联《PPP 项目政府方监管要点》阅读，共涉及三项监管要点，分别如下：

1. 监管要点 30：确认项目公司是否定期提交了建设、运营情况报告？

2. 监管要点 74：要求项目公司及时提交《项目公司经营管理大纲》、年度建设进度计划、采购计划、资金计划等，作为年度监管的重要依据。要求项目公司按期提交固定格式的《项目公司经营管理月报》、《项目公司经营管理年报》、会计师事务所出具的财务年报等。要求定期召开周例会或月例会，施工总承包单位、监理单位、跟踪审计单位、项目公司、实施机构等共同参加，听取各方工作汇报，并及时落实、处理问题。以上确认定期执行，并存档备案。

3. 监管要点 88：确认是否定期向政府提交年度监督检查报告？

第 23 节　往来文件管理

核心条款

第二十三条　项目公司应将各关系方往来的正式文件专项分类管理，和实施机构之间的正式的工作指令、工作要求、工作请示、相关报告等，必须以书面形式发出，并妥善签收存档，不得依据口头形式直接执行。

项目公司应对收到的文件及时、清晰回复，不得零回复；发往相关方的文件，应专人签收，保存记录；当相关方无正当理由拒绝签收时，项目公司可以通过 EMS 方式进行邮递，同时完整保存 EMS 回执，并妥善存档。

条款解析

定期沟通、固定报告等，都会有书面文件往来，而这些材料，是整个项目推进的过程证据，也是商务工作的基本支撑；未来不论是审计，还是绩效考核，这些都是最扎实的基础资料。因此，应当专项管理，不能随意散落。

社会资本方多是施工单位，施工单位对档案资料的管理工作一般不够重视，这也是竣工结算和财务决算时经常被审计大额审减的核心原因之一。形成良好的基础资料收集、整理、归档的习惯，对商务工作有莫大帮助，再辅以适当的法律知识储备，审计零审减也是可以实现的。

往来文件管理也是档案管理体系中的一环，必须做实。

实施办法

一、管理依据

（一）法律法规、政策依据

对应档案管理的政策规定，一般政策包括《审计法》《政府投资条例》

《建设工程项目管理规范》等，详细条款可以关联阅读本章第 37 节。

本节内容与本章第 35 节、第 37 节、第 84 节、第 112 节和第 113 节关联，可以关联阅读。

（二）PPP 项目合同常规约定

以四川省某市政配套、保障性安居工程 PPP 项目为例，其《PPP 项目合同》第 21.1 条约定，“本合同一方给对方的通知应用书面形式或传真送到双方在合同或随后的有关会议纪要、书面通知中规定的联系地址；如因时间紧急采用电子邮件等方式以电子文档联系的，随后应补送经有效代表签字的书面确认件。通知以送到日期或通知书的生效日期为生效期，两者中以晚的那个日期为准。任何一方联系地址、联系人、联系方式发生变动，均应及时按原联系地址和方式通知对方联系人，否则，对方按原有联系地址、联系方式和联系人发出的通知，均视为有效”。

该合同第 21.4 条还约定，“在履行合同期间，任何一方提交对方供其审查或出具意见的材料，如果对方收到后，没有在合理的时间内以书面形式给出明确的反对意见，则均视为对方已同意。上述合理时间如在本合同中有明确规定的，以规定时间为准；如在本合同中没有明确规定的，则为 30 日”。

（三）管理制度

一般对应《档案管理制度》《信息管理制度》《档案安全管理制度》《文档编码规定》《内部文件流转制度》等，具体内容略。

（四）经验教训

1. 往来文件应当分门别类专项存档；应建立收发文登记台账，并与收发文件一一对应。

2. 收发文件必须为原件，特殊情况没有原件的，应当有佐证文件确认文件来源，源文件/原文件所在等，确保未来有迹可循。

3. 以有效证据的要求来衡量相关材料，并能形成完整闭环。

二、工作实施方案

1. 指定档案管理负责人为第一责任人。

2. 制定项目公司档案管理制度，并通过“三会”决议后正式发布，遵照执行。

3. 档案管理负责人按照管理制度的要求，建立封面、目录，定期收集、整理、存档的动态机制。

4. 定期进行收集、存档，动态复核。

5. 每年12月底进行总结性整理，按照年度进行梳理后，胶装成册，正式归档。

6. 胶装成册的资料，不得缺少内容，相关文件应当为有效的原件，若是复印件的，应当确认原件所在。

三、管理表单

略。

四、实务风险解析与建议

实务问题1：实施机构现场管理代表是人事代理外聘的人员，项目公司对于正式的文件要求对方必须签字和盖章二者缺一不可，但是政府方迟迟不愿意盖章，这种签字文件是否有风险?

解析与建议：

详细内容请关联《PPP项目执行阶段操作指南：100个实务问题深度解析（第二册）》问题45进行阅读。

实务问题2：政府方发出的工作联系单，其法律效力如何？能否构成对《PPP项目合同》的实质性改变?

解析与建议：

详细内容请关联《PPP项目执行阶段操作指南：100个实务问题深度解析（第二册）》问题59进行阅读。

其他相关实务风险问题，还可以关联《PPP项目执行阶段操作指南：100个实务问题深度解析》问题50、问题51进行阅读。

五、管理成果要求（基础档案）

1. 正式发布的项目公司档案管理制度；

2.《项目公司年度往来文件档案（建设期）》；

3. 其他相关文件等。

六、补充说明

本项是政府方监管要点内容，可以关联《PPP 项目政府方监管要点》阅读，共涉及一项监管要点如下：

监管要点 43：确认实施机构、项目公司是否按照要求妥善将全部管理资料建档保存？

第 24 节　编制资金筹措及资金使用计划

核心条款

第二十四条　项目公司应根据进度安排，编制建设期资金筹措和使用计划，并严格落实。同时应根据合同的要求（或有），向实施机构提交备案。

资金使用计划应按照年度编制，根据公司章程的要求，在年初编制资金预算，并通过股东会决议后遵照执行；在年末编制资金决算计划，报股东会决议后遵照执行。

条款解析

目标既定，实施策划落实，沟通机制也已经确定，那么接下来就要逐步落实具体工作。正所谓“兵马未动，粮草先行”，首先应当落实资金。

落实资金，要先确认资金需求、资金计划及资金来源，然后再逐一落实、逐一到位，之后再按照预算执行即可。所以，首先应编制资金筹措及资金使用计划。

资金筹措在采购阶段就已经开始了，一般投标文件中都会要求社会资本明确资金筹措方案，且一般作为核心评标要素，只是采购阶段通常都为金融机构的融资意向函，距离具体融资落地还有很长一段时期。当项目落地，进入执行阶段后，各项条件逐渐清晰，此时的融资工作才真正开展。因此，项目公司/社会资本应当积极与金融机构对接，确认融资放款的条件，并做好方案策划，尽快成就融资条件。

与资金筹措对应的是资金使用。资金的高效使用并不容易，项目公司必须经过精准地策划，通过全面预算管理，精确地将资金按照计划落实到位，并尽快兑付，从而完成使用；然后继续新一轮的循环。这样的好处是不会出现进度等资金的情况，也不会出现大额资金沉淀的情况，可以提高资金周转效率，降低不当资金成本。因此，项目公司应当重视，应当专门策划、专项落实。

根据《公司章程》的要求，该部分还需要通过股东会决议，应按照规定执行。部分《PPP 项目合同》对此也有约定，项目公司也应当遵照约定，及时向实施机构提交相关材料。

实施办法

一、管理依据

（一）法律法规、政策依据

财政部《关于推进政府和社会资本合作规范发展的实施意见》（财金〔2019〕10 号）第 2 条、第 3 条分别规定，规范的 PPP 项目应当符合“项目资本金符合国家规定比例，项目公司股东以自有资金按时足额缴纳资本金”，不得出现“以债务性资金充当项目资本金，虚假出资或出资不实的”行为，否则，“应在限期内进行整改。无法整改或逾期整改不到位的，已入库项目应当予以清退，涉及增加地方政府隐性债务的，依法依规提请有关部门予以问责和妥善处置”，不得出现“存在政府方或政府方出资代表向社会资本回购投资本金、承诺固定回报或保障最低收益的。通过签订阴阳合同，或由政府方或政府方出资代表为项目融资提供各种形式的担保、还款承诺等方式，由政府实际兜底项目投资建设运营风险的”行为，否则，“已入库项目应当予以清退，项目形成的财政支出责任，应当认定为地方政府隐性债务，依法依规提请有关部门对相关单位及个人予以严肃问责”。

财政部《关于规范金融企业对地方政府和国有企业投融资行为有关问题的通知》（财金〔2018〕23 号）规定，“国有金融企业向参与地方建设的国有企业（含地方政府融资平台公司）或 PPP 项目提供融资，应按照‘穿透原则’加强资本金审查，确保融资主体的资本金来源合法合规，融资项目满足规定的资本金比例要求。若发现存在以‘名股实债’、股东借款、借贷资金等债务性资金和以公益性资产、储备土地等方式违规出资或出资不实的问题，国有金融企业不得向其提供融资”。

（二）PPP 项目合同常规约定

资金筹措包括资本金和融资贷款两部分，详细内容请见本章第 15 节、第 26 节、第 27 节。

（三）管理制度

一般对应《投融资管理制度》《内部预算管理》《资金使用管理制度》《建设单位管理费使用制度》《建设投资预算编制及管理制度》《财务管理制度》等，具体内容略。

（四）经验教训

1. 资金筹措是 PPP 项目的头等大事，资金不能到位，项目就无法顺利推进，项目公司应当充分和股东方、金融机构沟通后再编写，确保融资落地。

2. 资金使用计划也是项目健康推进的基础条件，同时还是投资控制的重要手段，不能马虎。

3. 该计划编制时，并非单纯财务部门的职责，应当是各个相关部门共同联动，才能确保计划客观可行。

二、工作实施方案

1. 财务部门根据全面预算管理的要求，按照项目公司既定的目标，以及《PPP 项目合同》的约定，全面梳理资金的筹措计划，以及资金使用计划。

2. 编制资金筹措计划时，应当和各股东公司充分沟通，明确资本金的注入情况；同时应和金融机构充分沟通，明确融资到位的条件，并专项处理，确保资金来源可靠，方案可实施、可落地。

3. 编制资金使用计划时，应和工程技术部、投资控制部、综合部等各部门充分沟通，明确建设期内的资金使用需求，以及当年度的资金使用需求，确保资金需求计划适当。

4. 资金筹措计划和使用计划完成后，应经项目公司总经理办公会正式审议，审议通过后，报股东会决议。

5. 股东会决议通过后，严格遵照执行。

三、管理表单

略。

四、实务风险解析与建议

实务问题：实务中，项目公司应当如何编制资金筹措和资金使用计划?是否有相关建议?

解析与建议：

建议项目公司采用全面预算管理的办法。

早在2011年11月8日，国务院国有资产监督管理委员会就向各中央企业发出《关于进一步深化中央企业全面预算管理工作的通知》，要求各央企“树立全面预算管理理念”“完善全面预算管理组织体系”“强化预算刚性约束，做好预算执行监控与分析工作”“加强预算执行结果考核，实现预算闭环管理”，只是多年来，实施效果不尽理想。2018年9月1日，中共中央、国务院提出了《关于全面实施预算绩效管理的意见》，要求政府全面实施预算绩效管理，“实施部门和单位预算绩效管理”，“实施政策和项目预算绩效管理”，“构建全方位预算绩效管理格局”，通过“建立全过程预算绩效管理链条”、“完善全覆盖预算绩效管理体系”、“健全预算绩效管理制度”、“硬化预算绩效管理约束”以及“保障措施”等手段，确保全面预算绩效管理的可实现性。至此，全面预算管理的重要性再次提高。

我们通过项目公司的全面预算管理，识别出其中的一部分要义，剖析如下：

1. 项目公司开展全面预算管理的重要性和必要性

（1）全面预算管理是资金效率最大化的根本保障，也是PPP项目经营目标实现的根本保障。

PPP项目投资一般较大，由于其公益属性，所以投资回报率一般为

6% ~8%，而PPP项目的全生命周期一般为10~30年，在此期间，任何一项工作策划不当，即可产生高额的不当成本，从而导致投资失败。全面预算管理的本质就是提升资金使用效率，可以从全生命周期的角度去考虑资金的流动，考虑资金占用的成本。从资金的角度去指导项目的推进和实施，可以最直接高效地保障PPP项目经营目标的实现。

（2）全面预算管理是项目公司资金安排的基本前提要求。

项目公司的资金组成，包括20% ~30%的项目资本金，70% ~80%的项目贷款，以及其他可能的、或有的专项资金、奖补资金等。通常情况下，项目公司应提前做好资金计划，并根据资金计划的安排，及时到位资金，以保证项目的顺利推进。项目公司的资金安排，其核心是资金的高效运转。现金流的统筹策划，就需要站在项目全生命周期的角度考虑，全面预算管理可以覆盖建设期、运营期和移交期，并分别细化至年度；从整体上和局部上对总体目标和年度目标均有详细、细致的要求和目标，可以精准地保证资金的妥善安排。

（3）全面预算管理是投资控制的重要手段。

全面预算管理是投资控制的一种高效手段。

项目公司根据年度工作计划安排，预测年度投资目标，并根据该目标妥善做好资金安排，明确资金到账和使用的计划。其中，年度投资目标严格按照初步设计概算执行，在批复概算范围内的部分，则根据预算，履行好相应的支付程序后，可以无障碍支付；如果发生超概算情形，该部分费用不在预算列支范围内，则无预算支持，现场无法推动落实，此时倒推要求责任人员落实合规性手续，在合规性手续落实之后，再进行预算的补充程序，以确保全流程的合规。通过这样的程序设置，可以从源头上掐断违规超概算的“血脉”，没有资金支持，违规超概算部分无法实施，也就避免了违规超概算的事实产生。因此，全面预算管理是投资控制的重要手段。

（4）全面预算管理还是精细化管理的重要表现形式。

建设工程行业从粗放到精细，从低效到高效，是历史发展的必然，企业更要与时俱进，适应要求，项目公司作为企业之一，自然也不能无视。对个人来说，这也是对自身专业能力的更高要求。

2. 全面预算管理实践中碰到的问题

实践中，我们通过对近百个项目样本 5 年的执行情况进行分析，发现全面预算管理还存在推进不力、难以实现预期效能的情况，其主要原因概要如下：

（1）观点问题：多数人认为全面预算管理是财务部门的工作，而不是全员的工作，导致了实施必然产生偏离。

财务部门的“全面预算”质量，建立在各个部门的“预算”质量之上，这不是财务部门可以独自把控的，这一点必须全员认清，否则效能确认就无法实现。实践中，这是阻碍全面预算管理的核心问题之一，久治难除。

（2）技术问题：全面预算管理，要求全员熟悉和了解预算，还要求各个部门可以编制出合格的预算，但是实践中偏离度较高。

目前来说，项目公司的部分管理人员对于预算的专业知识掌握程度不足，所以实践中往往会采取应付式的态度。如果再加上制度约束的缺失，往往就会产生“雷声大雨点小”的问题。因此，现有的技术力量不足以支撑起编制高质量预算的要求，这也是产生阻碍的核心问题之一。

（3）协同问题：全面预算管理是一项牵一发而动全身的问题，需要各个部门、各个岗位通力配合，但是实践中存在各种情况的“内卷”。

如第 1 点所述，观点问题是核心问题之一，而另一个核心所在就是协同问题。

全面预算管理是全员、全部门的事，需要全员、全部门通力配合才能高效地实现，才能发挥它的效能。但是实践中，由于部门之间的掣肘，职级的高低等情况，往往会产生主管部门推动不了其他部门、整体无法协调的情形，这是典型的“内卷”。其根本原因在于缺少制度的支撑，缺少充分的授权，缺少足够的领导重视。

（4）制度问题：企业对全面预算管理的重视程度不够，缺乏硬性制度的约束和推动，一线人员没有严格执行的动力。

制度问题是领导重视的根本体现，当领导不够重视时，公司上下会缺少对该项工作的持续关注，一线人员自然会缺少执行的动力，这是客观现状。实践来看，只有极少数的项目公司建立了全面预算管理制度。

3. 对于项目公司实施全面预算管理的意见和建议

（1）制定、完善项目公司全面预算管理的制度，并通过“三会”程序正式发布执行。

将全面预算管理工作通过制度正式发布、正式执行，这是源头。需要提醒的是，项目公司的管理制度必须经过“三会”正式发布，方可生效。执行过程中，根据项目公司的内审管理制度或要求，定期对执行情况进行检查和纠偏，定期将管理成果进行妥善存档，确保工作执行到位。建议在每年年底，将当年度全面预算管理的工作成果进行系统梳理，并装订成册，以此进行系统的档案管理。项目公司还应根据PPP项目推进的状态，适时进行更新和完善，建议至少一年修订一次，在项目从建设期向运营期转移时，也建议修订，以确保其适用性。

（2）做好项目公司内部的全员交底，使全员思想一致，认识到全面预算管理的重要性和必要性，打通执行环节的“内卷”。

全面预算管理的最大障碍就是不能形成内部最高效的协同，各个环节频繁“掉链子”，导致实施效率和实现效力的低下，解决的办法也很简单，就是全员统一思想。项目公司可以组织全员培训、学习、交底、或者会议、考试，也可以进行沙盘演练、案例剖析，还可以单位对标学习等形式开展，形式不限，相关费用可以从建设单位管理费中列支（该项费用也是通过全面预算管理实现），让全员全面认识到该项工作的重要性，并在实施中模拟演练，通过部门协同，高效协作，消除内部壁垒，与此同时，解决掉相关技术问题，即可达成大半的目标；再辅以制度的约束，相信自然可以水到渠成。

（3）对主管全面预算的管理人员充分授权，同时加强学习，保证执行底层的通畅。

全面预算管理的实现，需要强调各个部门的协同配合。实践中，存在主管人员的级别或授权不够，导致具体工作无法顺利开展的情形。因此，项目公司应对主管人员充分授权，这是最基本的要求之一。同时，还应在每年的预算中留出适当的培训费用，让相关人员对全面预算管理持续的专业学习得到保证，这也是该项工作可以越做越好的基本要求之一。

五、管理成果要求（基础档案）

1. 财务部门编制的初步资金筹措及资金使用计划；
2. 与各股东的往来文件及与金融机构的往来文件；
3. 项目公司内部评议文件；
4. 总经理办公会批准文件；
5. 股东会决议文件及其相关附件；
6. 其他相关文件等。

六、补充说明

本项是政府方监管要点内容，可以关联《PPP 项目政府方监管要点》阅读，共涉及五项监管要点，分别如下：

1. 监管要点 18：项目资本金是否已经及时、足额注资到位？项目资本金来源是否合规？
2. 监管要点 20：确认项目融资是否按约及时到位？
3. 监管要点 24：确认项目公司是否建立了完整的财务管理制度并遵照执行？
4. 监管要点 57：确认项目公司注册资本金、项目资本金是否已经足额、及时出资缴纳到位？融资贷款的条件是否按照协约约定达成？融资贷款是否及时到账，且未影响项目的正常推进？
5. 监管要点 64：确认对项目公司的财务监管是否到位？

第 25 节　建设单位管理费的计划和使用

核心条款

第二十五条　项目公司建设阶段管理费用从建设单位管理费支出，运营阶段管理费用从运营成本支出。

建设阶段，项目公司应根据《PPP 项目合同》约定及财政部《关于印发〈基本建设项目建设成本管理规定〉的通知》（财建〔2016〕504 号）的规定，明确建设单位管理费的额度，并制定建设单位管理费的使用方案，报股东会审议批准后遵照执行。① 建设单位管理费可以在项目公司发生和使用，也可以采用委托管理服务协议的形式包干使用，由项目公司根据实际管理情况确定。在项目公司发生和使用时，应编制相应的资金使用计划，并根据公司章程和管理制度的规定，获得适当的批准后遵照执行；采用委托管理服务协议包干使用时，涉及关联交议的，还应获得股东会决议通过。

运营阶段，项目公司应根据《PPP 项目合同》约定，编制运营策划方案和运营成本（含运营阶段管理费），报实施机构批准后遵照执行。

条款解析

在编制资金方案时，建设单位管理费应当专项考虑，这是项目公司建设期内管理成本的确认，该项费用有上限约束，最优解是按照预算正好用完。因此，应当专项预算、专项计划，并严格遵照执行。

建设单位管理费的使用有两种方案，一种方案是直接在项目公司中发生，

① 合同无明确约定，出资代表实际参与履职，同时主张该费用，则还需与相关方协商一致。

实报实销，这种情形通过预算管理可以达到最高效率，但是要求各员工与项目公司签订协议，否则无法发放薪酬、缴纳社保等，这对于国企、央企的员工来说，很难实现；另一种方案是，项目公司和股东方（一般是牵头单位）签订《委托管理服务协议》，委托股东方派出管理团队至项目公司，提供整体的经营管理服务，协议的合同金额即为建设单位管理费的测算金额，该种方式可以直接将管理费计提完成，不会超支，也不会结余，股东方给项目公司开具服务类增值税专用发票，形成三流一致，即可完整闭环。该种方式符合法律法规和政策规定，也可以有效解决前述员工不愿脱离母公司和项目公司签订合同的问题，实务中通过了各项审计，可以参考。需要注意的是，该种方式涉及关联交易，一般应通过股东会决议后签订。

实施办法

一、管理依据

（一）法律法规、政策依据

对于项目建设成本的处理，应根据财政部《关于印发〈基本建设项目建设成本管理规定〉的通知》（财建〔2016〕504 号）执行。

该通知第 5 条第 1 款规定：“项目建设管理费是指项目建设单位从项目筹建之日起至办理竣工财务决算之日止发生的管理性质的支出。包括：不在原单位发工资的工作人员工资及相关费用、办公费、办公场地租用费、差旅交通费、劳动保护费、工具用具使用费、固定资产使用费、招募生产工人费、技术图书资料费（含软件）、业务招待费、施工现场津贴、竣工验收费和其他管理性质开支。”详细计算根据该通知的附件 2《项目建设管理费总额控制数费率表》累进式计取。

对于项目资产的确认，应根据财政部《关于印发〈政府会计准则第 10 号——政府和社会资本合作项目合同〉的通知》（财会〔2019〕23 号）执行，不再赘述。

（二）PPP 项目合同常规约定

以云南省某农村人居环境整治 PPP 项目为例，其《PPP 项目合同》第 25 条第 6 款约定，“工程建设其他费确定原则：建设单位管理费、监理费、项目建议书及评估、可研及评估、研究试验费、勘察及设计费、施工图预算编制及竣工图编制费、环境影响服务费、劳动安全卫生评审费、场地准备及临时设施费、工程保险费、招标代理费、施工图审查费、水环境专项、环保专项、水保专项、PPP 咨询服务费等项目前期费用按相关规定确认。其中，建设单位管理费根据财政部《关于印发〈基本建设项目建设成本管理规定〉的通知》（财建〔2016〕504 号）执行。”

（三）管理制度

一般对应《内部预算管理》《资金使用管理制度》《建设单位管理费使用制度》等，具体内容略。

（四）经验教训

1. 建设单位管理费可以直接在项目公司内发生，也可以通过委托服务协议转移给母公司归口使用。后者效率更高，建议采用该方案。

2. 当建设期基于非项目公司原因延长的，应当及时主张相关管理费用，否则将由股东方代为承担，这会降低预期收益。

二、工作实施方案

1. 投资控制部和财务部相关人员，根据《PPP 项目合同》约定及财政部《关于印发〈基本建设项目建设成本管理规定〉的通知》（财建〔2016〕504 号）的规定，计算建设单位管理费的额度，并确认可使用上限。

2. 根据建设工程一级控制进度计划，按照《项目公司经营管理大纲》的条件，初步计划每年度的使用额度。

3. 根据全面预算管理的规定，逐步分解使用子目和对应额度，报股东会决议通过后遵照执行。

4. 按照财务管理制度遵照执行，相关费用纳入预算管理，按照制度使用。

5. 重要提醒：建议通过《委托管理服务协议》直接将建设单位管理费支付给母公司，由母公司统一支付使用，效率更佳。

三、管理表单

略。

四、实务风险解析与建议

实务问题1：某PPP项目的建设公司管理费是工程建安费用的2%，项目公司在集团公司内部也是独立核算的，所以希望以每期进度款的2%结算该部分费用（在合同中未有明确的约定），现需提请政府方实施机构批准，是否合适？以谁为主体请款？

解析与建议：

详细内容请关联《PPP项目执行阶段操作指南：100个实务问题深度解析》问题36进行阅读。

实务问题2：建设单位管理费是依照规定费率计入总投资，还是按照审计核定的实际支出执行？是否都归为项目公司管理支配？

解析与建议：

详细内容请关联《PPP项目执行阶段操作指南：100个实务问题深度解析（第二册）》问题79进行阅读。

实务问题3：各股东委派至项目公司管理人员的薪酬标准如何确定？如何实现同工同酬？

解析与建议：

项目公司管理人员的薪酬标准，应依据《公司章程》的约定，由项目公司统筹考虑组织架构、人员配置，以及建设单位管理费的限额，同岗位人员市场行情等情况，拟定内部组织架构、岗位职责、人员要求及薪酬等方案，提交董事会、股东会决议，通过后，按照批准的标准执行即可。

实践中，建议项目公司在拟订方案后，先与实施机构沟通汇报，获得一致意见以后再行上会，决议通过后执行。这样对于未来建设单位管理费的使用，就不会再有障碍，否则实施机构有可能会对管理人员的薪酬标准提出异议。

五、管理成果要求（基础档案）

1. 确认的建设单位管理费文件及其附件（有相关负责人的签字）；
2. 建设单位管理费预算书，附股东会决议文件（或有）；
3. 《技术委托服务协议》，附股东会决议文件（或有）；
4. 相关使用的财务资料；
5. 合同、发票、现金流等资料；
6. 其他相关文件等。

六、补充说明

本项是政府方监管要点内容，可以关联《PPP 项目政府方监管要点》阅读，共涉及一项监管要点如下：

监管要点 24：确认项目公司是否建立了完整的财务管理制度并遵照执行？

第 26 节 项目资本金注资

核心条款

第二十六条 项目公司应根据公司章程和《PPP 项目合同》的约定，督促各股东及时、足额缴纳项目资本金，并签发资金到位证明。注资情况应在项目公司经营管理月报中体现，直至全部缴纳到位。

当股东不能及时注资到位时，项目公司应发出注资催缴函，经多次催缴，股东无正当理由拒不缴纳的，可以向其追究违约责任，必要时可以发出律师函。

若股东有正当理由暂时不能注资到位的，项目公司应向实施机构汇报相关情况，获得违约责任豁免，并提供后续资金的临时处理方案，直至注资完成。

条款解析

项目公司的资金，包括项目公司注册资本金、项目资本金、融资资金，或有的奖补资金、专项资金，以及可能的股东借款等。

实务中，多数项目合同约定，项目公司注册资本金和项目资本金等同，其实这对资金的高效使用并不利。这样设定的好处是咨询机构在编制实施方案的时候比较省心，从政府方的角度来说，可以迅速一次性将项目资本金注资到位，相对比较安全，但是对社会资本来说却并不友好。也有部分项目分别约定，项目公司注册资本金先行到位，和项目资本金之间的差额，根据项目建设进度需求，及时注资到位。该种约定相对客观，有利于资金的高效使用，可以有效降低资金占用成本。

无论合同中如何约定，只要已经约定明确，那么社会资本方就应当按照约定及时足额注资，但是实务中，社会资本往往会拖延注资。此时项目公司就很难作为：催促注资，催促的对象往往都是上级领导，甚至上级公司，没有底气；不催促注资，下游单位盯着催款，实施机构提醒违约，左右为难，前后无措。

项目公司应当聚焦合同，以合同约定为准。社会资本应当注资，这是合同内约定的义务事项，事实清晰，项目公司作为独立法人公司，有义务提醒股东履约，并提醒股东注意相关违约责任。如果股东方和实施机构另有意见协商一致，各方都同意暂缓注资的，应当通过补充协议的形式进行固定，那么项目公司就可以不再督促。同时，项目公司也应当分析股东方不及时注资的原因，如果是由于政府方的原因，比如征地拆迁未完成、土地指标未落实，导致项目暂时不能全面开工，此时如果注资到位，就将导致大额的不当资金沉淀成本的，项目公司应当向实施机构正式沟通，督促实施机构尽快扫清障碍，解决各项前置条件，并明确暂缓注资，不承担相应违约责任。如果政府方书面同意的，则可以暂缓注资；如果政府方依然要求按约注资，则项目公司应当做好追索违约责任的准备。

总而言之，按约履行是根本。项目公司应当督促股东方按约执行，这是作为法人公司的基本要求。

实施办法

一、管理依据

（一）法律法规、政策依据

国务院《关于固定资产投资项目试行资本金制度的通知》（国发〔1996〕35 号）明确，“投资项目资本金，是指在投资项目总投资中，由投资者认缴的出资额，对投资项目来说是非债务性资金，项目法人不承担这部分资金的任何利息和债务；投资者可按其出资的比例依法享有所有者权益，也可转让其出资，但不得以任何方式抽回”，因此项目资本金必须是各股东的自有资金，不得是债务性资金。

对此，财政部在《关于规范金融企业对地方政府和国有企业投融资行为有关问题的通知》（财金〔2018〕23 号）中强调要对项目资本金穿透式管理，该通知第 2 条要求加强资本金审查，“国有金融企业向参与地方建设的国有企业（含地方政府融资平台公司）或 PPP 项目提供融资，应按照‘穿透原则’加强资本金审查，确保融资主体的资本金来源合法合规，融资项目满足规定的资本金比例要求。若发现存在以‘名股实债’、股东借款、借贷资金等债务性资金和以公益性资产、储备土地等方式违规出资或出资不实的问题，国有金融企业不得向其提供融资”。以上通知仅做了要求，但是如何穿透、穿透到哪一层却没有具体的实施细则，因此实际执行缺少翔实的依据。

财政部还在《关于推进政府和社会资本合作规范发展的实施意见》（财金〔2019〕10 号）中明确规定，按规定缴纳项目资本金是规范 PPP 项目的刚性条件之一。该意见中规定，规范的 PPP 项目应当符合“项目资本金符合国家规定比例，项目公司股东以自有资金按时足额缴纳资本金”，不得出现“以债务性资金充当项目资本金，虚假出资或出资不实的”行为，否则，“应在限期内进行整改。无法整改或逾期整改不到位的，已入库项目应当予以清退，涉及增加地方政府隐性债务的，依法依规提请有关部门予以问责和妥善处置”。因此，各方股东应严格注意按照规定、按照合同约定及时履约。

财政部办公厅《关于规范政府和社会资本合作（PPP）综合信息平台项目库管理的通知》（财办金〔2017〕92 号）第 3 条第 3 项明确要求，“未按合同约定落实项目债权融资的；违反相关法律和政策规定，未按时足额缴纳项目资本金、以债务性资金充当资本金或由第三方代持社会资本方股份的”，属于“不符合规范运作要求”的项目，“应予以清退”。

财政部《关于进一步加强政府和社会资本合作（PPP）示范项目规范管理的通知》（财金〔2018〕54 号）第 2 条第 5 项要求，“强化项目履约监管。夯实社会资本融资义务，密切跟踪项目公司设立和融资到位情况。不得以债务性资金充当项目资本金，政府不得为社会资本或项目公司融资提供任何形式的担保。落实中长期财政规划和年度预算安排，加强项目绩效考核，落实按效付费机制，强化激励约束效果，确保公共服务安全、稳定、高效供给”。

项目资本金的缴纳情况也要求信息公示。财政部《关于修订发布〈政府和社会资本合作（PPP）综合信息平台信息公开管理办法〉的通知》（财金〔2021〕110号）第10条第1项规定的管理库项目执行阶段应当公开的信息主要有“社会资本方或项目公司信息，包括中标社会资本方或项目公司基本信息、项目公司股权结构、增减资情况说明、履约保证措施等”。

（二）PPP项目合同常规约定

以天津市某高速公路PPP项目为例，其《PPP项目合同》第7.1条约定，“乙方的法人治理结构设置详见《股东协议》”。《股东协议》第13条规定，“在服从第14条的前提下，甲方（实施机构）和乙方（中标社会资本）应在项目公司成立时按比例全部认缴，并在项目建设期，即项目开工日起2年内，全部到位，其中第一笔出资为认缴金额的50%，须在项目公司取得营业执照后10日内缴纳；第二笔出资为认缴金额的20%，须在2019年12月31日前根据项目建设资金需求缴纳；第三笔出资为认缴金额的30%，须在2020年12月31日前根据项目建设资金需求缴纳，并按第17条规定验资”。《股东协议》第14条约定，“审批机关（如有）已按双方同意的形式和内容批准了本协议、章程”，《股东协议》第17条约定，“各方对项目公司注册资本的出资应由项目公司委托的会计师事务所进行验资，验资通过后由项目公司向各方出具出资证明。出资证明由董事长签字并加盖项目公司章，出资证明的复印件应提交审批机关（如有）备案。项目公司应保留全部验资报告和签发给各方的出资证明的复印件”。

上述《PPP项目合同》第14条约定，“本项目资本金为总投资的25%，并以项目公司注册资本的形式落实。政府方出资代表和中标社会资本股权比例为5%:95%。注册资本在项目公司成立时按比例全部认缴，在建设期内按照建设年度投资比例实缴到位。项目公司注册资本及交通运输部和××投资补助以外的建设资金由乙方负责融资。合作期内，乙方融资过程中如需提供股东方的相关担保，该担保无论何种形式，均由社会资本负责；甲方及政府出资代表不为乙方的融资提供任何方式的担保，甲方及政府出资代表不承担任何融资责任”。《PPP项目合同》第15.3.2条约定，“项目公司注册资本及交通运输部和××投资补助以外的建设资金由中标社会资本负责协助乙方筹集。乙方在融资过程中如需提供股东方的相关担保，该担保无论何种形式，均由中标社会资本提供和/或解决。甲方及政府出资代表不为乙方提供任何方式的担保，甲方及政府出资代表不承担任何融资责任”。

（三）管理制度

一般对应《投融资管理制度》《财务管理制度》等，具体内容略。

（四）经验教训

1. 项目资本金的问题，主要包括不能及时到位、非自有资金、第三方代持、明股实债（股东借款）等情况。项目资本金按照国务院文件精神，必须是自有资金并且及时足额到位，没有例外。必须明确，项目资本金是未来审计的重点审查项之一，不要存有侥幸心理。

2. 严格按照《PPP项目合同》约定的项目资本金注资要求进行注资，不得想当然自行改变注资条件，哪怕是基于政府方原因造成各项条件不满足、不具备。如果发生该种情形，项目公司应当和实施机构协商、沟通，形成正式备忘录或补充协议后，方可调整。

3. 项目资本金不得计息。

4. 可以作价入股，但必须要有资质的第三方进行评估后确认。项目资产应当验收，应当明确资产边界，应当是“可用”资产。

二、工作实施方案

1. 财务人员梳理《公司章程》及《PPP项目合同》，确认项目资本金注资要求。

2. 非正式向股东方督促按照要求注资到位。

3. 确认注资到位，签发《股东注资证明书》。

4. 始终未能注资到位且无适当理由的，项目公司应向股东方发出工作联系函，督促催缴，提示违约责任。

5. 项目公司同时向实施机构发出工作联系函，提示基于政府方原因造成股东方不能按约注资的情况，从而避免违约责任的追究，同时督请实施机构尽快处理，排除阻碍事项（如土地指标、征地拆迁）。

6. 事件特别严重，短期无法协调的，应当通过《补充协议》的形式修订注资到位条件。

三、管理表单

略。

四、实务风险解析与建议

实务问题：PPP 项目实践中，以“债务性资金充当项目资本金”的情形时有发生，除了常规的风险以外，还有其他风险吗？

解析与建议：

详细内容请关联《PPP 项目执行阶段操作指南：100 个实务问题深度解析（第二册）》问题 86 进行阅读。[①]

其他相关实务风险问题，还可以关联《PPP 项目执行阶段操作指南：100 个实务问题深度解析》问题 5、问题 6、问题 21、问题 83、问题 96，《PPP 项目执行阶段操作指南：100 个实务问题深度解析（第二册）》问题 23、问题 24、问题 26、问题 27 进行阅读。

五、管理成果要求（基础档案）

1. 注资到位银行流水；

2. 《股东注资证明书》；

3. 相关工作联系函件；

4. 相关会议纪要文件；

5. 《PPP 项目合同补充协议》（或者）；

① 新闻案例延伸：股东欠缴出资，全体董事连带全额赔偿！最高人民法院：董事未对欠缴出资股东催缴违反勤勉义务应赔偿。参见公众号“法商之家”，2020 年 7 月 22 日发布。

6. 其他相关文件等。

六、补充说明

本项是政府方监管要点内容，可以关联《PPP 项目政府方监管要点》阅读，共涉及两项监管要点，分别如下：

1. 监管要点 18：项目资本金是否已经及时、足额注资到位？项目资本金来源是否合规？

2. 监管要点 57：确认项目公司注册资本金、项目资本金是否已经足额、及时出资缴纳到位？融资贷款的条件是否按照协约约定达成？融资贷款是否及时到账，且未影响项目的正常推进？

第 27 节　融资贷款落实

核心条款

第二十七条　项目公司应（会同融资主管部门）及时完成融资方案的编制和更新，及时与金融机构接洽，按照融资进度计划的要求，完成融资材料的准备和其他条件的成就，顺利推动融资贷款按期、足额到位。

当融资不能顺利交割时，应根据融资不能的原因明确相应的解决方案。由于政府方原因导致融资不能的，应及时向实施机构发出工作联系函，明确原因，协同解决，同时固定相应证据；由于股东方原因导致融资不能的，应及时向股东提出预警，明确原因，协同解决，应尽量避免承担违约责任。

条款解析

项目资本金在支付政府方的前期费用、项目的各种预付款，以及基本的管理费开支后，很快就会捉襟见肘，在有征地拆迁费用，或土地费用的情况下，就会更加迅速。因此，下一步融资贷款要迅速跟上。

融资贷款的落实应当考虑两部分，一是满足《PPP 项目合同》中有关融资交割的条件，这是从合同履约角度出发，作为乙方必须考虑完全履约。因此，合同内如何约定，我们就同步考虑如何达成。二是满足融资贷款的放款条件，只有满足放款条件，才能实现放贷的根本目的。因此，各项放贷条件应当作为工作重点。一般情况下，各金融机构的共性放款条件至少应包括四证齐全（建设用地规划许可证、建设工程规划许可证、不动产权证、建筑工程施工许可证）、政府批文和人大决议已获得、已经纳入财政部 PPP 项目管理库等。

融资是中标社会资本方的责任，实务中，经常有社会资本方要求政府方或政府方平台公司给予担保，该要求明确违规。政策规定，严禁政府提供任何形式的抵押、担保或增信，这一点，尤其是民营企业社会资本应当清楚。

但若是由于政府方原因导致融资不能，如土地征拆未完成、土地指标未获得，导致四证无法办理，合规性手续不齐，或人大决议未获得，不能满足金融机构融资条件等，该种情形下，项目公司应当及时协调实施机构解决，尽快达成融资条件，同时固定好证据，及时追索相关违约责任。

实施办法

一、管理依据

（一）法律法规、政策依据

财政部《关于推进政府和社会资本合作规范发展的实施意见》（财金〔2019〕10 号）、财政部办公厅《关于规范政府和社会资本合作（PPP）综合信息平台项目库管理的通知》（财办金〔2017〕92 号）、国家发改委《关于依法依规加强 PPP 项目投资和建设管理的通知》（发改投资规〔2019〕1098 号）、国家发改委《关于切实做好传统基础设施领域政府和社会资本合作有关工作的通知》（发改投资〔2016〕1744 号）、国家发改委《关于印发〈传统基础设施领域实施政府和社会资本合作项目工作导则〉的通知》（发改投资〔2016〕2231 号）、财政部《关于修订发布〈政府和社会资本合作（PPP）综合信息平台信息公开管理办法〉的通知》（财金〔2021〕110 号）等。

详细条款可以关联本章第 15 节阅读。

（二）PPP 项目合同常规约定

详细可见本章第 15 节约定。

（三）管理制度

一般对应《投融资管理制度》《财务管理制度》等，具体内容略。

（四）经验教训

1. 投融资风险、建设风险、运营风险，由中标社会资本方承担，根据

PPP 项目基本风险分担原则及各项政策要求，融资落地是社会资本的责任，社会资本应当充分重视融资落地工作，尽量避免承担相应违约责任。

2. 融资工作建议在项目洽谈初期就同步和金融机构开展，将工作前置，确保项目“可融”。

3. 社会资本应当首先满足项目资本金的足额注资到位，之后若融资不能落地，可以考虑股东借款形式，此时的股东借款可以计取相应利息。

二、工作实施方案

1. 融资主管人员向金融机构了解融资放款的条件和要求，获得相关资料。

2. 协调落实各项融资的条件和要求，如合规性手续、担保条件等。

3. 需要股东方协调落实的，报股东方协调落实。

4. 需要政府方提供支持的，报政府方提供支持。

5. 条件具备后，报金融机构批准。

6. 签订《融资协议》。

7. 按照《融资协议》的约定，匹配项目资本金，申请放款。

8. 按照全面预算的管理规定，编制资金使用计划，报股东会决议通过后，遵照执行。

三、管理表单

略。

四、实务风险解析与建议

实务问题：PPP 项目公司常见融资贷款问题浅析。①

解析与建议：

1. 项目公司常见的融资贷款问题

（1）社会资本综合实力问题。PPP 模式下的项目公司往往是新设法人，成立时间短、没有资信评级，项目公司融资贷款实质上更依赖于其背后的社会资本方的资金实力、资信等级、资产负债率及银行授信等因素。因此，

① 本篇内容源于公众号“PPP 观察”，作者：大岳咨询、凌盛、蒋一倩。本文与本章节内容关联，属于对 PPP 融资的现状分析，故引用。

PPP 项目中央企、国企在授信审批及银行贷款等方面有着天然的优势，授信审批更快、融资利率更低；若社会资本方是民营企业，在金融机构内部信用评级中可能达不到融资标准，或综合实力难以满足金融机构要求，即使社会资本为项目公司提供担保，但银行出于风控考虑，仍然可能审慎发放贷款，甚至拒绝放贷。例如，某上市环保企业中标城市污水 PPP 项目，前期各项工作顺利推进，但在融资过程中，融资进度缓慢、融资审批困难，导致项目建设资金始终无法落实、资金链断裂、工期延误严重，最终该社会资本方不得不提前退出，将股权转让给其他公司。

（2）项目资本金问题。一般银行项目贷款要求的资本金比例为不低于项目总投资的 30%，少数情况如银行战略客户或在银行内部信用等级较高的客户，以及符合国家资本金政策规定的基础设施项目，可以做到资本金比例为 25% 或 20%。但 PPP 项目总投资额较大，出于资金成本考虑，一般 PPP 项目约定资本金比例为 20%，这与银行要求的资本金比例之间有一定差距。

PPP 项目往往投资规模较大、合作期限长，社会资本方更希望通过股东借款、明股实债、结构化融资等方式筹措资本金。根据国家政策要求，投资项目的资本金必须是权益性资金，不能是债务性资金，因此受限于财政部办公厅《关于规范政府和社会资本合作（PPP）综合信息平台项目库管理的通知》（财办金〔2017〕92 号）、国务院《关于加强固定资产投资项目资本金管理的通知》（国发〔2019〕26 号）及财政部《关于规范金融企业对地方政府和国有企业投融资行为有关问题的通知》（财金〔2018〕23 号）等文件的要求，PPP 项目的资本金约束较大，资金成本较高、难以足额及时到位，从而导致项目融资迟缓或融资金额不足。

（3）融资担保问题。《关于加强中央企业 PPP 业务风险管控的通知》（国资发财管〔2017〕192 号）文指出“项目债务融资需要增信的，原则上应由项目自身权益、资产或股权投资担保，确需股东担保的应由各方股东接照出资比例共同担保”。PPP 项目一般采取预期收益质押，该质押担保在金融机构风控措施中担保能力较弱，而项目公司往往不享有资产所有权，或者名下资产规模较小且固定资产处于在建阶段，根据国家规定，在建工程无法抵押。在此情况下，银行要求社会资本方给予实质增信或担保，但政府方往往持有少量项目公司股权，部分社会资本方可能不愿意或难以为非全资子公司提供全额担保，或社会资本方出于隔离风险等原因不愿意提供担保，不能满足银行放贷要求，导致项目融资受阻。另外，部分 PPP 项目的社会资本方可能涉嫌挂靠，银行贷款要求可能更严，如要求社会资本方的主要股东及其配偶提供担保。上述担保情况若不能实现，则直接影响贷款审批。

（4）股东表决权问题。在项目公司决策机制方面，政府出于自身利益以及便于监管等考虑，希望可以实际参与项目公司融资等重大事项决策，但政府持有的少量股权往往达不到对项目公司施加影响的标准。例如，某项目公司表示地方政府提出修改公司章程中规定的股东会决议表决通过的持股比例，使政府持股能够影响股东会决议表决结果，但银行不认可该事项，银行认为修改章程中的此项条款模糊了融资主体的控制权，可能导致项目公司产生经营风险。

（5）项目规范程度。PPP 模式操作程序越来越规范、政策环境越来越成熟，PPP 项目存在其特有的合规要件，且一般项目周期较长，因此银行进行尽职调查时往往比较关注项目各环节的合规性风险，如借款主体的资质是否符合政策要求，行政审批批复是否完备，财政支出是否纳入政府中长期规划、是否通过人大审议，合同协议等文件是否符合法律法规要求，项目操作流程是否规范，风险分担机制是否合理（如是否存在固定回报、明股实债、承诺回购问题等），是否构成政府隐性债务等，且合规性文件必须内容完整、前后一致、符合时效。合规风险是金融机构风险防范的基本底线，部分 PPP 项目可能因为上述程序或手续不到位，或文件不规范导致放贷审批受限或无法贷款，例如某交通 PPP 项目占用较多耕地，因占补平衡难以实现、土地报批指标受限，无法办理完整的土地手续，银行方面就此提出项目规范性存在瑕疵，无法贷款。

（6）回报机制类型。PPP 项目回报机制有使用者付费、可行性缺口补助以及政府付费。对于政府付费项目，金融机构重点关注地方政府的履约能力，包括当地的经济和人口、财政收入情况、债务存量情况等。对于使用者付费项目，金融机构更看重项目发展前景、社会资本的技术水平和运营能力、未来现金流情况，项目现金流的持久稳定是银行贷款审查的重要指标。对于可行性缺口补助项目，金融机构不仅会考虑项目的运营属性，还会考察政府的付费保障、履约能力和财政收支状况。无论回报机制如何，银行发放贷款的前提是项目现金流充足，可以覆盖项目贷款本息且回报稳定可靠。因此当银行出于风控判断，PPP 项目回报无法覆盖贷款本息或认为项目回报存在不可持续的风险时，融资成功率往往较低。

（7）政府财力和信誉。政府在投资决策、社会资本选择、付费考核、法律政策等方面占据主导权，因此，社会资本方及金融机构参与 PPP 项目时，除项目性质类型和商务条件外，还看重地方政府的财政收入水平、债务及信誉情况。政府的财力、信用评价及履约能力对于 PPP 项目融资有较大影响，如财力较好、履约能力强的地方政府，其 PPP 项目的授信审批往往更容易。国内少数地方政府债务水平过高，平台债务出现展期情况，在这种情况下资产负债率往往容易突破资本市场风控防线，这将对项目公司的融资产生间接不利影响。

2. 建议

首先，从政府角度出发，地方政府应合理选择项目类型，重视前期工作服务质量，在项目的规模和必要性、合作边界条件以及项目可融资性等方面加强论证审核，提高项目推介质量；中央层面宜加快 PPP 顶层立法、加快价格和收费机制改革，释放明确的市场预期。

其次，从社会资本角度出发，社会资本应摒弃“重建设、轻运营”的想法，遵循创新驱动，形成自己的核心运营能力，落实 PPP 项目全生命周期的投资、建设、运营主体责任，发挥市场竞争优势和资源整合优势，挖掘项目潜在收益，提高运营标准和运营效率，通过“做实运营—做大收益—做强运营—形成规模”的方式提高核心竞争力和可融资能力，降低对财政付费的依赖；同时，社会资本应灵活运用各类融资手段，拓展融资途径，发挥 REITs、ABS 等筹资方式的作用，对接保险资金，多渠道融资。

最后，从金融机构角度出发，金融机构应从可研立项、识别论证等前期阶段就参与到PPP项目中，客观准确地识别、评判项目的边界条件和融资风险，对项目实施精细化服务、精准放款；此外，金融机构可以借鉴国外较成熟的风控体系，创新探索建立适合PPP项目的评价标准体系。

其他相关实务风险问题，还可以关联《PPP项目执行阶段操作指南：100个实务问题深度解析》问题78，《PPP项目执行阶段操作指南：100个实务问题深度解析（第二册）》问题25、问题28、问题29、问题30、问题31进行阅读。

五、管理成果要求（基础档案）

1. 金融机构融资放款的条件；
2. 相关工作联系函件；
3. 相关工作会议纪要；
4. 融资放款的相关资料；
5. 《融资协议》及其附件；
6. 申报放款记录及其附件；
7. 资金使用计划及股东会决议文件；
8. 其他相关文件等。

六、补充说明

本项是政府方监管要点内容，可以关联《PPP项目政府方监管要点》阅读，共涉及两项监管要点，分别如下：

1. 监管要点20：确认项目融资是否按约及时到位？

2. 监管要点57：确认项目公司注册资本金、项目资本金是否已经足额、及时出资缴纳到位？融资贷款的条件是否按照协约约定达成？融资贷款是否及时到账，且未影响项目的正常推进？

第 28 节　股东借款的处理

核心条款

第二十八条　当由于特殊情况，融资贷款不能按照合同约定及时、足额到位，实施机构要求项目公司承担违约责任时，在项目资本金已足额到位的情况下，项目公司可以考虑股东借款。

股东借款应获得股东会决议通过，并通过借款协议形式确认，协议中可以约定借款利息，但该利息不得超过 PPP 项目合同约定的融资利率上限。

条款解析

理想状况下，各项资金准时到位，项目可以顺利推进，但是如果发生不理想的情况，又应当如何处理？

按照 PPP 的风险分担原则，投融资风险应当由社会资本方承担，如果基于社会资本的原因造成融资不能的，社会资本方应当承担违约责任，一般《PPP 项目合同》中约定的融资违约责任是提取履约保函，而履约保函的金额正常是总投资金额的 10%，后果相当严重，因此，应当有一个可以处理这种“最不理想情况”的预案，而各种预案中，最简单、直接、高效的就是股东借款。

在项目资本金已经全部注资到位的情况下，如果融资暂时无法落地，可以通过签订《股东借款协议》的形式输入资金，该种情形可以约定借款利息，通常就是合同约定的融资利率。之后，当融资贷款正常下达后，项目公司按照《股东借款协议》还本付息给股东方即可。但是，如果项目资本金还没有足额到位，就不能采用股东借款形式。

实施办法

一、管理依据

（一）法律法规、政策依据

财政部《关于规范金融企业对地方政府和国有企业投融资行为有关问题的通知》（财金〔2018〕23 号）明确规定，要求国有金融企业按照“穿透原则”加强资本金审查。“若发现存在以‘名股实债’、股东借款、借贷资金等债务性资金和以公益性资产、储备土地等方式违规出资或出资不实的问题，国有金融企业不得向其提供融资。”

这里强调的是，项目资本金不得“股东借款”，必须是自有资金。

（二）PPP 项目合同常规约定

以广州市某市政 PPP 项目为例，其《PPP 项目合同》第 9.2 条约定，“本项目资本金为项目总投资的 20%，计人民币 40,163.89 万元。项目资本金由乙方及政府方出资代表按 85%:15% 股权比例出资。本项目投资总额和项目资本金的差额由项目公司通过银行贷款等方式予以解决，如项目公司不能顺利完成项目融资的，则由乙方自行通过股东借款或其他方式解决，以确保项目公司的融资足额及时到位。甲方不承担相应的股东借款或补充提供担保等补救或增信担保责任”。

（三）管理制度

一般对应《财务管理制度》等，具体内容略。

（四）经验教训

1. 项目资本金不得通过股东借款形式注资（即使不计取利息），资金性质不同。

2. 项目资本金及时、足额缴纳到位后，融资部分可以通过股东借款落实，且可约定利息，利息不得高于《PPP 项目合同》约定的融资成本。

3. 资金部分是审计重点，应当合规地处理，避免未来的政府审计风险。

二、工作实施方案

1. 当短期内融资不能落地但项目急需推进，且股东方将要承担违约责任时，项目公司可以向股东方建议，采用短期股东借款临时应急，向股东方发出书面建议书。

2. 股东方同意后，项目公司草拟《股东借款协议》，根据合同管理进行审查，并在获得律师出具的法律意见书后，报股东会决议。

3. 股东会决议通过后，相关方签订正式的《股东借款协议》。

4. 股东方根据协议向项目公司注资。

5. 项目公司根据批准的资金使用计划适当地使用相关资金。

6. 待融资贷款到位后，根据《股东借款协议》向股东方还本付息。

三、管理表单

略。

四、实务风险解析与建议

实务问题 1：对于已完成政府采购的 PPP 项目，如已注册项目公司并实缴注册资本，但项目要求的最低项目资本金未达到，社会资本方是否能以股东借款的形式注资到项目公司以达到债权融资要求？项目公司向其股东借款要履行什么手续？

解析与建议：

详细内容请关联《PPP 项目执行阶段操作指南：100 个实务问题深度解析》问题 21 进行阅读。

实务问题 2：在项目公司资金不到位的情况下，各方的救济措施有哪些？

解析与建议：

详细内容请关联《PPP 项目执行阶段操作指南：100 个实务问题深度解析（第二册）》问题 24 进行阅读。

五、管理成果要求（基础档案）

1. 书面建议书（或有）；

2. 《股东借款协议》（草稿）、相关评审记录、法律意见书、会议纪要；

3. 股东会决议及其附件；

4. 正式签订的《股东借款协议》；

5. 银行流水记录；

6. 股东会决议批准的资金使用计划；

7. 资金使用台账；

8. 还本付息记录；

9. 其他相关文件等。

六、补充说明

本项是政府方监管要点内容，可以关联《PPP 项目政府方监管要点》阅读，共涉及三项监管要点，分别如下：

1. 监管要点 24：确认项目公司是否建立了完整的财务管理制度并遵照执行？

2. 监管要点 57：确认项目公司注册资本金、项目资本金是否已经足额、及时出资缴纳到位？融资贷款的条件是否按照协约约定达成？融资贷款是否及时到账，且未影响项目的正常推进？

3. 监管要点 64：确认对项目公司的财务监管是否到位？

第 29 节　建设期保险购买和管理

核心条款

第二十九条　项目公司应充分识别项目危险源，并作出保险购买方案，提交实施机构批准或备案后，及时、足额购买。购买保险的凭证，应根据《PPP 项目合同》的约定及时向实施机构提交，同时应在项目公司经营管理月报中体现。

项目公司还应定人管理，使保险持续处于有效期内。根据保险合同规定，当被保险人发生变化时（如人员流动变化），应及时向保险公司进行报备更新。

条款解析

资金到位后，项目公司应当及时购买保险，将可转移风险进行转移。

PPP 政策鼓励项目公司购买适当的保险，以转嫁或有的各项风险。项目公司在购买保险时，应当按照充分、必要和适当的原则，可以事先充分识别项目危险源，然后向保险机构征询合适的保险方案，再通过竞争性采购方式选定即可。

购买保险后，应安排专人管理，确保保险时限以及保险兑付条件始终满足。部分保险产品的条款有一些特定限制条件，这些条件应当由专人负责，确保条件始终成就。

部分极端案例，如某 50 多亿元的拆迁安置房项目，虽实施了两年，但除人生意外伤害险外，项目公司并未购买其他保险。这无异于毫无防护，风险系数极高。项目公司应当引以为戒，及时足额购买保险并持续管理，确保受控。

建设期要购买保险，运营期同样也要购买。

实施办法

一、管理依据

（一）法律法规、政策依据

财政部《关于规范政府和社会资本合作合同管理工作的通知》（财金〔2014〕156号）附件《PPP项目合同指南（试行）》第一章第一节第8条明确规定，“由于PPP项目通常资金规模大、生命周期长，在项目建设和运营期间面临着诸多难以预料的各类风险，因此项目公司以及项目的承包商、分包商、供应商、运营商等通常均会就其面临的各类风险向保险公司进行投保，以进一步分散和转移风险。同时，由于项目风险一旦发生就有可能造成严重的经济损失，因此PPP项目对保险公司的资信有较高要求”。第二节第3条明确规定，“由于PPP项目的期限通常较长，在项目的运营维护过程中存在较大的管理风险，可能因项目公司或运营商管理不善而导致项目亏损。因此，项目公司应优先选择资信状况良好、管理经验丰富的运营商，并通过在运营服务合同中预先约定风险分配机制或者投保相关保险来转移风险，确保项目平稳运营并获得稳定收益”。第二节第5条进一步规定，“由于PPP项目通常资金规模大、生命周期长，负责项目实施的项目公司及其他相关参与方通常需要对项目融资、建设、运营等不同阶段的不同类型的风险分别进行投保。通常可能涉及的保险种类包括货物运输险、工程一切险、针对设计或其他专业服务的职业保障险、针对间接损失的保险、第三者责任险。鉴于PPP项目所涉风险的长期性和复杂性，为确保投保更有针对性和有效性，建议在制定保险方案或签署保险合同前先咨询专业保险顾问的意见”。

该指南第四节第1条明确规定，常见的PPP项目合同生效条件包括“保险已经生效”，具体要求为，“在PPP项目中，保险是非常重要的风险转移和保障机制。政府方为了确保项目公司在项目实施前已按合同约定获得了足额的保险，通常会将保险（主要是建设期保险）生效作为全部合同条款生效的前提条件。常见的安排是：项目公司已根据项目合同中有关保险的规定（请见本章第十四节）购买保险，且保单已经生效，并向政府方提交了保单的复印件”。

该指南第十四节专门讲解了保险要求，具体规定如下：

“在项目合同谈判中，通常只有在最后阶段才会谈及项目相关的保险问题，因此这一问题也极易被有关各方所忽略。然而，能否获得相关保险、保险覆盖的范围等问题恰恰是项目风险的核心所在，需要政府与项目公司在谈判中予以重点关注。本节将就项目保险所涉的相关问题进行概述。需要特别说明的是，保险并不能覆盖项目的所有风险，对于具体项目涉及的具体风险而言，保险也并不一定是最适合的风险应对方式。此外，由于保险是一个复杂且专业的领域，具体项目需要购买哪些保险还需要根据项目的具体情况来制定保险方案，并参考专业保险顾问的意见。

“一、一般保险义务

“（一）购买和维持保险义务。

“大多数 PPP 项目合同会约定由项目公司承担购买和维持保险的相关义务，具体可能包括：

“1. 在整个 PPP 项目合作期限内，购买并维持项目合同约定的保险，确保其有效且达到合同约定的最低保险金额；

“2. 督促保险人或保险人的代理人在投保或续保后尽快向政府提供保险凭证，以证明项目公司已按合同规定取得保单并支付保费；

“3. 如果项目公司没有购买或维持合同约定的某项保险，则政府可以投保该项保险，并从履约保函项下扣抵其所支付的保费或要求项目公司偿还该项保费；

“4. 向保险人或保险代理人提供完整、真实的项目可披露信息；

“5. 在任何时候不得作出或允许任何其他人作出任何可能导致保险全部或部分失效、可撤销、中止或受损害的行为；

“6. 当发生任何可能影响保险或其项下的任何权利主张的情况或事件时，

项目公司应立即书面通知政府方；

“7. 尽一切合理努力协助政府或其他被保险人及时就保险提出索赔或理赔；等等。

“（二）保单要求。

“在 PPP 项目合同中，政府方可能会要求保单满足以下要求：

“1. 项目公司应当以政府方及政府方指定的机构作为被保险人进行投保；

“2. 保险人同意放弃对政府方行使一些关键性权利，比如代位权（即保险人代替被保险人向政府及其工作人员主张权利）、抵扣权（根据《保险法》第六十条第二款规定：前款规定的保险事故发生后，被保险人已经从第三者取得损害赔偿的，保险人赔偿保险金时，可以相应扣减被保险人从第三者已取得的赔偿金额）以及多家保险公司共同分摊保险赔偿的权利，等等。

“3. 在取消保单、不续展保单或对保单做重大修改等事项发生时提前向政府方发出书面通知。

“当然，实践中政府方需要根据项目实际情况以及保险人的意愿确定具体的保单要求。

“（三）保险条款变更。

“由于保险条款的变更可能对项目风险产生影响，一般情况下，合同中会规定未经政府方同意，不得对保险合同的重要条款（包括但不限于保险范围、责任限制以及免赔范围等）做出实质性变更。

“政府方在审议保险条款变更事项时，需要结合当时的市场情况，分析保险条款变更是否会对项目整体保险方案产生影响以及影响的程度等。

“二、常见的保险种类

“在选择需要投保的险种时，各方需要考虑项目的具体风险以及相关保险能否在当地获得。实践中，可供选择的险种包括但不限于：

“（一）货物运输保险。

“投保货物运输相关保险主要是为了转移项目相关的材料和设备在运输途中遭遇损坏或灭失的风险。主要分为海洋货物运输保险、国内水路货物运输保险、国内陆路货物运输保险、航空货物运输保险和其他货物运输保险。

“（二）建筑工程一切险。

“建筑工程一切险是针对在项目现场的所有作业和财产的保险。这一保险主要承保因保险合同所列除外责任以外的自然灾害或意外事故造成的在建工程物质损失。同时，可以加保第三者责任险，以使保险公司承保与建筑工程直接相关的、由意外事故或由建筑作业所造成的工地内或邻近地区内的第三者人身伤亡或财产损失。

“（三）安装工程一切险。

“安装工程一切险是采用除外列明方式，为机器设备的安装和调试提供一切险保障。安装工程一切险承保被保险工程项目在安装过程中由于自然灾害、意外事故（不包括保险条款中规定的除外责任）等造成的物质损坏或灭失，以及与所承保工程直接相关的意外事故引起工地内及邻近区域的第三者人身伤亡、疾病或财产损失。

“（四）第三者责任险。

“从项目开始建设到特许权期结束的整个期间内，项目公司都要确保已对在项目所在地发生的、因实施工程或运营导致的第三者人身伤害或财产损失进行投保。这项保险非常重要，保险覆盖的风险事件应当尽可能的宽泛。

“（五）施工机具综合保险。

“这一保险通常是指在工程建设、安装、运营测试及调试期间，就项目公司选定的承包商自有或其租赁的施工机具的损坏或灭失的可保风险进行投保。具体承保的范围与除外责任，依具体保险合同的约定可能略有不同，投保的范围也需要根据项目作业的类型，以及关键设备的数量来定。

“（六）雇主责任险。

“这一保险通常是对所有雇员在从事与工程建设和运营有关的业务工作时，因遭受意外或患与业务有关的国家规定的职业性疾病而致伤、残或死亡的，对被保险人依照劳动合同和我国法律须承担的医疗费及赔偿责任等进行投保。”

第十八节第1条明确规定，项目公司违约事件包括“未按合同约定为PPP项目或相关资产购买保险的”。

国家发改委《关于开展政府和社会资本合作的指导意见》（发改投资〔2014〕2724号）附件2《政府和社会资本合作项目通用合同指南（2014年版）》第31条规定，“项目合同应约定建设期需要投保的相关险种，如建筑工程一切险、安装工程一切险、建筑施工人员团体意外伤害保险等，并落实各方的责任和义务，注意保险期限与项目运营期相关保险在时间上的衔接”。

该指南第47条规定，“项目合同应约定运营期需要投保的险种、保险范围、保险责任期间、保额、投保人、受益人、保险赔偿金的使用等”。第49条规定，“项目合同应约定社会资本主体承担的成本和费用范围，如人工费、燃料动力费、修理费、财务费用、保险费、管理费、相关税费等”。

（二）PPP项目合同常规约定

以天津市某高速公路PPP项目为例，其《PPP项目合同》第29条约定，“乙方负责组织相关单位办理建设工程保险，如建筑工程一切险（附加第三者责任险）、安装工程一切险、建筑施工人员团体意外伤害保险等”。

（三）管理制度

一般对应《保险制度》《担保制度》等，具体内容略。

（四）经验教训

1. 保险必须购买，绝对不能不买，相关费用纳入总投资。相当于花钱购买安全防护。

2. 保险购买后，需要重点关注理赔条件，并落实专人负责，确保理赔条件的持续成就。

3. 关注保险的有效期，确保保险持续有效。

二、工作实施方案

1. 项目公司全员排查，识别、梳理项目危险源，形成确认的危险源清单。

2. 邀请各保险公司，就已识别的危险源清单征询保险方案的意见。

3. 项目公司根据各保险公司提供的保险方案，进行内部评议，形成保险方案的购买意见。

4. 向实施机构提交工作联系函，表明拟购买的保险方案、采购方式、采购时间、费用归属等，准备采购。

5. 实施机构未明确表示反对的情况下，项目公司可以根据采购管理制度，委托第三方招标代理机构代为采购，采购前应邀请实施机构代表共同监督采购流程。

6. 选中保险公司后，对《保险合同》进行审议，获得法律意见书后，正式签订。

7. 签订正式《保险合同》后，立即提交一份原件报实施机构备案。

8. 综合管理部应专人管理，认真研究保险赔付的条件，并严格遵从执行，确保时刻满足相关要求。

9. 若发生理赔事件的，专项处理，直至获得赔付。

10. 保险到期后，应继续购买，或重新采购，确保始终处于保险有效期内。

三、管理表单

略。

四、实务风险解析与建议

实务问题 1：PPP 项目具体要购买哪些保险险种？

解析与建议：

详细内容请关联《PPP 项目执行阶段操作指南：100 个实务问题深度解析》问题 61 进行阅读。

实务问题 2：某水库 PPP 项目，设计风险较高，如果出现设计遗漏或错误，其损失金额便会超出亿元，这种情况下设计单位是仅赔偿设计费，还是按实际损失赔偿？

解析与建议：

详细内容请关联《PPP 项目执行阶段操作指南：100 个实务问题深度解

析》问题 90 进行阅读。

五、管理成果要求（基础档案）

1. 项目公司全员共同确认的危险源清单；
2. 各保险公司的初步保险方案；
3. 项目公司确定的拟采购方案；
4. 报实施机构的工作联系函；
5. 完整保险采购记录文件；
6. 正式签订的《保险合同》；
7. 《保险合同》实施机构备案记录或签收记录；
8. 综合管理部的过程管理文件、赔付记录（或有）；
9. 其他相关文件等。

六、补充说明

由于事关项目风险应对，建议实施机构审慎，监督方法建议如下：

1. 项目公司至少应该购买（或安排施工总承包单位购买）建筑工程一切险（附加第三者责任险）、安装工程一切险、建筑施工人员团体意外伤害保险三种保险。以上保险购买完成后，应及时提交复印件（加盖项目公司公章）给实施机构备案，同时在《项目公司经营管理月报》中体现。

实施机构以收到保险的相关复印件为准。

2. 建议项目公司全面梳理现场潜在危险源，并邀请保险公司提供保险方案，实施机构批准后进行购买，将各项风险进行转移。该项保险费用从二类费用中支出。

项目公司购买保险有各项政策支撑，实施机构应予支持。

本项也是政府方监管要点内容，可以关联《PPP 项目政府方监管要点》阅读，共涉及一项监管要点如下：

监管要点 62：确认项目公司是否按照约定购买相应保险？

第30节　建设期保函的提交及管理

核心条款

第三十条　项目公司应按照《PPP项目合同》的约定及时向实施机构提交建设期履约保函，并专人跟踪管理，使保函持续处于有效期内，同时应严控履约保函的被提取。

履约保函应为见索即付，但实施机构提取保函时，应随附相应证据，确保提取合规。当实施机构不当提取时，项目公司应及时追索，不得形成管理真空，导致实质性损失。

条款解析

保险落实之后，就要及时提交建设期履约保函。

一般《PPP项目实施方案》中会设计好履约保函体系，《PPP项目合同》会约定明确履约保函的金额、时限和其他要求等，部分合同甚至将提交履约保函设定为合同生效的前提条件，项目公司应当及时按照合同约定履约，按照要求提交保函。

建设期保函金额一般不超过总投资的10%，为见索即付形式。但是即便如此，政府方也不能任意兑取，应当有确认的项目公司违约事由，并建议政府方在向项目公司履行善意提醒后，项目公司无正当理由拒不整改的情况下再予提取。否则，政府方很容易陷入“乱作为”“欺负人”的舆论之中，产生自身被动的局面。

履约保函是一把“双刃剑”，也是提醒项目公司必须完全履约的一个高压线。如果不履约，被政府方提取保函，那可能产生连所有收益都无法填补的损失，这是股东各方不能承受之重，因此，应当妥善履约，避免被提取的情形发生。

实施办法

一、管理依据

（一）法律法规、政策依据

住房和城乡建设部等部门联合发布的《关于加快推进房屋建筑和市政基础设施工程实行工程担保制度的指导意见》（建市〔2019〕68 号）第 3 条规定：“……（一）推行工程保函替代保证金。加快推行银行保函制度，在有条件的地区推行工程担保公司保函和工程保证保险。严格落实国务院清理规范工程建设领域保证金的工作要求，对于投标保证金、履约保证金、工程质量保证金、农民工工资保证金，建筑业企业可以保函的方式缴纳。严禁任何单位和部门将现金保证金挪作他用，保证金到期应当及时予以退还。……”

国务院办公厅《关于清理规范工程建设领域保证金的通知》（国办发〔2016〕49 号）第 2 条规定：“转变保证金缴纳方式。对保留的投标保证金、履约保证金、工程质量保证金、农民工工资保证金，推行银行保函制度，建筑业企业可以银行保函方式缴纳。”

住房和城乡建设部等部门联合发布的《关于加快推进房屋建筑和市政基础设施工程实行工程担保制度的指导意见》（建市〔2019〕68 号）第 3 条规定：

“（一）推行工程保函替代保证金。加快推行银行保函制度，在有条件的地区推行工程担保公司保函和工程保证保险。严格落实国务院清理规范工程建设领域保证金的工作要求，对于投标保证金、履约保证金、工程质量保证金、农民工工资保证金，建筑业企业可以保函的方式缴纳。严禁任何单位和部门将现金保证金挪作他用，保证金到期应当及时予以退还。

“（二）大力推行投标担保。对于投标人在投标有效期内撤销投标文件、中标后在规定期限内不签订合同或未在规定的期限内提交履约担保等行为，鼓励将其纳入投标保函的保证范围进行索赔。招标人到期不按规定退还投标保证金及银行同期存款利息或投标保函的，应作为不良行为记入信用记录。

“（三）着力推行履约担保。招标文件要求中标人提交履约担保的，中标人应当按照招标文件的要求提交。招标人要求中标人提供履约担保的，应当同时向中标人提供工程款支付担保。建设单位和建筑业企业应当加强工程风险防控能力建设。工程担保保证人应当不断提高专业化承保能力，增强风险识别能力，认真开展保中、保后管理，及时做好预警预案，并在违约发生后按保函约定及时代为履行或承担损失赔付责任。

“（四）强化工程质量保证银行保函应用。以银行保函替代工程质量保证金的，银行保函金额不得超过工程价款结算总额的3%。在工程项目竣工前，已经缴纳履约保证金的，建设单位不得同时预留工程质量保证金。建设单位到期未退还保证金的，应作为不良行为记入信用记录。

“（五）推进农民工工资支付担保应用。农民工工资支付保函全部采用具有见索即付性质的独立保函，并实行差别化管理。对被纳入拖欠农民工工资‘黑名单’的施工企业，实施失信联合惩戒。工程担保保证人应不断提升专业能力，提前预控农民工工资支付风险。各地住房和城乡建设主管部门要会同人力资源社会保障部门加快应用建筑工人实名制平台，加强对农民工合法权益保障力度，推进建筑工人产业化进程。”

财政部《关于规范政府和社会资本合作合同管理工作的通知》（财金〔2014〕156号）附件《PPP项目合同指南（试行）》第二章第四节第1条中明确规定，“在PPP项目合同中双方还可能会约定其他的前提条件，例如，项目公司提交建设期履约保函等担保”。

该指南第二章第四节第3条中明确规定，“为了更好地督促项目公司积极履行有关义务、达成相关的前提条件，政府方也可以考虑在签署PPP项目合同时（甚至之前）要求项目公司就履行前提条件提供一份履约保函。具体项目中是否需要项目公司提供此类保函、保函金额多少，主要取决于以下因素：

“（1）在投标阶段是否已经要求项目公司提供其他的保函；

“（2）是否有其他激励项目公司满足前提条件的机制，例如项目期限或付费机制的设置；

“（3）项目公司不能达成前提条件的风险和后果；

“（4）政府方因项目无法按时实施所面临的风险和后果；

“（5）按时达成前提条件对该项目的影响；等等。

“如果项目公司未能按照约定的时间和要求达成前提条件，且政府方未同意豁免该前提条件时，政府方有权提取保函项下的金额。”

该指南第二章第十二节第 2 条明确规定，“在 PPP 实践中，最为常见、有效的履约担保方式是保函。保函是指金融机构（通常是银行）应申请人的请求，向第三方（即受益人）开立的一种书面信用担保凭证，用以保证在申请人未能按双方协议履行其责任或义务时，由该金融机构代其履行一定金额、一定期限范围内的某种支付责任或经济赔偿责任。在出具保函时，金融机构有可能要求申请人向金融机构提供抵押或者质押。

“为了担保项目公司根据 PPP 项目合同约定的时间、质量实施项目、履行义务，政府可以要求项目公司提供一个或多个保函，具体可能包括建设期履约保函、维护保函、移交维修保函等。在 PPP 项目中，保函既包括项目公司向政府提供的保函，也包括项目承包商、分包商或供应商为担保其合同义务履行而向项目公司或直接向政府提供的保函。

“政府可能根据项目的实际情况，要求项目公司在不同期间提供不同的保函，常见的保函包括：

“（一）建设期的履约保函。

建设期履约保函是比较常见的一种保函，主要用于担保项目公司在建设期能够按照合同约定的标准进行建设，并且能够按时完工。该保函的有效期一般是从项目合同全部生效之日起到建设期结束。

“（二）运营维护期的履约保函/维护保函。

“运营维护期的履约保函，也称维护保函，主要用以担保项目公司在运营维护期内按照项目合同的约定履行运营维护义务。该保函的有效期通常视具体项目而定，可以一直到项目期限终止。在项目期限内，项目公司有义务保证该保函项下的金额一直保持在一个规定的金额，一旦低于该金额，项目公司应当及时将该保函恢复至该规定金额。

“（三）移交维修保函。

“在一些 PPP 项目中，还可能会约定移交维修保函。移交维修保函提交时点一般在期满终止日 12 个月之前，担保至期满移交后 12 个月届满。

“与此同时，在 PPP 项目合同签订前，政府还可能要求项目公司提供下列保函：

“（一）投标保函。

“在许多 PPP 项目中，政府会要求参与项目采购的社会资本提供一个银行保函，作为防止恶意参与采购的一项保障（如社会资本参与采购程序仅仅是为了获取商业信息，而没有真正的签约意图）。这类保函通常在采购程序结束并且选定社会资本同意或正式签署 PPP 项目合同时才会予以返还。因此，投标保函并不直接规定在 PPP 项目合同中，因为一旦签署了 PPP 项目合同，投标保函即被返还并且失效。

“（二）担保合同前提条件成就的履约保函。

“在一些 PPP 项目中，为了确保项目公司能够按照规定的时间达成融资交割等 PPP 项目合同中约定的前提条件，政府可能会要求项目公司在签署 PPP 项目合同之前向政府提交一份履约保函，以担保合同前提条件成就。该保函通常在 PPP 项目合同条款全部生效之日即被返还并失效（关于前提条件，请见本章第四节）。”

财政部《关于印发〈政府和社会资本合作项目政府采购管理办法〉的通知》（财库〔2014〕215 号）附件《政府和社会资本合作项目政府采购管理办法》第 21 条规定，“项目实施机构应当在采购文件中要求社会资本交纳参加采购活动的保证金和履约保证金。社会资本应当以支票、汇票、本票或者金融机构、担保机构出具的保函等非现金形式交纳保证金。参加采购活动的保证金数额不得超过项目预算金额的 2%。履约保证金的数额不得超过 PPP

项目初始投资总额或者资产评估值的10%，无固定资产投资或者投资额不大的服务型PPP项目，履约保证金的数额不得超过平均6个月服务收入额”。

本节内容与本章第89节、第99节、第124节、第125节和第130节关联，可以关联阅读。

（二）PPP项目合同常规约定

关于履约保函的提交及管理，以天津市某高速公路PPP项目为例，其《PPP项目合同》第11.2条约定，“建设期履约保函的金额为人民币捌仟万元；运营履约保函的金额为人民币伍仟万元；移交履约保函的金额为人民币伍仟万元”。

第11.1条约定，“建设期履约保函由社会资本在《投资协议（PPP项目合同）》签订后的十个工作日内提交给甲方；运营履约保函由乙方在项目通车运营之日前十个工作日内提交给甲方；移交履约保函由乙方在最后一个运营年开始前十个工作日内提交给甲方”，“当乙方和/或社会资本未能完全履行本协议义务时，甲方可提取履约保函的相应金额，乙方和/或社会资本应在履约保函的金额被提取后三十日内重新出具合格的担保”。

第11.4.1条约定，“本协议中要求的履约保函均应当为‘见索即付’的银行保函”。

第11.3.5条约定，“甲方在根据本条款提取相应的履约保函金额之前，应向社会资本和/或乙方发出书面通知，并告知对方其提取的理由和拟提取的金额”。

第11.3.1条、第11.3.2条、第11.3.3条、第11.3.4条分别约定，“如果发生本协议乙方和/或社会资本未全部或部分履行其在本协议项下的义务，且在甲方要求的期限内未予补正，或未按本协议的约定承担违约责任，甲方有权提取履约保函的全部金额”，“如果社会资本和/或乙方未按规定按时补充履约保函的金额，甲方有权提取履约保函届时所剩余的全部金额”，“乙方未向甲方按期支付根据本协议规定到期应付的违约赔偿和违约金，则甲方有权从履约保函中提取相应金额”，“甲方有权按照‘未履行维护义务’的规定提取履约保函相应金额”。

但该合同中并未对“未履行维护义务”进行明确规定，建议合同双方对此进行《补充协议》确认，或通过正式会议纪要、备忘录等明确。

其他实施机构可以提取履行保函的情形如下：

“融资交割应以不影响项目实施为原则，若乙方未能按照本协议的规定完成融资交割，或在完成融资交割后七个工作日内不能向甲方证明其融资交割完成，则甲方有权兑取建设期履约保函”，“若甲方有足够的证据证明乙方建设工程或其他任何部分与本协议所规定的或其他相关部门所规定的质量或安全要求严重不符，甲方有权书面通知乙方立即整改。若乙方在收到甲方通知后五个工作日内未进行整改，则甲方有权自己进行或委托第三方进行必要的纠正，一切风险与费用由乙方承担。在这种情况下，乙方须允许甲方的雇员、代理人、承包商为此目的而出入项目场地。若乙方拒绝甲方或其委托的第三方进入项目场地进行纠正工作，或未能按照甲方的要求偿还甲方为此而付出的成本与费用，则甲方有权从建设期履约保函项下提取相应金额”。“若出现 23. 5. 3（1）中 A、B 两种任一情形的，乙方即本着先无条件配合进行项目建设，再谈补偿的原则开展工作，否则由此造成的损失全部由乙方承担，甲方有权从建设期履约保函项下提取该全部或部分款项，不足部分由乙方另行承担”，“除本协议另有规定外，甲方及其指定第三方介入建设所产生的合理费用和因此造成的损失由乙方承担。甲方有权从建设期履约保函项下提取该全部或部分款项，不足部分由乙方另行承担”。

该合同第 44 条还约定，“乙方在特许经营期最后一个运营年开始前十个工作日内向甲方提交移交履约保函，移交履约保函金额为人民币伍仟万元整。在特许经营期最后一个运营年开始前十个工作日，乙方向甲方提交；在移交后五个工作日内，该履约保函退还给项目公司。履约担保的提取和退还详见本协议专项约定”。

本节内容与本章第 89 节、第 99 节、第 124 节、第 125 节和第 130 节关联，可以关联阅读。

（三）管理制度

一般对应《财务管理制度》《担保制度》等，具体内容略。

（四）经验教训

1. 各项保函，政策规定了上限，但是没有规定下限，所以保函的额度并不必然一定要达到上限，可以适当往下约定，以减少财务成本的支出。但是无论如何约定，只要合同最终签订了，项目公司就应当按照合同约定执行。

2. 担保公司出具的保函，一般不会被实施机构认可。

3. 部分合同约定了非常容易触发的保函提取条件，如“如果乙方未按照上述规定及时更换保函或者延长最后一份履约保函的有效期，甲方有权全额兑取旧履约保函或最后一份履约保函的全部金额”，因此，项目公司应当引起重视，避免“被提取”风险。

4. 保函的兑取，必须有完整的证据材料，否则，项目公司应当积极主张退回，避免相应的资金损失。

二、工作实施方案

1. 财务人员根据《PPP 项目合同》确认建设期保函的金额和要求。

2. 向金融机构咨询项目公司开具保函的可能性及相关要求、条件。

3. 权衡后，通过项目公司内部会议确定是由股东方正式开具还是由项目公司正式开具。

4. 由股东方正式开具的，协调股东方财务在规定时限内出具符合合同要求的保函形式，并及时提交实施机构，获得签收记录。

5. 由项目公司正式开具的，妥善准备相关材料，在规定时限内出具符合合同要求的保函形式，并及时提交实施机构，获得签收记录。

6. 当由于特殊事件造成不能按照合同约定的要求及时足额开具保函的，应当和实施机构提前协商，获得违约责任的豁免，并保留相关记录，条件具备的，最好签订《补充协议》进行确认。

7. 财务人员应当专人负责，持续跟踪，确认保函始终处于有效期内，且未被不当提取。

8. 确实发生被提取事件的，应当做好妥善记录，并及时按照要求补充保函金额。

9. 向项目公司汇报被提取事件，之后，继续持续监管。

三、管理表单

略。

四、实务风险解析与建议

严格按照项目公司管理制度执行即可。

暂无直接实务风险和问题反馈，未来待动态补充。

五、管理成果要求（基础档案）

1. 《PPP 项目合同》关于建设期保函的约定和要求；
2. 金融机构对于开具保函的条件和要求；
3. 向股东方发出的相关工作联系函，或相关会议纪要；
4. 正式的建设期保函及实施机构签收记录；
5. 过程管理记录；
6. 提取记录及其完整附件（或有）；
7. 项目公司内部会议纪要及完整的处理记录；
8. 提交的新的保函文件及实施机构签收记录；
9. 其他相关文件等。

六、补充说明

本项是政府方监管要点内容，可以关联《PPP 项目政府方监管要点》阅读，共涉及两项监管要点，分别如下：

1. 监管要点 58：确认乙方履约保函是否已经及时足额提交？且该提交的履约保函是否“见索即付”？若提取了保函，是否履行了正当的程序，且确认乙方是否及时予以补足？

2. 监管要点 67：确认项目公司是否按合同约定支付项目前期费用？若发生违约情形，是否按照合同约定提取履约保函？

第31节　确定PPP项目合规性状态及办理相关行政批准手续

核心条款

第三十一条　项目公司应及时确认PPP项目合规性状态，并安排专人办理相关合规性手续。

PPP项目合规性手续包括：项目的立项批复（审批、备案、核准），本级人民政府的正式书面批准，本级人大对政府支出责任的书面决议，政府对实施机构和出资代表的书面授权，规划选址意见书、建设用地规划许可证、建设工程规划许可证、不动产权证书（或有）、建筑工程施工许可证、质监安监手续，财政部PPP项目信息管理库公示（执行阶段）等。

办理时，应确认项目前期已办理合规性手续情况，并协调办理法人变更手续（划拨土地除外）。部分地方政府出台了建筑工程施工许可证的容缺办理政策，项目公司应向当地行政服务中心咨询，并依据政策办理。

若以上文件缺失，或存在办理障碍，项目公司应专项协调实施机构处理，必要时，可向本级人民政府书面报告。

条款解析

项目全面规范实施的前置条件包括三个方面：一是合规性手续；二是管理制度，一旦项目全面推动，应当通过制度进行管理，才能确保各项工作有条不紊，高效推进；三是缕清各方管理关系，让项目公司管理团队有清晰、正确的抓手和重点。

首先，合规性必须满足。PPP的合规性手续实质上分为三个方面：一是国企、央企内部根据国资委规定必须获得集团公司的批复；二是 PPP 的合规性手续；三是建设工程的合规性手续。项目公司应当将上述手续全部办理获得，方可成就规范的 PPP 项目，才能为 10～30 年的健康推进打好基础。

其中，社会资本集团内部的审批不是重点，该审批一般情况下都是具备的；但这是国资委检查的重点，因为没有获得集团批准，正常企业无法确定投资。PPP 项目的合规性手续，包括物有所值分析、财政承受能力论证、实施方案的批准、政府批准、人大决议，以及财政部的项目管理库信息公示，实务中，部分政府方不提供人大决议，这就存在合规性不足的问题，也无法保证未来政府付费进入财政预算，甚至可能导致违规隐性债务的问题，应当重视。对于财政部项目管理库的信息公示，录入一般不会有问题，这是财政部《关于推进政府和社会资本合作规范发展的实施意见》（财金〔2019〕10 号）的刚性要求，没有录入管理库的项目就不是合规的 PPP 项目，问题在于公示信息的及时性和准确性。要求项目公司必须重视，应按照财政部《关于修订发布〈政府和社会资本合作（PPP）综合信息平台信息公开管理办法〉的通知》（财金〔2021〕110 号）的规定及时更新和完善。

建设工程的合规性手续也必须取得。实务中对办理建筑工程施工许可证有影响的一般包括规划条件未确定、土地指标未获取、征地拆迁未完成等，项目公司应当根据具体的情形，及时地有针对性地处理，避免贸然全面开工，导致违法违规的事实发生。当然，工作策划时，应当首要考虑如何和实施机构一起协同解决，推动项目健康发展。

最高人民法院《关于审理建设工程施工合同纠纷案件适用法律问题的解释（一）》（法释〔2020〕25 号）第 3 条规定，“当事人以发包人未取得建设工程规划许可证等规划审批手续为由，请求确认建设工程施工合同工无效的，人民法院应予支持，但发包人在起诉前取得建设工程规划许可证等规划审批手续的除外。发包人能够办理审批手续而未办理，并以未办理审批手续为由请求确认建设工程施工合同无效的，人民法院不予支持”。特殊情况下，不及时办理相关合规性手续，可能会成为确认合同无效的条件，项目公司应当警惕，并及时排除相关风险。

实施办法

一、管理依据

（一）法律法规、政策依据

国家发改委《关于切实做好传统基础设施领域政府和社会资本合作有关工作的通知》（发改投资〔2016〕1744 号）第 4 条规定，“加强项目可行性研究，依法依规履行投资管理程序。对拟采用 PPP 模式的项目，要将项目是否适用 PPP 模式的论证纳入项目可行性研究论证和决策。充分考虑项目的战略价值、经济价值、商务模式、可融资性以及管理能力，科学分析项目采用 PPP 模式的必要性和可行性，不断优化工程建设规模、建设内容、建设标准、技术方案及工程投资等”，进一步强化了 PPP 项目前期合规程序、合规手续的论证和办理要求。

国家发改委还于 2016 年 10 月 24 日发布了《关于印发〈传统基础设施领域实施政府和社会资本合作项目工作导则〉的通知》（发改投资〔2016〕2231 号），其附件《传统基础设施领域实施政府和社会资本合作项目工作导则》第 10 条规定，“政府投资项目的可行性研究报告应由具有相应项目审批职能的投资主管部门等审批。可行性研究报告审批后，实施机构根据经批准的可行性研究报告有关要求，完善并确定 PPP 项目实施方案。重大基础设施政府投资项目，应重视项目初步设计方案的深化研究，细化工程技术方案和投资概算等内容，作为确定 PPP 项目实施方案的重要依据。实行核准制或备案制的企业投资项目，应根据《政府核准的投资项目目录》及相关规定，由相应的核准或备案机关履行核准、备案手续。项目核准或备案后，实施机构依据相关要求完善和确定 PPP 项目实施方案。纳入 PPP 项目库的投资项目，应在批复可行性研究报告或核准项目申请报告时，明确规定可以根据社会资本方选择结果依法变更项目法人”。

财政部办公厅《关于规范政府和社会资本合作（PPP）综合信息平台项

目库管理的通知》(财办金〔2017〕92 号) 第 2 条规定，要严格新项目入库标准，“存在下列情形之一的项目，不得入库：……(二) 前期准备工作不到位。包括新建、改扩建项目未按规定履行相关立项审批手续的；涉及国有资产权益转移的存量项目未按规定履行相关国有资产审批、评估手续的；未通过物有所值评价和财政承受能力论证的……”

国务院国有资产监督管理委员会《关于加强中央企业 PPP 业务风险管控的通知》(国资发财管〔2017〕192 号) 第 1 条规定，“……加强集团管控。明确集团对 PPP 业务管控的主体责任和各级子企业的具体管理责任，由集团总部 (含整体上市的上市公司总部) 负责统一审批 PPP 业务……”

2018 年 4 月 24 日财政部在《关于进一步加强政府和社会资本合作 (PPP) 示范项目规范管理的通知》(财金〔2018〕54 号) 第 2 条中进一步要求，“夯实项目前期工作。按国家有关规定认真履行规划立项、土地管理、国有资产审批等前期工作程序，规范开展物有所值评价和财政承受能力论证。不得突破 10% 红线新上项目，不得出现‘先上车、后补票’、专家意见缺失或造假、测算依据不统一、数据口径不一致、仅测算单个项目支出责任等现象”。

财政部《关于推进政府和社会资本合作规范发展的实施意见》(财金〔2019〕10 号) 规定，规范的 PPP 项目应当“按规定纳入全国 PPP 综合信息平台项目库，及时充分披露项目信息，主动接受社会监督”，不得出现“未按规定及时充分披露项目信息或披露虚假项目信息，严重影响行使公众知情权和社会监督权的”情形，否则，“应在限期内进行整改。无法整改或逾期整改不到位的，已入库项目应当予以清退，涉及增加地方政府隐性债务的，依法依规提请有关部门予以问责和妥善处置”。

2019 年 6 月 21 日发布的国家发改委《关于依法依规加强 PPP 项目投资和建设管理的通知》(发改投资规〔2019〕1098 号) 第 1 条第 1 项和第 3 项分别要求，“PPP 项目涉及公共资源配置和公众利益保障，其建设的必要性、可行性等重大事项应由政府研究认可。按照国务院关于‘加强 PPP 项目可行性论证，合理确定项目主要内容和投资规模’的要求，所有拟采用 PPP 模式的项目，均要开展可行性论证。通过可行性论证审查的项目，方可采用 PPP 模式建设实施”，“实行审批制管理的 PPP 项目，在可行性研究报告审批通过后，方可开展 PPP 实施方案审查、社会资本遴选等后续工作。实行核准制的 PPP 项目，应在核准的同时或单独开展可行性论证和审查。实行备案制的 PPP 项目，应单独开展可行性论证和审查”。

国务院于 2019 年 4 月 14 日发布的《政府投资条例》（国务院令第 712 号）第 9 条规定，“政府采取直接投资方式、资本金注入方式投资的项目（以下统称政府投资项目），项目单位应当编制项目建议书、可行性研究报告、初步设计，按照政府投资管理权限和规定的程序，报投资主管部门或者其他有关部门审批。项目单位应当加强政府投资项目的前期工作，保证前期工作的深度达到规定的要求，并对项目建议书、可行性研究报告、初步设计以及依法应当附具的其他文件的真实性负责”。

1. 关于法人变更手续

国家发改委《关于印发〈传统基础设施领域实施政府和社会资本合作项目工作导则〉的通知》（发改投资〔2016〕2231 号）的附件《传统基础设施领域实施政府和社会资本合作项目工作导则》第 10 条和第 17 条就明确规定，“纳入 PPP 项目库的投资项目，应在批复可行性研究报告或核准项目申请报告时，明确规定可以根据社会资本方选择结果依法变更项目法人”，“PPP 项目法人选择确定后，如与审批、核准、备案时的项目法人不一致，应按照有关规定依法办理项目法人变更手续”。

随后，国家发改委办公厅和交通运输部办公厅共同发布的《关于进一步做好收费公路政府和社会资本合作项目前期工作的通知》（发改办基础〔2016〕2851 号）第 2 条再次强调，“项目法人选择确定后，如与审批、核准时的项目法人不一致，应按照有关规定办理项目法人变更手续”。

2. 关于建设工程合规性手续

《建筑法》第 7 条和第 8 条分别规定，“建筑工程开工前，建设单位应当按照国家有关规定向工程所在地县级以上人民政府建设行政主管部门申请领取施工许可证……”，“申请领取施工许可证，应当具备下列条件：（一）已经办理该建筑工程用地批准手续；（二）依法应当办理建设工程规划许可证的，已经取得建设工程规划许可证；（三）需要拆迁的，其拆迁进度符合施工要求；（四）已经确定建筑施工企业；（五）有满足施工需要的资金安排、施工图纸及技术资料；（六）有保证工程质量和安全的具体措施。建设行政主管部门应当自收到申请之日起七日内，对符合条件的申请颁发施工许可证”。第 64 条则规定：“违反本法规定，未取得施工许可证或者开工报告未经批准擅自施工的，责令改正，对不符合开工条件的责令停止施工，可以处以罚款。”

《政府投资条例》（国务院令第 712 号）第 20 条规定，“政府投资项目开工建设，应当符合本条例和有关法律、行政法规规定的建设条件；不符合规定的建设条件的，不得开工建设。国务院规定应当审批开工报告的重大政府投资项目，按照规定办理开工报告审批手续后方可开工建设”。第 34 条规定，项目单位有“未经批准或者不符合规定的建设条件开工建设政府投资项目”情形的，“责令改正，根据具体情况，暂停、停止拨付资金或者收回已拨付的资金，暂停或者停止建设活动，对负有责任的领导人员和直接责任人员依法给予处分”。

因此，必须获得行政批准后，项目方可合规实施。

根据《建筑工程施工许可管理办法》第 6 条的规定，“建设单位申请领取施工许可证的工程名称、地点、规模，应当符合依法签订的施工承包合同”，施工许可证的办理主体就是项目公司。办理施工许可证之前还应获得建设用地规划许可证、土地许可证、建设工程规划许可证，完成之后才能进一步办理施工许可证，这就是通常所说的“四证”。

具体办理流程，按照国家发改委、工业和信息化部、国家安全部等《关于印发全国投资项目在线审批监管平台投资审批管理事项统一名称和申请材料清单的通知》（发改投资〔2019〕268 号）执行。

该通知附件部分列出了《全国投资项目在线审批监管平台投资审批管理事项统一名称清单（2018 年版）》《全国投资项目在线审批监管平台投资审批管理事项申请材料清单（2018 年版）》，该通知第 2 条和第 4 条中还规定，“为防止审批工作中的自由裁量权，各级审批部门不得要求项目单位提供本通知之外的申请材料”，以及“为切实减轻项目单位负担，项目单位在线提交的申请材料和部门的批准文件，作为后续审批事项申请材料的，应通过在线平台共享获得，不得要求项目单位重复提交”。该通知的附件 2 中明确，部分申请材料清单仍需由实施机构配合提供，因此，实施机构应予自我检查并配合项目公司落实到位。重点行政许可的办理清单详见表 2－5。

表 2－5　重点行政许可的办理清单

审批事项名称	材料序号	申请材料清单	提供单位	适用情形
建设用地（含临时用地）规划许可证核发	1	项目可研审批、核准或备案文件	项目审批部门	
	2	建设用地规划许可申请表	项目单位	
	3	国有土地使用权出让合同	项目单位	涉及出让用地的建设项目
	4	国有土地适用批准文件或书面意见	地方自然资源主管部门	涉及划拨用地的建设项目
建设工程规划类许可证核发	1	建设工程规划许可证申请报告和申请表	项目单位	
	2	土地权属证明文件（国有土地使用权证、用地批准书或不动产权证书）	自然资源主管部门	
	3	项目可研审批、核准或备案文件	项目审批部门	

续表

审批事项名称	材料序号	申请材料清单	提供单位	适用情形
建设工程规划类许可证核发	4	建设工程设计方案	项目单位	
	5	历史文化街区、名镇、名村核心保护范围内拆除历史建筑以外的建筑物、构筑物或其他设施的申请	项目单位	涉及历史文化街区、名镇、名村核心保护范围内拆除历史建筑以外的建筑物、构筑物或其他设施的
	6	历史建筑实施原址保护申请	项目单位	涉及历史建筑实施原址保护的
	7	历史建筑外部修缮装饰、添加设施以及改变历史建筑的结构或使用性质的申请	项目单位	涉及历史建筑外部修缮装饰、添加设施以及改变历史建筑的结构或使用性质的
建筑工程施工许可证核发	1	建筑工程施工许可证申请表	项目单位	
	2	建筑工程用地批准手续（国有土地使用证、国有土地使用权出让批准书、建设用地批准书或建设用地规划许可证等）	自然资源主管部门	
	3	建设工程规划许可证	主管部门	
	4	中标通知书（按照规定可直接发包的工程应直接发包备案表）	项目单位	

续表

审批事项名称	材料序号	申请材料清单	提供单位	适用情形
建筑工程施工许可证核发	5	施工合同	项目单位	
	6	施工图设计文件审查合格书	施工图审查机构	
	7	建筑工程质量监督登记表	项目单位	
	8	建筑工程安全监督登记表	项目单位	
	9	建设资金已经落实承诺书	项目单位或相关部门	
公路建设项目施工许可	1	施工图设计文件批复	交通运输主管部门	
	2	建设资金落实情况的审计意见	交通运输主管部门	
	3	征地的批复或控制性用地的批复	自然资源主管部门	
	4	建设项目各合同段的施工单位和监理单位名称、合同价情况	项目单位	
	5	应当报备的资格预审报告、招标文件和评标情况	项目单位	
	6	已办理的质量监督手续材料	项目单位	
	7	保证工程质量和安全措施的材料	项目单位	

国家自然资源部发布的《关于以“多规合一”为基础推进规划用地“多审合一、多证合一”改革的通知》（自然资规〔2019〕2号）中规定，将建设项目选址意见书、建设项目用地预审意见合并，自然资源主管部门统一核发建设项目用地预审与选址意见书，不再单独核发建设项目选址意见书、建设项目用地预审意见。将建设用地规划许可证、建设用地批准书合并，自然资源主管部门统一核发新的建设用地规划许可证，不再单独核发建设用地批准书。以划拨方式取得国有土地使用权的，建设单位向所在地的市、县自然资源主管部门提出建设用地规划许可申请，经有建设用地批准权的人民政府批准后，市、县自然资源主管部门向建设单位同步核发建设用地规划许可证、国有土地划拨决定书。

（二）PPP项目合同常规约定

以天津市某高速公路PPP项目为例，其《PPP项目合同》第3.1条规定，“为确保本协议和其他协议的实施，而应由甲方取得的审批文件和授权，甲方应积极申请取得”。

第17条约定，“本项目前期工作的内容及要求应遵守高速公路建设管理规定，包括规划选址、用地预审、环境影响性评价、可行性研究报告核准、征地拆迁、工程勘察设计、及其他工程建设程序所需的前期工作”。

第18.2条约定，“乙方按照规定办理后续工程建设程序”，“项目由政府方出资代表首先开展前期工作，待乙方成立后进行项目法人变更”。

第22条约定，“甲方为本项目提供以下服务：（1）及时获得并保持只能由甲方得到的对工程建设所要求的批准；（2）尽其所有合理的努力协助乙方获得相关批准”。

（三）管理制度

一般对应《报批、报建管理制度》等，具体内容略。

（四）经验教训

1. 合规性手续是项目安全、顺利推进的根本前提条件，项目公司必须专项落实、专项处理。

2. 项目公司应积极协调实施机构办理项目前期的法人转移，实施机构应予配合，但若是划拨用地的，划拨用地无法办理至项目公司名下。

二、工作实施方案

1. 项目公司应及时确认 PPP 项目合规性状态，并安排专人办理相关合规性手续。

2. 一般由工程技术部负责，应安排专人办理。

3. PPP 项目合规性手续包括 PPP 特有的合规性要求，以及工程合规性要求。

4. 办理时，应落实法人变更手续，之后项目公司方可顺利推进。

5. 办理施工许可证时，如果前期工作不完善，可以争取容缺办理。

6. 合规性手续办理受阻时，项目公司应专项报告至政府，全力推动，不得无所作为。

7. 项目公司应将合规性手续的办理情况，在项目公司经营管理月报中专章体现，直至所有手续均已获取。

8. 及时更新、完善财政部 PPP 项目管理库信息公示。

三、管理表单

略。

四、实务风险解析与建议

实务问题 1：多个 PPP 项目存在地方政府拒绝提供人大决议的情形，导致项目公司无法顺利融资，应如何应对？

解析与建议：

详细内容请关联《PPP 项目执行阶段操作指南：100 个实务问题深度解析（第二册）》问题 29 进行阅读。

实务问题 2：土地许可还没有办理完成，但政府督促进场实施后，国土部门对项目公司作出行政处罚，应如何处理？

解析与建议：

详细内容请关联《PPP 项目执行阶段操作指南：100 个实务问题深度解析（第二册）》问题 33 进行阅读。

实务问题3：实施机构不配合项目公司进行法人主体变更，应如何协调和解决？

解析与建议：

详细内容请关联《PPP项目执行阶段操作指南：100个实务问题深度解析（第二册）》问题34进行阅读。

其他相关实务风险问题，还可以关联《PPP项目执行阶段操作指南：100个实务问题深度解析》问题3、问题10、问题11、问题15、问题22、问题23、问题30、问题38、问题66进行阅读。

五、管理成果要求（基础档案）

1. 可行性研究报告及国家发改委立项批复；

2. 两评一案及政府批文；

3. 人大决议文件；

4. 政府对实施机构、政府方出资代表的书面授权委托书；

5. 实施机构、政府方出资代表对实际管理人员的书面授权委托书；

6. 实施机构对实际管理人的书面授权委托书，如××指挥部、××管理办公室；

7. 规划选址意见书、建设用地规划许可证、建设工程规划许可证、建筑工程施工许可证、不动产权证书；

8. 质监、安监手续；

9. 财政部PPP项目管理库公示信息；

10. 相关报告、会议纪要；

11. 其他相关文件等。

六、补充说明

本项是政府方监管要点内容，可以关联《PPP项目政府方监管要点》阅读，共涉及十项监管要点，分别如下：

1. 监管要点1：项目前期规划、土地预审、环境评价等前期工作是否按规定完成？

2. 监管要点 2：是否已经完成项目建议书或可行性研究报告，是否已经获得立项批复？

3. 监管要点 5：确认物有所值评价是否论证通过并获得批准？

4. 监管要点 6：确认财政承受能力论证是否通过并获得批准？

5. 监管要点 7：确认《PPP 项目实施方案》是否按照规定编制并获得政府的批准？

6. 监管要点 22：实施机构或政府方出资代表应及时办理法人变更手续，是否已及时完成？

7. 监管要点 23：确认项目公司是否已经获得建设用地规划许可证、建设工程规划许可证、土地许可证、施工许可证等项目建设所必需的合规性手续？

8. 监管要点 48：确认案例 PPP 项目施工期间所需行政审批手续是否及时批出，项目行政许可是否已经全部获得？

9. 监管要点 54：确认是否已经获得土地批准手续，乙方是否及时、完全支付相应的费用？并监管确认乙方是否按照协议约定的内容使用该土地。

10. 监管要点 63：确认项目公司是否已经按照规定履行，并获得了施工许可证及其他项目实施应必须具备的合法合规性手续？若涉及前期手续法人不一致的，确认是否已及时配合乙方办理法人转移手续？

第32节 确定人大决议获取

核心条款

第三十二条 人大决议是项目公司运营期回款的基本保障，也是政策规定的PPP项目合规性要求之一，项目公司应确定获得人大决议文件。若实施机构不予配合，应采取提供政策依据，专函处理，召开项目公司专项协调会议，请求召开政府部门联席会议、股东公司专项协调会议，发律师函，暂停项目等方式持续升级推进，直至获得相关文件。

条款解析

在PPP的合规性手续中，人大决议是社会资本方和/或项目公司未来回款的根本性保障，也是政策规定的必要条件，应当获得。如果不能获得，可能存在未来无法正常顺利回款的风险，因此属于最优先级事项，项目公司应当专项落实人大决议文件的获取工作。

实务中，部分地方政府出于各种考量，不愿意提供人大决议；其实，这有可能导致违规隐性债务产生。

既然采用PPP模式，那就应当按照PPP模式的政策规定执行。

实施办法

一、管理依据

（一）法律法规、政策依据

财政部《关于印发政府和社会资本合作模式操作指南（试行）的通知》

（财金〔2014〕113号）[①] 的附件《政府和社会资本合作模式操作指南（试行）》第25条规定，“项目合同中涉及的政府支付义务，财政部门应结合中长期财政规划统筹考虑，纳入同级政府预算，按照预算管理相关规定执行”，而按照预算管理的规定，需要获得人大决议通过后方可按计划支出。

财政部《关于印发〈政府和社会资本合作项目财政承受能力论证指引〉的通知》（财金〔2015〕21号）[②] 的附件《政府和社会资本合作项目财政承受能力论证指引》第28条规定，“‘通过论证’且经同级人民政府审核同意实施的PPP项目，各级财政部门应当将其列入PPP项目目录，并在编制中期财政规划时，将项目财政支出责任纳入预算统筹安排”。

财政部《关于印发〈政府和社会资本合作项目财政管理暂行办法〉的通知》（财金〔2016〕92号）则十分明确地强调了获得人大决议的必要性。该通知附件第18条、第19条规定，“行业主管部门应当根据预算管理要求，将PPP项目合同中约定的政府跨年度财政支出责任纳入中期财政规划，经财政部门审核汇总后，报本级人民政府审核，保障政府在项目全生命周期内的履约能力”，“本级人民政府同意纳入中期财政规划的PPP项目，由行业主管部门按照预算编制程序和要求，将合同中符合预算管理要求的下一年度财政资金收支纳入预算管理，报请财政部门审核后纳入预算草案，经本级政府同意后报本级人民代表大会审议”。该通知附件第36条进一步规定：“……财政部门信息公开内容包括本级PPP项目目录、本级人大批准的政府对PPP项目的财政预算、执行及决算情况等。”

财政部《关于印发〈政府和社会资本合作（PPP）综合信息平台信息公开管理暂行办法〉的通知》（财金〔2017〕1号）[③] 对以上信息公示进行了再次确认，该通知附件第8条规定，“项目执行阶段应当公开的PPP项目信息

---

① 本文件已失效。
② 本文件已失效。
③ 本文件已失效，现行文件为财政部《关于修订发布〈政府和社会资本合作（PPP）综合信息平台信息公开管理办法〉的通知》（财金〔2021〕110号）。

包括本级 PPP 项目目录、本级 PPP 项目示范试点库及项目变化情况、本级人大批准的政府对 PPP 项目的财政预算、执行及决算情况等”。

（二）PPP 项目合同常规约定

以云南省某农村人居环境整治 PPP 项目为例，其《PPP 项目投资协议》第 6 条约定：“本合同经 × × × 人民政府批准，已获得政府批文、人大决议，及实施机构和出资代表的书面授权文件，待乙方（中标社会资本）提交建设期履约保函，并由双方法定代表人或其正式授权的代理人签署、加盖公章后完全生效。”

（三）管理制度

一般对应《报建管理制度》等，具体内容略。

（四）经验教训

1. 人大决议是政策规定的、明确的合规性手续之一，项目公司可以合理地、正当地要求获得。

2. 人大决议也是金融机构批复贷款的必要文件之一。

3. 人大决议还是项目公司未来回款的根本性保障条件，因此，要求必须获得。

二、工作实施方案

实施方案参见本章第 31 节，具体如下：

1. 项目公司应及时确认 PPP 项目合规性状态，并安排专人办理相关合规性手续。

2. 一般由工程技术部负责，应安排专人办理。

3. PPP 项目合规性手续包括 PPP 特有的合规性要求（人大决议文件属于其中之一），以及工程合规性要求。

4. 办理时，首先应落实法人变更手续，之后项目公司方可顺利推进。

5. 办理施工许可证时，如果前期工作不完善，可以争取容缺办理。

6. 合规性手续办理受阻时，项目公司应专项报告至政府，全力推动。

7. 项目公司应将合规性手续的办理情况，在项目公司经营管理月报中专章体现，直至所有手续均已获取。

8. 及时更新、完善财政部 PPP 项目管理库信息公示。

三、管理表单

略。

四、实务风险解析与建议

实务问题：多个 PPP 项目存在地方政府拒绝提供人大决议的情形，导致项目公司无法顺利融资，应如何应对?

解析与建议：

详细内容请关联《PPP 项目执行阶段操作指南：100 个实务问题深度解析（第二册)》问题 29 进行阅读。

五、管理成果要求（基础档案）

1. 人大决议文件；
2. 工作联系函、相关会议纪要、律师函；
3. 其他相关文件等。

六、补充说明

本项是政府方监管要点内容，可以关联《PPP 项目政府方监管要点》阅读，共涉及一项监管要点如下：

监管要点 8：确认政府方支出责任是否已经获得了财政确认，并获得了人大决议?

第 33 节　确定项目入库状态

核心条款

第三十三条　项目公司应同时确定项目入库状态，是否已在财政部 PPP 项目管理库（执行阶段），且信息公示正常。项目公司还应确认公示信息是否与项目实际情况一致，若不一致，应及时向实施机构汇报，协调更新。

条款解析

如本章第 31 节所述，PPP 项目入库一般不会有障碍，但是所公示的信息一般会存在公示不全，公示信息不准确、不及时等情形；且从调研的项目样本来看，该情形属于大概率事件。

按照政策规定，如果不能及时更新信息，不能确保公示信息的真实性、完整性、准确性和及时性，则应当“限期整改”；“无正当理由拒不改正的，财政部门可将该项目从项目库中清退。被清退的项目自清退之日起 1 年内不得重新纳入 PPP 综合信息平台”。

信息公示的工作并不复杂，只要定期、及时按照财政部《关于修订发布〈政府和社会资本合作（PPP）综合信息平台信息公开管理办法〉的通知》（财金〔2021〕110 号）执行即可，项目公司应当安排专人负责、落实。

实施方案

一、管理依据

（一）法律法规、政策依据

财政部《关于推进政府和社会资本合作规范发展的实施意见》（财金

〔2019〕10号）第2条规定，规范的PPP项目应当“按规定纳入全国PPP综合信息平台项目库，及时充分披露项目信息，主动接受社会监督”，第3条规定，“各级财政部门要将规范运作放在首位，严格按照要求实施规范的PPP项目，不得出现……（五）未按规定及时充分披露项目信息或披露虚假项目信息，严重影响行使公众知情权和社会监督权的”情形，否则，“应在限期内进行整改。无法整改或逾期整改不到位的，已入库项目应当予以清退，涉及增加地方政府隐性债务的，依法依规提请有关部门予以问责和妥善处置”。同时，该意见第4条第5项还强调“加强信息披露。依托全国PPP综合信息平台，对PPP项目信息进行全流程公开披露、汇总统计和分析监测，完善项目库‘能进能出’的动态调整机制，不以入库为项目合规‘背书’，不以入库作为商业银行贷款条件”。

除了财政部的PPP项目库，国家发改委对于项目库也有规定和要求。《关于切实做好传统基础设施领域政府和社会资本合作有关工作的通知》（发改投资〔2016〕1744号）第2条规定：“……要在投资项目在线审批监管平台及重大建设项目库基础上，建立基础设施PPP项目库，切实做好项目储备、动态管理、实施监测等各项工作。”

国家发改委《关于印发〈传统基础设施领域实施政府和社会资本合作项目工作导则〉的通知》（发改投资〔2016〕2231号）的附件《传统基础设施领域实施政府和社会资本合作项目工作导则》第6条规定，“各级发展改革部门要会同有关行业主管部门，在投资项目在线审批监管平台（重大建设项目库）基础上，建立各地区各行业传统基础设施PPP项目库，并统一纳入国家发展改革委传统基础设施PPP项目库，建立贯通各地区各部门的传统基础设施PPP项目信息平台。入库情况将作为安排政府投资、确定与调整价格、发行企业债券及享受政府和社会资本合作专项政策的重要依据”。

财政部办公厅《关于规范政府和社会资本合作（PPP）综合信息平台项目库管理的通知》（财办金〔2017〕92号）第3条规定，“未按规定进行信息公开。包括违反国家有关法律法规，所公开信息与党的路线方针政策不一致或涉及国家秘密、商业秘密、个人隐私和知识产权，可能危及国家安全、公共安全、经济安全和社会稳定或损害公民、法人或其他组织合法权益的；未准确完整填写项目信息，入库之日起一年内未更新任何信息，或未及时充分披露项目实施方案、物有所值评价、财政承受能力论证、政府采购等关键信息的”，“应予以清退”。

具体项目入库和信息公示的内容，严格按照财政部《关于修订发布〈政府和社会资本合作（PPP）综合信息平台信息公开管理办法〉的通知》（财金〔2021〕110号）执行。

财政部于2015年12月18日发布的《关于规范政府和社会资本合作（PPP）综合信息平台运行的通知》（财金〔2015〕166号）附件《政府和社会资本合作（PPP）综合信息平台运行规程》第7条规定，“项目库是PPP综合信息平台的核心组成部分，包含储备库、执行库和示范库三个子库。由各级财政部门会同相关部门评估、筛选的PPP项目，基本信息均应录入PPP综合信息平台。经省级财政部门审核满足上报要求的，列为储备项目。编制项目实施方案，通过物有所值评价、财政承受能力论证，并经本级政府审核同意的，列为执行项目。通过中央或省级财政部门评审并列为中央或省级示范项目的，列为示范项目……所有PPP项目必须列入项目库。省、市、县级财政部门应与相关部门密切沟通，保证符合条件的项目及时、准确、规范、完整列入项目库”。附件第19条强制规定，“未纳入PPP综合信息平台项目库的项目，不得列入各地PPP项目目录，原则上不得通过预算安排支出责任”，因此，入库就是强制性行为，不得出现游离于项目库之外的PPP项目。

对于入库的要求，财政部办公厅《关于规范政府和社会资本合作（PPP）综合信息平台项目库管理的通知》（财办金〔2017〕92号）第1条明确，“各级财政部门应按项目所处阶段将项目库分为项目储备清单和项目管理库，将处于识别阶段的项目，纳入项目储备清单，重点进行项目孵化和推介；将处于准备、采购、执行、移交阶段的项目，纳入项目管理库，按照PPP相关法律法规和制度要求，实施全生命周期管理，确保规范运作……各级财政部门应严格项目管理库入库标准和管理要求，建立健全专人负责、持续跟踪、动态调整的常态化管理机制，及时将条件不符合、操作不规范、信息不完善的项目清理出库，不断提高项目管理库信息质量和管理水平”。

另外，国资委对于国企投资PPP项目也作出了明确要求。国资委《关于加强中央企业PPP业务风险管控的通知》（国资发财管〔2017〕192号）第2条规定，“在通过财政承受能力论证的项目中，优先选择发展改革、财政等部门入库项目，不得参与付费来源缺乏保障的项目”。这一条在国资委2018年9月开始的对39家央企的专项检查中就得到了明确的体现，根据国资委财务监管局《关于开展中央企业PPP业务专项检查的通知》（财管函〔2018〕104号）附件3《专项检查所需资料清单》第2条要求，被检查国企必须按照PPP项目逐份提交该项目的“国家发改委和财政部的立项批复及入库证明”。

2019年6月21日，国家发改委发布了《关于依法依规加强PPP项目投资和建设管理的通知》（发改投资规〔2019〕1098号），对拟实施PPP的项目入库管理作出了进一步的要求。该通知第5条规定，“严格执行《政府投资条例》、《企业投资项目核准和备案管理条例》，除涉密项目外，所有PPP项目须使用全国投资项目在线审批监管平台（以下简称‘在线平台’）生成的项目代码分别办理各项审批手续。不得以其他任何形式规避、替代PPP项目纳入在线平台统一管理”。

要说明的是，财政部政府和社会资本合作中心PPP项目管理库，与国家发改委“在投资项目在线审批监管平台及重大建设项目库基础上的基础设施PPP项目库”，属于两个口径，两个系统。

（二）PPP项目合同常规约定

以云南省某农村人居环境整治PPP项目为例，其《PPP项目投资协议》附件《建设期绩效考核指标》明确，“评价项目公司或社会资本履行信息公开义务的及时性与准确性”，“①履行信息公开义务，得2分；②信息公开及时、准确，得2分。上述评价内容每符合一项得到该项对应分值”。

（三）管理制度

一般对应《报建管理制度》等，具体内容略。

（四）经验教训

1. 政策规定，PPP 项目必须入财政部 PPP 项目管理库，是必要条件，否则不属于合规项目，因此 PPP 项目必须入财政部 PPP 项目管理库属于 PPP 项目的合规性要件之一，必须落实。地方的 PPP 项目管理库并无效力。

2. PPP 项目入库是金融机构融资的必要条件之一。

3. 审计时，一般会将财政部 PPP 项目管理库中的项目信息，与被审计人提供的项目材料进行比对审查，因此，相关信息应当及时更新。

二、工作实施方案

1. 指定负责人对财政部 PPP 项目管理库中项目当前阶段和公示信息进行查询。

2. 查询信息准确且阶段无误的，纳入正常管理，动态更新即可。

3. 信息不准确、阶段不精准的，应当及时按照财政部《关于修订发布〈政府和社会资本合作（PPP）综合信息平台信息公开管理办法〉的通知》（财金〔2021〕110 号）的规定，向实施机构或财政主管部门提出信息更新工作联系函，明确公示更新内容，请求调整。

4. 跟踪监督，直至调整完毕，相关内容纳入当月《项目公司经营管理月报》。

5. 持续按照政策规定要求，定期更新，确保项目在库且信息公示准确。

三、管理表单

略。

四、实务风险解析与建议

实务问题：PPP 项目入库对融资的影响有多大？是不是不入库就无法融资？现在某项目已经实施了，但是还未能顺利入库，是否存在风险？

解析与建议：

详细内容请关联《PPP 项目执行阶段操作指南：100 个实务问题深度解

析》问题 37 进行阅读。

五、管理成果要求（基础档案）

1. 财政部 PPP 项目管理库信息公示页面；
2. 相关工作联系函及其附件；
3. 相关会议纪要（若有）；
4. 其他相关文件等。

六、补充说明

本项是政府方监管要点内容，可以关联《PPP 项目政府方监管要点》阅读，共涉及一项监管要点如下：

监管要点 15：确认项目是否入库？若没有入库，是否排查原因并在原因消除后予以入库？

第34节　获得实施机构（或实际管理单位）、出资代表及其管理代表的书面授权文件

核心条款

第三十四条　项目公司应及时获得政府对实施机构、出资代表的正式书面授权文件。

当实际管理人非签约实施机构时，项目公司应要求实施机构出具对实际管理人的书面授权，明确授权管理范围、授权管理时限等内容，作为实际管理人的管理依据。

项目公司还应获得实施机构（或授权实际管理人）、出资代表对派出管理代表的授权书，明确该管理人员的职务与权限，避免人员调整变化导致的管理失效。

当实施机构（或授权实际管理人）、出资代表，及相关授权管理人员发生变化时，项目公司应要求更新授权委托书，并明确相应时点。

条款解析

关于合规性问题，实务中还经常存在实施机构、政府出资代表的管理人员频繁调整的情形，为确保这些管理人员在履职过程中的签字最终有效，最好签订一份授权委托书进行确认。

还有一种情形，实施机构不亲自参与管理，而是直接委托出资代表代为管理，或者委托政府成立的指挥部、管理办公室、重点办等临时机构代为管理。这种情形下，根据合同相对性，被委托的出资代表、指挥部、管理办公室或重点办等，实质上并没有管理权限，其作出的各项指令、要求或通知

等，除非实施机构加盖公章追加确认，否则可能属于无效行为。因此，项目公司应当要求获得相应的授权委托书，否则未来结算审计时可能会受到负面影响。

实施办法

一、管理依据

（一）法律法规、政策依据

2014 年 12 月 2 日发布的国家发改委《关于开展政府和社会资本合作的指导意见》（发改投资〔2014〕2724 号）第 4 条规定，“按照地方政府的相关要求，明确相应的行业管理部门、事业单位、行业运营公司或其他相关机构，作为政府授权的项目实施机构，在授权范围内负责 PPP 项目的前期评估论证、实施方案编制、合作伙伴选择、项目合同签订、项目组织实施以及合作期满移交等工作”。

2016 年 10 月 24 日发布的国家发改委《关于印发〈传统基础设施领域实施政府和社会资本合作项目工作导则〉的通知》（发改投资〔2016〕2231 号）附件《传统基础设施领域实施政府和社会资本合作项目工作导则》第 8 条也规定，“对于列入年度实施计划的 PPP 项目，应根据项目性质和行业特点，由当地政府行业主管部门或其委托的相关单位作为 PPP 项目实施机构，负责项目准备及实施等工作。鼓励地方政府采用资本金注入方式投资传统基础设施 PPP 项目，并明确政府出资人代表，参与项目准备及实施工作”。

另外，书面授权文件也是 PPP 项目信息公开的内容之一。财政部于 2017 年 1 月 23 日发布的《关于印发〈政府和社会资本合作（PPP）综合信息平台信息公开管理暂行办法〉的通知》（财金〔2017〕1 号）[①] 附件《政府和社会资本合作（PPP）综合信息平台信息公开管理暂行办法》第 6 条规定，项目

① 本文件已失效，现行文件为《关于修订发布〈政府和社会资本合作（PPP）综合信息平台信息公开管理办法〉的通知》（财金〔2021〕110 号）。

准备阶段应当公开的 PPP 项目信息包括“政府方授权文件，包括对实施机构、PPP 项目合同的政府方签约主体、政府方出资代表（如有）等的授权”，第 7 条规定，“项目采购阶段的信息公开应遵照政府采购等相关规定执行，应当公开的 PPP 项目信息包括……项目采购阶段更新、调整的政府方授权文件（如有），包括对实施机构、PPP 项目合同的政府方签约主体、政府方出资代表（如有）等的授权”。

2019 年 3 月 7 日，财政部发布了《关于推进政府和社会资本合作规范发展的实施意见》（财金〔2019〕10 号），该意见第 2 条认为规范的 PPP 项目的“政府方签约主体应为县级及县级以上人民政府或其授权的机关或事业单位”。不得出现“本级政府所属的各类融资平台公司、融资平台公司参股并能对其经营活动构成实质性影响的国有企业作为社会资本参与本级 PPP 项目的”行为，否则，“应在限期内进行整改。无法整改或逾期整改不到位的，已入库项目应当予以清退，涉及增加地方政府隐性债务的，依法依规提请有关部门予以问责和妥善处置”。财政部《关于修订发布〈政府和社会资本合作（PPP）综合信息平台信息公开管理办法〉的通知》（财金〔2021〕110 号）第 9 条规定：“管理库项目采购阶段应当公平的信息主要包括：……（三）合同签署信息，包括 PPP 项目合同审核批准情况、政府方授权文件调整更新情况、已签署的 PPP 项目合同等……”在满足以上条件的情况下，实施机构应主动、积极地向政府要求获得正式书面授权文件，然后按照规定公示即可。

实务中，实施机构有可能被撤销、合并，其也有可能委托其他单位作为新的实施机构，但只要发生变化，就应重新获得新的正式书面授权文件。

实际执行中，授权实施机构再委托实际管理机构，根据《民法典》第 162 条的规定，“代理人在代理权限内，以被代理人名义实施民事法律行为，对被代理人发生效力”，第 163 条第 1 款规定，“代理包括委托代理和法定代理”。因此，实施机构应向项目公司提供书面授权委托书，以示确认被委托人的正式管理身份。

（二）PPP 项目合同常规约定

以天津市某高速公路 PPP 项目为例，其《PPP 项目合同》第 3.1 条第 1 点、第 2 点和第 6 点分别明确约定，“本项目已经获得 × ×市人民政府的审定和许可；甲方作为本项目实施机构，有权签署本协议，并有能力履行本协议项下的义务”，“授权 × ×高速公路集团有限公司作为政府方出资代表，和乙方（中标社会资本）共同成立项目公司”，“为确保本协议和其他协议的实施，应由甲方取得的审批文件和授权，甲方应积极申请取得”。

（三）管理制度

一般对应《报建管理制度》《法务管理制度》等，具体内容略。

（四）经验教训

1. 授权文件和签字有效性息息相关，签字有效性是商务文件合法、合规的基本条件，为了确保未来不被审计审减，应当获得适当的授权文件。

2. 完整的授权文件包括，实施机构对政府方实施机构和出资代表的授权，实施机构对实际管理单位或实际管理人的授权，出资代表对实际派驻人的授权；未来发生人员变动的，应当重新发出相关授权，以确保签字人员的授权有效性。

3. 政府方出资代表不能当然地代替实施机构行使相关权力，如果实际管理中，政府方出资代表代为履职，也必须获得实施机构对之的书面授权。

4. 本项工作极度重要，项目公司应当重视，专项落实。

二、工作实施方案

1. 指定负责人向实施机构、出资代表主动沟通，协调获得对其实际管理人员的书面授权委托书。

2. 必要时，可以通过月度例会或工作联系函的形式提出正式要求。

3. 相关内容，可以列入《项目公司经营管理月报》。

4. 直至获得相关书面授权委托书。

三、管理表单

略。

四、实务风险解析与建议

实务问题：实务中，原实施机构撤销，项目公司应履行什么手续？《PPP项目合同》需要签订《补充协议》重新确认吗？若 PPP 项目出现了原实施机构撤销或合并的情形，在该种情形下，项目公司需要做什么？和原来的实施机构签订的各种协议，还需要重新变更确认吗？

解析与建议：

发生该种情形时，政府方应重新发出授权文件，授权新的职能部门或事业单位作为本项目的实施机构。由于责任、权利和义务的相对转移，新获授权的实施机构应和项目公司重新签订《PPP 项目合同》或《补充协议》，该合同和原《PPP 项目合同》无内容变化，仅甲方名称和相关信息更新。

实践中，部分《PPP 项目合同》中对此有针对性的约定，项目公司应根据合同约定执行。若没有相应约定，则应督促获得政府方的正式授权文件，同时督促新实施机构重新签订《PPP 项目合同》或《补充协议》。

需要提醒的是，项目公司应在原实施机构撤出前，将此前发生的各项应予确认的文件、工程量、费用等，及时进行签字确认，做一个干净的交割；否则新的实施机构管理人员对此前的各项工作并不了解，再要获得书面批复将会非常困难。因此，项目公司应积极推动，及时获取各项签批。

另外，项目公司也可以借此机会就原《PPP 项目合同》中需要明确、修正、澄清或补充的条款，如重新设计"绩效考核办法与细则"，增加"政府方付费的程序与办法"等，与新实施机构进行谈判，获得一致意见后报本级人民政府批准，并签订新的《PPP 项目合同补充协议》。

解决建议如下：（1）妥善保存原实施机构书面授权文件；（2）要求获得新的实施机构书面授权文件；（3）和原实施机构就已发生的各项工作予以确认、签字、盖章，完整切割；（4）和新实施机构就《PPP 项目合同》中需要明确、修正、澄清或补充的条款进行充分交流沟通，争取获得一致意见；（5）和新实施机构共同完成《PPP 项目合同补充协议》文本，报本级人民政府批准；（6）政府批准后，和新实施机构签订《PPP 项目合同补充协议》，同时获取新实施机构的书面授权委托书。

其他相关实务风险问题，还可以关联《PPP 项目执行阶段操作指南：100 个实务问题深度解析（第二册）》问题 45、问题 74 进行阅读。

五、管理成果要求（基础档案）

1. 相关工作联系函；
2. 相关月度例会会议纪要；
3. 相关《项目公司经营管理月报》；
4. 书面授权委托书；
5. 其他相关文件等。

六、补充说明

本项是政府方监管要点内容，可以关联《PPP 项目政府方监管要点》阅读，共涉及四项监管要点，分别如下：

1. 监管要点 3：确认实施机构、政府方出资代表是否为适格的主体？是否已获得政府书面授权？

2. 监管要点 16：实际管理代表是否已经获得相应书面授权？

3. 监管要点 55：确认是否已经获得政府对 PPP 项目的批文和对实施机构的书面授权？

4. 监管要点 56：本项目案例中，请高速公路管理站确认是否已经获得某市交通运输委员会的书面授权？

第35节 管理制度的建立与颁布

核心条款

第三十五条 项目公司应根据项目特点，及时建立完整的管理制度，作为项目公司的管理依据。管理制度编制完成，应根据公司章程规定，通过“三会”程序正式发布后，方可生效执行。

项目公司管理制度是管理工作的基本依据，应严格遵照执行；项目公司原则上应每六个月自查一次，确定各项管理工作成果与制度匹配。

项目公司管理制度原则要求每年年底12月应更新、完善一次；建设期进入运营期，也应更新、完善，以匹配运营管理需求。

条款解析

在项目正式全面开始之前，还应当建章立制，以管理制度作为项目公司经营管理的行为规范。

管理制度的建立，是高效工作的基本依据，但是实务中，一些项目公司可能会直接将股东公司或其他单位的管理制度照搬，这种行为对管理帮助有限。项目公司应当按照项目基本情况、项目特性，以及设定的目标、管理团队的设置情况等，客观地设计编制。管理制度必须简单可用、行之有效，必须可以实际指导经营管理的行为。

按照《公司章程》的规定，管理制度必须经过“三会”批准后，方可生效执行，可能是通过董事会决议，也可能是通过股东会决议，按照章程执行即可。

管理制度不是一成不变的，随着项目的推进，项目实施内容的变化，项目公司经营管理需要调整，管理制度也应当及时修订、完善，并能够与管理需要高度匹配。因此，正常情况下，建议按年度更新，在建设期进入运营期阶段，也应当更新一次。

管理制度正式发布后，各项目公司管理成员应当严格遵照执行，并确保相应的管理成果与之匹配，这也是未来检查或审计的重点之一。

实施办法

一、管理依据

（一）法律法规、政策依据

《公司法》第46条规定，“董事会对股东会负责，行使下列职权：（一）召集股东会会议，并向股东会报告工作；（二）执行股东会的决议；（三）决定公司的经营计划和投资方案；（四）制订公司的年度财务预算方案、决算方案；（五）制订公司的利润分配方案和弥补亏损方案；（六）制订公司增加或者减少注册资本以及发行公司债券的方案；（七）制订公司合并、分立、解散或者变更公司形式的方案；（八）决定公司内部管理机构的设置；（九）决定聘任或者解聘公司经理及其报酬事项，并根据经理的提名决定聘任或者解聘公司副经理、财务负责人及其报酬事项；（十）制定公司的基本管理制度；（十一）公司章程规定的其他职权。”

国务院国资委《关于加强中央企业PPP业务风险管控的通知》（国资发财管〔2017〕192号）第1条要求，“建立健全PPP项目管理制度，从预算约束、事前可研决策、事中项目实施管理、事后投资评价等方面细化管控流程，构建权责明晰的管理机制，加强企业投资、财务、法务、审计等部门的协同配合，形成管控合力”。

国家发改委、原国家林业局《关于运用政府和社会资本合作模式推进林业建设的指导意见》（发改农经〔2016〕2455号）第3条规定：“……发展改革和林业部门要加强沟通协调，督促社会资本完善法人治理结构和管理制度，认真履行投资经营权利义务，并由项目实施机构根据PPP项目合同约定，定期对项目运营服务进行绩效评价，加强项目运行有效监管，及时发现存在的问题，制订应对措施，保证项目实施效果。”

《基本建设财务规则》第7条第1项规定，项目建设单位应当做好基本建设财务管理的基础工作，建立、健全本单位基本建设财务管理制度和内部控制制度。

财政部《关于印发〈基本建设项目竣工财务决算管理暂行办法〉的通知》（财建〔2016〕503号）附件《基本建设项目竣工财务决算管理暂行办法》第8条规定，竣工财务决算说明书包括“项目建设管理制度执行情况、政府采购情况、合同履行情况”，其第17条进一步规定，财政部门和项目主管部门审核批复项目竣工财务决算时，应当重点审查“项目建设是否履行基本建设程序，是否符合国家有关建设管理制度要求等”。

财政部办公厅《关于印发〈中央基本建设项目竣工财务决算审核批复操作规程〉的通知》（财办建〔2018〕2号）附件《中央基本建设项目竣工财务决算审核批复操作规程》第17条规定，项目基本建设程序执行及建设管理情况审核主要包括“项目建设管理情况。审核决算报告及评审或审计报告是否反映了建设管理情况：建设管理是否符合国家有关建设管理制度要求，是否建立和执行法人责任制、工程监理制、招投标制、合同制；是否制定相应的内控制度，内控制度是否健全、完善、有效；招投标执行情况和项目建设工期是否按批复要求有效控制”。

财政部办公厅《关于印发污水处理和垃圾处理领域PPP项目合同示范文本的通知》（财办金〔2020〕10号）附件6《垃圾处理政府和社会资本合作（PPP）项目合同》第11.2.3条明确：“乙方应当配备足够服务人员和服务设施，提供符合质量标准的维修维护和厂区物业管理服务（包括但不限于环境保洁、绿地养护、公共秩序维护和安全防护等），建立应急处理机制，规范的财务管理制度以及完善的档案管理等制度，实现垃圾处理厂的安全、稳定运营，确保提供可持续的垃圾处理服务。”

具体工作落实，《建设工程项目管理规范》第3.4条“项目管理制度”

的规定如下：

“3.4.1　组织应建立项目管理制度。项目管理制度应包括下列内容：1 规定工作内容、范围和工作程序、方式的规章制度；2 规定工作职责、职权和利益的界定及其关系的责任制度。

“3.4.2　组织应根据项目管理流程的特点，在满足合同和组织发展需求条件下，对项目管理制度进行总体策划。

“3.4.3　组织应根据项目管理范围确定项目管理制度，在项目管理各个过程规定相关管理要求并形成文件。

“3.4.4　组织应实施项目管理制度，建立相应的评估与改进机制。必要时，应变更项目管理制度并修改相关文件。”

（二）PPP 项目合同常规约定

以天津市某高速公路 PPP 项目为例，其《股东协议》第 8 章第 22 条规定，“项目公司设立董事会，依法行使以下职权：……（八）决定项目公示内部管理机构的设置；（九）决定聘任或者解聘公司经历及其报酬事项，并根据董事长或经理的提名决定聘任或者解聘公司高级管理人员及其报酬事项；（十）制定项目公司的基本管理制度（包括员工薪酬、福利、奖励制度，具体组织机构及对应人员职责、管理模式）”。

其《PPP 项目合同》第 7.3.9 条还规定，“乙方应按照国家有关规定建立健全质量和安全保证体系，落实质量和安全生产责任制，施工中应加强对承包人的监督和管理，运营维护期应加强对职工的教育和培训，确保项目的工程质量和财产、人员安全”。

（三）管理制度

一般对应《公司治理制度》等，具体内容略。

（四）经验教训

1. 项目公司是独立法人公司，应当有自身的经营管理制度，以此匹配经营管理目标的实现，不能直接套用母公司的管理制度。

2. 管理制度应当根据《公司章程》的规定，通过“三会”决议正式发布后，遵照执行。

3. 内部审计时，通常会审计管理制度的执行情况，因此，项目公司应当多加关注，管理制度不是形式，而是一项规则，应当遵照执行。

二、工作实施方案

1. 项目公司总经理在首次会议上提出设计、编制项目公司经营管理制度的任务和要求。

2. 综合管理部牵头，组织各部门根据《项目公司经营管理大纲》的内容和要求确定管理制度清单目录。

3. 各职能部门和相关人员根据自身职责，分配具体编制的任务。

4. 根据项目公司和 PPP 项目情况，设计编制具体的内容。

5. 项目公司内部初步评审通过。

6. 根据《公司章程》的要求，报董事会决议通过，正式发布。

7. 集中学习正式发布的管理制度，要求全体管理人员严格遵照执行，并输出相关管理成果。

8. 定期自检管理制度执行情况，并确认相关成果。

9. 每年年底确认是否需要更新，更新后，经过“三会”正式发布后，再予遵照执行。

10. 建设阶段向运营阶段过渡时，同样需要更新，并严格遵照执行。

三、管理表单

略。

四、实务风险解析与建议

实务问题：一般项目公司管理制度应包括哪些?

解析与建议：

详细内容请关联《PPP 项目执行阶段操作指南：100 个实务问题深度解析（第二册）》问题 15 进行阅读。

五、管理成果要求（基础档案）

1. 项目公司首次会议，会议纪要；

2. 项目公司经营管理制度编制启动会会议纪要，及其任务分配要求；
3. 经营管理制度初稿；
4. 项目公司内部评审会议纪要，附评审意见；
5. 修订完善后的正式管理制度文本；
6. 董事会决议相关文件；
7. 宣贯、学习的会议纪要文件，附照片；
8. 管理制度执行成果文件（过程文件）；
9. 经营管理制度更新完整文件（含年度更新及阶段转换更新等）；
10. 其他相关文件等。

六、补充说明

本项是政府方监管要点内容，可以关联《PPP 项目政府方监管要点》阅读，共涉及一项监管要点如下：

监管要点 59：确认项目公司是否有完整的组织架构，各岗位人员均已实际到位履职？确认项目公司是否有经过董事会正式批准的管理制度和管理体系，并遵照执行？

第 36 节　党建管理

核心条款

第三十六条　项目公司应根据党章要求设立党组织，并视实际情况设立相应部门或岗位负责党组织工作，有条件的设置专职副书记，并根据党组织要求开展党纪工团工作。

条款解析

管理制度有很多，部分重要的基础管理制度每个项目公司都应当具备，要对重要的基础管理制度进行提示提醒，不能遗漏。

按照现在的党建要求，项目公司应当按照规定建立党建管理体系，并按照规定组织相关活动和工作。

实施办法

一、管理依据

（一）法律法规、政策依据

《公司法》第 19 条规定：“在公司中，根据中国共产党章程的规定，设立中国共产党的组织，开展党的活动。公司应当为党组织的活动提供必要条件。”

本节内容与本章第 35 节关联，可以关联阅读。

（二）PPP 项目合同常规约定

以湖南省某妇幼 PPP 项目为例，其《公司章程》第 7 章规定如下：

“第 28 条　公司按照《中国共产党章程》的规定，成立公司党组织。公司党组织发挥领导核心和政治核心作用，把方向、管大局、保落实。党组织围绕企业生产经营开展工作，保证和监督党和国家方针、政策的贯彻执行；支持董事会、监事会和经营班子依法行使职权；支持职工代表大会开展工作；参与重大问题决策；领导思想政治工作、企业文件建设、精神文明建设和工会、共青团等群众组织。

“第29条　公司应当为党组织活动提供必要的条件，建立党的工作机构，配备足够的党务工作人员，保障党组织的工作经费。

“第30条　董事会决定公司重大问题，应当事先听取公司党组织的意见。重大经营管理事项必须经党组织研究讨论后，再由董事会或经理层作出决定。

“第31条　党组织对董事会或总经理提名的人选进行考察并提出意见建议，或者向董事会、总经理推荐提名人选；会同董事会对拟任人选进行考察，集体研究提出意见建议。

“第32条　公司的党组织工作和自身建设等，按照《中国共产党章程》和党内法规、股东公司党委和中共××市委、××市××委党组、×××妇幼保健院党委等上级党组织的有关文件开展活动，履行职责。”

（三）管理制度

一般对应《党建管理制度》等，具体内容略。

（四）经验教训

1. 严格落实党建工作。

2. 有条件的项目公司，应当建立党支部，项目公司成员应当积极向党组织靠拢，争取入党。

二、工作实施方案

实施方案参见本章第35节，具体如下：

1. 项目公司总经理在首次会议上提出设计、编制项目公司经营管理制度的任务和要求。

2. 综合管理部牵头，组织各部门根据《项目公司经营管理大纲》的内容和要求确定管理制度清单。其中，必须包含党建管理制度。

3. 各职能部门和相关人员根据自身职责，分配具体编制的任务。

4. 根据项目公司和 PPP 项目情况，设计编制具体的内容。

5. 项目公司内部初步评审通过。

6. 根据《公司章程》的要求，报董事会决议通过，正式发布。

7. 集中学习正式发布的管理制度，要求全体管理人员严格遵照执行，并输出相关党建管理成果。

8. 定期自检党建管理制度执行情况，并确认相关成果。

9. 每年年底确认是否需要更新，更新后，经过“三会”正式发布后，再予遵照执行。

10. 建设阶段向运营阶段过渡时，同样需要更新，并严格遵照执行。

三、管理表单

略。

四、实务风险解析与建议

严格按照项目公司管理制度执行即可。

暂无直接实务风险和问题反馈，未来待动态补充。

五、管理成果要求（基础档案）

1. 项目公司首次会议，会议纪要；

2. 项目公司经营管理制度编制启动会会议纪要，及其任务分配要求；

3. 经营管理制度初稿，含党建；

4. 项目公司内部评审会议纪要，附评审意见；

5. 修订完善后的正式管理制度文本；

6. 董事会决议相关文件；

7. 宣贯、学习的会议纪要文件，附照片；

8. 党建管理制度执行成果文件（过程文件，重要、核心）；

9. 经营管理制度（党建）更新完整文件（含年度更新及阶段转换更新等）；

10. 其他相关文件等。

六、补充说明

本项是政府方监管要点内容，可以关联《PPP 项目政府方监管要点》阅读，共涉及一项监管要点如下：

监管要点 59：确认项目公司是否有完整的组织架构，各岗位人员均已实际到位履职？确认项目公司是否有经过董事会正式批准的管理制度和管理体系，并遵照执行？

第37节　项目公司档案管理体系建立

核心条款

第三十七条　项目公司应编制项目公司档案管理体系，并严格按照档案管理制度执行，完整记录项目公司全生命周期的经营管理内容，通过“三会”决议后遵照执行。

需要归档的文件包括签订的各类协议、合同，重要会议的会议纪要、谈判记录，政府方、合作单位之间的各类函件、通知、公文、前提条件落实的各项书面文件等，应完整包括公司经营管理、建设工程项目管理、项目运营管理、项目移交管理等内容，应以有效证据的要求对存档文件进行确认，方可归档。

档案管理人员应参加地方档案馆的档案管理培训，还应参加律师事务所有效证据的专项培训，以满足档案管理的专业能力要求。

条款解析

档案管理体系是项目公司规范经营管理的“兜底措施”，未来的审计和绩效考核就是审“证据”，考核“证据”。一个完整、健康的档案管理体系，既能帮助管理团队理顺管理思路、提高实施效率，又能一次成型，提前做好审计和绩效考核的准备。

但是实务中，由于施工单位的惯性思维，大家对档案管理、资料存档等重视程度不足，往往会重施工、轻档案，以致常出现平时抓进度，后面补资料的情形，这是最典型的实务表现形式。

同时，由于现在还没有权威的、全面的档案管理体系指导或指南，只能自己摸索，再加上很多单位本身不够重视，所以通常会按照建设工程归档资料来进行管理和实施，这就导致了档案的范围远远不够。

另外，有效的档案文件强调的是有效证据和完整证据链，如何确认当下的文件是否属于有效证据，如何确认现有的档案是否可以构建起完整的证据链（尤其是商务经济资料），这需要有足够的法律专业能力；但是通常情况下，项目公司管理人员鲜有接受过系统的法律专业训练，所以这方面的专业能力相对欠缺，进而导致了很多问题的产生，这在商务结算中表现得最为突出。所以在标准操作规程中，应当考虑对此进行补充、完善，填补该项短板。

针对档案管理体系，我们在《PPP 项目执行阶段操作指南：100 个实务问题深度解析（第二册）》问题 50 中有所提示，列举了部分档案管理清单，可供参考（详见附赠电子书）。2020 年我们在结合审计和绩效考核的经验后，升级了第三版档案管理体系，其在本书第三章也有完整示范。有效证据和完整证据链的构建，我们通过《PPP 模式下工程变更的安全结算》进行范例，详见附赠电子书《PPP 项目执行阶段操作指南：100 个实务问题深度解析（第二册）》问题 84，供大家参考。

实施办法

一、管理依据

（一）法律法规、政策依据

《审计法》第 23 条规定，“审计机关对政府投资和以政府投资为主的建设项目的预算执行情况和决算，对其他关系国家利益和公共利益的重大公共工程项目的资金管理使用和建设运营情况，进行审计监督”；第 33 条规定，“社会审计机构审计的单位依法属于被审计单位的，审计机关按照国务院的规定，有权对该社会审计机构出具的相关审计报告进行核查”，PPP 项目由于其公益属性，属于关系国家利益和公共利益的公共工程项目，因此应接受政府审计。站在项目公司角度，我们应审慎执行，就从政府审计的角度去考虑各项工作的开展，并以政府审计的标准来要求各项工作。

《审计法》第34条和第36条还分别规定，审计机关有权要求被审计单位按照审计机关的规定及时、准确、完整地提供财务、会计资料以及与财政收支、财务收支有关的业务、管理等资料，包括管理、储存、处理和应用的电子数据和有关文档，被审计单位不得拒绝、拖延、谎报；被审计单位负责人应当对本单位提供资料的及时性、真实性和完整性负责。“审计机关进行审计时，有权检查被审计单位的财务、会计资料以及与财政收支、财务收支有关的业务、管理等资料和资产，有权检查被审计单位信息系统的安全性、可靠性、经济性，被审计单位不得拒绝。”

另外，国务院《政府投资条例》对此也作出了明确的规定和要求。该条例第29条规定，“项目单位应当按照国家有关规定加强政府投资项目档案管理，将项目审批和实施过程中的有关文件、资料存档备查”。如果存在“项目单位未按照规定将政府投资项目审批和实施过程中的有关文件、资料存档备查，或者转移、隐匿、篡改、毁弃项目有关文件、资料的”情形，根据该条例第35条的规定，“责令改正，对负有责任的领导人员和直接责任人员依法给予处分”。

《建设工程项目管理规范》第15.1条“一般规定”的要求如下：

“15.1.1　组织应建立项目信息与知识管理制度，及时、准确、全面地收集信息与知识，安全、可靠、方便、快捷地存储、传输信息和知识，有效、适宜地使用信息和知识。

“15.1.2　信息管理应符合下列规定：1 应满足项目管理要求；2 信息格式应统一、规范；3 应实现信息效益最大化。

“15.1.3　信息管理应包括下列内容：1 信息计划管理；2 信息过程管理；3 信息安全管理；4 文件与档案管理；5 信息技术应用管理。

“15.1.4　项目管理机构应根据实际需要设立信息与知识管理岗位，配备熟悉项目管理业务流程，并经过培训的人员担任信息与知识管理人员，开展项目的信息与知识管理工作。

“15.1.5　项目管理机构可应用项目信息化管理技术，采用专业信息系统，实施知识管理。”

该规范第15.2条“信息管理计划”的规定如下：

“15.2.1 项目信息管理计划应纳入项目管理策划过程。

“15.2.2 项目信息管理计划应包括下列内容：1 项目信息管理范围；2 项目信息管理目标；3 项目信息需求；4 项目信息管理手段和协调机制；5 项目信息编码系统；6 项目信息渠道和管理流程；7 项目信息资源需求计划；8 项目信息管理制度与信息变更控制措施。

“15.2.3 项目信息需求应明确实施项目相关方所需的信息，包括：信息的类型、内容、格式、传递要求，并应进行信息价值分析。

“15.2.4 项目信息编码系统应有助于提高信息的结构化程度，方便使用，并且应与组织信息编码保持一致。

“15.2.5 项目信息渠道和管理流程应明确信息产生和提供的主体，明确该信息在项目管理机构内部和外部的具体使用单位、部门和人员之间的信息流动要求。

“15.2.6 项目信息资源需求计划应明确所需的各种信息资源名称、配置标准、数量、需用时间和费用估算。

“15.2.7 项目信息管理制度应确保信息管理人员以有效的方式进行信息管理，信息变更控制措施应确保信息在变更时进行有效控制。”

本节内容与本章第23节、第35节、第84节、第112节和第113节关联，可以关联阅读。

（二）PPP项目合同常规约定

以广州市某市政PPP项目为例，其《PPP项目合同》第2.2.2条第12款规定，乙方应按照《档案法》等有关法律、法规、规章规定进行档案管理。第28.6条第6款还规定，移交内容包括在用的各类管理章程和运营手册包括专有技术、技术档案、文秘档案、图书资料、设计图纸、文件和其他资料，以使本项目能平稳地正常地继续运营。

（三）管理制度

一般对应《档案管理制度》《信息管理制度》《档案安全管理制度》《文档编码规定》《内部文件流转制度》等，具体内容略。

（四）经验教训

1. 档案是所有管理行为的结果，是未来审计和绩效考核的核心，项目公司必须充分重视，并专项落实。

2. 完善的档案管理制度和管理工作，是项目公司规范经营管理的“兜底措施”。

3. 档案管理中，商务档案资料尤为重要，必须规避出现“会做的不如会算的”情况，要确保“所做即所得”。

4. 档案管理中，应以有效证据的要求来审视存档资料，关键资料应当可以形成完整的证据链，因此，建议档案由专人管理，且该人员应当接受基本的法律培训和学习。

二、工作实施方案

实施方案参见本章第35节，具体如下：

1. 项目公司总经理在首次会议上提出设计、编制项目公司经营管理制度的任务和要求。

2. 综合管理部牵头，组织各部门根据《项目公司经营管理大纲》的内容和要求确定管理制度清单。其中，必须包含档案管理体系。

3. 各职能部门和相关人员根据自身职责，分配具体编制的任务。

4. 根据项目公司和PPP项目情况，设计编制具体的内容。

5. 项目公司内部初步评审通过。

6. 根据《公司章程》的要求，报董事会决议通过，正式发布。

7. 集中学习正式发布的管理制度，要求全体管理人员严格遵照执行，并输出相关管理成果。

8. 定期自检档案管理制度执行情况，并确认相关成果。

9. 每年年底确认是否需要更新，更新后，经过“三会”正式发布后，再予遵照执行。

10. 建设阶段向运营阶段过渡时，同样需要更新，并严格遵照执行。

三、管理表单

略。

四、实务风险解析与建议

实务问题：项目公司的档案管理应如何开展？有没有合适的档案清单可以参照使用？

解析与建议：

详细内容请关联《PPP 项目执行阶段操作指南：100 个实务问题深度解析（第二册）》问题 50 进行阅读。

其他相关实务风险问题，还可以关联《PPP 项目执行阶段操作指南：100 个实务问题深度解析》问题 50、问题 51、问题 68 进行阅读。

五、管理成果要求（基础档案）

1. 项目公司首次会议，会议纪要；
2. 项目公司经营管理制度编制启动会会议纪要及其任务分配要求；
3. 经营管理制度初稿，含档案管理；
4. 项目公司内部评审会议纪要，附评审意见；
5. 修订完善后的正式管理制度文本；
6. 董事会决议相关文件；
7. 宣贯、学习的会议纪要文件，附照片；
8. 管理制度执行成果文件（过程文件，重要、核心）；
9. 经营管理制度更新完整文件（含年度更新及阶段转换更新等）；
10. 其他相关文件等。

六、补充说明

本项是政府方监管要点内容，可以关联《PPP 项目政府方监管要点》阅读，共涉及两项监管要点，分别如下：

1. 监管要点43：确认实施机构、项目公司是否按照要求妥善将全部管理资料建档保存?

2. 监管要点59：确认项目公司是否有完整的组织架构，各岗位人员均已实际到位履职？确认项目公司是否有经过董事会正式批准的管理制度和管理体系，并遵照执行?

第 38 节　项目公司的“三会一层”治理

核心条款

第三十八条　项目公司应严格按照“三会一层”管理制度执行，根据公司章程的规定，及时组织召开股东会、董事会、监事会及总经理办公会，对必须作出决议的议案进行审计，决议通过后遵照执行，保证项目公司经营的合规性。

其中，监事会每年至少召开一次。

“三会一层”召开后，应及时完成相应成果文件存档，决议成果文件后还应附后续执行完成成果文件，确保管理闭环。

条款解析

“三会”治理（股东会、董事会、监事会，以及或有的总经理办公会）也是有别于传统建设工程项目管理的特性之一。传统施工模式下，项目部不涉及“三会”，但是投融资模式下，项目公司属于独立法人经营管理。因此，根据《公司法》的规定，应当按照《公司章程》的要求，既定的议题议案通过“三会”决议后，方可遵照执行和实施，这是合规经营管理的必要条件，也是审计检查的重点项。

实务中，由于之前没有经验，所以各个项目公司对此比较陌生，实施起来事倍功半。横向对比了近百个项目公司的《公司章程》，我们识别出 15 个共性、典型的股东会议案，16 个共性、典型的董事会议案，并通过制定标准示范文本，构建了一套固定的行为规范和格式材料；通过示范文本的指导，各项目公司进行适应性微调，再进行法务审核的标准流程，可以帮助项目公司快速高效地落实“三会”治理工作。

15 个共性、典型的股东会议案包括决定项目公司的经营方针、投资计划和经济性裁员；修改公司章程；对项目公司增加或者减少注册资本及公司股权的转让作出决议；对项目公司合并、分立、解散、清算或者变更公司形式作出决议；对股东转让、质押或其他处置股东权的行为作出决议；批准对公司在《PPP 项目合同》项下的权利、公司资产及收益设置抵押、质押或其他担保权益；对发行公司债券作出决议；审议批准项目公司的年度财务预算方案、决算方案；审议营运期内年度投资计划；审议批准公司对外融资方案；审议重大关联交易；选举和更换非由职工代表担任的董事、监事，决定有关监事的报酬事项；决定公司重大事故和特大事故应急预案编制、审核、启动；对公司聘用进行年度财务审计的会计师事务所作出决议；批准公司签署任何有效期超过经营期限的合同、协议或具有法律约束力的文件，以及批准对《PPP 项目合同》的补充、修改或提前终止等。

16 个共性、典型的董事会议案包括拟订公司年度经营计划和年度经营目标；选举公司的董事长；决定公司内部管理机构的设置和公司的基本管理制度；决定公司资金的使用、管理规则；决定聘任或者解聘项目公司经理及其报酬事项，并根据总经理的提名决定聘任或者解聘项目公司高级管理人员及其报酬事项；决定公司的员工薪酬、福利及奖励制度；批准总经理工作规则；对公司总经理、常务副总经理、副总经理等高级管理人员和财务经理的工作进行质询、检查、考核和评价；审议公司总经理和财务工作报告；制定公司的年度财务预算方案、决算方案；制定公司对外投融资方案；审议批准与公司股东发生的关联交易；制定公司增加或者减少注册资本的方案；制定公司合并、分立、解散或变更项目公司形式的方案；制定公司的利润分配方案和弥补亏损方案，以及拟订公司章程修改草案等。

这些议案中，有一部分是只要项目公司正常经营，就必须上会，比如决定当年的投资计划、年度财务预算方案、决算方案等，这部分议案定义为基础议案，可以统一安排，集中上会决议。还有一部分是或有的，只有发生了才需要上会的，比如审议重大关联交易，批准对《PPP 项目合同》的补充、修改或提前终止，定义为或有议案，可以按照实际发生的情况安排上会决议。

任何管理行为都要通过管理成果来确认，“三会”管理的最终成果，我们通过固定格式的范本来确定。“三会”管理的归档要求为：（1）会议通知；（2）会议议案；（3）表决票；（4）会议决议；（5）其他文件，包括根据管理制度确定的内部评审表、主持纲要、会议议程、会议纪要签到表、会议纪要、股东授权委托书、前期支持资料、影像照片等。以上材料完成后，按照顺序排放，加上封面、目录后，进行胶装处理。每份议案，胶装成一册，妥善归档。待项目公司将决议事项落实完成后，应当将完成的情况单独做一份成果文件，和对应的议案文件合并存档，形成闭环。

另外，部分项目公司设置了经营管理班子，设定了总经理办公会，则应当按照规定执行，基本执行规则和以上相同。

实施办法

一、管理依据

（一）法律法规、政策依据

《公司法》第 23 条规定：“设立有限责任公司，应当具备……股东共同制定公司章程……”第 25 条规定：“有限责任公司章程应当载明下列事项：（一）公司名称和住所；（二）公司经营范围；（三）公司注册资本；（四）股东的姓名或者名称；（五）股东的出资方式、出资额和出资时间；（六）公司的机构及其产生办法、职权、议事规则；（七）公司法定代表人；（八）股东会会议认为需要规定的其他事项。股东应当在公司章程上签名、盖章。”第 36 条规定：“有限责任公司股东会由全体股东组成。股东会是公司的权力机构，依照本法行使职权。”第 44 条规定，“有限责任公司设董事会，其成员为三人至十三人；但是，本法第五十条另有规定的除外。两个以上的国有企业或者两个以上的其他国有投资主体投资设立的有限责任公司，其董事会成员中应当有公司职工代表；其他有限责任公司董事会成员中可以有公司职工代表。董事会中的职工代表由公司职工通过职工代表大会、职工大会或者其他形式民主选举产生。董事会设董事长一人，可以设副董事长。董事长、副董事长的产生办法由公司章程规定”。第 49 条规定，“有限责任公司可以设经理，由董事会决定聘任或者解聘”。第 51 条规定，“有限责任公司设监事会，其成员不得少于三人。股东人数较少或者规模较小的有限责任公司，可以设一至二名监事，不设监事会。监事会应当包括股东代表和适当比例的公司职工代表，其中职工代表的比例不得低于三分之一，具体比例由公司章程规定。监事会中的职工代表由公司职工通过职工代表大会、职工大会或者其他形式民主选举产生。监事会设主席一人，由全体监事过半数选举产生。监事会主席召集和主持监事会会议；监事会主席不能履行职务或者不履行职务的，由半数以上监事共同推举一名监事召集和主持监事会会议。董事、高级管理人员不得兼任监事”。

本节内容与本章第 35 节关联，可以关联阅读。

（二）PPP 项目合同常规约定

以湖南省某妇幼 PPP 项目为例，其《公司章程》第 16 条规定，“股东会由全体股东组成，是公司的权利机构，行使下列职权：（一）决定公司的经营方针和投资计划；（二）选举和更换非由职工代表担任的公司董事、监事，决定公司董事、监事的报酬事项；（三）审议批准董事会的报告；（四）审议批准监事会的报告；（五）审议批准公司的年度财务预算方案、决算方案；（六）审议批准公司的利润分配方案和弥补亏损方案；（七）对公司增加或者减少注册资本作出决议；（八）对发行公司债券作出决议；（九）对公司合并、分立、解散、清算或者变更公司形式作出决议；（十）修改公司章程；（十一）公司章程规定的其他职权”。

第 23 条规定：“董事会对股东会负责，行使下列职权：（一）召集股东会会议，并向股东会报告工作；（二）执行股东会的决议；（三）决定公司的经营计划和投资方案；（四）制定公司的年度财务预算方案、决算方案；

（五）制定公司的利润分配方案和弥补亏损方案；（六）制定公司增加或者减少注册资本以及发行公司债券的方案；（七）制定公司合并、分立、解散或者变更公司形式的方案；（八）决定公司内部管理机构的设置；（九）决定聘任或者解聘公司经理及其报酬事项，并根据经理的提名决定聘任或者解聘公司副经理、财务负责人及其报酬事项；（十）制定公司的基本管理制度；（十一）公司章程规定的其他职权。”

第 24 条规定：“公司设经理、副经理各一人，由股东公司委派经理一人，政府方出资代表委派副经理一人。经理、副经理对董事会负责，行使下列职权：（一）主持公司的生产经营管理工作，组织实施董事会的决定；（二）组织实施公司年度经营计划和投资方案；（三）拟订公司内部管理机构设置方案；（四）拟订公司的基本管理制度；（五）制定公司的具体规章；（六）提请聘任或者解聘公司财务负责人；（七）决定聘任或者解聘应由董事会决定聘任或者解聘以外的负责管理人员；（八）董事会授予的其他职权。”

第 25 条规定：“经理为公司的法定代表人。”

第 26 条规定：“公司不设监事会，由政府方出资代表委派监事一人。监事任期每届 3 年，任期届满，可连任。监事行使下列职权：（一）检查公司财务；（二）对董事、高级管理人员执行公司职务的行为进行监督，对违反法律、行政法规、公司章程或者股东会决议的董事、高级管理人员提出罢免的建议；（三）当董事、高级管理人员的行为损害公司的利益时，要求董事、高级管理人员予以纠正；（四）提议召开临时股东会会议，在董事会不履行本法规定的召集和支持股东会会议职责时召集和主持股东会会议；（五）向股东会会议提出提案；（六）依照《公司法》第一百五十一条的规定，对董事、高级管理人员提起诉讼；（七）公司章程规定的其他职权。”

（三）管理制度

一般对应《股东会议事规则》《董事会议事规则》《监事会议事规则》《总经理办公会议事规则》等，具体内容略。

（四）经验教训

1. “三会一层”是公司经营的合规性工作，必须按照章程的规定落实到位，没有例外。

2. 可以按照建议委托律师制定高频议案的范本，以此增加实施的效率，但每次议案实施之前，建议交给法务审查，审查通过后再予提交。

3. 建议议案决议后，所有文件装订成一册，并随附执行文件，形成完整的闭环材料。装订可以按照：封面、目录、会议通知、议案、表决票、决议、其他文件（审查文件、会议纪要、现场照片、授权委托书等），以及执行文件的顺序进行胶装处理。

二、工作实施方案

实施方案参见本章第35节，具体如下：

1. 项目公司总经理在首次会议上提出设计、编制项目公司经营管理制度的任务和要求。

2. 综合管理部牵头，组织各部门根据《项目公司经营管理大纲》的内容和要求确定管理制度清单，其中必须包含“三会一层”管理制度。

3. 各职能部门和相关人员根据自身职责，分配具体编制的任务。

4. 根据项目公司和PPP项目情况，设计编制具体的内容。

5. 项目公司内部初步评审通过。

6. 根据《公司章程》的要求，报董事会决议通过，正式发布。

7. 集中学习正式发布的管理制度，要求全体管理人员严格遵照执行，并输出相关管理成果。

8. 定期自检“三会一层”管理制度执行情况，并确认相关成果。

9. 每年年底确认是否需要更新，更新后，经过“三会”正式发布后，再予遵照执行。

10. 建设阶段向运营阶段过渡时，同样需要更新，并严格遵照执行。

三、管理表单

略。

四、实务风险解析与建议

实务问题1：一般项目公司章程中应约定哪些常规议案？

解析与建议：

详细内容请关联《PPP项目执行阶段操作指南：100个实务问题深度解析（第二册）》问题12进行阅读。

实务问题2：项目公司前期未能按照《公司章程》的要求及时召开“三会”，应如何处理？

解析与建议：

详细内容请关联《PPP项目执行阶段操作指南：100个实务问题深度解析（第二册）》问题13进行阅读。

实务问题3：涉及关联交议，如果没有履行合适的“三会”程序，直接执行了，那么该行为是否有效？事后应如何处理？项目公司疏于对公司的“三会”治理，与某股东方签订委托管理协议时，由于涉及关联交议，但没有上股东会决议，那么该行为是否有效？项目公司应如何补救处理？

解析与建议：

详细内容请关联《PPP项目执行阶段操作指南：100个实务问题深度解析（第二册）》问题14进行阅读。

实务问题4：项目公司的高管发生变更，一般要走什么批准程序？

解析与建议：

详细内容请关联《PPP项目执行阶段操作指南：100个实务问题深度解析（第二册）》问题17进行阅读。

其他相关实务风险问题，还可以关联《PPP项目执行阶段操作指南：100个实务问题深度解析》问题4、问题7进行阅读。

五、管理成果要求（基础档案）

1. 项目公司首次会议，会议纪要；
2. 项目公司经营管理制度编制启动会会议纪要及其任务分配要求；
3. 经营管理制度初稿，含“三会一层”；

4. 项目公司内部评审会议纪要，附评审意见；

5. 修订完善后的正式管理制度文本；

6. 董事会决议相关文件；

7. 宣贯、学习的会议纪要文件，附照片；

8. 管理制度执行成果文件（过程文件，重要、核心）；

9. 经营管理制度（“三会一层”）更新完整文件（含年度更新及阶段转换更新等）；

10. 其他相关文件等。

六、补充说明

本项是政府方监管要点内容，可以关联《PPP 项目政府方监管要点》阅读，共涉及一项监管要点如下：

监管要点 59：确认项目公司是否有完整的组织架构，各岗位人员均已实际到位履职？确认项目公司是否有经过董事会正式批准的管理制度和管理体系，并遵照执行？

第39节 财务管理

核心条款

第三十九条 项目公司应建立完整的财务管理制度并严格遵照执行，财务部门应妥善做好财务账目，日清月结，三流一致，按照规定缴纳税费，实施机构、金融机构可以随时监督、检查。

财务部门还应根据公司章程和管理制度的规定，制定年度预算方案、年度结算方案，报“三会”批准后遵照执行；在项目公司管理过程中，负责进行动态经济效益测算，对财务经营风险提出预警和方案建议；年底还应根据规定及时提交财务年报。

财务部门还应对资金的高效使用负责，一方面要保证建设生产资金及时到位，不得因资金不到位而导致项目推进受阻；另一方面还要合理安排资金，不得产生不当资金沉淀。

条款解析

财务管理制度也是基本的、核心的、最重要的管理制度之一。

按照PPP政策规定，项目公司的资金使用必须合规，所有资金必须用于本项目，不得用于本项目以外，实施机构、政府审计等有权对项目公司的账目进行检查。同样，资金安全也是金融机构关注的重点，项目公司和金融机构的《融资协议》中，大概率也约定了金融机构有权对项目公司的资金使用随时进行检查的条款。另外，资金的合规使用、安全使用、高效使用，一般也是绩效考核的重点之一。因此，项目公司应当建立起规范的财务管理制度。

部分单位的管理比较正规，除了财务管理制度外，还配套有大额资金使用管理制度，相对更加安全。

财务管理的核心有三：一是有钱可用（如果融资职能不在财务的，则存在督促义务）；二是资金的合规使用；三是资金的使用效率。

总的来说，财务管理属于重要、优先的工作项，项目公司应充分重视。

实施办法

一、管理依据

（一）法律法规、政策依据

财政部《关于推进政府和社会资本合作规范发展的实施意见》（财金〔2019〕10号）第2条规定，“对于规避上述限制条件，将新上政府付费项目打捆、包装为少量使用者付费项目，项目内容无实质关联、使用者付费比例低于10%的，不予入库”。可见，目前绝大部分项目还是以政府财政支出为主。因此，项目公司在执行过程中，具备规范的财务管理就尤为必要，这是确认财务收支有序的根本前提，也是未来政府财政支出有序的基础。

财政部《关于修订发布〈政府和社会资本合作（PPP）综合信息平台信息公开管理办法〉的通知》（财金〔2021〕110号）附件第10条规定：“管理库项目执行阶段应当公开的信息主要包括：（一）社会资本方或项目公司信息，包括中标社会资本方或项目公司基本信息、项目公司股权结构、增减资情况说明、履约保证措施等；（二）项目融资信息，包括融资机构、金额等；（三）履约信息，包括项目建设信息、绩效管理信息、项目公司运营信息、合作期间重大事件、合同变更信息、项目移交信息等；（四）财政实际支出信息，包括项目投资竣工决算数、财政实际支出等；（五）其他应当公开的信息。”

具体实施时，项目公司可以按照财政部《基本建设财务规则》执行，该规则第7条第1款的规定，“项目建设单位应当做好以下基本建设财务管理的基础工作：（一）建立、健全本单位基本建设财务管理制度和内部控制制度；（二）按项目单独核算，按照规定将核算情况纳入单位账簿和财务报表；

（三）按照规定编制项目资金预算，根据批准的项目概（预）算做好核算管理，及时掌握建设进度，定期进行财产物资清查，做好核算资料档案管理；（四）按照规定向财政部门、项目主管部门报送基本建设财务报表和资料；（五）及时办理工程价款结算，编报项目竣工财务决算，办理资产交付使用手续；（六）财政部门和项目主管部门要求的其他工作。”第 56 条规定：“项目建设单位应当建立、健全内部控制和项目财务信息报告制度，依法接受财政部门和项目主管部门等的财务监督管理。”

根据《基本建设财务规则》第 57 条和第 58 条的规定，“财政部门和项目主管部门应当加强项目的监督管理，采取事前、事中、事后相结合，日常监督与专项监督相结合的方式，对项目财务行为实施全过程监督管理。”“财政部门应当加强对基本建设财政资金形成的资产的管理，按照规定对项目资产开展登记、核算、评估、处置、统计、报告等资产管理基础工作。”项目公司应当遵照执行，确保财务管理合规。

本节内容与本章第 35 节、第 91 节和第 92 节关联，可以关联阅读。

（二）PPP 项目合同常规约定

以天津市某高速公路 PPP 项目为例，其《PPP 项目合同》第 48 条约定：

“特殊专用账户。乙方应就本项目的运营维护成立专门账户，并接受甲方的监管。

“成本监管和审计机制。甲方及政府有关部门有权对乙方支出的运营维护成本和收入进行监管和审计。

“财务管理制度。乙方必须依照《中华人民共和国会计法》的规定办理会计事务，遵守并执行中国的《企业财务通则》《企业会计准则》《企业财务制度》《企业会计制度》等会计法规。乙方的财务审计应聘请中介机构，由该中介机构审核乙方的年度会计报表和全年账本，并出具审计报告。乙方应在每年末提交下一年度收支预算报告给甲方备案；若有需要，甲方将在收到乙方书面报告后七个工作日内，按本协议规定和国家会计制度提出修改意见。乙方应按照中国法律和财务管理制度，认真而有效地处理其业务与财务，在每个会计年度结束后三个月内，乙方应向甲方提交并经审计的财务报表：符合中国有关法律和财务管理制度的、经有资格且独立的会计事务所审核审计的年度财务报表，包括资产负债表、损益表和现金流量表。甲方要求的有关乙方财务状况的其他资料，以监督乙方遵守中国法律和本协议。”

第59.2条“乙方违约及赔偿”还约定：“……（9）如乙方未按照约定进行财务管理并提交报告，在通知期限内拒不改正的，乙方应每次向甲方支付违约金20,000元。（10）其他违约。除上述条款外，如果乙方不履行其在本协议下的其他义务，且经甲方书面催告后十五个工作日仍不履行的，甲方有权提取履约保函；若上述款项不足以弥补甲方因此所受损失的，乙方还应赔偿甲方差额部分的损失。”

（三）管理制度

一般对应《财务管理制度》《资金使用管理制度》等，具体内容略。

（四）经验教训

1. 财务部分是绩效考核、政府审计的重点项，项目公司应当专项处理，不得疏忽。

2. 项目公司应当制定清晰的管理制度并严格遵照执行，避免财务混乱，造成附带损失。

3. 涉及资金安全的都是重要优先工作，财务管理更是重点中的重点。

二、工作实施方案

实施方案参见本章第35节，具体如下：

1. 项目公司总经理在首次会议上提出设计、编制项目公司经营管理制度的任务和要求。

2. 综合管理部牵头，组织各部门根据《项目公司经营管理大纲》的内容和要求确定管理制度清单。其中，必须包含财务管理制度。

3. 各职能部门和相关人员根据自身职责，分配具体编制的任务。

4. 根据项目公司和PPP项目情况，设计、编制具体的内容。

5. 项目公司内部初步评审通过。

6. 根据《公司章程》的要求，报董事会决议通过，正式发布。

7. 集中学习正式发布的管理制度，要求全体管理人员严格遵照执行，并输出相关管理成果。

8. 定期自检财务管理制度执行情况，并确认相关成果。

9. 每年年底确认是否需要更新，更新后，经过“三会”正式发布后，再予遵照执行。

10. 建设阶段向运营阶段过渡时，同样需要更新，并严格遵照执行。

三、管理表单

略。

四、实务风险解析与建议

严格按照项目公司管理制度执行即可。

暂无直接实务风险和问题反馈，未来待动态补充。

五、管理成果要求（基础档案）

1. 项目公司首次会议，会议纪要；
2. 项目公司经营管理制度编制启动会会议纪要及其任务分配要求；
3. 经营管理制度初稿，含财务管理；
4. 项目公司内部评审会议纪要，附评审意见；
5. 修订完善后的正式管理制度文本；
6. 董事会决议相关文件；
7. 宣贯、学习的会议纪要文件，附照片；
8. 财务管理制度执行成果文件（过程文件，重要、核心）；
9. 经营管理制度（财务管理制度）更新完整文件（含年度更新及阶段转换更新等）；
10. 其他相关文件等。

六、补充说明

本项是政府方监管要点内容，可以关联《PPP 项目政府方监管要点》阅

读，共涉及三项监管要点，分别如下：

1. 监管要点 24：确认项目公司是否建立了完整的财务管理制度并遵照执行？

2. 监管要点 59：确认项目公司是否有完整的组织架构，各岗位人员均已实际到位履职？确认项目公司是否有经过董事会正式批准的管理制度和管理体系，并遵照执行？

3. 监管要点 64：确认对项目公司的财务监管是否到位？

第 40 节　税务管理

核心条款

第四十条　项目公司应严格按照税务管理制度执行，提前进行税务筹划，做好税收支出的统筹安排，严格按照规定纳税。应与当地税务部门充分沟通，熟悉当地税务政策，若有“三免三减半”、留抵退税等优惠政策时，应及时申请办理，必要时，可以协调实施机构协助。

对于不能获得增值税专用发票进行成本抵扣的，如征地拆迁费用、土地费用、前期已经开过发票的第三方转移类费用等，实施机构仅能开具行政事业收据，导致项目公司税费支出增加的，应和实施机构事先确认处理原则，方可支付相应费用。其中，征地拆迁费用、土地费用应按照支付上限原则处理，超出约定金额的，由实施机构自行承担，项目公司不再另行追加。

条款解析

财务、税务一般会同时考虑，简称财税。

PPP 的税务管理为一个系统性工程，由于缺少相关税务政策，所以税务统筹就很重要，项目公司应当从开始策划时就专项考虑，并通过制度落实具体的工作。

系统考虑的税务筹划，对于成本的节约可以立竿见影。比如，项目公司成立后，向政府方支付的前期转移费用，包括征地拆迁费、土地租赁费和前期的各种咨询费用等，动辄上亿元，但是政府方在接收该类费用时，一般仅开具行政事业收据，而不会开具增值税专用发票，以致项目公司无法抵扣，由此导致的税差就非常可观。还有，未来政府付费时，项目公司开具的增值税专用发票税率适用6%、9%，还是13%？各地执行的标准不同，需要提前和税务部门沟通确认。

因此，该项工作应该重点考虑，重点落实。

实施办法

一、管理依据

（一）法律法规、政策依据

2014年11月16日国务院通过《关于创新重点领域投融资机制鼓励社会投资的指导意见》（国发〔2014〕60号）第27条明确了“完善落实社会事业建设运营税费优惠政策。进一步完善落实非营利性教育、医疗、养老、体育健身、文化机构税收优惠政策。对非营利性医疗、养老机构建设一律免征有关行政事业性收费，对营利性医疗、养老机构建设一律减半征收有关行政事业性收费”的原则。

具体的细则，则根据2014年7月4日财政部和国家税务总局联合发布的《关于公共基础设施项目享受企业所得税优惠政策问题的补充通知》（财税〔2014〕55号）规定执行，“企业投资经营符合《公共基础设施项目企业所得税优惠目录》规定条件和标准的公共基础设施项目”的，“可按每一批次为单位计算所得，并享受企业所得税‘三免三减半’优惠”，“公共基础设施项目企业所得税‘三免三减半’优惠的其他问题，继续按《财政部 国家税务总局关于执行公共基础设施项目企业所得税优惠目录有关问题的通知》（财税〔2008〕46号）、《国家税务总局关于实施国家重点扶持的公共基础设施项目企业所得税优惠问题的通知》（国税发〔2009〕80号）、《财政部 国家税务总局关于公共基础设施项目和环境保护 节能节水项目企业所得税优惠政策问题的通知》（财税〔2012〕10号）的规定执行”。

《优化营商环境条例》第24条再次明确规定：“政府及其有关部门应当严格落实国家各项减税降费政策，及时研究解决政策落实中的具体问题，确保减税降费政策全面、及时惠及市场主体。”对于PPP来说，这是一个明确的原则确认。

除此以外，还有部分地方制定了相关的税收优惠政策，各实施机构、项目公司应根据国家、地方的相关政策去积极主动申请相应的优惠或减免，以降低项目成本，提高项目运行效率。

本节内容与本章第35节关联，可以关联阅读。

（二）PPP项目合同常规约定

以天津市某高速公路PPP项目为例，其《PPP项目合同》第6.3.2条、第3.1条第5款分别约定，“甲方应协助乙方，根据相关规定及产业政策，获得适用法律和有关政府部门许可的与履行本协议相关的税收和其他优惠”，“甲方将在其权限内，最大限度地向××市人民政府和其他相关职能的部门争取各种优惠待遇，并将其授予乙方，并尽其努力协助乙方获得上级政府有关特许经营的优惠政策以及其它政府补贴”。

（三）管理制度

一般对应《税务筹划制度》等，具体内容略。

（四）经验教训

1. 项目公司应当关注当地税收优惠、减免政策，这是一项“隐形福利”。

2. 未来政府付费时，应当按照采购服务开具增值税专用发票，税率为6%。

3. 对于政府方前期费用转移给项目公司支付，但不能提供增值税专用发票，导致项目公司不能抵扣，引起税负增加的，应当事先明确好处理原则。

二、工作实施方案

实施方案参见本章第35节，具体内容如下：

1. 项目公司总经理在首次会议上提出设计、编制项目公司经营管理制度的任务和要求。

2. 综合管理部牵头，组织各部门根据《项目公司经营管理大纲》的内容和要求确定管理制度清单。其中，必须包含税务管理制度。

3. 各职能部门和相关人员根据自身职责，分配具体编制的任务。

4. 根据项目公司和 PPP 项目情况，设计编制具体的内容。

5. 项目公司内部初步评审通过。

6. 根据《公司章程》的要求，报董事会决议通过，正式发布。

7. 集中学习正式发布的管理制度，要求全体管理人员严格遵照执行并输出相关管理成果。

8. 定期自检税务管理制度执行情况，并确认相关成果。

9. 每年年底确认是否需要更新，更新后，应当经过“三会”正式发布后，再予遵照执行。

10. 建设阶段向运营阶段过渡时，同样需要更新并严格遵照执行。

三、管理表单

略。

四、实务风险解析与建议

实务问题 1：某财政局咨询，专项资金拨付给项目公司后，项目公司是否需要开发票？

解析与建议：

经与税务、审计确认后明确，不需要开发票。“专项资金的性质不属于交易性质，交易性质才需要发票”。

实务问题 2：某 PPP 项目政府付费时，项目公司至税务局开票，税务局要求分类开具，服务类的税率为 6%，工程类的税率为 9%，物资类的税率为 13%，上级税务机关咨询下来，让自行协商，应怎样处理？

解析与建议：

由于税务总局并未发布关于 PPP 项目适用税率的指导性文件，因此，实务争议时常发生。具体争议的处理，应根据项目的具体情形进行判断。

经 PPP 项目合同、实施方案等背景文件审查，发现以下两点事实：(1) 实施方案设计时，采用的税率统一为 6%。(2) PPP 项目合同约定，法律法规政策风险由政府方承担。

再结合其他背景情况：（1）PPP项目风险分担原则，“项目设计、建造、财务和运营维护等商业风险由社会资本承担，法律、政策和最低需求等风险由政府承担，不可抗力等风险由政府和社会资本合理共担”，税率改变属于政策风险，应由政府方承担。（2）PPP项目的本质，属于政府采购服务，适用6%税率无障碍。（3）从实践来看，多地PPP项目案例已开具的均为税率为6%的税票。

因此，方案建议如下：（1）请实施机构协调税务等相关部门，可以请示本级人民政府和/或上级税务机关等相关单位，商定按照6%税率执行。（2）按照税务部门要求税率执行，项目公司据实缴纳，纳入总投资或总成本，最终仍由政府方承担。

按照实质重于形式的原则，建议执行方案1，该方案更为高效。

其他相关实务风险问题，还可以关联《PPP项目执行阶段操作指南：100个实务问题深度解析》问题97、问题98、问题99，《PPP项目执行阶段操作指南：100个实务问题深度解析（第二册）》问题86、问题87、问题88、问题89、问题90、问题91、问题92、问题93、问题94、问题95、问题96、问题97、问题98、问题99、问题100进行阅读。

五、管理成果要求（基础档案）

1. 项目公司首次会议，会议纪要；
2. 项目公司经营管理制度编制启动会会议纪要及其任务分配要求；
3. 经营管理制度初稿，含税务管理；
4. 项目公司内部评审会议纪要，附评审意见；
5. 修订完善后的正式管理制度文本；
6. 董事会决议相关文件；
7. 宣贯、学习的会议纪要文件，附照片；
8. 税务管理制度执行成果文件（过程文件，重要、核心）；
9. 经营管理制度（税务管理制度）更新完整文件（含年度更新及阶段转换更新等）；

10. 其他相关文件等。

六、补充说明

本项是政府方监管要点内容，可以关联《PPP 项目政府方监管要点》阅读，共涉及三项监管要点，分别如下：

1. 监管要点 33：确认是否协助项目公司获得了应有的相关税收优惠或减免？

2. 监管要点 59：确认项目公司是否有完整的组织架构，各岗位人员均已实际到位履职？确认项目公司是否有经过董事会正式批准的管理制度和管理体系，并遵照执行？

3. 监管要点 76：是否已经协助项目公司获得许可的税收和其他优惠？

第 41 节　法务管理

核心条款

第四十一条　项目公司应建立法务管理制度并严格遵照执行。可以设立法务管理部，可以配置法务专员，也可以委托外部律师兼任，但项目公司经营管理事务，应根据法务管理制度，严格出具法务意见，重要事项应出具法律意见书，以避免相关法律风险。

建议项目公司聘请专业法律顾问，重要事项出具专业法律意见书，并经总经理办公会集体决议后执行（公司章程另有规定的，从其规定）。

条款解析

PPP 项目相对较难，其中一个原因是法律责任主体较多，法律关系复杂，而习惯了传统施工模式的管理人员缺少系统的、专业的法律学习，对于其中的法律风险、法律后果不能清晰识别和预见，所以会在建设阶段只一味地“埋头苦干”，而忽略了对相关材料的整理、确认。但是如果不能按照规则及时、完整地同步匹配，则必然会为未来的结算、决算、运营等内容带来争议和风险。

对此，政府方有清晰的认识。2018 年 12 月，江苏省财政厅发布了《关于建立全省政府和社会资本合作（PPP）项目全生命周期法律顾问制度的意见》（苏财规〔2018〕19 号），明确“PPP 项目通常具有投资金额大、合作周期长、法律和政策制度涉及面广、管理环节多、风险防控压力较大等特点”，要求“在全省市县财政部门建立 PPP 项目全生命周期法律顾问制度”，要求“各市、县财政部门应当牢固树立法治思维，依照法律法规和政策制度对 PPP 项目持续开展依法依规管理，充分发挥法律顾问的专业作用，将法律顾问的专业意见作为 PPP 项目管理和决策的重要依据”，这个制度对政府方的合规性管理起到了强大的保障作用，还有效地规避了政府方一线管理人员专业能力不足的短板。

相对地，项目公司也应当认真重视法务管理，这是 PPP 项目全生命周期 10 年至 30 年完全履约的根本保障，项目公司应当通过各种方式系统性地考虑，具体如下：一是加强自身管理人员法律专业知识的自我储备，通过持续地培训、学习，提高大家的基本法律意识；二是配备专门的法务部门、法务管理人员，匹配法务管理制度，对项目公司的日常管理行为进行适当管理，确保合规；三是聘请常年法律顾问，对重要的事项给出专业意见，出具法律意见书。以上三项协同，相信可以规避重大风险和后果。

从实务来看，“谁主张，谁举证”、“合同相对性”、“法不溯及既往”、有效证据、完整证据链等内容，属于高频应用知识点，建议熟知并能熟练应用。

实施办法

一、管理依据

（一）法律法规、政策依据

本节内容与本章第 35 节关联，可以关联阅读。

（二）PPP 项目合同常规约定

本项工作内容属于项目公司内部管理工作，一般 PPP 项目合同中不会约定。

（三）管理制度

一般对应《法务管理制度》《风险管理制度》等，具体内容略。

（四）经验教训

1. 投融资项目的法务风险相对较高，项目公司管理人员应该具备基本的法律素养和成熟的法律意识，建议全员进行基本专业法律培训，且专项事件辅以专业律师，不同维度对法务风险进行管控。

2. 重要合同评审、审查，建议出具法律意见书。

3. 其他重要事项，建议征询律师意见，可以要求出具法律意见书，作为决策的依据；一般事项，也应当经过法务审查，并给予法务意见。

二、工作实施方案

实施方案参见本章第35节，具体内容如下：

1. 项目公司总经理在首次会议上提出设计、编制项目公司经营管理制度的任务和要求。

2. 综合管理部牵头，组织各部门根据《项目公司经营管理大纲》的内容和要求确定管理制度清单，其中必须包含法务管理制度。

3. 各职能部门和相关人员根据自身职责，分配具体编制的任务。

4. 根据项目公司和PPP项目情况，设计编制具体的内容。

5. 项目公司内部初步评审通过。

6. 根据《公司章程》的要求，报董事会决议通过，正式发布。

7. 集中学习正式发布的管理制度，要求全体管理人员严格遵照执行，并输出相关管理成果。

8. 定期自检法务管理制度执行情况，并确认相关成果。

9. 每年年底确认是否需要更新，更新后，应当经过“三会”正式发布后，再予遵照执行。

10. 建设阶段向运营阶段过渡时，同样需要更新，并严格遵照执行。

三、管理表单

略。

四、实务风险解析与建议

严格按照项目公司管理制度执行即可。

暂无直接实务风险和问题反馈，未来待动态补充。

五、管理成果要求（基础档案）

1. 项目公司首次会议，会议纪要；

2. 项目公司经营管理制度编制启动会会议纪要及其任务分配要求；

3. 经营管理制度初稿，含法务管理；

4. 项目公司内部评审会议纪要，附评审意见；

5. 修订完善后的正式管理制度文本；

6. 董事会决议相关文件；

7. 宣贯、学习的会议纪要文件，附照片；

8. 法务管理制度执行成果文件（过程文件，重要、核心）；

9. 经营管理制度（法务管理制度）更新完整文件（含年度更新及阶段转换更新等）；

10. 其他相关文件等。

六、补充说明

本项是政府方监管要点内容，可以关联《PPP 项目政府方监管要点》阅读，共涉及一项监管要点如下：

监管要点 59：确认项目公司是否有完整的组织架构，各岗位人员是否均已实际到位履职？确认项目公司是否有经过董事会正式批准的管理制度和管理体系，并遵照执行？

第 42 节 工商管理

核心条款

第四十二条 项目公司应严格按照工商管理制度执行，安排专人落实工商管理事务，按照规定每年定期提交工商年报。当工商信息发生重大变化时，应及时进行工商信息登记变更，确保经营合规。

条款解析

工商管理属于常规的基础管理制度。

工商管理的工作量较少，属于企业经营管理的常规操作；本项管理制度的目的就是提醒项目公司必须安排专人落实相关工作，按照政策及时申报、提交工商年报，当有重大变化时，应当及时变更登记。

企业合规经营是最基本的要求。

实施办法

一、管理依据

（一）法律法规、政策依据

本节内容与本章第 35 节关联，可以关联阅读。

（二）PPP 项目合同常规约定

本项工作内容属于项目公司内部管理工作，一般《PPP 项目合同》中不会约定。

（三）管理制度

一般对应《工商登记注册》等，具体内容略。

（四）经验教训

按照现行法律规定执行即可，但必须指定专人负责。

二、工作实施方案

实施方案参见本章第 35 节，具体内容如下：

1. 项目公司总经理在首次会议上提出设计、编制项目公司经营管理制度的任务和要求。

2. 综合管理部牵头，组织各部门根据《项目公司经营管理大纲》的内容和要求确定管理制度清单，其中必须包含工商管理制度。

3. 各职能部门和相关人员根据自身职责，分配具体编制的任务。

4. 根据项目公司和 PPP 项目情况，设计编制具体的内容。

5. 项目公司内部初步评审通过。

6. 根据《公司章程》的要求，报董事会决议通过，正式发布。

7. 集中学习正式发布的管理制度，要求全体管理人员严格遵照执行，并输出相关管理成果。

8. 定期自检工商管理制度执行情况，并确认相关成果。

9. 每年年底确认是否需要更新，更新后，应当经过“三会”正式发布后，再予遵照执行。

10. 建设阶段向运营阶段过渡时，同样需要更新，并严格遵照执行。

三、管理表单

略。

四、实务风险解析与建议

每年度按期发布工商年报即可。

暂无直接实务风险和问题反馈，未来待动态补充。

五、管理成果要求（基础档案）

1. 项目公司首次会议，会议纪要；

2. 项目公司经营管理制度编制启动会会议纪要及其任务分配要求；

3. 经营管理制度初稿，含工商管理；

4. 项目公司内部评审会议纪要，附评审意见；

5. 修订完善后的正式管理制度文本；

6. 董事会决议相关文件；

7. 宣贯、学习的会议纪要文件，附照片；

8. 工商管理制度执行成果文件（过程文件，重要、核心）；

9. 经营管理制度（工商管理制度）更新完整文件（含年度更新及阶段转换更新等）；

10. 其他相关文件等。

六、补充说明

本项是政府方监管要点内容，可以关联《PPP 项目政府方监管要点》阅读，共涉及一项监管要点如下：

监管要点 59：确认项目公司是否有完整的组织架构，各岗位人员是否均已实际到位履职？确认项目公司是否有经过董事会正式批准的管理制度和管理体系，并遵照执行？

第 43 节　人事组织管理

核心条款

第四十三条　项目公司应建立人事组织管理制度，并严格按照人事管理制度执行，对管理人员岗位薪酬、考勤、考核等进行统一管理。

项目公司在实施过程中，高级管理人员（总经理、副总经理、财务总监）发生变动，建议应获得实施机构批准，并通过“三会”程序决议通过后，遵照实施。

条款解析

人事组织管理也是常规的基础管理制度。

需要重点提醒的是，高级管理人员的更换、调整，应当走适当的管理程序。应当事前向实施机构通报，可以是正式通报，也可以是非正式通报。部分《PPP 项目合同》中有相关约定，如果需要更换高级管理人员的，必须事先获得实施机构的批准，即必须提交正式书面申请，待实施机构书面批复后，方可遵照执行。

实施机构书面批准后，项目公司还应当根据《公司章程》的规定，履行“三会”程序决议。完成后，应当至市场监督管理部门进行备案。

实施办法

一、管理依据

（一）法律法规、政策依据

《建设工程项目管理规范》第 4.4 条“项目团队建设”规定：

“项目建设相关责任方均应实施项目团队建设，明确团队管理原则，规范团队运行。

“项目建设相关责任方的项目管理团队之间应围绕项目目标协同工作并有效沟通。

“项目团队建设应符合下列规定：1 建立团队管理机制和工作模式；2 各方步调一致，协同工作；3 制定团队成员沟通机制，建立畅通的信息沟通渠道和各方共享的信息平台。

“项目管理机构负责人应对项目团队建设和管理负责，组织制定明确的团队目标、合理高效的运行程序和完善的工作制度，定期评价团队运作绩效。

“项目管理机构负责人应统一团队思想，增强集体观念，和谐团队氛围，提高团队运行效率。

“项目团队建设应开展绩效管理，利用团队成员集体的协作成果。”

该规范第 4.6 条“项目管理机构负责人职责、权限和管理”规定：

“项目管理机构负责人应履行下列职责：1 项目管理目标责任书中规定的职责；2 工程质量安全责任承诺书中应履行的职责；3 组织或参与编制项目管理规划大纲、项目管理实施规划，对项目目标进行系统管理；4 主持制定并落实质量、安全技术措施和专项方案，负责相关的组织协调工作；5 对各类资源进行质量监控和动态管理；6 对进场的机械、设备、工器具的安全、质量和使用进行监控；7 建立各类专业管理制度，并组织实施；8 制定有效的安全、文明和环境保护措施并组织实施；9 组织或参与评价项目管理绩效；10 进行授权范围内的任务分解和利益分配；11 按规定完善工程资料，规范工程档案文件，准备工程结算和竣工资料，参与工程竣工验收；12 接受审计，处理项目管理机构解体的善后工作；13 协助和配合组织进行项目检查、鉴定和评奖申报；14 配合组织完善缺陷责任期的相关工作。

“项目管理机构负责人应具有下列权限：1 参与项目招标、投标和合同签订；2 参与组建项目管理机构；3 参与组织对项目各阶段的重大决策；4 主持项目管理机构工作；5 决定授权范围内的项目资源使用；6 在组织制度的框架下制定项目管理机构管理制度；7 参与选择并直接管理具有相应资质的分包人；8 参与选择大宗资源的供应单位；9 在授权范围内与项目相关方进行直接沟通；10 法定代表人和组织授予的其他权利。

“项目管理机构负责人应接受法定代表人和组织机构的业务管理，组织有权对项目管理机构负责人给予奖励和处罚。”

本节内容与本章第 35 节关联，可以关联阅读。

（二）PPP 项目合同常规约定

详细内容请参见本章第 38 节。

（三）管理制度

一般对应《人事、组织、授权管理制度》《薪酬、考核与考勤管理制度》等，具体内容略。

（四）经验教训

1. 人是第一生产力，具备得当的人事组织，人的积极性才会被充分调动，一切工作目标才有机会实现。责任、权利、义务必须统一，且必须通过一定的管理机制整合，才能充分调动人员的积极性。

2. 人的积极性难以调动，但是惰性却是天生的，要想方设法调动员工的积极性，帮助他们设定职业生涯目标，让他们为自己奋斗，让他们将自己的职业目标和公司的组织目标紧密关联，达到最佳状态。

二、工作实施方案

实施方案参见本章第 35 节，具体内容如下：

1. 项目公司总经理在首次会议上提出设计、编制项目公司经营管理制度的任务和要求。

2. 综合管理部牵头，组织各部门根据《项目公司经营管理大纲》的内容和要求确定管理制度清单，其中必须包含人事组织管理制度。

3. 各职能部门和相关人员根据自身职责，分配具体编制的任务。

4. 根据项目公司和 PPP 项目情况，设计编制具体的内容。

5. 项目公司内部初步评审通过。

6. 根据《公司章程》的要求，报董事会决议通过，正式发布。

7. 集中学习正式发布的管理制度，要求全体管理人员严格遵照执行，并输出相关管理成果。

8. 定期自检人事组织管理制度执行情况，并确认相关成果。

9. 每年年底确认是否需要更新，更新后，应当经过“三会”正式发布后，再予遵照执行。

10. 建设阶段向运营阶段过渡时，同样需要更新，并严格遵照执行。

三、管理表单

略。

四、实务风险解析与建议

实务问题1：PPP项目签约后，政府方要求由政府方全权主导项目公司日常管理工作，社会资本方仅出1名人员担任董事会秘书兼合同法务部人员，象征性任职，不履行实际职权；虽然在项目公司的治理架构中规定财务经理、董事长是社会资本方的，但在实际执行中，却要求其不履行具体职责。针对此类情况，法律层面是否有应对条款？

解析与建议：

详细内容请关联《PPP项目执行阶段操作指南：100个实务问题深度解析》问题4进行阅读。

实务问题2：项目公司高级管理人员及员工都属于委派人员，公司所作出的职代会决议是否有效？依据是什么？如果无效，应该履行怎样的流程？依据是什么？

解析与建议：

详细内容请关联《PPP项目执行阶段操作指南：100个实务问题深度解析（第二册）》问题16进行阅读。

实务问题3：项目公司的高管发生变更，一般要走什么批准程序？

解析与建议：

详细内容请关联《PPP项目执行阶段操作指南：100个实务问题深度解

析（第二册）》问题 17 进行阅读。

五、管理成果要求（基础档案）

1. 项目公司首次会议，会议纪要；

2. 项目公司经营管理制度编制启动会会议纪要及其任务分配要求；

3. 经营管理制度初稿，含人事组织管理；

4. 项目公司内部评审会议纪要，附评审意见；

5. 修订完善后的正式管理制度文本；

6. 董事会决议相关文件；

7. 宣贯、学习的会议纪要文件，附照片；

8. 人事组织管理制度执行成果文件（过程文件，重要、核心）；

9. 经营管理制度（人事组织管理制度）更新完整文件（含年度更新及阶段转换更新等）；

10. 其他相关文件等。

六、补充说明

本项是政府方监管要点内容，可以关联《PPP 项目政府方监管要点》阅读，共涉及一项监管要点如下：

监管要点 59：确认项目公司是否有完整的组织架构，各岗位人员是否均已实际到位履职？确认项目公司是否有经过董事会正式批准的管理制度和管理体系，并遵照执行？

第 44 节　办公室综合管理

核心条款

第四十四条　项目公司应建立办公室综合管理制度，并严格遵照执行，对项目公司的会议组织、车辆安排、员工食宿、奖金福利、后勤安排等各项工作进行统一管理。还应对固定资产进行统一管理，登记造册，并按照财务规则计算相应折旧。项目公司不得擅自处置相应资产，所有资产的折旧、摊销、报废等，必须按照固定资产管理制度严格执行并妥善记录。

条款解析

项目公司作为独立法人经营公司，“麻雀虽小，五脏俱全”，各项工作都需要统筹管理，一般统筹管理的部门为行政部（或综合管理部）。具体的管理内容，则按照内部控制的体系分工，在对应的管理制度中明确，以上列示的内容为主要工作事项，但并非全部，供参考。

另外，相应计提折旧应为财务部门工作，但固定资产管理一般都在行政部门，此处为提醒。

实施办法

一、管理依据

（一）法律法规、政策依据

本节内容与本章第 35 节关联，可以关联阅读。

（二）PPP 项目合同常规约定

本项工作内容属于项目公司内部管理工作，一般《PPP 项目合同》中不会约定。

（三）管理制度

一般对应《会议组织与管理制度》《公司工商登记注册》《人事、组织、授权管理制度》《薪酬、考核与考勤管理制度》《印章管理制度》《差旅管理制度》《车辆管理制度》《接待制度》《办公及配套设施管理制度》等，具体内容略。

（四）经验教训

1. 后勤保障要跟上，让一线员工只需一门心思投入到工作中，效率和效果将会很明显。

2. 主管部门要有责任心，要认真负责，要想员工所想，不能浮于表面。

二、工作实施方案

实施方案参见本章第35节，具体内容如下：

1. 项目公司总经理在首次会议上提出设计、编制项目公司经营管理制度的任务和要求。

2. 综合管理部牵头，组织各部门根据《项目公司经营管理大纲》的内容和要求确定管理制度清单，其中必须包含办公室综合管理制度。

3. 各职能部门和相关人员根据自身职责，分配具体编制的任务。

4. 根据项目公司和PPP项目情况，设计编制具体的内容。

5. 项目公司内部初步评审通过。

6. 根据《公司章程》的要求，报董事会决议通过，正式发布。

7. 集中学习正式发布的管理制度，要求全体管理人员严格遵照执行，并输出相关管理成果。

8. 定期自检办公室综合管理制度执行情况，并确认相关成果。

9. 每年年底确认是否需要更新，更新后，应当经过“三会”正式发布后，再予遵照执行。

10. 建设阶段向运营阶段过渡时，同样需要更新，并严格遵照执行。

三、管理表单

略。

四、实务风险解析与建议

严格按照管理制度执行即可。

暂无直接实务风险和问题反馈，未来待动态补充。

五、管理成果要求（基础档案）

1. 项目公司首次会议，会议纪要；
2. 项目公司经营管理制度编制启动会会议纪要及其任务分配要求；
3. 经营管理制度初稿，含办公室综合管理；
4. 项目公司内部评审会议纪要，附评审意见；
5. 修订完善后的正式管理制度文本；
6. 董事会决议相关文件；
7. 宣贯、学习的会议纪要文件，附照片；
8. 办公室综合管理制度执行成果文件（过程文件，重要、核心）；
9. 经营管理制度（办公室综合管理制度）更新完整文件（含年度更新及阶段转换更新等）；
10. 其他相关文件等。

六、补充说明

本项是政府方监管要点内容，可以关联《PPP 项目政府方监管要点》阅读，共涉及一项监管要点如下：

监管要点 59：确认项目公司是否有完整的组织架构，各岗位人员是否均已实际到位履职？确认项目公司是否有经过董事会正式批准的管理制度和管理体系，并遵照执行？

第45节 印章管理

核心条款

第四十五条 项目公司应建立印章管理制度，并严格遵照执行。项目公司刻制、报废印章，除满足项目公司管理制度外，若股东公司有相应管理要求，还应获得股东公司的确认。

项目公司应详细登记用印记录，包括公章、法人章、合同专用章、财务专用章、发票专用章等具有法律效力的印章，原则上应于每月自检一次，并妥善保存自检记录，确保用印安全。

条款解析

印章管理对于企业来说至关重要。

实务中，印章管理不当导致严重后果的案件比比皆是，不发则已，一发惊人。企业印章失控案件涉案金额动辄以千万元甚至是亿元为单位。

2017年民生银行印章失控，涉及16.5亿元理财产品“飞单”；2018年比亚迪“广告门”印章失控，案件涉及2.47亿元；2020年腾讯老干妈印章失控，案件1600多万元广告费则相对较小。这些事件，给企业造成经济损失是一方面，另一方面，企业声誉也受到极大负面影响，如比亚迪广告门事件中，最终结局就是造成多达数十家与比亚迪长期合作广告商濒临破产。

PPP项目总投资体量较大，涉及资金较多，一旦内部管理机制不健全，很容易发生资金外流的情形，其中，财务管理和印章管理都是关键。因此，建议项目公司加强印章管理。相关制度，除了用印的相关规定，建议还要在印章管理制度中明确项目部印章的使用范围与权限，在未经股东公司授权的情形下只能作为内部印章，不具有对外效力，甚至可以直接在印章上刻制“仅内部资料使用”“对外使用无效”等字样，每次用章，都应有规范的登记制度，保证出现问题时有迹可循。

总体来说，项目公司应当充分重视。

实施办法

一、管理依据

（一）法律法规、政策依据

本节内容与本章第 35 节关联，可以关联阅读。

（二）PPP 项目合同常规约定

本项工作内容属于项目公司内部管理工作，一般 PPP 项目合同中不会约定。

（三）管理制度

一般对应《印章管理制度》等，具体内容略。

（四）经验教训

1. 公司公章、财务专用章，一旦出问题就是大问题，项目公司经受不住这种“意外”。因此，项目公司必须制定完善的财务管理制度，并严格遵照执行，避免出现漏洞，承担不必要的损失。

2. 建议普及全员法律意识，尤其是领导的法律意识，这是核心一环。

3. 用印记录必须保存完善、完整，确保有迹可循。

二、工作实施方案

实施方案参见本章第 35 节，具体内容如下：

1. 项目公司总经理在首次会议上提出设计、编制项目公司经营管理制度的任务和要求。

2. 综合管理部牵头，组织各部门根据《项目公司经营管理大纲》的内容和要求确定管理制度清单，其中必须包含印章管理制度。

3. 各职能部门和相关人员根据自身职责，分配具体编制的任务。

4. 根据项目公司和PPP项目情况，设计编制具体的内容。

5. 项目公司内部初步评审通过。

6. 根据《公司章程》的要求，报董事会决议通过，正式发布。

7. 集中学习正式发布的管理制度，要求全体管理人员严格遵照执行，并输出相关管理成果。

8. 定期自检印章管理制度执行情况，并确认相关成果。

9. 每年年底确认是否需要更新，更新后，应当经过“三会”正式发布后，再予遵照执行。

10. 建设阶段向运营阶段过渡时，同样需要更新，并严格遵照执行。

三、管理表单

略。

四、实务风险解析与建议

实务问题1：项目公司刻制的“技术专用章”“资料专用章”，其法律效力与风险怎样？应如何规避相应风险？

解析与建议：

详细内容请关联《PPP项目执行阶段操作指南：100个实务问题深度解析（第二册）》问题60进行阅读。

实务问题2：仅有法定代表人或代理人的签字，合同未加盖公章的，能否认定为是公司的行为？

解析与建议：

根据签字等同于盖章的规则，加之盖章问题的本质在于是否有代表权或代理权，故只要有证据证明法定代表人或代理人是以公司名义而非自身名义签订合同的，就应认定为是公司行为，由公司承担法律后果。

实务问题3：先在空白合同书上加盖公章，后确定合同内容的，公章显示的公司应否作为合同主体承担责任？

解析与建议：

通常情况下，是先有合同条款后加盖公章，故加盖公章的行为除了表明是公司行为外，往往还有对合同条款予以确认的性质。但在空白合同上加盖公章的行为，则是先加盖公章后有合同内容。此时，务必要严格考查空白合同持有人与公司之间是否具有代理关系，从而综合认定合同效力是否及于公司。

空白合同持有人确实具有代理权，或足以使交易相对人相信其是具有代理权的，在空白合同上添加的合同条款效力及于公司。反之，仅仅根据持有盖章的空白合同这一事实，尚不足以认定其具有代理权，应按无权代理规则处理。

实务问题 4：公章的种类与文件的种类是否必须要相匹配?

解析与建议：

公章种类很多，常见的有公章、财务专用章、合同专用章、发票专用章。原则上，公章的种类与文件的种类要相匹配，在最高人民法院（2014）民申字第 1 号陈某某与国本建设有限公司、中太建设集团股份有限公司民间借贷合同纠纷中，最高人民法院认为，当事人在借款合同上加盖具有特定用途的公司项目资料专用章，超越了该公章的使用范围，在未经公司追认的情况下，不能认定借款合同是公司的意思表示。

该观点总体值得赞同，但尚须追根溯源。不认可超出公章特定用途的盖章行为的效力，本质上并非公章本身代表了某种意思表示，而是因为盖章之人缺乏代理权。反之，如果盖章之人确有代理权，即便超出公章的使用范围，亦不宜认定合同无效。

因此，公章须与文书种类相匹配的要求，并非绝对。即便考虑此种要求，实务中仍需要考虑交易习惯，尽可能保护相对人的合理信赖。借款合同加盖公司项目资料专用章固然不太符合交易习惯，但如加盖的是财务专用章，似亦在情理之中。综上所述，在匹配度的认定上，还要根据通常的交易观念从宽予以认定。

五、管理成果要求（基础档案）

1. 项目公司首次会议，会议纪要；

2. 项目公司经营管理制度编制启动会会议纪要及其任务分配要求；

3. 经营管理制度初稿，含印章管理；

4. 项目公司内部评审会议纪要，附评审意见；

5. 修订完善后的正式管理制度文本；

6. 董事会决议相关文件；

7. 宣贯、学习的会议纪要文件，附照片；

8. 印章管理制度执行成果文件（过程文件，重要、核心）；

9. 经营管理制度（印章管理制度）更新完整文件（含年度更新及阶段转换更新等）；

10. 其他相关文件等。

六、补充说明

本项是政府方监管要点内容，可以关联《PPP 项目政府方监管要点》阅读，共涉及一项监管要点如下：

监管要点 59：确认项目公司是否有完整的组织架构，各岗位人员是否均已实际到位履职？确认项目公司是否有经过董事会正式批准的管理制度和管理体系，并遵照执行？

第 46 节　培训要求

核心条款

第四十六条　项目公司应预算一定费用，安排管理人员定期培训、定期学习，并相应考核。

建议管理人员经常性进行经验总结，鼓励将工作经验、工作教训总结形成论文或专项报告，鼓励创新，并将此作为个人考核的加分项。

条款解析

建设单位管理费的使用内容，包含培训费。

投融资管理模式对项目公司经营管理人员的能力要求更高，但现阶段很多管理人员的思维还停留在传统的施工思维上，这个能力要求和能力现状之间的差距，需要通过培训、学习来逐步弥补。

弥补得好，项目就能迅速健康推进；弥补得不好，项目很有可能陷入泥沼。因此，项目公司应当在建设单位管理费中预算出一定的费用作为管理团队能力提升的经费。

管理人员能力提升了，项目公司的管理效率就上来了，直接高效。

实施办法

一、管理依据

（一）法律法规、政策依据

本节内容与本章第 35 节关联，可以关联阅读。

（二）PPP 项目合同常规约定

本项工作内容属于项目公司内部管理工作，一般《PPP 项目合同》中不会约定。

（三）管理制度

一般对应《培训管理制度》等，具体内容略。

（四）经验教训

1. 项目公司管理人员多为施工管理人员，知识面可能不足以支撑 PPP 项目经营管理的需要，且由于多为应付日常琐碎工作，所以自学的主动性和可能性就较弱。该种情形下，项目公司在建设单位管理费中安排部分预算，组织大家进行不同主题的学习、培训，并开展内部研讨，是解决这个问题的高效路径。

2. 给员工的福利有很多种，安排培训就是其中极具获得感的一种，对于员工的职业发展也有利。员工通过学习获益，有利于后续工作效率提高，项目公司也将获益。

3. 除了专业培训，建议也可以安排执业资格培训、执业认证培训，如注册造价工程师、建造师、PMP、IPMP 等。通过考试的，项目公司给予补助或奖励；没有通过考试的，则个人自行承担考试费用，逐步引导形成学习型的团队组织。

二、工作实施方案

实施方案参见本章第 35 节，具体内容如下：

1. 项目公司总经理在首次会议上提出设计、编制项目公司经营管理制度的任务和要求。

2. 综合管理部牵头，组织各部门根据《项目公司经营管理大纲》的内容和要求确定管理制度清单，其中必须包含培训管理制度。

3. 各职能部门和相关人员根据自身职责，分配具体编制的任务。

4. 根据项目公司和PPP项目情况，设计编制具体的内容。

5. 项目公司内部初步评审通过。

6. 根据《公司章程》的要求，报董事会决议通过，正式发布。

7. 集中学习正式发布的管理制度，要求全体管理人员严格遵照执行，并输出相关管理成果。

8. 定期自检培训管理制度执行情况，并确认相关成果。

9. 每年年底确认是否需要更新，更新后，应当经过“三会”正式发布后，再予遵照执行。

10. 建设阶段向运营阶段过渡时，同样需要更新，并严格遵照执行。

三、管理表单

略。

四、实务风险解析与建议

严格按照管理制度执行即可。

暂无直接实务风险和问题反馈，未来待动态补充。

五、管理成果要求（基础档案）

1. 项目公司首次会议，会议纪要；

2. 项目公司经营管理制度编制启动会会议纪要及其任务分配要求；

3. 经营管理制度初稿，含培训管理；

4. 项目公司内部评审会议纪要，附评审意见；

5. 修订完善后的正式管理制度文本；

6. 董事会决议相关文件；

7. 宣贯、学习的会议纪要文件，附照片；

8. 培训管理制度执行成果文件（过程文件，重要、核心）；

9. 经营管理制度（培训管理制度）更新完整文件（含年度更新及阶段转换更新等）；

10. 其他相关文件等。

六、补充说明

本项是政府方监管要点内容，可以关联《PPP 项目政府方监管要点》阅读，共涉及一项监管要点如下：

监管要点 59：确认项目公司是否有完整的组织架构，各岗位人员是否均已实际到位履职？确认项目公司是否有经过董事会正式批准的管理制度和管理体系，并遵照执行？

第 47 节　监理单位的落实

核心条款

第四十七条　项目正式实施前，项目公司应确认监理单位已经落实到位，可以开展监理工作。

监理单位可以由实施机构采购落实，也可以由项目公司采购落实。当由实施机构采购落实时，实施机构可以要求项目公司承担监理费，也可以自行承担。不论监理费由谁支付，监理单位均依据监理规范对项目提供监理服务，项目公司均可以对监理服务进行管理和评价。

当监理费由项目公司承担，项目公司和监理单位有合同时①，项目公司可以对监理单位进行直接管理。当监理费由实施机构自行承担，项目公司和监理单位并无合同时，项目公司可以通过实施机构对监理单位进行间接管理。

条款解析

基本管理制度落实，内部准备工作基本就绪，再来看外部条件。

项目监理必须到位，跟踪审计也必须到位。一般情况下，监理单位和跟踪审计都由实施机构采购落实，大部分由实施机构负责采购，费用由项目公司承担，纳入总投资。该种情形应当签订《三方协议》，项目公司才有付费的通道。

无论付费主体是哪一方，监理单位都应当对项目进行适当的监理。实务中，部分监理单位以低价中标，然后牺牲服务品质的方式开展工作，这样是

① 此时应为实施机构、监理单位、项目公司共同签订的三方转移合同。

不合适的。由于项目公司是第一法律责任人，承担投融资风险、建设风险和运营风险，所以应当对相关的监理行为进行适当管控，并对监理的服务品质作出评价。

签订《三方协议》，项目公司可以直接评价、管理和付费；实施机构自行付费的，则项目公司可以将评价意见反馈给实施机构，由实施机构根据《监理合同》进行管理和奖惩。

实施办法

一、管理依据

（一）法律法规、政策依据

《建筑法》第30条、第31条分别规定："国家推行建筑工程监理制度。国务院可以规定实行强制监理的建筑工程的范围。""实行监理的建筑工程，由建设单位委托具有相应资质条件的工程监理单位监理。建设单位与其委托的工程监理单位应当订立书面委托监理合同。"

《建设工程质量管理条例》第12条第2款规定，"下列建设工程必须实行监理：（一）国家重点建设工程；（二）大中型公用事业工程；（三）成片开发建设的住宅小区工程；（四）利用外国政府或者国际组织贷款、援助资金的工程；（五）国家规定必须实行监理的其他工程"。

对于国家重点建设工程，大中型公用事业工程，成片开发建设的住宅小区工程，利用外国政府或者国际组织贷款、援助资金的工程和国家规定必须实行监理的其他工程，《建设工程监理范围和规模标准规定》第3～7条有明确规定，可以遵照执行。

PPP项目属于基础设施或公共服务类公益性项目，且体量较大，因此，必须实施监理。

（二）PPP项目合同常规约定

以广州市某市政PPP项目为例，其《PPP项目合同》第15.1条约定，"本项目由甲方依照有关法律法规的规定，择优选定中国境内具备相应资质及经验的建设监理单位，实施建设过程的监理，监理费用由乙方承担，纳入项目总投资。监理费经甲方审核确认后，由甲方直接书面通知乙方，由乙方按甲方通知支付相关监理费给监理单位。乙方及其选择的承包商、材料供应商等参加单位应对甲方指定监理单位的监理工作予以积极配合和协助，并应接受监理单位就项目建设所提出的合理监理意见”。

（三）管理制度

一般对应《监理单位管理制度》等，具体内容略。

（四）经验教训

1. 监理单位可以由实施机构采购落实，也可以由项目公司采购落实。监理费用可以由实施机构支付，不纳入总投资；也可以由项目公司支付，纳入总投资。

2. 监理单位不会因为合同与实施机构签订或者与项目公司签订，而发生监理依据和要求的变化，其监理依据都是监理规范、图纸、合同、大纲、细则等，因此，项目公司不用纠结前期监理合同是否转移。

3. 监理单位是项目公司花钱聘请的专业第三方，应当充分发挥第三方的独立专业能力，鼓励监理独立履职，以此减少、降低项目公司的履约风险。监理不是项目公司的对立面，不要试图花钱请监理“放水”。思路一定要转变。

本节与本章第 53 节关联，可以关联阅读。

二、工作实施方案

1. 工程技术部负责人负责落实监理单位。

2. 前期实施机构已经选定监理单位的，若监理费用约定由项目公司支付的，则落实签订《三方协议》；若监理费用由实施机构自行承担的，则不需要签订任何手续。

3. 实施机构未选定监理单位的，应当与实施机构充分沟通，明确监理单位采购方案。

4. 实施机构自行采购的，项目公司协助，最终签订《三方协议》。

5. 实施机构要求项目公司自行采购的，项目公司可以委托第三方招标代理机构代为公开招标选定，公开招标时，可以邀请实施机构共同参与采购监督，最终签订《监理服务协议》。

6. 严格按照签订的《三方协议》或《监理服务协议》遵照执行。

三、管理表单

略。

四、实务风险解析与建议

实务问题1：在某PPP项目的联合体里面，有施工总承包单位、有监理单位、有资金方，在资质符合的情况下，这家监理单位想承担本PPP项目的监理业务，是否可以？

解析与建议：

详细内容请关联《PPP项目执行阶段操作指南：100个实务问题深度解析》问题20进行阅读。

实务问题2：某县政府与当地监理企业签订了整体服务协议，该县所有PPP项目均由该监理企业提供监理服务。后来签订的某智慧城市PPP项目，要求具有涉密资质，但该监理企业不具备此资质，导致该项目签订后进展较慢，应该怎么解决？

解析与建议：

详细内容请关联《PPP项目执行阶段操作指南：100个实务问题深度解析》问题84进行阅读。

实务问题3：政府方实施机构和监理单位、审计单位单独签署的服务合同，他们在政府的要求下开展工作，不受项目公司的任何控制，对项目公司有什么影响？

解析与建议：

详细内容请关联《PPP项目执行阶段操作指南：100个实务问题深度解析》问题85进行阅读。

五、管理成果要求（基础档案）

1.《三方协议》；

2.《监理服务协议》及其完整的采购过程文件；

3. 协议评审完整记录；

4. 相关的工作联系函或会议纪要；

5. 历次监理月报；

6. 其他相关文件等。

六、补充说明

本项工作不直接涉及政府方监管要点。

第48节　跟踪审计的落实

核心条款

第四十八条　项目正式实施前，项目公司应确认跟踪审计单位已经落实到位，可以开展审计工作。跟踪审计可以是社会审计，也可以是政府审计，根据当地政府规定及《PPP项目合同》的约定执行。根据国务院文件精神，推行过程结算，建议项目公司和实施机构协商进行实时审计、过程结算工作。

当实施机构不予确认跟踪审计、不予推进过程结算时，建议项目公司委托第三方跟踪审计单位提供专业服务，严格按照内部审计管理制度执行，并形成内部审计成果。通过内部审计和外部审计结合的方式，降低被审计风险。

跟踪审计应既审查结果，也审查过程，以政府审计的标准开展审计工作。同时要求跟踪审计按月动态对项目投资额进行确认，并定期发布审计报告。项目公司应根据审计报告情况及时进行整改，并及时反馈闭环。

条款解析

项目公司应当充分重视审计工作。事关实际总投资确认、计算政府付费的基数以及经营管理的合规性，不容马虎。

国家在推行过程结算，《PPP项目合同》一般也会约定总投资以审计结果为准。所以，通过过程结算步步为营，在过程中确认实际总投资，对最终的竣工结算和财务决算最为高效，对项目公司最为友好。因此，建议项目公司推动第三方跟踪审计到位。

实践中，部分地方政府无视合同约定，不配合落实跟踪审计，回复“项目不执行跟踪审计，待竣工验收合格后一次审计”。当该种情形发生时，项目公司应当警惕，督促实施机构按照合同约定执行。

当实施机构确实不愿落实时，项目公司可以自行采购当地的正规审计单位（可以采购审计局经常委托的审计单位，他们对当地政府审计的标准和规则相对熟悉），委托他们作为第三方咨询机构，对自己进行内部审计，审计的标准和政府审计标准一致，每月出具审计报告给项目公司。通过内部审计的审查和过程查漏补缺，可以大幅降低未来的审计风险。

实施办法

一、管理依据

（一）法律法规、政策依据

审计署《关于印发政府投资项目审计规定的通知》（审投发〔2010〕173号）第5条规定："审计机关对政府重点投资项目以及涉及公共利益和民生的城市基础设施、保障性住房、学校、医院等工程，应当有重点地对其建设和管理情况实施跟踪审计。"

国务院办公厅印发的《关于创新投资管理方式建立协同监管机制的若干意见》（国办发〔2015〕12号）则明确规定，"审计部门要加强对政府投资项目、国有企业投资项目以及政府和社会资本合作等方式建设的其他公共工程项目的审计监督"。

另外，《审计法》第23条规定："审计机关对政府投资和以政府投资为主的建设项目的预算执行情况和决算，对其他关系国家利益和公共利益的重大公共工程项目的资金管理使用和建设运营情况，进行审计监督。"PPP项目的政府审计已经获得法律授权。

《审计法》第34条规定："审计机关有权要求被审计单位按照审计机关的规定提供财务、会计资料以及与财政收支、财务收支有关的业务、管理等资料，包括电子数据和有关文档。被审计单位不得拒绝、拖延、谎报。被审计单位负责人应当对本单位提供资料的及时性、真实性和完整性负责。审计机关对取得的电子数据等资料进行综合分析，需要向被审计单位核实有关情况的，被审计单位应当予以配合。”实践中，项目公司大概率没有被审计意识，所以第三方跟踪审计的全程介入，有助于项目公司及时、完善地准备好各项过程文件，为未来的政府审计做好扎实基础。

《审计法》第36条还规定：“审计机关进行审计时，有权检查被审计单位的财务、会计资料以及与财政收支、财务收支有关的业务、管理等资料和资产，有权检查被审计单位信息系统的安全性、可靠性、经济性，被审计单位不得拒绝。”

财政部《关于推进政府和社会资本合作规范发展的实施意见》（财金〔2019〕10号）第2条第2款第3项中明确要求，“严格控制项目投资、建设、运营成本，加强跟踪审计”，第5条第2款进一步要求，“强化跟踪监测。加强对项目全生命周期的跟踪指导和监督检查，建立健全政策落实和项目实施督查机制。加大信息公开力度，主动接受审计监督和社会监督，推动项目规范有序实施”。因此，各方已经越来越重视审计工作。

2015年5月4日，交通运输部发布的《关于深化交通运输基础设施投融资改革的指导意见》（交财审发〔2015〕67号）对审计要求就非常明确，该意见第5条明确规定：“……各级交通运输部门要进一步完善制度设计，夯实制度基础，结合内部业务管理流程，加快构建覆盖资金筹集、预算编制、预算执行、资产管理、审计监督等各环节的内部控制制度体系。推行重点建设项目跟踪审计，重点加强对征地拆迁、工程招投标、设计变更、计量支付、竣工决算等关键环节的审计，防范管理漏洞，纠正建设浪费，促进资金安全和高效使用。”

对于收费公路项目，交通运输部办公厅《关于印发〈收费公路政府和社会资本合作操作指南〉的通知》（交办财审〔2017〕173号）附件《收费公路政府和社会资本合作操作指南》第34条明确规定：“项目实施机构可以采取聘请设计审查单位、对项目监理单位或者中心试验室试验检测服务进行直接招标等措施，对设计及工程质量进行监控；也可以聘请第三方中介机构对项目进行成本审计或者承担其他评估工作。”

（二）PPP 项目合同常规约定

以广州市某市政 PPP 项目为例，其《PPP 项目合同》第 2.1.1 条第 6 款约定，“在建设期内甲方可以委托政府其他部门或机构对项目进行审计检查，相应的费用由甲方负担，检查周期由甲方合理确定，应提前合理时间通知乙方；审计检查范围主要包括对乙方的注册资本、项目资本金的到位情况、融资到位情况、资金使用情况、项目进度情况、项目质量情况、入廊管线种类与长度、项目实施与本协议执行情况等方面，乙方有义务对审计检查工作给予充分配合，提供必要的、完整的所需查看的各种文件资料，并对提供资料的真实性负责”。

该合同第 18.1 条还约定，“本项目建设期内，乙方应接受国家、省、市及广州市黄埔区、广州开发区或相关部门对项目建设的跟踪审计，并提供相应资料和给予必要的配合”。

（三）管理制度

一般对应《合同管理制度》《组织协调管理制度》《建设工程项目管理制度》等，具体内容略。

（四）经验教训

1. 国家推行过程结算，国务院要求“财政资金运用到哪里，审计就要跟进到哪里”，项目公司必须重视审计，并强调落实。可以要求跟踪审计按照政府审计的标准来进行，既对造价进行审计，也对过程进行审计，以达到效率最佳。

2. 跟踪审计既可以由实施机构采购落实，也可以由审计局指定落实，还可以是项目公司落实。实施机构落实时，属于社会审计，即第三方跟踪审计；审计局落实时，属于政府审计；项目公司落实时，属于内部审计。但是审计的标准，可以统一为政府审计标准，效率最好。

3. 政策规定 PPP 项目必须进行政府审计，项目公司应从源头抓起，以能够通过政府审计、能够通过绩效考核的标准来要求自身的工作。

本节内容与本章第 54 节关联，可以关联阅读。

二、工作实施方案

1. 工程技术部负责人负责落实跟踪审计单位。

2. 前期实施机构已经选定跟踪审计单位的，若跟踪审计费用约定由项目公司支付的，则落实签订三方协议；若跟踪审计费用由实施机构自行承担，则不需要签订任何手续。

3. 实施机构未选定跟踪审计单位的，项目公司应当与实施机构充分沟通，明确跟踪审计单位如何选择。

4. 实施机构自行选择的，项目公司协助，最终要签订三方协议。

5. 实施机构要求项目公司自行选择的，项目公司可以委托第三方招标代理机构代为公开招标选定，公开招标时，可以邀请实施机构共同参与采购监督，最终签订《跟踪审计服务协议》。

6. 按照签订的三方协议或《跟踪审计服务协议》遵照执行。

三、管理表单

略。

四、实务风险解析与建议

实务问题1：审计局委托的第三方造价咨询费用要求项目公司承担，会与项目公司聘请的造价咨询机构重叠，是否有问题？

解析与建议：

审计局委托属于政府审计，根据《审计法实施条例》第10条的规定，应由审计局付费，跟实施机构没有关系，和本PPP项目也没有关系，所以不能纳入本项目总投资。项目公司委托第三方造价咨询机构则属于购买服务，相关的费用可以从二类费中支出。

所以以上不存在重叠关系。

实务问题2：2021年修正的《审计法》落地后，PPP项目审计应当如何开展？项目公司应当如何应对？对于审计单位的工作，应当如何配合？

解析与建议：

PPP项目的审计类型，应当包括内部审计、社会审计、政府审计和专项监督检查四类。其中：

内部审计，是指项目公司根据内控机制开展的自我审计监督，可能是项目公司自己审计、项目公司委托第三方给自己审计，也可能是委托股东公司开展审计，均属于内部审计范畴。内部审计是项目公司规范经营管理的内控机制，是PPP项目健康推进的核心基础。PPP项目的社会资本多为国企和央企，2020年9月28日，国资委发布了《关于印发〈关于深化中央企业内部审计监督工作的实施意见〉的通知》（国资发监督规〔2020〕60号），要求企业健全内部审计制度体系，积极推动内部审计监督无死角、全覆盖，应审尽审、凡审必严，规范有效开展内控审计，“规范开展对投资决策、资金管理、招投标、物资采购、担保、委托贷款、高风险贸易业务、金融衍生业务、PPP业务等重点环节、重要事项以及行业监管机构发现的风险和问题的专项内控审计，切实促进提升内控体系有效性”。2021年2月20日，国资委办公厅加急发布了《关于做好2021年中央企业内部审计工作有关事项的通知》（国资厅监督〔2021〕20号），要求企业“扎实做好内部审计，高质量完成年度工作计划和重点任务”，“强化审计问题整改，促进建立健全依法合规经营长效机制”，重点“防范化解重大风险审计”，国企和央企均应按照要求加强内部审计，PPP项目则是审计中的核心一环。部分企业建立了内部标准化管理体系、管理制度，这些是内部审计的依据之一，结合《PPP项目合同》体系，则构成了项目公司规范化管理的核心监督力量。

项目公司按照标准化管理体系执行，按照《PPP项目合同》履约，股东方（或项目公司自行）按照企业内部管理制度进行内控审计，及时发现问题、整改问题，直至关闭，将重大风险扼杀在萌芽状态，保持项目公司可持续地稳定经营，最为理想。其审计范围最广、最细。

社会审计，一般是指实施机构委托的第三方跟踪审计单位，其审计主要内容一般是造价审计，有的还包括财务审计、采购及招投标审计等。其审计范围相对较小，但更为专业和细致，尤其是多数《PPP项目合同》约定，

PPP 项目的总投资以审计结果为准①，在国务院全面推行过程结算的背景下，实时的造价审计就更加不可或缺。

政府审计，是指国家审计机关根据法律规定开展的具有行政强制性的审计行为，其本质是经济监督。审计机关站在国家行政治理的高度，对政府项目的客观检验，既审结果，亦审过程。其审计范围最广，更加侧重过程的程序合规性、重要决策的依据充分性、执行过程的证据完整性、量价部分的数据清晰性、最终结果的数额精准性，以及关键材料的签字正当性等。其效力最高，有权对前述各项工作、各项审计的结果进行复核，这是国家对固定资产投资活动实施监督的有效手段，是国家审计监督的重要内容。

另外，审计署、国资委、财政部等主管部门有可能对重要对象、重要项目进行专项审计、专项检查。这也构成了一部分审计主体。

部分从业人员认为，PPP 项目不一定必须经过政府审计，这是错误的。《审计法》第 23 条规定，“审计机关对政府投资和以政府投资为主的建设项目的预算执行情况和决算，对其他关系国家利益和公共利益的重大公共工程项目的资金管理使用和建设运营情况，进行审计监督”，审计署明确，“政府投资项目审计是指审计机关依据法律、法规和政策规定，对政府投资和以政府投资为主的建设项目的预算执行情况和竣工决算情况实施的审计，对关系全局性、战略性、基础性的重大公共基础设施工程实施的跟踪审计，对其他政府投资、政府与社会资本合作等方式建设的公共产品和公共服务项目实施的审计”。根据 PPP 相关政策规定，PPP 项目必须是基础设施或公共服务等公益性项目，不得是政府方不负有提供义务的商业项目②。因此，“政府投资和以政府投资为主”或“关系国家利益和公共利益的公共工程项目”，均应接受审计，且覆盖“建设、运营”，按照这里的相关定义，PPP 项目应

① 实践中，可能是实施机构委托的第三方社会审计，也可能是审计机关委托的代为审计的第三方机构。

② 财政部办公厅《关于规范政府和社会资本合作（PPP）综合信息平台项目库管理的通知》（财办金〔2017〕92 号），国家发改委《关于切实做好传统基础设施领域政府和社会资本合作有关工作的通知》（发改投资〔2016〕1744 号）。

当接受审计。

另外，根据“财政资金运用到哪里，审计就跟进到哪里”的“审计全覆盖”原则，PPP 项目势必应当接受审计机关的审计。

同时，几乎所有 PPP 项目合同中都约定了总投资以审计机关最终的审计结果为准，该项约定合法有效，也是审计的充分依据之一。

因此，各方主体应做好接受审计、配合审计的准备。

对于审计工作的应对和配合，项目公司应当根据审计要点，逐项提前落实好完整的证据，形成详细的证据链，即可高效应对。

审计逻辑一般包括明确审计要点、明确审计依据、明确审计证据、分析该审计要点实务中可能存在的表现形式及其可能承担的后果①、记录实际审计表现形式、明确审计结果和审计建议、审计后思考七项，项目公司在思考配合审计工作时，可以参考学习。而相关的审计要点，才是项目公司应当提前准备和应对的重点，这一部分，可以按照 PPP 项目识别、准备、采购、执行和移交阶段各阶段的关键工作，逐项进行 WBS 深度分解，即可迅速剖解出核心的审计细则和要点。具体包括：

1. 确认识别阶段 PPP 项目立项决策的科学性和合理性。

2. 确认准备阶段 PPP 项目的正当性。包括：

（1）首先应对被审计项目是否适宜采用 PPP 模式进行审计。根据 PPP 政策规定，“PPP 项目必须是基础设施或公共服务等公益性项目，不得是政府方不负有提供义务的商业项目”，所以首先从源头上确认，被审计项目的属性是否存在问题，如果属性存在问题，则后续所有细节工作均没有存在的基础。

（2）如果被审计项目适宜采用 PPP 模式，接着应对 PPP 项目的合规性程序进行审计，以确认其程序正当性。具体包括“两评一案”是否评审通过，并获得本级人民政府适当批准；实施方案是否适当，符合政策相关规定等。

（3）还可以延伸审计咨询机构的采购是否合规、咨询机构及专家的咨询

---

① 可以通过链接已有项目案例，效能更高。

成果是否妥当等。PPP 项目实施方案后期存在重大瑕疵导致不当后果的，应向咨询机构和或相关专家严肃追责。

（4）以上程序适当，则应重点检查项目实施过程中是否存在异化 PPP、包装 PPP 的嫌疑？本项要点可以根据财政部对规范 PPP 项目所定义的十个量化标准进行逐一确认即可，包括主体适当、对象适当、期限适当、融资适当、采购适当、绩效适当、合作安排、经济分析、补贴适当和准备适当等，按照政策依据执行即可，不再赘述。

3. 确认采购阶段 PPP 项目采购的合规性。采购的合规性审计内容包括，采购方案是否获得了批准；是否开展了资格预审；正式采购过程是否适当；合同谈判备忘录是否记录清晰；中标通知书发出是否适当；是否在规定时间内签署协议，且协议终版是否获得了合适的批准；采购信息是否及时、适当地公开以及是否按照规定及时转入 PPP 项目管理库等。其中，根据财政部政策规定，PPP 项目必须经过资格预审。正式采购模式包括公开招标、邀请招标、竞争性谈判、竞争性磋商和单一来源采购五种，其中，公开招标和竞争性磋商最为常用，但若属于“两标并一标”① 的行为，则必须采用公开招标的模式。审计的另一要点是，招标文件、投标文件、谈判备忘录、中标通知书、合同，应一一印证，环环相扣，不得发生原则性背离的情形。

4. 确认执行阶段 PPP 项目合同履约的适当性。为了更好地适配审计逻辑，作者将执行阶段分为前期准备阶段、建设阶段和运营阶段，其中，建设阶段重点审计工程产出实现程度，运营阶段重点审计服务产出实现程度。

（1）前期准备阶段，重点审计项目公司成立的基础事项。重点包括，项目公司是否按照约定及时成立；是否及时和实施机构签订了《PPP 项目合同》；是否构建了完整的组织架构，并可以满足经营管理所需；是否构建了完整的管理体系并运行良好；项目公司是否存在股权变更情形，并按约处理。

① 通过公开招标选定社会资本方的，如果该社会资本方具有相应资质，则可以直接签订施工总承包合同，而不用再次进行二次招标采购。

其中，项目公司注册成立的审计核心在于项目公司注册资本金和/或项目资本金①有没有按照约定及时、足额注资到位。项目公司构建组织架构的审计核心在于建设单位管理费的合理使用、固定资产的适当管理和规范折旧等。

（2）建设阶段，重点确认工程产出是否实现，包括结果是否实现、过程是否合规两部分内容。其中，工程产出目标是否实现比较简单，根据合同约定的标准进行审查即可。但是过程是否合规，内容要素比较多，至少应包括：PPP 项目的工程合规性是否完善；项目公司的采购是否合规；内控管理制度的运行是否恰当；投资控制是否适当；资金管理是否适当；工程管理是否适当；合同管理是否适当；偏差部分，是否及时签订了《补充协议》；“三会”管理制度执行是否适当；建设期绩效考核有无按照规定执行。实施过程中，是否存在违约情形；若有，责任方是否按照合同约定或政策规定追责并将事件处理关闭、有没有按照规定及时更新项目信息公示、项目监管体系是否运行正常等。

（3）或有的一点是，审计是否存在提前终止情形；如果存在，是否按照政策规定、合同约定适当处理。

（4）运营阶段，重点确认服务产出是否实现。包括结果是否实现、过程是否合规两部分内容。其中，过程合规的内容要素至少应包括：PPP 项目的运营合规性是否完善；项目公司的采购是否合规；内控管理制度的运行是否恰当；运营成本的计算是否恰当；资金管理是否适当；合同管理是否适当；偏差部分是否及时签订了《补充协议》；“三会”管理制度执行是否适当；运营期绩效考核有无按照规定执行；政府方是否及时、足额向项目公司支付了相应费用；是否按照规定及时、适当地进行了中期评估；过程中是否存在终端或临时终止服务的情形，是否按约处理；实施过程中，是否存在违约情形发生，若有，责任方是否按照合同约定或政策规定追责，且将事件处理关闭；有没有按照规定及时更新项目信息公示；项目监管体系是否运行正常等。

---

① 多数项目公司的《公司章程》和《PPP 项目合同》都将项目公司注册资本金和项目资本金的约定等同，故此处表述为“和/或”。

（5）或有的一点是，审计是否存在提前终止情形；如果存在，是否按照政策规定、合同约定适当处理。

5. 确认移交阶段《PPP 项目合同》移交的符合性。本阶段的审计相对比较简单，包括确认项目移交是否按约执行，以及确认是否及时进行项目后评价等两项。由于尚无 PPP 项目进入移交阶段，因此，还缺少审计实践的研究，故本节不予展开。

项目公司应对以上审计要点进行提前自我筛查和检验，通过有效证据的形式进行逐一确认，并对识别出的问题进行专项整改，即可高效通过各项审计监督。

其他相关实务风险问题，还可以关联《PPP 项目执行阶段操作指南：100 个实务问题深度解析》问题 25、问题 26、问题 27、问题 85，《PPP 项目执行阶段操作指南：100 个实务问题深度解析（第二册）》问题 62、问题 63 进行阅读。

五、管理成果要求（基础档案）

1. 《三方协议》；
2. 《跟踪审计服务协议》及其完整的采购过程文件；
3. 协议评审完整记录；
4. 相关的工作联系函或会议纪要；
5. 历次跟踪审计报告；
6. 其他相关文件等。

六、补充说明

本项是政府方监管要点内容，可以关联《PPP 项目政府方监管要点》阅读，共涉及一项监管要点如下：

监管要点 27：是否已经落实了跟踪审计单位，以确保投资控制的及时落实？

第 49 节　项目开工条件的确定

核心条款

第四十九条　正式开工前，项目公司应联合施工项目部踏勘现场，确认是否已满足开工条件，如："三通一平"是否已经完成、征地拆迁进度是否已经满足施工需要、施工许可证是否已经办理完成等。

如果尚不具备开工条件，项目公司应列示待解决事项清单，并协调实施机构限时完成，直至满足开工条件。当以上问题短期无法解决的，应及时固定相关过程证据，可以推动解决问题的同时，按照合同约定向责任方主张违约责任。

条款解析

项目公司应当提前至施工现场确认是否具备全面开工的条件，如果不具备，应明确需协调、落实和解决的问题清单。本项工作可以和施工总承包单位一起至现场查勘，有特殊情况的，也可以邀请实施机构共同参加。

本项工作重要性极高。具备全面开工条件，应妥善做好全面开工准备；不具备全面开工条件，则应专项推动、专项落实，尽快消除障碍；当问题确实严重，短期内无法顺利解决、全面开工的，应当做好策划和应对，避免"窝工"现象。

实务中，本项工作应当是项目公司各个部门"兵分两路"，提前开展。

本项工作的矛盾争议较多，项目公司应当重点关注，如果确有问题的，坚持以下主要原则，一是积极协调推进，消除影响，为全面开工推进做好准备；二是固定好过程证据，做好工期索赔和费用索赔的准备。

确保“进可攻，退可守”即可。

实施办法

一、管理依据

（一）法律法规、政策依据

2017 年 11 月 28 日，国家发改委发布的《关于鼓励民间资本参与政府和社会资本合作（PPP）项目的指导意见》（发改投资〔2017〕2059 号）第 3 条中就特别强调，“避免项目规划选址、征地拆迁等比较复杂的前期工作由民营企业承担”。对此，我们应客观应对，避免将该类工作交由项目公司承担。

对于收费公路项目，交通运输部办公厅《关于印发〈收费公路政府和社会资本合作操作指南〉的通知》（交办财审〔2017〕173 号）附件《收费公路政府和社会资本合作操作指南》第 11 条第 3 款规定：“在实施方案编制过程中，各级交通运输主管部门应积极依托本级人民政府建立的 PPP 项目部门联动协调机制，统筹考虑开展 PPP 项目政府可赋予的政策措施，包括征地拆迁、项目沿线土地开发使用、建设期投资补助或者运营补贴等，并在实施方案和社会资本方选择招标文件中予以明示。”该文件同样明确了该类工作由实施机构负责统筹考虑。

不仅于此，政策对供水、供电、供气、供热等事业单位也作出了明确要求。《优化营商环境条例》第 28 条规定：“供水、供电、供气、供热等公用企事业单位应当向社会公开服务标准、资费标准等信息，为市场主体提供安全、便捷、稳定和价格合理的服务，不得强迫市场主体接受不合理的服务条件，不得以任何名义收取不合理费用。各地区应当优化报装流程，在国家规定的报装办理时限内确定并公开具体办理时间。政府有关部门应当加强对公用企事业单位运营的监督管理。”如果违反相关规定的，该条例第 70 条规定：“公用企事业单位有下列情形之一的，由有关部门责令改正，依法追究法律责任：（一）不向社会公开服务标准、资费标准、办理时限等信息；（二）强迫市场主体接受不合理的服务条件；（三）向市场主体收取不合理费用。”

（二）PPP项目合同常规约定

以天津市某高速公路PPP项目为例，其《PPP项目合同》第6.3.4条约定，“甲方应协助乙方获得运营和维护项目设施所需的所有公用设施条件的供应，包括电、水、道路和通讯等”。第32条约定，“特许经营期内，项目公司负责建成的设计范围内全部设施的养护管理。甲方协助项目公司开展外部公共设施（道路、供水、供电、排水等）的畅通工作”。

再以四川省某市政配套、保障性安居工程PPP项目为例，其《PPP项目合同》第5.1.2.2条约定，“××人民政府和甲方负责项目前期工作和提供本项目建设相关的先行条件：包括拆迁安置补偿、土地征用、管线迁移、树木迁移、进场道路、施工水电接口、施工临时用地征用、协商、维稳工作等，满足乙方的施工需要，做好达到开工条件的所有前期工作，所需费用纳入非工程费用总价，最终由××人民政府承担”。

（三）管理制度

一般对应《报建管理制度》《进度计划编审及执行管理制度》《监理单位管理制度》等，具体内容略。

（四）经验教训

1. 这里说的开工条件，指物理条件。项目公司落地后，应当派人提前到现场进行深度摸排，既是对一级控制进度计划编制的基础调研，也是对后续施工安排的充分准备，还是和实施机构沟通协调的重要工作内容之一。只有解决施工现场的隐形矛盾了，才能给后期高效施工创造有利条件。

2. 打好老百姓“感情牌”，多和当地村民打好交道，对于未来的施工环境有帮助。

二、工作实施方案

1. 工程技术部根据《项目公司经营管理大纲》的策划，对项目开工条件进行逐一梳理，确认是否具备全面开工条件。

2. 以上条件，包括合规性手续条件、项目现场条件、资金条件等。

3. 具备以上条件的，做好全面开工的准备。

4. 不具备全面开工条件的，应当梳理好不具备的条件清单，并梳理好相应的原因。

5. 针对相应的原因，做好初步的应对方案建议，项目公司内部会议后，确定下步专项处理方案。

6. 按照会议议定的专项处理方案执行推进，直至具备全面开工的条件。

三、管理表单

略。

四、实务风险解析与建议

暂无直接实务风险和问题反馈，未来待动态补充。

五、管理成果要求（基础档案）

1. 不具备全面开工条件的问题清单及处理对策；

2. 项目公司内部会议纪要及专项处理方案；

3. 过程处理文件，如工作联系函会议纪要；

4. 全面开工条件具备，监理签发的开工令；

5. 其他相关文件等。

六、补充说明

本项是政府方监管要点内容，可以关联《PPP项目政府方监管要点》阅读，共涉及四项监管要点，分别如下：

1. 监管要点25：确认项目公司是否获得了必要的“三通一平”？是否与水电气等公用事业单位接洽顺利？征地拆迁工作是否顺利？

2. 监管要点54：确认是否已经获得了土地批准手续，相应的费用乙方是否及时、完全支付？并监管确认乙方是否按照协议约定的内容使用该土地。

3. 监管要点65：确认前期征地拆迁工作是否及时完成，是否符合项目推进进度要求？

4. 监管要点66：确认项目公司是否已经获得项目所需的公用设施条件？必要时，可以给予充分和必要的协助。

第50节　土地指标、征地拆迁问题的处理

核心条款

第五十条　当由于土地指标、征地拆迁等问题未能落实，导致开工行政许可无法办理、现场不具备开工条件的，还有可能会引致融资不能，项目公司应积极、主动协助实施机构推进问题解决，必要时，可共同向本级人民政府报告。当问题短期无法解决的，应及时固定相关过程证据，可以按照合同约定向实施机构主张违约责任，同时应向实施机构和股东提出合理推进方案。

条款解析

实践中，如果涉及土地指标或征地拆迁，往往短期内很难推进，项目公司应当将该工作列为专项工作，专项处理。

土地指标问题，是由于前期准备工作不到位所造成的。土地指标一般由省国土部门一年调整一次。因此，当年如果土地指标用完，则一般会到第二年才能安排，且土地控规、调规等一系列程序相对比较复杂、苛刻，所以应当审慎，提前确认、提前落实。

征地拆迁问题，当下征地拆迁政策比较透明、标准统一，所以一般资金到位后相对容易解决。部分《PPP项目合同》约定土地费用、征地拆迁费用由项目公司承担，纳入总投资，那么针对该部分费用，项目公司应当按照约定及时到位，这是项目顺利按期推进的前提条件。

如果以上两点出现问题，项目公司应当清晰认知，实施机构单个部门无法有力推进，协同其他行政职能部门共同解决的能力也相对不足，应当尽快向本级人民政府汇报，争取获得主要领导的关注和协调，才能迅速组织行政

力量，积极推进。

实施办法

一、管理依据

（一）法律法规、政策依据

本节内容与本章第49节关联，可以关联阅读。

（二）PPP项目合同常规约定

以天津市某高速公路PPP项目为例，其《PPP项目合同》第8.2.1条、第8.2.4条约定，“本项目建设用地的性质为交通运输用地，以划拨方式提供给乙方。乙方使用项目用地的期限与本协议规定的特许经营期一致。乙方承担本项目的征地拆迁费用，及特许经营期内获得及存续本项目用地使用权的一切费用”。第18.1条约定，“本项目征地拆迁工作由××市高速集团组织推动，××区政府具体实施”。第27条还约定，“本项目征地拆迁和安置工作由政府方负责实施，征地拆迁费用纳入项目总投资”。

（三）管理制度

一般对应《报建管理制度》《进度计划编审及执行管理制度》《监理单位管理制度》等，具体内容略。

（四）经验教训

1. 土地指标是刚性问题，每年指标有限，地方人民政府及行政职能主管部门无法主导。因此，需要项目公司紧盯每年的指标，并专项跟踪落实。

2. 征地拆迁也是“一把手”工程，实施机构和项目公司层面难以高效推进，如果能够获得本级人民政府主政书记支持，则一般情况下效率可以保证。

3. 土地指标和征地拆迁是大概率会发生的问题，也是重点难点问题，一旦发生，很可能会造成工期延误。因此，项目公司应当事先识别，专项方案，专项处理。确实对项目公司造成负面影响的，应当及时主张损失，积极索赔。

二、工作实施方案

1. 工程技术部在办理合规性手续时，应提前梳理项目是否存在土地指标、征地拆迁问题。

2. 不存在相关问题的，专项推进四证的办理以及质监、安监的备案。

3. 存在相关问题的，应当专项处理、专人负责，由项目公司总经理牵头推进。

4. 分别通过月度例会、月报、专项报告、专项会议、联席会议等方式推进，最终向政府主管领导汇报，或者通过书记专项汇报等方式，协调落实推进。

5. 根据专项事件的推动情况，工程技术部应当根据《PPP 项目合同》的约定，及时发出工作联系函，形成固定证据，当涉及工期延期或费用索赔时，应推动获得适当的书面批准；必要时，可以通过《PPP 项目合同补充协议》进行固定。

6. 持续推进，直至问题解决、四证获得。

三、管理表单

略。

四、实务风险解析与建议

实务问题 1：土地许可还没有办理完成，但政府督促进场实施后，国土部门对项目公司作出行政处罚，应如何处理？

解析与建议：

详细内容请关联《PPP 项目执行阶段操作指南：100 个实务问题深度解析（第二册）》问题 33 进行阅读。

实务问题 2：因政府征地拆迁原因造成项目建设期延长，项目公司应如何处理？在延期期间的各项费用应如何计算？

解析与建议：

详细内容请关联《PPP 项目执行阶段操作指南：100 个实务问题深度解

析（第二册）》问题56进行阅读。

实务问题3：项目实施过程中，时有发生阻工情况，应如何处理？

解析与建议：

详细内容请关联《PPP项目执行阶段操作指南：100个实务问题深度解析（第二册）》问题57进行阅读。

其他相关实务风险问题，还可以关联《PPP项目执行阶段操作指南：100个实务问题深度解析》问题22、问题23、问题56进行阅读。

五、管理成果要求（基础档案）

1. 项目公司内部会议纪要；

2. 涉及的工作联系函、专项报告、会议纪要、请示报告、《项目公司经营管理月报》；

3. 工期索赔报告及其批准；

4. 费用索赔报告及其批准；

5. 《PPP项目合同补充协议》（或有）；

6. 土地许可/不动产权证及其他合规性手续；

7. 其他相关文件等。

六、补充说明

本项是政府方监管要点内容，可以关联《PPP项目政府方监管要点》阅读，共涉及三项监管要点，分别如下：

1. 监管要点25：确认项目公司是否获得了必要的“三通一平”？是否与水电气等公用事业单位接洽顺利？征地拆迁工作是否顺利？

2. 监管要点54：确认是否已经获得了土地批准手续，相应的费用乙方是否及时、完全支付？并监管确认乙方是否按照协议约定的内容使用该土地。

3. 监管要点65：确认前期征地拆迁工作是否及时完成，是否符合项目推进进度要求？

第 51 节　监理开工令的签发

核心条款

第五十一条　当项目正式实施时，项目公司应根据《PPP 项目合同》的约定，要求获得开工许可。开工许可的形式，可能约定为监理单位签发的开工令，也可能约定为实施机构签发的开工通知，两者具有同等法律效力。

开工许可应与立项批复文件对应，当立项批复文件为整体批复时，出具一份开工许可；当立项批复文件为单个子项分别批复，或项目各子项将分批次进入运营期的，应针对各子项分别签发开工许可。

当项目不能按照合同约定日期开工时，项目公司应和实施机构明确原因，积极消除影响，并固定证据，作为未来追索相应责任的依据。

条款解析

《PPP 项目合同》约定，正式开工启动时点一般以监理签发的开工令，或实施机构签发的开工通知为准，因此，项目公司应当获得开工许可。

这是项目正式启动的标准时点。

实务中，开工令的时点确认可能会有争议，该日期是以实际进场日期确认，还是以项目合规性手续获得的次日确认？经常会让项目公司、施工总承包单位困扰。根据最高人民法院《关于审理建设工程施工合同纠纷案件适用法律问题的解释（一）》第 8 条规定："当事人对建设工程开工日期有争议的，人民法院应当分别按照以下情形予以认定：（一）开工日期为发包人或者监理人发出的开工通知载明的开工日期；开工通知发出后，尚不具备开工条件的，以开工条件具备的时间为开工日期；因承包人原因导致开工时间推迟的，以开工通知载明的时间为开工日期。（二）承包人经发包人同意已经实际进场施工的，以实际进场施工时间为开工日期。（三）发包人或者监理人未发出开工通知，亦无相关证据证明实际开工日期的，应当综合考虑开工报告、合同、施工许可证、竣工验收报告或者竣工验收备案表等载明的时间，并结合是否具备开工条件的事实，认定开工日期。”从各项目案例和司法实践来看，项目公司可以完全排除该类争议，建议具体日期以实际进场日期为准，不建议修改该日期。

另外，开工令是按照整体项目签发，还是按照具备施工条件的子项分别签发？这个问题的回答和未来运营期回款计算息息相关。从案例实践来看，整体项目全面具备开工条件、可以同时竣工验收、同时进入运营期的概率较低，建议按照具备施工条件的子项分别签发。当合同中没有这样约定时，项目公司可以根据项目实际推进情况，及时和实施机构沟通，可以通过签订《PPP 项目合同补充协议》的形式进行确认。

当合同中约定了具体的开工日期，但实际由于特殊情况不能按期开工的，如征地拆迁未能按期完成、土地指标没有及时获取等，项目公司应当以“推动问题解决”为原则，积极和实施机构沟通、协调解决，必要时，可以协调召开联席会议，甚至通过向本级人民政府主管领导专项汇报等方式寻求解决途径，这些过程也是一个固定证据的过程。经过各种方式，确实短期无法解决的，未来可以根据《PPP 项目合同》的约定，向实施机构主张相应补偿或违约责任（该种情形在实务中呈多发状态，项目公司应当引起重视）。

实施办法

一、管理依据

（一）法律法规、政策依据

《建设工程监理规范》第 5.1.8 ~ 5.1.10 条分别规定：“总监理工程师应组织专业监理工程师审查施工单位报送的开工报审表及相关资料；同时具备下列条件时，应由总监理工程师签署审查意见，并应报建设单位批准后，总监理工程师签发工程开工令：1 设计交底和图纸会审已完成。2 施工组织设计已由总监理工程师签认。3 施工单位现场质量、安全生产管理体系已建立，管理及施工人员已到位，施工机械具备使用条件，主要工程材料已落实。4 进场道路及水、电、通信等已满足开工要求。”“开工报审表应按本规范表 B. 0. 2 的要求填写。工程开工令应按本规范表 A. 0. 2 的要求填写。”“分包工程开工前，项目监理机构应审核施工单位报送的分包单位资格报审表，专业监理工程师提出审查意见后，应由总监理工程师审核签认。分包单位资格审核应包括下列基本内容：1 营业执照、企业资质等级证书。2 安全生产许可文件。3 类似工程业绩。4 专职管理人员和特种作业人员的资格。”

（二）PPP 项目合同常规约定

以广州市某市政 PPP 项目为例，其《PPP 项目合同》第 4. 1. 3 条第 1 款、第 2 款分别约定，“开工日是指监理工程师发出开工令之日”，“建设期，自项目监理单位下达开工令之日（指本项目开工令及第一个开工的子项目的开工令两者中较早者）起，至本项目竣工验收完成之日止，原则上建设期不超过 3 年”。

（三）管理制度

一般对应《监理单位管理制度》《报建管理制度》《进度计划编审及执行管理制度》等，具体内容略。

（四）经验教训

1. 建议按照实际开工日期签发开工令或开工通知。

2. 对于开工时间有争议需要进行鉴定的，住房和城乡建设部《关于发布国家标准〈建设工程造价鉴定规范〉的公告》（住房和城乡建设部公告第 1667 号）第 5. 7. 1 条中规定：“1 合同中约定了开工时间，但发包人又批准了承包人的开工报告或发出了开工通知，应采用发包人批准的开工报告或发出的开工通知的时间；2 合同中未约定开工时间，应采用发包人批准的开工时间；没有发包人批准的开工时间，可根据施工日志、验收记录等相关证据确定开工时间；3 合同中约定了开工时间，因承包人原因不能按时开工，发包人接到承包人延期开工申请且同意承包人要求的，开工时间相应顺延；发包人不同意延期要求或承包人未在约定时间内提出延期开工要求的，开工时间不予顺延；4 因非承包人原因不能按照合同中约定的开工时间开工，开工时间相应顺延；5 因不可抗力原因不能按时开工的，开工时间相应顺延；6 证据材料中，均无发包人或承包人提前或推迟开工时间的证据，采用合同约定的开工时间。”

项目公司应当深入学习，按照合同约定获得明确的、适当的开工许可，排除后期鉴定风险。

3. 吸取典型案例教训，规避不当的风险和后果。

典型案例为“铜川市董家河循环经济产业园道路工程 PPP 项目”的诉讼纠纷，实施机构在 3 个月内发出 5 次开工通知，但社会资本却“无动于衷”。在屡次沟通无效的情况下，实施机构发出解除合同通知，社会资本主动诉讼，请求法院确认解除行为无效。该案件经一审、二审法院审理，均认定解除合同的行为合法有效。本案例具有非常典型的借鉴意义，建议项目公司认真研读。①

二、工作实施方案

1. 工程技术部应协同施工项目部事先踏勘现场，并做好开工前的各项准备。

2. 条件具备后，督促施工项目部及时向监理单位提交开工申请报告，并随附相应附件。

3. 督促监理单位及时批复开工报告，正式签发开工令。

4. 当出现特殊情况，不能及时签发开工令的，应当协调实施机构签发正式开工通知，否则不得全面开工。

5. 特殊情况下，虽然现场还不具备全面开工的条件，但只要监理签发了

① 本案例的详细解释，参见周月萍、者丽谅、袁梦艺：《拒绝开工引发政府方解除 PPP 合同，PPP 项目风险警钟响了!》，载搜狐号“PPP 知乎”2019 年 6 月 23 日，http：//www. sohu. com/a/322456444_480400。

开工令或实施机构签发了开工通知，项目公司应当协调施工项目部启动开工（有限启动）。

6. 之后，项目公司应当专项处理，全面协调，直至获得全面开工的条件。

三、管理表单

略。

四、实务风险解析与建议

实务问题：在 PPP 项目中，《PPP 项目合同》签订的是一个时间点、进场开工是一个时间点、《施工总承包协议》签订是一个时间点、施工许可证签发是一个时间点、监理开工令签发又是另一个时间点，那么工程开工日期具体是以哪一个为准？如何确定？

解析与建议：

详细内容请关联《PPP 项目执行阶段操作指南：100 个实务问题深度解析》问题 91 进行阅读。

五、管理成果要求（基础档案）

1. 监理单位正式签发的开工令及其附件；
2. 实施机构签发的开工通知；
3. 可能的各种会议纪要、工作联系函；
4. 其他相关文件等。

六、补充说明

本项是政府方监管要点内容，可以关联《PPP 项目政府方监管要点》阅读，共涉及一项监管要点如下：

监管要点 70：确认 PPP 项目建设期是否按照合同约定履约？若有工期变化，是否按照约定履行了批准手续？确认是否存在实施机构原因导致的建设期延误，若有，应批准乙方的顺延建设期要求。

第52节 施工总承包单位的管理

核心条款

第五十二条 项目公司应根据施工总承包合同，对施工总承包单位进行管理。

当社会资本与施工总承包单位为一体时，项目公司的管理与施工项目部的工作不为冲突关系，施工项目部根据施工总承包合同的约定，对工程进度、工程质量、HSE，以及工程产值等负责。其中，工程产值应与施工图预算紧密结合，当确需突破时，项目公司从投资控制角度考虑，应事先获得实施机构的书面批准，并根据《PPP项目合同》及相关政策履行其他适当的批准程序。

项目公司应和项目部定期沟通，并就《PPP项目合同》、施工总承包合同的履约情况进行交流，确保双方目标一致，充分协作。

条款解析

PPP项目的成败，最主要的因素之一就是施工总承包单位。

如果仅从建设工程施工本身来说，一般不会出现重大的问题。但是关键在于PPP模式的特殊性，多数情况下，施工总承包单位就是社会资本方，所以项目公司的管理人员和施工总承包单位的人员均来自同一个单位，很多项目直接表现为“两块牌子，一套人马”，在这种情形下，身份角色不能顺利转换，无法起到有效的建设单位管理作用，施工单位的管理人员无法清晰确定自己的工作边界，所以就很容易出现管理混乱的情形。

还有另外一种情形，虽然项目公司和施工项目部的管理团队已经分开，但是施工总承包单位往往从施工利润最大化的角度考虑，将优势资源偏向于施工项目部，派出的人级别更高、能力更强；而项目公司安排的管理人员，在单位内部的行政级别可能更低，能力也相对较弱，这就客观上造成了项目公司的经营管理天然地缺少话语权，也同样会造成管理混乱的情形。

再加上部分项目公司管理人员缺少完全履约思维，对合同重视程度不够，多凭工作经验开展各项工作，就进一步加重了管理混乱的情形。

事实上，管理最好的抓手，就是认知自己的身份角色、定位职责，根据合同相对性，通过《施工总承包合同》对相对方进行适当履约管理。合同中约定的各方责任、权利和义务，应当督促履约到位。不管对方在股东公司的身份和地位如何，项目公司和施工项目部的共同目标应当是实现合同中既定的目标，最终实现股东方的预期投资收益。在此过程中，如果有一方不能按照合同约定执行，其影响的就是股东方的投资预期。

所以，合同是根本，相关方应当以合同作为共同的语言体系，有了这个明确的依据，相信可以统一目标、勠力协同、高效推进。

实施办法

一、管理依据

（一）法律法规、政策依据

《建筑法》第 15 条规定，“建筑工程的发包单位与承包单位应当依法订立书面合同，明确双方的权利和义务。发包单位和承包单位应当全面履行合同约定的义务。不按照合同约定履行义务的，依法承担违约责任”。第 29 条明确，“建筑工程总承包单位可以将承包工程中的部分工程发包给具有相应资质条件的分包单位；但是，除总承包合同中约定的分包外，必须经建设单位认可。施工总承包的，建筑工程主体结构的施工必须由总承包单位自行完成。建筑工程总承包单位按照总承包合同的约定对建设单位负责；分包单位按照分包合同的约定对总承包单位负责。总承包单位和分包单位就分包工程对建设单位承担连带责任。禁止总承包单位将工程分包给不具备相应资质条件的单位。禁止分包单位将其承包的工程再分包”。

住房和城乡建设部《关于落实建设单位工程质量首要责任的通知》（建质规〔2020〕9号）第2条中规定，“建设单位是工程质量第一责任人，依法对工程质量承担全面责任。对因工程质量给工程所有权人、使用人或第三方造成的损失，建设单位依法承担赔偿责任，有其他责任人的，可以向其他责任人追偿。建设单位要严格落实项目法人责任制，依法开工建设，全面履行管理职责，确保工程质量符合国家法律法规、工程建设强制性标准和合同约定”。

该通知第2条第1项明确，“严格执行法定程序和发包制度。建设单位要严格履行基本建设程序，禁止未取得施工许可等建设手续开工建设。严格执行工程发包承包法规制度，依法将工程发包给具备相应资质的勘察、设计、施工、监理等单位，不得肢解发包工程、违规指定分包单位，不得直接发包预拌混凝土等专业分包工程，不得指定按照合同约定应由施工单位购入用于工程的装配式建筑构配件、建筑材料和设备或者指定生产厂、供应商。按规定提供与工程建设有关的原始资料，并保证资料真实、准确、齐全”。

（二）PPP项目合同常规约定

本项工作内容属于项目公司内部管理工作，一般《PPP项目合同》中不会直接约定，但可能会有间接要求。以广州市某市政PPP项目为例，其《PPP项目合同》第3.1.2条约定，“乙方应按照本协议的规定筹措项目建设、运营、维护所必需的全部资金；管理和适用项目建设资金，做到专款专用，专户储存；按照工程进度及时支付工程款，按照规定的期限及时退还保证金、办理工程结算。乙方及施工总承包单位不得欠付工程款，不得挤占挪用建设资金，不得欠付农民工工资”。

（三）管理制度

一般对应《合同管理制度》《组织协调管理制度》《进度计划编审及执行管理制度》《质量管理制度》《安全文明施工管理制度》《施工技术管理制度》等，具体内容略。

（四）经验教训

1. 项目公司为第一法律责任主体，对项目实施的结果负责。因此，对于施工总承包单位的管理必须做实。

2. 项目公司和施工总承包单位的利益并不冲突，不是对立关系，双方管理人员应当有清楚的认知，否则双方的工作无法形成有效协同，必然影响项目的正常推进。

二、工作实施方案

1. 项目公司应对《施工总承包合同》进行 WBS 深度任务分解，形成责任到人的管理要求。

2. 工程技术部应对施工项目部进行全面的《施工总承包合同》交底，并做好交底记录。

3. 各责任人员对责任事项，对施工项目部履行监督、协调、协助义务，协助项目部完全履约。

4. 各责任人员应对具体的履约事项督促协调，落实工程档案资料和证据文件，尤其是商务资料。

5. 当出现履约偏差时，应协助项目部及时纠偏，直至问题消除。

6. 其中，各项工作可以分解为：进度管理专项、HSE 管理专项、质量管理专项、商务管理专项等，进行系统性的管理，相关要求可以参见第三章中与专项档案相关的内容。

7. 对于实际产值，强烈要求推进过程结算，每月申报产值，每月由监理和跟踪审计确认。

8. 对于设计变更、工程签订，项目公司应协调实施机构，获得正式批准后，方可督促施工项目部具体执行；施工项目部具体执行后，应迅速获得书面批准的工程量、工程价以及审计报告。

9. 施工项目部申报的进度款，应当附件齐全、及时批准、及时付费，满足“三流一致”的要求。

10. 以上 PDCA 循环，直至《施工总承包合同》履约完成，合同关闭。

三、管理表单

略。

四、实务风险解析与建议

实务问题1：项目公司管理人员和施工项目部的管理人员“两块牌子，一套人马”是否合适？有什么经验建议？

解析与建议：

详细内容请关联《PPP项目执行阶段操作指南：100个实务问题深度解析（第二册）》问题19进行阅读。

实务问题2：如何有效明确项目公司和施工总承包单位的管理权？完全按照施工单位和建设单位区别吗？

解析与建议：

详细内容请关联《PPP项目执行阶段操作指南：100个实务问题深度解析（第二册）》问题20进行阅读。

实务问题3：已签订生效的PPP项目《施工总承包合同》，其中约定的进度款付款比例较高，政府方想要修改，项目公司应如何处理？

解析与建议：

详细内容请关联《PPP项目执行阶段操作指南：100个实务问题深度解析（第二册）》问题44进行阅读。

实务问题4：项目公司招施工总承包单位的时候（投资人非施工总承包单位情形），工程量清单和招标控制价还需要经过财政评审吗？

解析与建议：

详细内容请关联《PPP项目执行阶段操作指南：100个实务问题深度解析（第二册）》问题80进行阅读。

五、管理成果要求（基础档案）

1. 《施工总承包合同》工作任务分解清单（完整会议纪要）；
2. 《施工总承包合同》交底记录（完整会议纪要）；

3. 进度管理专项报告（月报、年报等）；

4. HSE 管理专项报告（月报、年报等）；

5. 质量管理专项报告（月报、年报等）；

6. 商务管理专项报告（月报、年报、审计报告，含设计变更、工程签证等）；

7. 完整的请款、付款记录；

8. 和施工项目部召开的各项会议纪要、往来文件；

9. 其他相关文件等。

六、补充说明

本项工作不直接涉及政府方监管要点。

第53节　监理单位的管理

核心条款

第五十三条　项目公司应严格按照监理单位管理制度执行。项目公司应善加使用监理单位的第三方专业服务，应督促监理单位严格按照监理规范、监理合同、监理大纲、监理细则等要求，认真开展各项监理工作，并对本单位的日常工作进行管控。

当监理费用由项目公司承担时，项目公司应对监理大纲与细则进行审批，确保与项目公司经营管理目标匹配；当监理费用由实施机构承担时，项目公司应通过实施机构获得监理大纲与细则，并提出相关审核意见，确保监理目标与项目公司目标一致。

项目公司应要求监理单位于每月25日定期提交监理月报，并定期组织召开监理例会，监理工作过程中发现的各项问题，应督促监理单位跟踪整改，直至管理闭环。还应通过定期检查、不定期检查、现场走访、监理资料检查等方式，对监理工作进行监督。

审批支付监理费用时，还应要求监理单位随附当月监理月报（或服务报告），满足“四流一致”的要求。

条款解析

项目公司建设管理工作最直接紧密关联的单位，包括实施机构、施工总承包单位、监理单位以及跟踪审计单位，项目公司对待监理单位和跟踪审计单位的思维方式，应当和传统施工的模式不同。

传统模式下，施工单位通常会认为监理单位管控自己，严格要求进度、质量和安全，可能会增加施工难度或施工成本，于是会通过各种方法“沟通”，让监理单位“睁一只眼闭一只眼”，不要“管得那么死”，而监理单位由于竞争激烈，通常低价竞标，从成本角度考虑，派出的监理工程师往往专业能力有限，很容易被施工单位“同化”，于是产生了不少典型的负面案例。

但是，在 PPP 模式下，五方责任主体中社会资本占了两方，建设单位是自己、施工总承包单位也是自己，领导们在总部运筹帷幄的时候，对现场项目的情况也应当重点考虑。对待监理单位和跟踪审计单位的思考角度，应当转变为，“在 PPP 模式下，我们自己还不够专业，监理单位和跟踪审计单位是我们花钱聘请来的专业机构，他们严格按照合同履约，就是对我们最大的帮助，可以帮助我们更加高效地实现《PPP 项目合同》约定的目标，大幅降低专业风险”。

监理单位在现场尽责履职，那么项目则是安全的；如果监理单位被“同化”，不断“放水”，凡事“走过场”，相信对于安全、进度、质量，甚至是投资，则很难有效管控。因此，项目公司应当扭转思想，不要浪费专业的第三方力量。

团结一切可以团结的力量，为我所用，为合同目标聚焦。

实施办法

一、管理依据

（一）法律法规、政策依据

《建筑法》第 32 条规定，“建筑工程监理应当依照法律、行政法规及有关的技术标准、设计文件和建筑工程承包合同，对承包单位在施工质量、建设工期和建设资金使用等方面，代表建设单位实施监督。工程监理人员认为工程施工不符合工程设计要求、施工技术标准和合同约定的，有权要求建筑施工企业改正。工程监理人员发现工程设计不符合建筑工程质量标准或者合同约定的质量要求的，应当报告建设单位要求设计单位改正”。

第33～35条分别规定："实施建筑工程监理前，建设单位应当将委托的工程监理单位、监理的内容及监理权限，书面通知被监理的建筑施工企业。""工程监理单位应当在其资质等级许可的监理范围内，承担工程监理业务。工程监理单位应当根据建设单位的委托，客观、公正地执行监理任务。工程监理单位与被监理工程的承包单位以及建筑材料、建筑构配件和设备供应单位不得有隶属关系或者其他利害关系。工程监理单位不得转让工程监理业务。""工程监理单位不按照委托监理合同的约定履行监理义务，对应当监督检查的项目不检查或者不按照规定检查，给建设单位造成损失的，应当承担相应的赔偿责任。工程监理单位与承包单位串通，为承包单位谋取非法利益，给建设单位造成损失的，应当与承包单位承担连带赔偿责任。"

国务院《建设工程质量管理条例》第34条规定，"工程监理单位应当依法取得相应等级的资质证书，并在其资质等级许可的范围内承担工程监理业务。禁止工程监理单位超越本单位资质等级许可的范围或者以其他工程监理单位的名义承担工程监理业务。禁止工程监理单位允许其他单位或者个人以本单位的名义承担工程监理业务。工程监理单位不得转让工程监理业务"。

第35～37条还分别规定："工程监理单位与被监理工程的施工承包单位以及建筑材料、建筑构配件和设备供应单位有隶属关系或者其他利害关系的，不得承担该项建设工程的监理业务。""工程监理单位应当依照法律、法规以及有关技术标准、设计文件和建设工程承包合同，代表建设单位对施工质量实施监理，并对施工质量承担监理责任。""工程监理单位应当选派具备相应资格的总监理工程师和监理工程师进驻施工现场。未经监理工程师签字，建筑材料、建筑构配件和设备不得在工程上使用或者安装，施工单位不得进行下一道工序的施工。未经总监理工程师签字，建设单位不拨付工程款，不进行竣工验收。"

（二）PPP项目合同常规约定

详细内容可参见本章第47节。

（三）管理制度

一般对应《监理单位管理制度》等，具体内容略。

（四）经验教训

1. 监理单位不会因为《监理合同》是与实施机构签订的，或者是与项目公司签订的，而发生监理依据的变化，其监理依据都是监理规范、图纸、合同、大纲、细则等。因此，项目公司不用纠结前期监理合同是否转移，这个不是重点。

2. 项目公司应当鼓励、要求监理独立履职，以此减少、降低项目公司的履约风险。监理不是项目公司的对立面。

本节与本章第47节关联，可以关联阅读。

二、工作实施方案

1. 项目公司应对《监理合同》进行深度学习，形成责任到人的管理要求。

2. 工程技术部应通过内部会议，形成共识，监理单位是聘请的专业队伍，要求必须严格履职。

3. 工程技术部应对监理单位的监理大纲及监理细则进行审查、批准。

4. 各责任人员对项目监理部的履职进行监督、协调，并协助各项工作稳步开展。

5. 要求监理单位每月提交《监理月报》。

6. 当监理单位能够正常履职时，应及时审批并支付监理单位的付费申请。

7. 当监理单位不能够正常履职时，应严格要求监理单位整改到位，并可根据《监理合同》的约定，暂缓支付监理费，或进行违约责任的追究，直至整改完成。

8. 以上PDCA循环，直至《监理合同》履约完成，合同关闭。

三、管理表单

略。

四、实务风险解析与建议

实务问题 1：政府方实施机构和监理单位、审计单位单独签署的服务合同，他们在政府的要求下开展工作，不受项目公司的任何控制，对项目公司有什么影响？

解析与建议：

详细内容请关联《PPP 项目执行阶段操作指南：100 个实务问题深度解析》问题 85 进行阅读。

实务问题 2：项目进度滞后，监理单位未提供实质性监理服务的情况下，依据《监理合同》按期要求服务，项目公司应如何处理？

解析与建议：

详细内容请关联《PPP 项目执行阶段操作指南：100 个实务问题深度解析（第二册）》问题 58 进行阅读。

五、管理成果要求（基础档案）

1. 《监理合同》内部学习会议纪要，附工作任务分解清单；
2. 《监理月报》；
3. 监理工作联系单、监理整改通知单、可能的停工令；
4. 和监理单位召开的各项会议纪要、往来文件；
5. 监理签发的专项报告、专项请示；
6. 完整的请款、付款记录；
7. 其他相关文件等。

六、补充说明

本项工作不直接涉及政府方监管要点。

第 54 节　跟踪审计单位的管理

核心条款

第五十四条　项目实施过程中，项目公司应善加使用跟踪审计单位的第三方专业服务，应督促审计单位严格按照审计政策、审计准则、审计合同等要求，认真开展各项跟踪审计工作，并对本单位的日常工作进行管控。

项目公司应要求跟踪审计单位于每月 25 日定期提交审计月报，并对审计报告披露的问题进行专项整改。

审批支付跟踪审计费用时，还应要求跟踪审计单位随附当月审计月报（或服务报告），满足“四流一致”的要求。

条款解析

如上所述，团结一切可以团结的力量，尊重比我们更加专业的人，团结他们为我所用。在新模式中，需要我们转变对待跟踪审计的思维方式。

施工单位擅长做大产值，提前放入审减量，然后再通过各种方式的“沟通”，请跟踪审计单位“手下留情”，“签字为安”。传统施工模式下，一般跟踪审计单位签字确认后，确实也大概率确认了“量”，后面的“价”也就水到渠成。

但是 PPP 模式不同，根据《审计法》第 23 条的规定，审计署发文明确，PPP 项目属于政府投资项目审计范畴，必须经过政府审计，“政府投资项目审计是指审计机关依据法律、法规和政策规定，对政府投资和以政府投资为主的建设项目的预算执行情况和竣工决算情况实施的审计，对关系全局性、战略性、基础性的重大公共基础设施工程实施的跟踪审计，对其他政府投资、政府与社会资本合作等方式建设的公共产品和公共服务项目实施的审计”。《审计法》第33条还规定，“社会审计机构审计的单位依法属于被审计单位的，审计机关按照国务院的规定，有权对该社会审计机构出具的相关审计报告进行核查”。另外，根据“审计全覆盖”原则，“财政资金运用到哪里，审计就跟进到哪里”，“对公共资金实行审计全覆盖、对国有资产实行审计全覆盖、对国有资源实行审计全覆盖、对领导干部履行经济责任情况实行审计全覆盖”。绝大部分PPP项目的主要资金来源还是财政资金，因此，PPP项目最终对标的对象是政府审计，而不是社会审计。这就意味着，跟踪审计单位签字确认，并不是最终的结论，“审计机关有权对该社会审计机构出具的相关审计报告进行核查”。因此，项目公司必须以通得过政府审计为标准来开展各项工作。

与社会审计相比，政府审计的要求标准更高，至少应当满足程序合规、依据充分、证据完整、数据翔实、计算清晰和签字有效六项要求。

当我们专业能力不足时，可以请跟踪审计单位对我们的工作以政府审计的标准进行审查，每月出具审计报告，明确我们哪部分工作做得还不够到位、还缺什么，然后查漏补缺，及时补充完善，通过这样的方式来满足最终的政府审计要求，实现顺利通过审计的目标。

也就是说，跟踪审计可以成为我们强有力的专业助力。

实施办法

一、管理依据

（一）法律法规、政策依据

详细内容可参见本章第48节。

（二）PPP项目合同常规约定

详细内容可参见本章第48节。

（三）管理制度

一般对应《合同管理制度》《组织协调管理制度》《建设工程项目管理制度》等，具体内容略。

（四）经验教训

1. 国家推行过程结算，项目公司应当重视跟踪审计，并强调落实。可以协调跟踪审计按照政府审计标准开展工作，既审造价，也审过程。

2. 跟踪审计既可以由实施机构采购落实，也可以由审计机关委托落实，还可以由项目公司负责落实。实施机构采购时，性质为社会审计，即通常的第三方跟踪审计；审计机关委托时，性质为政府审计；项目公司负责采购时，性质为内部审计。但是审计的标准，可以统一要求为政府审计标准。

本节内容与本章第48节关联，可以关联阅读。

二、工作实施方案

1. 项目公司应对《跟踪审计合同》进行深度学习，形成责任到人的管理要求。

2. 工程技术部应通过内部会议，形成共识，跟踪审计单位是聘请的专业队伍，要求必须严格履职。

3. 各责任人员对项目跟踪审计的履职进行监督、协调，并协助各项工作稳步开展。

4. 可以要求跟踪单位每月提交《跟踪审计月报》（附不符合要求清单及整改要求等）。

5. 当跟踪审计单位能够正常履职时，应及时审批并支付跟踪审计单位的付费申请。

6. 当跟踪审计单位不能够正常履职时，应严格要求跟踪审计单位整改到位，并可根据《跟踪审计合同》的约定，暂缓支付跟踪审计费或进行违约责任的追究，直至整改完成。

7. 当跟踪审计单位是跟政府方签订的协议时，项目公司可以向实施机构主张提出要求或建议。

8. 以上 PDCA 循环，直至《跟踪审计合同》履约完成，合同关闭。

三、管理表单

略。

四、实务风险解析与建议

实务问题 1：审计局对 PPP 项目进行全程审计，但是不对 PPP 项目的量、价进行核定，项目公司应如何处理？

解析与建议：

详细内容请关联《PPP 项目执行阶段操作指南：100 个实务问题深度解析（第二册）》问题 62 进行阅读。

实务问题 2：工程审计时需要重点关注哪些资料？

解析与建议：

详细内容请关联《PPP 项目执行阶段操作指南：100 个实务问题深度解析（第二册）》问题 63 进行阅读。

其他相关实务风险问题，还可以关联《PPP 项目执行阶段操作指南：100 个实务问题深度解析》问题 9、问题 25、问题 26、问题 27、问题 85、问题 87 进行阅读。

五、管理成果要求（基础档案）

1. 《跟踪审计合同》内部学习会议纪要，附工作任务分解清单；
2. 《跟踪审计月报》；
3. 跟踪审计单位工作联系单；
4. 和跟踪审计单位召开的各项会议纪要、往来文件；
5. 跟踪审计单位签发的专项报告、专项请示；
6. 完整的请款、付款记录；
7. 其他相关文件等。

六、补充说明

本项是政府方监管要点内容，可以关联《PPP 项目政府方监管要点》阅读，共涉及一项监管要点如下：

监管要点 27：是否已经落实了跟踪审计单位，以确保投资控制的及时落实?

第 55 节　投资控制动态管理

核心条款

第五十五条　投资控制部应严格按照投资管理制度执行，按照本规程第十四条规定，对建设工程直接费、建设工程其他费、建设期利息等实际总投资进行动态管理。投资控制部还应协助财务部门编制资金使用计划，保证建设生产资金及时、足额到位，不得对项目推进产生阻碍。

投资控制部应编制《投资控制管理月报》，于每月 25 日定期发布，相关投资控制主要内容，同时应在《项目公司经营管理月报》中专章体现。

投资控制部还应当定期对项目的实际投资回报率进行动态测算，并于每年 12 月 25 日定期测算当年实际投资回报偏差，并在《项目公司经营管理年报》中体现，作为下一年度经营计划的基础文件。当实际投资回报率有重大偏差时，应当及时地识别偏差原因，并提出解决的意见和建议，向项目公司总经理汇报，必要时，还应当及时向股东方汇报，及时采取充分必要的措施，确保投资回报的核心目标可实现。

条款解析

本条和本规程第 14 条“投资控制目标与分解”对应，前面设定目标，过程落实执行，本条就是执行中的动态管理（本规程的内在逻辑关系之一就是：设定预期目标、事先方案策划、过程落地执行、期间动态管理、持续动态纠偏、事后总结优化）。

项目正常实施过程中，商务工作是核心，投资控制是首要重点任务，不得发生任何违规超概算的情形。因为根据政策规定，违规超概算的后果相对比较严重，必须要有责任单位、责任领导承担相应责任后，方可往下推进，且原则上不得使用财政资金。而实施项目的一个基本原则就是，双方领导都不能承担责任，否则将无法健康、顺利地推进。因此，特别强调不得发生违规超概算的情形。

投资控制的基准是批复的概算，因此可以直接以批复概算对应的子项比对实际投资进行动态管控。如果超出批复概算对应子项的，则应当根据《PPP 项目合同》约定和相关政策规定，履行合规性批准程序。

投资控制动态管控应当按月进行，建议采用过程结算，最为高效。为了便于统一管理，我们设定每月 25 日前完成当月的实际投资确认，并将其体现在当月的《项目公司经营管理月报》中，确保持续受控。

此外，投资控制部还应当定期对实际投资收益的情况进行动态监控。本项工作不用每月进行，按季度或半年度进行即可。如果由于项目情形发生重大变化，导致投资收益发生重大偏差的，项目公司应当积极作为，而投资控制部作为“放哨”部门，同时还要负责重大偏差的原因识别，并提供相应的解决方案或建议，供项目公司决策参考使用。

从工作量来说，商务工作的工作量在项目公司经营管理工作中占比最大，为了良性的动态管理，建议项目公司设置完整的投资控制部，配备充足的商务人员，并要求全体项目公司经营管理人员接受系统的商务培训。

实施办法

一、管理依据

（一）法律法规、政策依据

国家发改委《关于印发〈中央预算内直接投资项目概算管理暂行办法〉的通知》（发改投资〔2015〕482 号）附件《中央预算内直接投资项目概算管理暂行办法》第 2 条第 2 款规定，“国家发展改革委核定概算且安排全部投资的中央预算内直接投资项目（以下简称项目）概算管理适用本办法。国家发展改革委核定概算且安排部分投资的，原则上超支不补，如超概算，由项目主管部门自行核定调整并处理”。第3条第3款明确，“除项目建设期价格大幅上涨、政策调整、地质条件发生重大变化和自然灾害等不可抗力因素外，经核定的概算不得突破”。

该办法第5条明确规定，“经核定的概算应作为项目建设实施和控制投资的依据。项目主管部门、项目单位和设计单位、监理单位等参建单位应当加强项目投资全过程管理，确保项目总投资控制在概算以内。国家建立项目信息化系统，项目单位将投资概算全过程控制情况纳入信息化系统，国家发展改革委和项目主管部门通过信息化系统加强投资概算全过程监管”。

该办法第13条、第14条明确规定：“项目初步设计及概算批复核定后，应当严格执行，不得擅自增加建设内容、扩大建设规模、提高建设标准或改变设计方案。确需调整且将会突破投资概算的，必须事前向国家发展改革委正式申报；未经批准的，不得擅自调整实施。”“因项目建设期价格大幅上涨、政策调整、地质条件发生重大变化和自然灾害等不可抗力因素等原因导致原核定概算不能满足工程实际需要的，可以向国家发展改革委申请调整概算。”

该办法第22条还规定，“因项目单位擅自增加建设内容、扩大建设规模、提高建设标准、改变设计方案，管理不善、故意漏项、报小建大等造成超概算的，主管部门应当依照职责权限对项目单位主要负责人和直接负责的主管人员以及其他责任人员进行诫勉谈话、通报批评或者给予党纪政纪处分；两年内暂停申报该单位其他项目。国家发展改革委将其不良信用记录纳入国家统一的信用信息共享交换平台；情节严重的，给予通报批评，并视情况公开曝光”。

国务院《政府投资条例》第12条规定，“经投资主管部门或者其他有关部门核定的投资概算是控制政府投资项目总投资的依据。初步设计提出的投资概算超过经批准的可行性研究报告提出的投资估算10%的，项目单位应当向投资主管部门或者其他有关部门报告，投资主管部门或者其他有关部门可以要求项目单位重新报送可行性研究报告”。

该条例第21条、第23条分别规定："政府投资项目应当按照投资主管部门或者其他有关部门批准的建设地点、建设规模和建设内容实施；拟变更建设地点或者拟对建设规模、建设内容等作较大变更的，应当按照规定的程序报原审批部门审批。""政府投资项目建设投资原则上不得超过经核定的投资概算。因国家政策调整、价格上涨、地质条件发生重大变化等原因确需增加投资概算的，项目单位应当提出调整方案及资金来源，按照规定的程序报原初步设计审批部门或者投资概算核定部门核定；涉及预算调整或者调剂的，依照有关预算的法律、行政法规和国家有关规定办理。"

该条例第34条还规定，"项目单位有下列情形之一的，责令改正，根据具体情况，暂停、停止拨付资金或者收回已拨付的资金，暂停或者停止建设活动，对负有责任的领导人员和直接责任人员依法给予处分：（一）未经批准或者不符合规定的建设条件开工建设政府投资项目；（二）弄虚作假骗取政府投资项目审批或者投资补助、贷款贴息等政府投资资金；（三）未经批准变更政府投资项目的建设地点或者对建设规模、建设内容等作较大变更；（四）擅自增加投资概算；（五）要求施工单位对政府投资项目垫资建设；（六）无正当理由不实施或者不按照建设工期实施已批准的政府投资项目"。

本节与本章第14节、第56节关联，可以关联阅读。

（二）PPP项目合同常规约定

以广州市某市政PPP项目为例，其《PPP项目合同》第2.2.2条约定，"乙方应将本项目相关工程的初步设计、概算、工程预算、结算及决算报广州市黄埔区、广州开发区相关行政主管部门审批。按照经批准的初步设计、概算等相关规划及设计文件要求，进行本项目的设计、投资、融资、建设及运营维护，严格按批准概算控制项目总投资"。

该合同第9.1条约定，"乙方应采取措施，在不低于本项目批准规模、标准及国家、省、市相关技术标准的基础上，控制项目总投资。除本合同约定的特殊情形，经政府相关部门批准同意外，最终实际投资额不得超过上述批复总投资。其中建安工程费和设备及工器具购置费造价不得超过本项目审定初步设计概算中建安工程费和设备及工器具购置费金额，否则，超支部分不计入项目总投资，并由乙方自行承担”。

同时，该合同附件1《建设期绩效考核指标》对造价目标的考核要求为“不超审定的概算”，本项15分，“因项目公司原因投资超出合同约定的要求不得分”。

（三）管理制度

一般对应《投资控制管理制度》《过程结算管理制度》等，具体内容略。

（四）经验教训

1. 投资控制的动态管理，强调的是实际总投资的确认。因此，项目公司应当结合国家政策，推动过程结算，每月实时确认总投资，这是最优选。

2. 实际总投资确认后，应和批复概算进行比对，其中，批复概算的质量是核心要点。因此，项目公司应当事先确认批复概算的准确性。

3. 实际总投资的组成是清晰的，每一项都应当及时确认，强调及时性。若有争议，且双方无法友好协商达成一致意见的，可以邀请专家、律师通过专家评议程序协助，效率最高。对于争议处理的规则，项目公司应当熟知，典型规则如下：

对于计价争议需要进行鉴定的，根据住房和城乡建设部《关于发布国家标准〈建设工程造价鉴定规范〉的公告》（住房和城乡建设部公告第1667号）第5.6.1条的规定，（1）合同中有约定的，应按合同约定进行鉴定；（2）合同中约定不明的，鉴定人应厘清合同履行情况，如是按合同履行的，应向委托人提出按其进行鉴定；如没有履行，可按现行国家标准计价规范的相关规定进行鉴定，供委托人判断使用；（3）合同中没有约定的，应提请委托人决定并按其决定进行鉴定，委托人暂不决定的，可按现行国家标准计价规范的相关规定进行鉴定，供委托人判断使用。

最高人民法院《关于审理建设工程施工合同纠纷案件适用法律问题的解释（一）》（法释〔2020〕25号）第19条规定：“当事人对建设工程的计价标准或者计价方法有约定的，按照约定结算工程价款。因设计变更导致建设工程的工程量或者质量标准发生变化，当事人对该部分工程价款不能协商一致的，可以参照签订建设工程施工合同时当地建设行政主管部门发布的计价方法或者计价标准结算工程价款。建设工程施工合同有效，但建设工程经竣工验收不合格的，依照民法典第五百七十七条规定处理。”

建议项目公司应系统学习相关规则及典型案例。

二、工作实施方案

1. 商务人员对项目的估算、概算、预算进行“三算”对比，确认无误。

2. 如果“三算”有问题的，应当协调实施机构、设计单位、概预算编制单位等进行合作、专项处理，直至完成。

3. 商务人员应对项目公司的资金情况详细了解，包括资金流入计划、资金使用计划（预算）等。

4. 商务人员应明确各子项、各子目的概算控制上限，并逐项进行动态管理。

5. 每月 24 日，商务人员应对实际总投资进行核算，包括工程实际产值、二类费、建设期利息、设计变更、工程签证、询价、认质认价、人工材料调差、其他索赔等，并与概算进行比对，形成商务管理月报的核心内容。

6. 商务人员应推动过程结算，落实逐月核算实际总投资，获得跟踪审计确认。

7. 当实际总投资超出概算范围外的，商务人员应积极协调，获得实施机构及其他适当的合规性批准手续。

8. 必要时，应当通过签订《PPP 项目合同补充协议》的形式进行确认。

9. 每年年底，应形成《年度商务管理工作档案》。

10. 持续 PDCA 循环，实时确认总投资，确保不违规超概算，协助完成投资目标。

三、管理表单

略。

四、实务风险解析与建议

实务问题：PPP 项目的商务应从哪些方面进行系统的管理与思考？有哪些建议可以帮助商务工作迅速高效提升。

解析与建议：

PPP 项目的商务工作，核心在于两方面，一是实时投资控制，避免违规超概算；二是及时确权，确保所做可所得。项目实践中，由于专业类别复杂、商务意识不足、重视程度不够等原因，商务工作存在一定难度，借此我们系统梳理一遍，希望可以给其他项目带来一些观点借鉴。

1. 建立系统性思维

商务工作贯穿项目全生命周期，前期工作和后期结果环环相扣、息息相关，过程的麻痹大意必然会导致结果的不当。因此，必须建立起系统的思维，在工作实施过程中，各项要点均需考虑到位、执行到位，并对其中的变量动态管理，才能保证投资受控，"滴水不漏，颗粒归仓"。

2. 建立商务工作档案管理体系

系统的商务工作档案管理体系可以充分发挥指导作用，让个人工作有的放矢，事半功倍。另外，未来的审计和绩效考核，大部分是检查的"书证"，通过档案管理工作实时确认商务工作成果，这就是明确的以结果为导向，对未来的过程结算、竣工结算和财务决算会起到更加高效的支撑作用。因此，建议建立完整的、完善的商务工作档案管理体系，并严格遵照执行。

3. 系统商务工作的思考和建议

（1）明确商务工作的目标要求和实施依据。实施依据包括《PPP 项目合同》、项目公司相关的管理制度，以及项目公司内部制定的商务目标、要求或工作任务书等。《PPP 项目合同》中约定了项目总投资，实际总投资的确认，变更签证的处理，材料、人工调差，询价，认质认价等各项商务内容，既有目标要求，也有实施依据，按照"完全履约"的要求，商务人员应当对《PPP 项目合同》中的相关约定烂熟于胸，这是最基本的要求，但这也是实务中最容易忽略的部分，应当引起全员的重视。商务人员在具体开展工作时，其工作依据除了《PPP 项目合同》外，具体还应遵照项目公司正式发布的管理制度，比如《工程结算管理办法》《投资项目概预算管理办法》等，这是独立法人公司规范经营管理的基本要求。简单来说，项目公司应当按照合同、按照规定严格执行，明确目标，遵从规则，明晰管理边界，并“完全履约”，这是商务管理的首要条件。

（2）明确商务相关政策，要对关键政策了如指掌。熟悉现行法律法规政策是商务工作的基本要件之一，与商务强相关的政策，包括国家发改委《关于印发〈中央预算内直接投资项目概算管理暂行办法〉的通知》（发改投资〔2015〕482 号）、《中央预算内投资资本金注入项目管理办法》（国家发展和改革委员会令第 44 号）、国家发改委《关于加强基础设施建设项目管理 确保工程安全质量的通知》（发改投资规〔2021〕910 号）以及国务院《政府投资条例》等，全员应当熟记。实务中，不少商务人员由于对政策不熟悉，导致工作开展有问题，产生各种不当行为。因此，应当全员学习、熟悉强关联的政策，这对我们的工作将有积极作用。

（3）“三算”对比工作前置，确定批复概算金额适当。实务中，违规超概算的多发原因之一就是“三算”有问题，所以导致未来项目实施超概算。①项目估算。PPP 项目建议书或可行性研究报告缺乏严谨的前期论证，所以项目范围、项目内容和项目投资等精度不足，未来很有可能无法覆盖项目实际需要。所以，项目公司应当审查可行性研究报告及其估算，避免明显的错漏项。未来实施过程中，如果项目范围、项目内容、项目投资发生实质性变化，还应当依据政策规定和合同约定，重新向发改部门申报，获得新的批准。②初步设计概算。设计单位在做初步设计时，虽然多为限额设计，但一般会优先考虑安全冗余，所以往往方案成型后可能突破设计限额。在该种情形下，设计单位一般不会进行方案优化，可能会选择在初步设计概算中通过故意缺项、漏项、少项或定额套低的方式满足限额。因此，项目公司应当审慎检查初步设计概算，检查无误后，方可要求批复。未来实施过程中，如果原概算确需调整的，项目公司还应按照政策规定和合同约定，重新向主管部门申报，获得新的批复。③施工图预算。这是基于经过图审的施工图所作出的预算，与概算的精准与否强关联。若初步设计与概算匹配，则施工图预算基本不会有大的偏差；但若初步设计与概算偏离度较高，则施工图预算将会偏差。项目公司对“三算”进行审查和比对，如果发现明显问题的，应当协调实施机构、设计单位、造价单位共同对有问题的部分进行修订，要么优化设计、要么调整“三算”，直至估算、概算和预算适当，最终正式批复，以此作为投资控制的基本标准，才是健康的。基础不牢，地动山摇，本项工作直接决定未来的投资控制能否实现，是最基础的前置工作，项目公司应当审慎。建议作为标准工作之一。

（4）项目公司资金管理，商务人员在项目资金管理上应当做到台账清晰，心中有数。通过资金管控投资，实务中效率较高，因此，商务人员应当对资金情况熟悉。知道资金流入多少、流出多少、剩余多少，按照计划、按照预算使用，量入为出，不可无序超冒。①资金管理部分。资金管理工作除了常规工作外，还需强调，项目公司应当编制建设期资金计划，并继续细化至年度。年度投资计划和资金预算应当通过股东会决议批准，方可遵照实施；项目公司还应当根据财务管理制度，做好资金台账；年底时，还应委托有资质的会计师事务所出具财务年报，财务年报同样应通过股东会决议。②资金流入与流出部分。资金流入包括项目公司注册资本金、项目资本金、融资贷款、或有的股东借款、专项资金和奖补资金、或有的再融资资金（如ABO、REITs等）以及其他资金等。其中，项目资本金应当按照公司章程和《PPP项目合同》的约定及时、足额注资到位；资金到位后，项目公司应当给股东签发注资到账证明；项目资本金没有按照约定到位的，项目公司应当履行催告义务，尽量避免被政府方追究违约责任。而资金流出，可以和项目的实际总投资动态确认合并考虑。按照预算进行动态管理，即便有需要超概算的情形，自然就会想到“超概算部分的资金从哪里来”这个问题，于是“资金”就是牵着我们向合规的方向走，非常实效。建议项目公司可以推行全面预算管理。

（5）项目实际总投资的动态确认，与相关资金的支付。实际投资的动态确认，有利于实时过程确权，确保不发生违规超概算事件，也有利于及时分析投资目标偏差，并识别原因、有针对性地处理，最终实现投资预期目标。这和国家在推行的过程结算是一致的，因此，项目公司应当重视。其中：①一类费的确认。项目公司应当敦促施工总承包单位每月定期提交施工产值，报给监理单位、跟踪审计单位确认，直至获得确权。②二类费的确认。项目公司应当按月对二类费进行确认，二类费的关注要点为“有据可依”，即该费用发生的正当性。每一笔二类费的发生都应当有合同依据，而每一份合同都应当有完整的采购文件，其采购程序可以满足国家发改委《必须招标的工程项目规定》（国家发展和改革委员会令第16号）及项目公司的采购管理制度规定。二类费用支付时，应当满足合同约定的支付条件，且付款程序满足项目公司财务管理制度。财务账目还应当满足税务“三流一致”的要求。不得发生无依据付费的情形。③建设期利息的确认。建设期利息应当按照《PPP项目合同》约定的方式同步按月进行确认。如果合同中没有约定建设期利息的计取方式或约定不清晰，项目公司应当和实施机构及时协商一致，并通过备忘录或补充协议的形式进行完善确认，作为建设期利息的计取依据。④设计变更、工程签证的确认。当发生设计变更、工程签证时，项目公司应当按照《PPP项目合同》约定的程序执行，获得事先批准，并及时对量价进行确认。严禁滞后确认。实务中，有时需要满足当地人民政府发布的政府投资项目管理办法的要求。其中，地方政府投资项目管理办法的要求程序一般比较苛刻，通常要求事先报批，项目公司应当充分重视。此外，项目公司应当对成果文件按照事情的起因、事情的经过和事情的结果等“完整证据链”的要求进行准备，并及时获得批复。其成果文件至少应当满足“程序合规、依据充分、证据完整、数据翔实、计算清晰、签字有效”六项要求。项目公司还应当关注的是，如果是非实施机构人员签字，还应要求提供实施机构对该类人员的书面授权委托书和/或实施机构对商务文件的盖章确认。⑤人工、主材的调差。根据国家发改委《关于印发〈中央预算内直接投资项目概算管理暂行办法〉的通知》（发改投资〔2015〕482 号）等政策规定，“因项目建设期价格大幅上涨、政策调整、地质条件发生重大变化和自然灾害等不可抗力因素等原因导致原核定概算不能满足工程实际需要的，可以向国家发展改革委申请调整概算”。如果发生需要调差而导致超概算情形的，项目公司应当及时向发改部门申报。该项工作应当按照《PPP 项目合同》约定的调差办法执行，及时调差，及时确权，不得拖沓，不得滞后。⑥索赔与被索赔的确认。该项内容包含两部分，一是常规的费用索赔或被索赔，二是不可抗力的费用处理，两者均应按照《PPP 项目合同》的约定处理，及时确认，及时反应，并在当月的确权中予以增减。⑦询价、认质认价的确认。该项工作并不复杂，但实务中属于多发问题，其核心原因在于《PPP 项目合同》中多数没有明确询价、认质认价的处理程序，导致各方在开展工作时无据可依。该项工作要求项目公司提前确认是否有明确约定，如果有现行的约定，则遵照现行规定执行；如果没有现行约定的，则可以征询本地财评中心意见，事先准备三套其他项目或政府的现行办法，提交实施机构确认，双方确认后形成正式备忘录或补充协议，未来遵此执行。⑧专项资金或奖补资金的处理。这属于或有项，如果项目有专项资金或奖补资金的，则项目公司应当按照合同的约定，以及专项资金、奖补资金的使用管理办法执行，并在当月的确权文件中进行处理，实时确认。

针对以上费用，项目公司应当及时准备妥当商务文件，并及时根据合同的约定交由审计确认，建议每月进行、每月确认、每月获得审计报告。

实务中，相关的商务工作有可能效率不高，我们建议可以根据项目实际情况聘请第三方咨询单位协助进行结算管控。另外，也可以同时考虑聘请外部审计进行商务文件的内部确认，最终实现减少或规避审计审减风险的目标。

（6）强调过程结算，动态投资控制。商务工作是动态的，我们应当避免传统施工单位只管施工，待后面有空再补资料的习惯，这样很容易造成商务文件的缺失，不能形成事实的完整闭环证据链，极易造成未来的审计审减风险。所以，项目公司应当全力助推过程结算。合同中有相关约定时，可以直接按照合同约定执行。合同中没有相关约定时，可以搜集国家及地方推行过程结算的政策，并和实施机构友好协商，通过补充协议的形式进行确定，并顺利推进。由于该项动作对投资控制和结算决算有巨大的正向作用，因此，项目公司值得专项推进，专项落实。

（7）商务工作的管控体系。制度可以保证管理效果，因此，商务工作应按照矩阵式协同管理，从而实现预期目标。①项目公司管控。项目公司是实现目标的第一法律责任人，应当按照独立法人公司经营管理的要求独立运行，规范运行则需要完整的管理制度，其中包含商务管理制度。项目公司应当按照合同和制度的要求，动态 PDCA 管控，确保商务工作良好运转。②股东公司管控。股东公司可以根据《股东协议》和《公司章程》的规定，定期或不定期对项目公司进行规范运行，商务工作进行专项检查或内部审计，从第三人的角度对相关工作进行过程监管，督促项目公司规范实施，不出现系统性风险或问题。③第三方跟踪审计管控。一般情况下，这是政府方委托的社会审计，对项目公司的造价部分进行的第三方审核确认，以此作为结算的依据。但项目公司应当开放思维，完全接收第三方的审计检查，且可协调或要求对方按照政府审计的标准进行监管，对于发现的问题，项目公司可以过程中进行专项整改，直至解决，以实现最终可以顺利通过政府审计的目标。④政府审计管控。政府审计既审结果，也审过程，这个时候已经是对项目公司的“大考”了，以上所有工作均以最终的政府审计结果为准，“社会审计机构审计的单位依法属于审计机关审计监督对象的，审计机关按照国务院的规定，有权对该社会审计机构出具的相关审计报告进行核查”。因此，政府审计才是项目公司最终的目标。项目公司应当清晰认知，并以政府审计的标准来要求商务工作的各项管理成果。⑤或有的其他专项检查、专项审计管控。实务中，还有可能出现其他专项检查或专项审计，比如财政部、国资委的专项检查，审计署的专项审计等，项目公司也同样需要重视。可以搜集其他项目、其他单位以往接收检查或审计的通知及其要求，并反向审查自己的现有商务成果，查漏补缺，不断完善和优化，相信会越来越完整。

（8）商务工作的档案管理。这是以上所有工作的成果闭环，要强调两点，一是以明确结果为导向，二是应再次明确这是最终的结果要求，应当动态落实，定期检查，确保“账实相符”，最终实现预期的投资控制和“滴水不漏、颗粒归仓”的效果。

4. 总结与建议

“会做的不如会算的”，我们不仅要“会做”，同时也要“会算”，商务工作的核心是强调及时性、准确性和完整性，用基本的法律思维，用完整的“有效证据链”的要求来对标商务工作，全员皆兵、全员商务，最终将各项“量”和“价”通过有效的“证据”进行确认，即可将商务工作完美呈现。项目公司应当通过培训、演练、互动、思考，甚至聘请第三方服务等各种方式，将商务工作形成系统的工作形态，这是核心工作。

在实务过程中，通过实践思考，我们总会有各种经验教训或心得，建议将相关的经验教训和心得通过书面的形式进行记录，可以形成案例报告、总结报告、专题思考，或相关的短文、论文均可，也建议大家定期研讨，相信会对商务工作的更优开展有莫大帮助。

其他相关实务风险问题，还可以关联《PPP 项目执行阶段操作指南：100 个实务问题深度解析》问题 16、问题 19、问题 70、问题 93、问题 94，《PPP 项目执行阶段操作指南：100 个实务问题深度解析（第二册）》问题 78、问题 81 进行阅读。

五、管理成果要求（基础档案）

1. “三算”对比完整文件；
2. 可能存在的“三算”调整工作联系函、专项协调会议纪要；
3. 概算批准文件；
4. 资金计划，随附股东会决议；
5. 每月实际产值报表，附商务管理月报；
6. 过程结算的跟踪审计报告；
7. 概算调整手续，含各种会议纪要、工作联系单、批文；

8. 可能的《PPP 项目合同补充协议》、财政部官网信息的更新；

9.《项目公司年度商务管理工作档案》；

10. 其他相关文件等。

六、补充说明

本项是政府方监管要点内容，可以关联《PPP 项目政府方监管要点》阅读，共涉及三项监管要点，分别如下：

1. 监管要点 26：确认项目公司是否加强了项目成本控制，明确了投资控制目标？确保项目不超概算，否则，确认是否及时获得了相应的批准手续？

2. 监管要点 71：常态化监管投资是否超出批复概算？投资控制上限 31.65 亿元，若要超出，必须履行完成相应正式批准手续，以避免行政后果。

3. 监管要点 80：最终投资的认定方法是否合适？

第 56 节　超概算情形的处理

核心条款

第五十六条　因国家政策调整、价格上涨、地质条件发生重大变化等因素确需增加投资概算的，项目公司可以根据规定及时申请调整，不得滞后。由于实施机构增加项目范围、提高项目标准、提出设计变更等原因导致投资发生变化的，投资控制部应及时测算相应费用，并根据《PPP 项目合同》约定履行适当的批准手续，部分政府发布了地方管理政策，也应一并遵守，待获得相应批准手续，且明确相关费用来源后，方可指令开展相应工作。

当以上变化超过批复概算 10% 时，项目公司必须先申报获得必要的行政审批，待财政部门确认政府方支出责任合规、本级人民政府书面批准同意后，再由双方签订《PPP 项目合同补充协议》进行确认，并及时更新财政部 PPP 项目管理库信息，之后方可开展相应工作。

条款解析

实务中超概算的情形比较普遍，如果实际发生了超概算情形，项目公司应当重点关注、专项处理。

项目公司首先应当充分识别超概算的原因，并针对不同的因素进行处理。部分超概算是政策允许的情形，比如国家政策调整、价格上涨、地质条件发生变化、自然灾害等不可抗力原因导致，则可以向发改部门申报调整。而对于项目范围增加、项目内容调整、项目标准提高等原因导致的超概算，则应当根据《PPP 项目合同》和相关政策的规定履行合规性手续，待获得正式批准后，方可纳入总投资。

超概算处理的唯一可行途径就是事前申报，最低限度也是事前获得各方一致同意，然后边实施边走批准程序。如果实际已经发生，事后再走申报流程的，将会是一场持久战，且最终可能不会顺利获得批准。

实施办法

一、管理依据

（一）法律法规、政策依据

国家发改委《关于印发〈中央预算内直接投资项目概算管理暂行办法〉的通知》（发改投资〔2015〕482 号）附件《中央预算内直接投资项目概算管理暂行办法》第 15 条要求，“申请调整概算的，提交以下申报材料：（一）原初步设计及概算文件和批复核定文件；（二）由具备相应资质单位编制的调整概算书，调整概算与原核定概算对比表，并分类定量说明调整概算的原因、依据和计算方法；（三）与调整概算有关的招标及合同文件，包括变更洽商部分；（四）施工图设计（含装修设计）及预算文件等调整概算所需的其他材料”。

该办法第 16～19 条分别规定：“申请调整概算的项目，对于使用预备费可以解决的，不予调整概算；对于确需调整概算的，国家发展改革委委托评审后核定调整，由于价格上涨增加的投资不作为计算其他费用的取费基数。”“申请调整概算的项目，如有未经国家发展改革委批准擅自增加建设内容、扩大建设规模、提高建设标准、改变设计方案等原因造成超概算的，除按照第十五条提交调整概算的申报材料外，必须同时界定违规超概算的责任主体，并提出自行筹措违规超概算投资的意见，以及对相关责任单位及责任人的处理意见。国家发展改革委委托评审，待相关责任单位和责任人处理意见落实后核定调整概算，违规超概算投资原则上不安排中央预算内投资解决。”“对于项目单位或主管部门可以自筹解决超概算投资的，由主管部门按有关规定和标准自行核定调整概算。”“向国家发展改革委申请概算调增幅度超过原核定概算百分之十及以上的，国家发展改革委原则上先商请审计机关进行审计。”

《政府投资条例》第23条规定，“政府投资项目建设投资原则上不得超过经核定的投资概算。因国家政策调整、价格上涨、地质条件发生重大变化等原因确需增加投资概算的，项目单位应当提出调整方案及资金来源，按照规定的程序报原初步设计审批部门或者投资概算核定部门核定；涉及预算调整或者调剂的，依照有关预算的法律、行政法规和国家有关规定办理”。

本节内容与本章第14节、第55节关联，可以关联阅读。

（二）PPP项目合同常规约定

本节与本章第14节、第55节关联，可以关联阅读。

详细内容可参见本章第55节。

（三）管理制度

一般对应《投资控制管理制度》《过程结算管理制度》等，具体内容略。

（四）经验教训

1. 不得发生项目公司自身原因导致的超概算。

2. 特别强调，对于增加投资的行为，一定要事先申报，绝对不能事后处理。

3. 超概算情形，除了要报发改部门批准外，由于导致政府付费责任的增加，还应当报财政部门（需要省级财政部门确认）、本级人民政府书面批准，最终报财政部备案，签订《PPP项目合同补充协议》，最后更新财政部PPP项目管理库的信息。这一套流程下来，周期相对较长（从实务案例来看，较快的周期需要8个月）。因此，项目公司和实施机构应当审慎，尽量避免此类情形发生。

二、工作实施方案

1. 当发生超概算情形时，商务人员应充分识别该超概算的原因，并逐条列示。

2. 商务人员组织相关人员内部会议，按照《PPP 项目合同》及相关政策的规定，明确具体处理的方案。

3. 预备费可以处理的超概算情况，要求责任人员补充完善适当的批准手续，一般实施机构批准即可；预备费不能处理，或超概算 10% 以上的，应当先报发改部门批准，再报财政部门（还应报省级财政部门确认）、本级人民政府书面批准。

4. 以上手续均获取后，应当签订《PPP 项目合同补充协议》，直至财政部 PPP 项目管理库信息公示完成。

5. 超概算情形处理完成后，项目公司团队应内部复盘，以免违规超概算事件再次发生；再次发生的，应从制度层面和实务层面共同保证，必须事先获得批准后，方可执行，不得先实施后申报。

三、管理表单

略。

四、实务风险解析与建议

实务问题 1：项目实施过程中，政府方需求发生变化，要求增加硬件设备、增加项目范围等，最终导致项目总投资可能超过原概算的 10%，应如何处理?

解析与建议：

详细内容请关联《PPP 项目执行阶段操作指南：100 个实务问题深度解析》问题 2 进行阅读。

实务问题 2：某 PPP 项目共有 11 个子项目，存在个别子项目超概算 100% 以上，但是总的工程费用不超概算，由于审计是按照各子项目控制价分别核算，对超出控制价的子项目如何妥善处理?

解析与建议：

详细内容请关联《PPP 项目执行阶段操作指南：100 个实务问题深度解析》问题 16 进行阅读。

实务问题3：当政府方需求发生变化导致总投资额超过原概算10%时，项目公司做还是不做，还应考虑哪些风险?

解析与建议：

详细内容请关联《PPP项目执行阶段操作指南：100个实务问题深度解析》问题64进行阅读。

实务问题4：某污水处理厂PPP项目，项目公司在工程款支付过程中请实施机构予以审核签认，但实施机构拒绝审核。由于一定会超概算，所以项目公司认为实施机构予以审核的话可能对后期调整概算有益，应如何处理?

解析与建议：

详细内容请关联《PPP项目执行阶段操作指南：100个实务问题深度解析》问题88进行阅读。

实务问题5：投资超出概算10%以上，应由谁来牵头组织解决?应如何处理?是否存在出库风险?

解析与建议：

详细内容请关联《PPP项目执行阶段操作指南：100个实务问题深度解析（第二册）》问题82进行阅读。

五、管理成果要求（基础档案）

1. 商务人员的专项报告；
2. 项目公司内部会会议纪要（决议、处理方案）；
3. 相关的专项报告、会议纪要、实施机构的批准文件、发改批文、财政批文、本级人民政府批准、省级财政批文；
4. 可能的《PPP项目合同补充协议》；
5. 财政部PPP项目管理库信息公示网页；
6. 项目公司内部复盘的会议纪要及相关文件；
7. 责任人员的经验总结报告；
8. 其他相关文件等。

六、补充说明

本项是政府方监管要点内容，可以关联《PPP 项目政府方监管要点》阅读，共涉及两项监管要点，分别如下：

1. 监管要点 26：确认项目公司是否加强了项目成本控制，明确了投资控制目标？确保项目不超概算，否则，确认是否及时获得了相应的批准手续？

2. 监管要点 71：常态化监管投资是否超出批复概算？投资控制上限 31.65 亿元，若要超出，必须履行完成相应正式批准手续，以避免行政后果。

第 57 节　政府方前期费用的支付

核心条款

第五十七条　项目公司应根据《PPP 项目合同》的约定，及时支付政府方前期已发生的各类费用。根据税务“三流一致”的要求，项目公司应和原合同方签订三方转移合同，方可支付。签订三方转移合同时，项目公司应明确仅承担付费责任，原合同中约定的责任、权利和义务由原合同方各自承担，原合同的采购合规性、审计审减风险、超付风险等，均由原合同双方承担。

依据合同，项目公司在收到对应增值税专用发票后方可支付。若合同相对方不能开具增值税专用发票，则项目公司有权拒绝支付。对于实施机构仅开具行政事业收据，不提供增值税专用发票而导致项目公司税费增加的，应和实施机构事先确认税费处理原则，方可支付。

条款解析

政府方前期费用支付通常会优先支出。

从资金来源、投资控制以及企业的投资回报等角度考虑，前期费用的支付应当考虑固定限额，且一次支付，未来不再增加。建议项目公司和实施机构通过书面清单形式，明确哪些合同、多少金额需要转移，超出约定内容和金额的，项目公司不再支付、不予承担，以此避免政府方将其他各种费用不断往项目转移的情形，有利于项目公司的投资管控。

从实践来看，项目公司还应当关注被转移合同有效性的问题。实务中，部分转移合同存在采购合规性问题，合同没有经过竞争性采购程序，政府方直接签订，然后再和项目公司签订三方协议，作为项目公司的支付依据，该种情形存在合同无效的可能，其责任主体应为实施机构。因此，项目公司应当和实施机构确认，相应的采购合规性、合同有效性责任由实施机构承担。

项目公司还需要关注超付问题。三方转移合同中应明确支付节点，同时考虑未来审计审减的可能，避免费用根据合同约定支付完成后，后期被审计审减，形成超付情形。项目公司可以和实施机构通过书面确认审计审减风险由原合同甲方（实施机构）承担，即如果发生审计审减情形，由实施机构负责追回超付费用。

三方转移类合同费用支付的发票，可能存在以下几种情形：

1. 项目公司和实施机构、第三方签订服务合同，各项工作开始启动，项目公司给第三方付费，第三方直接给项目公司开具增值税专用发票，该种情形最为理想。

2. 项目公司和实施机构、第三方签订服务合同，第三方单位已经给实施机构开过增值税专用发票，但开具时间不长，第三方单位可以至税务部门退回发票，重新开具项目公司抬头的增值税专用发票。该种情形有点麻烦，但是相对较为理想。

3. 项目公司和实施机构、第三方签订服务合同，第三方单位已经给实施机构开过增值税专用发票，且不能退回，该种情形比较麻烦。另外，还有土地相关费用、征地拆迁补偿费用等，通常情况下，实施机构会给项目公司出具行政事业收据，该收据可以做账，但不能抵扣，因此会形成额外增加的税差。就该部分税差的处理，项目公司应当和实施机构确认好处理原则。实务中，可能是未来政府付费时，由项目公司开具等额收据，互相抵充（但该种形式必须获得税务部门的确认，实务中仅有极少数项目实现）；可能是项目公司据实缴纳税费，纳入总投资（该种情形较多）①。

---

① 参见崔德高：《PPP 项目执行阶段操作指南：100 个实务问题深度解析（第二册）》，法律出版社 2020 年版。

实施办法

一、管理依据

（一）法律法规、政策依据

国家发改委《关于开展政府和社会资本合作的指导意见》（发改投资〔2014〕2724号）附件《政府和社会资本合作项目通用合同指南（2014年版）》第20条明确规定，“明确政府和社会资本主体分别承担的前期工作费用。对于政府开展前期工作的经费需要社会资本主体承担的，应明确费用范围、确认和支付方式，以及前期工作成果和知识产权归属”。第29条还明确规定，“项目合同应约定征地、拆迁、安置的范围、进度、实施责任主体及费用负担，并对维护社会稳定、妥善处理后续遗漏问题提出明确要求”。

本节关联本章第58节，可以关联阅读。

（二）PPP项目合同常规约定

以天津市某高速公路PPP项目为例，其《PPP项目合同》第6.2.1条约定，“要求乙方按本协议的约定支付项目前期费用，并按本协议约定提取履约保函项下的款项的权利。前期工作及设计委托的费用均属于项目投资范围内，由乙方承担”。

该合同第19.1~19.3条分别约定：“本项目征地拆迁费用纳入项目总投资，土地征用及拆迁补偿费用由项目公司承担，按初步设计概算批复的数额控制。在项目公司成立前，征地拆迁工作所需资金由实施机构使用中央和市级补助资金先行垫付，在项目公司成立后将费用平移至项目公司并计入项目总投资，后续征地拆迁所需费用按照正常程序办理。”“政府方已经开展了部分前期工作，合同费用明细表如下：43,633,330元（详见合同附表）。”“对于相应的前期工作费用，按照以下原则处理：（1）政府方出资代表已签订合同并支付部分或全部费用的，仍由政府方出资代表先期履行支付手续；特许经营协议签署后十五个工作日内，项目公司偿付政府方出资代表垫付的相应费用。政府方出资代表将已收到的发票移交给项目公司，不新开发票。

（2）其他合同已签订未履行支付手续的合同暂不支付，在项目公司成立后十五个工作日内，与项目公司签订补充合同，由项目公司支付合同价款。（3）工作内容已发生或将发生但是未签订的合同及其他按照××市和国家相关规定须开展的前期工作相应的合同均在项目公司成立后，由乙方分别与相关方签订合同，并分别支付合同价款。”

该合同第59.2条第6款还约定，“乙方延迟支付相关前期工作费用的，则构成乙方违约，甲方有权提取建设期履约保函；若上述款项不足以弥补甲方因此所受损失的，乙方还应赔偿甲方差额部分的损失”。

（三）管理制度

一般对应《财务管理制度》等，具体内容略。

（四）经验教训

1. 项目公司在做资金方案时，应当将该部分前期费用纳入预算，并按照《PPP项目合同》约定及时、足额支付。

2. 确定前期费用时，应当要求实施机构明确好具体转移的合同清单、费用明细，并双方签字盖章，未来不再增加。即确认总额控制，避免随机、持续增加相关费用。

3. 必须明确该类转移的合同和费用，前期的采购风险、管理风险、审计审减风险等，均由原合同甲方承担，项目公司不予承担。

4. 项目公司在收到对应增值税专用发票后，履行相关付费审批程序，并予以支付。对于不能提供增值税专用发票的付费，实施机构应当明确额外税差的处理原则后，项目公司再予支付。

二、工作实施方案

1. 商务人员根据《PPP项目合同》的约定，确定政府方前期费用的金额、组成以及资金来源。

2. 商务人员与实施机构确认好具体转移的合同、费用的详细信息。

3. 要求实施机构出承诺函，或双方签订备忘录，明确采购风险、审计审减风险由实施机构承担，且项目公司限定总额，不再额外增加其他费用，在收到相关增值税专用发票后予以付款。

4. 当实施机构不能提供增值税专用发票时，双方应书面确认额外增加税费的处理原则。

5. 商务人员根据合同约定履行付款审批程序，获得批准。

6. 财务人员根据财务管理制度，支付相应费用。

7. 相关文件，商务人员可以专项档案管理。

8. 持续 PDCA 循环，直至合同约定的政府方前期费用支付完毕，且均纳入实际总投资。

三、管理表单

略。

四、实务风险解析与建议

实务问题 1：PPP 项目前期政府方已发生的前期费用如何转移到项目公司？在此过程中，项目公司应重点关注哪些问题？

解析与建议：

应从前期采购程序的合规性、超出概算的可能性、未来审计审减的风险性、财税对“三流一致”的要求、前期工作成果的责任承担五个方面进行确认。

1. 采购程序的合规性。政府方选聘的服务单位，如咨询单位、设计单位、监理单位等，是否通过合规的采购程序选定？还是直接指定？若采购程序不合规，则前期费用存在被政府审计核减的风险。

2. 超出概算的可能性。如政府方支付的土地征拆费用远远超过概算预计金额，导致项目总投资超概算，从而给项目合规性带来较大风险。

3. 未来审计审减的风险性。如转移过来的前期工作不合规、程序不完善等都会导致未来被审计核减的情况。

4. 税务对“三流一致”的要求。如政府方不开具发票、项目公司不是服务成果的最终享有者，从而导致“三流不一致”无法进行增值税抵扣，造成项目公司税负成本增加的问题。

5. 前期工作成果的责任承担。如前期工作不完备，会导致项目费用无法纳入总投、推进受阻等问题。

对于前期工作的其他风险，建议项目公司做到以下几点：（1）及时开展项目调研，明确项目范围内是否存在在建项目，在建项目的进展情况，已投资金额，在建项目的合同签署情况、项目管理情况等。（2）如果在建项目可以实现物理和功能上的切割，则可与政府方沟通，建议将在建项目剔除在PPP项目范围外，或仅将在建工程项目的投资金额纳入PPP项目的总投，且该部分金额以审计结果为准并不予下浮（让利），其他相关权利义务由政府方与承建单位自行承担。（3）如政府方要求对在建项目进行概括承受，则需聘请第三方进行项目评估，将已经建设部分风险进行现状转移，并就风险承担设置宽限期等。

详细内容请关联《PPP项目执行阶段操作指南：100个实务问题深度解析（第二册）》问题36进行阅读。

实务问题2：《PPP项目合同》约定项目用地为划拨，项目公司无偿使用，后政府发文要求缴纳土地租赁费用，是否合适？

解析与建议：

详细内容请关联《PPP项目执行阶段操作指南：100个实务问题深度解析（第二册）》问题51进行阅读。

其他相关实务风险问题，还可以关联《PPP项目执行阶段操作指南：100个实务问题深度解析》问题53、问题57、问题81、问题82进行阅读。

五、管理成果要求（基础档案）

1. 《PPP项目合同》中关于政府方前期费用的处理约定；
2. 实施机构承诺函，随附完整附件（转移的合同及其费用情况）；
3. 税费处理原则文件；
4. 相关付款完整文件；
5. 相关会议纪要、专项报告、通知；
6. 其他相关文件等。

六、补充说明

本项是政府方监管要点内容，可以关联《PPP项目政府方监管要点》阅读，共涉及两项监管要点，分别如下：

1. 监管要点54：确认是否已经获得了土地批准手续，相应的费用乙方是否及时、完全支付？并监管确认乙方是否按照协议约定的内容使用该土地。

2. 监管要点67：确认项目公司是否按合同约定支付项目前期费用？若发生违约情形，是否按照合同约定提取履约保函？

第58节 征地拆迁、土地费用的处理

核心条款

第五十八条 当合同中约定征地拆迁和土地费用等大额资金由项目公司承担时，项目公司应按照“合同约定金额为支付上限”原则进行处理，超出约定金额的，由实施机构自行承担，项目公司不再另行追加。

支付该类费用时，实施机构仅开具行政事业收据，项目公司可以入账，但不能进行抵扣。项目公司应和实施机构充分沟通并达成一致意见，事先确认税费处理原则，方可支付。

条款解析

由于征地拆迁、土地费用一般金额较大，因此，需要单独列示，单独强调。

如上节所述，该费用的处理应注意两个原则，一是上限原则；二是税差处理明确原则。税差处理方式分为两种，第一，未来政府方支付项目公司费用时，项目公司开具同等金额的收据，超出部分开具增值税专用发票；第二，项目公司按实缴纳相关税费，税费据实结算，纳入总投资。在确认以上处理原则后，方可支付。实务中，多为第二种处理方式。

实施办法

一、管理依据

（一）法律法规、政策依据

财政部《关于规范政府和社会资本合作合同管理工作的通知》（财金

〔2014〕156号）附件《PPP项目合同指南（试行）》第2章第6节第2条规定，“（一）取得土地使用权或其它相关权利所涉及的费用。在取得土地使用权或其他相关权利的过程中可能会涉及的费用包括：土地出让金、征地补偿费用（具体可能包括土地补偿费、安置补助费、地上附着物和青苗补偿费等）、土地恢复平整费用以及临时使用土地补偿费等。（二）费用的承担。实践中，负责取得土地使用权与支付相关费用的有可能不是同一主体。通常来讲，即使由政府方负责取得土地权利以及完成相关土地征用和平整工作，也可以要求项目公司支付一定的相关费用。具体项目公司应当承担哪些费用和承担多少，需要根据费用的性质、项目公司的承担能力、项目的投资回报等进行综合评估。例如，实践中项目公司和政府方可能会约定一个暂定价，项目公司在暂定价的范围内承担土地使用权取得的费用，如实际费用超过该暂定价，对于超出的部分双方可以协商约定由政府方承担或由双方分担”。

国家发改委《关于开展政府和社会资本合作的指导意见》（发改投资〔2014〕2724号）附件《政府和社会资本合作项目通用合同指南（2014年版）》第29条明确规定，“项目合同应约定征地、拆迁、安置的范围、进度、实施责任主体及费用负担，并对维护社会稳定、妥善处理后续遗漏问题提出明确要求”。

本节关联本章第57节，可以关联阅读。

（二）PPP项目合同常规约定

以四川省某市政配套、保障性安居工程PPP项目为例，其《PPP项目合同》第5.1.2.2条约定，“×××人民政府和甲方负责项目前期工作和提供本项目建设相关的先行条件：包括拆迁安置补偿、土地征用、管线迁移、树木迁移、进场道路、施工水电接口、施工临时用地征用、协商、维稳工作等，满足乙方的施工需要，做好达到开工条件的所有前期工作，所需费用纳入非工程费用总价，最终由×××人民政府承担”。

（三）管理制度

一般对应《建设工程项目管理制度》《报批报建管理制度》等，具体内容略。

（四）经验教训

1. 项目公司在做资金方案的时候，应当将该部分前期费用纳入预算，并按照《PPP 项目合同》约定及时、足额支付。

2. 确定该部分费用时，应当要求实施机构明确好具体转移的材料及费用明细，双方签字盖章，未来不再增加，即确认总额控制，避免随机、持续增加相关费用。

3. 必须明确该类征地拆迁、土地费用的合规使用，其责任由实施机构或资金接受方承担，项目公司不承担。

二、工作实施方案

1. 商务人员根据《PPP 项目合同》的约定，确定征地拆迁、土地费用的金额、组成以及资金来源。

2. 商务人员与实施机构确认好具体转移的费用、时间、转移账户等详细信息。

3. 要求实施机构出具承诺函，或双方签订备忘录，明确采购风险、审计审减风险由实施机构承担，且项目公司限定总额，不再额外增加其他费用，在收到相关增值税专用发票后予以付款。

4. 当实施机构不能提供增值税专用发票时，双方应书面确认额外增加税费的处理原则。

5. 商务人员根据合同约定履行付款审批程序，获得批准。

6. 财务人员根据财务管理制度，支付相应费用。

7. 相关文件，商务人员可以专项档案管理（和前期费用的支付合并处理）。

8. 持续 PDCA 循环，直至合同约定的征地拆迁、土地费用支付完毕，且均纳入实际总投资。

三、管理表单

略。

四、实务风险解析与建议

实务问题1：针对PPP项目，一般获取土地使用权有哪些方式？

解析与建议：

详细内容请关联《PPP项目执行阶段操作指南：100个实务问题深度解析》问题23进行阅读。

实务问题2：土地许可还没有办理完成，但政府督促进场实施后，国土部门对项目公司作出行政处罚，应如何处理？

解析与建议：

详细内容请关联《PPP项目执行阶段操作指南：100个实务问题深度解析（第二册）》问题33进行阅读。

实务问题3：《PPP项目合同》约定项目用地为划拨，项目公司无偿使用，后政府发文要求缴纳土地租赁费用，是否合适？

解析与建议：

详细内容请关联《PPP项目执行阶段操作指南：100个实务问题深度解析（第二册）》问题51进行阅读。

实务问题4：因政府征地拆迁原因导致项目建设期延长，项目公司应如何处理？延长期内的各项费用应如何计算？

解析与建议：

详细内容请关联《PPP项目执行阶段操作指南：100个实务问题深度解析（第二册）》问题56进行阅读。

五、管理成果要求（基础档案）

1. 《PPP项目合同》中关于征地拆迁、土地费用的处理约定；
2. 实施机构承诺函或备忘录，随附完整附件（转移的合同及其费用情况）；
3. 税费处理原则文件；
4. 相关付款完整文件；
5. 相关会议纪要、专项报告、通知；

6. 其他相关文件等。

六、补充说明

本项是政府方监管要点内容，可以关联《PPP 项目政府方监管要点》阅读，共涉及一项监管要点如下：

监管要点 54：确认是否已经获得了土地批准手续，相应的费用乙方是否及时、完全支付，并监管确认乙方是否按照协议约定的内容使用该土地。

第59节　项目范围增加或减少的处理

核心条款

第五十九条　项目公司原则上不对项目的范围和内容提出变更要求，当实施机构提出变更要求时，必须以收到正式书面文件为准，口头通知、口头要求等非正式形式一律无效。①

收到实施机构的书面变更要求后，项目公司应根据法律法规、地方政策的规定和《PPP项目合同》的约定，及时申报、办理相应行政批准手续和合规程序，以保证该等变更合法合规。当相应审批手续办理完成后，还应通过补充协议的形式进行固定，签订补充协议时，还应获得本级人民政府的书面批准。

实施机构要求项目范围减少导致投资额降低时，项目公司应根据住建部《建设工程造价鉴定规范》的规定，及时向实施机构主张费用补偿。

条款解析

建设阶段遇到的高频问题之一，就是项目范围的增加或减少，由于项目范围的增加和减少通常会涉及实际投资的变化，因此，应当重点关注、重点处理。

原则上，项目公司不主动提出项目范围增加或减少，通常情况下，多由政府方发起。政府方发起该等要求时，应当通过正式的书面形式，不得是口头要求（事后通过书面形式确认的亦可），否则项目公司无法履行合规性

① 抢险救灾等特殊情况可以先遵照执行，后补相应手续。

程序。

项目范围增加，一般会涉及投资造价的增加，项目范围增加较大的，可能会直接突破批复概算 10%，因此，应当重点关注程序合规性。根据国家发改委《关于印发〈中央预算内直接投资项目概算管理暂行办法〉的通知》（发改投资〔2015〕482 号）、《政府投资条例》以及国家发改委《关于依法依规加强 PPP 项目投资和建设管理的通知》（发改投资规〔2019〕1098 号）等政策文件的规定，“政府投资项目应当按照投资主管部门或者其他有关部门批准的建设地点、建设规模和建设内容实施；拟变更建设地点或者拟对建设规模、建设内容等作较大变更的，应当按照规定的程序报原审批部门审批”，因此，首先，应当报发改部门批准。其次，当总投资变化超过批复概算 10% 时，还应当报财政部门进行审查和批准。财政部门批准后（省级财政部门通过），还应当报本级人民政府确认。同时，《PPP 项目合同》中对项目范围的增加应当约定批准程序，项目公司应当遵照执行。此外，地方政府通常发布地方性的投资项目管理办法，规定项目公司也应当据此申报相应程序，并获得确认。以上合规性程序满足后，项目公司和实施机构应当签订《PPP 项目合同补充协议》，最后及时更新财政部 PPP 项目管理库信息。

还有一种情形，项目范围增加、项目内容调整后，总投资没有涉及重大变化，该种情形，根据政策规定，一样要履行适当批准手续，项目公司应当注意。

项目范围减少的，一般会涉及投资造价的减少，项目投资减少，社会资本的预期收益同时减少，这是不利的情形。发生该种情形的，项目公司应当首先考虑根据《建设工程造价鉴定规范》（GB/T 51262－2017）第 5.8.5 条的规定，“因发包人原因，发包人删减了合同中的某项工作或工程项目，承包人提出应由发包人给予合理的费用及预期利润，委托人认定该事实成立的，鉴定人进行鉴定时，其费用可按相关工程企业管理费的一定比例计算，预期利润可按相关工程项目报价中的利润的一定比例或工程所在地统计部门发布的建筑企业统计年报的利润率计算”。因此，项目公司应当向实施机构主张预期的损失和补偿。这是一笔隐性的费用，实务中，多数项目公司或社会资本方没有实际主张，形成了实际的损失。政策中规定了费用主张的原则，但是在实际操作中不容易实施，因此，实际主张时可以按照费用的实际情况进行主张，具体可以参见《PPP 项目执行阶段操作指南：100 个实务问题深度解析（第二册）》问题 40。

总之，费用要主张，合规性程序也要履行，具体的履行原则和项目范围增加一致，最终通过《PPP 项目合同补充协议》进行闭环。

实施办法

一、管理依据

（一）法律法规、政策依据

《政府投资条例》第 21 条规定，“政府投资项目应当按照投资主管部门或者其他有关部门批准的建设地点、建设规模和建设内容实施；拟变更建设地点或者拟对建设规模、建设内容等作较大变更的，应当按照规定的程序报原审批部门审批”。

国家发改委《关于依法依规加强 PPP 项目投资和建设管理的通知》（发改投资规〔2019〕1098 号）第 6 条规定，“实施方案、招投标文件、合同的主要内容应与经批准的可行性研究报告、核准文件、备案信息保持一致。实施方案、招投标文件、合同或建设中出现以下情形的，应当报请原审批、核准、备案机关重新履行项目审核备程序：（1）项目建设地点发生变化；（2）项目建设规模和主要建设内容发生较大变化；（3）项目建设标准发生较大变化；（4）项目投资规模超过批复投资的 10%”。

对于其中“项目投资规模超过批复投资的 10%”的情形，项目单位需要向发改部门申请调整概算。根据 2015 年 3 月 15 日国家发改委发布的《关于印发〈中央预算内直接投资项目概算管理暂行办法〉的通知》（发改投资〔2015〕482 号）附件《中央预算内直接投资项目概算管理暂行办法》第 13 条规定，“项目初步设计及概算批复核定后，应当严格执行，不得擅自增加建设内容、扩大建设规模、提高建设标准或改变设计方案。确需调整且将会突破投资概算的，必须事前向国家发展改革委正式申报；未经批准的，不得擅自调整实施”。第 17 条规定，“申请调整概算的项目，如有未经国家发展改革委批准擅自增加建设内容、扩大建设规模、提高建设标准、改变设计方案等原因造成超概算的，除按照第十五条提交调整概算的申报材料外，必须同时界定违规超概算的责任主体，并提出自行筹措违规超概算投资的意见，以及对相关责任单位及责任人的处理意见。国家发展改革委委托评审，待相关责任单位和责任人处理意见落实后核定调整概算，违规超概算投资原则上不安排中央预算内投资解决”。另外，其法律后果也非常严重，根据该办法第 22 条的规定，“因项目单位擅自增加建设内容、扩大建设规模、提高建设标准、改变设计方案，管理不善、故意漏项、报小建大等造成超概算的，主管部门应当依照职责权限对项目单位主要负责人和直接负责的主管人员以及其他责任人员进行诫勉谈话、通报批评或者给予党纪政纪处分；两年内暂停申报该单位其他项目。国家发展改革委将其不良信用记录纳入国家统一的信用信息共享交换平台；情节严重的，给予通报批评，并视情况公开曝光”。

另外，国家发改委发布的《企业投资项目事中事后监管办法》（国家发展和改革委员会令第 14 号）第 6 条也规定，“核准机关对本机关已核准的项目，应当对以下方面进行监督管理：（一）是否通过全国投资项目在线审批监管平台（以下简称在线平台），如实、及时报送项目开工建设、建设进度、竣工等建设实施基本信息；（二）需要变更已核准建设地点或者对已核准建设规模、建设内容等作较大变更的，是否按规定办理变更手续；（三）需要延期开工建设的，是否按规定办理延期开工建设手续；（四）是否按照核准的建设地点、建设规模、建设内容等进行建设”。

部分地方政府也有相应政策规定，以浙江省奉化区[①]为例，根据当地《奉化市人民政府关于印发政府投资项目管理办法的通知》的行政规定，对

① 2016 年撤销县级奉化市，设立宁波市奉化区。

于工程变更应按照批准的概算、合同造价，实行分类管理，分别为：

（1）简易程序：单项工程变更金额10万元（含）以下，且累计变更金额在100万元（含）以下的，由项目建设单位主管部门审核把关。

（2）备案程序：单项工程变更金额50万元（含）以下，且累计变更金额在300万元（含）以下或合同价5%（含）以内的，由项目主管部门审核，在工程变更施工前报市发改、财政、监察部门备案。适用于简易程序的项目变更除外。

（3）会签程序：单项工程变更金额100万元（含）以下，且累计变更金额在500万元（含）以下或合同价10%（含）以内的，须在工程变更施工前由建设单位提出申请，市发展改革部门接到申请后牵头组织财政、审计、公共资源交管办及相关单位到项目现场进行踏勘，当场会签确认，经会签确认的变更申请单作为工程变更的依据。适用于简易程序、备案程序的项目变更除外。

（4）会审程序：单项工程变更金额300万元（含）以下，且累计变更金额在2000万元（含）以下，须在工程变更施工前由建设单位提出申请，市发展改革部门在接到申请后牵头组织财政、审计、公共资源交管办及相关单位，并视项目具体情况邀请专家进行现场踏勘、会审论证，经会签形成会议纪要，作为工程变更依据。适用于简易程序、备案程序、会签程序的项目变更除外。

（5）审批程序：单项工程变更金额300万元以上，或情形复杂的工程变更，经会审后报市政府审批。总投资1000万元以上的政府投资项目投资增减额50%（不含）以上，或增减额在2000万元（不含）以上的，须报请市人大常委会做出决议、决定。

（二）PPP项目合同常规约定

以广州市某市政PPP项目为例，其《PPP项目合同》第1.2.1条、第2.1.3条分别约定，“本项目范围包括××区范围内空间和项目的规划咨询设计、土地整理、道路及管网、污水厂、供水厂、电力工程、燃气工程、热力工程、绿化工程及中、小学校的建设及运营维护，园区推广及产业发展服务。（具体建设内容详见附件 1，最终建设内容以设计文件为准）”，“未来如政府计划将本项目范围内更多公共资源（如广告、公共交通专用路权设施等）纳入本项目经营范围，则由政府与项目公司另行协商”。

该合同第 9. 4. 2 条、第 9. 4. 3 条分别约定，“甲方、乙方、监理单位、设计单位均可提出工程变更。变更指示均须通过监理人发出，监理人发出变更指令前须履行相关程序并经甲方书面批准后由乙方签认。涉及设计变更的，应由设计单位提供变更后的图纸和说明”。“（1）变更后的工程不能降低使用标准；（2）变更后安全可靠，技术可行；（3）变更后的费用合理；（4）变更后加快或保证工程进度；（5）更好地适应社会、经济及环境的要求”。

该合同第 9. 4. 4 条“变更估价”要求，“（1）经财政部门评审确定的已标价工程量清单中已有适用于变更工程的价格，参照已有的价格认定；（2）经财政部门评审确定的已标价工程量清单中只有类似于变更工程的价格，可以参照类似价格认定；（3）变更导致实际完成的变更工程量与经财政部门评审确定的已标价工程量清单中列明的该项目工程量的变化超过 15% 的，或经财政部门评审确定的已标价工程量清单中没有适用或类似变更工程的价格，按照合理的成本与利润构成的原则，由合同当事人协商解决变更工作的价格。因发生工程变更引起项目建设期将受到延误的情形，乙方可就该工程要求延长工期，可用性服务费相应增减”。

（三）管理制度

一般对应《建设工程项目管理制度》《变更签证管理制度》《报批报建管理制度》等，具体内容略。

（四）经验教训

1. 项目范围增加、减少，必须强调合规性手续的履行，必须按照《PPP 项目合同》的约定进行落实，没有例外。

2. 项目范围增加，总投资增加，应重点关注超概算风险；项目范围减少，总投资减少，应重点关注自身利益损失的主张。

二、工作实施方案

1. 当出现项目范围增加或减少事件时，相关责任人员应要求实施机构出具正式书面通知（口头通知一律无效）。

2. 项目范围增加的，工程技术部应评估技术可行性，商务人员评估费用处理可行性，然后项目公司内部会议讨论，确认处理方案；明确同意增加的，指定责任人员落实合规性手续情况；不同意增加的，应书面回复实施机构，明确拒绝，并阐明理由。

3. 当双方合意不再增加的，则予以关闭；双方合意确认增加的，履行相关合规性手续，当涉及超概算的，可以参照本规程第56条执行，最终双方还应签订《PPP项目合同补充协议》进行确认，再由项目公司落实资金来源，具体推动执行。

4. 项目范围减少的，商务人员应根据政策规定，拟定初步的索赔主张方案，并经项目公司内部会议讨论通过。

5. 项目公司和实施机构协商谈判，获得索赔确认，双方签订《PPP项目合同补充协议》进行确认。

6. 调整相应费用，确认实际总投资，并在当期《项目公司经营管理月报》中体现。

三、管理表单

略。

四、实务风险解析与建议

实务问题1：PPP项目执行过程中，政府方要求删减部分子项，项目公司应如何处理?

解析与建议：

详细内容请关联《PPP项目执行阶段操作指南：100个实务问题深度解析（第二册）》问题38进行阅读。

实务问题 2：PPP 项目中未包含的内容，因省政府文件要求新增，项目公司应和实施机构履行怎样的手续？

解析与建议：

详细内容请关联《PPP 项目执行阶段操作指南：100 个实务问题深度解析（第二册）》问题 39 进行阅读。

实务问题 3：某 PPP 项目，部分子项取消，又新增部分内容，项目公司应分别和实施机构、施工单位办理什么手续？

解析与建议：

详细内容请关联《PPP 项目执行阶段操作指南：100 个实务问题深度解析（第二册）》问题 40 进行阅读。

其他相关实务风险问题，还可以关联《PPP 项目执行阶段操作指南：100 个实务问题深度解析》问题 2、问题 18、问题 55 进行阅读。

五、管理成果要求（基础档案）

1. 政府方书面通知文件；
2. 项目公司内部会议纪要（附会议决议）；
3. 相关合规性审批手续；
4. 项目公司索赔文件及政府方批准文件；
5. 《PPP 项目合同补充协议》；
6. 当期反映实际总投资增减的审计报告；
7. 财政部 PPP 项目管理库信息公示；
8. 其他相关文件等。

六、补充说明

本项是政府方监管要点内容，可以关联《PPP 项目政府方监管要点》阅读，共涉及两项监管要点，分别如下：

1. 监管要点 35：实施过程中，若实施的内容发生了变化，是否及时向原审批部门进行了申报并获得了批准？

2. 监管要点 52：确认案例 PPP 项目的图纸设计、变更审查、工程方案审查等工作是否及时落实到位？

第60节　甩项的处理

核心条款

第六十条　由于特殊情况导致部分项目子项短期内不能正常实施时，项目公司可以和实施机构协商甩项处理，待实施条件具备时再予启动；当重新启动时间不能预期时，可以考虑剥离该子项。

甩项处理或剥离处理，双方均应协商一致，对下步工作作出妥善安排，并通过《PPP项目合同补充协议》进行固定，补充协议签订前，应获得本级人民政府的书面批准。

条款解析

建设阶段遇到的高频问题之二，就是部分项目子项暂时不具备实施条件，比如规划未定、土地指标未落实、土地扭转未完成、征地拆迁有障碍等，项目公司暂时不具备全面开工实施的条件，经过和实施机构协商一致，双方决定“暂时搁置争议”，先行实施其他子项，完成的部分可以先行竣工验收、投入使用，并独立计算付费、回款。未来待“暂时搁置争议”的部分具备实施条件后，项目公司再行进场实施，单独验收、单独投入使用，单独回款。这就是俗称的“甩项”。

甩项需要双方通过补充协议进行确认，并且实施机构应当对项目公司给予补偿。需要提醒的是，部分项目公司、社会资本方期望通过甩项的行为来控制投资，认为甩项了部分工程后，可以将“甩出去子项”对应的造价补贴到其他增加的部分去，这是错误的理解。甩项对实际总投资不产生影响，总投资并不会变化。只有子项剥离出原项目范围的才会减少（项目范围减少），但是子项剥离，“甩出去子项”对应的造价会从总投资中扣除，所以也不会对总投资的控制产生影响。这个观点需要纠正。

实施办法

一、管理依据

（一）法律法规、政策依据

《标准施工招标文件》（2007 年版）关于“甩项”的规定为，“18.2 竣工验收申请报告……（1）除监理人同意列入缺陷责任期内完成的尾工（甩项）工程和缺陷修补工作外，合同范围内的全部单位工程以及有关工作，包括合同要求的试验、试运行以及检验和验收均已完成，并符合合同要求……（3）已按监理人的要求编制了在缺陷责任期内完成的尾工（甩项）工程和缺陷修补工作清单以及相应施工计划……”

《房屋建筑和市政工程标准施工招标文件》（2010 年版）关于“甩项”的规定为，“15.2.3 竣工验收申请报告应当按通用合同条款第 18.2 款附上下列内容：（1）承包人的自行检查和评定记录文件，即除监理人同意列入缺陷责任期内完成的尾工（甩项）工程和缺陷修补工作外，合同范围内的全部单位工程以及有关工作，包括合同要求的试验、试运行以及检验和验收均已完成，并符合合同要求……（3）按监理人的要求编制了在缺陷责任期内完成的尾工（甩项）工程和缺陷修补工作清单以及相应施工计划……”

《建设工程施工合同（示范文本）》（GF－2017－0201）（以下简称《2017 示范文本》）通用条款关于“甩项工程”的相关规定为：“13.2.1 竣工验收条件　工程具备以下条件的，承包人可以申请竣工验收：（1）除发包人同意的甩项工作和缺陷修补工作外，合同范围内的全部工程以及有关工作，包括合同要求的试验、试运行以及检验均已完成，并符合合同要求；（2）已按合同约定编制了甩项工作和缺陷修补工作清单以及相应的施工计划……”其中关于甩项竣工协议的规定为：“14.3 甩项竣工协议　发包人要求甩项竣工的，合同当事人应签订甩项竣工协议。在甩项竣工协议中应明确，合同当事人按照第14.1款〔竣工结算申请〕及第14.2款〔竣工结算审核〕的约定，对已完合格工程进行结算，并支付相应合同价款。”

（二）PPP项目合同常规约定

以广州市某市政PPP项目为例，其《PPP项目合同》第9.8.1条约定，“除甲方同意的甩项工程及少量对工程质量和使用没有实质影响的质量修补工作外，合同范围内的单项工程以及有关工作全部完成，并符合合同要求的，乙方应及时组织竣工验收”。

以四川省某市政配套、保障性安居工程PPP项目为例，其《PPP项目合同》第30.2条规定，项目竣工验收条件包括“已通过规划部门对建设工程是否符合规划条件的核实和全部专项验收，并取得相关验收或认可文件；暂时甩项的，应经甲方同意”。

（三）管理制度

一般对应《建设工程项目管理制度》等，具体内容略。

（四）经验教训

1. 甩项的定义一定要清晰。

2. 项目公司应当提前对项目的全范围进行摸排，做好提前策划，尽量避免实施过程中，再确定甩项或剥离的方案，对于项目推动的效率来讲，有严重负面影响。

3. 在股东公司有足够业务量的情况下，建议速战速决，采用剥离的方案；在股东公司暂时没有足够业务的情况下，可以优先采用甩项的方案。

二、工作实施方案

1. 工程技术部对项目进行全面梳理，确认是否存在短期内无法启动或开展的情形。

2. 和实施机构充分沟通，确认短期内确实无法启动或开展。

3. 项目公司内部会议充分讨论，确认处理方案，拟采用甩项处理的，应形成决议。

4. 项目公司向股东公司汇报甩项方案建议，待股东公司决议通过。

5. 股东决议通过该甩项方案的，项目公司再与实施机构充分沟通，确认甩项方案及甩项条件。

6. 就确认的甩项方案和甩项条件，通过股东会决议通过；实施机构报本级人民政府批准通过。

7. 双方签订《甩项协议》进行确认。

8. 更新财政部 PPP 项目管理库信息公示内容。

三、管理表单

略。

四、实务风险解析与建议

实务问题：PPP 项目中，甩项工程应如何正确处理？

解析与建议：

详细内容请关联《PPP 项目执行阶段操作指南：100 个实务问题深度解析（第二册）》问题 61 进行阅读。

五、管理成果要求（基础档案）

1. 关于确认短期内无法实施的相关报告、会议纪要；

2. 项目公司内部会议纪要及相关处理方案；

3. 股东书面回复；

4. 和实施机构确认的方案、条件等书面文件，如会议纪要、往来函件；

5. 股东会决议、政府批文；

6. 《甩项协议》相关文本、谈判记录、会议纪要；

7. 正式签订的《甩项协议》；

8. 其他相关文件等。

六、补充说明

本项是政府方监管要点内容，可以关联《PPP 项目政府方监管要点》阅读，共涉及一项监管要点如下：

监管要点 35：实施过程中，若实施的内容发生了变化，是否及时向原审批部门进行了申报并获得了批准？

第 61 节 重大变更签证的处理

核心条款

第六十一条 项目公司应严格按照《PPP 项目合同》约定的变更签证程序执行，必须事先获得适当的书面批准，方可实施。重大变更签证，应当满足以下文件要求：

1. 明确变更原因，获得实施机构的书面批准；

2. 项目公司善意提醒实施机构，该项变更对工期和费用的影响；

3. 设计院出具正式变更图纸，监理单位下发正式变更通知；

4. 施工总承包单位遵照执行，涉及隐蔽工程验收的，监理单位应旁站记录并隐蔽工程验收合格；

5. 本道工序应验收合格；

6. 重要变更签证内容的，应组织各相关方现场专项验收；

7. 工程量确认应由勘察设计单位（或有）、监理单位、跟踪审计单位、项目公司和实施机构共同确认；

8. 对应工程造价应根据合同约定的组价原则编制后，由跟踪审计单位及时确认。

项目公司还应特别注意，部分合同中约定，项目的变更签证除了应满足合同要求的批准程序外，还要满足当地政府投资项目管理办法，该种情形还应满足当地政府的行政批准程序。实施机构没有批准，相关合规性程序没有获得，项目公司不得实施。

除非合同明确约定，项目公司应争取变更签证部分不参与结算下浮。

条款解析

建设阶段遇到的高频问题之三，就是设计变更、工程签证。

设计变更、工程签证几乎是PPP项目中必然发生的事项，也是商务工作的重灾区，根据项目调研情况，多数项目公司实际发生的设计变更和工程签证资料，不能形成有效的证据链闭环，未来多有可能会被审计大额审减。

究其原因，是因为一线管理人员依然采用传统模式的思维方式，简单粗暴地对变更签证进行处理，也多采用事后补资料的形式进行，因此，不能满足《PPP项目合同》约定的合规结算前置条件。

通过众多项目案例的实践和剖析确认，只要通过《PPP项目合同》《地方人民政府投资项目管理办法》以及其他相关依据的梳理，并且严格按照要求的程序去履行，同时按照事情的起因、事情的经过和事情的结果这样的逻辑关系，同步形成有效的证据，最终形成完整的证据链，即可以实现审计“零审减”的效果。

实质上，变更签证的处理没有特别高的技术含量，我们可以通过固定的方式和基础的法律思维，合同怎么约定、政策怎么规定，逐条满足。（详细解析请见附赠电子书《PPP项目执行阶段操作指南：100个实务问题深度解析（第二册）》问题84。）

最高人民法院《关于审理建设工程施工合同纠纷案件适用法律问题的解释（一）》第19条第2款、第20条分别规定，“因设计变更导致建设工程的工程量或者质量标准发生变化，当事人对该部分工程价款不能协商一致的，可以参照签订建设工程施工合同时当地建设行政主管部门发布的计价方法或者计价标准结算工程价款”，“当事人对工程量有争议的，按照施工过程中形成的签证等书面文件确认。承包人能够证明发包人同意其施工，但未能提供签证文件证明工程量发生的，可以按照当事人提供的其他证据确认实际发生的工程量”，这是“谁主张，谁举证”原则的体现，因此，项目公司还是要从完整的证据链角度来自我完善、自我要求。

实施办法

一、管理依据

（一）法律法规、政策依据

国家发改委《关于依法依规加强 PPP 项目投资和建设管理的通知》（发改投资规〔2019〕1098 号）第 6 条规定，“实施方案、招投标文件、合同的主要内容应与经批准的可行性研究报告、核准文件、备案信息保持一致。实施方案、招投标文件、合同或建设中出现以下情形的，应当报请原审批、核准、备案机关重新履行项目审核备程序：（1）项目建设地点发生变化；（2）项目建设规模和主要建设内容发生较大变化；（3）项目建设标准发生较大变化；（4）项目投资规模超过批复投资的 10%”。

《企业投资项目事中事后监管办法》（国家发展和改革委员会令第 14 号）第 6 条规定，“核准机关对本机关已核准的项目，应当对以下方面进行监督管理：（一）是否通过全国投资项目在线审批监管平台（以下简称在线平台），如实、及时报送项目开工建设、建设进度、竣工等建设实施基本信息；（二）需要变更已核准建设地点或者对已核准建设规模、建设内容等作较大变更的，是否按规定办理变更手续；（三）需要延期开工建设的，是否按规定办理延期开工建设手续；（四）是否按照核准的建设地点、建设规模、建设内容等进行建设”。

国家发改委《关于印发〈中央预算内直接投资项目概算管理暂行办法〉的通知》（发改投资〔2015〕482 号）附件《中央预算内直接投资项目概算管理暂行办法》第 13 条规定，“项目初步设计及概算批复核定后，应当严格执行，不得擅自增加建设内容、扩大建设规模、提高建设标准或改变设计方案。确需调整且将会突破投资概算的，必须事前向国家发展改革委正式申报；未经批准的，不得擅自调整实施”。

《政府投资条例》（国务院令第 712 号）第 21 条规定，“政府投资项目应当按照投资主管部门或者其他有关部门批准的建设地点、建设规模和建设内容实施；拟变更建设地点或者拟对建设规模、建设内容等作较大变更的，应当按照规定的程序报原审批部门审批”。

国家发改委《关于开展政府和社会资本合作的指导意见》（发改投资〔2014〕2724号）附件《政府和社会资本合作项目通用合同指南（2014年版）》第27条明确规定，“项目合同应约定建设方案变更（如工程范围、工艺技术方案、设计标准或建设标准等的变更）和控制性进度计划变更等工程变更的触发条件、变更程序、方法和处置方案”。

《建设工程项目管理规范》第18.3.3条规定，“工程竣工结算依据应包括下列内容：1 合同文件；2 竣工图和工程变更文件；3 有关技术资料和材料代用核准资料；4 工程计价文件和工程量清单；5 双方确认的有关签证和工程索赔资料”。

《建设工程价款结算暂行办法》（财建〔2004〕369号）第9条规定，“承包人应当在合同规定的调整情况发生后14天内，将调整原因、金额以书面形式通知发包人，发包人确认调整金额后将其作为追加合同价款，与工程进度款同期支付。发包人收到承包人通知后14天内不予确认也不提出修改意见，视为已经同意该项调整。当合同规定的调整合同价款的调整情况发生后，承包人未在规定时间内通知发包人，或者未在规定时间内提出调整报告，发包人可以根据有关资料，决定是否调整和调整的金额，并书面通知承包人”。第10条“工程设计变更价款调整”还规定，“（一）施工中发生工程变更，承包人按照经发包人认可的变更设计文件，进行变更施工，其中，政府投资项目重大变更，需按基本建设程序报批后方可施工。（二）在工程设计变更确定后14天内，设计变更涉及工程价款调整的，由承包人向发包人提出，经发包人审核同意后调整合同价款。变更合同价款按下列方法进行：1. 合同中已有适用于变更工程的价格，按合同已有的价格变更合同价款；2. 合同中只有类似于变更工程的价格，可以参照类似价格变更合同价款；3. 合同中没有适用或类似于变更工程的价格，由承包人或发包人提出适当的变更价格，经对方确认后执行。如双方不能达成一致的，双方可提请工程所在地工程造价管理机构进行咨询或按合同约定的争议或纠纷解决程序办理。（三）工程设计变更确定后14天内，如承包人未提出变更工程价款报告，则发包人可根据所掌握的资料决定是否调整合同价款和调整的具体金额。重大工程变更涉及工程价款变更报告和确认的时限由发承包双方协商确定。收到变更工程价款报告一方，应在收到之日起14天内予以确认或提出协商意见，自变更工程价款报告送达之日起14天内，对方未确认也未提出协商意见时，视为变更工程价款报告已被确认。确认增（减）的工程变更价款作为追加（减）合同价款与工程进度款同期支付”。

另外，《建设项目工程总承包合同示范文本（试行）》（GF-2011-0216）通用条款第13条“变更和合同价格调整”也有详细说明，可以关联阅读。

（二）PPP项目合同常规约定

典型案例一：天津市某高速公路PPP项目，其《PPP项目合同》第25条约定，“乙方可根据项目建设需要，为了加快进度、提高效率等，向甲方申请进行项目设计变更，但是，该变更不得降低项目的使用功能、建设标准、质量安全标准。设计变更应当履行相关审批程序”，“设计变更的管理工作按《天津市公路建设工程设计变更管理办法》的相关规定执行”，“工程变更导致的投资增加由乙方自行承担”，“如果乙方出于加快工程进度、提高工程质量、降低投资成本的原因而提出采用其他的技术标准或设计规范，必须得到甲方书面认可方可实施，且由此造成的额外支出由乙方承担”。

典型案例二：浙江市某PPP项目，其《PPP项目合同》第26.3条约定，“工程变更须经甲方（政府方实施机构）、设计单位、监理单位共同签复（有盖章和签字手续），方可作为工程变更依据，否则不作为工程变更结算依据。发生上述事项后，任何一方要求工程变更的，须经过第26.3条规定的手续后，按照××市政府投资项目工程变更程序规定执行”，按照《××市人民政府关于印发政府投资项目管理办法的通知》的规定，工程变更按照批准的概算、合同造价，实行分类管理，具体内容参见本章第14节，不再赘述。

典型案例三：福建省某拆迁安置房PPP项目，其《公司章程》中“董事会议案”规定，“对特别重大设计变更进行审查论证并提交股东会确认；对项目施工过程中发生的一般设计变更、重大设计变更审查论证并作出决议”。

典型案例四：南京市某市政道路PPP项目，其《PPP项目合同》第17.3条约定，“本项目设计由甲方（政府方）委托设计单位承担。项目公司工程施工具体范围以经批复的施工图纸为准，对于施工图中可能存在的错误和漏项，项目公司需认真核对，不得以此要求调整合同价款。为加快本项目的推进，甲方（政府方）通过公开招标的方式确定设计单位，由项目公司、中标的设计单位及经济开发区管理委员会签订三方设计合同，项目公司对设计成果文件承担全部责任，经济开发区管理委员会进行监督和检查，并确认设计费的支付。项目公司的设计错误、实施计划等发生的设计和实施改变，不属于变更，由项目公司自费修正，并在履行相应的审批手续后实施”。

以上案例在实务中均出现了较为严重的负面结果，项目公司应当重点关注。

（三）管理制度

一般对应《过程结算管理制度》《变更签证管理制度》等，具体内容略。

（四）经验教训

1. 变更签证口必须获得正式书面通知，项目公司正常履行善意提醒程序，并获得实施机构正式批准后方可遵照执行，避免未来出现相互推诿的情形。

2. 特殊情况下，比如抗洪、抢险、救灾等，可以先实施，后补程序。

3. 变更签证按照合同约定的程序履行后，不仅要同步确认工程量，还要同步确认对应造价，避免未来产生争议。对此，建议和过程结算同步落实。

4. 项目公司应当深度学习变更签证的争议纠纷处理原则。对于证据欠缺需要进行鉴定的，《建设工程造价鉴定规范》（GB/T 51262－2017）第5.4条规定：

“5.4.1 鉴定项目施工图（或竣工图）缺失，鉴定人应按以下规定进行鉴定：1 建筑标的物存在的，鉴定人应提请委托人组织现场勘验计算工程量作出鉴定；2 建筑标的物已经隐蔽的，鉴定人可根据工程性质、是否为其他工程的组成部分等作出专业分析进行鉴定；3 建筑标的物已经灭失，鉴定人应提请委托人对不利后果的承担主体作出认定，再根据委托人的决定进行鉴定。

“5.4.2 在鉴定项目施工图或合同约定工程范围以外，承包人以完成了发包人通知的零星工程为由，要求结算价款，但未提供发包人的签证或书面认可文件，鉴定人应按以下规定作出专业分析进行鉴定：1 发包人认可或承包人提供的其他证据可以证明的，鉴定人应作出肯定性鉴定，供委托人判断使用；2 发包人不认可，但该工程可以进行现场勘验，鉴定人应提请委托人组织现场勘验，依据勘验结果进行鉴定。”

该规范第5.5条规定：

“5.5.1 当鉴定项目图纸完备，当事人就计量依据发生争议时，鉴定人应以现行国家相关工程计量规范规定的工程量计算规则计量；无国家标准的，按行业标准或地方标准计量。但当事人在合同中约定了计量规则的除外。

“5.5.2 一方当事人对双方当事人已经签认的某一工程项目的计量结果有异议的，鉴定人应按以下规定进行鉴定：1 当事人一方仅提出异议未提供具体证据的，按原计量结果进行鉴定；2 当事人一方既提出异议又提出具体证据的，应对原计量结果进行复核，必要时可到现场复核，按复核后的计量结果进行鉴定。

“5.5.3 当事人就总价合同计量发生争议的，总价合同对工程计量标准有约定的，按约定进行鉴定；没有约定的，仅就工程变更部分进行鉴定。”

对于工程签证争议需要进行鉴定的，根据《建设工程造价鉴定规范》（GB/T 51262－2017）第5.9条规定：

“5.9.1 当事人因工程签证费用而发生争议，鉴定人应按以下规定进行鉴定：1 签证明确了人工、材料、机械台班数量及其价格的，按签证的数量和价格计算；2 签证只有用工数量没有人工单价的，其人工单价按照工作技术要求比照鉴定项目相应工程人工单价适当上浮计算；3 签证只有材料和机械台班用量没有价格的，其材料和台班价格按照鉴定项目相应工程材料和台班价格计算；4 签证只有总价款而无明细表述的，按总价款计算；5 签证中的零星工程数量与该工程应予实际完成的数量不一致时，应按实际完成的工程数量计算。

"5.9.2 当事人因工程签证存在瑕疵而发生争议的，鉴定人应按以下规定进行鉴定：1 签证发包人只签字证明收到，但未表示同意，承包人有证据证明该签证已经完成，鉴定人可作出鉴定意见并单列，供委托人判断使用；2 签证既无数量，又无价格，只有工作事项的，由当事人双方协商，协商不成的，鉴定人可根据工程合同约定的原则、方法对该事项进行专业分析，作出推断性意见，供委托人判断使用。

"5.9.3 承包人仅以发包人口头指令完成了某项零星工作或工程，要求费用支付，而发包人又不认可，且无证的，鉴定人应以法律证据缺失为由，作出否定性鉴定。"

项目公司应当充分识别以上因素，并在工作中予以完善和消除，排除后续争议、鉴定的可能性。

二、工作实施方案

1. 工程技术部人员对《PPP 项目合同》中设计变更、工程签证的程序深度学习，并严格执行。

2. 工程技术部人员要求实施机构对于设计变更、工程签证，必须发出正式书面通知，方可推动。

3. 书面提醒实施机构，该等变更签证可能影响的工期和费用，并提醒合规性手续的办理。

4. 项目公司按照《PPP 项目合同》及相关政策的要求，推动内部合规性手续以及政府方合规性手续的办理。

5. 合规性手续办理完成后，及时落实执行。

6. 设计变更、工程签证事项完成后，立即进行工程量、工程价的确认，获得正式书面确认。

7. 立即进行完整的证据链档案资料搜集、整理，装订成册，归档。

8. 在当期的实际总投资确认中予以体现。

9. 总结经验教训，形成书面成果。

三、管理表单

略。

四、实务风险解析与建议

实务问题 1：PPP 项目的重大的签证变更问题，采用什么样的流程比较安全?

解析与建议：

详细内容请关联《PPP 项目执行阶段操作指南：100 个实务问题深度解析（第二册）》问题 84 进行阅读。

实务问题 2：政府方发出的工作联系单，其法律效力如何？能否构成对《PPP 项目合同》的实质性改变?

解析与建议：

详细内容请关联《PPP 项目执行阶段操作指南：100 个实务问题深度解析（第二册）》问题 59 进行阅读。

实务问题 3：PPP 项目的变更签证，应该如何适当地处理，以确保最终能够安全结算，而不被审计审减?

解析与建议：

详细内容请关联《PPP 项目执行阶段操作指南：100 个实务问题深度解析（第二册）》问题 84 进行阅读。

实务问题 4：现场变更、签证工作完成后，全部通过更新图纸的形式一次性予以闭合，是否合适？中间反复发生但无法在图纸中出现的工程量如何计取?

解析与建议：

详细内容请关联《PPP 项目执行阶段操作指南：100 个实务问题深度解析（第二册）》问题 85 进行阅读。

其他相关实务风险问题，还可以关联《PPP 项目执行阶段操作指南：100 个实务问题深度解析》问题 50、问题 51、问题 54、问题 63、问题 79、问题 87 进行阅读。

五、管理成果要求（基础档案）

1. 政府方要求变更、签证的正式书面通知；
2. 项目公司发出的书面善意提醒；
3. 内部、外部批准的合规性手续；
4. 实施过程资料；
5. 工程量、工程价确认文件；
6. 完整的、胶装成册的设计变更、工程签证文件；
7. 当期实际总投资确认文件；
8. 经验教训书面总结报告；
9. 其他相关文件等。

六、补充说明

本项是政府方监管要点内容，可以关联《PPP 项目政府方监管要点》阅读，共涉及两项监管要点，分别如下：

1. 监管要点 52：确认案例 PPP 项目的图纸设计、变更审查、工程方案审查等工作是否及时落实到位？

2. 监管要点 72：关于工程变更，是否按照规定执行相应批准程序？

第62节　人工费、主材的调价

核心条款

第六十二条　项目公司应根据《PPP项目合同》的约定执行，明确基价，并持续跟踪价格变化情况，当调价条件成就时，应及时落实调价工作。

调价工作应为全生命周期持续进行，不得滞后。

调价工作由投资控制部负责。若调价依据为信息价的，投资控制部应搜集、存档每期信息价文件，并按照合同约定的程序，及时提请调价，直至调价成功。

条款解析

建设阶段遇到的高频问题之四，就是人工费和主材的调差，这也是商务工作中的重要问题之一。

调价工作应当按月进行，通过过程结算逐月落实，逐月在实际总投资的确认中同步计入。

调价应当按照《PPP项目合同》约定的原则执行。实务中，一般合同对调价机制都会进行明确约定，包括基价、调价触发条件、调价办法或原则等，项目公司遵照执行即可。但也有少部分项目合同并未作明确约定，针对该种情形，项目公司应当和实施机构协商一致，通过《PPP项目合同补充协议》进行确认。

实施办法

一、管理依据

（一）法律法规、政策依据

《建筑工程施工发包与承包计价管理办法》（住房和城乡建设部令第16号）第3条、第13条第1款规定：“建筑工程施工发包与承包价在政府宏观调控下，由市场竞争形成。工程发承包计价应当遵循公平、合法和诚实信用的原则”，“发承包双方在确定合同价款时，应当考虑市场环境和生产要素价格变化对合同价款的影响”。

国务院《政府投资条例》第23条第2款规定，“因国家政策调整、价格上涨、地质条件发生重大变化等原因确需增加投资概算的，项目单位应当提出调整方案及资金来源，按照规定的程序报原初步设计审批部门或者投资概算核定部门核定；涉及预算调整或者调剂的，依照有关预算的法律、行政法规和国家有关规定办理”。

国家发改委《关于印发〈中央预算内直接投资项目概算管理暂行办法〉的通知》（发改投资〔2015〕482号）附件《中央预算内直接投资项目概算管理暂行办法》第14条规定，“因项目建设期价格大幅上涨、政策调整、地质条件发生重大变化和自然灾害等不可抗力因素等原因导致原核定概算不能满足工程实际需要的，可以向国家发展改革委申请调整概算”。

《建设工程工程量清单计价规范》（GB 50500－2013）第3.4.1条规定，“建设工程发承包，必须在招标文件、合同中明确计价中的风险内容及其范围，不得采用无限风险、所有风险或类似语句规定计价中的风险内容及范围”。第3.4.2条规定，“由于下列因素出现，影响合同价款调整的，应由发包人承担：1 国家法律、法规、规章和政策发生变化；2 省级或行业建设主管部门发布的人工费调整，但承包人对人工费或人工单价的报价高于发布的除外；3 由政府定价或政府指导价管理的原材料等价格进行了调整。因承包人原因导致工期延误的，应按本规范第9.2.2条、第9.8.3条规定执行”。第

3.4.3条还规定，“由于市场物价波动影响合同价款的，应由发承包双方合理分摊，按本规范附录L.2或L.3填写《承包人提供主要材料和工程设备一览表》作为合同附件；当合同中没有约定，发承包双方发生争议时，应按本规范第9.8.1~9.8.3条的规定调整合同价款”。

该规范第9.8.1条规定，“合同履行期间，因人工、材料、工程设备、机械台班价格波动影响合同价款时，应根据合同约定，按本规范附录A的方法之一调整合同价款”。第9.8.2条规定，“承包人采购材料和工程设备的，应在合同中约定主要材料、工程设备价格变化的范围或幅度；当没有约定，且材料、工程设备单价变化超过5%时，超过部分的价格应按照本规范附录A的方法计算调整材料、工程设备费”。第9.8.3条还规定，“发生合同工程工期延误的，应按照下列规定确定合同履行期的价格调整：1 因非承包人原因导致工期延误的，计划进度日期后续工程的价格，应采用计划进度日期与实际进度日期两者的较高者。2 因承包人原因导致工期延误的，计划进度日期后续工程的价格，应采用计划进度日期与实际进度日期两者的较低者”。

（二）PPP项目合同常规约定

以河南省某党校PPP项目为例，其《PPP项目合同》第16.2.2.2条约定，“市场价格波动调整合同价格的约定：钢材（钢筋、钢管、型钢）、水泥、预拌砂浆、商品砼、生石灰、碎石、中粗砂、沥青、电线、电缆，材料费的风险由双方分担，风险幅度为±5%，当施工期以上材料价格变动幅度在基期价格±5%以内时不调整，其超过部分据实调整。

关于基准价格的约定：基期价格为《××县工程造价信息》2019年第2期发布的指导价。

关于施工期材料价格的约定：以《××县工程造价信息》发布的指导价为准。

特别约定：跨季度施工时，按施工期对应的工程造价信息价与材料进场量加权平均计算；非甲方原因造成工程实际施工工期超过合同约定的工期的，按原合同工期对应的造价信息价格计算，超工期部分材料费增加因素不计算”。

该合同第16.2.2.3条还约定，“关于人工费调整，工程结算时合同内人工费不再调整；变更签证部分人工费超过部分依实调整；跨季度施工时，按定期发布的人工费指数适用的时间长短加权平均计算，非甲方原因造成工程实际施工工期超过合同约定的工期的，按原合同工期对应的人工费标准计算，超工期部分人工费增加因素不计算”。

再以河北省某基础设施及配套设施PPP项目为例，其《PPP项目合同》第6.2.2条约定，“合同履行期间，价格和费用变化按以下约定调整：人工、材料、机械单价的基期价格以财政评审确定的已标价工程量清单载明的相应单价为准；人工、机械单价执行××市建设主管部门发布的调整规定；当材料单价变动在±5%范围内不予调整。单价变动超过该幅度时，超过部分按《建设工程工程量清单计价规范》（GB 50500－2013）的规定调整；其中，基准日期以工程量清单批准日为准；已标价工程量清单经财政评审后，因法律、标准和规范变化导致价格和费用需要调整的，按其具体要求调整。因工程变更引起的价格调整按本合同变更估价的规定确定”。

（三）管理制度

一般对应《投资控制管理制度》《过程结算管理制度》等，具体内容略。

（四）经验教训

1. 合同中一定要有约定调价的条款，一定要明确基价。

2. 调价应当和过程结算同步进行，按月实施。

3. 项目公司应当深度学习，熟悉调价争议规则。一般规则如下：

最高人民法院《关于审理建设工程施工合同纠纷案件适用法律问题的解释（一）》（法释〔2020〕25号）第19条规定：“当事人对建设工程的计价标准或者计价方法有约定的，按照约定结算工程价款。因设计变更导致建设工程的工程量或者质量标准发生变化，当事人对该部分工程价款不能协商一致的，可以参照签订建设工程施工合同时当地建设行政主管部门发布的计价方法或者计价标准结算工程价款。建设工程施工合同有效，但建设工程经竣工验收不合格的，依照民法典第五百七十七条规定处理。”

对于物价波动，要求调整合同价款发生争议需要进行鉴定的，根据《建设工程造价鉴定规范》（GB/T 51262－2017）第5.6.2条的规定，“……1 合同中约定了计价风险范围和幅度的，按合同约定进行鉴定；合同中约定了物价波动可以调整，但没有约定风险范围和幅度的，应提请委托人决定，按现行国家标准计价规范的相关规定进行鉴定；但已经采用价格指数法进行了调整的除外；2 合同中约定物价波动不予调整的，仍应对实行政府定价或政府指导价的材料按《中华人民共和国合同法》的相关规定进行鉴定”。

对于因人工费调整文件，要求调整人工费发生争议需要进行鉴定的，根据《建设工程造价鉴定规范》（GB/T 51262－2017）第5.6.3条的规定，“……1 如合同中约定不执行的，鉴定人应提请委托人决定并按其决定进行鉴定；2 合同中没有约定或约定不明的，鉴定人应提请委托人决定并按其决定进行鉴定，委托人要求鉴定人提出意见的，鉴定人应分析鉴别：如人工费的形成是以鉴定项目所在地工程造价管理部门发布的人工费为基础在合同中约定的，可按工程所在地人工费调整文件作出鉴定意见；如不是，则应作出否定性意见，供委托人判断使用”。

项目公司应当充分识别以上因素，并在工作中予以完善和消除，排除后续争议、鉴定的可能性。

二、工作实施方案

1. 商务人员应对《PPP项目合同》中关于人工费、主材的调价规定深度学习，并严格执行。

2. 关注相关政策及信息价、市场价等，触发调价机制的，应当立即反应，及时正式申请调价。

3. 专人跟踪，负责获得实施机构、跟踪审计单位的书面确认，并在当期的实际总投资中予以确认。

4. 不得不作为、不得等最终结算时才予调价。

5. 商务人员应将各期信息价、市场价，以及相关政策文件进行系统的搜集和存档。

6. 持续 PDCA，直至竣工决算完成。

三、管理表单

略。

四、实务风险解析与建议

实务问题 1：政府指导价由于行政干预，信息价相对偏低，对项目公司严重不利，应如何处理?

解析与建议：

详细内容请关联《PPP 项目执行阶段操作指南：100 个实务问题深度解析》问题 95 进行阅读。

实务问题 2：《PPP 项目合同》中的计价约定标准与地方政府规定不一致时，应以哪个为准?

解析与建议：

详细内容请关联《PPP 项目执行阶段操作指南：100 个实务问题深度解析（第二册）》问题 78 进行阅读。

五、管理成果要求（基础档案）

1. 《PPP 项目合同》中关于人工费、主材的调价约定；
2. 相关政策；
3. 各期信息价、市场价文件；
4. 调价申请，及实施机构、跟踪审计批复；
5. 当期实际总投资的确认文件及跟踪审计确认文件（过程结算文件）；
6. 其他相关文件等。

六、补充说明

本项工作不直接涉及政府方监管要点。

第 63 节　暂估价的处理

核心条款

第六十三条　项目公司应严格按照《PPP 项目合同》约定的暂估价处理办法执行。当合同中没有明确约定时，可以主张依据《必须招标的工程项目规定》（国家发展改革委令第 16 号）执行，施工合同 400 万元以上、设备材料等货物合同 200 万元以上、勘察设计等服务合同 100 万元以上的，以招标方式确认；未达到以上额度的，根据项目公司采购管理制度执行，采用邀请招标、比价等方式确认。

当采用公开招标方式确认时，项目公司可以委托第三方招标代理机构代为采购，同时邀请实施机构派员共同参与采购监督。当采用其他方式确认时，项目公司应妥善保存全部采购文件备查。

除非合同明确约定，项目公司应争取暂估价部分不参与结算下浮。

条款解析

建设阶段遇到的高频问题之五，就是暂估价的处理。

暂估价部分的采购方式，应当依据《招标投标法》《招标投标法实施条例》的规定执行，采购方式的选择按照《必须招标的工程项目规定》执行，超过限额标准的，必须采用公开招标方式。

暂估价部分的采购依据，应当满足项目公司的采购管理制度、管理办法等。

暂估价部分的采购主体，一般合同约定采购主体是项目公司，但是实务中项目公司可能会委托给施工总承包单位代为采购。部分情况下，实施机构有可能会要求在政府采购平台进行采购。

项目公司直接采购的，建议委托第三方招标代理机构进行采购。除非项目公司组织架构特别完善，有完整的采购管理部门和相应的专业人员，否则不建议自行采购。

项目公司委托施工总承包单位代为采购的，建议和实施机构沟通一致，通过会议纪要或备忘录进行确认，正式采购时，可以邀请实施机构派代表参加监督，这样可以降低未来结算争议的可能。

项目公司采购，并无政策文件强制要求在政府采购平台进行，因此，如果实施机构有要求的，项目公司可以和实施机构协商确认。

由于暂估价部分都是实际采购发生，并签订相应合同，项目公司并无差价获得，因此未来结算时如果参与结算下浮，则不适当，因此强调不参与结算下浮。

实施办法

一、管理依据

（一）法律法规、政策依据

《建设工程工程量清单计价规范》（GB 50500－2013）第2.0.19条规定，暂估价是“招标人在工程量清单中提供的用于支付必然发生但暂时不能确定价格的材料、工程设备的单价以及专业工程的金额”，第9.1.1条第8项规定，暂估价发生的，发承包双方应当按照合同约定调整合同价款。

该规范第9.9条对暂估价进行了详细规定：

“9.9.1 发包人在招标工程量清单中给定暂估价的材料、工程设备属于依法必须招标的，应由发承包双方以招标的方式选择供应商，确定价格，并应以此为依据取代暂估价，调整合同价款。

“9.9.2 发包人在招标工程量清单中给定暂估价的材料、工程设备不属于依法必须招标的，应由承包人按照合同约定采购，经发包人确认单价后取代暂估价，调整合同价款。

“9.9.3 发包人在工程量清单中给定暂估价的专业工程不属于依法必须招标的，应按照本规范第9.3节相应条款的规定确定专业工程价款，并应以此为依据取代专业工程暂估价，调整合同价款。

“9.9.4 发包人在招标工程量清单中给定暂估价的专业工程，依法必须招标的，应当由发承包双方依法组织招标选择专业分包人，并接受有管辖权的建设工程招标投标管理机构的监督，还应符合下列要求：1 除合同另有约定外，承包人不参加投标的专业工程发包招标，应由承包人作为招标人，但拟定的招标文件、评标工作、评标结果应报送发包人批准。与组织招标工作有关的费用应当被认为已经包括在承包人的签约合同价（投标总报价）中。2 承包人参加投标的专业工程发包招标，应由发包人作为招标人，与组织招标工作有关的费用由发包人承担。同等条件下，应优先选择承包人中标。3 应以专业工程发包中标价为依据取代专业工程暂估价，调整合同价款。”

（二）PPP项目合同常规约定

以广州市某市政PPP项目为例，其《PPP项目合同》第42.6条约定，“本项目所涉暂估价，达到《必须招标的工程项目规定》标准的，必须公开招标。没有达到必须公开招标标准的，可以按照合同约定的程序和办法履行，合同中没有约定的，可以参考地方政府的规定”。

以四川省某县为例，该县人民政府办公室《关于印发〈××县政府投资建设项目监督管理办法〉的通知》附件《××县政府投资建设项目监督管理办法》第34条就对暂估价作出了明确规定，“建设项目施工合同中的暂定价和无信息价争议较大部分的内容，包括材料和设备等物品，金额在公开招标限额（50万元）以下的实行询价。询价应当遵循下列程序：（一）施工企业在施工进度需用前10天将应询价的材料和设备等物品报项目建设单位。（二）成立询价小组。询价小组由项目建设单位、项目建设单位主管部门，县审计局、县财政局和有关专家共五人以上的单数组成，其中专家的人数不得少于成员总数的三分之二。询价小组应当对采购项目的价格构成和最终决算价格的标准等事项作出规定。（三）确定被询价的供应商名单。询价小组根据采购需求，从符合相应资格条件的供应商名单中确定不少于三家的供应商（其中施工企业提供的对象不多于采价对象总数的三分之一），并向其发出询价通知书让其报价。（四）询价方式分现场实地询价、信函询价和网上公开采购等方式。询价小组要求被询价的供应商一次报出不得更改的价格。（五）确定最终决算价格。询价小组根据符合采购需求、质量和服务同等且报价最低的原则确定最终决算价格。（六）询价小组应在7个工作日内完成询价工作，并在3个工作日内以清单的形式告知施工企业”。

另有湖南省某市的财政投资评审中心发布了《询价制度评审建议》，该文件明确规定，“经与实施机构、市财政投资评审中心、市审计局共同确认，由项目公司委托第三方工程造价咨询机构进行市场询价（该工程造价咨询机构为财政评审中心认可），该咨询机构的询价结果，由实施机构、项目公司、监理单位、施工总承包单位共同确认后，提交市财政评审中心作为工程结算依据。由市场询价确认的结果，不再参与下浮”。此处规定，更加简单直接。

（三）管理制度

一般对应《投资控制管理制度》《过程结算管理制度》《采购管理制度》等，具体内容略。

（四）经验教训

1. 确认《PPP项目合同》范围内是否存在暂估价内容，如果有，应当事先和实施机构确认采购主体，必须事先落实清楚。

2. 确认采购方式和采购限价，采购限价可能是财评中心确认。

3. 最后强调的是采购过程合规，强烈建议邀请实施机构共同参加，财评中心也可参加，这样未来对采购的价格大概率不会有争议。采购行为完成，采购合同签订后，项目公司应当立即报实施机构一份原件备案。

二、工作实施方案

1. 商务人员应对《PPP项目合同》中关于暂估价的约定深度学习，并严格执行。

2. 系统梳理项目的暂估价内容，并确认采购限价（批复概算及财评中心确认）。

3. 向实施机构发出采购计划工作联系函，明确暂估价部分的采购方案、采购时间、采购形式等。

4. 实施机构未明确书面反对的，则按照采购计划执行，采购时，邀请实施机构派代表参加，全程监督。

5. 可以委托第三方招标代理机构代为采购。

6. 全程公开招采，保留完整采购记录，签订相关协议。

7. 协议签订后，报一份原件给实施机构备案。

8. 按照最终价格计入实际总投资，获得确认。

三、管理表单

略。

四、实务风险解析与建议

实务问题1：PPP项目中的暂估价材料、设备，应将项目公司作为采购主体？还是将施工总承包单位作为采购主体？

解析与建议：

详细内容请关联《PPP项目执行阶段操作指南：100个实务问题深度解析（第二册）》问题55进行阅读。

实务问题2：《PPP项目合同》中的计价约定标准与地方政府规定不一致时，应以哪个为准？

解析与建议：

详细内容请关联《PPP项目执行阶段操作指南：100个实务问题深度解析（第二册）》问题78进行阅读。

五、管理成果要求（基础档案）

1. 《PPP项目合同》中关于暂估价的约定；

2. 相关采购管理制度；

3. 暂估价采购清单及其确认的采购限价；

4. 项目公司内部会议确认的采购方案；
5. 实施机构签收或批复的文件；
6. 完整采购记录，含项目公司、实施机构全程监督材料；
7. 相关协议草本，及其评审记录、法律意见书；
8. 签订的相关协议以及实施机构签收记录；
9. 其他相关文件等。

六、补充说明

本项工作不直接涉及政府方监管要点。

第 64 节　询价、认质认价的处理

核心条款

第六十四条　项目公司应严格按照《PPP 项目合同》约定的询价、认质认价程序执行。当合同中没有明确约定时，项目公司应根据财政评审中心的规定执行，邀请实施机构共同确认，必要时，可以邀请财政评审中心参加。

合同中没有明确约定，当地财政评审中心也没有规定的，项目公司应主动提出询价、认质认价的处理方案，报实施机构批准后，双方遵照实施。

除非合同明确约定，项目公司应争取询价、认质认价部分不参与结算下浮。

条款解析

建设阶段遇到的高频问题之六，就是询价、认质认价的处理，这也是商务工作中的重要问题之一。

询价、认质认价的工作量比较大，争议也比较大。这一内容实际本身的技术含量并不高，但由于直接涉及造价的确定，且不同的询价、认质认价办法，导致的造价变化会比较大，牵涉重大经济利益，因此，常见争议较大。

究其核心，就在于事先没有明确询价、认质认价的处理原则，只要处理原则确定，各方遵照执行即可。但是由于《PPP 项目合同》多由咨询机构或律师编写，也多为抄模板编制，对于未来具体实施的情况考虑不足，因此多数项目合同没有约定询价、认质认价的具体处理办法。

如果没有约定的，常规有两种处理方式。一是咨询当地的财政评审中心，如果已有政策或规定的，可以直接遵照执行，各方一般不会有争议或意见；

二是如果没有现行政策或规定的，项目公司可以和实施机构协商确认具体的原则或办法，通过补充协议或备忘录等书面形式进行确认，然后遵照执行。①

同样，询价、认质认价是直接确定的可采购价格，项目公司并无差价获得，因此同样强调不参与结算下浮。

实施办法

一、管理依据

（一）法律法规、政策依据

认质认价材料，是指工程招标中列入暂定价和可调价，实施中由建设单位认定价格、施工单位采购的材料，本节关联本章第 63 节，可以关联阅读。

（二）PPP 项目合同常规约定

详细内容可参见本章第 63 节。

（三）管理制度

一般对应《投资控制管理制度》《过程结算管理制度》等，具体内容略。

（四）经验教训

1. 合同中应当明确询价、认质认价的处理办法，避免实施过程中二次谈判，费时费力，效率极低。

2. 询价、认质认价，应当事先确认规则，工作开展过程中，实施机构和财评中心是关键角色，应当参与，否则未来可能对采购结果产生争议。

3. 项目公司应当深度学习，熟悉询价、认质认价争议处理规则。

对于材料价格发生争议需要进行鉴定的，根据《建设工程造价鉴定规范》（GB/T 51262－2017）第 5.6.4 条规定，“……1 材料价格在采购前经发包人或其代表签批认可的，应按签批的材料价格进行鉴定；2 材料采购前未报发包人或其代表认质认价的，应按合同约定的价格进行鉴定；3 发包人认

① 参见《PPP 项目执行阶段操作指南：100 个实务问题深度解析（第二册）》问题 41。

为承包人采购的材料不符合质量要求，不予认价的，应按双方约定的价格进行鉴定，质量方面的争议应告知发包人另行申请质量鉴定”。

二、工作实施方案

1. 商务人员应对《PPP 项目合同》中关于询价、认质认价的约定深度学习，并严格执行；熟悉、了解当地财评部分对询价、认质认价的政策规定；当合同中没有约定的，应当及时和实施机构进行协商，并书面确认。

2. 系统梳理项目的询价、认质认价的内容，并确认采购限价（批复概算及财评中心确认）。

3. 工作开展前，向实施机构发出采购计划工作联系函，明确询价、认质认价的落实计划。

4. 实施机构未明确书面反对的，则按照采购计划执行，采购时，邀请实施机构及其他相关单位派代表参加，全程参与。

5. 可以委托第三方招标代理机构代为采购，建议财评中心、跟踪审计单位共同参与。

6. 全程公开询价、认质认价，并保留完整采购记录，参与人员对结果进行共同签复确认。

7. 报一份原件给实施机构备案。

8. 按照最终价格计入实际总投资，获得确认。

三、管理表单

略。

四、实务风险解析与建议

实务问题 1：认质认价的程序和办法，一般是怎么规定的?

解析与建议：

详细内容请关联《PPP 项目执行阶段操作指南：100 个实务问题深度解析（第二册）》问题 41 进行阅读。

实务问题 2：《PPP 项目合同》中的计价约定标准与地方政府规定不一致时，应以哪个为准?

解析与建议：

详细内容请关联《PPP 项目执行阶段操作指南：100 个实务问题深度解析（第二册)》问题 78 进行阅读。

五、管理成果要求（基础档案）

1. 《PPP 项目合同》中关于询价、认质认价的约定；
2. 当地财评中心相关政策规定；
3. 询价、认质认价内容清单及其确认的采购限价；
4. 项目公司内部会议确认的执行方案；
5. 实施机构签收或批复文件；
6. 完整采购记录，含项目公司、实施机构、财评中心及跟踪审计单位等全程监督材料；
7. 相关协议草本，及其评审记录、法律意见书；
8. 签订的相关协议以及实施机构签收记录；
9. 其他相关文件等。

六、补充说明

本项工作不直接涉及政府方监管要点。

第 65 节　建设期利息的计取

核心条款

第六十五条　项目公司应根据《PPP 项目合同》的约定，对建设期利息的计取进行实时确认。当合同中没有明确约定时，项目公司应及时和实施机构磋商一致，并通过《PPP 项目合同补充协议》或备忘录的形式确定建设期利息计取原则，不得延至项目结算时考虑。

原则上，项目公司应主动提出建设期利息计取方案，并阐明相关依据和理由，报实施机构批准后执行，不得等待实施机构或其咨询机构出具相应方案。

条款解析

建设期利息一般没有什么特殊情况，只要按照合同约定的计算方式及时申报确认即可。

实务当中存在变量的情形，第一，可能《PPP 项目合同》没有对建设期利息如何计算作出约定；第二，社会资本方未能按照合同约定及时将项目资本金注资到位，最后计算时应当以合同约定还是实际出资情况计算未有明确标准。

针对第一种情况，建议项目公司主动提出解决方案，明确计算原则，并提交实施机构确认，最终通过《PPP 项目合同补充协议》或备忘录的形式进行固定，作为双方计算建设期利息的依据。

针对第二种情况，一般会按照实际注资情况计算。实际注资没有按照合同约定执行的，往往会和违约责任挂钩。因此，项目公司应当严格按照合同约定执行。

商务人员应当每月根据约定及时计算利息，并计入实际总投资，和过程结算同步进行。

实施办法

一、管理依据

（一）法律法规、政策依据

国务院《关于固定资产投资项目试行资本金制度的通知》（国发〔1996年〕35号）第2条规定，“……投资项目资本金，是指在投资项目总投资中，由投资者认缴的出资额，对投资项目来说是非债务性资金，项目法人不承担这部分资金的任何利息和债务；投资者可按其出资的比例依法享有所有者权益，也可转让其出资，但不得以任何方式抽回。本通知中作为计算资本金基数的总投资，是指投资项目的固定资产投资与铺底流动资金之和，具体核定时以经批准的动态概算为依据”。

《市政公用设施建设项目经济评价方法与参数》（建标〔2008〕162号）在国发〔1996年〕35号文基础上做了延伸性说明，即固定资产投资为建设投资和建设期利息之和。

（二）PPP项目合同常规约定

以广州市某市政PPP项目为例，其《PPP项目合同》第12.1.2条第1款约定，“项目建设总投资是指为本工程建设而筹集、投入并经政府确认的全部费用，包括项目前期费用、项目建设费用、设备及安装费用、工程其它费用和建设期利息等”，“建设期利息计算基础为项目银行贷款（不含项目资本金部分），按中标贷款利率（4.655%）、实际借款本金和到位时间结算，本协议其他条款约定不予计入建设成本的部分，应予以扣除”。

该合同第19.1.4条还约定，“因乙方原因导致建设期延误的，建设进度延期所造成的一切费用由乙方自行承担，乙方已投入的投资成本不计建设延误天数的建设期利息。乙方原因导致建设期延误的，因工期延误而增加的费用由甲乙方另行协商承担方式，其中政府方承担的部分费用计入本项目建设成本，乙方承担的部分不计入本项目建设成本，由乙方另行支付给项目公司。同时，项目公司已投入的投资成本不计建设延误天数的建设期利息”。

（三）管理制度

一般对应《投资控制管理制度》《过程结算管理制度》等，具体内容略。

（四）经验教训

1. 资本金不可以计息，但可以计算投资回报。

2. 延伸熟悉垫资利息的处理原则。最高人民法院《关于审理建设工程施工合同纠纷案件适用法律问题的解释（一）》第 25 条规定：“当事人对垫资和垫资利息有约定，承包人请求按照约定返还垫资及其利息的，人民法院应予支持，但是约定的利息计算标准高于垫资时间的同类贷款利率或者同期贷款市场报价利率的部分除外。当事人对垫资没有约定的，按照工程欠款处理。当事人对垫资利息没有约定，承包人请求支付利息的，人民法院不予支持。”

二、工作实施方案

1. 商务人员应对《PPP 项目合同》中关于建设期利息计取的约定深度学习，并严格执行。

2. 如果合同内没有对建设期利息的计取进行约定，或约定不明的，项目公司应专项处理，及时和实施机构协商补充。

3. 双方协商意见一致的，可以通过备忘录或《PPP 项目合同补充协议》的形式进行确认。

4. 商务人员每月按照约定的计取方式，实时进行建设期利息的计取和确认。

5. 应专人负责，及时获得跟踪审计的确认。

6. 持续 PDCA，直至项目竣工财务决算完成。

三、管理表单

略。

四、实务风险解析与建议

实务问题 1：资本金能不能计算建设期利息？

解析与建议：

详细内容请关联《PPP 项目执行阶段操作指南：100 个实务问题深度解析》问题 40 进行阅读。

实务问题 2：最终结算时，融资利息是按照实际利率执行，还是按照合同约定的上限利率执行？

解析与建议：

详细内容请关联《PPP 项目执行阶段操作指南：100 个实务问题深度解析（第二册）》问题 31 进行阅读。

实务问题 3：关于建设期利息的计算和结算办法，有没有好的约定建议？

解析与建议：

详细内容请关联《PPP 项目执行阶段操作指南：100 个实务问题深度解析（第二册）》问题 83 进行阅读。

五、管理成果要求（基础档案）

1. 《PPP 项目合同》中关于建设期利息计取的约定；
2. 可能的备忘录或《PPP 项目合同补充协议》；
3. 每月建设期利息的计取及跟踪审计的确认；
4. 会议纪要、往来文件、专项报告及批复（或有）；
5. 其他相关文件等。

六、补充说明

本项工作不直接涉及政府方监管要点。

第 66 节　财政评审的介入处理

核心条款

第六十六条　项目公司应根据《PPP 项目合同》的约定执行。部分合同约定，项目公司在支付费用时，应接受实施机构和财政评审的双重管理，必须获得实施机构和财政评审的共同签认方可支付。该种情形下，应遵照执行。

若合同中对此没有约定，对于常规按照合同的付费行为，项目公司可以拒绝。但对于询价、认质认价部分，可以接受双重管理，待实施机构和财政评审共同签认后支付。当政府方刚性管理，确实无法拒绝时，双重审核程序过程中可能增加流转周期，但是未来审计时却无审减风险，项目公司可以适当妥协。

条款解析

项目公司应当对财政评审的规则详细了解，明白其管理边界。

实务中，各地财政评审表现不一，部分地方财政评审中心避之不及，不愿意过多介入 PPP 项目，而部分地方财政评审中心却完全相反，强势要求介入，并且延伸至项目公司支付的每一笔费用，否则，不认可计入总投资。

实际上，财政评审中心一般会对暂估价，以及询价、认质认价部分进行重点关注。项目公司应当根据《PPP 项目合同》的约定执行，事先和财政评审中心充分沟通，熟悉其办事规则。暂估价部分，应当取得财政评审中心出具的采购限价，询价、认质认价部分，应当邀请财政评审中心参与，确保未来实际投资可以正常结算。

当《PPP 项目合同》中并没有约定财政评审中心参与，但对方又强势要求介入管理时，项目公司可以参照当地的政策规定执行。可以协商不予介入的，最好；实在无法协商的，可以接受其管理。其本质上是增加了一道审核程序，虽然在过程中增加了项目公司的工作量，但是对于未来的安全结算却是有利。

实施办法

一、管理依据

（一）法律法规、政策依据

财政部《关于印发〈财政投资评审管理规定〉的通知》（财建〔2009〕648 号）附件《财政投资评审管理规定》第 2 条明确规定，“财政投资评审是财政职能的重要组成部分，财政部门通过对财政性资金投资项目预（概）算和竣工决（结）算进行评价与审查，对财政性资金投资项目资金使用情况，以及其他财政专项资金使用情况进行专项核查及追踪问效，是财政资金规范、安全、有效运行的基本保证。财政投资评审业务由财政部门委托其所属财政投资评审机构或经财政部门认可的有资质的社会中介机构（以下简称财政投资评审机构）进行。其中，社会中介机构按照《政府采购法》及相关规定，通过国内公开招标产生”。

该规定第 3 条明确了财政投资评审的范围，其包括，“（一）财政预算内基本建设资金（含国债）安排的建设项目；（二）财政预算内专项资金安排的建设项目；（三）政府性基金、预算外资金等安排的建设项目；（四）政府性融资安排的建设项目；（五）其他财政性资金安排的建设项目；（六）需进行专项核查及追踪问效的其他项目或专项资金”。

该规定第 4 条还规定，“财政投资评审的内容包括：（一）项目预（概）算和竣工决（结）算的真实性、准确性、完整性和时效性等审核；（二）项目基本建设程序合规性和基本建设管理制度执行情况审核；（三）项目招标程序、招标方式、招标文件、各项合同等合规性审核；（四）工程建设各项支付的合理性、准确性审核；（五）项目财政性资金的使用、管理情况，以及配套资金的筹集、到位情况审核；（六）项目政府采购情况审核；（七）项目预（概）算执行情况以及项目实施过程中发生的重大设计变更及索赔情况审核；（八）实行代建制项目的管理及建设情况审核；（九）项目建成运行情况或效益情况审核；（十）财政专项资金安排项目的立项审核、可行性研究报告投资估算和初步设计概算的审核；（十一）对财政性资金使用情况进行专项核查及追踪问效；（十二）其他”。

该规定第 9 条进一步明确规定，“项目建设单位在财政投资评审工作中履行以下义务：（一）积极配合财政投资评审机构开展工作，及时向财政投资评审机构提供评审工作所需相关资料，并对所提供资料的真实性、合法性负责；（二）对评审工作涉及需要核实或取证的问题，应积极配合，不得拒绝、隐匿或提供虚假资料；（三）对财政投资评审机构出具的建设项目投资评审意见，项目建设单位应在收到日起五个工作日内签署意见，并由项目建设单位和项目建设单位负责人盖章签字（具体格式见附件）；逾期不签署意见，则视同同意评审意见；（四）根据财政部门对评审报告的批复（批转）意见，及时进行整改”。

（二）PPP 项目合同常规约定

以天津市某高速公路 PPP 项目为例，其《PPP 项目合同》第 26 条约定，“本项目最终投资以经财政审核的最终竣工决算金额为准，除本协议约定的情形外，最终投资额不影响可行性缺口补助金额”。

再以河北省某基础设施及配套设施 PPP 项目为例，其《PPP 项目合同》第 6. 2. 2 条约定，“合同履行期间，价格和费用变化按以下约定调整：人工、材料、机械单价的基期价格以财政评审确定的已标价工程量清单载明的相应单价为准……已标价工程量清单经财政评审后，因法律、标准和规范变化导致价格和费用需要调整的，按其具体要求调整”。

（三）管理制度

一般对应《投资控制管理制度》《过程结算管理制度》等，具体内容略。

（四）经验教训

当地财政评审中心有询价、认质认价管理办法的，建议直接采用。

二、工作实施方案

1. 商务人员应对《PPP 项目合同》中关于财政评审的介入相关约定深度学习，并严格执行。

2. 当合同中没有相关约定时，应主动向当地财政评审中心进行了解，当有明确政策规定时，按照政策执行。

3. 按照政策规定，接受财政评审中心的监督、管理，按照规定的内容，获得财政评审中心的确认。

4. 当政策没有明确规定，但财政评审中心、实施机构要求介入时，双方应充分协商一致，并按照合意执行。

5. 对于暂估价，以及询价、认质认价部分，应当通过财政评审中心书面确认。

三、管理表单

略。

四、实务风险解析与建议

实务问题 1：什么是财政评审？财政评审的认定原则是什么？项目公司事事都要财政评审确认是否合适？

解析与建议：

详细内容请关联《PPP 项目执行阶段操作指南：100 个实务问题深度解析（第二册）》问题 65 进行阅读。

实务问题 2：项目公司采购施工总承包单位的时候（投资人非施工总承包单位情形），工程量清单和招标控制价还需要经过财政评审吗？

解析与建议：

详细内容请关联《PPP 项目执行阶段操作指南：100 个实务问题深度解析（第二册）》问题 80 进行阅读。

五、管理成果要求（基础档案）

1. 会议纪要、政策文件、政府通知（或有）；
2. 财政评审相关成果文件；
3. 其他相关文件等。

六、补充说明

本项工作不直接涉及政府方监管要点。

第 67 节　专项资金或奖补资金的处理

核心条款

第六十七条　项目公司应充分了解相关政策，确认项目是否存在专项资金、奖补资金、贴息资金等，若有，应安排投资控制部和/或财务部专人落实资金申报工作，直至资金到位。

资金应专户管理，严格按照资金使用管理办法执行，专款专用，并做好资金台账备查。

条款解析

专项资金或奖补资金为或有资金，比如水处理项目、医院项目、水库项目等，但是实务中各地政府处理起来不一致。

一般情况下，专项资金、奖补资金都有专项的使用办法，严格按照使用办法执行即可。但个别地方政府不按照规则办理，可能会将资金挪为己用，由此产生了各种意外情形。

事实上，专项资金应当专款专用，未来也会有多轮审计检查，如果擅自违规使用，未来必然会面临追责的情形，项目公司应当排除该种问题。

对于项目公司而言，通常合同会有约定，例如，“建设期获得专项资金或奖补资金的，将抵减总投资；运营期获得专项资金或奖补资金的，将抵减当年政府方付费”，所以该笔资金不属于额外的奖励，只是提前收到的一部分现金流而已，正常对待即可。

另外，这部分资金的使用，可能是财政部门将资金直接拨付给项目公司，项目公司按照规定直接使用；也可能是将资金拨付至实施机构，或直接留在财政部门，项目公司在限定范围内，按照规定请款使用。

实施办法

一、管理依据

（一）法律法规、政策依据

国家发改委《关于政府和社会资本合作项目前期工作专项补助资金管理暂行办法》（发改办投资〔2015〕2860号）第1条中明确规定，“为积极推广政府和社会资本合作（PPP）模式，进一步鼓励和吸引社会投资，充分发挥投资在稳增长中的关键作用，国家发展改革委安排中央预算内投资对PPP项目前期工作给予专项补助”，该办法第三章中还明确规定了资金的使用与管理，强调要“要严格执行有关财务管理规定，必须设立专门账户，专款专用，严禁截留、转移、侵占和挪用”，“有关部门、单位要严格按照基本建设财务会计制度对前期工作专项补助资金进行管理和核算”，对违反规定的，该办法第18条规定，“对不按规定使用或年度内多次核销前期工作专项补助资金的，经核实后，立即停止拨付尚未拨付的工作专项补助资金，并在下一年度减少或不予安排该地区前期工作专项补助资金。对违法违规行为，依法依规追究相关责任人员的行政或法律责任”。

财政部《关于在公共服务领域深入推进政府和社会资本合作工作的通知》（财金〔2016〕90号），对此也作出了原则性规定。该通知第10条明确，“进一步加大财政扶持力度。……鼓励各级财政部门因地制宜、主动作为，探索财政资金撬动社会资金和金融资本参与PPP项目的有效方式，通过前期费用补助、以奖代补等手段，为项目规范实施营造良好的政策环境”。

对于专项资金、奖补资金的使用，应按照财政部《关于印发〈中央预算内固定资产投资补助资金财政财务管理暂行办法〉的通知》（财建〔2005〕355号）执行，其附件《中央预算内固定资产投资补助资金财政财务管理暂行办法》第14条规定，“项目单位收到投资补助后，必须专款专用，单独建帐核算，并分别按如下情况进行财务处理：（一）对非经营性建设项目的投资补助按财政拨款有关规定执行。（二）对经营性建设项目的投资补助作为资本公积管理，项目单位同意增资扩股的情况下，可以作为国家资本金管理。中央对地方项目的投资补助，比照本办法执行；如地方政府有另行规定的，可从其规定”。

对该类资金的使用应进行必要的监管。国家发改委、财政部《关于运用政府投资支持社会投资项目的通知》（发改投资〔2015〕823 号）第 8 条规定，“加强政府投资的监督管理。各部门、各地方要依据职能分工，对安排给社会投资项目的政府投资加强监管，督促社会投资主体认真执行政府投资资金管理的各项规定，确保政府投资资金使用的规范、安全、有效，防止违规使用资金、挪用套取资金或其他违法违规行为，保障投资项目按期完成。对政府投资支持的基金运行情况进行考核，基金使用方向不符合政府有关要求的要及时改正，情况严重的要收回政府投资并给予适当处罚”。

财政部《关于修订发布〈普惠金融发展专项资金管理办法〉的通知（2019）》（财金〔2019〕96 号）的附件《普惠金融发展专项资金管理办法（修订稿）》第 43 条规定：“各级财政部门应当按照预算绩效管理的有关规定加强专项资金绩效管理，建立健全全过程预算绩效管理机制，将绩效评价结果作为完善政策和资金分配的参考依据，推进绩效评价结果信息公开，逐步建立绩效问责机制。”

因此，项目各方在资金的使用和管理中应根据规定执行，不能擅自挪用资金。

对此，《政府投资条例》第 14 条规定，“采取投资补助、贷款贴息等方式安排政府投资资金的，项目单位应当按照国家有关规定办理手续”。第 34 条还规定，“弄虚作假骗取政府投资项目审批或者投资补助、贷款贴息等政府投资资金”的，责令改正，根据具体情况，暂停、停止拨付资金或者收回已拨付的资金，暂停或者停止建设活动，对负有责任的领导人员和直接责任人员依法给予处分。

财政部也在《关于做好 2019 年中央财政普惠金融发展专项资金管理工作

的通知》（财金函〔2019〕8号）中明确规定，“自2019年起中央财政不再安排政府和社会资本合作（PPP）项目以奖代补资金。2016—2018年度已安排的PPP项目以奖代补资金，省级财政部门应加强跟踪管理，会同项目实施单位和有关部门，为项目规范实施创造良好环境，打造一批管理水平高、产出绩效优、示范效应强的样板项目。对于已获得以奖代补资金的项目，若发现不符合示范项目要求，应及时上报调出示范项目名单，由省级财政部门负责追回以奖代补资金并及时上缴中央财政”。

除了以上政策规定，各部委也对部分行业作出了明确的规定。

财政部、交通运输部发布的《关于在收费公路领域推广运用政府和社会资本合作模式的实施意见》（财建〔2015〕111号）第10条明确规定，“收费不足以满足社会资本或项目公司成本回收和合理回报的，在依法给予融资支持，项目沿线一定范围土地开发使用等支持措施仍不能完全覆盖成本的，可考虑给予合理的财政补贴。对符合《车辆购置税收入补助地方资金管理暂行办法》要求的项目，可按照交通运输重点项目资金申请和审核规定，申请投资补助”。

国家发改委办公厅和交通运输部办公厅联合发布的《关于进一步做好收费公路政府和社会资本合作项目前期工作的通知》（发改办基础〔2016〕2851号）第2条第3项规定，“项目确定社会资本方并正式签署PPP项目合同后，由省级交通主管部门组织向交通运输部报送项目车购税资金申请函。对于所提材料通过交通运输部审查并且符合条件的项目，交通运输部将出具资金安排确认函，明确车购税资金具体安排数额”。

2017年7月1日，财政部、住房城乡建设部、农业部、环境保护部等四部委联合发布了《关于政府参与的污水、垃圾处理项目全面实施PPP模式的通知》（财建〔2017〕455号），其第8条规定，“优化财政政策。大力支持污水、垃圾处理领域全面实施PPP模式工作，未有效落实全面实施PPP模式政策的项目，原则上不予安排相关预算支出。各级地方财政要积极推进污水、垃圾处理领域财政资金转型，以运营补贴作为财政资金投入的主要方式，也可从财政资金中安排前期费用奖励予以支持，逐步减少资本金投入和投资补助。加大对各类财政资金的整合力度，涉农资金整合中充分统筹农村污水、垃圾处理相关支持资金，扩大规模经济和范围经济效应，形成资金政策合力，优先支持民营资本参与的项目”。

2017 年 11 月 22 日交通运输部办公厅《关于印发〈收费公路政府和社会资本合作操作指南〉的通知》（交办财审〔2017〕173 号）附件《收费公路政府和社会资本合作操作指南》第 8 条第 1 款、第 2 款规定，“收费不足以满足社会资本方或项目公司成本回收和合理回报的，且政府对项目依法给予支持政策仍不能完全覆盖成本、实现合理回报的，可考虑给予合理的财政支持。对符合公路交通发展规划和车辆购置税支持政策的项目，可按照交通运输重点项目资金申请和审核规定，申请车辆购置税资金支持。可以采取建设期投资补助、资本金注入、运营补贴、贷款贴息等一种或多种方式对收费公路 PPP 项目给予支持，其中建设期投资补助、运营补贴和贷款贴息等作为可行性缺口补助，不作为项目资本金”。

（二）PPP 项目合同常规约定

以天津市某高速公路 PPP 项目为例，其《PPP 项目合同》第 12 条约定，“根据交通运输部关于 × × 高速公路 × × 西段项目的核准意见（交规划函〔2018〕36 × 号），本项目给予车购税交通专项建设资金作为投资补助，按 7 亿元控制（具体金额以资金确认函为准）。× × 市人民政府给予本项目建设投资补助，金额为 3 亿元，在建设期内按年度拨付”。

该合同第 16 条约定，“乙方应为本项目在银行设立建设资金专门账户，保障建设资金按建设进度及时到位，实现项目建设资金专款专用。甲方有权对建设资金专门账户进行监管”。

（三）管理制度

一般对应《投资控制管理制度》《过程结算管理制度》《资金使用管理办法》《财务管理制度》等，具体内容略。

（四）经验教训

专项资金、奖补资金有其对应的管理办法，项目公司应当根据管理办法执行，不得挪作他用。建议单独列支，清晰使用记录，避免被审计风险。

二、工作实施方案

1. 商务人员应对《PPP项目合同》中关于专项资金、奖补资金相关约定深度学习，并严格执行。

2. 商务人员应获得专项资金、奖补资金的使用管理办法。

3. 财务人员确认相应的资金到账。

4. 按照使用管理办法申请和使用相关资金，并妥善保存完整的审批手续，和现金流出情况，确保合规使用。

5. 接受对应的专项审计或检查。

6. 持续PDCA，直至竣工财务决算完成。

三、管理表单

略。

四、实务风险解析与建议

实务问题1：某水利PPP项目有专项资金1亿元，该资金如何入账？如何使用？

解析与建议：

详细内容请关联《PPP项目执行阶段操作指南：100个实务问题深度解析》问题42进行阅读。

实务问题2：某PPP项目到位专项补助资金200万元，政府方出资代表要求退回其出资的200万元注册资本金，以该补助资金替代，财务上应如何实现？

解析与建议：

详细内容请关联《PPP项目执行阶段操作指南：100个实务问题深度解析（第二册）》问题26进行阅读。

实务问题3：专项资金应如何使用？应重点关注哪些方面？

解析与建议：

详细内容请关联《PPP 项目执行阶段操作指南：100 个实务问题深度解析（第二册）》问题32 进行阅读。

实务问题4：项目公司通过政府获得的具有专项用途性质的财政性资金涉及哪些税务问题？

解析与建议：

详细内容请关联《PPP 项目执行阶段操作指南：100 个实务问题深度解析（第二册）》问题96 进行阅读。

五、管理成果要求（基础档案）

1. 《PPP 项目合同》中关于专项资金、奖补资金的相关约定；
2. 专项资金、奖补资金对应的相关政策；
3. 现金流量表（资金到账证明）；
4. 资金使用台账，附每笔资金使用申请、审批和对应附件；
5. 专项资金审计报告、检查报告；
6. 其他相关文件等。

六、补充说明

本项是政府方监管要点内容，可以关联《PPP 项目政府方监管要点》阅读，共涉及三项监管要点，分别如下：

1. 监管要点34：确认各项补助资金、贴息资金、奖补资金等是否按照规定执行？是否履行了相关手续？项目公司是否按照规定专款专用？

2. 监管要点49：确认案例 PPP 项目是否存在建设补助资金申报情况，如果存在，是否及时推进落实？

3. 监管要点77：专项资金是否已经按照规定及时、足额拨付？专项资金的使用是否按照《专项资金使用管理办法》专款专用？

第 68 节　工程建设其他费用的处理

核心条款

第六十八条　项目公司应严格按照四流一致的要求执行，必须合同、发票、现金流、固定资产或服务成果统一①，在履行相应付款审批程序后方可支付。特殊情况没有合同依据时，项目公司应向实施机构提交专项报告，明确该等费用发生的原因、费用的金额和依据，在获得实施机构的书面批准后，遵照执行。相应的事件应在当期项目公司经营管理月报中体现。

严禁无依据付费。

条款解析

工程建设其他费用的处理，以下五点需要重点提醒：

第一，发生条目的正当性。也就是发生费用的类型、内容具有其正当性和合理性。在概算清单中，在概算金额范围之内，可以正常发生；不在概算清单之中，或在概算金额范围以外的，应当履行适当的批准程序，以此确认其正当性和合理性。不能擅自无依据编制条目，无依据将不相关的费用纳入，否则未来还是会被审减。

第二，采购程序的合规性。确认其正当性和合理性之后，还应进一步确认其采购合规性。采购应当按照《必须招标的工程项目规定》（国家发展和改革委员会令第 16 号），以及项目公司采购管理制度执行，必须通过适当的采购方式，落实适当的采购行为，不能发生未经采购程序就直接签订协议的

① 也可以按照“三流一致”的要求，“四流一致”为较高标准。

情形。另外，合同也应当履行审批程序，最终批准签订，一般是依据合同管理制度执行。

第三，合同履约的适当性。采购完成，合同签订后，下一步就是完全履约，合同各方应按照合同严格履行，并留下妥善的履约记录、履约成果。当发生违约事件或奖惩情形时，项目公司应当有适当的行为，不得“放水”，造成项目公司的不当损失。强调履约的适当性。

第四，付款流程的恰当性。合同正常履约，项目公司按照约定正常付款，付款要求“三流一致”，但是更建议“四流一致”，即合同、发票、现金流以及服务成果统一，这样可以直接做实付费的正当性，也能逐渐形成成果意识。同时，付款审批程序必须恰当，必须按照财务管理制度逐层签批通过，才能最终付款。

第五，履约成果的完整性。这就是成果意识，强调履约的善始善终，“善终”就是按照合同约定完全履约，乙方提供了合同约定的服务成果，甲方按照合同约定支付相应的费用，合同即可圆满关闭。以成果说话，以成果确认费用发生的恰当性，才是最佳的。

实施办法

一、管理依据

（一）法律法规、政策依据

《基本建设财务规则》（财政部令第 90 号）第 21 条明确，“建设成本是指按照批准的建设内容由项目建设资金安排的各项支出，包括建筑安装工程投资支出、设备投资支出、待摊投资支出和其他投资支出。建筑安装工程投资支出是指项目建设单位按照批准的建设内容发生的建筑工程和安装工程的实际成本。设备投资支出是指项目建设单位按照批准的建设内容发生的各种设备的实际成本。待摊投资支出是指项目建设单位按照批准的建设内容发生的，应当分摊计入相关资产价值的各项费用和税金支出。其他投资支出是指项目建设单位按照批准的建设内容发生的房屋购置支出，基本畜禽、林木等的购置、饲养、培育支出，办公生活用家具、器具购置支出，软件研发和不能计入设备投资的软件购置等支出”。

财政部《关于印发〈基本建设项目建设成本管理规定〉的通知》（财建〔2016〕504号）附件《基本建设项目建设成本管理规定》第4条规定，“待摊投资支出是指项目建设单位按照批准的建设内容发生的，应当分摊计入相关资产价值的各项费用和税金支出。主要包括：（一）勘察费、设计费、研究试验费、可行性研究费及项目其他前期费用；（二）土地征用及迁移补偿费、土地复垦及补偿费、森林植被恢复费及其他为取得或租用土地使用权而发生的费用；（三）土地使用税、耕地占用税、契税、车船税、印花税及按规定缴纳的其他税费；（四）项目建设管理费、代建管理费、临时设施费、监理费、招标投标费、社会中介机构审查费及其他管理性质的费用；（五）项目建设期间发生的各类借款利息、债券利息、贷款评估费、国外借款手续费及承诺费、汇兑损益、债券发行费用及其他债务利息支出或融资费用；（六）工程检测费、设备检验费、负荷联合试车费及其他检验检测类费率；（七）固定资产损失、器材处理亏损、设备盘亏及毁损、报废工程净损失及其他损失；（八）系统集成等信息工程的费用支出；（九）其他待摊投资性质支出。项目在建设期间的建设资金存款利息收入冲减债务利息支出，利息收入超过利息支出的部分，冲减待摊投资总支出”。

（二）PPP项目合同常规约定

以广州市某市政PPP项目为例，其《PPP项目合同》第12.1.2条第1款第2项约定，“工程建设其他费用：根据相关行业取费标准计算，广州市黄埔区、广州开发区有规定标准的，执行相关标准；最终金额以广州市黄埔区、广州开发区财政审定的金额为准”。

（三）管理制度

一般对应《投资控制管理制度》《过程结算管理制度》《资金使用管理办法》《财务管理制度》等，具体内容略。

（四）经验教训

1. 本项费用的处理，主要强调依据充分、证据完整，即费用发生的正当性。项目公司不得无依据支付任何费用。

2. 涉及采购的，应当按照项目公司采购管理制度执行，签订相应合同后，报实施机构备案，建议邀请实施机构派代表参加采购，这样即可大概率避免费用使用的争议。

二、工作实施方案

1. 商务人员应当系统梳理批复概算中的二类费用项目，并逐条梳理对应合同。

2. 要求做好相关台账。

3. 要求每个二类费用对应的内容，都必须有对应合同，每份合同都必须有完整的采购文件。

4. 超过 100 万元的必须公开招标，采购完成后，应提交一份合同原件至实施机构备案。

5. 要求按照合同履约，按照合同要求提供相应服务成果。

6. 满足付款条件的，服务单位应当提交付款申请，随附完成的服务成果附件、发票等，责任人员进行审核，满足付款条件的，及时签批，最终付款；不满足付款条件的，应当要求服务单位及时整改，整改完成后予以支付。

7. 要求按照合同管理的规定，对全生命周期的履约进行妥善存档，包含付款材料。

8. 持续 PDCA，直至竣工财务决算完成。

三、管理表单

略。

四、实务风险解析与建议

实务问题 1：进场实施时，临建费用如何计取，是按费率计取？还是按实计取？

解析与建议：

详细内容请关联《PPP 项目执行阶段操作指南：100 个实务问题深度解

析》问题 14 进行阅读。

实务问题 2：除了合同明确规定的费用外，其他所有费用是否可计入项目总投资？应如何处理？

解析与建议：

详细内容请关联《PPP 项目执行阶段操作指南：100 个实务问题深度解析》问题 93 进行阅读。

实务问题 3：项目公司支付二类费用的依据和程序是什么？

解析与建议：

详细内容请关联《PPP 项目执行阶段操作指南：100 个实务问题深度解析（第二册）》问题 42 进行阅读。

实务问题 4：某供水 PPP 项目，部分需要穿越公路，公路管理部门要求 15 万元补偿费，是否合适？应如何处理？

解析与建议：

详细内容请关联《PPP 项目执行阶段操作指南：100 个实务问题深度解析（第二册）》问题 43 进行阅读。

五、管理成果要求（基础档案）

1. 《PPP 项目合同》相关约定；
2. 完整台账；
3. 对应的合同（完整的合同档案，含采购、交底、履约等全生命周期文件）；
4. 对应的服务成果；
5. 完整的付款记录及其附件；
6. 相关审计报告、结算报告、财务决算报告；
7. 可能的工作联系函、会议纪要、专项报告；
8. 其他相关文件等。

六、补充说明

本项工作不直接涉及政府方监管要点。

第 69 节 工程进度款的支付

核心条款

第六十九条 项目公司应严格按照资金使用管理制度执行。支付工程进度款时，应能满足以下基本要求：

1. 施工总承包单位提交进度款支付申请，附工程量清单等附件，工程量以经审计单位审定的工程量为准；

2. 监理单位和跟踪审计单位对请款申请进行审核、确认；

3. 项目公司按照管理制度逐级审批，确认付款金额后，施工总承包单位开具相应增值税专用发票；

4. 项目公司收到发票后，及时付款，保证“三流一致”。

项目公司应将以上文件妥善存档，且必须满足程序合规、依据充分、证据完整、数据翔实、计算清晰、签字有效的要求。严禁未经审批、附件不全支付。

条款解析

只要涉及资金，都属于重要的问题。工程进度款的额度一般都会比较大，因此需要重点关注，更要强调其程序合规性，确保付款适当。

工程进度款支付的最低要求是“三流一致”，而我们更加强调“四流一致”，附件齐全、审批完整，财务部门应当审慎，严格按照付款的程序和要求执行，确保未来检查安全。

部分国有企业、中央企业对于大额资金的动用还有专门的要求，比如《大额资金使用管理办法》，如果有这种要求的，财务部门还要单独履行一个大额资金动用的审批程序，确保资金使用安全。

实施办法

一、管理依据

（一）法律法规、政策依据

《保障农民工工资支付条例》第 23 条规定，“建设单位应当有满足施工所需要的资金安排。没有满足施工所需要的资金安排的，工程建设项目不得开工建设；依法需要办理施工许可证的，相关行业工程建设主管部门不予颁发施工许可证。政府投资项目所需资金，应当按照国家有关规定落实到位，不得由施工单位垫资建设”。

该条例第 29 条还规定，“建设单位应当按照合同约定及时拨付工程款，并将人工费用及时足额拨付至农民工工资专用账户，加强对施工总承包单位按时足额支付农民工工资的监督。因建设单位未按照合同约定及时拨付工程款导致农民工工资拖欠的，建设单位应当以未结清的工程款为限先行垫付被拖欠的农民工工资。建设单位应当以项目为单位建立保障农民工工资支付协调机制和工资拖欠预防机制，督促施工总承包单位加强劳动用工管理，妥善处理与农民工工资支付相关的矛盾纠纷。发生农民工集体讨薪事件的，建设单位应当会同施工总承包单位及时处理，并向项目所在地人力资源社会保障行政部门和相关行业工程建设主管部门报告有关情况”。

最高人民法院《关于审理建设工程施工合同纠纷案件适用法律问题的解释（一）》第 26 条规定，“当事人对欠付工程价款利息计付标准有约定的，按照约定处理。没有约定的，按照同期同类贷款利率或者同期贷款市场报价利率计息”。第 27 条还规定，“利息从应付工程价款之日开始计付。当事人对付款时间没有约定或者约定不明的，下列时间视为应付款时间：（一）建设工程已实际交付的，为交付之日；（二）建设工程没有交付的，为提交竣工结算文件之日；（三）建设工程未交付，工程价款也未结算的，为当事人起诉之日”。

《建设工程工程量清单计价规范》（GB 50500－2013）第10.3条“进度款”规定：

“10.3.1 发承包双方应按照合同约定的时间、程序和方法，根据工程计量结果，办理期中价款结算，支付进度款。

“10.3.7 进度款的支付比例按照合同约定，按期中结算价款总额计，不低于60%，不高于90%。

“10.3.9 发包人应在收到承包人进度款支付申请后的14天内，根据计量结果和合同约定对申请内容予以核实，确认后向承包人出具进度款支付证书。若发承包双方对部分清单项目的计量结果出现争议，发包人应对无争议部分的工程计量结果向承包人出具进度款支付证书。

“10.3.10 发包人应在签发进度款支付证书后的14天内，按照支付证书列明的金额向承包人支付进度款。

“10.3.11 若发包人逾期未签发进度款支付证书，则视为承包人提交的进度款支付申请已被发包人认可，承包人可向发包人发出催告付款的通知。发包人应在收到通知后的14天内，按照承包人支付申请的金额向承包人支付进度款。

“10.3.12 发包人未按照本规定第10.3.9～10.3.11条的规定支付进度款的，承包人可催告发包人支付，并有权获得延迟支付的利息；发包人在付款期满后的7天内仍未支付的，承包人可在付款期满后的第8天起暂停施工。发包人应承担由此增加的费用和延误的工期，向承包人支付合理利润，并应承担违约责任。”

（二）PPP项目合同常规约定

以天津市某高速公路PPP项目为例，其《PPP项目合同》第7.3.7条约定，“乙方应按照本协议的规定筹措项目建设、运营、维护所必需的全部资金；管理和使用项目建设资金，做到专款专用，专户储存；按照工程进度及时支付工程款，按照规定的期限及时退还保证金、办理工程结算。乙方不得欠付工程款，不得挤占挪用建设资金，不得欠付农民工工资”。

（三）管理制度

一般对应《投资控制管理制度》《过程结算管理制度》《资金使用管理办法》《财务管理制度》等，具体内容略。

（四）经验教训

1. 进度款事关农民工工资的支付，应当按照合同约定定期计付，但其核心在于项目资金的及时、足额到位，即项目资本金和融资贷款的按时到位，项目公司应当明确工作重点。

2. 建议项目公司按照全面预算管理，及时落实资金，及时支付相关费用，确保项目推进效率持续保持在高水平状态。

3. 一般情况下，中标社会资本方和施工总承包单位同属一家，略欠付一部分工程款也属正常，但是一定要考虑下游供应商的压力，劳务分包肯定不能欠，机械设备供应商和材料供应商应当做好平衡，不能失衡。

4. 特别提醒，最高人民法院《关于审理建设工程施工合同纠纷案件适用法律问题的解释（一）》第12条规定，“因承包人的原因造成建设工程质量不符合约定，承包人拒绝修理、返工或者改建，发包人请求减少支付工程价款的，人民法院应予支持”。

二、工作实施方案

1. 工程技术部应对施工项目进行实时监管，确认满足《施工总承包合同》约定的付款条件。

2. 施工项目部发起付款申请，随附完整附件，应当获得监理单位及跟踪审计单位的前置审批。

3. 项目公司对付款申请进行评审，具备条件后，逐级审批，最终财务付款，相关付款材料完整存档。

4. 未具备付款条件的，或工程量不准确的，或未获得监理单位/跟踪审计单位前置审批的，应当要求整改后再予申报。

5. 将历次付款情况做好台账，跟踪监管，确保不超付、不少付。

6. 持续PDCA，直至完成全部付款。

三、管理表单

略。

四、实务风险解析与建议

实务问题 1：最近出台了“项目不以审计结果为决算依据”① 的文件，是否意味着以后不可以约定项目工程款支付以审计结果作为支付依据？应如何协调工程项目款与审计的关系？

解析与建议：

详细内容请关联《PPP 项目执行阶段操作指南：100 个实务问题深度解析》问题 9 进行阅读。

实务问题 2：某污水处理厂 PPP 项目，项目公司在工程款支付过程中请实施机构予以审核签认，但实施机构拒绝审核。由于本项目一定会超概算，所以项目公司认为实施机构予以审核的话可能对后期调整概算有益，应如何处理？

解析与建议：

详细内容请关联《PPP 项目执行阶段操作指南：100 个实务问题深度解析》问题 88 进行阅读。

实务问题 3：已签订生效的 PPP 项目《施工总承包合同》，其中约定的进度款付款比例较高，政府方想要修改，项目公司应如何处理？

解析与建议：

详细内容请关联《PPP 项目执行阶段操作指南：100 个实务问题深度解

---

① 2017 年 6 月 5 日，全国人大常委会法制工作委员会法规备案审查室对中国建筑业协会就此问题的立法审查函作出《关于对地方性法规中以审计结果作为政府投资建设项目竣工结算依据有关规定提出的审查建议的复函》。该复函指出：“地方性法规中直接以审计结果作为竣工结算依据和应当在招标文件中载明或者在合同中约定以审计结果作为竣工结算依据的规定，限制了民事权利，超越了地方立法权限，应当予以纠正。”并要求有关地方人大常委会对地方法规中的相关规定自行清理、纠正。复函发出前，法制工作委员会于 2017 年 4 月 12 日致函国务院法制办公室，建议通过督促清理、备案审查等方式推动纠正地方政府规章中“以审计结果作为政府投资建设项目竣工结算依据”的有关规定。

析（第二册）》问题44进行阅读。

实务问题4：政府方要求，项目公司付费必须经过实施机构和财政部门的签字认可，是否合理？商丘市某PPP项目，项目公司对项目部的工程计量和进度付款，地方政府要求必须经过实施机构和财政局等相关部门签字认可，是否合理，如何与对方谈判？

解析与建议：

详细内容请关联《PPP项目执行阶段操作指南：100个实务问题深度解析（第二册）》问题64进行阅读。

五、管理成果要求（基础档案）

1. 《施工总承包合同》关于进度款支付的约定；
2. 施工项目部的付款申请（随附完整附件，含发票）；
3. 监理单位、跟踪审计单位的签批文件；
4. 项目公司的完整付款审批程序、付款流水；
5. 完整付款台账；
6. 过程结算文件、财务决算报告；
7. 可能的整改通知单、相关会议纪要、工作联系函；
8. 其他相关文件等。

六、补充说明

本项是政府方监管要点内容，可以关联《PPP项目政府方监管要点》阅读，共涉及一项监管要点如下：

监管要点69：确认乙方是否按照合同约定支付各类款项，是否及时支付农民工工资？

第 70 节 设计管理（或有）

核心条款

第七十条 项目公司应严格按照设计技术管理制度执行。对设计方案进行评审，要求设计单位根据评审意见修订，必要时可以邀请专家参与。项目公司还应对设计图纸进行审核，提出优化意见，必要时可以委托第三方专业机构进行专业优化。

实施过程中发生技术核定事项时，应组织施工单位、监理单位、设计单位严格通过《技术核定单》的形式进行确认；发生设计变更事项时，应严格按照《PPP 项目合同》约定的程序执行，获得实施机构书面批准后，方可指令施工单位实施。

项目公司应对图纸进行妥善存档，项目竣工应督促设计单位及时完成竣工图纸，不得影响项目竣工验收。

条款解析

项目实施过程中良性动态管理，可以保证项目不发生重大偏差，可以保证预期目标的实现。从项目实践来看，项目实施过程中多有变化，只要涉及关键变化的，必然涉及设计变更，所以应当优先考虑设计管理。

由于政府方可能在采购社会资本之前就已经落实了设计单位，所以这里的设计管理属于或有项。当设计是政府方直接负责时，项目公司应当坚守变更必须事先获得政府方书面通知或书面批准、必须获得设计单位的正式变更图纸方可实施的原则。当设计是社会资本或项目公司负责时，项目公司应当坚守投资控制原则，不轻易改变原设计方案，但是如果新设计方案可以大幅节省成本、提高效率，则可以考虑设计变更（该等设计变更，依然需要遵守《PPP项目合同》约定的设计变更管理程序）。事实上，在EPC模式下，建设工程部分的利润，很多都是在设计部分体现的，只是实务中，由于客户需求识别可能不够清晰、给与设计单位的设计时限又经常较短，且设计和施工又多为切割管理，所以真正能够实现大额设计收益的较少。这是未来我们工作中需要深入思考的问题。

站在项目公司角度，不论是何种情形，设计方案、设计图纸只要确定后，都应当督促各相关方遵照实施，任何一方不得擅自改变；确需改变的，应当履行适当的批准程序，获得正式批准后，方可执行。

需要强调的是，根据最高人民法院《关于审理建设工程施工合同纠纷案件适用法律问题的解释（一）》第13条的规定，发包人提供的设计有缺陷，造成建设工程质量缺陷的，发包人应当承担过错责任，“承包人有过错的，也应当承担相应的过错责任”，因此，项目公司应当客观应对，严格对设计进行管理。

实施办法

一、管理依据

（一）法律法规、政策依据

《建筑法》第73条规定，“建筑设计单位不按照建筑工程质量、安全标准进行设计的，责令改正，处以罚款；造成工程质量事故的，责令停业整顿，降低资质等级或者吊销资质证书，没收违法所得，并处罚款；造成损失的，承担赔偿责任；构成犯罪的，依法追究刑事责任”。

国家发改委《关于印发〈中央预算内直接投资项目概算管理暂行办法〉的通知》（发改投资〔2015〕482号）附件《中央预算内直接投资项目概算管理暂行办法》第23条规定，“因设计单位未按照经批复核定的初步设计及概算编制施工图设计（含装修设计）及预算，设计质量低劣存在错误、失误、漏项等造成超概算的，项目单位可以根据法律法规和合同约定向设计单位追偿；国家发展改革委商请资质管理部门建立不良信用记录，纳入国家统一的信用信息共享交换平台，作为相关部门降低资质等级、撤销资质的重要参考。情节严重的，国家发展改革委作为限制其在一定期限内参与中央预算内直接投资项目设计的重要参考，并视情况公开曝光”。

《建设工程项目管理规范》第8.2条“设计管理”规定：

“8.2.1 设计管理应根据项目实施过程，划分下列阶段：1 项目方案设计；2 项目初步设计；3 项目施工图设计；4 项目施工；5 项目竣工验收与竣工图；6 项目后评价。

“8.2.2 组织应依据项目需求和相关规定组建或管理设计团队，明确设计策划，实施项目设计、验证、评审和确认活动，或组织设计单位编写设计报审文件，并审查设计人提交的设计成果，提出设计评估报告。

“8.2.3 项目方案设计阶段，项目管理机构应配合建设单位明确设计范围、划分设计界面、设计招标工作，确定项目设计方案，做出投资估算，完成项目方案设计任务。

“8.2.4 项目初步设计阶段，项目管理机构应完成项目初步设计任务，做出设计概算，或对委托的设计承包人初步设计内容实施评审工作，并提出勘察工作需求，完成地勘报告申报管理工作。

“8.2.5 项目施工图设计阶段，项目管理机构应根据初步设计要求，组织完成施工图设计或审查工作，确定施工图预算，并建立设计文件收发管理制度和流程。

“8.2.6 项目施工阶段，项目管理机构应编制施工组织设计，组织设计交底、设计变更控制和深化设计，根据施工需求组织或实施设计优化工作，组织关键施工部位的设计验收管理工作。

“8.2.7 项目竣工验收与竣工图阶段，项目管理机构应组织项目设计负责人参与项目竣工验收工作，并按照约定实施或组织设计承包人对设计文件进行整理归档，编制竣工决算，完成竣工图的编制、归档、移交工作。

“8.2.8 项目后评价阶段，项目管理机构应实施或组织设计承包人针对项目决策至项目竣工后运营阶段设计工作进行总结，对设计管理绩效开展后评价工作。”

（二）PPP 项目合同常规约定

以南京市某市政 PPP 项目为例，其《PPP 项目合同》第 17.3 条约定：

“本项目设计由甲方（政府方）委托设计单位承担。项目公司工程施工具体范围以经批复的施工图纸为准，对于施工图中可能存在的错误和漏项，项目公司需认真核对，不得以此要求调整合同价款。为加快本项目的推进，甲方（政府方）通过公开招标的方式确定设计单位，由项目公司、中标的设计单位及经济开发区管理委员会签订三方设计合同，项目公司对设计成果文件承担全部责任，经济开发区管理委员会进行监督和检查，并确认设计费的支付。项目公司的设计错误、实施计划等发生的设计和实施改变，不属于变更，由项目公司自费修正，并在履行相应的审批手续后实施。”

该种约定十分苛刻，社会资本和项目公司应当格外关注。

再以广州市某市政 PPP 项目为例，其《PPP 项目合同》第 11 条约定：

“根据适用法律、项目可行性研究报告和发改部门的立项批复，项目公司应尽职开展地质勘察、当地规划调查等工作，并按本协议规定以及适用法律及审批程序，进行本项目工程的初步设计和施工图设计，并承担相应费用。本项目初步设计、施工图设计、造价等应经有关政府部门法定审批或备案。

“本项目设计应尽量适应项目途经的地形变化，并采取必要措施，减少对自然地貌的破坏，防止水土流失和环境污染。

“项目公司在进行本项目工程初步设计和施工图设计过程中，应从最大限度地节约利用建设资源和最高效最安全地运营本项目工程的角度进行设计。

“乙方应自行或依法委托设计单位负责本项目设计工作（本协议生效之前，甲方就本项目已经依法选择设计单位的，由乙方受让相应设计合同，并承担相应的付款义务），并按照经审查通过的设计文件进行本项目的建设。

“乙方可将本项目设计文件报甲方审查。甲方或政府有关部门的审查不免除乙方应对本项目设计中出现的任何缺陷负全部责任。甲方未对设计文件或技术规范或其任何改动提出异议不应视为甲方放弃其本协议项下的权利。甲方不因进行审查而对本项目的工程建设质量或建设工期承担任何责任。

“乙方应要求设计单位按本项目批准的估算投资额为上限进行限额设计，且除非经事先甲方批准，设计不能突破项目批复确定的建设规模及内容。若乙方超过本协议约定的标准和限额进行设计，导致建设或运营成本增加的，则该等增加的费用由乙方自行承担，且不得因此而调整本项目政府可行性缺口补助的费用。”

该种约定比较合理。

（三）管理制度

一般对应《设计管理制度》等，具体内容略。

（四）经验教训

1. PPP 项目的设计政府方一般已经提前落实，项目公司接手后，应当履行正式的接收手续，因为实务中经常发生图纸版本发生变化，导致已完工程量反复的情况，如果没有确定的手续，反复的工程量将无法计取，因此建议项目公司必须妥善做好记录。

2. 属于 EPC 模式的，项目公司应当牵头落实设计工作，建议设计人员驻场。设计最能创效，但必须紧贴实际、紧贴现场。

3. 项目公司应当深度学习相关的争议处理规则，尽量避免争议纠纷的发生。

二、工作实施方案

1. 工程技术部应确认项目公司是否负有设计管理的义务。

2. 不具有设计管理义务的，应当协调实施机构进行管理；负有设计管理义务的，应当指定专人负责。

3. 协调设计单位进行设计交底，并做好完整的设计交底记录。

4. 对实施过程中出现的设计问题，协调设计院出具技术核定单，做好技术支持工作。

5. 确定需要作出设计变更的（实施机构批准），应对设计单位发出正式书面通知，协调设计院出具正式设计变更图纸。

6. 督促监理单位对施工项目部下达变更通知单，随附设计变更图纸。

7. 监督各方遵照执行，并履行相关适当的程序。

8. 项目竣工后，协调设计院出具正式竣工图纸。

9. 持续 PDCA，直至根据《设计服务合同》履约完成。

10. 妥善做好设计管理档案工作。

三、管理表单

略。

四、实务风险解析与建议

实务问题1：某 PPP 项目，合作期20 年，根据现有设计方案，工程的屋面没有设置刚性混凝土保护层，只是自带保护层，该种方案屋面防水保质期5 年内没有问题，但未来运营期内维修费用一定很高（整体方案符合地方设计标准）。若优化设计方案，虽建设费用稍高，但未来维修费用将会大大降低，整体的建设成本和运营成本相较于现有设计方案会减少。考虑项目运营期限较长，项目公司更倾向于新方案，项目公司是否可以按照优化方案执行？需要履行哪些手续？

解析与建议：

详细内容请关联《PPP 项目执行阶段操作指南：100 个实务问题深度解析》问题 29 进行阅读。

实务问题2：某 PPP 项目，项目公司直接委托社会投资人集团内有设计资质的子公司进行设计，是否符合相关要求？

解析与建议：

详细内容请关联《PPP 项目执行阶段操作指南：100 个实务问题深度解析》问题 39 进行阅读。

实务问题3：PPP项目中，政府配套工作，委托第三方的设计、咨询等工作，存在诸多履行不到位、工作滞后严重等情况，影响项目的正常实施，应该采用怎样的程序应对?

解析与建议：

详细内容请关联《PPP项目执行阶段操作指南：100个实务问题深度解析》问题47进行阅读。

实务问题4：政府方前期落实的设计单位，在实施过程中错误百出，严重影响了项目的正常实施，那么后期在付费的时候，项目公司是否有权利对设计单位进行处罚?

解析与建议：

详细内容请关联《PPP项目执行阶段操作指南：100个实务问题深度解析》问题62进行阅读。

实务问题5：某水库PPP项目，设计风险较高，如果出现设计遗漏或错误，其损失将会破亿元，这种情况下设计单位是仅赔偿设计费？还是按实际损失赔偿?

解析与建议：

详细内容请关联《PPP项目执行阶段操作指南：100个实务问题深度解析》问题90进行阅读。

五、管理成果要求（基础档案）

1. 《PPP项目合同》中关于设计管理的要求；
2. 《设计服务合同》；
3. 设计交底记录；
4. 技术核定单、设计变更通知单；
5. 设计变更图纸，附相关会议纪要、决议文件；
6. 相关工作联系函、专项报告、专家评审记录；
7. 竣工图纸；
8. 其他相关文件等。

六、补充说明

本项是政府方监管要点内容，可以关联《PPP 项目政府方监管要点》阅读，共涉及一项监管要点如下：

监管要点 52：确认案例 PPP 项目的图纸设计、变更审查、工程方案审查等工作是否及时落实到位？

第71节 建设期合同动态管理

核心条款

第七十一条 项目公司应严格按照合同管理制度执行。合同分为三方转移类合同、主合同体系和项目公司主导合同等三种类型，应根据不同类型进行针对性管理。其中，主合同体系包括《PPP项目投资协议》、股东协议和公司章程、《PPP项目合同》、融资协议、《施工总承包合同》和《委托运营合同》，建设期内，项目公司应重点关注股东协议和公司章程、《PPP项目合同》和施工总承包合同。三方转移类合同应根据本规程第五十七条执行。

合同管理应从以下五个部分进行全生命周期的动态管理：

1. 每一份合同应有对应的采购文件，其采购方式应满足项目公司采购管理制度要求，采购存档文件应及时、真实、有效和完整；

2. 每一份合同应有完整的合同评审文件、合同正式原件、合同交底文件；

3. 每一份合同应有项目公司WBS深度解析文件，包括相应会议纪要、各人工作任务清单和时限，以及完成情况动态记录等，至少应每月更新一次，直至合同关闭；

4. 每一份合同应有完整过程执行文件，包括项目概况、实施计划、每月25日动态更新的执行情况简报、付款记录、变更签证台账、问题整改记录、结算付款、特殊情况专项报告、补充协议等重要过程执行信息，特殊情况应在当期项目公司经营管理月报中体现；

5. 每一份合同完成后，应进行系统关闭总结报告，梳理合同履约以来的经验教训和心得收获，完成后，经项目公司集体会议讨论通过后存档。

以上五项内容，也是合同管理的文件归档要求。合同履行过程中，要求按照以上顺序统一采用封面、目录、档案（根据以上五部分顺序存放）、封尾的样式进行存档；合同履约完成关闭后，要求将以上文件梳理后，正式胶装归档，不得缺失。

当项目实施过程中发生原合同条款实质性变化的，项目公司应当和实施机构协商一致，通过签订补充协议进行确认，按照本规程第一百三十三条补充协议的处理执行。

条款解析

合同管理是施工单位和施工管理人员的薄弱项，部分管理人员尚未建立起有效的完全履约思维。而实际上，PPP 模式就是需要强调契约理念，就是需要按照合同“完全履约”。但是如何“完全履约”需要我们深入思考。

传统的施工项目管理，考虑成本控制、进度管理、安全管理、质量管理即可，但是 PPP 模式下，需要考虑的范围已经延伸至公司经营管理、建设工程项目管理（投资控制、进度管理、安全管理、质量管理）和项目行业运营管理，范围更广，身份角色发生了重大调整，而考虑的依据也发生了本质性变化。传统模式下，只需要一份简单的《施工总承包合同》即可，PPP 模式下，则需要《PPP 项目投资协议》、《股东协议和公司章程》、《PPP 项目合同》、《融资协议》、《施工总承包合同》和《委托运营合同》六份主合同，其法律责任主体更多，法律关系更加复杂。该种情境下，原先的传统经验已经不再适用，需要管理人员作出适应性调整，才能逐步实现预期的目标。

而最为实效的调整为从传统的“人情关系”转向“合同管理”。因此，需要特别强调合同的动态管理。以《PPP 项目合同》为例，进行动态的合同管理示范，其他项目按照同样的管理方式开展即可。

合同管理应当从全生命周期考虑，有其完整的逻辑关系，具体包括：合同前期采购的合规性、合同文本审查的清晰性、合同签订的合规性、合同交底与学习的务实性、合同履约的全面性和适当性，以及合同关闭的经验总结等内容。这些构成了合同全生命周期的管理内容，而合同的动态管理，就是对以上内容的全面落实，查漏补缺，确保最终实现合同目标。

从各项检查和审计的实践来看，合同管理是高频审查内容，而被审计检查对象通常仅能提供一份合同，以及零散的各项过程管理文件，鲜有见到体系性的系统管理。事实上，采用体系性管理的效率更高，过程更简单。

本条规程就是从最终的档案管理去反向要求。列好清单，规定要求，做好示范，项目公司遵照执行即可，这是最高效务实的办法。

实施办法

一、管理依据

（一）法律法规、政策依据

国家发改委《关于依法依规加强 PPP 项目投资和建设管理的通知》（发改投资规〔2019〕1098 号）第 6 条规定，“实施方案、招投标文件、合同的主要内容应与经批准的可行性研究报告、核准文件、备案信息保持一致。实施方案、招投标文件、合同或建设中出现以下情形的，应当报请原审批、核准、备案机关重新履行项目审核备程序：（1）项目建设地点发生变化；（2）项目建设规模和主要建设内容发生较大变化；（3）项目建设标准发生较大变化；（4）项目投资规模超过批复投资的 10%”。

《建设工程项目管理规范》第 7.5.4 条规定，“项目管理机构应在合同实施过程定期进行合同跟踪和诊断。合同跟踪和诊断应符合下列要求：1 对合同实施信息进行全面收集、分类处理，查找合同实施中的偏差；2 定期对合同实施中出现的偏差进行定性、定量分析，通报合同实施情况及存在的问题”。

本节关联本章第 72 节、第 111 节，可以关联阅读。

（二）PPP 项目合同常规约定

本项工作内容属于项目公司内部管理动作，一般《PPP 项目合同》中不会约定。

（三）管理制度

一般对应《合同管理制度》等，具体内容略。

（四）经验教训

合同“完全履约”强调的是动态管理，这也是PDCA原则的体现。建议项目公司每月24日定期对合同履约情况进行梳理，及时识别偏差，并专项处理，同时输出《PPP项目合同管理月报》，每年12月末合集后形成《年度合同管理档案》，既是本项工作的扎实落实，也是高效管理习惯的养成。

二、工作实施方案

1. 合同法务部应按照合同管理制度，对每份合同进行动态管理。

2. 每份合同应首先确认采购程序合规，有完整采购文件，并按照规定逐一梳理后存档。

3. 应妥善保存合同评审记录，待合同签订后，由商务部门对执行团队进行正式合同交底。

4. 正式合同交底完成后，执行团队还应对合同进行主动式的WBS深度任务分解，形成详细的个人任务清单。

5. 个人任务清单，应每月进行跟踪和销项，确保无偏差。

6. 合同实施过程中，责任人应妥善记录重要执行文件，并逐项存档（与其他责任部门同步存档）。

7. 合同结束后，责任人应完成合同关闭总结报告，重要合同，部门领导、项目公司领导均应总结。

8. 以上工作完成后，应按照要求进行档案整理，并统一胶装、归档。

9. 合同法务部经理为第一责任人。

三、管理表单

略。

四、实务风险解析与建议

实务问题1：根据财政部40号文件精神，对PPP项目逐一排查，排查的具体内容是什么？排查前我们应如何自检？

解析与建议：

详细内容请关联《PPP项目执行阶段操作指南：100个实务问题深度解析（第二册）》问题35进行阅读。

实务问题2：从实务角度来看，应当从哪些方面考虑，能够使合同的动态管理更加高效、更加实效？

解析与建议：

应当从两方面考虑，一是PPP模式合同本身，需要对PPP合同体系有深刻的理解；二是需要对合同全生命周期履约创效有深刻的理解。

对合同全生命周期履约创效，可以从如何编制合同、如何审查合同、如何谈判合同、如何签订合同、如何高效交底、如何分解合同、如何高效履约、如何提质增效八个方面去理解和思考，详细内容已经通过专题课程《简明高效玩合同——如何从实务角度成为履约高手》进行介绍，同时正在编写同名实务著作进行详细解析，届时可以延伸阅读。

五、管理成果要求（基础档案）

1. 合同原件；

2. 合同评审文件、合同交底文件；

3. 合同采购文件：整套；

4. 合同WBS深度任务分解文件，及其逐月动态管理文件：会议纪要、任务清单、动态完成情况；

5. 合同执行文件：项目概况、实施计划、动态执行简报、付款记录、变更签证台账、问题整改记录、结算付款、特殊情况专项报告；

6. 合同关闭总结报告；

7. 重要往来函件、文件签收记录、政府发文、相关政策；

8. 其他相关文件等。

六、补充说明

本项是政府方监管要点内容，可以关联《PPP 项目政府方监管要点》阅读，共涉及五项监管要点，分别如下：

1. 监管要点 28：确认项目公司是否根据合同履约？并及时更新和上报相关信息？

2. 监管要点 31：确认自身是否根据合同履约？

3. 监管要点 51：对案例 PPP 项目进行定期监督、检查、管理，确保项目建设合法合规、顺利有序推进。

4. 监管要点 70：确认 PPP 项目建设期是否按照合同约定履约？若有工期变化，是否按照约定履行了批准手续？确认是否存在实施机构原因导致的建设期延误，若有，应批准乙方的顺延建设期要求。

5. 监管要点 81：确认项目公司是否存在视为放弃或严重违约情形？若有该等情形发生，实施机构是否及时介入？是否按照合同约定追究其违约责任？

第 72 节　合同偏差的处理

核心条款

第七十二条　项目公司应于每月 24 日逐条梳理主要合同目标，若执行异常发生偏差，应及时分析原因，及时纠偏、及时关闭。主要包括：股东协议和公司章程、《PPP 项目合同》、《施工总承包合同》，以及其他相关的重要合同。

偏差识别后，项目公司应及时制定偏差解决方案，并明确相应责任人和责任时限，相关文件、记录妥善存档，直至偏差关闭。相关情况，可以在当期项目公司经营管理月报中体现。

偏差原因属于项目公司责任的，项目公司应及时补救，直至问题关闭；属于实施机构责任的，项目公司应及时提请实施机构消除，对此造成的损失，应固定证据，可以根据合同约定及时进行索赔，相关证据应有律师参与，必要时可以出具法律意见书。

条款解析

在合同动态管理过程中，我们要求每月 24 日对合同的履约情况进行系统梳理（每月 24 日内部梳理，每月 25 日月度例会），确认是否存在履约偏差。如果不存在偏差，则在当月的月报中简单汇报；如果存在履约偏差，则应当识别其偏差原因，制定纠偏措施，落实责任人，限期整改完成，确保重要节点和最终项目目标不产生关键影响。

这里强调的是偏差处理。

履约情况的梳理，至少应当包括合同 WBS 深度解析形成的工作任务清单（详见本规程第10条，项目合同的WBS深度任务分解），也包括绩效考核WBS深度解析形成的工作任务完成成果要求（详见本规程第11条，建设期绩效考核的交底与WBS深度任务分解），还应当包括其他政府方、股东方，或项目公司，及相关领导布置、安排的各项要求。

该种方式最为简单直接，可以从根本上排除项目公司重大违约，或被重大违约的情形，因为一旦有这样的情况，就会在当月被发现、被处理、被推进，避免了隐性的累积，效能最佳。

实施办法

一、管理依据

（一）法律法规、政策依据

《建设工程项目管理规范》第7.5.5条规定，“项目管理机构应根据合同实施偏差结果制定合同纠偏措施或方案，经授权人批准后实施。实施需要其他相关方配合时，项目管理机构应事先征得各相关方的认同，并在实施中协调一致”。

关于合同偏差的处理包括变更、中止、索赔和争议，该规范第7.5.6条、第7.5.7条、第7.5.8条、第7.5.9条分别规定，“项目管理机构应按规定实施合同变更的管理工作，将变更文件和要求传递至相关人员。合同变更应当符合下列条件：1 变更的内容应符合合同约定或者法律法规规定。变更超过原设计标准或者批准规模时，应由组织按照规定程序办理变更审批手续。2 变更或变更异议的提出，应符合合同约定或者法律法规规定的程序和期限。3 变更应经组织或其授权人员签字或盖章后实施。4 变更对合同价格及工期有影响时，相应调整合同价格和工期”，“项目管理机构应控制和管理合同中止行为。合同中止应按照下列方式处理：1 合同中止履行前，应以书面形式通知对方并说明理由。因对方违约导致合同中止履行时，在对方提供适当担保时应恢复履行；中止履行后，对方在合理期限内未恢复履行能力并且未提供相应担保时，应报请组织决定是否解除合同。2 合同中止或恢复履行，如依法需要向有关行政主管机关报告或履行核验手续，应在规定的期限内履行相关手续。3 合同中止后不再恢复履行时，应根据合同约定或法律规定解除合同”，“项目管理机构应按照规定实施合同索赔的管理工作。索赔应符合下列条件：1 索赔应依据合同约定提出。合同没有约定或者约定不明时，按照法律法规规定提出。2 索赔应全面、完整地收集和整理索赔资料。3 索赔意向通知及索赔报告应按照约定或法定的程序和期限提出。4 索赔报告应说明索赔理由，提出索赔金额及工期”，“合同实施过程中产生争议时，应按下列方式解决：1 双方通过协商达成一致；2 请求第三方调解；3 按照合同约定申请仲裁或向人民法院起诉”。

财政部《关于修订发布〈政府和社会资本合作（PPP）综合信息平台信息公开管理办法〉的通知》（财金〔2021〕110 号）附件《政府和社会资本合作（PPP）综合信息平台信息公开管理办法》第 10 条规定，“管理库项目执行阶段应当公开的信息主要包括……（三）履约信息，包括项目建设信息、绩效管理信息、项目公司运营信息、合作期间重大事件、合同变更信息、项目移交信息等……”

本节关联本章第 71 节，可以关联阅读。

（二）PPP 项目合同常规约定

本项内容对应变更签证、索赔与被索赔、补充协议的处理等，请关联本章第 61 节、第 73 节和第 133 节阅读。

（三）管理制度

一般对应《合同管理制度》等，具体内容略。

（四）经验教训

1. 合同动态管理的目的是及时发现偏差、识别偏差，并进行针对性的处理，以及时消除偏差，消除履约风险。因此，偏差处理是动态管理这个行为的闭环，必须及时落实，一般可以采用专项工作的方式。

2. 另外，建议项目公司定期复盘合同偏差的深层次原因，然后可以从管理制度、管理体系、合同源头等角度去考虑，从根本上解决问题。

二、工作实施方案

1. 合同法务部应对重要合同进行动态偏差分析，于每月 24 日对合同进行动态梳理，识别未完成情况和对应的违约责任、违约风险，形成相应报告。

2. 对于重大偏差风险的，应完成对应的整改措施和方案，报项目公司批准后执行。

3. 偏差措施和方案应指定责任人，限时完成。

4. 由于非项目公司原因发生的，完成纠偏的同时，应妥善固定相应证据，作为未来索赔的原始依据。

5. 经项目公司集体商议决策，如果决定索赔，则应根据合同的约定程序，及时提出索赔主张，并定人定则进行跟踪，直至索赔完成。

6. 重要索赔工作，律师应全程参与指导。项目公司副总经理为第一责任人。

三、管理表单

略。

四、实务风险解析与建议

本节关联本章第 71 节，可以关联阅读。

五、管理成果要求（基础档案）

1. 每月逐份合同的偏差分析报告；

2. 重要偏差的纠偏措施和方案；

3. 项目公司集体决策会议纪要；

4. 过程处理文件；

5. 非项目公司原因的完整证据链；

6. 索赔报告；

7. 索赔过程文件及批复文件；

8. 法律意见书；

9. 其他相关文件等。

六、补充说明

本项是政府方监管要点内容，可以关联《PPP 项目政府方监管要点》阅读，共涉及三项监管要点，分别如下：

1. 监管要点 28：确认项目公司是否根据合同履约？并及时更新和上报相关信息？

2. 监管要点 31：确认自身是否根据合同履约？

3. 监管要点 70：确认 PPP 项目建设期是否按照合同约定履约？若有工期变化，是否按照约定履行了批准手续？确认是否存在实施机构原因导致的建设期延误，若有，应批准乙方的顺延建设期要求。

第 73 节　索赔与被索赔动态管理

核心条款

第七十三条　合同偏差分析过程中，项目公司应明确识别存在的索赔和被索赔风险，并作出明确判断。

存在索赔事项时，项目公司应安排专人负责搜集、整理完整证据链文件，并请法务或律师确认，作为索赔依据。索赔与否，由项目公司根据索赔事项和后果，经总经理办公会集体决策后进行确认①。如果决议索赔，则应在《PPP 项目合同》约定的时限内提出索赔主张，律师应全程参与索赔工作，直至索赔完成。

存在被索赔风险时，应作为专项事件处理，编制专项应对处理方案，请律师确认后严格执行，直至消除被索赔风险。

以上工作应于每月 24 日与本规程第七十二条工作合并进行，并出具结论性意见。索赔管理工作可以在当期项目公司经营管理月报中体现。

条款解析

当合同履约发生偏差时，自然会延伸到违约问题，而违约又会引致索赔或被索赔，这是传统施工单位或社会资本通常“不大好意思”正面思考的内容。

因为常规思维中，如果向政府方索赔，政府方会不高兴，同时可能也会向我方索赔，而我方也有很多工作没有做到位。如果凡事都要提索赔的话，

---

① 或项目公司总经理确认。

后面工作可能会很难开展。简单来说，“我们也有把柄在人家手里，我们向人家索赔，也要做好人家向我们索赔的准备。我们现在还做不到滴水不漏，就暂时算了吧”。

这种思维是不适当的，这种行为也是不合适的。

PPP 项目全生命周期为 10 年至 30 年，强调的是契约理念，要求合同与履约一致，谁违约谁担责，规则公平，有助于各方最终回归合同，这对长周期的项目实施来说，是最有利的，因此，我们应当回归合同。

自身违约，要想办法“完全履约”，哪怕承担了部分违约责任，也是对自身的提醒，项目公司应当专项处理，避免更大的违约责任产生；别人违约，就要按照合同办理，主动出击，促使各方严格按照合同办事。这样去思考，就没有什么好避讳的了。

当各种情况摆到阳光下、摆到台面上，就没有不好处理的问题。

实施办法

一、管理依据

（一）法律法规、政策依据

《建设工程项目管理规范》第 7. 5. 8 条规定，“项目管理机构应按照规定实施合同索赔的管理工作。索赔应符合下列条件：1 索赔应依据合同约定提出。合同没有约定或者约定不明时，按照法律法规规定提出。2 索赔应全面、完整地收集和整理索赔资料。3 索赔意向通知及索赔报告应按照约定或法定的程序和期限提出。4 索赔报告应说明索赔理由，提出索赔金额及工期”。

《建设工程工程量清单计价规范》（GB 50500—2013）第 9. 13 条“索赔”规定：

“9. 13. 1 当合同一方向另一方提出索赔时，应有正当的索赔理由和有效证据，并应符合合同的相关约定。

“9. 13. 2 根据合同约定，承包人认为非承包人原因发生的事件造成了承包人的损失，应按下列程序向发包人提出索赔：1 承包人应在知道或应当知道索赔事件发生后28天内，向发包人提交索赔意向通知书，说明发生索赔事件的事由。承包人逾期未发出索赔意向通知书的，丧失索赔的权利。2 承包人应在发出索赔意向通知书后28天内，向发包人正式提交索赔通知书。索赔通知书应详细说明索赔理由和要求，并应附必要的记录和证明材料。3 索赔事件具有连续影响的，承包人应继续提交延续索赔通知，说明连续影响的实际情况和记录。4 在索赔事件影响结束后的28天内，承包人应向发包人提交最终索赔通知书，说明最终索赔要求，并应附必要的记录和证明材料。

“9. 13. 3 承包人索赔应按下列程序处理：1 发包人收到承包人的索赔通知书后，应及时查验承包人的记录和证明材料。2 发包人应在收到索赔通知书或有关索赔的进一步证明材料后的28天内，将索赔处理结果答复承包人，如果发包人逾期未作出答复，视为承包人索赔要求已被发包人认可。3 承包人接受索赔处理结果的，索赔款项应作为增加合同价款，在当期进度款中进行支付；承包人不接受索赔处理结果的，应按合同约定的争议解决方式办理。

“9. 13. 4 承包人要求赔偿时，可以选择下列一项或几项方式获得赔偿：1 延长工期；2 要求发包人支付实际发生的额外费用；3 要求发包人支付合理的预期利润；4 要求发包人按合同的约定支付违约金。

“9. 13. 5 当承包人的费用索赔与工期索赔要求相关联时，发包人在作出费用索赔的批准决定时，应结合工程延期，综合作出费用赔偿和工程延期的决定。

“9. 13. 6 发承包双方在按合同约定办理了竣工结算后，应被认为承包人已无权再提出竣工结算前所发生的任何索赔。承包人在提交的最终结清申请中，只限于提出竣工结算后的索赔，提出索赔的期限应自发承包双方最终结清时终止。

“9. 13. 7 根据合同约定，发包人认为由于承包人的原因造成发包人的损失，宜按承包人索赔的程序进行索赔。

“9. 13. 8 发包人要求赔偿时，可以选择下列一项或几项方式获得赔偿：1 延长质量缺陷修复期限；2 要求承包人支付实际发生的额外费用；3 要求承包人按合同的约定支付违约金。

“9.13.9 承包人应付给发包人的索赔金额可从拟支付给承包人的合同价款中扣除，或由承包人以其他方式支付给发包人”。

另外，《建设项目工程总承包合同示范文本（试行）》（GF－2011－0216）通用条款第14.11条“索赔款项的支付”也有详细说明，可以关联阅读。

（二）PPP项目合同常规约定

以天津市某高速公路PPP项目为例，其《PPP项目合同》第59.2条“乙方违约及赔偿”约定：

“（1）擅自变更技术方案。在项目的设计和施工中，乙方如果未征得甲方的书面同意，擅自改变技术方案及主要工艺设备及材料的供应商（根据国家规定需通过公开招标选定供应商的情况除外，但是，招标确定的主要工艺设备及材料的设备水平不得低于《PPP项目合同》有关规定），甲方可通知乙方予以纠正，乙方必须立即提供书面说明和采取纠正措施；若乙方采取的措施及其结果不能令甲方认可，甲方有权提取建设期履约保函；若上述款项不足以弥补甲方因此所受损失的，乙方还应赔偿甲方差额部分的损失。

“（2）延迟开工、完工。由于乙方的原因导致建设进度的延误，乙方必须逐日向甲方支付按照以下标准规定的违约金：A. 第一个延误六十日内，每日支付1万元；B. 第二个延误六十日内，每日支付2万元；C. 第三个延误六十日内，每日支付3万元。乙方若对违约金的数额和支付方式没有异议的，应在通知中明确的期间内向甲方指定账户支付上述违约金，若乙方未按时支付，甲方可以从建设期履约保函中提取该等违约金及按违约利率计算的延误期间利息，直至建设期履约保函已全部提取完。如延误时间超过六个月，则甲方有权提前终止本协议。

“（3）放弃或视为放弃项目建设。在项目建设期，乙方被视为放弃项目建设的，甲方有权提取其建设期履约保函；若上述款项不足以弥补甲方因此所受损失的，乙方还应赔偿甲方差额部分的损失。

“（4）项目转让的违约。乙方违反本协议的规定，擅自出租、质押、转让或以其他形式处分项目设施、项目资产、项目特许经营权，则上述出租、质押或转让等行为无效且甲方有权提取履约保函；若上述款项不足以弥补甲方因此所受损失的，乙方还应赔偿甲方差额部分的损失。

“（5）投融资违约。乙方提供的项目资本金不满足合同要求，或未能按建设进度计划完成投融资；或未设立项目建设资金专用账户的，视为乙方违约，甲方有权责令乙方立即改正；乙方逾期未改正的，甲方有权提取建设期履约保函；若上述款项不足以弥补甲方因此所受损失的，乙方还应赔偿甲方差额部分的损失。

“（6）前期工作违约。乙方延迟支付相关前期工作费用的，则构成乙方违约，甲方有权提取建设期履约保函；若上述款项不足以弥补甲方因此所受损失的，乙方还应赔偿甲方差额部分的损失。

“（7）重大质量问题的违约。在项目建设期内，工程出现重大质量问题的，甲方有权提取建设期履约保函；若上述款项不足以弥补甲方因此所受损失的，乙方还应赔偿甲方差额部分的损失。

“（8）项目移交违约及处理。乙方未按时足额提交/补足/移交履约担保，或未按时组成移交工作小组，或未按照约定程序和内容进行项目设施移交的，视为乙方违约，甲方有权提取运营期履约保函；若上述款项不足以弥补甲方因此所受损失的，乙方还应赔偿甲方差额部分的损失。

“（9）如乙方未按照约定进行财务管理并提交报告，在通知期限内拒不改正的，乙方应每次向甲方支付违约金20,000元。

“（10）其他违约。除上述条款外，如果乙方不履行其在本协议下的其他义务，且经甲方书面催告后十五个工作日仍不履行的，甲方有权提取履约保函；若上述款项不足以弥补甲方因此所受损失的，乙方还应赔偿甲方差额部分的损失。”

该合同第59.3条还明确规定，“社会资本应就乙方于本协议第59.2条项下的违约责任承担连带责任”。

其他甲方违约责任条款等，略。

（三）管理制度

一般对应《建设工程项目管理制度》等，具体内容略。

（四）经验教训

1. 项目公司应当对索赔相关的规则进行深度学习，熟悉相关后果，尽量避免产生索赔的争议或纠纷。

对于费用索赔争议需要进行鉴定的，根据《建设工程造价鉴定规范》（GB/T 51262—2017）第 5. 8 条规定执行，规定如下：

“5. 8. 1 当事人因提出索赔发生争议的，鉴定人应提请委托人就索赔事件的成因、损失等作出判断，委托人明确索赔成因、索赔损失、索赔时效均成立的，鉴定人应运用专业知识作出因果关系的判断，作出鉴定意见，供委托人判断使用。

“5. 8. 2 一方当事人提出索赔，对方当事人已经答复但未能达成一致，鉴定人可按以下规定进行鉴定：1 对方当事人以不符合事实为由不同意索赔的，鉴定人应在厘清证据事实以及事件的因果关系的基础上作出鉴定；2 对方当事人以该索赔事项存在，但认为不存在赔偿的，或认为索赔过高的，鉴定人应根据相关证据和专业判断作出鉴定。

“5. 8. 3 当事人对暂停施工索赔费用有争议的，鉴定人应按以下规定进行鉴定：1 合同中对上述费用的承担有约定的，应按合同约定作出鉴定；2 因发包人原因引起的暂停施工，费用由发包人承担，包括：对已完工程进行保护的费用、运至现场的材料和设备的保管费、施工机具租赁费、现场生产工人与管理人员工资、承包人为复工所需的准备费用等；3 因承包人原因引起的暂停施工，费用由承包人承担。

“5. 8. 4 因不利的物质条件或异常恶劣的气候条件的影响，承包人提出应增加费用和延误的工期的，鉴定人应按以下规定进行鉴定：1 承包人及时通知发包人，发包人同意后及时发出指示同意的，采取合理措施而增加的费用和延误的工期由发包人承担；发承包双方就具体数额已经达成一致的，鉴定人应采纳这一数额鉴定；发承包双方未就具体数额达成一致，鉴定人通过专业鉴别、判断作出鉴定；2 承包人及时通知发包人后，发包人未及时回复的，鉴定人可从专业角度进行鉴别、判断作出鉴定。

“5.8.5 因发包人原因，发包人删减了合同中的某项工作或工程项目，承包人提出应由发包人给予合理的费用及预期利润，委托人认定该事实成立的，鉴定人进行鉴定时，其费用可按相关工程企业管理费的一定比例计算，预期利润可按相关工程项目报价中的利润的一定比例或工程所在地统计部门发布的建筑企业统计年报的利润率计算”。

2. 索赔事项启动时，法务或律师一定要参加，并提前落实好关键的证据，使之可以形成完整的证据链。特别强调，应当按照合同约定的时限，及时向相对方提交索赔意向报告。

二、工作实施方案

1. 项目公司每月 24 日应对《PPP 项目合同》的约定进行系统梳理，识别是否存在违约事件或被违约事件。

2. 存在政府方违约事件的，项目公司内部协商好处理方案，并形成正式会议纪要（会议决议），指定负责人专项处理。

3. 责任人按照合同约定，及时向实施机构发出索赔意向函，并持续按照合同约定进行过程证据的固定，直至实施机构对此做出明确的批复意见。

4. 存在项目公司违约事件的，项目公司内部协商好处理方案，并形成正式会议决议，指定负责人专项处理，尽快补救，消除影响，避免未来被政府方追究违约责任。

5. 政府方违约事项，应当在当月《项目公司经营管理月报》中体现，督促政府方进行确认。

6. 索赔动作必须作出，但是督促实施机构签批的节奏，由项目公司总经理进行把握，直至获得正式批准。

三、管理表单

略。

四、实务风险解析与建议

相关实务风险问题，可以关联《PPP 项目执行阶段操作指南：100 个实务问题深度解析》问题 47、问题 51、问题 55、问题 58、问题 66、问题 76，《PPP 项目执行阶段操作指南：100 个实务问题深度解析（第二册）》问题 56 进行阅读。

五、管理成果要求（基础档案）

1. 《PPP 项目合同》关于违约责任的约定；
2. 每月 24 日的内部自检及相关会议纪要（含决议）；
3. 向实施机构发出的索赔报告及其批复；
4. 相关的专项报告、会议纪要、专项请示、政策文件；
5. 己方补救方案及其执行情况文件；
6. 相关《项目公司经营管理月报》；
7. 其他相关文件等。

六、补充说明

本项是政府方监管要点内容，可以关联《PPP 项目政府方监管要点》阅读，共涉及五项监管要点，分别如下：

1. 监管要点 28：确认项目公司是否根据合同履约？并及时更新和上报相关信息？

2. 监管要点 31：确认自身是否根据合同履约？

3. 监管要点 51：对案例 PPP 项目进行定期监督、检查、管理，确保项目建设合法合规、顺利有序推进。

4. 监管要点 70：确认 PPP 项目建设期是否按照合同约定履约？若有工期变化，是否按照约定履行了批准手续？确认是否存在实施机构原因导致的建设期延误，若有，应批准乙方的顺延建设期要求。

5. 监管要点 81：确认项目公司是否存在视为放弃或严重违约情形？若有该等情形发生，实施机构是否及时介入？是否按照合同约定追究其违约责任？

第 74 节 进度动态管理

核心条款

第七十四条 项目公司应严格按照进度管理制度执行，应通过一级控制进度计划、年度计划、月度计划和重要事件的阶段性计划进行管理，应积极使用 Project 或 P6 等管理工具。

工程技术部负责对相关方的进度计划进行审核，确保与项目公司进度目标匹配。项目公司原则应于每月 24 日进行进度偏差分析，当有进度偏差时，应及时分析原因，并提出解决方案，跟踪落实，直至进度偏差消除。

进度管理成果要求包括：一级控制进度计划、年度计划、月度计划和重要事件的阶段性计划、相关单位的进度计划审核报告、进度管理月报、进度专题会议纪要、进度偏差实施方案与执行情况报告、工期索赔报告与批复（或有）、补充协议（或有）等。

以上进度管理成果文件，应及时完成、及时存档，不得滞后。进度管理工作应在当期项目公司经营管理月报中专章体现。

条款解析

建设阶段遇到的高频问题之七，就是进度动态管理不力，导致发生偏差和违约，这也是违约责任高频问题之一。

从项目案例统计和分析来看，多是由于缺少系统进度管理所造成。实际上，进度管理可以通过 PDCA 系统地、动态地去管理，形成成熟的管理方法，其核心还是责任心和执行力。

进度管理的基本逻辑关系是：设定进度目标，编制进度计划，按照计划执行，定期动态检查，定期纠正偏差，及时更新计划，继续执行循环，只要严格遵照执行，进度管理并无特殊难度。

但是，实务中，经常出现“计划是计划，执行是执行”的情形，问题就自然存在了。实施过程中，尤其会缺少动态检查，项目进展有没有按照计划执行，实际进展是快是慢？这个需要动态检查分析，如果快了，成本有没有增加？是否经济？如果慢了，为什么慢了？因为自身原因的，是否会产生违约后果？是否会被追究违约责任？应当采用怎样的方式方法赶回进度？如果是政府方或第三方原因的，对我们有哪些实质性的影响？是否会对核心目标发生阻碍？进度和费用是否可以索赔？如果是不可抗力的，应当如何处理？这些问题都需要在过程中动态管控，动态调整。最后是纠偏，以上情况分析完，方案出来后，就应当及时的纠偏处理，将偏离的部分拉回主线来，确保项目始终在计划控制当中。

这是一个高效、成熟的方法，严格遵照执行即可。

另外，通过案例实践分析来看，多数项目进度滞后是由于非项目公司导致的，因此，我们可以在过程中提前做好工期索赔的各项准备，为未来的工期索赔和/或费用索赔准备好基础条件。既然是提前策划、提前准备，那我们就按照正规的、正当的方式进行，明确工期索赔的要件，包括批准的一级控制进度计划（明确关键线路和关键工作）、举证非项目公司的原因和责任（证据保存）、在合同限定时限内提交索赔申请等。当确实发生时，及时处理即可。

本项工作同样强调成果意识，在档案管理体系中，建议将这部分单独管理，即《项目公司年度进度管理档案》，这是专项管理的需要，项目公司应当重点关注。

需要说明的是，我们建议项目公司在进度管理策划中，可以适当加快进度，从财务角度来说，对于项目的投资回报正面影响是巨大的，可能会需要投入一部分赶工措施费，但是带来的进度提前，引致的资金成本和投资收益将十分可观。但如果是政府方要求进度提前的，项目公司应当主张赶工措施费，这一情形，详见本规程第76条。

实施办法

一、管理依据

（一）法律法规、政策依据

《政府投资条例》第24条规定，“政府投资项目应当按照国家有关规定合理确定并严格执行建设工期，任何单位和个人不得非法干预”。

《建设工程项目管理规范》第9.3条“进度控制”规定：

“项目进度控制应遵循下列步骤：1 熟悉进度计划的目标、顺序、步骤、数量、时间和技术要求；2 实施跟踪检查，进行数据记录与统计；3 将实际数据与计划目标对照，分析计划执行情况；4 采取纠偏措施，确保各项计划目标实现。

“对勘察、设计、施工、试运行的协调管理，项目管理机构应确保进度工作界面的合理衔接，使协调工作符合提高效率和效益的需求。

“项目管理机构的进度控制过程应符合下列规定：1 将关键线路上的各项活动过程和主要影响因素作为项目进度控制的重点；2 对项目进度有影响的相关方的活动进行跟踪协调。

“项目管理机构应按规定的统计周期，检查进度计划并保存相关记录。进度计划检查应包括下列内容：1 工作完成数量；2 工作时间的执行情况；3 工作顺序的执行情况；4 资源使用及其与进度计划的匹配情况；5 前次检查提出问题的整改情况。

“进度计划检查后，项目管理机构应编制进度管理报告并向相关方发布。”

本节与本章第16节、第75节和第76节关联，可以关联阅读。

（二）PPP项目合同常规约定

以天津市某高速公路PPP项目为例，其《PPP项目合同》第23.1条第1款约定，“乙方承诺本项目于2020年10月31日前完工。乙方应根据本项目需要，按照最终确定的工程建设计划的进度并履行本协议的义务”。

该合同第9条约定，“如因乙方原因造成建设期延长，甲方有权按本协议约定要求乙方承担违约责任；如因甲方违反合同或者为保护建设用地内发现的历史文物或者因不可抗力导致建设期延长，建设期相应顺延，运营维护期不变”。

该合同第23.1条第4款对可以工期顺延的情形进行了明确，“如果出现下述情况，有关进度日期的最后期限将相应顺延：A. 不可抗力事件；B. 项目建设过程中，在项目场地建设用地范围内发现有古墓、古建筑或化石等具有考古、地质研究价值的物品；C. 甲方书面通知要求变更已经事先批准的项目设计；D. 在建设开始时无法合理预见、并经甲方确认的重大不利地质情况出现，足以造成工程延误。但发生以上情形，并不是必然可以工期顺延，还需要符合合同第23.1条第5款规定的程序要求，在同时满足了以下前提下，乙方可以在上述第（4）项事件发生时，要求延长进度：A. 乙方在实际发生延误的五个工作日内，向甲方提出书面的延期要求，说明对相应的进度日期可能造成的影响；B. 进度日期实际已经被延误；C. 乙方已采取所有合理的措施减少延误；D. 如果甲方在收到书面要求后十个工作日之内，对要求的延期未书面表示异议，则甲方将被视为对要求的延期已表示同意”。

该合同第23.5.1条约定，“（建设的）延迟是指乙方自身违约、甲方违约、不可抗力、政策要求、法律变更或变动等事件导致建设工程不能如期开工或完工。(1) 乙方在获悉可能导致项目在预定初步完工日前不能完工的任何事件发生时，应于三个工作日内以书面方式向甲方发出延迟书面通知，通知内容包括：A. 延迟事件发生的原因、时间、过程；B. 延迟或延迟事件的责任者；C. 预计延迟时间；D. 对本协议的任何违约或预期违约；E. 乙方关于减轻和纠正延迟或延迟事件影响的计划；(2) 乙方在延迟通知后，应定期（至少应每星期）就相关情况向甲方提供事件的最新进展报告”。

该合同第59.1条、第59.2.2条、第59.2.3条还分别约定，“因政府或甲方指令项目在建时的临时停工持续时间在三十日以上的，造成项目完工延误的，乙方则有权要求甲方相应顺延建设期”。“由于乙方的原因导致建设进度的延误，乙方必须逐日向甲方支付按照以下标准规定的违约金：A. 第一个延误六十日内，每日支付 1 万元；B. 第二个延误六十日内，每日支付 2 万元；C. 第三个延误六十日内，每日支付 3 万元。乙方若对违约金的数额和支付方式没有异议的，应在通知中明确的期间内向甲方指定账户支付上述违约金，若乙方未按时支付，甲方可以从建设期履约保函中提取该等违约金及按违约利率计算的延误期间利息，直至建设期履约保函已全部提取完”。“如延误时间超过六个月，则甲方有权提前终止本协议。在项目建设期，乙方被视为放弃项目建设的，甲方有权提取其建设期履约保函；若上述款项不足以弥补甲方因此所受损失的，乙方还应赔偿甲方差额部分的损失”。

（三）管理制度

一般对应《建设工程项目管理制度》《进度管理制度》等，具体内容略。

（四）经验教训

1. 进度管理必须全生命周期系统性考虑和安排，进度动态管理则强调动态，逐月进行动态分析与应对。

2. 进度发生偏差的，首先想如何纠偏，确保主进度目标不发生严重滞后；之后再分析偏差的原因，自身原因的，自行处理，是非己方原因的，则立即考虑索赔。

3. 按照合同约定及时主张索赔，并持续跟踪，直至获得书面签字确认。建议项目公司当作专项工作处理。

二、工作实施方案

1. 项目公司应根据进度目标与分解，每月实行动态管理。

2. 项目公司工程技术部应根据一级控制进度计划，于每年春节上班后 15 天内完成年度进度计划、月度计划及重要里程碑事件计划，报总经理办公会确认后执行。

3. 工程技术部每月 24 日应完成进度管理的分析报告，在项目公司经营管理月报中体现。

4. 若有进度偏差的，应完成进度偏差预警单，并识别原因，采取针对性措施进行补救，直至进度偏差消除。

5. 进度偏差消除的，相对方应予以书面回复，形成管理闭环。

6. 进度偏差原因是属于非项目公司第三人的，项目公司应及时进行工期和/或费用索赔工作。

7. 进度偏差原因是属于自身原因的，应采取合理赶工等措施进行消除，费用由责任方承担。

8. 非项目公司原因的进度滞后，或实施机构要求的工期压缩，项目公司应事先主张、落实赶工措施费，之后方可实施。

9. 工程技术部经理对进度动态管理承担责任。

三、管理表单

略。

四、实务风险解析与建议

实务问题1：某PPP项目，《PPP项目合同》签订的是一个时间点、进场开工是一个时间点、《施工总承包协议》签订是一个时间点、施工许可证签发是一个时间点、监理开工令签发又是另一个时间点，那么工程开工日期具体应以哪一个为准？如何确定？

解析与建议：

详细内容请关联《PPP项目执行阶段操作指南：100个实务问题深度解析》问题91进行阅读。

实务问题2：项目公司对PPP项目的进度管理，应重点关注哪些问题？

解析与建议：

详细内容请关联《PPP项目执行阶段操作指南：100个实务问题深度解析（第二册）》问题37进行阅读。

实务问题3：因政府征地拆迁原因导致项目建设期延长，项目公司应如何处理？在延期期间的各项费用应如何计算？

解析与建议：

详细内容请关联《PPP项目执行阶段操作指南：100个实务问题深度解

析（第二册）》问题56进行阅读。

五、管理成果要求（基础档案）

1. 经批复的一级控制进度计划；
2. 经项目公司批准的年度计划、月度计划及重要事件的阶段性计划；
3. 其他相关单位的进度计划审核报告及其附件；
4. 每月25日项目公司出具的进度报告；
5. 进度偏差预警单及其回复；
6. 月进度偏差分析报告；
7. 进度专题会议纪要；
8. 进度偏差实施方案与执行情况报告；
9. 工期索赔报告与批复（或有）；
10. 补充协议（或有）；
11. 赶工措施与方案；
12. 其他相关文件等。

六、补充说明

本项是政府方监管要点内容，可以关联《PPP项目政府方监管要点》阅读，共涉及一项监管要点如下：

监管要点70：确认PPP项目建设期是否按照合同约定履约？若有工期变化，是否按照约定履行了批准手续？确认是否存在实施机构原因导致的建设期延误，若有，应批准乙方的顺延建设期要求。

第75节 进度偏差的处理

核心条款

第七十五条 当进度偏差是由于政府方原因时，应及时督促、协助实施机构消除影响，并固定过程证据，作为工期索赔和费用索赔的依据；由于第三方供应商、分包单位等原因时，应及时督促、协助第三方消除影响，并固定过程证据，作为工期索赔和费用索赔的依据。

在编制纠偏方案时，应留有自由时差空间，要求设定备份方案。

条款解析

多数项目进度滞后是由于非项目公司原因导致的，项目公司应当提前做好进度和/或费用索赔的准备。

本节单独将进度偏差拿出来强调，一是因为本问题出现的概率极高，二是因为实务中项目公司经常出于各种原因考虑，大概率不会积极主张这一正当权益。其实不论项目公司主张与否，进度变化的事实始终是存在的，是无可改变的。实施过程中若不及时主张，未来竣工验收、绩效考核、政府审计，都会将这一问题摆到台面上处理，与其到时候各方纠缠难堪，还不如过程中有一说一，光明正大直接应对和处理，最为高效。

若是项目公司原因，应主动作为，主动处理，消除影响，将影响的工期追回即可；若是政府方原因，也应主动作为，积极主张，同样将消除影响放在第一位，首先考虑协助政府方解决问题，然后再看是否确实受到了实质性的影响，如果确实存在实质性后果的，再和政府方充分沟通后，依据合同主张工期和/或费用索赔，“依据充分、证据完整”即可，这一过程强调客观。

最高人民法院《关于审理建设工程施工合同纠纷案件适用法律问题的解释（一）》第10条规定，“当事人约定顺延工期应当经发包人或者监理人签证等方式确认，承包人虽未取得工期顺延的确认，但能够证明在合同约定的期限内向发包人或者监理人申请过工期顺延且顺延事由符合合同约定，承包人以此为由主张工期顺延的，人民法院应予支持。当事人约定承包人未在约定期限内提出工期顺延申请视为工期不顺延的，按照约定处理，但发包人在约定期限后同意工期顺延或者承包人提出合理抗辩的除外”，项目公司不能将希望寄托于事后的司法路径，但是我们可以利用司法规则来处理实务中的各种情形。

当然，这也是倒逼项目公司必须严格“完全履约”的一个过程。

本工作需要强调的是，出发点一定要正确。我们的出发点永远都是先解决问题，想方设法将进度偏差修正，然后再考虑索赔与否，优先劣后一定要分清。

实施办法

一、管理依据

（一）法律法规、政策依据

国务院《政府投资条例》第24条规定，“政府投资项目应当按照国家有关规定合理确定并严格执行建设工期，任何单位和个人不得非法干预”。

《建设工程项目管理规范》第9.4条“进度变更管理”规定：

“项目管理机构应根据进度管理报告提供的信息，纠正进度计划执行中的偏差，对进度计划进行变更调整。

“进度计划变更可包括下列内容：1 工程量或工作量；2 工作的起止时间；3 工作关系；4 资源供应。

“项目管理机构应识别进度计划变更风险，并在进度计划变更前制定下列预防风险的措施：1 组织措施；2 技术措施；3 经济措施；4 沟通协调措施。

“当采取措施后仍不能实现原目标时，项目管理机构应变更进度计划，并报原计划审批部门批准。

“项目管理机构进度计划的变更控制应符合下列规定：1 调整相关资源供应计划，并与相关方进行沟通；2 变更计划的实施应与组织管理规定及相关合同要求一致。”

（二）PPP 项目合同常规约定

本节内容与本章第 16 节、第 74 节和第 76 节关联，可以关联阅读。

详细内容可参见本章第 74 节。

（三）管理制度

一般对应《建设工程项目管理制度》《进度管理制度》等，详细内容略。

（四）经验教训

1. 进度偏差的处理，必须强调及时性，一旦发生偏差，必须按照合同约定及时处理，不得拖拉，否则极易丧失证据链的构建条件，从可以索赔变成无法索赔，最终导致责任的自行承担。

2. 进度偏差的处理，还要讲求合同相对性，谁的责任，就去找谁。我方自己原因的，自行处理，自行消纳；政府方原因的，及时向政府方追索；非双方原因的，应当根据合同约定、法律规定及时、准确处理，此时可以请律师介入，作出最为高效的、有效的索赔动作。

3. 进度偏差的处理，也必须讲求证据的固定，以及证据链的构建。建议项目公司全员可以适当学习基本的法律知识，当发生该类事件时，也可以邀请律师介入，协助处理，比较稳妥。最为核心的，是必须要有结果意识。工期索赔动作必须要做，做完之后，必须要获得书面正式批准，本项工作才算结束，否则，本项工作将持续关注、持续推动，直至完成。

4. 项目公司应当对工期索赔相关的规则进行深度学习，熟悉相关后果，尽量避免产生索赔的争议或纠纷。

对于工期索赔争议需要进行鉴定的，根据《建设工程造价鉴定规范》（GB/T 51262—2017）第 5.7 条规定：

“当事人对鉴定项目开工时间有争议的，鉴定人应提请委托人决定，委托人要求鉴定人提出意见的，鉴定人应按以下规定提出鉴定意见，供委托人判断使用：1 合同中约定了开工时间，但发包人又批准了承包人的开工报告或发出了开工通知，应采用发包人批准的开工报告或发出的开工通知的时间；2 合同中未约定开工时间，应采用发包人批准的开工时间；没有发包人批准的开工时间，可根据施工日志、验收记录等相关证据确定开工时间；3 合同中约定了开工时间，因承包人原因不能按时开工，发包人接到承包人延期开工申请且同意承包人要求的，开工时间相应顺延；发包人不同意延期要求或承包人未在约定时间内提出延期开工要求的，开工时间不予顺延；4 因非承包人原因不能按照合同中约定的开工时间开工，开工时间相应顺延；5 因不可抗力原因不能按时开工的，开工时间相应顺延；6 证据材料中，均无发包人或承包人提前或推迟开工时间的证据，采用合同约定的开工时间。

“当事人对鉴定项目工期有争议的，鉴定人应按以下规定进行鉴定：1 合同中明确约定了工期的，以合同约定工期进行鉴定；2 合同对工期约定不明或没有约定的，鉴定人应按工程所在地相关专业工程建设主管部门的规定或国家相关工程工期定额进行鉴定。

“当事人对鉴定项目实际竣工时间有争议的，鉴定人应提请委托人决定，委托人要求鉴定人提出意见的，鉴定人应按以下规定提出鉴定意见，供委托人判断使用：1 鉴定项目经竣工验收合格的，以竣工验收之日为竣工时间；2 承包人已经提交竣工验收报告，发包人应在收到竣工验收报告之日起在合同约定的时间内完成竣工验收而未完成验收的，以承包人提交竣工验收报告之日为竣工时间；3 鉴定项目未经竣工验收，未经承包人同意而发包人擅自使用的，以占有鉴定项目之日为竣工时间。

“当事人对鉴定项目暂停施工、顺延工期有争议的，鉴定人应按以下规定进行鉴定：1 因发包人原因暂停施工的，相应顺延工期；2 因承包人原因暂停施工的，工期不予顺延；3 工程竣工前，发包人与承包人对工程质量发生争议停工待鉴的，若工程质量鉴定合格，承包人并无过错的，鉴定期间为工期顺延时间。

“当事人对鉴定项目因设计变更顺延工期有争议的，鉴定人应参考施工进度计划，判别是否因增加了关键线路和关键工作的工程量而引起工期变化，如增加了工期，应相应顺延工期；如未增加工期，工期不予顺延。

“当事人对鉴定项目因工期延误索赔有争议的，鉴定人应按本规范第5.7.1～5.7.5条规定先确定实际工期，再与合同工期对比，以此确定是否延误以及延误的具体时间。对工期延误责任的归属，鉴定人可从专业鉴别、判断的角度提出建议，最终由委托人根据当事人的举证判断确定。”

本节内容与本章第16节、第74节和第76节关联，可以关联阅读。

二、工作实施方案

1. 当发生进度偏差时，工程技术部应充分识别偏差原因，并基于偏差原因，提出相应处理方案。

2. 应首先解决偏差问题，通过各种措施、方案关闭偏差。

3. 与此同时，固定相应证据，充分做好工期索赔和费用索赔的准备。

4. 经项目公司研讨后，若确认主张索赔，应在合同约定时限内提交索赔报告，直至索赔动作完成。

5. 若实施机构要求赶工，则工程技术部应在论证赶工要求可实现的情况下，和施工项目部共同完成赶工措施方案及赶工措施费用，之后报实施机构。在实施机构书面正式确认后，方可指令项目部赶工。

6. 工程技术部经理承担进度偏差关闭的责任。

三、管理表单

略。

四、实务风险解析与建议

实务问题：如果需要向政府索赔工期，项目公司应该准备哪些资料？

解析与建议：

PPP项目的工期索赔依据《PPP项目合同》约定执行。简单来说，工期和费用索赔四个基本要件是：（1）事实已发生，已经造成实际损失；（2）非项目公司原因造成；（3）受影响的工作属于关键线路上面的关键工作；

（4）项目公司在规定的时限内提交了索赔申请报告。

具备以上四个基本要件后，项目公司所提交的完整证据至少应包括：

1. 事情的起因

为什么会延期？即索赔的原因，并附相应的有效证据。

2. 事情的经过

（1）发生该等延期事项，乙方已经在规定时间内事先以函或邮件方式提醒甲方，附上该部分提醒文件及甲方收件的相应签收记录；

（2）在延期的过程中，乙方应及时发函敦促甲方补救，附上该部分工作联系单；

（3）最终应形成延长多少工期的事实，相应的计算依据及完整证据（必须要证明是关键线路上的关键工作，然后由监理确认）。

3. 事情的结果

最终应确定索赔多少工期，附索赔工期的依据（一般是合同相应的条款），并要求于规定时间内进行答复，如未答复或要求进一步补充资料，则视为该项索赔已经认可。

4. 当该索赔事件持续进行时，乙方应阶段性按上述程序和资料向甲方发出工期索赔的报告

简单来说，有理有据，形成完整证据链即可。

其他相关实务风险问题，还可以关联《PPP 项目执行阶段操作指南：100 个实务问题深度解析》问题 47、问题 58、问题 76，《PPP 项目执行阶段操作指南：100 个实务问题深度解析（第二册）》问题 56、问题 57 进行阅读。

五、管理成果要求（基础档案）

1. 经批复的一级控制进度计划；
2. 经项目公司批准的年度计划、月度计划及重要事件的阶段性计划；
3. 其他相关单位的进度计划审核报告及其附件；
4. 每月 25 日项目公司出具的进度报告；
5. 进度偏差预警单及其回复；

6. 月进度偏差分析报告；

7. 进度专题会议纪要；

8. 进度偏差实施方案与执行情况报告；

9. 工期索赔报告与批复（或有）；

10. 补充协议（或有）；

11. 赶工措施与方案；

12. 其他相关文件等。

六、补充说明

本项是政府方监管要点内容，可以关联《PPP 项目政府方监管要点》阅读，共涉及一项监管要点如下：

监管要点 70：确认 PPP 项目建设期是否按照合同约定履约？若有工期变化，是否按照约定履行了批准手续？确认是否存在实施机构原因导致的建设期延误，若有，应批准乙方的顺延建设期要求。

第 76 节 赶工要求的处理

核心条款

第七十六条 实施机构提出赶工要求的，项目公司应会同施工项目部确认赶工要求是否合理。技术可行的情况下项目公司应主张赶工措施费，在获得实施机构书面批准后，可以遵照执行；技术不可行的情况下，项目公司应根据国务院《政府投资条例》（国务院令第 712 号）第 24 条①规定书面回复。

实施机构刚性要求的，项目公司可以提请召开专家论证会，从政府专家库中随机抽取 3～5 名专家组成专家小组，以专家小组的书面论证结论作为执行依据，以此确认压缩工期的合理性和可行性。相关专家费用可以从项目公司支出。

条款解析

本条既是对第 74 条的补充和强调，也是对第 75 条的高度回应，核心在于重点提醒项目公司，要对实务中政府方大概率要求赶工的情形正确回应。

实践中，当政府方提出赶工要求时，项目公司往往碍于面子，不得不遵照要求追赶进度，但正常提报赶工措施费用时，经常会不了了之。

该种情形时有发生。

实务中，如果是适当的追赶工期，项目公司最多损失部分赶工措施费，但如果是不科学、不客观盲目追赶工期，影响的就不仅是费用问题，可能还包括安全问题和质量问题。在这个问题上，项目公司应当坚守住原则，坚决

① 该条规定：政府投资项目应当按照国家有关规定合理确定并严格执行建设工期，任何单位和个人不得非法干预。

不能突破安全底线。

客观来说，如果政府方确有赶工的需求，应当以书面通知形式作出，项目公司收到要求后，首先从技术角度分析，在技术可行的情况下，再考虑赶工措施方案及其费用，并向政府方主张，在获得正式批准的情况下，再遵照执行。

目前来说，国务院发布的《政府投资条例》第 24 条明确规定“政府投资项目应当按照国家有关规定合理确定并严格执行建设工期，任何单位和个人不得非法干预”后，这种现象已经大大好转，任意调整工期的情形已经相对较少了。

实施办法

一、管理依据

（一）法律法规、政策依据

本节内容与本章第 16 节、第 74 节和第 75 节关联，可以关联阅读。

（二）PPP 项目合同常规约定

本节内容与本章第 16 节、第 74 节和第 75 节关联，可以关联阅读。

详细内容可参见本章第 74 节。

（三）管理制度

一般对应《建设工程项目管理制度》《进度管理制度》等，详细内容略。

（四）经验教训

1. 政府方要求赶工的，同时考虑可行性和相关费用，在都可以落实的情况下，必须通过书面文件确认，方可遵照执行。

2. 及时通过过程结算确认相关费用，并计入总投资。

二、工作实施方案

1. 如果存在赶工要求，项目公司应首先获得正式的书面通知，方可成立。任何口头要求，一律不得作为正式工作的依据，不得正式开展相关工作。

2. 获得赶工要求的正式书面通知后，工程技术部应和施工项目部共同论证是否可实现。若不能实现，可以根据《政府投资条例》第 24 条的规定，书面向实施机构回复。

3. 若技术可行，工程技术部应和施工项目部共同完成赶工措施的方案和赶工措施费的估算，完成后，由项目公司正式向实施机构提交专项报告，实施机构书面批准后，方可按照合同约定的程序进行实施。

4. 实施机构未正式批准的情况下，项目公司一律不得正式开展相关工作。

5. 赶工要求不能实现，实施机构亦不认可的情况下，项目公司可以主张召开专家论证会，双方以专家论证会的结果作为依据。该结果应以正式报告的形式确定，各参与专家签字确认。

6. 赶工过程文件应妥善存档，赶工完成后，相应的费用应及时确认，关闭。

三、管理表单

略。

四、实务风险解析与建议

实务问题：某全民体育中心 PPP 项目，签订的 PPP 协议约定是两年半建设期，由于情势变更（国家级赛事，这是分赛场，所以要求工期提前），压缩成一年半，如何处理?

解析与建议：

详细内容请关联《PPP 项目执行阶段操作指南：100 个实务问题深度解析》问题 74 进行阅读。

五、管理成果要求（基础档案）

1. 赶工要求的正式书面通知；

2. 项目公司关于赶工要求可行性的回复；

3. 赶工措施方案与赶工措施费报告；

4. 实施机构的批复；

5. 赶工措施过程执行文件；

6. 赶工费用的结算与确认；

7. 其他相关文件等；

8. 建议随附相关政策。

六、补充说明

本项是政府方监管要点内容，可以关联《PPP 项目政府方监管要点》阅读，共涉及一项监管要点如下：

监管要点 70：确认 PPP 项目建设期是否按照合同约定履约？若有工期变化，是否按照约定履行了批准手续？确认是否存在实施机构原因导致的建设期延误，若有，应批准乙方的顺延建设期要求。

第 77 节　工程建设特殊情况的处理

核心条款

第七十七条　项目实施过程中，若发生阻工、地下土质重大变化等特殊情况的，项目公司应以不影响项目推进为前提积极处理。若涉及费用增加、工期延期等情形时，项目公司应及时向实施机构汇报，并共同推进处理。项目公司应善加利用实施机构的行政权力，在过程中以解决问题为先，同时争取获得费用、工期的书面确认，直至问题关闭。

因政策要求短期暂停施工的，如环保要求、国家公祭日、特殊检查等，项目公司应严格遵照执行，做好项目现场的安全管理，同时及时向实施机构发出确认工作联系单，相应顺延工期，不得滞后。

以上事项应在当期项目公司经营管理月报中专章体现。

条款解析

进度管理问题上，除了常规的可以遇见的问题，也可能会碰到不可预见的特殊问题，当碰到这些不可预见的特殊情况时，项目公司应当明白具体的处理原则，不得擅自处理就完成，否则可能会影响未来的结算情况。

对于重大活动是否可以进行工期索赔，各方意见多有不一致。住房和城乡建设部在《关于落实建设单位工程质量首要责任的通知》（建质规〔2020〕9 号）第 2 条第 2 款规定，“保证合理工期和造价……因极端恶劣天气等不可抗力以及重污染天气、重大活动保障等原因停工的，应给予合理的工期补偿”，因此，该等情形是可以进行工期索赔的。

处理这一问题的基本原则也很简单，即公开透明。首先，积极处理问题，确保项目不受根本影响，利益不受根本损害。其次，当处理过程中确实发生工期损失、费用支出时，由于属于合同外部分，因此，应当获得实施机构的书面批准和确认，这样才能在未来的结算时顺利计入实际总投资。最后，各项工作应有完整的过程档案，所有的过程文件可以形成完整的证据链，可以证实事件发生的起因、经过和结果。

实施办法

一、管理依据

（一）法律法规、政策依据

本节内容与本章第121节、第136节关联，可以关联阅读。

（二）PPP项目合同常规约定

以天津市某高速公路PPP项目为例，其《PPP项目合同》第23.5.2条、第23.5.3条分别约定，“除不可抗力、甲方违约、群体性事件、为保护在建设用地范围内发现的历史文物、甲方要求变动等本协议规定的情况外，如果乙方出现下列情况，则本项目的建设应视为已被乙方放弃：（1）由于乙方原因未能在开工日期之后三十个工作日内开始项目的建设；（2）由于乙方原因未能在任何不可抗力事件结束后三十个工作日内恢复建设工程施工；（3）乙方出于任何其他原因在开始运营日前停止工程建设（含测试），直接或通过分包商撤走场地全部或大部分的工作人员；（4）乙方资金筹措及资金到位情况严重不符合工期目标；（5）具备施工条件的场地工程施工人机材等投入情况严重不符合工期目标要求”，“（1）甲方介入的条件：乙方出现下列情况之一的，则甲方有权指定第三方取代乙方承担项目的任何必要的建设，以便实现完工。A. 书面表示放弃项目；B. 被视为放弃项目建设、严重违约。（2）若出现第23.5.3条（1）中A、B两种任一情形的，乙方及本着先无条件配合进行项目建设，再谈补偿的原则开展工作，否则由此造成的损失全部由乙方承担，甲方有权从建设期履约保函项下提取该全部或部分款项，不足部分由乙方另行承担。乙方应按照甲方要求无条件地组织做好进行本项目工地、驻地和现场的保护，运至工地、驻地现场的相关成品、半成品、原材料的保护，并按甲方要求移交给甲方及其指定的第三方且无条件地组织做好本项目相关工程建设资料的移交。乙方委托的施工、监理等单位拒不配合的，乙方承担连带责任。（3）甲方介入项目的建设，不应被视为根据本协议受让了项目资产或承担了项目公司的义务，甲方介入项目建设，投资协议、特许经营协议终止，乙方及项目公司丧失项目的特许经营权。（4）除本协议另有规定外，甲方及其指定第三方介入建设所产生的合理费用和因此造成的损失由乙方承担。甲方有权从建设期履约保函项下提取该全部或部分款项，不足部分由乙方另行承担”。

该合同第59.3条还明确，“社会资本应就乙方于本协议第59.2条项下的违约责任承担连带责任”。

（三）管理制度

一般对应《建设工程项目管理制度》等，详细内容略。

（四）经验教训

1. 特殊情况的处理，应当及时、充分和透明。当发生特殊情况时，只要涉及PPP项目合同约定范围外的利益时，项目公司应及时与实施机构沟通，协商处理方案和责任归属，并通过书面形式进行确认。双方确认无误后，项目公司即可全面遵照执行，完成后，及时确认处理结果，避免夜长梦多。

2. 项目公司在处理过程中，出发点应当是聚焦项目的核心目标，尽快推动问题解决为先，需要项目公司总经理进行把握和平衡。

二、工作实施方案

1. 当项目发生特殊情况时，项目公司相关人员应当充分了解具体情况，并做出初步判断。

2. 相关人员召集项目公司全体管理人员内部会议，通报情况，形成初步解决方案，并形成正式会议纪要。

3. 正式向实施机构发出书面工作联系函，通报情况，提出解决方案，明确费用和工期处理原则，等待批复。

4. 和实施机构充分沟通，协商一致后，形成正式的处理意见，并通过正式书面形式进行确认。

5. 项目公司指定专人负责，进行处理，并按照双方合意处理相关工期和费用。

6. 直至事件关闭，相关费用和工期妥善处理，相关证据妥善存档。

三、管理表单

略。

四、实务风险解析与建议

实务问题 1：一个桥梁 PP 项目，采用“使用者付费 + 可行性缺口补助”方式实施，政府在合同中承诺该项目合作期内，该区域不会再建设其他桥梁。但在 PPP 项目实施过程中，该区域却建设了另一桥梁，这将导致预期收益发生变化，该如何处理？

解析与建议：

详细内容请关联《PPP 项目执行阶段操作指南：100 个实务问题深度解析》问题 33 进行阅读。

实务问题 2：某学校 PPP 项目，项目实施时受政府影响，土方部分由项目所在地的村委施工，但截至目前，施工总承包单位与村委始终未能对《土方施工协议》达成一致意见。同一项目公司的另一医院 PPP 项目的土方工程也是由该村委实施，但同样未能达成一致意见。双方多次沟通均失败，现确认后期由项目公司自行施工。现就前期已完部分工程量和费用，项目公司应如何处理？

解析与建议：

详细内容请关联《PPP 项目执行阶段操作指南：100 个实务问题深度解析》问题 75 进行阅读。

实务问题 3：某供水 PPP 项目，部分需要穿越公路，公路管理部门要求 15 万元补偿费，是否合适？应如何处理？

解析与建议：

详细内容请关联《PPP 项目执行阶段操作指南：100 个实务问题深度解

析（第二册）》问题43进行阅读。

实务问题4：因政府征地拆迁原因导致项目建设期延长，项目公司应如何处理？在延期期间的各项费用应如何计算？

解析与建议：

详细内容请关联《PPP项目执行阶段操作指南：100个实务问题深度解析（第二册）》问题56进行阅读。

五、管理成果要求（基础档案）

1. 事件的初步情况报告及其附件；
2. 项目公司会议纪要及其附件（初步解决方案）；
3. 向实施机构发出的工作联系函，或相关会议纪要；
4. 和实施机构共同确认的最终解决方案；
5. 具体处理的过程文件；
6. 相关工期和费用的处理文件（过程结算、审计报告等）；
7. 可能的往来文件、专项会议会议纪要、专项报告、政府批示；
8. 其他相关文件等。

六、补充说明

本项是政府方监管要点内容，可以关联《PPP项目政府方监管要点》阅读，共涉及三项监管要点，分别如下：

1. 监管要点50：定期与项目公司沟通、召开会议，确认是否存在阻碍项目建设的情形，如有，确认是否及时推动协调解决？

2. 监管要点82：确认项目是否需要提前终止？若提前终止，确认是否按约处理？

3. 监管要点92：确认是否存在触发临时接管的情形？

第78节 安全文明施工动态管理

核心条款

第七十八条 项目公司应严格按照安全文明施工管理制度执行，组织五方责任主体签订安全管理责任书。项目公司应配备安全专员，全员应熟练掌握国家相关安全生产法律法规，定期召开安全生产分析会或培训会，每年不得低于2次。

项目公司应成立安全管理专项小组、落实安全管理方案、进行应急安全预案演练、善加利用监理单位第三方监督职责等方式进行全方位、全时段的持续安全管理。项目公司应负责监督、落实全员安全学习、全员安全交底、日常安全检查、节假日专项安全检查、危险性较大分部分项工程专项安全检查、针对各类危险源的应急预案演练等安全工作，确保安全工作到位。项目公司还应严格遵守项目所在地HSE的管理规定，确保安全环保工作落实到位。其中，全员安全学习每年不低于2次、全员安全交底每年不低于2次、日常安全检查每日进行、节假日专项安全检查每周1次、应急预案演练每年不低于1次。

以上安全管理成果文件，应随时完成、随时存档，不得滞后。安全管理工作应在当期项目公司经营管理月报中专章体现。

条款解析

实际工作中，项目公司通常会将安全工作平行放在第一位，重要性最高。

具体的安全管理工作，各公司均有完整的管理制度、管理办法，都有非常成熟的管理套路，主要讲求执行力，一定要真真切切的将安全管理工作做到实处，而不是应付式的完成一件工作。出发点不同，其效果会千差万别。

通过全国案例调研，横向比较来看，目前所见管理最佳，应当是浙江省交通投资集团杭绍甬高速公路项目，其安全运营处吴处长表示，“安全这块属于正常工作，但是压力很大，管不好心里会慌。除了常规工作，我们是希望能有实效，不是常规的应付工作，我们还是想干一点事情的”，然后在实践中延伸出了很多的措施和方法，比如，“我们对安全总监、专监进行定期的考试、面试，让他们确实具备相关的专业能力；再通过现场考核、当年述职，让一把手项目经理上台讲等方法，让管安全的人切实履职；发了安全相关文件后要求反馈，要求PPT和照片等回复，保证落实到位；通过让项目经理讲，倒逼实管，通过让工人现场讲，倒逼安全意识树立；再加上智慧安监等科技手段，纵横交叉，确保没有管理盲点”。就是这样通过主动的、深度思考的各种手段，想方设法将安全工作做扎实到位。

具体的内容不做赘述，各项目公司可以互相取经，形成安全管理的工作方法。但是需要延伸的是，项目公司应当对项目的危险源进行充分识别，然后及时、足额购买相关保险，保险范围应当尽可能的覆盖危险源。具体保险的购买和管理，详见本规程第29条。

实施办法

一、管理依据

（一）法律法规、政策依据

《建筑法》第五章规定如下：

“第三十六条　建筑工程安全生产管理必须坚持安全第一、预防为主的方针，建立健全安全生产的责任制度和群防群治制度。

“第三十七条　建筑工程设计应当符合按照国家规定制定的建筑安全规程和技术规范，保证工程的安全性能。

“第三十八条　建筑施工企业在编制施工组织设计时，应当根据建筑工程的特点制定相应的安全技术措施；对专业性较强的工程项目，应当编制专项安全施工组织设计，并采取安全技术措施。

“第三十九条　建筑施工企业应当在施工现场采取维护安全、防范危险、预防火灾等措施；有条件的，应当对施工现场实行封闭管理。施工现场对毗邻的建筑物、构筑物和特殊作业环境可能造成损害的，建筑施工企业应当采取安全防护措施。

“第四十条　建设单位应当向建筑施工企业提供与施工现场相关的地下管线资料，建筑施工企业应当采取措施加以保护。

“第四十一条　建筑施工企业应当遵守有关环境保护和安全生产的法律、法规的规定，采取控制和处理施工现场的各种粉尘、废气、废水、固体废物以及噪声、振动对环境的污染和危害的措施。

“第四十二条　有下列情形之一的，建设单位应当按照国家有关规定办理申请批准手续：（一）需要临时占用规划批准范围以外场地的；（二）可能损坏道路、管线、电力、邮电通讯等公共设施的；（三）需要临时停水、停电、中断道路交通的；（四）需要进行爆破作业的；（五）法律、法规规定需要办理报批手续的其他情形。

“第四十三条　建设行政主管部门负责建筑安全生产的管理，并依法接受劳动行政主管部门对建筑安全生产的指导和监督。

“第四十四条　建筑施工企业必须依法加强对建筑安全生产的管理，执行安全生产责任制度，采取有效措施，防止伤亡和其他安全生产事故的发生。建筑施工企业的法定代表人对本企业的安全生产负责。

“第四十五条　施工现场安全由建筑施工企业负责。实行施工总承包的，由总承包单位负责。分包单位向总承包单位负责，服从总承包单位对施工现场的安全生产管理。

“第四十六条　建筑施工企业应当建立健全劳动安全生产教育培训制度，加强对职工安全生产的教育培训；未经安全生产教育培训的人员，不得上岗作业。

“第四十七条　建筑施工企业和作业人员在施工过程中，应当遵守有关安全生产的法律、法规和建筑行业安全规章、规程，不得违章指挥或者违章作业。作业人员有权对影响人身健康的作业程序和作业条件提出改进意见，有权获得安全生产所需的防护用品。作业人员对危及生命安全和人身健康的行为有权提出批评、检举和控告。

“第四十八条　建筑施工企业应当依法为职工参加工伤保险缴纳工伤保险费。鼓励企业为从事危险作业的职工办理意外伤害保险，支付保险费。

“第四十九条　涉及建筑主体和承重结构变动的装修工程，建设单位应当在施工前委托原设计单位或者具有相应资质条件的设计单位提出设计方案；没有设计方案的，不得施工。

“第五十条　房屋拆除应当由具备保证安全条件的建筑施工单位承担，由建筑施工单位负责人对安全负责。

“第五十一条　施工中发生事故时，建筑施工企业应当采取紧急措施减少人员伤亡和事故损失，并按照国家有关规定及时向有关部门报告”。

《建设工程项目管理规范》第 12.3 条“安全生产管理实施与检查”规定：

“项目管理机构应根据项目安全生产管理计划和专项施工方案的要求，分级进行安全技术交底。对项目安全生产管理计划进行补充、调整时，仍应按原审批程序执行。

“施工现场的安全生产管理应符合下列要求：1 应落实各项安全管理制度和操作规程，确定各级安全生产责任人；2 各级管理人员和施工人员应进行相应的安全教育，依法取得必要的岗位资格证书；3 各施工过程应配置齐全劳动防护设施和设备，确保施工场所安全；4 作业活动严禁使用国家及地方政府明令淘汰的技术、工艺、设备、设施和材料；5 作业场所应设置消防通道、消防水源，配备消防设施和灭火器材，并在现场入口处设置明显标志；6 作业现场场容、场貌、环境和生活设施应满足安全文明达标要求；7 食堂应取得卫生许可证，并应定期检查食品卫生，预防食物中毒；8 项目管理团队应确保各类人员的职业健康需求，防治可能产生的职业和心理疾病；9 应落实减轻劳动强度、改善作业条件的施工措施。

“项目管理机构应建立安全生产档案，积累安全生产管理资料，利用信息技术分析有关数据辅助安全生产管理。

“项目管理机构应根据需要定期或不定期对现场安全生产管理以及施工设施、设备和劳动防护用品进行检查、检测，并将结果反馈至有关部门，整改不合格并跟踪监督。

“项目管理机构应全面掌握项目的安全生产情况，进行考核和奖惩，对安全生产状况进行评估”。

本节内容与本章第 17 节、第 79 节关联，可以关联阅读。

（二）PPP 项目合同常规约定

以天津市某高速公路 PPP 项目为例，其《PPP 项目合同》第 23. 1 条约定，“乙方应严格执行《×××高速公路×××西段工程环境影响报告书的批复》，落实《环境保护法》中‘建设项目中防止污染的措施，必须与主体工程同时设计、同时施工、同时投产使用’的相关规定，并于本项目竣工验收前组织环保验收”。

以四川省某市政配套、保障性安居工程 PPP 项目为例，其《PPP 项目合同》第 27. 3 条约定，乙方应根据国家和地方相关规定并按投标文件的承诺落实安全环保目标，实现安全文明施工。在本项目施工期间，乙方应履行以下义务：

“防止因施工产生的环境破坏和污染。乙方在下列情况下不承担环境污染责任（在以下情况下，由相关责任方承担责任）：本合同生效日期或之前存在的；或者由于甲方、市政府、政府方或其各自指定机构或第三方所引起的。

“落实施工区域内的安全措施。按规定处置建筑垃圾和工程渣土。保护施工区域内的各种管线。处理因本项目工程施工引起的其他安全环保和生态问题。严格按照相关规定和要求加强工程现场安全文明施工管理，采取措施消除或减少工程施工对公众居民、公共交通等的干扰，消除施工安全隐患，树立安全文明施工形象”。

该合同第38.4.2条也要求，“乙方应制定安全操作手册及相应安全管理制度，乙方应及时将相关资料提供给行业主管部门核查备案。乙方应根据适用法律和其他相关规定制定车辆故障、设备故障、乘客伤亡、火灾先期处理、雨雪天气、自然灾害等各类突发事件的应急处理预案，并根据变更的法律和实际情况的需要不断完善。应急预案应包括应急组织机构、应急工作程序、应急物资保障等内容。应急预案应及时报市政府主管部门备案。每年应制订应急演练计划，每项预案每半年至少演练一次。演练计划应包括项目、时间、地点、参加人员、演练程序和标准。应急抢险演练完成后应及时总结经验，针对出现的问题，不断修订和完善预案”。

（三）管理制度

一般对应《建设工程项目管理制度》《安全管理制度》《应急管理制度》等，详细内容略。

（四）经验教训

1. 安全文明工作不是“走过场”，不是完成公司布置的任务，是真真正正的要尽力规避发生安全事故的风险，是实实在在的工作，因此，必须全力、用心、怀有责任心和自豪感、使命感地去落实。

2. 浙江省交通投资集团实施的杭绍甬高速项目，其安全管理工作是作者所见项目做得最好的，安全负责人就是真正投入进去在思考和落实的典型，若有机会，推荐可以学习对标。

3. 项目公司不得发生任何有责安全事故，这是最低限度的管理标准。

二、工作实施方案

1. 工程技术部应对《PPP项目合同》相关约定进行深度学习，并严格执行。

2. 对相关管理制度以及政策规定进行深度学习，同时严格执行。

3. 根据法律法规政策规定、股东公司制度要求、合同条款约定，以及项目公司管理制度要求等，制订工作方案和计划。

4. 指定负责人按照工作方案和计划逐项落实，并妥善保留相关档案资料。

5. 相关工作，应当动态每月 25 日完成《HSE 管理月报》。

6. 每年年底还应编写《HSE 管理年报》，同时对第二年的工作编制计划。

7. 工程技术部还应对施工项目部和监理单位的履约进行监督，确保各项 HSE 工作落实到位。

8. HSE 管理工作包括定期检查、不定期检查、专项检查、应急安全演练预案等，建议项目公司每年年底按照年度编写《项目公司年度 HSE 管理档案》，进行集中梳理。

9. 持续 PDCA，直至项目竣工验收合格，进入运营期。

三、管理表单

略。

四、实务风险解析与建议

严格按照管理制度执行即可。

暂无直接实务风险和问题反馈，未来待动态补充。

五、管理成果要求（基础档案）

1. 《PPP 项目合同》相关约定；

2. 相关政策要求；

3. 项目公司管理制度、股东公司文件要求；

4. 项目公司 HSE 工作方案、工作计划；

5. 过程执行文件，《HSE 管理月报》；

6. 《HSE 管理年报》；

7. 《项目公司年度 HSE 管理档案》；

8. 其他相关会议纪要、政府发文、政府通知、专项报告、专项检查及整改文件；

9. 其他相关文件等。

六、补充说明

本项是政府方监管要点内容，可以关联《PPP 项目政府方监管要点》阅读，共涉及一项监管要点如下：

监管要点 47：监督、检查建设期间是否存在大气污染情形，确认安全文明施工措施是否到位？

第 79 节　安全事故的处理

核心条款

第七十九条　发生安全事故，项目公司应严格按照应急预案制度执行，立即启动应急预案，组织应急救援队伍，抢救伤员，保护现场，停止现场作业，并第一时间按照规定向相关部门报告。事故处理过程中，项目公司应全力解决问题，消除影响，必要时配合调查，不得隐瞒漏报，不得消极抵抗。

安全事故处理完成后，项目公司应组织全员进行认真反思，分析原因，并制定或更新相应的管理方案，规避类似事件的再次发生。

以上事件应在当期项目公司经营管理月报中专章体现。

条款解析

安全事故的处理不必赘述，但项目上发生的概率较低。

若确有相关事件发生的，通常情况下，行政职能部门将会参与，项目公司除了积极抢救伤员、保护现场外，应当全力配合即可。

此处仅作原则性表述，具体内容，可以根据各企业的制度要求进行充实和完善。

实施办法

一、管理依据

（一）法律法规、政策依据

《建筑法》第 71 条规定，“建筑施工企业违反本法规定，对建筑安全事故隐患不采取措施予以消除的，责令改正，可以处以罚款；情节严重的，责令停业整顿，降低资质等级或者吊销资质证书；构成犯罪的，依法追究刑事责任。

“建筑施工企业的管理人员违章指挥、强令职工冒险作业，因而发生重大伤亡事故或者造成其他严重后果的，依法追究刑事责任”。

《建设工程项目管理规范》第12.4条“安全生产应急响应与事故处理”规定：

“项目管理机构应识别可能的紧急情况和突发过程的风险因素，编制项目应急准备与响应预案。应急准备与响应预案应包括下列内容：1 应急目标和部门职责；2 突发过程的风险因素及评估；3 应急响应程序和措施；4 应急准备与响应能力测试；5 需要准备的相关资源。

“项目管理机构应对应急预案进行专项演练，对其有效性和可操作性实施评价并修改完善。

“发生安全生产事故时，项目管理机构应启动应急准备与响应预案，采取措施进行抢险救援，防止发生二次伤害。

“项目管理机构在事故应急响应的同时，应按规定上报上级和地方主管部门，及时成立事故调查组对事故进行分析，查清事故发生原因和责任，进行全员安全教育，采取必要措施防止事故再次发生。

“组织应在事故调查分析完成后进行安全生产事故的责任追究。”

本节内容与本章第17节和第78节关联，可以关联阅读。

（二）PPP项目合同常规约定

以四川省某市政配套、保障性安居工程PPP项目为例，其《PPP项目合同》第7.3.7条约定，项目公司如出现“擅自停业、歇业，影响到社会公共利益和公共安全的；因经营管理不善，造成重大质量、安全责任事故，严重影响公众利益的”，“甲方有权责令其限期改正，或依法采取有效措施督促其履行义务；逾期不改正的，甲方有权终止本合同，收回本项目特许经营权”。

该合同第38.4.6条明确，“乙方有义务根据适用法律和本合同规定，建立迅速、有效的事故报告制度，并负责或协助处理安全事故，事故处理完毕后应编制详细的事故分析报告，报市政府主管部门备案。安全事故的分类如下：(1) 特别重大事故；(2) 重大事故；(3) 较大事故；(4) 一般事故；(5) 险性事故；(6) 一般事件。具体分类条件，详见附件3”。

(三) 管理制度

一般对应《建设工程项目管理制度》《安全管理制度》《应急管理制度》等，详细内容略。

(四) 经验教训

1. 安全事故的处理，不可心存侥幸，要认真面对。处理过程中，一定要把生命权放在第一位，全力救助生命，然后才是财产的抢救。

2. 领导应当充分、完全地重视安全管理工作，并充分给予授权，各级负责人要有居安思危的意识。

二、工作实施方案

1. 当出现安全事故时，项目公司应当第一时间保护好现场，联系救援，抢救人员，并视情况报上级主管部门、公安等，不得出现隐瞒不报、恶意拖延等情况。

2. 以抢救人员为第一要务，保护好现场，进行妥善处理。

3. 救援结束后，应协同上级主管部门或公安排查原因，明确责任归属。

4. 各方确认一致，形成处理方案和处理意见，形成正式决议、正式文件。

5. 根据确认的方案和意见执行，整改完成后，向适当主体报告。

6. 直至问题处理结束，事件关闭。

7. 对发生的问题进行复盘，总结经验教训，召开内部会议共同学习。

8. 对相关管理制度或要求进行修订，从源头规避该类问题的再次发生。

三、管理表单

略。

四、实务风险解析与建议

严格按照管理制度执行即可。

暂无直接实务风险和问题反馈，未来待动态补充。

五、管理成果要求（基础档案）

1. 事件发生的专项报告；
2. 初步处理方案、处理意见（项目公司内部，附会议纪要）；
3. 政府发文、书面通知；
4. 正式处理意见（各方确认一致的正式文件）；
5. 处理过程及结果文件；
6. 项目公司内部复盘文件，附会议纪要及决议；经验教训总结；
7. 更新的相关管理制度或要求；
8. 相关的会议纪要、专项文件、往来文件；
9. 其他相关文件等。

六、补充说明

本项是政府方监管要点内容，可以关联《PPP 项目政府方监管要点》阅读，共涉及一项监管要点如下：

监管要点 47：监督、检查建设期间是否存在大气污染情形，确认安全文明施工措施是否到位？

第 80 节　质量动态管理

核心条款

第八十条　项目公司应严格按照质量管理制度执行，组织五方责任主体签订质量终身责任承诺书，落实质量管理责任制。可以根据法律法规、政策规定、合同约定，采用隐患曝光、专项整治、奖励惩处等手段进行管理。项目公司还应配合当地建设行政主管部门对质量管理和验收的规定，落实主管部门提出的要求。

项目公司可以通过审查施工单位、监理单位的质量管理机制和执行情况；对原材料和构配件抽查、参与过程验收、参与质量管理专题例会、审核专项施工方案和执行情况、随机检查等方式进行动态管理。其中，对质量管理机制执行情况审查每月至少 1 次，随机检查每周 1 次，其他常规管理应全程参与。

以上质量管理成果文件，应随时完成、随时存档，不得滞后。质量管理工作应在当期项目公司经营管理月报中专章体现。

条款解析

质量是根本，是必须实现的基本要求，项目公司应当按照合同约定的质量标准进行管控。

合同约定的质量标准一般为合格，也有部分合同要求优质结构工程奖、鲁班奖等，只要有明确约定的，项目公司均应当以此为要求进行策划、落实。

质量是否达成预期标准，还与后期的运营和运营成本息息相关，如果达不成合格标准，原因可能有两点：一是无法顺利通过竣工验收，可能产生违约责任，影响进入运营期；二是后期运营维护的频率可能加大，运营维护成本势必增加，影响自身的投资回报，所以从全生命周期角度来看，项目公司务必要做好质量管控工作。

具体的质量管控措施、方法，各公司都有非常成熟的管理体系，不作赘述，仅作基本的要求和提示。

实施办法

一、管理依据

（一）法律法规、政策依据

《建筑法》第6章规定如下：

“第五十二条　建筑工程勘察、设计、施工的质量必须符合国家有关建筑工程安全标准的要求，具体管理办法由国务院规定。有关建筑工程安全的国家标准不能适应确保建筑安全的要求时，应当及时修订。

“第五十三条　国家对从事建筑活动的单位推行质量体系认证制度。从事建筑活动的单位根据自愿原则可以向国务院产品质量监督管理部门或者国务院产品质量监督管理部门授权的部门认可的认证机构申请质量体系认证。经认证合格的，由认证机构颁发质量体系认证证书。

“第五十四条　建设单位不得以任何理由，要求建筑设计单位或者建筑施工企业在工程设计或者施工作业中，违反法律、行政法规和建筑工程质量、安全标准，降低工程质量。建筑设计单位和建筑施工企业对建设单位违反前款规定提出的降低工程质量的要求，应当予以拒绝。

“第五十五条　建筑工程实行总承包的，工程质量由工程总承包单位负责，总承包单位将建筑工程分包给其他单位的，应当对分包工程的质量与分包单位承担连带责任。分包单位应当接受总承包单位的质量管理。

“第五十六条　建筑工程的勘察、设计单位必须对其勘察、设计的质量负责。勘察、设计文件应当符合有关法律、行政法规的规定和建筑工程质量、安全标准、建筑工程勘察、设计技术规范以及合同的约定。设计文件选用的建筑材料、建筑构配件和设备，应当注明其规格、型号、性能等技术指标，其质量要求必须符合国家规定的标准。

“第五十七条　建筑设计单位对设计文件选用的建筑材料、建筑构配件和设备，不得指定生产厂、供应商。

“第五十八条　建筑施工企业对工程的施工质量负责。建筑施工企业必须按照工程设计图纸和施工技术标准施工，不得偷工减料。工程设计的修改由原设计单位负责，建筑施工企业不得擅自修改工程设计。

“第五十九条　建筑施工企业必须按照工程设计要求、施工技术标准和合同的约定，对建筑材料、建筑构配件和设备进行检验，不合格的不得使用。

“第六十条　建筑物在合理使用寿命内，必须确保地基基础工程和主体结构的质量。建筑工程竣工时，屋顶、墙面不得留有渗漏、开裂等质量缺陷；对已发现的质量缺陷，建筑施工企业应当修复。

“第六十一条　交付竣工验收的建筑工程，必须符合规定的建筑工程质量标准，有完整的工程技术经济资料和经签署的工程保修书，并具备国家规定的其他竣工条件。建筑工程竣工经验收合格后，方可交付使用；未经验收或者验收不合格的，不得交付使用。

“第六十二条　建筑工程实行质量保修制度。建筑工程的保修范围应当包括地基基础工程、主体结构工程、屋面防水工程和其他土建工程，以及电气管线、上下水管线的安装工程，供热、供冷系统工程等项目；保修的期限应当按照保证建筑物合理寿命年限内正常使用，维护使用者合法权益的原则确定。具体的保修范围和最低保修期限由国务院规定。

“第六十三条　任何单位和个人对建筑工程的质量事故、质量缺陷都有权向建设行政主管部门或者其他有关部门进行检举、控告、投诉。”

《建筑法》第 7 章还规定：“第七十四条　建筑施工企业在施工中偷工减料的，使用不合格的建筑材料、建筑构配件和设备的，或者有其他不按照工程设计图纸或者施工技术标准施工的行为的，责令改正，处以罚款；情节严重的，责令停业整顿，降低资质等级或者吊销资质证书；造成建筑工程质量不符合规定的质量标准的，负责返工、修理，并赔偿因此造成的损失；构成犯罪的，依法追究刑事责任。”

《建设工程质量管理条例》明确规定，“施工单位必须按照工程设计要求、施工技术标准和合同约定，对建筑材料、建筑构配件、设备和商品混凝土进行检验，检验应当有书面记录和专人签字；未经检验或者检验不合格的，不得使用”，“施工人员对涉及结构安全的试块、试件以及有关材料，应当在建设单位或者工程监理单位监督下现场取样，并送具有相应资质等级的质量检测单位进行检测”。

《建设工程项目管理规范》第 10.3 条“质量控制”规定：

“项目质量控制应确保下列内容满足规定要求：1 实施过程的各种输入；2 实施过程控制点的设置；3 实施过程的输出；4 各个实施过程之间的接口。

“项目管理机构应在质量控制过程中，跟踪、收集、整理实际数据，与质量要求进行比较，分析偏差，采取措施予以纠正和处置，并对处置效果复查。

“设计质量控制应包括下列流程：1 按照设计合同要求进行设计策划；2 根据设计需求确定设计输入；3 实施设计活动并进行设计评审；4 验证和确认设计输出；5 实施设计变更控制。

“采购质量控制应包括下列流程：1 确定采购程序；2 明确采购要求；3 选择合格的供应单位；4 实施采购合同控制；5 进行进货检验及问题处置。

“施工质量控制应包括下列流程：1 施工质量目标分解；2 施工技术交底与工序控制；3 施工质量偏差控制；4 产品或服务的验证、评价和防护。

“项目质量创优控制宜符合下列规定：1 明确质量创优目标和创优计划；2 精心策划和系统管理；3 制定高于国家标准的控制准则；4 确保工程创优资料和相关证据的管理水平。

“分包的质量控制应纳入项目质量控制范围，分包人应按分包合同的约定对其分包的工程质量向项目管理机构负责。”

住房和城乡建设部《关于落实建设单位工程质量首要责任的通知》（建

质规〔2020〕9 号）也有明确要求，详见本节经验教训内容。

本节内容与本章第 18 节、第 81 节关联，可以关联阅读。

（二）PPP 项目合同常规约定

以天津市某高速公路 PPP 项目为例，其《PPP 项目合同》第 3.5 条约定，“项目质量标准：合格”，第 24 条约定，“乙方应履行本项目相关的×××高速公路工程建设基本程序，并按照下述文件的规定和要求进行工程建设：（1）所有适用的国家和×××法律、法规、标准和批准文件；（2）经甲方组织审查批复的设计文件；（3）本协议的所有其他要求”。

（三）管理制度

一般对应《建设工程项目管理制度》《质量管理制度》等，详细内容略。

（四）经验教训

1. 项目公司是质量管理的第一法律责任人，应对结果负责。

项目公司在 PPP 项目体系中属于建设单位身份，根据住房和城乡建设部《关于落实建设单位工程质量首要责任的通知》（建质规〔2020〕9 号）的规定，“建设单位是工程质量第一责任人，依法对工程质量承担全面责任”，因此，该通知第 2 条第 4 款、第 5 款分别规定，“（四）全面履行质量管理职责。建设单位要健全工程项目质量管理体系，配备专职人员并明确其质量管理职责，不具备条件的可聘用专业机构或人员。加强对按照合同约定自行采购的建筑材料、构配件和设备等的质量管理，并承担相应的质量责任。不得明示或者暗示设计、施工等单位违反工程建设强制性标准，禁止以‘优化设计’等名义变相违反工程建设强制性标准。严格质量检测管理，按时足额支付检测费用，不得违规减少依法应由建设单位委托的检测项目和数量，非建设单位委托的检测机构出具的检测报告不得作为工程质量验收依据”，“（五）严格工程竣工验收。建设单位要在收到工程竣工报告后及时组织竣工验收，重大工程或技术复杂工程可邀请有关专家参加，未经验收合格不得交付使用。住宅工程竣工验收前，应组织施工、监理等单位进行分户验收，未组织分户验收或分户验收不合格，不得组织竣工验收。加强工程竣工验收资料管理，建立质量终身责任信息档案，落实竣工后永久性标牌制度，强化质量主体责任追溯”。

这些内容和要求是项目公司质量管理的核心内容之一，项目公司应当严格遵照执行。项目公司既要确认自己严格遵照执行，也要确认项目的其他相关方遵照执行，并最终对结果负责。

2. 项目公司应当充分利用监理单位的专业力量，对项目进行全面质量控制。质量问题和未来的运营成本息息相关，和未来的运营安全也息息相关，众多负面案例给了我们深刻的教训，要求我们在质量管理上不得马虎，不容马虎。

二、工作实施方案

1. 工程技术部应对《PPP 项目合同》相关约定进行深度学习，并严格执行。

2. 同时对相关管理制度，以及政策规定进行深度学习，同时严格执行。

3. 根据法律法规政策规定、股东公司制度要求、合同条款约定，以及项目公司管理制度要求等，制订工作方案和计划。

4. 指定负责人按照工作方案和计划逐项落实，并妥善保留相关档案资料。

5. 相关工作，应当动态每月 25 日完成《项目公司经营管理月报》中质量管理的章节。

6. 工程技术部还应对施工项目部和监理单位的履约进行监督，确保各项质量工作落实到位。

7. 当涉及创优、创杯的，还应当专项管理、专项落实。

8. 质量管理工作包括定期检查、不定期检查、专项检查、材料检测、分布分项验收、隐蔽工程验收等，建议项目公司每年年底按照年度编写《项目公司年度质量管理档案》，进行集中梳理。

9. 持续 PDCA，直至项目竣工验收合格，进入运营期。

三、管理表单

略。

四、实务风险解析与建议

实务问题 1：PPP 项目的施工质量部分，有没有对应的、专门的法律、法规与政策要求?

解析与建议：

详细内容请关联《PPP 项目执行阶段操作指南：100 个实务问题深度解析》问题 8 进行阅读。

实务问题2：某 PPP 项目，合作期20 年，根据现有设计方案，工程的屋面没有设置刚性混凝土保护层，只是自带保护层，该种方案屋面防水保质期 5 年内没有问题，但未来运营期内维修费用一定很高（整体方案符合地方设计标准)。若优化设计方案，虽建设费用稍高，但未来维修费用将会大大降低，整体的建设成本和运营成本相较于现有设计方案会减少。考虑项目运营期限较长，项目公司更倾向于新方案，项目公司是否可以按照优化方案执行?需要履行哪些手续?

解析与建议：

详细内容请关联《PPP 项目执行阶段操作指南：100 个实务问题深度解析》问题 29 进行阅读。

实务问题3：《PPP 项目合同》中，对于质量部分提出了必须达到江苏省文明工地和江苏省“扬子杯”优质工程奖，我们能不能据此要求追加奖励条款?谈判成功可能性有多大?

解析与建议：

详细内容请关联《PPP 项目执行阶段操作指南：100 个实务问题深度解析》问题 67 进行阅读。

实务问题 4：政府方指定供应的建筑材料有质量问题怎么办?

解析与建议：

详细内容请关联《PPP 项目执行阶段操作指南：100 个实务问题深度解

析》问题86进行阅读。

实务问题5：某PPP项目的材料检测单位选定过程中，政府方直接指定项目公司与某家单位签订协议，不走采购流程，是否合规？项目公司应如何应对？

解析与建议：

详细内容请关联《PPP项目执行阶段操作指南：100个实务问题深度解析（第二册）》问题52进行阅读。

五、管理成果要求（基础档案）

1. 《PPP项目合同》相关约定；
2. 相关政策要求；
3. 项目公司管理制度、股东公司文件要求；
4. 项目公司质量工作方案、工作计划；
5. 过程执行文件，《项目公司经营管理月报》质量管理章节；
6. 《项目公司年度质量管理档案》；
7. 其他相关会议纪要、政府发文、政府通知、专项报告、专项检查及整改文件；
8. 其他相关文件等。

六、补充说明

本项是政府方监管要点内容，可以关联《PPP项目政府方监管要点》阅读，共涉及一项监管要点如下：

监管要点68：确认项目材料、设备检测是否全部合格？（监理必须跟踪取样，并确认各程序合规。）若不合格，要求项目公司整改完成并报备确认，各项工作应完整关闭。

第 81 节　质量问题的处理

核心条款

第八十一条　对于项目质量问题，项目公司应专人跟踪、专项处理，直至问题关闭。

政府行政主管部门、实施机构等对项目公司有质量问题整改要求的，项目公司应及时提交整改方案，实施机构无异议的，应及时整改落实。双方对此有争议的，应根据合同约定争议解决程序执行。整改完成后及时向实施机构汇报，直至问题闭环。

质量动态管理过程中发现的重要质量问题，项目公司应督促相关方按照规定处理，重大问题的，应由设计单位出具整改方案，施工单位遵照执行，监理单位进行检查确认，整改完成后，各方验收通过，直至问题关闭。

以上质量问题处理内容，应在当期项目公司经营管理月报中体现。

条款解析

如果发生质量问题或质量事故①，项目公司应当客观面对、客观处理，不得瞒报，不得“和稀泥”。

具体问题处理时，应当遵从闭环思维，专项处理，直至问题整改完成、责任处理完毕，各项工作全部落实为止。

---

① 典型的如天津市某项目，建设楼体的混凝土强度应为 C25，而施工时却使用的是 C15。导致结构强度不够，被住建委点名批评，最终造成 18 栋主体完成的住宅楼，最终全部拆除重建，该项目施工总承包单位的一级资质被降级为二级。该事故根据天津市人民政府《关于同意粤翠名邸项目质量事故调查报告的批复》（津政函〔2019〕42 号）认定，被确认为一起重大工程质量事故。详细可参见住房和城乡建设部建督罚字〔2021〕40 号文。

实施办法

一、管理依据

(一) 法律法规、政策依据

《建设工程质量管理条例》第32条规定，“施工单位对施工中出现质量问题的建设工程或者竣工验收不合格的建设工程，应当负责返修”。

《建设工程项目管理规范》第10.4条“质量检查与处置”规定：

“项目管理机构应根据项目管理策划要求实施检验和监测，并按照规定配备检验和监测设备。

“对项目质量计划设置的质量控制点，项目管理机构应按规定进行检验和监测。质量控制点可包括下列内容：1 对施工质量有重要影响的关键质量特性、关键部位或重要影响因素；2 工艺上有严格要求，对下道工序的活动有重要影响的关键质量特性、部位；3 严重影响项目质量的材料质量和性能；4 影响下道工序质量的技术间隙时间；5 与施工质量密切相关的技术参数；6 容易出现质量通病的部位；7 紧缺工程材料、构配件和工程设备或可能对生产安排有严重影响的关键项目；8 隐蔽工程验收。

“项目管理机构对不合格品控制应符合下列规定：1 对检验和监测中发现的不合格品，按规定进行标识、记录、评价、隔离，防止非预期的使用或交付；2 采用返修、加固、返工、让步接受和报废措施，对不合格品进行处置。”

该规范第10.5条“质量改进”进一步规定：

“组织应根据不合格的信息，评价采取改进措施的需求，实施必要的改进措施。当经过验证效果不佳或未完全达到预期的效果时，应重新分析原因，采取相应措施。

“项目管理机构应定期对项目质量状况进行检查、分析，向组织提出质量报告，明确质量状况、发包人及其他相关方满意程度、产品要求的符合性以及项目管理机构的质量改进措施。

“组织应对项目管理机构进行培训、检查、考核，定期进行内部审核，确保项目管理机构的质量改进。

“组织应了解发包人及其他相关方对质量的意见，确定质量管理改进目标，提出相应措施并予以落实。”

本节内容与本章第18节、第80节关联，可以关联阅读。

（二）PPP项目合同常规约定

以四川省某市政配套、保障性安居工程PPP项目为例，其《PPP项目合同》第7.3.7条约定，项目公司如出现“因经营管理不善，造成重大质量、安全责任事故，严重影响公众利益的”，“甲方有权责令其限期改正，或依法采取有效措施督促其履行义务；逾期不改正的，甲方有权终止本合同，收回本项目特许经营权”。

（三）管理制度

一般对应《建设工程项目管理制度》《质量管理制度》《材料检测管理制度》等，详细内容略。

（四）经验教训

1. 质量问题的处理，讲求闭环。要做到：有问题、有分析、有方案、有整改、有验收、有关闭。重大质量问题，应当有设计单位出具的专项处理方案，按照方案整改完成后，还应当履行检查、验收、检测的程序，方可关闭。

2. 项目公司应当对质量问题纠纷相关的规则进行深度学习，尽量避免产生质量争议或纠纷。

最高人民法院《关于审理建设工程施工合同纠纷案件适用法律问题的解释（一）》第13条、第14条、第15条和第16条分别规定，“发包人具有下列情形之一，造成建设工程质量缺陷，应当承担过错责任：（一）提供的设计有缺陷；（二）提供或者指定购买的建筑材料、建筑构配件、设备不符合强制性标准；（三）直接指定分包人分包专业工程。承包人有过错的，也应当承担相应的过错责任”，“建设工程未经竣工验收，发包人擅自使用后，又以使用部分质量不符合约定为由主张权利的，人民法院不予支持；但是承包人应当在建设工程的合理使用寿命内对地基基础工程和主体结构质量承担民事责任”，“因建设工程质量发生争议的，发包人可以以总承包人、分包人和实际施工人为共同被告提起诉讼”，“发包人在承包人提起的建设工程施工合同纠纷案件中，以建设工程质量不符合合同约定或者法律规定为由，就承包人支付违约金或者赔偿修理、返工、改建的合理费用等损失提出反诉的，人民法院可以合并审理”。

二、工作实施方案

1. 当出现质量问题时，项目公司应当第一时间保护好现场，可以联系监理单位、设计单位、勘察单位等至现场进行评估，确认质量问题严重性及处理的可行性。当问题严重时，应当第一时间向实施机构、行政职能主管部门汇报，不得隐瞒不报，恶意拖延。

2. 当出现一般质量问题时，应协同各单位出具正式处理方案，并形成决议文件，督促项目部完成整改，责成监理单位履职。

3. 问题处理完毕，各方验收完成通过后，同时根据合同对责任方进行处理，然后进行关闭。

4. 当为重大质量问题时，应请设计单位专门出具整改方案，并要求项目部整改完成。

5. 整改完成的，专项组织验收通过；之后，按照合同约定追究施工单位、监理单位的违约责任。

6. 直至问题处理结束，事件关闭。

7. 对发生的问题进行复盘，总结经验教训，召开内部会议共同学习。

8. 对相关管理制度或要求进行修订，从源头规避该类问题的再次发生。

三、管理表单

略。

四、实务风险解析与建议

实务问题1：某PPP项目，拆迁安置房工程竣工验收后不久，项目公司接到了实施机构关于该工程外墙渗水的维修通知书。SPV公司经过现场勘查，认为该渗水问题与施工质量无关，属于实施机构指定的门窗供应商在接缝处没有密封所致，项目公司应如何处理比较合适？

解析与建议：

详细内容请关联《PPP项目执行阶段操作指南：100个实务问题深度解析》问题71进行阅读。

实务问题2：政府方指定供应的建筑材料有质量问题怎么办？

解析与建议：

详细内容请关联《PPP项目执行阶段操作指南：100个实务问题深度解析》问题86进行阅读。

五、管理成果要求（基础档案）

1. 事件发生的专项报告；
2. 初步处理方案、处理意见（项目公司内部，附会议纪要）；
3. 政府发文、书面通知；
4. 正式处理意见（各方确认一致的正式文件）；
5. 处理过程及结果文件；
6. 项目公司内部复盘文件，附会议纪要及决议；经验教训总结；
7. 更新的相关管理制度或要求；
8. 相关的会议纪要、专项文件、往来文件；
9. 其他相关文件等。

六、补充说明

本项是政府方监管要点内容，可以关联《PPP项目政府方监管要点》阅读，共涉及一项监管要点如下：

监管要点68：确认项目材料、设备检测是否全部合格？（监理必须跟踪取样，并确认各程序合规）若不合格，要求项目公司整改完成并报备确认，各项工作应完整关闭。

第 82 节　采购动态管理

核心条款

第八十二条　项目公司应严格按照采购管理制度执行。项目公司的采购管理制度应依据《招标投标法》《必须招标的工程项目规定》编制。

项目公司应于每年初向实施机构提交年度采购计划，实施机构批准或备案后遵照执行。实际采购时，应邀请实施机构派出代表监督，共同开标、评标与定标，由项目公司发出中标通知书并签订合同，当 PPP 项目合同有约定时，重要合同文本应提交实施机构审核通过。合同签订生效后一周内，项目公司应向实施机构提交一份合同原件备案。项目公司可以委托第三方招标代理机构进行采购。其中，采购计划的招标限价，应以批复概算对应子项为准，涉及暂估价的，应和实施机构、财政评审中心书面确认。

项目公司应完整保存相关采购文件，并按照本规程第七十一条的规定，与对应合同合并存档。以上采购管理成果文件，应随时完成、随时存档，不得滞后。

采购管理工作应在当期项目公司经营管理月报中专章体现。

条款解析

采购部分涉及实际总投资的认定，高效的采购将有助于实际成本的降低，有助于资金的高效利用，强调的是程序合规性。

如果采购程序不合规，后期审计时很有可能会产生审减，对项目公司的利益产生负面影响。但是对于项目公司的采购依据，目前并无政策明确说明是依据政府采购法，还是招标投标法，项目实践中，极个别地方政府要求项目公司到政府采购平台进行采购，但是由于项目公司并非《政府采购法》第15条规定的“依法进行政府采购的国家机关、事业单位、团体组织”的采购人，因此，当前多为依据招标投标法。项目公司自身具备采购能力的，可以自行采购；自身不具备采购能力的，可以委托有资质的第三方招标代理机构落实。实务中，也多是委托第三方招标代理机构落实。

整个采购过程，采购行为应当公开透明。尤其是涉及暂估价的，建议项目公司事前计划，并向实施机构报备，并在重大采购活动过程中，邀请实施机构派代表参加，增加采购透明度，避免未来费用认定的争议产生。

当然，项目公司始终应当遵循采购管理制度执行，这是最基本的准则和要求。只要做到有依据、有计划、有汇报、有过程、有监督、有结果，大概率就是安全的。

采购部分是内部审计、社会审计和政府审计的必查项，部分绩效考核对此也有明确要求，属于重点管控内容，项目公司应当重视。

实施办法

一、管理依据

（一）法律法规、政策依据

国务院办公厅《关于聚焦企业关切进一步推动优化营商环境政策落实的通知》（国办发〔2018〕104号）第1条第1点就明确，“进一步减少社会资本市场准入限制。……发展改革委要组织开展招投标领域专项整治，消除在招投标过程中对不同所有制企业设置的各类不合理限制和壁垒，严格落实《必须招标的工程项目规定》，赋予社会投资的房屋建筑工程建设单位发包自主权”。

《必须招标的工程项目规定》（国家发展和改革委员会令第16号）第5条规定，“（一）施工单项合同估算价在400万元人民币以上；（二）重要设备、材料等货物的采购，单项合同估算价在200万元人民币以上；（三）勘察、设计、监理等服务的采购，单项合同估算价在100万元人民币以上”的，以及“同一项目中可以合并进行的勘察、设计、施工、监理以及与工程建设有关的重要设备、材料等的采购，合同估算价合计达到前款规定标准的”，必须招标。

《优化营商环境条例》第 13 条规定，“招标投标和政府采购应当公开透明、公平公正，依法平等对待各类所有制和不同地区的市场主体，不得以不合理条件或者产品产地来源等进行限制或者排斥。政府有关部门应当加强招标投标和政府采购监管，依法纠正和查处违法违规行为”，因此，实施机构还是要加强对项目公司采购行为的监督管理，确保项目公司按规则执行。

涉及的暂估价一般是按照询价或认质认价处理，暂估价达到《必须招标的工程项目规定》标准的，必须招标。没有达到的，可以按照合同约定的程序和办法履行，合同中没有约定的，可以参考地方政府的规定，一般地方政府或财政评审中心对此会有发布。

（二）PPP 项目合同常规约定

以天津市某高速公路 PPP 项目为例，其《PPP 项目合同》第 21.4 条规定，“乙方应规范项目管理流程，防范项目建设风险，做好整体管理、范围管理、时间管理、成本管理、质量管理、人力资源管理、沟通管理、干系人管理、风险管理、采购管理等工作”，第 23.4 条规定，“本项目的工程施工、监理、重要设备和材料的供应商均依法依规确定。项目全部或部分工程或设备材料的承包不能减轻乙方对本项目建设质量和进度的责任，因此乙方应督促工程施工单位和供应商按照本协议的相关规定履行义务。本项目分包应依法进行。若甲方有足够的证据证明乙方建设工程或其它任何部分与本协议所规定的或其他相关部门所规定的质量或安全要求严重不符，甲方有权书面通知乙方立即整改。若乙方在收到甲方通知后五个工作日内未进行整改，则甲方有权自己进行或委托第三方进行必要的纠正，一切风险与费用由乙方承担。在这种情况下，乙方须允许甲方的雇员、代理人、承包商为此目的而出入项目场地。若乙方拒绝甲方或其委托的第三方进入项目场地进行纠正工作，或未能按照甲方的要求偿还甲方为此而付出的成本与费用，则甲方有权从建设期履约保函项下提取相应金额”。

该合同第31条还规定，“甲方有权对项目建设招标采购、工程投资、工程质量、工程进度以及工程建设档案资料等事项进行检查，并提出意见。甲方有权进入施工场地进行检查，但是，该检查应符合工程安全管理要求且不得干涉乙方的正常工作。甲方有权指派具备资质的第三方机构对项目建设招标采购、工程投资、工程质量、工程进度以及工程建设档案资料等事项进行定期或不定期监管、进入施工场地进行检查、有权随时抽查、可以跟踪审查等。甲方是否监督、检验本项目建设工程均不能减免乙方在本协议下的任何义务”。

以四川省某市政配套、保障性安居工程PPP项目为例，其《PPP项目合同》第23条规定，“乙方应当按本合同的约定开展建设期、运营期相关的工程、货物和服务的招标/采购工作。在本合同签订后90日，乙方应编制相应的《项目工程、货物和服务采购/招标管理办法》报甲方审批”，“本项目建设工程总承包、工程分包、原材料采购应当按照法律、法规规定的程序进行。乙方应将总承包和工程分包方案报送甲方备案，并将总包、分包签约及履行情况在定期报告中向甲方报知。总承包方案应包括：总承包人简要介绍（名称、资质等级等），项目负责人姓名和职称、职务以及其他相关信息。工程分包方案应包括指定分包情况、专业分包情况等。乙方使用分包应符合相关法律法规的要求”，“如通过公开招标确定的本项目社会资本具备相关工程施工、安装、设计资质，则乙方可以直接发包方式与该社会资本方签订相关工程的施工、安装等合同。除此之外，项目其他全部的工程、设备、货物或服务的采购皆按乙方制定的采购管理办法执行，达到限额标准的应当采用招标方式采购，但本合同针对采购有其他规定的应从其规定”，“对于直接发包由乙方股东单位承担施工或供货的项目，其程序应遵守国家现行法规的要求，同时相关施工或供货合同应体现（不低于）社会资本在投标文件中的相关承诺和所提供的优惠条件，在相关合同价格确定、计量和结算方法、投资控制要求等方面应具有相应的一致性或可比性。此类直接发包（不进行二次招标）合同在正式签订前报甲方备案”，“对除第 23.5 条规定的采购项目外，对需要采购的重大或关键技术装备项目，包括电扶梯、屏蔽门等专业设备以及钢材、水泥、混凝土、防水材料、车站装修材料等，乙方应在实施之前向甲方报送项目采购方案（资格审查标准、采购控制价、主要合同条款等）进行审核”。

（三）管理制度

一般对应《采购管理制度》等，详细内容略。

（四）经验教训

1. 项目公司的采购管理制度应当通过董事会决议通过，并严格遵照执行。

2. 项目公司可以自行采购，也可以委托第三方招标代理机构代为采购，建议采用委托第三方的方式进行采购。项目公司应当编制采购计划，明确各项采购内容的采购方案，并向实施机构通报。

3. 项目公司应当妥善保存完整的采购文档，本项为重点工作之一。

二、工作实施方案

1. 项目公司年初根据当年的投资计划及进度安排，梳理可能的采购内容，并根据采购管理制度，匹配合适的采购方式及采购时间，编制完整的《年度采购管理计划》，并经项目公司内部会议评审通过。

2. 向实施机构提交《年度采购管理计划》，通报采购计划情况，并提前邀请实施机构派代表参加采购活动。

3. 委托第三方招标代理机构，代为采购。

4. 具体开展采购动作前，邀请实施机构派员参与全程监督。

5. 开展具体采购行为，全过程做好监督记录，保存好完整采购档案。

6. 发出中标通知书，签订相关协议。

7. 送一份协议原件至实施机构备案。

8. 做好完整档案记录。

三、管理表单

略。

四、实务风险解析与建议

实务问题：从实务角度，对项目公司的采购管理有什么具体的建议？

解析与建议：

从未来审计角度考虑，对项目公司的采购工作建议如下：

（1）自每年春节后至 3 月 1 日前，项目公司应根据当年的工作计划安排，梳理当年可能采购的计划清单。

（2）计划清单中应明确：可能采购的项目，该采购项目的采购控制价、拟进行采购的方式、拟进行采购的主体、拟进行采购的时间，以及其他必要的信息。

（3）将该采购计划向实施机构提出申报备案，同时邀请实施机构予以关注，实际采购工作发生时，邀请实施机构派员参与监督，以确认采购过程中的合规性、适当性。

（4）实际采购工作发生时，各参与人员均应在过程记录中予以签字确认。

（5）重要的、大额的合同在签订前，建议项目公司将合同文本报送实施机构审定，以使双方确认该等合同没有突破《PPP 项目合同》的约定范围。

（6）合同签订后一周内，项目公司应将该合同提交一份至实施机构备案，以使实施机构知晓各项工作推进的情况及推进的规则等。

以上各项工作的合适开展，有助于使实施机构实时了解项目公司的具体工作，也是项目公司透明、公开履约的过程，将程序合规摆在第一位，将尊重合同相对方摆在第一位的体现。未来审计应对时，也会比较轻松，以上采购主体类的问题，也就迎刃而解了。

其他相关实务风险问题，还可以关联《PPP 项目执行阶段操作指南：100 个实务问题深度解析》问题 12、问题 39、问题 59，《PPP 项目执行阶段操作指南：100 个实务问题深度解析（第二册）》问题 52、问题 53、问题 54、问题 55 进行阅读。

五、管理成果要求（基础档案）

1. 《年度采购管理计划》，附项目公司内部评审会议纪要；
2. 实施机构签收记录，书面批复文件（或有）；
3. 第三方招标代理机构确认文件；
4. 完整采购过程文件（招标代理机构提供）；
5. 合同评审记录；
6. 中标通知书、签订的协议；
7. 实施机构签收记录；
8. 其他相关文件等。

六、补充说明

本项是政府方监管要点内容，可以关联《PPP 项目政府方监管要点》阅读，共涉及两项监管要点，分别如下：

1. 监管要点 29：项目实施过程中，确认项目公司是否按照规定进行招标采购工作？

2. 监管要点 73：确认项目公司的各项采购程序是否合规？

第 83 节　关联交易的处理

核心条款

第八十三条　项目公司采购过程中，若发生与股东方签约的关联交易时，应根据公司法和公司章程的规定，在签订前履行股东会决议程序，在获得股东会决议批准后，方可签订。

股东会决议文件应和对应合同合并存档。

条款解析

采购过程中，可能有一种特殊的情形，就是项目公司和股东签订的协议，根据《招标投标法实施条例》第 9 条的规定，“已通过招标方式选定的特许经营项目投资人依法能够自行建设、生产或者提供”的，“可以不进行招标”，结合国家发改委《关于印发〈传统基础设施领域实施政府和社会资本合作项目工作导则〉的通知》（发改投资〔2016〕2231 号）附件第 13 条的规定，“拟由社会资本方自行承担工程项目勘察、设计、施工、监理以及与工程建设有关的重要设备、材料等采购的，必须按照《招标投标法》的规定，通过招标方式选择社会资本方”，通过公开招标形式选定的社会资本方，自己有能力建设、生产或提供的，可以不再另行招标，可以直接和项目公司直接签订相关协议。

但是该等协议应当考虑其他股东的利益关切，因此，还应当根据该公司章程的规定，通过股东会决议通过，该程序有助于避免股东之间的利益矛盾和冲突。

实施办法

一、管理依据

（一）法律法规、政策依据

《公司法》第21条规定，“公司的控股股东、实际控制人、董事、监事、高级管理人员不得利用其关联关系损害公司利益。违反前款规定，给公司造成损失的，应当承担赔偿责任”，第216条明确，“本法下列用语的含义：（一）高级管理人员，是指公司的经理、副经理、财务负责人，上市公司董事会秘书和公司章程规定的其他人员。（二）控股股东，是指其出资额占有限责任公司资本总额百分之五十以上或者其持有的股份占股份有限公司股本总额百分之五十以上的股东；出资额或者持有股份的比例虽然不足百分之五十，但依其出资额或者持有的股份所享有的表决权已足以对股东会、股东大会的决议产生重大影响的股东。（三）实际控制人，是指虽不是公司的股东，但通过投资关系、协议或者其他安排，能够实际支配公司行为的人。（四）关联关系，是指公司控股股东、实际控制人、董事、监事、高级管理人员与其直接或者间接控制的企业之间的关系，以及可能导致公司利益转移的其他关系。但是，国家控股的企业之间不仅因为同受国家控股而具有关联关系”。

（二）PPP项目合同常规约定

以贵州省某教育PPP项目为例，其公司章程第19条股东会的职权约定如下：“1. 决定公司的经营方针和投资计划；2. 选举和更换非由职工代表担任的董事、监事，决定有关董事、监事的报酬事项；3. 审议批准董事会的报告；4. 审议批准监事的报告；5. 审议批准公司的年度财务预算方案，决算方案；6. 审议批准公司的利润分配方案和弥补亏损方案；7. 对公司增加或者减少注册资本作出决议；8. 对发行公司债券作出决议；9. 对股东转让股权作出决议（如有）；10. 对股东全部或者部分股权设定担保作出决议；11. 对公司合并、分立、变更公司组织形式、解散和清算等事项作出决议；决定设立和注销公司的分支机构或子公司；12. 对公司经营期限的延长作出决议；13. 制定和修改公司章程；14. 决定公司的对外投资、为他人（包含公司股东或实际控制人）提供担保事宜；15. 审议批准公司与股东发生的关联交易；16. 对公司聘用、解聘会计师事务所作出决议；17. 其他各股东一致同意应由股东会表决的其他事项。上述事项，根据公司法规定决议经代表全体股东三分之二以上表决权股东同意即可生效，7、11、12、13、15、16 项需经过代表 100% 表决权的股东同意方生效。”

（三）管理制度

一般对应《股东会议事规则》《董事会议事规则》等，详细内容略。

（四）经验教训

1. PPP 项目交易结构的特性决定，中标社会资本方应当是控股股东（政府方出资代表的股权占股比例必须低于 50%），而中标社会资本从自身利益角度出发，将尽可能的直接签订相关协议。这种情形下，实施机构、出资代表可能会有隐忧，因此，通过项目公司议事规则进行处理最佳，即通过《公司章程》约定关联交易的处理方式，并遵照执行，确保程序合规，信息透明。

2. 项目公司应当重视股东会、董事会、监事会和总经理办公室会的及时召开，确保合规经营，各项程序正当履行。

二、工作实施方案

1. 项目公司根据采购计划，将涉及的关联交易内容梳理清晰，项目公司内部会议决议通过。

2. 报送各股东进行确认。

3. 根据《PPP 项目合同》的约定，报实施机构备案或批准。

4. 各方意见一致后，通过股东会决议确认，根据公司章程的规定，可以现场召开股东会，也可以采用传签方式。

5. 草拟相关合同，并根据合同管理制度进行评审，通过。

6. 股东会决议通过后，项目公司履行完合同内部审批程序，双方签约。

7. 签约后的正式合同报实施机构备案。

8. 完成关联交易合同签订，进入履约阶段。

三、管理表单

略。

四、实务风险解析与建议

实务问题：涉及关联交易，如果没有履行合适的“三会”程序，直接执行了，那么该行为是否有效？事后应如何处理？

解析与建议：

详细内容请关联《PPP 项目执行阶段操作指南：100 个实务问题深度解析（第二册）》问题 14 进行阅读。

五、管理成果要求（基础档案）

1. 相关的会议纪要、请示报告；
2. 实施机构的批复文件（或有）；
3. 股东会决议，附完整的附件；
4. 合同评审记录；
5. 正式签订的合同；
6. 实施机构签收记录；
7. 合同履约记录；
8. 其他相关文件等。

六、补充说明

本项是政府方监管要点内容，可以关联《PPP 项目政府方监管要点》阅读，共涉及两项监管要点，分别如下：

1. 监管要点 29：项目实施过程中，确认项目公司是否按照规定进行招标采购工作？

2. 监管要点 73：确认项目公司的各项采购程序是否合规？

第 84 节　建设期档案管理

核心条款

第八十四条　项目公司应严格按照档案管理制度、信息管理制度和档案安全管理制度执行。档案管理可以与统计管理合并进行。

档案管理专员应依据本规程第三十七条规定建立完整的档案管理体系，同时做好各项统计管理工作，对关键的、核心的、共用的信息进行统计，并统一数据出口，确保项目公司档案管理工作安全、有序和信息流一致。敏感数据流出时，应根据管理制度获得适当批准，否则不得擅自外流。

项目竣工验收前，项目公司应督促施工单位、监理单位做好验收准备。熟悉档案馆要求，提前准备竣工资料，确保竣工资料合规，竣工资料最晚应在竣工验收报告后三个月内完成档案馆验收。

条款解析

这里的档案管理和本规程第 37 条项目公司档案管理体系建立相对应，前面建立体系，这里过程动态管理，确认成果，步步为营。过程强调执行力，直接看档案成果即可。

项目公司应当将各项档案分门别类，专项整理，专项存档，可以按照专业去归档，可以按照时间去归档，也可以各种方案结合，对于已经完成的档案部分，建议胶装成册，纸面件和电子件对应存档较妥。

建设阶段档案管理的核心之一是竣工验收资料可以满足档案馆备案的要求，核心之二是商务经济资料可以满足审计的要求，相关负责人应当以终为始，逐项落实、逐项确认。

档案管理的要求很高，相关管理人员应当不断学习、不断自我提高要求，确保档案管理工作的务尽效实。

实施办法

一、管理依据

（一）法律法规、政策依据

《建设工程质量管理条例》第17条规定，“建设单位应当严格按照国家有关档案管理的规定，及时收集、整理建设项目各环节的文件资料，建立、健全建设项目档案，并在建设工程竣工验收后，及时向建设行政主管部门或者其他有关部门移交建设项目档案”。

《建设工程项目管理规范》第15.3条“信息过程管理”要求：

“项目信息过程管理应包括：信息的采集、传输、存储、应用和评价过程。

“项目管理机构应按信息管理计划实施下列信息过程管理：1 与项目有关的自然信息、市场信息、法规信息、政策信息；2 项目利益相关方信息；3 项目内部的各种管理和技术信息。

“项目信息采集宜采用移动终端、计算机终端、物联网技术或其他技术进行及时、有效、准确的采集。

“项目信息应采用安全、可靠、经济、合理的方式和载体进行传输。

“项目管理机构应建立相应的数据库，对信息进行存储。项目竣工后应保存和移交完整的项目信息资料。

“项目管理机构应通过项目信息的应用，掌握项目的实施状态和偏差情况，以便于实现通过任务安排进行偏差控制。

“项目信息管理评价应确保定期检查信息的有效性、管理成本以及信息管理所产生的效益，评价信息管理效益，持续改进信息管理工作。”

该规范第15.4条“信息安全管理”要求：

“项目信息安全应分类、分级管理，并采取下列管理措施：1 设立信息安全岗位，明确职责分工；2 实施信息安全教育，规范信息安全行为；3 采用先进的安全技术，确保信息安全状态。

“项目管理机构应实施全过程信息安全管理，建立完善的信息安全责任制度，实施信息安全控制程序，并确保信息安全管理的持续改进。”

该规范第 15.5 条“文件与档案管理”规定：

“项目管理机构应配备专职或兼职的文件与档案管理人员。

“项目管理过程中产生的文件与档案均应进行及时收集、整理，并按项目的统一规定标识，完整存档。

“项目文件与档案管理宜应用信息系统，重要项目文件和档案应有纸介质备份。

“项目管理机构应保证项目文件和档案资料的真实、准确和完整。

“文件与档案宜分类、分级进行管理，保密要求高的信息或文件应按高级别保密要求进行防泄密控制，一般信息可采用适宜方式进行控制。”

本节内容与本章第 23 节、第 37 节、第 112 节和第 113 节关联，可以关联阅读。

（二）PPP 项目合同常规约定

以四川省某市政配套、保障性安居工程 PPP 项目为例，其《PPP 项目合同》第 21.9 条规定，“乙方应为本项目建设建立健全质量保证体系、安全保证体系，并应建立规范的档案管理制度；乙方应要求下游的总承包、供应商等同样建立健全相关的管理体系；甲方或相关政府部门或政府方出资代表，有权对项目管理体系进行检查和履约考核”，第 29.6.1 条规定，“乙方负责组织本项目建设、设计、施工、监理单位将本项目竣工文件材料立卷归档。应遵守国家、行业和地方相关档案管理的标准、规定和要求”。

该合同第 30.1 条还约定，“乙方按有关规定向政府有关部门申请进行项目的竣工验收，应满足以下条件：项目工程验收的遗留问题全部整改完毕；有完整的技术档案和施工管理资料；试运行过程中发现的问题已整改完毕，有试运行总结报告”。

（三）管理制度

一般对应《档案管理制度》等，详细内容略。

（四）经验教训

1. 档案管理贯穿 PPP 项目全生命周期的核心工作之一。无论是绩效考核还是项目审计，抑或竣工验收、回款付费，都需要完整的档案来确认，因此，档案管理是最关键的工作之一。建设期档案则是竣工验收、确认可用性付费的核心条件，也是建设期绩效考核的核心要件，项目公司必须审慎应对。

2. 建设期档案管理强调及时、真实、有效，尽量避免后补资料。

3. 档案强调有效证据、完整证据链，因此，建议设置档案管理专员，并安排档案管理专员进行档案管理的专业培训和相关法律培训。

4. 相关领导应当充分重视档案管理工作。

二、工作实施方案

1. 项目公司全体成员深度学习档案管理制度，并指定专人负责。

2. 全体成员根据工作任务清单，各自完成工作，并负责搜集、整理相关档案资料；包括合同和绩效考核两部分。

3. 每月 24 日项目公司定期会议，各人通过各自任务完成情况及档案资料完成情况。

4. 档案管理指定责任人负责按照档案管理体系，搜集、整理、完成正式材料的归档，归档同时，应对归档资料的有效性、完整性进行审查，已经按照规定完成的部分，应通过胶装成册，整体归档。

5. 归档资料，应当纸面件和电子件同时存档，电子件应当对应纸面件，为 PDF 格式。

6. 当检查发现有档案资料缺失或不合格时，应当会议确认整改要求，限时完成。

7. 档案管理指定责任人应当定期对股东公司内部要求、政府审计要求，以及绩效考核相关要求进行梳理，并对现有档案管理体系进行梳理优化，以促使档案管理更加高效。

8. 档案管理优化方案应经过项目公司内部会议评审通过后，方可经过制度更新的方式进行确认。

9. 持续PDCA，直至建设工程档案移交档案馆，其他管理资料妥善移交至运营期。

三、管理表单

略。

四、实务风险解析与建议

实务问题1：一个开放性话题，PPP项目实施中，政府方怠于履约，对合同约定和项目公司的请示不回复、不响应，项目公司应如何应对?

解析与建议：

详细内容请关联《PPP项目执行阶段操作指南：100个实务问题深度解析（第二册)》问题48进行阅读。

实务问题2：项目公司的档案管理应如何开展? 有没有合适的档案清单可以参照使用?

解析与建议：

详细内容请关联《PPP项目执行阶段操作指南：100个实务问题深度解析（第二册)》问题50进行阅读。

实务问题3：政府方发出的工作联系单，其法律效力如何? 能否构成对《PPP项目合同》的实质性改变?

解析与建议：

详细内容请关联《PPP项目执行阶段操作指南：100个实务问题深度解析（第二册)》问题59进行阅读。

其他相关实务风险问题，还可以关联《PPP项目执行阶段操作指南：100个实务问题深度解析》问题50、问题51、问题68进行阅读。

五、管理成果要求（基础档案）

1. 档案管理制度；

2. 档案管理体系和对应清单及其匹配的存档文件；
3. 每月 24 日自检报告；
4. 完善整改任务清单，随附相关会议纪要；
5. 相关工作联系函、专项会会议纪要、书面整改通知；
6. 其他相关文件等。

六、补充说明

本项是政府方监管要点内容，可以关联《PPP 项目政府方监管要点》阅读，共涉及一项监管要点如下：

监管要点 43：确认实施机构、项目公司是否按照要求妥善将全部管理资料建档保存？

第 85 节 项目的竣工验收

核心条款

第八十五条 项目公司应依据政策规定及时组织竣工验收。竣工验收合格的，应及时获得竣工验收合格证书。竣工验收不合格的，应专项处理，尽快消除影响，重新组织验收，并做好追索责任方责任的准备。

竣工验收过程中发现的问题，项目公司应组织专题会议，定人定责，明确整改方案，限时整改完成，及时消缺，并提交整改完成报告，直至问题关闭，获得竣工验收合格证书。

条款解析

竣工验收是建设阶段关闭的典型标志，通常情况下，竣工验收合格次日起进入运营期。

竣工验收也是法定的环节，以此确认项目可用性的成就。实务中竣工验收的争议情形也比较多，最高人民法院《关于审理建设工程施工合同纠纷案件适用法律问题的解释（一）》第 9 条规定，“当事人对建设工程实际竣工日期有争议的，人民法院应当分别按照以下情形予以认定：（一）建设工程经竣工验收合格的，以竣工验收合格之日为竣工日期；（二）承包人已经提交竣工验收报告，发包人拖延验收的，以承包人提交验收报告之日为竣工日期；（三）建设工程未经竣工验收，发包人擅自使用的，以转移占有建设工程之日为竣工日期”，需要明确的是，针对政府方未经竣工验收合格，就要求项目公司投入使用的情况，本解释第 14 条还规定，“建设工程未经竣工验收，发包人擅自使用后，又以使用部分质量不符合约定为由主张权利的，人民法院不予支持；但是承包人应当在建设工程的合理使用寿命内对地基基础工程和主体结构质量承担民事责任”。

对于项目公司而言，应当在项目建设完成后，提前做好竣工验收的准备，并迅速通过验收，以顺利进入项目运营期，尽力避免以上争议情形的产生。

实施办法

一、管理依据

（一）法律法规、政策依据

《建筑法》第61条规定，“交付竣工验收的建筑工程，必须符合规定的建筑工程质量标准，有完整的工程技术经济资料和经签署的工程保修书，并具备国家规定的其他竣工条件。建筑工程竣工经验收合格后，方可交付使用；未经验收或者验收不合格的，不得交付使用”。第74条规定，“建筑施工企业在施工中偷工减料的，使用不合格的建筑材料、建筑构配件和设备的，或者有其他不按照工程设计图纸或者施工技术标准施工的行为的，责令改正，处以罚款；情节严重的，责令停业整顿，降低资质等级或者吊销资质证书；造成建筑工程质量不符合规定的质量标准的，负责返工、修理，并赔偿因此造成的损失；构成犯罪的，依法追究刑事责任”。

《建设工程质量管理条例》第16条规定，“建设单位收到建设工程竣工报告后，应当组织设计、施工、工程监理等有关单位进行竣工验收。建设工程竣工验收应当具备下列条件：（一）完成建设工程设计和合同约定的各项内容；（二）有完整的技术档案和施工管理资料；（三）有工程使用的主要建筑材料、建筑构配件和设备的进场试验报告；（四）有勘察、设计、施工、工程监理等单位分别签署的质量合格文件；（五）有施工单位签署的工程保修书。建设工程经验收合格的，方可交付使用”。

《建设工程项目管理规范》第18.2条“竣工验收”规定：

“项目管理机构应编制工程竣工验收计划，经批准后执行。工程竣工验收计划应包括下列内容：1 工程竣工验收工作内容；2 工程竣工验收工作原则和要求；3 工程竣工验收工作职责分工；4 工程竣工验收工作顺序与时间安排。

“工程竣工验收工作按计划完成后，承包人应自行检查，根据规定在监理机构组织下进行预验收，合格后向发包人提交竣工验收申请。

“工程竣工验收的条件、要求、组织、程序、标准、文档的整理和移交，必须符合国家有关标准和规定。

“发包人接到工程承包人提交的工程竣工验收申请后，组织工程竣工验收，验收合格后编写竣工验收报告书。

“工程竣工验收后，承包人应在合同约定的期限内进行工程移交。”

（二）PPP 项目合同常规约定

以天津市某高速公路 PPP 项目为例，其《PPP 项目合同》第 28.1 条约定，“本项目验收应遵照国家及地方主管部门关于高速公路建设项目验收管理的规定执行，主要包括交工验收和竣工验收，验收过程中发生的费用由乙方承担。交工验收，指本项目按设计完成全部工程施工，符合国家和 × × 市验收标准，经甲方通过的验收。项目通过交工验收并取得高速公路收费批复后，经行业管理部门批准开通之日即为建成通车日。竣工验收指本项目工程全部按设计完成，经交工验收满两年并通过交通主管部门组织的验收”。

该合同第 28.2 条约定，“如果乙方未能通过上述验收，应自付费用对本项目做必要的调整、修正或增补，然后申请重新进行最终验收”。

（三）管理制度

一般对应《建设工程项目管理制度》《竣工验收管理制度》等，详细内容略。

（四）经验教训

（1）竣工验收强调提前准备，充分应对。验收过程中，如果出现需要整改的项，应当立即组织消除，并迅速报批关闭，避免拖延。

（2）《PPP 项目合同》通常约定竣工验收次日起进入运营期，因此，应当审慎应对，认真处理，争取无争议的一次验收通过，同时书面确认两份文件，一是竣工验收证书，二是正式进入运营的证书，确保自身正当权益。

（3）部分《PPP 项目合同》约定，竣工验收与建设期绩效考核同时进行，则项目公司还应同时提前做好绩效考核准备，具体准备工作，关联本章第 87 节阅读。

二、工作实施方案

1. 具备竣工验收条件后，工程技术部应当组织进行内部预验收。

2. 预验收应当和施工项目部、监理单位共同进行，就竣工验收的要求和标准逐条进行预检，确认无明显问题。

3. 就发现的问题，通过正式会议纪要，或整改通知单，要求责任方限时整改完成。

4. 确认整改完成后，组织正式竣工验收，并做好各项准备工作（专项验收、竣工图纸完成、竣工资料移交档案馆等）。

5. 正式竣工验收。

6. 就正式竣工验收发现的问题，逐条明确责任人、整改方案及整改时限。

7. 完成整改后，确认验收通过。

8. 协调各方签署正式竣工验收报告。

三、管理表单

略。

四、实务风险解析与建议

实务问题：PPP 项目建设阶段收尾管理应关注哪些要点？

解析与建议：

1. 提前识别合同偏差、分析与处理，清扫结算障碍

实务中，项目公司多为关注于项目竣工验收本身，但是根据 PPP 项目的公益属性性质，且绝大部分回款和收益依赖政府付费（非经营性项目、准经营性项目），《审计法》第 23 条规定："对政府投资和以政府投资为主的建设

项目的预算执行情况和决算，对其他关系国家利益和公共利益的重大公共工程项目的资金管理使用和建设运营情况，进行审计监督。”第 33 条规定：“社会审计机构审计的单位依法属于被审计单位的，审计机关按照国务院的规定，有权对该社会审计机构出具的相关审计报告进行核查。”因此，PPP 项目势必要接受政府审计。

项目在竣工验收交付运营之前，应将建设阶段的各项工作主动梳理，识别出其中的偏差，并提前逐一梳理落实：没有偏差的事项，提前梳理完成相应成果，并逐一确认存档；存在偏差的事项，已有完整证据链对应的，逐一确认存档；存在偏差，缺少相应证据，属于非己方责任的事项，应根据合同约定，逐一补充、完善相应的证据链，定人、定责、定时间，逐一销项落实、逐一确认存档；存在偏差，属于己方责任的事项，应根据合同约定，分析原因，识别风险和后果，逐一明确处理方案，并逐一销项落实，避免产生违约后果，防止被动索赔。

2. 充分准备，迎接竣工验收

准备应分为对外准备和对内准备两部分。

对外准备，是指根据竣工验收的要求，提前进行竣工验收的准备。包括：确认已经完成了图纸和合同约定的各项内容、有完整的竣工验收档案资料（包括竣工图纸）、此前通知要求整改的各项工作已经整改完成、规划消防环保等部门出具的验收认可文件、工程质量保修书等。除了提前准备以上验收条件外，还应将项目现场收拾干净、整洁，充分作好现场验收准备。与此同时，PPP 项目的竣工验收还关联建设期绩效考核动作，因此，项目公司还应根据合同中建设期绩效考核的约定，提前逐条梳理，确认绩效考核的要求已经实现、成果已能满足其考核要求，充分应对，避免考核时临阵磨枪，仓促上阵。尤其是 2017 年 11 月 10 日之后，绩效考核至少与 30% 建设成本挂钩①

① 2017 年 11 月 10 日，财政部办公厅《关于规范政府和社会资本合作（PPP）综合信息平台项目库管理的通知》（财办金〔2017〕92 号）第 2 条第 3 点规定，“项目建设成本不参与绩效考核，或实际与绩效考核结果挂钩部分占比不足 30%，固化政府支出责任的”，“不得入库”。

的前提下更为重要，应予充分重视。

对内准备，是指竣工验收前，应和后端运营团队充分沟通，明确运营的硬件需求，确认现有条件是否具备上手即可运营的条件？如果具备，为竣工验收后的“前后交底，转场统一”做好准备；如果不具备，应按照运营团队的要求进行修正、完善。因为投融资风险、建设风险、运营风险，由社会资本/项目公司承担，项目公司应对全生命周期统筹考虑，全面负责，因此，必须像接力赛跑一样，考虑前后棒交接条件，不能有遗漏。

3. 结算材料准备及决算跟踪安排

竣工验收同时要对已完投资进行结算确认，项目公司应要求施工总承包单位及时提交工程结算材料，在此基础上对二类费、建设期利息等进行迅速确认，完善好项目公司的结算资料，并根据《PPP 项目合同》的约定提交审计。

结算资料应逐项核对，并对结算依据一一确认，以保证各项结算工作依据充分、证据完整，可以满足审计的要求，尽量减少被审减的风险。一般由项目公司的商务成本部门对此负责。

决算审计是一个持续的过程，实践中审计单位往往会有意或无意地持续很长周期，项目公司应提前安排，明确责任人定期跟踪：一是和实施机构保持沟通，要求应根据合同约定的时限完成审计；二是和审计单位保持沟通，及时对审计单位提出的问题进行解答、回复或澄清，消除过程障碍，保证不因自身的原因导致审计工作阻滞，同时也是对审计单位的跟踪督促，保证审计工作正常推进。

根据一般《PPP 项目合同》的约定，PPP 项目的总投资应以决算审计结果为准，总投资金额是未来运营期计算回款的基数，因此和回款工作强相关，这就要求项目公司必须重视，必须专人跟踪、专人落实、限时完成。

4. 组织安排竣工验收，遗留问题整改，合格交付，同时获得运营证书的签认

验收过程中，可能会有部分遗留待整改问题，项目公司应根据验收报告

及时安排专人负责销项，并闭环处理，获得竣工验收合格证书。

根据一般《PPP 项目合同》的约定，“竣工验收合格次日起进入运营期”，因此，除了获得竣工验收合格证书以外，项目公司还应步步为营，协调实施机构获得正式运营证书，以此作为正式进入运营期的凭证，这也是计算运营期回款的起始之日，非常重要。

从法律角度来看，从一个阶段进入另一个阶段，应该是干净的、清晰的、没有争议的，建设工程验收合格只是最基本的要求。从合同管理角度来说，以运营期起始点为基准点，对在此之前的各项工作、各项状态做一个系统梳理，确保各自的责任和义务已经履行到位。

当然也可以同步进行。项目竣工验收合格后，为了避免公共服务不能正常供给，可以在实施机构书面正式批准，确定运营起始日的情形下先行进入运营，与此同时，对建设工程部分进行竣工财务结算，对于工期的变化、费用的变化、违约责任追究等，同时进行。进入运营期，就和资产交割一样，不要拖，不要含糊，更不能因为其中某项工作协调量太大而刻意回避，要干净利落，不为将来留下争议。

从正常情况来说，有以下几个重要节点及关键工作需要明确确定：（1）项目建设完工验收通过；（2）项目公司提交书面《进入试运营期的申请报告》；（3）实施机构书面批准；（4）试运营期期满后，项目公司提出《试运营验收申请报告》；（5）实施机构进行验收，书面确认“设备设施达到设计标准”，批准进入正式的商业运营期；（6）实施机构签发正式进入运营期的证书（明确正式运营起始日）。

5. 前后交底，转场统一

PPP 项目建设阶段之后就是运营阶段，建设管理团队在 PPP 项目开展初期就对项目全生命周期的经营管理做过完整的策划，即《项目公司经营管理大纲》，对于 PPP 项目的运营已有完整的考虑和应对，且第二部分工作也与运营团队有相应衔接，对运营工作的开展已做好硬件上的准备，那么对下一步、下阶段的运营工作如何具体实施，应对运营管理团队进行细致、完整的交底。除了对前期信息的完整交接以外，还要对运营工作提出意见或建议，以保证前后团队的信息流一致。

该项工作可能包括：建设阶段项目公司档案体系的交接、固定资产的交接、建设期保函的退回、运营期保函的提交、工程质保期工作的安排、运营管理大纲的交底、运营管理工作指导手册的策划和编制、运营期绩效考核办法与细则的交底、项目公司经营管理制度的更新（从适用于建设阶段到适用于运营阶段的更新）等。

在此过程中，分工不分家，不管是建设管理团队，还是运营管理团队，应以实现《PPP 项目合同》的目标为基准，统筹安排好各自的工作，以保证运营工作的有序开展。

五、管理成果要求（基础档案）

1. 预验收相关文件；
2. 相关会议纪要、工作联系函、整改通知及回复；
3. 正式验收方案、验收通知；
4. 验收会议纪要、验收报告、整改通知单及回复；
5. 正式竣工验收报告；
6. 其他相关文件等。

六、补充说明

本项是政府方监管要点内容，可以关联《PPP 项目政府方监管要点》阅读，共涉及一项监管要点如下：

监管要点 79：确认项目是否交工验收通过、竣工验收通过？

第86节 项目的结算和决算

核心条款

第八十六条 项目公司应严格按照PPP项目合同、竣工结算管理程序和财务决算管理制度执行。项目公司应根据国务院政策及地方政策规定，协调实施机构开展过程结算。

竣工结算书包括工程建设直接费、工程建设其他费和建设期利息，由投资控制部负责编制、审核，报项目公司总经理批准后，根据PPP项目合同约定，提交竣工结算审计。竣工结算审计完成后，相关结算资料原件应及时妥善存档，同时向财务部门提交复印件和电子档进行财务决算的编制。对于建设周期长、建设内容多的项目，单项工程具备交付使用条件的，可以分批编制单项工程竣工财务决算。

工程财务决算报告应依据相关政策、批准的可行性研究报告及设计资料、政府批复文件、工程相关资料等进行编制，对整个建设期的财务支出，以权责发生制为基础，对整个项目已经发生或应发生的费用统计。编制完成后，应提交项目公司总经理签批，并根据公司章程的规定，报董事会、股东会审议批准后，提交审计。

报审计机构审计后，项目公司应安排专人跟踪，负责及时解答审计机构的审计意见或问题，及时获得决算报告。相关工作内容，可以在当期项目公司经营管理月报中专章体现。

条款解析

工程结算和财务决算是建设阶段收官，确认实际总投资和未来政府付费基数的关键工作，必须专项处理，尽快确认。但这也是实务当中争议较多的内容，根据最高人民法院《关于审理建设工程施工合同纠纷案件适用法律问题的解释（一）》第19条第1款规定，“当事人对建设工程的计价标准或者计价方法有约定的，按照约定结算工程价款”。第21条规定，“当事人约定，发包人收到竣工结算文件后，在约定期限内不予答复，视为认可竣工结算文件的，按照约定处理。承包人请求按照竣工结算文件结算工程价款的，人民法院应予支持”。如果按照这样的释义，反推写进合同，以及在结算过程中专项应对，即可高效规避结算延期的风险。

住房和城乡建设部《关于落实建设单位工程质量首要责任的通知》（建质规〔2020〕9号）第2条第3项规定，“推行施工过程结算……建设合同应约定施工过程结算周期、工程进度款结算办法等内容。分部工程验收通过时原则上应同步完成工程款结算，不得以设计变更、工程洽商等理由变相拖延结算。政府投资工程应当按照国家有关规定确保资金按时支付到位，不得以未完成审计作为延期工程款结算的理由”。项目公司应当在项目实施过程中就推行过程结算，这样最终竣工结算和财务决算效率就会非常高。不管如何，最终的结算和决算，项目公司都应当专项处理，不得拖延。

实施办法

一、管理依据

（一）法律法规、政策依据

《政府投资条例》第22条规定，“政府投资项目所需资金应当按照国家有关规定确保落实到位。政府投资项目不得由施工单位垫资建设”。第25条规定，“政府投资项目建成后，应当按照国家有关规定进行竣工验收，并在竣工验收合格后及时办理竣工财务决算。政府投资项目结余的财政资金，应当按照国家有关规定缴回国库”。若不遵照执行，其法律后果根据第34条的规定，“责令改正，根据具体情况，暂停、停止拨付资金或者收回已拨付的资金，暂停或者停止建设活动，对负有责任的领导人员和直接责任人员依法给予处分”。

工业和信息化部《及时支付中小企业款项管理办法（征求意见稿）》明确提出，国家机关、事业单位和大型企业从中小企业采购货物、工程、服务的，应当在30日内付款；合同另有约定的，付款期限最长不得超过60日，逾期应支付利息。对逾期利息的利率未作约定的，按照中国人民银行同期同类贷款基准利率的1.5倍支付利息，“不得以审计作为支付中小企业款项的条件，不得以审计结果作为结算依据”。

住房和城乡建设部办公厅《关于加强新冠肺炎疫情防控有序推动企业开复工工作的通知》（建办市〔2020〕5号）规定，“规范工程价款结算，政府和国有投资工程不得以审计机关的审计结论作为工程结算依据，建设单位不得以未完成决算审计为由，拒绝或拖延办理工程结算和工程款支付”。

具体决算审批根据财政部《基本建设财务规则》、《基本建设项目竣工财务决算管理暂行办法》（财建〔2016〕503号）、《关于印发〈中央基本建设项目竣工财务决算审核批复操作规程〉的通知》（财办建〔2018〕2号）等文件执行。

对于发包人以工程质量不合格为由，拒绝办理工程结算而发生争议需要进行鉴定的，根据《建设工程造价鉴定规范》（GB/T 51262—2017）第5.6.5条的规定，已竣工验收合格或已竣工未验收但发包人已投入使用的工程，工程结算按合同约定进行鉴定；已竣工未验收且发包人未投入使用的工程，以及停工、停建工程，鉴定人应对无争议、有争议的项目分别按合同约定进行鉴定。工程质量争议应告知发包人申请工程质量鉴定，待委托人分清当事人的质量责任后，分别按照工程造价鉴定意见判断采用。

《建设工程项目管理规范》第18.3条“竣工结算”规定如下：

“工程竣工验收后，承包人应按照约定的条件向发包人提交工程竣工结算报告及完整的结算资料，报发包人确认。

“工程竣工结算应由承包人实施，发包人审查，双方共同确认后支付。

“工程竣工结算依据应包括下列内容：1 合同文件；2 竣工图和工程变更

文件；3 有关技术资料和材料代用核准资料；4 工程计价文件和工程量清单；5 双方确认的有关签证和工程索赔资料。

“工程移交应按照规定办理相应的手续，并保持相应的记录。”

该规范第 18. 4 条“竣工决算”还规定：

“发包人应依据规定编制并实施工程竣工决算。

“编制工程竣工决算应遵循下列程序：1 收集、整理有关工程竣工决算依据；2 清理账务、债务，结算物资；3 填写工程竣工决算报表；4 编写工程竣工决算说明书；5 按规定送审。

“工程竣工决算依据应包括下列内容：1 项目可行性研究报告和有关文件；2 项目总概算书和单项工程综合概算书；3 项目设计文件；4 设计交底和图纸会审资料；5 合同文件；6 工程竣工结算书；7 设计变更文件及经济签证；8 设备、材料调价文件及记录；9 工程竣工档案资料；10 相关项目资料、财务结算及批复文件。

“工程竣工决算书应包括下列内容：1 工程竣工财务决算说明书；2 工程竣工财务决算报表；3 工程造价分析表。”

本节内容与本章第 116 节、第 117 节关联，可以关联阅读。

（二）PPP 项目合同常规约定

以天津市某高速公路 PPP 项目为例，其《PPP 项目合同》第 26 条约定，“本项目最终投资以经财政审核的最终竣工决算金额为准，除本协议约定的情形外，最终投资额不影响可行性缺口补助金额”。

以四川省某市政配套、保障性安居工程 PPP 项目为例，其《PPP 项目合同》第 33 条约定，“工程竣工后乙方选定专门的会计师事务所、造价机构等开展工程结算审计、财务决算审计工作，并根据审计结果编制工程竣工、财务决算报告。乙方提交竣工财务决算报告后，由市政府相关部门或其委托的第三方组织竣工决算审计，确认项目实际投资。项目实际投资的审计按照国家、××市审计管理相关规定，在开展审查审计之前由政府方、审计机构和乙方共同约定审计原则和方法”。

（三）管理制度

一般对应《建设工程项目管理制度》《预结算管理制度》等，详细内容略。

（四）经验教训

1. 结算和决算的核心在于过程结算，过程中实时确权的效率最高，因此，项目公司应当全力推动过程结算的落实。

2. 项目公司应当对结算和决算相关规则进行深度学习，尽量避免产生争议或纠纷。同时，应当熟悉下列处理原则：

最高人民法院《关于审理建设工程施工合同纠纷案件适用法律问题的解释（一）》第21条、第22条分别规定，“当事人约定，发包人收到竣工结算文件后，在约定期限内不予答复，视为认可竣工结算文件的，按照约定处理。承包人请求按照竣工结算文件结算工程价款的，人民法院应予支持”，“当事人签订的建设工程施工合同与招标文件、投标文件、中标通知书载明的工程范围、建设工期、工程质量、工程价款不一致，一方当事人请求将招标文件、投标文件、中标通知书作为结算工程价款的依据的，人民法院应予支持”。

该解释第23条还规定，“发包人将依法不属于必须招标的建设工程进行招标后，与承包人另行订立的建设工程施工合同背离中标合同的实质性内容，当事人请求以中标合同作为结算建设工程价款依据的，人民法院应予支持，但发包人与承包人因客观情况发生了在招标投标时难以预见的变化而另行订立建设工程施工合同的除外”，第24条进一步规定，“当事人就同一建设工程订立的数份建设工程施工合同均无效，但建设工程质量合格，一方当事人请求参照实际履行的合同关于工程价款的约定折价补偿承包人的，人民法院应予支持。实际履行的合同难以确定，当事人请求参照最后签订的合同关于工程价款的约定折价补偿承包人的，人民法院应予支持”。

对于建设工程造价争议部分的处理，该解释第28条、第29条、第30条分别规定，“当事人约定按照固定价结算工程价款，一方当事人请求对建设工程造价进行鉴定的，人民法院不予支持”，“当事人在诉讼前已经对建设工程价款结算达成协议，诉讼中一方当事人申请对工程造价进行鉴定的，人民法院不予准许”，“当事人在诉讼前共同委托有关机构、人员对建设工程造价出具咨询意见，诉讼中一方当事人不认可该咨询意见申请鉴定的，人民法院应予准许，但双方当事人明确表示受该咨询意见约束的除外”。

二、工作实施方案

1. 商务管理人员应深度学习《PPP项目合同》约定的关于结算和决算条款，并推动过程结算落实。

2. 每月25日提交实际总投资的报告，报跟踪审计审定确认。

3. 专项跟踪处理，及时获得审定的跟踪审计报告。

4. 项目竣工验收同时，应当迅速提交竣工结算文件。

5. 专人跟踪处理，及时获得审定的竣工结算文件。

6. 迅速提交财务决算文件。

7. 专人跟踪答疑，及时获得审定的财务决算报告。

8. 过程当中出现任何障碍的，应当及时向项目公司总经理汇报，确认处理方案，并遵照执行。

9. 关键在于过程结算的推进。

三、管理表单

略。

四、实务风险解析与建议

实务问题：《PPP项目合同》中的计价约定标准与地方政府规定不一致时，应以哪个为准？山东某PPP项目，其《PPP项目合同》约定，人工费基期价格按照《德州市住房和城乡建设局关于发布我市建设工程规费计取标准的通知》（德建通〔2017〕112号）执行，在编制施工图预算时，人员工资按照定额计取为80元/工日，但是当地财政投资评审文件规定的是45元/工日，若按此标准计价，项目公司将产生较大损失，项目公司应如何处理？

解析与建议：

问题的核心在于合同的约定和地方政策之间有冲突，应以哪个为准。

经过合适采购程序之后签订的《PPP 项目合同》受合同法保护，地方性规定与上位法冲突时以上位法为准，其法律效率高于地方政策规定，所以应以《PPP 项目合同》约定的计价方式为准。

详细内容请关联《PPP 项目执行阶段操作指南：100 个实务问题深度解析（第二册）》问题 78 进行阅读。

其他相关实务风险问题，还可以关联《PPP 项目执行阶段操作指南：100 个实务问题深度解析》问题 60、问题 77、问题 94 进行阅读。

五、管理成果要求（基础档案）

1. 正式提交的项目结算报告；
2. 跟踪审计要求提交的其他补充资料；
3. 结算报告；
4. 正式提交的竣工财务决算报告；
5. 其他要求的补充资料；
6. 正式财务决算报告；
7. 相关的工作联系函、会议纪要、往来文件；
8. 其他相关文件等。

六、补充说明

本项是政府方监管要点内容，可以关联《PPP 项目政府方监管要点》阅读，共涉及两项监管要点，分别如下：

1. 监管要点 37：确认项目公司是否及时、合适进行了项目结算和决算？
2. 监管要点 80：最终投资的认定方法是否合适？

第 87 节　建设期绩效考核的准备和开展

核心条款

第八十七条　项目公司应严格按照 PPP 项目合同的约定执行，依据本规程第十一条规定落实绩效考核相关工作。

项目公司应提前做好运营期绩效考核的各项准备工作，之后再提请实施机构开展。准备时，应根据绩效考核办法约定的程序，逐项落实对应工作，责任到人、实物到位、详细策划、提前演练，确保考核工作流畅；还应根据绩效考核细则，逐条准备好对应管理成果文件，顺序摆放，做到考核内容与成果内容紧密对应，精准匹配，同时对考核现场进行针对性清理和预演，提前锁定考核得分。

考核过程中，项目公司应及时跟踪，对于考核反馈的问题现场反馈，对于遗留需要整改的问题，应专人负责、限时完成，并在时限内提交整改完成报告，直至问题闭环。

绩效考核完成后，项目公司应及时获得建设期绩效考核评价报告，并在当期项目公司经营管理月报中专章体现。

条款解析

按照财政部《关于印发〈政府和社会资本合作（PPP）项目绩效管理操作指引〉的通知》（财金〔2020〕13 号）的规定，“原则上项目建设期应结合竣工验收开展一次绩效评价，分期建设的项目应当结合各期子项目竣工验收开展绩效评价”。一般 PPP 项目合同对此也有约定，因此，项目公司应当提前做好建设期绩效考核的完全准备。

绩效考核的核心在于，项目公司应当在日常管理工作过程中，就已经将绩效考核中的每一条要求，对应到我们的工作中了。平常工作完成，成果归档，对应的考核要求就已经满足。本条可以关联本规程第 11 条建设期绩效考核的交底与 WBS 深度任务分解进行阅读。

这里需要重点要关注三点：第一，提前组织筹划，要迅速开展建设期绩效考核，不能不管不问，等着政府方组织开展，项目公司要主动推动，最好是与竣工验收同步，或紧随其后；考核活动应当充分策划、提前预演，确保考核活动流畅。第二，绩效考核前，现场要清理、收拾干净、整洁，最好就是持续保持的状态。第三，绩效考核前，对应每一条考核细则，都要妥善地、完整地准备好对应的档案资料，确保可以事先锁定得分，确实没有相关文件的，应当有充分的间接证据和说明，保证考核小组可以迅速获取充分的信息，作出对项目公司的有利判断。

实施办法

一、管理依据

（一）法律法规、政策依据

财政部《关于修订发布〈政府和社会资本合作（PPP）综合信息平台信息公开管理办法〉的通知》（财金〔2021〕110 号）第 10 条规定，“管理库项目执行阶段应当公开的信息主要包括：……（三）履约信息，包括项目建设信息、绩效管理信息、项目公司运营信息、合作期间重大事件、合同变更信息、项目移交信息等”。

财政部《关于印发〈政府和社会资本合作（PPP）项目绩效管理操作指引〉的通知》（财金〔2020〕13 号）第 18 条第 2 项规定，PPP 项目绩效评价应结合 PPP 项目实施进度及按效付费的需要确定绩效评价时点。原则上项目建设期应结合竣工验收开展一次绩效评价，分期建设的项目应当结合各期子项目竣工验收开展绩效评价；项目运营期每年度应至少开展一次绩效评价，每 3 ~ 5 年应结合年度绩效评价情况对项目开展中期评估；移交完成后应开展一次后评价。

财政部《关于推进政府和社会资本合作规范发展的实施意见》（财金〔2019〕10号）第2条第1款规定，规范的PPP项目应当符合以下条件……建立完全与项目产出绩效相挂钩的付费机制，不得通过降低考核标准等方式，提前锁定、固化政府支出责任。第3条规定，“各级财政部门要将规范运作放在首位，严格按照要求实施规范的PPP项目，不得出现以下行为……社会资本方实际只承担项目建设、不承担项目运营责任，或政府支出事项与项目产出绩效脱钩的……应在限期内进行整改。无法整改或逾期整改不到位的，已入库项目应当予以清退，涉及增加地方政府隐性债务的，依法依规提请有关部门予以问责和妥善处置”。

财政部办公厅《关于规范政府和社会资本合作（PPP）综合信息平台项目库管理的通知》（财办金〔2017〕92号）第2条规定，“各级财政部门应认真落实相关法律法规及政策要求，对新申请纳入项目管理库的项目进行严格把关，优先支持存量项目，审慎开展政府付费类项目，确保入库项目质量。存在下列情形之一的项目，不得入库……未建立按效付费机制。包括通过政府付费或可行性缺口补助方式获得回报，但未建立与项目产出绩效相挂钩的付费机制的；政府付费或可行性缺口补助在项目合作期内未连续、平滑支付，导致某一时期内财政支出压力激增的；项目建设成本不参与绩效考核，或实际与绩效考核结果挂钩部分占比不足30%，固化政府支出责任的”。

本节内容与本章第11节、第105节、第116节、第117节关联，可以关联阅读。

（二）PPP项目合同常规约定

本节内容与本章第11节、第105节、第116节、第117节关联，可以关联阅读。

详细内容可参见本章第11节。

（三）管理制度

一般对应《建设工程项目管理制度》《绩效考核管理制度》等，详细内容略。

（四）经验教训

1. 将工作要求和标准对标至各位管理人员的日常工作中，这是高效通过未来考核的不二途径，提前落实、提前锁定。和 PPP 项目合同的 WBS 深度分解对应，PPP 项目合同的 WBS 深度分解形成的是各人的工作任务清单，而建设期绩效考核细则的 WBS 深度任务分解形成的则是各人手上工作任务清单的完成标准或结果要求，这样可以高效地以“结果为导向”，将绩效考核的工作明确提前到日常管理工作过程当中，明确落实到各个责任岗位和责任人员手上。

2. 绩效考核细则任务分解后，项目公司只需要对实现的结果进行动态监管或支持即可，直至成果完成，该绩效考核条款方可关闭，这样，即可高效提前锁定得分。与之配合的是档案管理，必须要做好档案管理工作。

二、工作实施方案

1. 项目公司对绩效考核细则进行逐项分解，并责任到人，明确各人日常工作所需完成的工作成果和相应要求。

2. 各责任人员根据要求开展各项工作，输出对应的管理成果，档案证据。

3. 每月 24 日定期内部会议，逐项确认，确保各项要求执行到位。

4. 项目公司根据合同约定，按照实施机构绩效考核通知，准备启动绩效考核工作，事先准备好各项考核文件及现场准备。

5. 按照要求配合考核，逐项提供档案和证据，并向考核小组作出解释。

6. 对考核现场提前进行整理，提前进行预演，确保现场考核顺畅。

7. 跟踪考核结果和评价报告，对疑义部分进行答疑和解释，确保无争议内容。

8. 获得正式绩效评价报告。

三、管理表单

略。

四、实务风险解析与建议

实务问题1：关于财政部《关于印发〈政府和社会资本合作（PPP）项目绩效管理操作指引〉的通知》（财金〔2020〕13号），应如何理解？

解析与建议：

详细请见本章第11节。

实务问题2：项目公司应如何高效通过绩效考核？

解析与建议：

项目公司应当从证据链角度开展绩效考核工作。

实务中，持续有项目公司被绩效考核困扰，总结来看，原因有三个。一是对绩效考核相关政策不熟悉，当出现合同约定以外的变量，处理问题的边界不清晰，无法适当应对；二是对合同约定不重视，浮于考核办法与细则的表面意思，没有找到适当的办法深入思考；三是遇到了强势实施机构，对于提出的不合理要求，没有恰当的处理方式，苦苦挣扎。

1. 为什么从证据链角度出发更高效

按照考核形式分，PPP项目绩效考核分为现场考核以及后台档案资料考核两种。其中，后台档案资料考核为主要考核方式。站在考核人的角度，被考核人根据考核细则，逐条提供了对应成果及有效证据，且该证据材料形成了完整的证据链，详细举证本条细则已经实现达标，则该条款的打分即可锁定。因此，项目公司可以采用证据链方式，聚焦后台档案资料的充分准备，再辅以现场的集中管控，即可高效通关绩效考核，事半功倍。

2. 采用该种方式处理绩效考核工作，可能存在一些实务障碍，应当充分考虑和应对

（1）部分PPP项目合同关于绩效考核的约定不当，或实施机构根据最新政策，提出了不合理要求，导致绩效考核工作基础存在问题。项目公司应当客观分析和评判，确认现有合同约定是否合规，是否存在违背适用政策的情况；同时结合实务现状，确认实施机构要求是否适当。实务中可能存在如下几种情形（详见图2－2）：

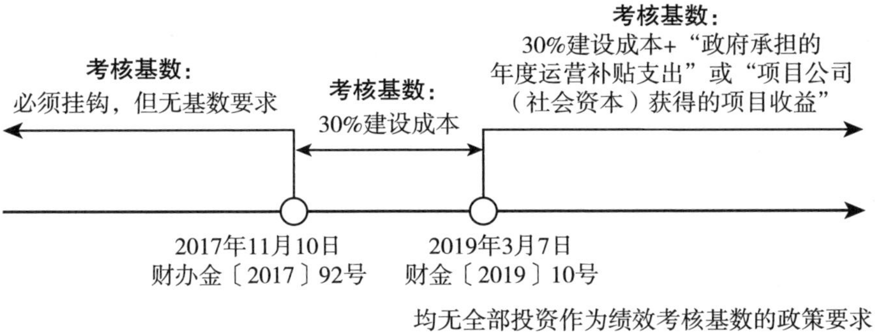

图 2－2　绩效考核实务问题处理原则

①PPP 项目合同未将政府付费与绩效考核挂钩。实施机构要求重新签订补充协议，并按照最新政策执行。自财政部《关于印发〈政府和社会资本合作模式操作指南（试行）〉的通知》（财金〔2014〕113 号）[①] 开始，所有 PPP 相关政策均明确要求，政府方付费责任应与绩效考核挂钩，因此，无论何时签订的 PPP 项目合同均应遵守。若合同中未约定挂钩的，根据财政部财金〔2019〕10 号文第 3 条第 3 款中规定，“应在限期内进行整改。无法整改或逾期整改不到位的，已入库项目应当予以清退，涉及增加地方政府隐性债务的，依法依规提请有关部门予以问责和妥善处置”，因此，实施机构要求合理，双方应当按照最新政策执行，重新签订补充协议。

②2017 年 11 月 10 日前签订的 PPP 项目合同，已将部分政府方付费与绩效考核挂钩，但未达至少 30% 建设成本的标准。实施机构要求重新签订补充协议，并按照最新政策执行。根据“法不溯及既往”原则，实施机构要求不当，项目公司可以拒绝。同时，财政部财办金〔2017〕92 号文“建设成本不低于 30%”要求的是，“对新申请纳入项目管理库的项目进行严格把关”“存在下列情形之一的项目，不得入库”，明确是对新入库项目提出的要求，并未覆盖已经签订合同的 PPP 项目。另外，根据 PPP 风险分担原则，“项目设计、建造、财务和运营维护等商业风险由社会资本承担，法律、政策和最

① 本文件已失效。

低需求等风险由政府承担，不可抗力等风险由政府和社会资本合理共担”[①]，法律、政策变化风险应由政府方承担，此时要求项目公司承担不利后果，明显不当。

③2017 年 11 月 10 日后签订的 PPP 项目合同，已将部分政府方付费与绩效考核挂钩，但未达至少 30% 建设成本的标准。实施机构要求重新签订补充协议，并按照最新政策执行。应当按照最新政策执行，根据财办金〔2017〕92 号文的要求，将至少 30% 建设成本与绩效考核挂钩。实施机构要求适当，项目公司应当遵循。

④2019 年 3 月 7 日后签订的 PPP 项目合同，未将至少 30% 的建设成本，以及“政府承担的年度运营补贴支”或“项目公司（社会资本）获得的项目收益”与绩效考核挂钩。实施机构要求重新签订补充协议，并按照最新政策执行。应当按照最新政策执行，根据财办金〔2017〕92 号文以及财金〔2019〕10 号文的要求，将至少 30% 建设成本以及政府承担的年度运营补贴支或项目公司（社会资本）获得的项目收益与绩效考核挂钩。实施机构要求适当，项目公司应当遵循。

⑤任何情况下，实施机构以新政策为由，要求签订补充协议，以项目总投资 100% 与绩效考核挂钩。财政部财金〔2019〕10 号文第 2 条第 1 款第 3 项规定的 PPP 项目应当符合“建立完全与项目产出绩效相挂钩的付费机制”，并非特指“100% 总投资”，应是根据财金〔2020〕13 号附件《政府和社会资本合作（PPP）项目绩效管理操作指引》第 22 条第 1 款规定，明确解释为“政府付费和可行性缺口补助项目，政府承担的年度运营补贴支出应与当年项目公司（社会资本）绩效评价结果完全挂钩”，“使用者付费项目，项目公司（社会资本）获得的项目收益应与当年项目公司（社会资本）绩效评价结果挂钩”，因此，实施机构要求不当，项目公司有权拒绝。

⑥任何情况下，实施机构要求签订补充协议，进一步细化、完善绩效考

① 财政部《关于印发〈政府和社会资本合作模式操作指南（试行）〉的通知》（财金〔2014〕113 号）附件《政府和社会资本合作模式操作指南（试行）》第 11 条第 2 款，本文件已失效。

核办法与细则。当原合同约定符合合同签订当时的政策规定，且绩效考核办法与细则相对客观、相对完善，项目公司可以视情况同意或拒绝；当实施机构或其委托的咨询机构以此机会，任意增加考核难度、扩大考核范围、考核细则过于主观无法量化时，项目公司有权拒绝，直至协商一致。当原合同约定符合合同签订当时的政策规定，但绩效考核办法或细则相对原则、模糊，或过于主观时，建议双方共同细化完善，最终考核条款必须清晰量化。具体应当依据财政部财金〔2020〕13 号文执行。

科学公正、公平合理的绩效考核办法与细则，对 PPP 项目的健康运行有至关重要的影响，是 PPP 项目全生命周期稳定高效的关键因素之一，也是下一阶段完整证据链角度高效通关的基础条件。因此，实施机构和项目公司有必要客观应对。

（2）当以上工作难以迅速推进时，建议通过如下路径处理

①委托律师或专家等外部专业力量，补充短板。根据政策规定，可以“充分借助、积极运用法律、投资、财务、保险等专业咨询顾问机构的力量”，建议双方邀请专业律师或行业专家参加，必要时，可以请律师出具法律意见书，或行业专家出具专家咨询意见书，作为问题解决的支撑文件或决策依据之一。

②擅用专家评审会。根据财政部财金〔2020〕13 号附件《政府和社会资本合作（PPP）项目绩效管理操作指引》第 20 条规定，“项目公司对绩效评价结果有异议的，应在 5 个工作日内明确提出并提供有效的佐证材料，向项目实施机构解释说明并达成一致意见。无法达成一致的，应组织召开评审会，双方对评审意见无异议的，根据评审意见确定最终评价结果；仍有异议的，按照合同约定的争议解决机制处理”。专家评议是高效的处理机制，灵活高效，最为推荐。可以从政府官方的专家库中随机选取专家，也可以定向邀请行业权威专家，建议专家团队中，应当至少有一名律师。相关费用可以由项目公司承担，纳入总投资。

③向省级财政部门征询官方释义与建议。当实施机构和项目公司就政策

理解、具体问题争议无法达成一致，律师与专家意见也无法说服对方时，还可以向更高一级行政主管部门申请权威释义。经由行政主管部门出具的正式书面意见，可以作为双方解决的依据。但该种方式的应用范围有所局限，多为政策解读偏差，其余范畴的争议问题，行政主管部门可能不会出具正式书面意见，各方应当知晓。

（3）项目公司管理人员缺乏基本法律知识，无证据链意识，不能准确把握有效证据及证据链，不能在具体工作中运用。项目公司应当着眼最终目标，主动学习，清晰认知处理的原则与边界，主动作为、积极行动。项目公司还可以通过委托外部咨询机构或律师事务所的方式开展具体工作，相关费用从二类费或运营成本中支出。

3. 从证据链角度通关绩效考核

通过以上基础条件的修正，项目开展具体绩效考核工作时，项目公司即可心无旁骛的聚焦。以某 PPP 项目“投资控制”考核要点为例，其考核要求为“不得违规超概算，若违规超概算 110% 以上的，扣 15 分”，具体处理要点如下（详见图 2－3）：

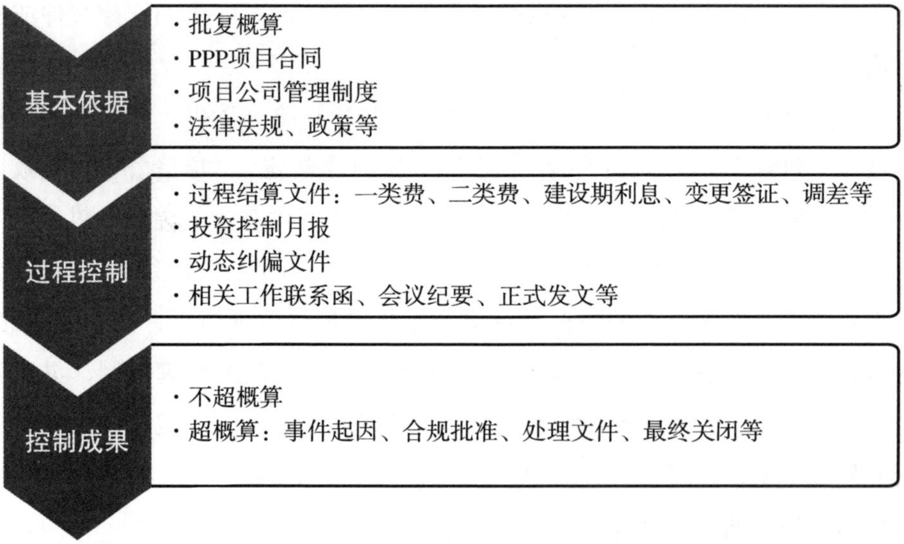

图 2－3 “投资控制”完整证据链构建

（1）聚焦具体考核细则，梳理对应的合同条款等依据，明确边界要求。PPP 项目合同对应条款、行政主管部门正式下发的批复概算，政府方正式发文要求、项目公司下发正式文件、相关管理制度，以及法律政策要求等，是具体投资控制的基本依据，项目公司的管理行为应当符合相关要求，相关证据也应当满足。

（2）聚焦细则条款，梳理证据清单，确保可以达成完整证据链。投资控制完整的证据链包括：基本依据，如上所述。根据《政府投资条例》第 23 条第 1 款规定，“政府投资项目建设投资原则上不得超过经核定的投资概算”，项目公司应当以批复概算作为控制标准；管理过程文件，如过程结算文件（一类费、二类费、建设期利息、设计变更、工程签证、询价认质认价、人工材料调差、奖惩兑现等），项目公司投资控制管理月报，超概算部分的过程批准文件，以及相关工作联系函、会议纪要、政府发文等；投资控制结论文件，可以是项目公司正式出具的投资控制结论报告，可以是第三方跟踪审计出具的结论报告，以第三方出具的报告为佳。

若不存在超概算情形，则正式报告，附以上完整附件备查即可。

若存在超概算情形，则应当附超概算事件的完整证据，包括超概算事件的起因、根据合同约定的审批文件、相关行政职能部门的正式批准，或补充协议（或有）、财政部 PPP 项目管理库信息更新等，同时附以上附件备查，即可顺利通关。

（3）聚焦完整证据链中缺少的文件，专项工作、专项处理、专项补足。针对以上完整证据链清单，项目公司应逐条查漏补缺，如果档案资料齐全，应当专项整理，通过封面、目录、对应档案文件的形式进行装订（建议胶装成册），对应考核时，直接提交成品成果，效果更佳。如果档案资料欠缺，项目公司应当专项处理，专人补遗，限时完成后，最终形成成品成果。

（4）集中评审，确认各项考核细则已经逐条具备完整证据支撑，可以证明本项考核要点已经达成。按照以上要点完成后，项目公司可以组织内部集中评审，确认各条考核要点已经准备妥当，已经形成完整证据链，可以锁定对应得分，即可。

当以上工作完成，再结合合同要求，对项目现场、群众满意度等其他方面进行专项应对，即可充分有效应对绩效考核和评价，从而实现结果的事先锁定，十分高效。以上工作梳理时，建议法务参与，必要时，可以邀请律师加入，给予技术支撑和指导，确保证据的合法性、客观性、关联性，以及证据链的完整性。

4. 总结与建议

特别强调，项目公司应当充分重视档案管理的重要性。完整的绩效考核体系包括年度绩效考核、中期评估，以及项目后评价。完整有效的档案，既是绩效考核体系的有效抓手，也是商务结算的有效文件，还是未来政府审计的有效证据，因此，建议项目公司妥善建立高效的档案管理体系，匹配对应的档案管理制度，并在项目全生命周期中持续关注，有效落实。

其他相关实务风险问题，还可以关联《PPP 项目执行阶段操作指南：100 个实务问题深度解析》问题 41、问题 89，《PPP 项目执行阶段操作指南：100 个实务问题深度解析（第二册）》问题 68、问题 69 进行阅读。

五、管理成果要求（基础档案）

1. 项目公司内部会议纪要，附工作任务分解清单；
2. 每月自检报告（会议纪要）；
3. 逐项内容对应的档案证据文件；
4. 绩效考核通知、方案、要求；
5. 绩效考核报告及评价结果；
6. 补充答疑、整改的证据文件；
7. 相关的会议纪要、往来文件、专项报告；
8. 其他相关文件等。

六、补充说明

本项是政府方监管要点内容，可以关联《PPP 项目政府方监管要点》阅读，共涉及两项监管要点，分别如下：

1. 监管要点 38：确认是否按约及时进行绩效考核工作？
2. 监管要点 89：确认是否按约及时进行绩效考核工作？

第 88 节　保修期工作的安排

核心条款

第八十八条　保修期内，项目公司应安排保修管理专员，依据保修证书，对保修期间发生的问题及时整改和修复，整改和修复的问题，应及时作好完整的台账记录，并及时向相关方反馈整改完成的信息，形成问题闭环，方可关闭。

保修发生的费用，应在质量保证金或保函中支出，应和运营成本清晰分割。

条款解析

竣工验收合格后，应当正式进入运营期，自进入运营期，正常发生运营维护成本，但是项目的运营维护和保修应当分开。属于保修范围内的，由保修落实，不得纳入运营成本。不属于保修范围内的，则自然计入当年运营成本。

保修工作及时与否，还与持续稳定的提供公共服务紧密相关，因此，项目公司应当和施工总承包单位切实地落实保修工作。相关方必须要有适配的组织机构和责任人，可以对保修工作的要求及时响应、及时反馈、及时完成，否则，应当可以从保修保函和违约责任中落实责任方的责任。

根据最高人民法院《关于审理建设工程施工合同纠纷案件适用法律问题的解释（一)》第 18 条第 1 款的规定，“因保修人未及时履行保修义务，导致建筑物毁损或者造成人身损害、财产损失的，保修人应当承担赔偿责任”，因此，项目公司应当确保排除该等风险和后果。

保修工作从发起至关闭必须有详细的、完整的记录备查，确保可追溯。

实施办法

一、管理依据

（一）法律法规、政策依据

《建筑法》第62条规定，“建筑工程实行质量保修制度。建筑工程的保修范围应当包括地基基础工程、主体结构工程、屋面防水工程和其他土建工程，以及电气管线、上下水管线的安装工程，供热、供冷系统工程等项目；保修的期限应当按照保证建筑物合理寿命年限内正常使用，维护使用者合法权益的原则确定。具体的保修范围和最低保修期限由国务院规定”。第75条还规定，“建筑施工企业违反本法规定，不履行保修义务或者拖延履行保修义务的，责令改正，可以处以罚款，并对在保修期内因屋顶、墙面渗漏、开裂等质量缺陷造成的损失，承担赔偿责任”。

国务院《建设工程质量管理条例》第39条规定，“建设工程实行质量保修制度。建设工程承包单位在向建设单位提交工程竣工验收报告时，应当向建设单位出具质量保修书。质量保修书中应当明确建设工程的保修范围、保修期限和保修责任等”。第40条规定，“在正常使用条件下，建设工程的最低保修期限为：（一）基础设施工程、房屋建筑的地基基础工程和主体结构工程，为设计文件规定的该工程的合理使用年限；（二）屋面防水工程、有防水要求的卫生间、房间和外墙面的防渗漏，为5年；（三）供热与供冷系统，为2个采暖期、供冷期；（四）电气管线、给排水管道、设备安装和装修工程，为2年。其他项目的保修期限由发包方与承包方约定。建设工程的保修期，自竣工验收合格之日起计算”。

该条例第41条规定，“建设工程在保修范围和保修期限内发生质量问题的，施工单位应当履行保修义务，并对造成的损失承担赔偿责任”。第42条规定，“建设工程在超过合理使用年限后需要继续使用的，产权所有人应当委托具有相应资质等级的勘察、设计单位鉴定，并根据鉴定结果采取加固、维修等措施，重新界定使用期”。

《建设工程项目管理规范》第 18.5 条“保修期管理”规定：

“承包人应制定工程保修期管理制度。

“发包人与承包人应签订工程保修期保修合同，确定质量保修范围、期限、责任与费用的计算方法。

“承包人在工程保修期内应承担质量保修责任，回收质量保修资金，实施相关服务工作。

“承包人应根据保修合同文件、保修责任期、质量要求、回访安排和有关规定编制保修工作计划，保修工作计划应包括下列内容：1 主管保修的部门；2 执行保修工作的责任者；3 保修与回访时间；4 保修工作内容”。

（二）PPP 项目合同常规约定

以天津市某高速公路 PPP 项目为例，其《PPP 项目合同》第 30 条约定，“乙方依法对本协议下的工程进行保修。具体保修期限及事项，以保修证书为准”。

（三）管理制度

一般对应《建设工程项目管理制度》《保修管理制度》等，详细内容略。

（四）经验教训

1. 强调提前准备常用备品备件，并妥善管理，提高报修服务效率。

2. 强调按照管理制度执行，报修有记录、维修有记录、完成关闭有记录，确保维修及时率和完成率。

3. 项目公司应当对保修争议处理的相关规则进行深度学习，尽量避免产生争议或纠纷。

最高人民法院《关于审理建设工程施工合同纠纷案件适用法律问题的解释（一）》（法释〔2020〕25 号）第 17 条规定，“有下列情形之一，承包人请求发包人返还工程质量保证金的，人民法院应予支持：（一）当事人约定的工程质量保证金返还期限届满；（二）当事人未约定工程质量保证金返还期限的，自建设工程通过竣工验收之日起满二年；（三）因发包人原因建设工程未按约定期限进行竣工验收的，自承包人提交工程竣工验收报告九十日后当事人约定的工程质量保证金返还期限届满；当事人未约定工程质量保证金返还期限的，自承包人提交工程竣工验收报告九十日后起满二年。发包人返还工程质量保证金后，不影响承包人根据合同约定或者法律规定履行工程保修义务”。第 18 条还规定，“因保修人未及时履行保修义务，导致建筑物毁损或者造成人身损害、财产损失的，保修人应当承担赔偿责任。保修人与建筑物所有人或者发包人对建筑物毁损均有过错的，各自承担相应的责任”。

二、工作实施方案

1. 项目公司对《PPP 项目合同》关于保修的条款进行深度学习，熟悉要求。

2. 根据要求和标准，匹配适当的保修管理团队，并明确分工，指定牵头负责人。

3. 组织相关人员学习保修管理制度，做好技术交底和分工交底。

4. 落实好备品备件、配套资金安排等基础工作。

5. 责任人做好相关保修记录，做好台账，并分配维修、保养任务。

6. 维修、保养任务工作完成后，应对应做好记录，直至事件关闭。

7. 事件关闭后，应当将过程档案妥善保存，确保可追溯。

8. 持续 PDCA，直至保修工作完成，质量保函退还。

三、管理表单

略。

四、实务风险解析与建议

严格按照 PPP 项目合同和管理制度执行即可。

暂无直接实务风险和问题反馈，未来待动态补充。

五、管理成果要求（基础档案）

1. 《PPP 项目合同》关于保修工作的约定；

2. 保修管理制度；

3. 保修小组的落实，责任人员的确认（附相关文件或会议纪要）；

4. 保修记录；

5. 对应的维修记录及关闭文件；

6. 备品备件等采购计划、采购记录、领用记录、库存情况；

7. 相关会议纪要、往来文件；

8. 其他相关文件等。

六、补充说明

本项是政府方监管要点内容，可以关联《PPP 项目政府方监管要点》阅读，共涉及一项监管要点如下：

监管要点 61：确认乙方是否已经签订保修证书，并遵照执行？

第89节 建设期保函的退还

核心条款

第八十九条 项目竣工验收合格，建设期绩效考核通过后，项目公司应及时向实施机构申请建设期保函的退还，不得滞后。

建设期保函可以退还，也可以转为运营期保函，根据PPP项目合同的约定以及财务部意见执行。

条款解析

当建设阶段各项工作完毕，随之需要考虑的是建设期履约保函的退还，以及正式进入运营期时点的确认、运营保函的提交等。

建设期履约保函可以退还，也可以替换成运营保函，无论何种方式，均需妥善处理，按照《PPP项目合同》的约定执行到位。

实务中，部分项目公司可能会忽略本项工作，特此提醒重视。

实施办法

一、管理依据

（一）法律法规、政策依据

本节内容与本章第30节、第99节、第124节、第125节和第130节关联，可以关联阅读。

详细内容可参见本章第30节。

（二）PPP项目合同常规约定

本节内容与本章第30节、第99节、第124节、第125节和第130节关联，可以关联阅读。

详细内容可参见本章第30节。

（三）管理制度

一般对应《财务管理制度》《担保制度》等，具体内容略。

（四）经验教训

1. 保函应当专人管理，到时即退。

2. 如果发生保函被兑取的，应当妥善保存完整证据、记录文件，并对责任方落实追责，进行处理。

二、工作实施方案

1. 财务人员熟悉《PPP项目合同》中关于建设期保函的退还约定。

2. 满足保函退还的条件后，应及时向实施机构提交保函退还的请示报告。

3. 将保函退还当成专项工作处理，专人跟踪，及时获得。

4. 出现特殊情况时，应及时向项目公司总经理报告，并确认具体的处理方案。

5. 必要时，应当及时做好过程记录，固定过程证据。

6. 直至建设期保函退还到位。

三、管理表单

略。

四、实务风险解析与建议

严格按照PPP项目合同和管理制度执行即可。

暂无直接实务风险和问题反馈，未来待动态补充。

五、管理成果要求（基础档案）

1. 《PPP项目合同》中关于建设期保函退还的约定；

2. 相关财务管理制度；

3. 建设期保函退还的申请报告；

4. 退还记录；

5. 其他相关文件等。

六、补充说明

本项是政府方监管要点内容，可以关联《PPP 项目政府方监管要点》阅读，共涉及一项监管要点如下：

监管要点 58：确认乙方履约保函是否已经及时足额提交？且该提交的履约保函是否“见索即付”？若提取了保函，是否履行了合适的程序，且确认乙方是否及时予以补足？

第 90 节　股权变更管理（或有）

核心条款

第九十条　项目公司应严格按照公司章程和 PPP 项目合同的约定执行。股权不得随意变更，特殊情况确需发生股权变更的，项目公司应专项处理。

原则上建设期内不得发生股权变更，确需变更的，项目公司应依据财政部办公厅《关于征求〈政府和社会资本合作模式操作指南（修订稿）〉意见的函》（财办金〔2019〕94 号），协助股东出具股权变更方案，说明变更理由、对项目建设进度及建设质量的影响、受让方履约能力及责任承担等情况，明确保障措施，经项目实施机构充分评估后，报本级人民政府审核决定。

当股权发生变更后，项目公司应及时落实《股东协议》和《公司章程》的更新，并报市场监督管理部门备案，同时更新财政部 PPP 项目信息管理库信息。

股权变更内容应在当期项目公司经营管理月报中专章体现。

条款解析

实务中，建设阶段可能会发生股权变更的情形，所以应当有所考虑与应对。

建设阶段一般不允许股权变更，《PPP 项目合同》通常都约定了股权锁定期，财政部《关于规范政府和社会资本合作合同管理工作的通知》（财金〔2014〕156 号）附件《PPP 项目合同指南（试行）》规定，“通常在 PPP 项目合同中会直接规定：在一定期间内，未经政府批准，项目公司及其母公司不得发生上文定义的任何股权变更的情形”，“锁定期的期限需要根据项目的具体情况进行设定，常见的锁定期是自合同生效日起，至项目开始运营日后的一定期限（例如 2 年，通常至少直至项目缺陷责任期届满）。这一规定的目的是为了确保在社会资本履行完其全部出资义务之前不得轻易退出项目”，而如果“一旦发生违反股权变更限制的情形，将直接认定为项目公司的违约行为，情节严重的，政府方将有权因该违约而提前终止项目合同”，因此，股权变更应当审慎。

但是项目实践发现，如果教条地执行该条款，很有可能会对项目产生致命影响，比如2018 年年底金融紧缩导致 PPP 项目融资难度增加，部分项目的社会资本方通过引入财务投资人的方法来解决融资问题，但是受阻于股权锁定期的限制，导致“有钱进不来，有方案却不能实施”的尴尬局面。该种情形不是孤例，因此，财政部办公厅在《关于征求〈政府和社会资本合作模式操作指南（修订稿）〉意见的函》（财办金〔2019〕94 号）附件《政府和社会资本合作模式操作指南（修订稿）》第 32 条中对此进行了重新规定，“原则上，项目建设期内社会资本不得对外转让项目公司股权。确需转让的，社会资本应出具股权转让方案，说明转让理由、对项目建设进度及建设质量的影响、受让方履约能力及责任承担等情况，明确保障措施，经项目实施机构充分评估后，报本级政府审核决定”。

当项目公司碰到不可调和的矛盾，确需进行股权转让和变更的，可以按照上述文件的指引逐步开展。如果原《PPP 项目合同》中明确约定股权锁定期的，可以通过适当的股权变更方案，充分说明变更的理由，受让方的优势，以及确认不会对项目产生本质影响等情况，积极沟通，充分争取获得实施机构和本级人民政府的理解和支持，最终完成变更。

实施办法

一、管理依据

（一）法律法规、政策依据

2014 年 12 月 30 日，财政部《关于规范政府和社会资本合作合同管理工作的通知》（财金〔2014〕156号）附件《PPP项目合同指南（试行）》第2章第10节第2条明确了：股权变更的范围包括直接或间接转让股权；并购、增发等其他方式导致的股权变更；股份相关权益的变更和兜底规定。第3条第1款第2项规定了锁定期期限："锁定期的期限需要根据项目的具体情况进行设定，常见的锁定期是自合同生效日起，至项目开始运营日后的一定期限（例如2年，通常至少直至项目缺陷责任期届满）。这一规定的目的是为了确保在社会资本履行完其全部出资义务之前不得轻易退出项目"。第3项则客观考虑了例外情形："在锁定期内，如果发生以下特殊的情形，可以允许发生股权变更：（1）项目贷款人为履行本项目融资项下的担保而涉及的股权结构变更；（2）将项目公司及其母公司的股权转让给社会资本的关联公司；（3）如果政府参股了项目公司，则政府转让其在项目公司股权的不受上述股权变更限制"。

如果违反股权变更限制，其后果则根据该指南第2章第10节第3条第3款规定："一旦发生违反股权变更限制的情形，将直接认定为项目公司的违约行为，情节严重的，政府方将有权因该违约而提前终止项目合同"。

财政部《关于印发〈政府和社会资本合作项目财政管理暂行办法〉的通知》（财金〔2016〕92号）附件《政府和社会资本合作项目财政管理暂行办法》第35条规定，"各级财政部门应当会同行业主管部门加强对PPP项目的监督管理……政府与社会资本合资设立项目公司的，应按照《公司法》等法律规定以及PPP项目合同约定规范运作，不得在股东协议中约定由政府股东或政府指定的其他机构对社会资本方股东的股权进行回购安排……"

国家发改委《关于印发〈传统基础设施领域实施政府和社会资本合作项目工作导则〉的通知》（发改投资〔2016〕2231号）附件《传统基础设施领域实施政府和社会资本合作项目工作导则》第16条规定，"社会资本方可依法设立项目公司。政府指定了出资人代表的，项目公司由政府出资人代表与社会资本方共同成立。项目公司应按照PPP合同中的股东协议、公司章程等设立。项目公司负责按PPP项目合同承担设计、融资、建设、运营等责任，自主经营，自负盈亏。除PPP项目合同另有约定外，项目公司的股权及经营权未经政府同意不得变更”。

财政部《关于印发〈政府和社会资本合作模式操作指南（试行）〉的通知》（财金〔2014〕113号）失效后，新的《政府和社会资本合作模式操作指南（修订稿）》第32条规定，“原则上，项目建设期内社会资本不得对外转让项目公司股权。确需转让的，社会资本应出具股权转让方案，说明转让理由、对项目建设进度及建设质量的影响、受让方履约能力及责任承担等情况，明确保障措施，经项目实施机构充分评估后，报本级政府审核决定。PPP项目进入运营期后，社会资本可根据项目合同约定，在不影响项目正常运营的前提下，经政府书面同意，对外转让项目公司股权”。

财政部办公厅《关于印发污水处理和垃圾处理领域PPP项目合同示范文本的通知》（财办金〔2020〕10号）附件2《政府和社会资本合作（PPP）项目合作协议》第4条则直接对股权变更作出了示范条款供各方参考。该协议第4.3条明确规定，“4.3.1锁定期满后，在符合第4.3.2款约定的前提下，经甲方事先书面同意，则任意一方股东可以依法转让其持有的项目公司股权。4.3.2股权受让方应满足本项目采购文件规定或具备项目实施所必需的技术能力、财务实力、资格信用、运营经验等基本条件，并已经以书面形式明示，在其成为项目公司股东后，承继股权转让方（即本协议乙方）在本协议项下的义务（甲、乙双方另有约定的除外），同时督促并确保项目公司继续承担《PPP项目合同》等合同文件项下的义务。否则，甲方对相应股权转让有权予以否决”。

（二）PPP项目合同常规约定

以天津市某高速公路PPP项目为例，其《PPP项目合同》第7.3.1条约定，“乙方应在其章程中做出适当的规定，以确保乙方的所有股份或权益证书上具有适当的文字说明，使预期的购买人了解这些股份或权益的转让是有限制的，并且对那些不符合上述限制的任何股份或权益的转让不予登记或不予生效。未经甲方同意，乙方的任何股东都不得将其在乙方注册资本中拥有的股份或权益进行转让，除非出现下列情况：（1）这种转让为中华人民共和国法律所要求，或是法院、法庭或具有适当管辖权的政府部门所强制的转让；（2）这种转让须发生在项目进入运营期两年后，经××市交通运输委员会事先书面同意，且社会资本股东持有比例始终不低于51%”。

其《股东协议》第18条约定，“项目建设期内，任何股东方都不得转让其持有的项目公司股权或权益。项目进入运营期两年后，经市交通运输委员会事先书面同意，项目公司的股东可以转让其在项目公司的股权，但乙方持股比例始终不低于51%。转让时的优先购买权，执行《中华人民共和国公司法》”。第19条约定，“除非本章明确约定或双方另行一致同意，任何一方均不应直接或间接地转让、质押、创设任何第三方权利或处分其在项目公司中的所有者权益的全部或任何部分”。

（三）管理制度

一般对应《股东会议事规则》等，详细内容略。

（四）经验教训

1. 股权变动是一个重大事件，政府方相对会比较审慎，实施难度较大，所以不要轻易动股权变动的心思，如果确实需要变更的，应当做好充分准备。

2.《公司章程》和《PPP项目合同》中对于股权变动的约定应当客观，社会资本方、项目公司应当审慎处理，建议听取律师意见，进行客观真实的设定。当然，也要和招标文件匹配，不能明显违背。

二、工作实施方案

1. 若发生需要股权变更事宜，项目公司应当先行内部理顺具体情况。

2. 结合《公司章程》和《PPP项目合同》中关于股权变更限制的约定，初步评判股权变更可行性。

3. 从现行法律法规和相关政策中寻找适配的依据支撑。

4. 形成初步意见和方案后，可以向股东方专项汇报，作为股东方决策的依据之一。

5. 股东方给出正式意见后，项目公司和实施机构先做非正式沟通，征询意见。

6. 正式向实施机构提出股权变更的申请，随附股权变更的理由及方案。

7. 实施机构给出正式意见，同意的，应向本级人民政府报告。

8. 本级人民政府征询相关职能部门意见，以及本级法制办意见，必要时，项目公司可以适时提交法律意见书支撑。

9. 本级人民政府批准后，项目公司组织各股东召开股东会，形成股东会决议。

10. 重新签订《PPP项目合同补充协议》《股东协议》《公司章程》。

11. 按照确定的方案执行，更新财政部PPP项目管理库公示信息。

12. 梳理各项过程文件，妥善存档。

三、管理表单

略。

四、实务风险解析与建议

实务问题1：我方是社会投资人，对于已经进入建设阶段的PPP项目，如社会资本方拟撤出，是否可行？如何撤出？移交给另一个想参与的社会投资方，对另一个社会投资方有什么限制？PPP项目合同是否需要重新签订？

解析与建议：

详细内容请关联《PPP项目执行阶段操作指南：100个实务问题深度解析》问题45进行阅读。

实务问题2：项目公司成立后，在执行过程中，若要股权调整，应如何实施？

解析与建议：

详细内容请关联《PPP项目执行阶段操作指南：100个实务问题深度解析（第二册）》问题18进行阅读。

五、管理成果要求（基础档案）

1.《PPP项目合同》和《公司章程》关于股权变更的约定；

2. 相关政策规定；

3. 相关股权变更发起的原因文件，如会议纪要、工作联系函、专项报告；

4. 向实施机构发出的专项请示报告及相关磋商会议纪要，附股权变更方案；

5. 实施机构的书面回复、本级人民政府的书面批示或会议纪要；

6. 同意股权变更的正式文件；

7. 重新签订《股东协议》和《公司章程》；

8. 股东出资证明书；

9. 签订的《PPP 项目合同补充协议》；

10. 更新财政部 PPP 项目管理库公示信息；

11. 其他相关文件等。

六、补充说明

本项是政府方监管要点内容，可以关联《PPP 项目政府方监管要点》阅读，共涉及两项监管要点，分别如下：

1. 监管要点 32：确认项目公司是否存在股权变更情形？若有，应确认是否按规定和合同处理？

2. 监管要点 75：确认乙方股权变更是否按照规定执行？

第 91 节　会计师事务所的落实

核心条款

第九十一条　会计师事务所的选定，项目公司应按照招标采购管理制度执行。

项目公司还应根据公司法和公司章程的规定，在签订服务协议前履行股东会决议程序，在获得股东会决议批准后，方可签订。

股东会决议文件应和对应合同合并存档。

条款解析

项目公司应当逐年发布财务年报，财务年报需要会计师事务所独立出具。

部分公司章程中约定，选定会计师事务所需要通过股东会决议，有此约定的，项目公司应当遵照执行。当然，同时应当满足采购管理制度的要求。

会计师事务所的落实应当提前，一般项目公司在年初要申报年度财务预算，报股东会决议（股东会审议批准公司的年度财务预算方案、决算方案），年终出具财务年报，因此，可以在此时间段中落实。

实施办法

一、管理依据

（一）法律法规、政策依据

财政部《关于引导企业科学规范选择会计师事务所的指导意见》（财会〔2011〕15 号）第 1 条规定，“企业选择会计师事务所，是指企业根据相关法律法规要求和自身管理需求，聘用会计师事务所对财务报告、内部控制等发表审计意见、出具审计报告的行为。企业聘用会计师事务所从事其他审计、审阅、咨询、代理记账等法定业务参照本意见执行。事业单位选择会计师事务所可以参照本意见执行”。第2条规定，“企业采用招标方式委托会计师事务所提供相关服务的，应当严格遵照《委托会计师事务所审计招标规范》（财会〔2006〕2号）执行”。第4条规定，“大中型企业，应当选择与自身规模、行业地位和社会影响相适应的大中型会计师事务所提供相关服务。在同等条件下，对于符合下列条件之一的大中型会计师事务所应当优先考虑：（一）由财政部和证监会推荐从事H股企业审计业务的；（二）具备从事证券、期货相关业务资格的；（三）组织形式为合伙制或特殊普通合伙制的”。

该意见第5条、第6条、第7条还分别规定，“境外上市企业，金融、能源、通信、军工企业以及其他关系国计民生的大型骨干国有企业，应当优先选择有利于保障国家经济信息安全的我国大型会计师事务所提供相关服务”，“小型企业原则上选择小型会计师事务所提供相关服务，也可以选择符合其业务需求的其他会计师事务所提供相关服务”，“大中型企业选择与自身规模、行业地位和社会影响明显不相匹配的会计师事务所提供服务的，财政部门应当将该企业及承接业务的会计师事务所列为重点监管对象”。

本节内容与本章第39节、第92节关联，可以关联阅读。

（二）PPP项目合同常规约定

以贵州省某市政道路PPP项目为例，该项目公司章程对股东会的职权约定如下：“1. 决定公司的经营方针和投资计划；2. 选举和更换非由职工代表担任的董事、监事，决定有关董事、监事的报酬事项；3. 审议批准董事会的报告；4. 审议批准监事的报告；5. 审议批准公司的年度财务预算方案、决算方案；6. 审议批准公司的利润分配方案和弥补亏损方案；7. 对公司增加或者减少注册资本作出决议；8. 对发行公司债券作出决议；9. 对股东转让股权作出决议（如有）；10. 对股东全部或者部分股权设定担保作出决议；11. 对公司合并、分立、变更公司组织形式、解散和清算等事项作出决议；决定设立和注销公司的分支机构或子公司；12. 对公司经营期限的延长作出决议；

13. 制定和修改公司章程；14. 决定公司的对外投资、为他人（包含公司股东或实际控制人）提供担保事宜；15. 审议批准公司与股东发生的关联交易；16. 对公司聘用、解聘会计师事务所作出决议；17. 其他各股东一致同意应由股东会表决的其他事项。上述事项，根据公司法规定决议经代表全体股东三分之二以上表决权股东同意即可生效，7、11、12、13、15、16 项需经过代表 100% 表决权的股东同意方生效。”

（三）管理制度

一般对应《财务管理制度》《采购管理制度》《股东会议事规则》《董事会议事规则》等，详细内容略。

（四）经验教训

无。

二、工作实施方案

1. 根据公司章程的约定，确认会计师事务所选择所需要履行的程序。
2. 根据项目公司采购管理制度及采购计划，适时选择会计师事务所。
3. 可以委托第三方招标代理机构代为采购。
4. 公司章程要求股东会决议的，还应报股东会决议。
5. 根据合同管理制度，对服务合同进行评审通过。
6. 根据采购结果，发出中标通知书，签订服务合同。
7. 将服务合同原件报送一份给实施机构备案，取得签收记录。
8. 按照合同约定履约。

三、管理表单

略。

四、实务风险解析与建议

严格按照公司章程、PPP 项目合同和管理制度执行即可。

暂无直接实务风险和问题反馈，未来待动态补充。

五、管理成果要求（基础档案）

1.《PPP 项目合同》和《公司章程》相关约定；

2. 相关管理制度要求；

3. 股东会决议；

4. 相关采购文件；

5. 合同评审文件；

6. 正式签订的合同；

7. 实施机构备案合同的签收记录；

8. 相关的会议纪要、专项报告、往来文件；

9. 其他相关文件等。

六、补充说明

本项是政府方监管要点内容，可以关联《PPP 项目政府方监管要点》阅读，共涉及四项监管要点，分别如下：

1. 监管要点 24：确认项目公司是否建立了完整的财务管理制度并遵照执行？

2. 监管要点 59：确认项目公司是否有完整的组织架构，各岗位人员是否均已实际到位履职？确认项目公司是否有经过董事会正式批准的管理制度和管理体系，并遵照执行？

3. 监管要点 64：确认对项目公司的财务监管是否到位？

4. 监管要点 74：要求项目公司及时提交《项目公司经营管理大纲》、年度建设进度计划、采购计划、资金计划等，作为年度监管的重要依据。要求项目公司按期提交固定格式的《项目公司经营管理月报》、《项目公司经营管理年报》、会计师事务所出具的财务年报等。要求项目公司定期召开周例会或月例会，施工总承包单位、监理单位、跟踪审计单位、项目公司、实施机构等共同参加，听取各方工作汇报，并及时落实、处理问题。以上确认定期执行，并存档备案。

第 92 节　财务年报提交

核心条款

第九十二条　项目公司应根据公司章程和 PPP 项目合同的约定，每年年底前向实施机构及各股东提交会计师事务所出具的财务年报。

当财务年报中出现重大经营和财务风险的，项目公司应同时提交应对处理方案，该方案应经过总经理办公会审议通过，项目公司总经理签发。必要时，可以召开股东会共同商定解决方案，报实施机构批准后遵照执行。

相关财务年报内容应在当期项目公司经营管理月报、项目公司经营管理年报中专章体现。

条款解析

项目公司应当按照规定每年定期发布财务年报，向股东方和政府方及时披露。这也是项目公司合规经营的重要工作之一。

如果存在重大财务风险的，项目公司应当主动作为，积极应对，争取消除影响，因为根据风险基本分担原则，“投融资风险、建设风险和运营风险由社会资本承担”，从自身利益角度而言，应当积极想办法应对、解决。

实施办法

一、管理依据

（一）法律法规、政策依据

本节内容与本章第 39 节、第 91 节关联，可以关联阅读。

详细内容可参见本章第 39 节。

（二）PPP 项目合同常规约定

以天津市某高速公路 PPP 项目为例，其《PPP 项目合同》第 59.2 条“乙方违约及赔偿”约定，“……（9）如乙方未按照约定进行财务管理并提交报告，在通知期限内拒不改正的，乙方应每次向甲方支付违约金 20,000 元。（10）其他违约。除上述条款外，如果乙方不履行其在本协议下的其他义务，且经甲方书面催告后十五个工作日仍不履行的，甲方有权提取履约保函；若上述款项不足以弥补甲方因此所受损失的，乙方还应赔偿甲方差额部分的损失”。

（三）管理制度

一般对应《财务管理制度》等，详细内容略。

（四）经验教训

无。

二、工作实施方案

1. 熟悉服务合同，明确合同约定的要求和标准。

2. 向会计师事务所提交相关材料，配合提供基础文件。

3. 财务部门负责跟踪落实，督促及时提交财务年报。

4. 财务年报出具后，项目公司内部先行评审，无误后根据公司章程的约定，提交“三会”决议。

5. 决议通过后，根据《PPP 项目合同》约定，提交实施机构，以及进行信息公示。

6. 向会计师事务所正常付费，并妥善保管相关档案文件。

三、管理表单

略。

四、实务风险解析与建议

严格按照公司章程、PPP 项目合同和管理制度执行即可。

暂无直接实务风险和问题反馈，未来待动态补充。

五、管理成果要求（基础档案）

1. 财务年报提交文件；
2. 股东会决议；
3. 正式财务年报；
4. 实施机构签收记录；
5. 财政部 PPP 项目管理库公示信息；
6. 其他相关文件等。

六、补充说明

本项是政府方监管要点内容，可以关联《PPP 项目政府方监管要点》阅读，共涉及三项监管要点，分别如下：

1. 监管要点 24：确认项目公司是否建立了完整的财务管理制度并遵照执行？

2. 监管要点 64：确认对项目公司的财务监管是否到位？

3. 监管要点 74：要求项目公司及时提交《项目公司经营管理大纲》、年度建设进度计划、采购计划、资金计划等，作为年度监管的重要依据。要求项目公司按期提交固定格式的《项目公司经营管理月报》、《项目公司经营管理年报》、会计师事务所出具的财务年报等。要求项目公司定期召开周例会或月例会，施工总承包单位、监理单位、跟踪审计单位、项目公司、实施机构等共同参加，听取各方工作汇报，并及时落实、处理问题。以上确认定期执行，并存档备案。

第 93 节 配合实施机构信息公示

核心条款

第九十三条 项目公司应配合实施机构做好 PPP 项目信息公示工作，对政策要求公示的内容进行全面梳理，并及时、完整提交相关资料，不得因项目公司原因导致信息公示不畅。

相关资料提交前，根据项目公司管理制度进行批准后，方可发出。

本项工作应当贯穿项目全生命周期，至少应按季度进行自检确认。

条款解析

根据财政部《关于修订发布〈政府和社会资本合作（PPP）综合信息平台信息公开管理办法〉的通知》（财金〔2021〕110 号）规定，PPP 项目应当及时更新、公示相关信息，确保公众的知情权。

项目公司应当根据政策的规定，按照要求及时提供相关信息，并持续跟踪，确保公示信息的及时性、完整性和准确性。

未来绩效考核、政府审计时，检查或审计人员大概率会查阅财政部全国 PPP 综合信息平台项目管理库中项目的信息，并和项目提供的资料进行比对审查，因此，项目公司应当重视并落实。

建议由专人，比如档案管理人员负责该项工作。

实施办法

一、管理依据

（一）法律法规、政策依据

财政部《关于推进政府和社会资本合作规范发展的实施意见》（财金

〔2019〕10号）第2条、第3条规定，“规范的PPP项目应当符合以下条件”，“按规定纳入全国PPP综合信息平台项目库，及时充分披露项目信息，主动接受社会监督”，不得出现“未按规定及时充分披露项目信息或披露虚假项目信息，严重影响行使公众知情权和社会监督权的”行为，否则，“应在限期内进行整改。无法整改或逾期整改不到位的，已入库项目应当予以清退，涉及增加地方政府隐性债务的，依法依规提请有关部门予以问责和妥善处置”。该意见第4条第5项进一步要求，“加强信息披露。依托全国PPP综合信息平台，对PPP项目信息进行全流程公开披露、汇总统计和分析监测，完善项目库‘能进能出’的动态调整机制，不以入库为项目合规‘背书’，不以入库作为商业银行贷款条件”。

财政部《关于规范政府和社会资本合作（PPP）综合信息平台项目库管理的通知》（财办金〔2017〕92号）第3条第5项也规定，“未按规定进行信息公开。包括违反国家有关法律法规，所公开信息与党的路线方针政策不一致或涉及国家秘密、商业秘密、个人隐私和知识产权，可能危及国家安全、公共安全、经济安全和社会稳定或损害公民、法人或其他组织合法权益的；未准确完整填写项目信息，入库之日起一年内未更新任何信息，或未及时充分披露项目实施方案、物有所值评价、财政承受能力论证、政府采购等关键信息的”，“应予以清退”。

以上为财政部的规范性要求，国务院也提出了相关的总体要求。

国务院办公厅《转发财政部发展改革委人民银行关于在公共服务领域推广政府和社会资本合作模式指导意见的通知》（国办发〔2015〕42号）第5条明确，“公开透明。实行阳光化运作，依法充分披露政府和社会资本合作项目重要信息，保障公众知情权，对参与各方形成有效监督和约束”。第25条要求，“地方各级人民政府要切实履行规划指导、识别评估、咨询服务、宣传培训、绩效评价、信息统计、专家库和项目库建设等职责，建立统一信息发布平台，及时向社会公开项目实施情况等相关信息，确保项目实施公开透明、有序推进”。

2017 年 12 月 15 日，国务院办公厅发布《关于推进重大建设项目批准和实施领域政府信息公开的意见》（国办发〔2017〕94 号），明确要求重大建设项目信息“以公开为常态、不公开为例外”，“重点公开批准服务信息、批准结果信息、招标投标信息、征收土地信息、重大设计变更信息、施工有关信息、质量安全监督信息、竣工有关信息等 8 类信息”。主要内容包括：“1. 批准服务信息：申报要求、申报材料清单、批准流程、办理时限、受理机构联系方式、监督举报方式等。2. 批准结果信息：项目建议书审批结果、可行性研究报告审批结果、初步设计文件审批结果、项目核准结果、节能审查意见、建设项目选址意见审批结果、建设项目用地（用海）预审结果、环境影响评价审批文件、建设用地规划许可审批结果、建设工程规划类许可审批结果、施工许可（开工报告）审批结果、招标事项审批核准结果，取水许可、水土保持方案、洪水影响评价等涉水事项审批结果等。3. 招标投标信息：资格预审公告、招标公告、中标候选人公示、中标结果公示、合同订立及履行情况、招标投标违法处罚信息等。4. 征收土地信息：征地告知书以及履行征地报批前程序的相关证明材料、建设项目用地呈报说明书、农用地转用方案、补充耕地方案、征收土地方案、供地方案、征地批后实施中征地公告、征地补偿安置方案公告等。5. 重大设计变更信息：项目设计变更原因、主要变更内容、变更依据、批准单位、变更结果等。6. 施工有关信息：项目法人单位及其主要负责人信息，设计、施工、监理单位及其主要负责人、项目负责人信息、资质情况，施工单位项目管理机构设置、工作职责、主要管理制度，施工期环境保护措施落实情况等。7. 质量安全监督信息：质量安全监督机构及其联系方式、质量安全行政处罚情况等。8. 竣工有关信息：竣工验收时间、工程质量验收结果，竣工验收备案时间、备案编号、备案部门、交付使用时间，竣工决算审计单位、审计结论、财务决算金额等”。

2019 年 7 月 1 日，国务院《政府投资条例》（国务院令第 712 号）实施。该条例第 27 条第 2 款进一步规定，“项目单位应当通过在线平台如实报送政府投资项目开工建设、建设进度、竣工的基本信息”。

对于采购信息的公开，还有专门的政策规定。

在项目采购完成后，实施机构应及时地、适当地按照规定公开相关采购过程信息，具体按照财政部《关于做好政府采购信息公开工作的通知》（财库〔2015〕135 号）执行。该通知要求，“依法公开政府采购项目信息，并按照财政预决算公开的要求，公布本单位政府采购预算安排及执行的总体情况，实现从采购预算到采购过程及采购结果的全过程信息公开”，“确保政府采购信息发布的及时、完整、准确，实现政府采购信息的全流程公开透明”。该通知对公开招标公告、资格预审公告；竞争性谈判公告、竞争性磋商公告和询价公告；采购项目预算金额；中标、成交结果；采购文件；更正事项；采购合同；单一来源公示；终止公告；政府购买公共服务项目等十项内容作了详细要求，实施机构应遵照执行。

财政部《关于规范政府和社会资本合作（PPP）综合信息平台运行的通知》（财金〔2015〕166 号）附件《政府和社会资本合作（PPP）综合信息平台运行规程》第 7 条规定，“……项目库是 PPP 综合信息平台的核心组成部分，包含储备库、执行库和示范库三个子库。由各级财政部门会同相关部门评估、筛选的 PPP 项目，基本信息均应录入 PPP 综合信息平台。经省级财政部门审核满足上报要求的，列为储备项目。编制项目实施方案，通过物有所值评价、财政承受能力论证，并经本级政府审核同意的，列为执行项目。通过中央或省级财政部门评审并列为中央或省级示范项目的，列为示范项目。……所有 PPP 项目必须列入项目库。省、市、县级财政部门应与相关部门密切沟通，保证符合条件的项目及时、准确、规范、完整列入项目库”。第 11 条要求，“中央、省、市、县级财政部门、行业主管部门、实施机构、社会资本、咨询服务机构、金融机构、专家、公众等用户，可通过互联网在线访问、查询公开信息”。

2016 年 5 月 28 日，财政部、国家发改委《关于进一步共同做好政府和社会资本合作（PPP）有关工作的通知》（财金〔2016〕32 号）第 7 条规定，“加强 PPP 项目信息公开。要实现项目信息的及时发布与投资需求的有效对接，推动市场信息对称和充分公平竞争。要依法及时、充分披露项目实施方案、招标投标、采购文件、项目合同、工程进展、运营绩效等相关信息，切实保障公众知情权，主动接受社会监督，维护公共利益”。

2016 年 9 月 24 日，财政部《关于印发〈政府和社会资本合作项目财政管理暂行办法〉的通知》（财金〔2016〕92 号）附件《政府和社会资本合作项目财政管理暂行办法》第 15 条规定，“各级财政部门应当加强对 PPP 项目采购活动的支持服务和监督管理，依托政府采购平台和 PPP 综合信息平台，及时充分向社会公开 PPP 项目采购信息，包括资格预审文件及结果、采购文件、响应文件提交情况及评审结果等，确保采购过程和结果公开、透明”。第 24 条明确，“行业主管部门应当会同各级财政部门做好项目全生命周期成本监测工作。每年一季度前，项目公司（或社会资本方）应向行业主管部门和财政部门报送上一年度经第三方审计的财务报告及项目建设运营成本说明材料。项目成本信息要通过 PPP 综合信息平台对外公示，接受社会监督”。第 36 条进一步要求，“各级财政部门应依托 PPP 综合信息平台，建立 PPP 项目库，做好 PPP 项目全生命周期信息公开工作，保障公众知情权，接受社会监督。项目准备、采购和建设阶段信息公开内容包括 PPP 项目的基础信息和项目采购信息，采购文件，采购成交结果，不涉及国家秘密、商业秘密的项目合同文本，开工及竣工投运日期，政府移交日期等。项目运营阶段信息公开内容包括 PPP 项目的成本监测和绩效评价结果等。财政部门信息公开内容包括本级 PPP 项目目录、本级人大批准的政府对 PPP 项目的财政预算、执行及决算情况等”。

2016 年 10 月 11 日，财政部《关于在公共服务领域深入推进政府和社会资本合作工作的通知》（财金〔2016〕90 号）第 11 条强调，“充分发挥 PPP 综合信息平台作用。各级财政部门要通过 PPP 综合信息平台加快项目库、专家库建设，增强监管能力和服务水平。要督促项目实施单位，依托 PPP 综合信息平台，及时向社会公开项目实施方案、合同、实施情况等信息。要加强信息共享，促进项目对接，确保项目实施公开透明、有序推进，保证项目实施质量”。

2016 年 10 月 24 日，国家发改委《关于印发〈传统基础设施领域实施政府和社会资本合作项目工作导则〉的通知》（发改投资〔2016〕2231 号）附件《传统基础设施领域实施政府和社会资本合作项目工作导则》第 23 条“信息公开及社会监督”规定，“各地要建立 PPP 项目信息公开机制，依法及时、充分披露 PPP 项目基本信息、招标投标、采购文件、项目合同、工程进展、运营绩效等，切实保障公众知情权。涉及国家秘密的有关内容不得公开；涉及商业秘密的有关内容经申请可以不公开。建立社会监督机制，鼓励公众对 PPP 项目实施情况进行监督，切实维护公共利益”。

对于专家信息的公开，也有专门的政策规定。

财政部《关于印发〈财政部政府和社会资本合作（PPP）专家库管理办法〉的通知》（财金〔2016〕144 号）附件《财政部政府和社会资本合作（PPP）专家库管理办法》第 18 条规定，“专家库专家相关信息由 PPP 中心向社会公开。未经 PPP 中心许可，任何机构或个人不得泄露 PPP 专家库中非公开的信息”。

财政部《关于印发〈政府和社会资本合作（PPP）综合信息平台信息公开管理暂行办法〉的通知》（财金〔2017〕1 号）对 PPP 项目所必须公示的信息和内容进行了翔实的规定，实施机构、项目公司等相关方应严格遵照执行。

2021 年 12 月 16 日，财政部《关于修订发布〈政府和社会资本合作（PPP）综合信息平台信息公开管理办法〉的通知》（财金〔2021〕110 号）发布后，财金〔2017〕1 号正式失效。《政府和社会资本合作（PPP）综合信息平台信息公开管理办法》第 7 条规定，“PPP 综合信息平台项目库储备清单中拟采用 PPP 模式实施的项目（以下简称储备清单项目）应当公开项目概况、行业主管部门、项目实施机构、发起情况、项目联系人及联系方式等基础信息。纳入 PPP 综合信息平台项目管理库的 PPP 项目（以下简称管理库项目）应当公开基础信息以及准备阶段、采购阶段、执行阶段相关信息。社会资本、金融机构、咨询机构和专家等PPP项目参与方应当公开其基本信息、参与PPP项目情况等信息”。

对于必须公示的信息内容和要求，《政府和社会资本合作（PPP）综合信息平台信息公开管理办法》第8条、第9条和第10条分别规定：“管理库项目准备阶段应当公开的信息主要包括：（一）立项信息，包括计划开发年度，新建或改扩建项目的项目建议书批复、可行性研究报告批复、供地方案批复、环境影响评价批复、初步设计批复等；（二）绩效管理信息，包括绩效目标、绩效指标体系、付费机制等；（三）物有所值信息，包括物有所值评价报告及审核意见等；（四）财政承受能力论证信息，包括财政承受能力论证报告及审核意见等；（五）实施方案信息，包括经审核通过的实施方案及审核意见等；（六）其他应当公开的信息”。“管理库项目采购阶段应当公开的信息主要包括：（一）资格预审信息，包括项目资格预审公告及文件、资格预审文件评审结论性意见等；（二）项目采购信息，包括项目采购方式、（预）中标或成交结果公告、中标或成交通知书等；（三）合同签署信息，包括PPP项目合同审核批准情况、政府方授权文件调整更新情况、已签署的PPP项目合同等；（四）采购阶段方案调整情况，包括采购前调整的实施方案及审核意见、物有所值评价报告及审核意见、财政承受能力论证报告及审核意见，采购后财政支出责任信息等；（五）其他应当公开的信息”。“管理库项目执行阶段应当公开的信息主要包括：（一）社会资本方或项目公司信息，包括中标社会资本方或项目公司基本信息、项目公司股权结构、增减资情况说明、履约保证措施等；（二）项目融资信息，包括融资机构、金额等；（三）履约信息，包括项目建设信息、绩效管理信息、项目公司运营信息、合作期间重大事件、合同变更信息、项目移交信息等；（四）财政实际支出信息，包括项目投资竣工决算数、财政实际支出等；（五）其他应当公开的信息”。

2018年4月24日，财政部《关于进一步加强政府和社会资本合作（PPP）示范项目规范管理的通知》（财金〔2018〕54号）第3条第1款要求，“提升信息公开质量。通过PPP综合信息平台及时、准确、完整、充分披露示范项目关键信息，及时上传项目实施方案、物有所值评价报告、财政承受能力论证报告、采购文件等重要附件及相关批复文件，保障项目信息前后连贯、口径一致、账实相符”。该条第3款还要求，“强化咨询服务监督。全面披露参与示范项目论证、采购、谈判等全过程咨询服务的专家和咨询机构信息，主动接受社会监督。建立健全咨询服务绩效考核和投诉问责机制，将未妥善履行咨询服务职责或提供违法违规咨询意见的专家或咨询机构，及时清退出PPP专家库或咨询机构库”。对于示范项目，该通知第4条第2款进一步要求，“强化示范项目动态管理。地方各级财政部门要会同有关部门加强示范项目动态管理，确保项目执行不走样。对于项目名称、实施机构等非核心条件发生变更的，应及时向财政部PPP中心备案；对于项目合作内容、总投资、运作方式、合作期限等核心边界条件与入选示范项目时相比发生重大变化的，应及时向财政部PPP中心申请调出示范项目名单，并对项目实施方案，物有所值评价报告、财政承受能力论证报告、采购文件、项目合同等进行相应调整、变更。因项目规划调整、资金落实不到位等原因，不再继续采用PPP模式实施的，应及时向财政部PPP中心申请调出示范项目名单并退出项目库”。

2019年3月7日，财政部进一步强化了规范管理，发布了《关于推进政府和社会资本合作规范发展的实施意见》（财金〔2019〕10号），要求“用好全国PPP综合信息平台，充分披露PPP项目全生命周期信息，保障公众知情权，对参与各方形成有效监督和约束”，且规范的PPP项目应当“按规定纳入全国PPP综合信息平台项目库，及时充分披露项目信息，主动接受社会监督”。

2019年6月21日，国家发改委《关于依法依规加强PPP项目投资和建设管理的通知》（发改投资规〔2019〕1098号）也作出了进一步的要求。该通知第12条和第14条分别要求：“依托在线平台建立全国PPP项目信息监测服务平台，加强PPP项目管理和信息监测。对于通过项目审批、核准或备案，以及可行性论证、实施方案审查的PPP项目，要通过平台公开项目信息，实现全国PPP项目信息定期发布、动态监测、实时查询等功能，便于社会资本、金融机构等有关方面更好参与PPP项目”。“落实《政府信息公开条例》（国务院令第711号）、《国务院办公厅关于推进重大建设项目批准和实施领域政府信息公开的意见》（国办发〔2017〕94号）等要求，依托在线平台，重点公开PPP项目的批准服务信息、批准结果信息、招标投标信息，以及施工、竣工等有关信息”。

（二）PPP项目合同常规约定

以天津市某高速公路PPP项目为例，其《PPP项目合同》第66条规定，“本项目信息披露应遵守国家和××市关于信息披露的相关规定”。

再以云南省某农村人居环境整治PPP项目为例，其《PPP项目投资协议》附件《建设期绩效考核指标》明确，“评价项目公司或社会资本履行信息公开义务的及时性与准确性”，“①履行信息公开义务，得2分；②信息公开及时、准确，得2分。上述评价内容每符合一项得到该项对应分值”。

（三）管理制度

一般对应《档案管理制度》《信息安全管理制度》等，详细内容略。

（四）经验教训

1. 政策要求项目必须入财政部PPP项目管理库，才是规范的PPP项目，所以，一般项目都已经入库，且都有相应的信息，但是信息的准确性大概率不足。强烈建议项目公司和实施机构定期更新，确保库内信息和实际情况一致。未来监督检查、审计检查的时候，大概率的行动就是即刻调取库内信息，然后和提供的材料进行比对审查，所有的偏差就会成为审计线索、检查的问题，所以，及时更新是绝对有必要的。

2. 信息更新工作，项目公司应当处于主动地位，应当定期向实施机构申报，并保留相关申报记录，这样，即便未来库内信息没有及时更新，项目公司的责任也会相对较小。

3. 公示信息是财政部“三位一体”监管体系中社会监管的重要环节，始终是动态监管的关键内容之一。2022 年 6 月 21 日，财政部办公厅专门下发了《关于开展全国 PPP 综合信息平台项目信息质量提升专项行动的通知》（财办金〔2022〕45 号），要求“真实、完整、准确、及时录入更新信息”，项目各方应当重点关注，积极响应。

二、工作实施方案

1. 梳理《PPP 项目合同》中约定的信息公示要求。

2. 深度学习信息公示相关政策，如财政部《关于修订发布〈政府和社会资本合作（PPP）综合信息平台信息公开管理办法〉的通知》（财金〔2021〕110 号），确认项目公司应当提交的适当信息。

3. 根据合同约定和政策规定，及时搜集、整理应当公示的信息。

4. 资料准备妥当后，报主管领导审查、批准。

5. 向实施机构、财政主管部门发出工作联系单，随附更新信息，提示更新。

6. 督促责任单位落实更新，按期打印财政部信息公示页面。

三、管理表单

略。

四、实务风险解析与建议

实务问题：财政部 PPP 项目管理库的信息不及时更新，会有什么后果？项目公司应当如何处理？

解析与建议：

PPP 项目信息公示的最新政策是财政部《关于修订发布〈政府和社会资本合作（PPP）综合信息平台信息公开管理办法〉的通知》（财金〔2021〕110 号）。根据通知文件精神，其附件《政府和社会资本合作（PPP）综合信息平台信息公开管理办法》第 19 条、第 20 条和第 21 条分别规定：“处于准备、采购阶段的管理库项目，项目信息更新周期不得超过 6 个月；处于执行阶段的管理库项目，项目信息更新周期不得超过 12 个月。逾期未按要求更新项目信息的，PPP 综合信息平台将自动显示项目处于停滞状态，由县级以上地方财政部门督促项目相关参与方在 3 个月内完成整改。对于未纳入管理库自行以 PPP 名义实施的项目，以及违反本办法信息公开管理要求且未在限期内完成整改的项目，不得安排 PPP 项目相关财政资金”。“经查实 PPP 项目参与方未按照规定录入、更新信息或存在其他不当情形的，县级以上财政部门可以责令其限期改正；无正当理由拒不改正的，县级以上财政部门可按相关规定将项目从项目库中清退，并对 PPP 项目参与方进行通报”。“县级以上财政及相关部门工作人员在 PPP 项目信息公开监督管理工作中存在滥用职权、玩忽职守、徇私舞弊等违法违规行为的，依法追究相应责任；涉嫌犯罪的，依法移送有关机关处理”。

政策要求很明确，不遵照执行，后果是清晰的，因此，项目公司应当遵照执行。具体的公示内容和办法，按照相关规定执行即可。

需要注意的是，库内信息也是未来审计的必查项目之一，项目公司应当重视。

按照规则走，效率最高，效果最好。

五、管理成果要求（基础档案）

1.《PPP 项目合同》相关约定；

2. 财政部《关于修订发布〈政府和社会资本合作（PPP）综合信息平台信息公开管理办法〉的通知》（财金〔2021〕110 号），深度学习，列示应当提交的公示信息清单及文件；

3. 向实施机构、财政部门提交的公示信息文件及签收记录；

4. 财政部 PPP 项目管理库公示信息；

5. 可能的会议纪要、专项报告、往来文件；

6. 其他相关文件等。

六、补充说明

本项是政府方监管要点内容，可以关联《PPP 项目政府方监管要点》阅读，共涉及三项监管要点，分别如下：

1. 监管要点 13：确认采购信息是否及时、适当公开？

2. 监管要点 44：确认 PPP 项目信息是否按照规定及时公开？

3. 监管要点 93：确认项目信息是否及时披露？

第 94 节 项目的试运营管理

核心条款

第九十四条 项目公司应按照 PPP 项目合同的约定执行。项目竣工验收通过后，项目公司应向实施机构提交《进入试运营期的申请报告》，实施机构书面批准后正式进入试运营期。

试运营期期满，具备进入正式运营条件的，项目公司应向实施机构提交《试运营验收申请报告》，实施机构验收合格，书面确认试运营达到合同约定标准，批准进入正式运营。验收过程中发现问题的，项目公司应专人跟踪、专项处理，直至问题关闭，验收通过。

条款解析

项目试运营属于或有工作，如果有试运营工作的，项目公司主要关注以下几项要点：

第一，正式进入试运营期的时点，必须通过书面文件正式确认。

第二，试运营期间，项目公司按照要求落实合同约定的各项试运营工作，并达到约定的标准，妥善保存相关档案。

第三，试运营期结束，项目公司满足试运营的各项要求，符合进入正式运营期的条件，通过验收，实施机构同意项目公司通过试运营验收，同意进入正式运营期，双方应通过书面确认。

第四，如果涉及整改工作的，项目公司应当安排专人处理，专项落实，并尽快完成。最后通过书面确认验收通过，确保完整关闭，不留下任何争议。

实施办法

一、管理依据

（一）法律法规、政策依据

财政部《关于规范政府和社会资本合作合同管理工作的通知》（财金〔2014〕156号）附件《PPP项目合同指南（试行）》第2章第8节第1条第2款明确，“在订立PPP项目合同时，双方会根据项目的技术特点和商业特性约定开始运营的条件，以确定开始运营及付费的时间点。常见的条件包括：……（2）已按照合同中约定的标准和计划完成项目试运营……试运营期的安排通常适用以下两种情形：（1）在项目完工后，技术上需要很长的测试期以确保性能的稳定性；（2）在项目开始运营之前，需要进行大量的人员培训或工作交接”。

国家发改委《关于开展政府和社会资本合作的指导意见》（发改投资〔2014〕2724号）附件2《政府和社会资本合作项目通用合同指南（2014年版）》第39条明确，“项目合同应约定试运营的安排，如：（1）试运营的前提条件和技术标准。（2）试运营的期限。（3）试运营期间的责任安排。（4）试运营的费用和收入处理。（5）正式运营的前提条件。（6）正式运营开始时间和确认方式等”。

（二）PPP项目合同常规约定

以四川省某市政配套、保障性安居工程PPP项目为例，其《PPP项目合同》第36.5条约定，“在试运营前，乙方应依据有关法律、法规及本合同约定编制运营管理制度（应包含但不限于运营、维护维修、应急处置及安全管理等内容），并提交甲方备案”。第36.6条约定，“乙方在项目运营中不得出现服务歧视的规定和行为，不得限制特定类别或特定乘客使用本项目服务。乙方须严格遵守执行市政府关于特殊乘客特别服务及减免票款、优惠票款的相关规定”。

（三）管理制度

一般对应《运营管理制度》《试运营管理制度》等，详细内容略。

（四）经验教训

试运营结束后必须经过验收和书面确认，清晰约定具体时点。

二、工作实施方案

1. 梳理《PPP 项目合同》关于试运营的相关约定。

2. 项目公司内部会议，落实试运营管理的各项工作任务，并通过会议决议确认。

3. 各相关责任人按照要求落实工作情况，并妥善完成工作档案。

4. 建议每周举行内部会议，确认各人工作完成情况，确保试运营工作稳步推进，持续可控。

5. 过程中发生的各项问题，应指定专人负责，整改完成后，必须形成闭环，并通过档案关闭。

6. 具备试运营测试条件的，及时组织测试或验收，并获得验收通过证书。

7. 获得验收通过证书后，应同时确认进入正式运营的证书。

8. 妥善梳理、保存完整的试运营管理档案。

三、管理表单

略。

四、实务风险解析与建议

实务问题 1：某 PPP 项目，政府方要求部分子项提前进入运营，双方应履行怎样的程序？

解析与建议：

详细内容请关联《PPP 项目执行阶段操作指南：100 个实务问题深度解析（第二册）》问题 66 进行阅读。

实务问题 2：PPP 项目从建设期进入运营期，需要履行哪些合适的程序?

解析与建议：

详细内容请关联《PPP 项目执行阶段操作指南：100 个实务问题深度解析（第二册）》问题 73 进行阅读。

也可以关联本章第 85 节第四部分实务问题 1 进行阅读。

五、管理成果要求（基础档案）

1. 《PPP 项目合同》关于试运营的约定；
2. 相关管理制度文件；
3. 试运营管理方案，随附相关会议纪要（或决议）；
4. 试运营相关过程文件；
5. 试运营验收或测试申请报告及相关附件；
6. 验收或测试报告，附会议纪要、整改要求；
7. 整改完成书面回复及验收确认文件；
8. 正式试运营验收通过文件；
9. 其他相关会议纪要、往来函件、专项报告；
10. 其他相关文件等。

六、补充说明

本项工作不直接涉及政府方监管要点。

第 95 节 运营期目标的更新与确定

核心条款

第九十五条 项目公司应根据本规程第十三条规定，对运营期目标进行更新和确认，并予以量化，作为项目公司运营期管理的基准要求。

确认量化的目标为项目公司运营管理的核心要求，也是项目公司管理团队的核心目标。目标一经确定，不得轻易调整，确需调整的，应获得适当的批准程序，方可进行。

条款解析

不忘初心，方得始终。

初始，PPP 项目合同的要求是我们的本心，当下，项目公司动态确定的经营管理目标是我们的本心。始终聚焦、坚守合同目标，全力以赴，方向正确，就不会有重大的偏离。

进入正式运营期后，按照 PDCA 的原则，项目公司需要重新更新、确认运营期的总体目标，具体包括经营指标和管理指标。本规程第 13 条已经对项目公司经营管理目标进行确定与分解，但是项目实施至今，各种条件都发生了变化与调整，原来设定的目标是否适当？是否还能够实现？这需要重新确认。于是，项目公司就重新对运营期目标进行校准。重新确认过的目标，通过适当的程序确认后，作为项目公司运营期的最高要求。

实施办法

一、管理依据

（一）法律法规、政策依据

本节内容和本章第3节、第13节、第14节、第15节、第16节、第17节和第18节关联，可以关联阅读。

详细内容可参见本章第3节。

（二）PPP项目合同常规约定

以天津市某高速公路PPP项目为例，其《PPP项目合同》第34条明确，“运营服务标准按照甲方与××市关于高速公路的相关规定执行。高速公路两侧及互通区禁止设置大型广告牌，其余广告依据国家和××市有关法律法规设置”。第35条明确，“在特许经营期内，如有新的运营服务标准或要求颁布，则乙方应执行新的标准和要求。如由前述原因引起运营成本的变化，可行性缺口补助金额不予调整”。

该合同第36.1条、第36.2条分别约定：“运营维护内容包括道路路面、路基、桥涵结构物及防护工程、安全设施、服务设施、管理设施等的日常运营维护保养、中修工程和大修工程。乙方在特许经营期内应保证按照有关规定对工程设计范围内的道路、桥梁、排水、交通标识设施、收费站、服务区、监控设施、交调设施、BIM管理系统等主体及附属设施进行及时维修、正常养护及必要的更新，以保证在特许经营期届满后全部设施能继续保持正常运转。本项目所有项目公司运营范围内的设施所需的特许经营期内的维修、正常养护及必要的更新费用由乙方承担”。“乙方应当编制运营维护手册，建立日常运营维护记录，并定期向甲方提供报告，包括每季度的运营报告、每半年的财务报告等”。

该合同第37条约定，“未经甲方批准，乙方不得擅自进行任何涉及本项目的改建或扩建工程。为保障本项目设施的安全运营，应定期或不定期地对设施进行更新”。第38条约定，“运营期间，乙方应根据甲方或其他相关行业主管部门的要求进行运营管理，甲方不给予特别补偿”。第 40 条还明确，“甲方及政府有关部门依据自身行政职能对项目运营进行监管”。

（三）管理制度

一般对应《总经理办公会议事规则》，具体内容略。

（四）经验教训

1. 根据进入运营期当前的实际情况，适应性地调整运营期目标，以使其更加客观、可行、可实现。运营期目标更新后，应当通过项目公司管理制度进行审批，并遵照执行。

2. 项目公司的目标，应当高于股东公司所给的目标。

二、工作实施方案

1. 根据《PPP 项目合同》的约定，结合 PPP 项目当前的现状，以及前期设定的工作目标，初步分析目标是否需要更新。

2. 需要更新调整的，项目公司内部应先会议商定调整情况，并征询全体管理人员意见。

3. 全体管理人员无意见后，项目公司形成正式决议，必要时，可以通过总经理办公会正式发布。

4. 经正式发布的更新目标，作为未来运营期的关键目标。

5. 项目公司管理人员按照更新后的目标，重新梳理各自负责的工作及计划。

6. 妥善梳理和保存相关档案文件。

三、管理表单

略。

四、实务风险解析与建议

实务问题：某市政道桥 PPP 项目即将进入运营期，项目公司应从哪些方面考虑去开展运营管理工作?

解析与建议：

详细内容请关联《PPP 项目执行阶段操作指南：100 个实务问题深度解

析（第二册）》问题67进行阅读。

五、管理成果要求（基础档案）

1. 项目公司内部会议纪要，附决议文件；
2. 确定的运营期最新目标；
3. 总经理办公会决议文件，附会议纪要；
4. 全员交底记录；
5. 各人工作任务清单；
6. 其他相关文件等。

六、补充说明

本项是政府方监管要点内容，可以关联《PPP项目政府方监管要点》阅读，共涉及一项监管要点如下：

监管要点28：确认项目公司是否根据合同履约？是否及时更新和上报相关信息？

第 96 节 运营管理大纲的更新和批准

核心条款

第九十六条 项目公司应根据本规程第二十条规定，对项目公司运营管理大纲进行更新和确认。

运营管理大纲应对运营方式进行策划。项目运营应按照 PPP 项目合同的约定执行，项目公司可以自运营，可以通过招标形式委托第三方专业机构运营，也可以由指定机构运营（如公立学校、公立医院等），应在运营管理大纲中确定。运营管理大纲应包括详细运营方案，并随附运营成本测算，运营成本不得擅自突破 PPP 项目合同约定的上限。

运营管理大纲应报实施机构书面批准或备案，项目公司根据批准意见执行。

各项目参与方的计划、方案，应以满足《项目公司经营管理大纲》（运营管理大纲）为要求，不得突破大纲的要求和标准。

条款解析

该条基本逻辑关系和本规程第 20 条一致，首先确定目标，其次策划方案。

本规程第 20 条编制了项目公司的经营管理大纲，这是全生命周期的方案策划，但进入运营期后，需要根据修正后的运营期目标进行适应性更新和调整。

运营管理大纲属于项目公司的管理文件，一般情况下不需要向实施机构申报和批准，但是实务中，实施机构有可能会对运营的标准和要求提出新的需求，该种情况下，建议项目公司将更新后的运营管理大纲提交实施机构审批或备案，以此作为客户需求变化的确认，为下一步运营成本的核定打好基础。另外，从工作透明、规范管理的角度出发，也建议将更新后的运营管理大纲向实施机构提交和备案。

运营管理大纲策划时，应当已经确认了运营方案，明确了是项目公司自运营，还是委托第三方运营，并根据确认的方案展开策划。同时，还应当策划、编制好详细的当年运营管理方案，同时随附当年的运营成本，一并提交实施机构确认。未来每个运营年度年初的时候，都应当对当年的具体运营方案和运营成本（资金预算）进行策划、确认，其中，资金预算还应当通过股东会决议（一般情况下，运营方案、运营成本应当作为资金预算的附件进行支撑）。

实施办法

一、管理依据

（一）法律法规、政策依据

本节内容与本章第20节关联，可以关联阅读。

（二）PPP项目合同常规约定

以天津市某高速公路PPP项目为例，其《PPP项目合同》第34条明确，“运营服务标准按照甲方与天津市关于高速公路的相关规定执行。高速公路两侧及互通区禁止设置大型广告牌，其余广告依据国家和天津市有关法律法规设置”。第35条明确，“在特许经营期内，如有新的运营服务标准或要求颁布，则乙方应执行新的标准和要求。如由前述原因引起运营成本的变化，可行性缺口补助金额不予调整”。

该合同第36.1条约定，“运营维护内容包括道路路面、路基、桥涵结构物及防护工程、安全设施、服务设施、管理设施等的日常运营维护保养、中修工程和大修工程。乙方在特许经营期内应保证按照有关规定对工程设计范围内的道路、桥梁、排水、交通标识设施、收费站、服务区、监控设施、交调设施、BIM 管理系统等主体及附属设施进行及时维修、正常养护及必要的更新，以保证在特许经营期届满后全部设施能继续保持正常运转。本项目所有项目公司运营范围内的设施所需的特许经营期内的维修、正常养护及必要的更新费用由乙方承担”。第 36.2 条约定，“乙方应当编制运营维护手册，建立日常运营维护记录，并定期向甲方提供报告，包括每季度的运营报告、每半年的财务报告等”。

该合同第 37 条约定，“未经甲方批准，乙方不得擅自进行任何涉及到本项目的改建或扩建工程。为保障本项目设施的安全运营，应定期或不定期地对设施进行更新”。第 38 条约定，“运营期间，乙方应根据甲方或其他相关行业主管部门的要求进行运营管理，甲方不给予特别补偿”。第 40 条还明确，“甲方及政府有关部门依据自身行政职能对项目运营进行监管”。

（三）管理制度

一般对应《总经理办公会议事规则》，具体内容略。

（四）经验教训

本节内容与本章第 20 节关联，可以关联阅读。

二、工作实施方案

1. 根据更新后的运营目标，项目公司全员重新编写《运营管理大纲》。

2. 《运营管理大纲》草本完成后，应组织集体评审，并正式修订完成。

3. 修订完成的《运营管理大纲》，报总经理办公室正式批准后，发布执行。

4. 根据《PPP 项目合同》的约定，及时向实施机构提交一份备案。

5. 项目公司组织全员深度学习，系统交底，形成正式会议纪要，必要时，应当全员落实各自工作任务。

6. 妥善梳理和保存相关档案文件。

三、管理表单

略。

四、实务风险解析与建议

实务问题1：项目公司应该如何开展规范经营管理？应从哪些方面考虑？

解析与建议：

详细内容请关联《PPP项目执行阶段操作指南：100个实务问题深度解析（第二册）》问题21进行阅读。

实务问题2：某市政道桥PPP项目即将进入运营期，项目公司应从哪些方面考虑去开展运营管理工作？

解析与建议：

详细内容请关联《PPP项目执行阶段操作指南：100个实务问题深度解析（第二册）》问题67进行阅读。

五、管理成果要求（基础档案）

1. 项目公司内部会议纪要，附决议文件；
2. 《运营管理大纲》更新草案，项目公司内部评审及决议文件；
3. 正式修订提交的更新版《运营管理大纲》，附总经理办公会决议文件及会议纪要；
4. 全员交底记录；
5. 各人工作任务清单；
6. 其他相关文件等。

六、补充说明

本项是政府方监管要点内容，可以关联《PPP项目政府方监管要点》阅读，共涉及一项监管要点如下：

监管要点28：确认项目公司是否根据合同履约？是否及时更新和上报相关信息？

第 97 节　运营管理手册的编制和批准

核心条款

第九十七条　项目公司自行运营的，应组建完整运营管理团队，学习相关行业运营法律法规和政策，并编制《运营管理工作指导手册》，该手册根据项目运营情况每年更新，经过项目公司总经理办公会，或项目公司总经理批准后，遵照执行。

条款解析

除了运营管理大纲等纲领性文件外，由于项目公司必须对运营结果负责①，项目公司的回款必须根据绩效考核、绩效评价的结果来确认，因此，项目公司不能因为委托股东或第三方运营而忽略对运营的实质性管理。

项目公司必须将运营管理做实，应当对日常的运营管理行为进行监管，确保完全履约，持续、稳定提供合格的公共服务，确保可以满足运营期绩效考核的各项标准和要求。因此，项目公司应当按照运营管理的内容，以及绩效考核细则的标准和要求，对具体的运营管理工作进行细节上的思考，这些具体指导各岗位管理人员的具体工作指导手册，即运营管理手册。这也是为了防止管理人员存在“以包代管”的思想或行为而设置的固定动作，不管是“包”还是“不包”，自己必须专业，必须将管理做实。

运营管理手册是工作指南，同属严肃的管理行为，为了确保其严肃性、完整性和准确性，建议经过项目公司的正式批准，未来如果需要修订或完善

---

① 投融资风险、建设风险、运营风险，由社会资本方承担。

的，同样需要经过相应的批准后，方可正式发布。

实施办法

一、管理依据

（一）法律法规、政策依据

财政部《关于规范政府和社会资本合作合同管理工作的通知》（财金〔2014〕156号）附件《PPP项目合同指南（试行）》第2章第8节第2条第2款中明确，“为保障项目的运营质量，PPP项目中通常还会要求项目公司编制运营与维护手册，载明生产运营、日常维护以及设备检修的内容、程序和频率等，并在开始运营之前报送政府方审查。运营维护手册以及具体运营标准通常会作为PPP项目合同的附件”。

《PPP项目合同指南（试行）》第2章第9节第1条第1款明确，“在PPP项目中，通常由项目公司负责根据合同约定及维护方案和手册的要求对项目设施进行维护和修理，该责任不因项目公司将部分或全部维护事务分包给其他运营维护商实施而豁免或解除”，该条第2款进一步明确，“1. 维护方案。为了更好地保障项目的运营和维护质量，在PPP项目合同中，通常会规定项目公司在合同生效后、开始运营日之前编制项目维护方案并提交政府方审核，政府方有权对该方案提出意见。在双方共同确定维护方案后，项目公司作出重大变更，均须提交政府方。但维护方案的实施是否以取得政府方同意为前提，则需要视维护的技术难度要求、政府方参与维护的程度、政府方希望对维护控制的程度等具体情况而定。维护方案中通常包括项目运营期间计划内的维护、修理和更换的时间以及费用以及上述维护、修理和更换可能对项目运营产生的影响等内容。2. 维护手册。对于某些PPP项目、特别是技术难度较大的项目，除维护方案外，有时还需要编制详细的维护手册，进一步明确日常维护和设备检修的内容、程序及频率等”。

财政部办公厅《关于印发污水处理和垃圾处理领域PPP项目合同示范文本的通知》（财办金〔2020〕10号）附件4《污水处理厂网一体化政府和社

会资本合作（PPP）项目合同》第9.2.1条第3款明确，“乙方应确保在整个合作期内，始终根据下列规定运营维护项目设施：a. 适用法律；b. 经甲方审核确定的运营维护方案；c. 运营维护手册以及与项目设施有关的设备制造商提供的一切有关手册、指导和建议；d. 谨慎工程和运营惯例；e. 本合同和《运营维护服务协议》下对项目运营的其他所有要求”。该条第6款还明确，“本合同生效日后，项目开始运营前，乙方须向甲方提交运营维护方案，并经甲方审核同意后执行；乙方应当根据经审核确定的运营维护方案等要求编制运营维护手册（手册应包括进行定期和年度检查、日常运行维护、大修维护和年度维护的程序和计划，以及调整和改进检验及维护安排的程序和计划），并报甲方备案”。

（二）PPP项目合同常规约定

以天津市某高速公路PPP项目为例，其《PPP项目合同》第36.2条约定，“乙方应当编制运营维护手册，建立日常运营维护记录，并定期向甲方提供报告，包括每季度的运营报告、每半年的财务报告等”。

（三）管理制度

一般对应《运营管理制度》《保修管理制度》《档案管理制度》等，详细内容略。

（四）经验教训

1.《运营管理手册》不但是政策、合同的要求，更是项目公司自身对于运营实施层面细节的深度思考，是实实在在的运营管理工作的需要，因此，必须认真落实。必要时，可以借助第三方咨询机构的力量来完成相关工作。

2.《运营管理手册》可能无法一次编写成型，在项目运营过程中，可以持续遵循PDCA原则，定期对手册进行适应性调整和完善，确保手册始终处于有效、高效的状态。

二、工作实施方案

1. 根据更新后的运营目标、《运营管理大纲》，项目公司全员重新编写

《运营管理手册》。

2.《运营管理手册》草本完成后，应组织集体评审，并正式修订完成。

3. 修订完成的《运营管理手册》，报总经理办公室正式批准后，发布执行。

4. 根据《PPP项目合同》的约定，及时向实施机构提交一份备案。

5. 项目公司组织全员深度学习，系统交底，形成正式会议纪要，必要时，应当全员落实各自工作任务。

6. 妥善梳理和保存相关档案文件。

三、管理表单

略。

四、实务风险解析与建议

严格按照PPP项目合同和管理制度执行即可。

暂无直接实务风险和问题反馈，未来待动态补充。

五、管理成果要求（基础档案）

1. 项目公司内部会议纪要，附决议文件；

2.《运营管理手册》更新草案，项目公司内部评审及决议文件；

3. 正式修订提交的更新版《运营管理手册》，附总经理办公会决议文件及会议纪要；

4. 全员交底记录；

5. 各人工作任务清单；

6. 其他相关文件等。

六、补充说明

本项是政府方监管要点内容，可以关联《PPP项目政府方监管要点》阅读，共涉及一项监管要点如下：

监管要点28：确认项目公司是否根据合同履约？是否及时更新和上报相关信息？

第98节 运营管理制度的更新和批准

核心条款

第九十八条 项目公司应根据本规程第三十五条规定，及时更新项目公司经营管理制度，以适配运营管理需求。管理制度更新完成后，应根据公司章程规定，通过“三会”程序正式发布，方可生效执行。

项目公司应根据内部审计管理制度，定期对管理制度的执行进行内审，每年不少于一次。当管理制度发生执行偏差时，应专人跟踪、专项处理，直至偏差纠正。

条款解析

PPP项目进入运营期后，由于前期的各项管理制度多为建设阶段管理制度，与运营期的管理需求可能不适配，因此，项目公司应当对管理制度进行更新，以此作为运营期的管理准则。管理制度建议每年更新一次，确保其先进性和适用性，保证项目公司的经营管理效率和效能。

另外，还有两点需要关注：一是管理制度的更新，同样需要“三会”正式发布，以确保其合规性；二是管理制度是用来遵循的，因此，项目公司应当动态自检，确保过程管理是严格按照制度在执行（通过管理成果来确认）。

实施办法

一、管理依据

（一）法律法规、政策依据

本节内容与本章第35节关联，可以关联阅读。

详细内容可参见本章第35节。

（二）PPP项目合同常规约定

这是项目公司内部管理行为，一般《PPP项目合同》中不会明确约定。

（三）管理制度

通常情况下，管理制度中应当明确规定定期更新，项目公司应当根据规定遵照执行。

（四）经验教训

通过内部审计发现，实务中通常会出现的问题包括：项目公司无适配运营管理制度；直接抄用其他单位的管理制度，未根据项目具体情况进行适应性修订；已编制运营管理制度，但未通过“三会”正式发布；正式发布后，未严格遵照执行，相关流程和成果与管理制度不匹配；运营管理制度长期不更新，无法适配运营管理需要等，项目公司应当重视，尽量避免以上情形的发生。

二、工作实施方案

1. 根据更新后的运营目标、《运营管理大纲》、《运营管理手册》，项目公司全员重新编写《运营管理制度》。

2. 《运营管理制度》完成后，应组织集体评审，并正式修订完成。

3. 修订完成的《运营管理制度》，应根据《公司章程》的规定，报董事会正式决议通过后，发布执行。

4. 项目公司组织全员深度学习，系统交底，形成正式会议纪要，必要时，应当全员落实各自工作任务。

5. 妥善梳理和保存相关档案文件。

三、管理表单

略。

四、实务风险解析与建议

严格按照公司章程、PPP项目合同和管理制度执行即可。

暂无直接实务风险和问题反馈，未来待动态补充。

五、管理成果要求（基础档案）

1. 项目公司内部会议纪要，附决议文件；

2.《运营管理制度》更新草案，项目公司内部评审及决议文件；

3. 正式修订提交的更新版《运营管理制度》，附董事会决议文件及会议纪要；

4. 全员交底记录；

5. 各人工作任务清单；

6. 其他相关文件等。

六、补充说明

本项是政府方监管要点内容，可以关联《PPP 项目政府方监管要点》阅读，共涉及一项监管要点如下：

监管要点 59：确认项目公司是否有完整的组织架构，各岗位人员是否均已实际到位履职？确认项目公司是否有经过董事会正式批准的管理制度和管理体系，并遵照执行？

第 99 节　运营期保函的提交和管理

核心条款

第九十九条　项目公司应按照 PPP 项目合同的约定及时向实施机构提交运营期履约保函，并专人跟踪管理，使保函持续处于有效期内，同时应严控履约保函的被提取。

履约保函应为见索即付，但实施机构提取保函时，应随附相应证据，确保提取合规。当实施机构不当提取时，项目公司应及时追索，不得形成管理真空，导致实质性损失。

条款解析

部分《PPP 项目合同》将提交运营期保函作为正式进入运营期的前置条件之一，无论何种约定，项目公司均应当按照合同约定，及时、足额提交运营期保函。

本项工作可以和本规程第 89 条工作合并进行，在建设期保函撤回的同时，提交运营期保函，直接进行替换，效率更高。

运营期保函的管理规则和建设期保函一样，必须专人管理，确保其始终处于有效期内，同时确保未被不当提取。

实施办法

一、管理依据

（一）法律法规、政策依据

本节内容与本章第 30 节、第 89 节、第 124 节、第 125 节和第 130 节关联，可以关联阅读。

详细内容可参见本章第30节。

（二）PPP项目合同常规约定

本节内容与本章第30节、第89节、第124节、第125节和第130节关联，可以关联阅读。

详细内容可参见本章第30节。

（三）管理制度

一般对应《财务管理制度》《担保制度》等，具体内容略。

（四）经验教训

1. 各项保函，政策规定了上限，但是没有规定下限，所以保函的额度并不一定要达到上限，可以适当往下约定，以减少财务成本的支出。但是不管如何约定，只要合同约定明确，项目公司就应当遵照执行。

2. 担保公司出具的保函，一般不会被实施机构认可。

3. 部分合同约定了非常容易触发的保函提取条件，如“如果乙方未按照上述规定及时更换保函或者延长最后一份履约保函的有效期，甲方有权全额兑取旧履约保函或最后一份履约保函的全部金额”，项目公司应当重视，避免“被提取”风险。

4. 保函的兑取，必须有完整的证据材料，否则，项目公司应当积极主张退回及相应的资金损失，避免被“薅羊毛”。

二、工作实施方案

1. 财务人员根据《PPP项目合同》确认运营期保函的金额和要求。

2. 通过项目公司内部会议确定是由股东方正式开具，还是由项目公司正式开具。

3. 由股东方正式开具的，协调股东方在规定时限内，出具符合要求的保函，并及时提交实施机构，获得签收记录。

4. 由项目公司开具的，妥善准备相关材料，在规定时限内出具符合要求的保函，并及时提交实施机构，获得签收记录。

5. 由于特殊事件导致不能按照合同约定的要求及时足额开具保函的，应当和实施机构提前协商，获得违约责任的豁免，并保留相关记录；条件具备的，可以签订补充协议进行确认。

6. 财务人员应当专人负责，持续跟踪，确认保函始终处于有效期内，且未被不当提取。

7. 确实发生被提取事件的，应当妥善做好记录，并及时按照要求补充保函金额。

8. 向项目公司汇报被提取事件之后，继续监管。

三、管理表单

略。

四、实务风险解析与建议

严格按照PPP项目合同和管理制度执行即可。

暂无直接实务风险和问题反馈，未来待动态补充。

五、管理成果要求（基础档案）

1. 《PPP项目合同》关于运营期保函的约定和要求；
2. 金融机构有关开具保函的条件和要求；
3. 向股东方发出的相关工作联系函，或相关会议纪要；
4. 正式的运营期保函及实施机构签收记录；
5. 过程管理记录；
6. 提取记录及其完整附件（或有）；
7. 项目公司内部会议纪要及完整的处理记录；
8. 提交的新的保函文件及实施机构签收记录；
9. 其他相关文件等。

六、补充说明

本项是政府方监管要点内容，可以关联《PPP 项目政府方监管要点》阅读，共涉及一项监管要点如下：

监管要点 58：确认乙方履约保函是否已经及时足额提交？且该提交的履约保函是否“见索即付”？若提取了保函，是否履行了合适的程序，且确认乙方是否及时予以补足？

第 100 节　运营期保险的购买

核心条款

第一百条　项目公司应充分识别项目运营潜在危险源，并制定保险购买方案，提交实施机构批准或备案后，及时、足额购买。购买保险的凭证，应根据 PPP 项目合同的约定及时向实施机构提交，同时应在项目公司经营管理月报中体现。

项目公司还应定人管理，使保险持续处于有效期内。根据保险合同规定，当被保险人发生变化时（如人员流动变化），应及时向保险公司进行报备更新。

条款解析

运营期保函提交后，应同时考虑和落实运营期保险的购买。

保险是给项目公司增设的“护身符”，可以转移各种不可预见的风险，必须要购买。其购买原则和建设期保险一致，应充分识别危险源，并有针对性的购买，相关费用纳入当年运营成本。

保险购买后，应当专人管理，持续跟踪，确保保险合同中约定的各项理赔条件可以随时满足。项目公司不作理赔的预期，也不希望理赔事件发生，但是如果存在这样的可能，也应当做好万全准备。

因此，项目公司应定人关注本项工作，使之持续受控。

实施办法

一、管理依据

（一）法律法规、政策依据

本节内容与本章第 29 节关联，可以关联阅读。

详细内容可参见本章第 29 节。

（二）PPP 项目合同常规约定

以天津市某高速公路 PPP 项目为例，其《PPP 项目合同》第 39 条“运营期保险”约定，“乙方应按行业惯例自费购买和保持本协议所要求的合理的保险。乙方的保险应符合《中华人民共和国保险法》和其他适用法律的要求”。

（三）管理制度

一般对应《保险管理制度》等，详细内容略。

（四）经验教训

无。

二、工作实施方案

1. 项目公司全员排查，识别、梳理项目危险源，形成确认的危险源清单。

2. 邀请各保险公司，就已识别的危险源清单，征询保险方案意见。

3. 项目公司根据各保险公司提供的保险方案，进行内部评议，形成保险方案的购买意见。

4. 向实施机构提交工作联系函，表明拟购买的保险方案、采购方式、采购时间、费用归属等，准备采购。

5. 实施机构未明确表示反对的情况下，项目公司可以根据采购管理制度，委托第三方招标代理机构代为采购，采购前应邀请实施机构代表共同监督采购流程。

6. 选中保险公司后，对《保险合同》进行审议，获得法律意见书后，正式签订。

7. 签订正式《保险合同》后，立即提交一份原件报实施机构备案。

8. 综合管理部应专人管理，认真研究保险赔付的条件，并严格遵从执行，确保时刻满足相关要求。

9. 发生理赔事件，应专项处理，直至获得赔付。

10. 保险到期后，应继续购买或重新采购，确保始终处于保险有效期内。

三、管理表单

略。

四、实务风险解析与建议

实务问题：PPP 项目具体要购买哪些保险险种?

解析与建议：

详细内容请关联《PPP 项目执行阶段操作指南：100 个实务问题深度解析》问题 61 进行阅读。

五、管理成果要求（基础档案）

1. 项目公司全员共同确认的危险源清单；
2. 各保险公司的初步保险方案；
3. 项目公司确定的拟采购方案；
4. 报实施机构的工作联系函；
5. 完整的保险采购记录文件；
6. 正式签订的《保险合同》；
7. 《保险合同》实施机构备案记录或签收记录；
8. 综合管理部过程管理文件、赔付记录（或有）；
9. 其他相关文件等。

六、补充说明

本项是政府方监管要点内容，可以关联《PPP 项目政府方监管要点》阅读，共涉及一项监管要点如下：

监管要点 62：确认项目公司是否按照约定购买相应保险？

第 101 节　获得正式运营许可

核心条款

第一百零一条　项目公司应根据本规程第四条规定，在建设期内完成运营所需的资质申领工作。

项目试运营结束后，项目公司应及时获得实施机构签发的正式运营证书，运营证书应明确项目具备正式运营条件，且明确载明正式运营起始日。

当不能获得实施机构签发的正式运营证书时，项目公司应明确原因，积极消除影响，并固定证据，作为追索责任的依据，相关过程应有律师参加。必要时，可以向相关方发出律师函。

条款解析

清晰确定正式运营的时间点，是项目公司正式进入运营期的里程碑事件，也是未来绩效考核和回款的开始。实务中经常发生已经进入实际运营，但实施机构却坚决不承认的实践案例，最终导致各方争议和矛盾。

项目公司进入实际运营后，随之产生相应成本，该成本应当如何处理？进入建设总投资不适当，因为结算已经上报，且实施机构本身就不认同，所以行不通；进入当年运营成本也不适当，因为实施机构还没确认进入运营期，所以无法计入。该种情形下，项目公司要么自行承担，损害自身利益；要么通过各种其他非正式方法消化，形成违规事实。最后逐渐演变成糊涂账，未来政府审计介入时，谁也算不清，造成项目推进不畅。

其实解决的办法也很简单，确认进入运营期的，项目公司正常投入运营、投入使用；不确认进入运营期的，请实施机构明确为什么不同意进入运营期，待项目公司集中精力处理完毕后，即可毫无争议地进入运营期。实施机构没有正当理由拒绝进入运营期的，项目公司一方面可以拒绝投入使用，另一方面也可以根据合同的约定提出正当的主张。必要时，可以请律师协助搜集各项证据，为通过诉讼手段维护自身合法权益做好准备。

对项目公司而言，就是需要一份正式的、确认的、实施机构同意正式进入运营期，且正式运营时点明确的运营许可或证书，以此规避未来可能发生的风险。这个许可或证书的形式不限，只要双方共同确认（签字盖章）已经具备合同要求的进入正式运营期的条件，实施机构同意自某个时点进入正式运营期即可。

实施办法

一、管理依据

（一）法律法规、政策依据

财政部《关于规范政府和社会资本合作合同管理工作的通知》（财金〔2014〕156 号）附件《PPP 项目合同指南（试行）》第 2 章第 8 节第 1 条第 1 款规定，“概述。开始运营，是政府方和项目公司均非常关注的关键时间点。对政府方而言，项目开始运营意味着可以开始提供公共产品或服务，这对于一些对时间要求较高的特殊项目尤为重要。例如，奥运会场馆如果没有在预定的时间完工，可能会造成极大的影响和损失。对项目公司而言，在多数 PPP 项目中，项目公司通常只有项目开始运营后才能开始获得付费。因此，项目尽早开始运营，意味着项目公司可以尽早、尽可能长时间的获得收入。基于上述原因，开始运营的时间和条件也是双方的谈判要点”。该条第 2 款规定，“开始运营的条件。1. 一般条件。在订立 PPP 项目合同时，双方会根据项目的技术特点和商业特性约定开始运营的条件，以确定开始运营及付费的时间点。常见的条件包括：（1）项目的建设已经基本完工（除一些不影响运营的部分）并且已经达到满足项目目的的水平；（2）已按照合同中约定的标准和计划完成项目试运营；（3）项目运营所需的审批手续已经完成（包括项目相关的备案审批和竣工验收手续)；（4）其他需要满足项目开始运营条件的测试和要求已经完成或具备。2. 具体安排。在一些 PPP 项目中，开始运营与建设完工为同一时间，完工日即被认定为开始运营日。但在另一些项目中，开始运营之前包括建设完工和试运营两个阶段，只有在试运营期满时才被认定为开始运营。这种包括试运营期的安排通常适用以下两种情形：（1）在项目完工后，技术上需要很长的测试期以确保性能的稳定性；（2）在项目开始运营之前，需要进行大量的人员培训或工作交接”。

国家发改委《关于开展政府和社会资本合作的指导意见》（发改投资〔2014〕2724 号）附件 2《政府和社会资本合作项目通用合同指南（2014 年版)》第 39 条明确，“项目合同应约定试运营的安排，如（1）试运营的前提条件和技术标准。(2）试运营的期限。(3）试运营期间的责任安排。(4）试运营的费用和收入处理。(5）正式运营的前提条件。(6）正式运营开始时间和确认方式等”。

（二）PPP 项目合同常规约定

以天津市某高速公路 PPP 项目为例，其《PPP 项目合同》第 33 条约定，“项目通过交工验收并取得高速公路收费批复后，经行业管理部门批准开通之日即为建成通车日。自建成通车日起，本项目进入运营阶段”。

再以河南某党校 PPP 项目为例，其《PPP 项目合同》第 20.1 条约定，“本项目完工后，乙方书面报告甲方，经同意后进入试运营期，试运营期三十天后，设备设施达到设计标准，项目开始进入商业运营期”。

（三）管理制度

一般对应《运营管理制度》等，详细内容略。

（四）经验教训

1. 合同约定为原则，结果确认为目标，建议书面确认正式的运营起始日，具体可参照《PPP 项目执行阶段操作指南：100 个实务问题深度解析（第二册)》问题 73 进行落实。

2. 若政府方以某种理由不同意进入运营期，项目公司应当专项处理，尽快分析原因。属于项目公司原因的，立即处理，迅速报备，持续推动，直至获得书面确认；非项目公司原因的，应及时召开协调会议，阐明原因，给出建议，确认结果，直至获得书面确认。切忌拖延。

3. 非正式沟通与正式沟通并行，二者同等重要。

二、工作实施方案

1. 项目公司认真梳理《PPP 项目合同》中关于正式进入运营期的条件和要求。

2. 通过内部会议，逐条确认和分解相关条件和要求，分别指定责任人负责落实完成。

3. 建议每周召开会议，逐条确认完成情况和推动进展。

4. 当内部确认无误，完全具备正式进入运营期的条件时，应当逐项梳理相关文件，向实施机构提交正式申请。

5. 正式申请提交后，应专人跟踪落实。

6. 若实施机构有整改要求，应定人限时完成，完成后，及时邀请实施机构验收确认，排除障碍。

7. 继续专人跟踪，持续处理，直至获得运营期启动证书，明确进入运营期的具体时点。

8. 妥善梳理和保存相关档案文件。

9. 及时更新财政部 PPP 项目管理库公示信息。

三、管理表单

略。

四、实务风险解析与建议

实务问题 1：若 PPP 项目建设期提前完成，政府方是否可以提前付费？是否可以增加付费（增加多出来的运营期的付费）？

解析与建议：

详细内容请关联《PPP 项目执行阶段操作指南：100 个实务问题深度解

析》问题 52 进行阅读。

实务问题 2：某市政道桥 PPP 项目即将进入运营期，项目公司应从哪些方面考虑去开展运营管理工作？

解析与建议：

详细内容请关联《PPP 项目执行阶段操作指南：100 个实务问题深度解析（第二册）》问题 67 进行阅读。

实务问题 3：PPP 项目从建设期进入运营期，需要履行哪些合适的程序？

解析与建议：

详细内容请关联《PPP 项目执行阶段操作指南：100 个实务问题深度解析（第二册）》问题 73 进行阅读。①

五、管理成果要求（基础档案）

1. PPP 项目合同关于进入正式运营的相关条款；
2. 竣工验收合格证书；
3. 试运营验收通过证书；
4. 确认正式进入运营的证书；
5. 相关的会议纪要、专项报告、往来文件；
6. 其他相关文件等。

六、补充说明

本项也是政府方监管要点内容，可以关联《PPP 项目政府方监管要点》阅读，共涉及一项监管要点如下：

监管要点 86：确认本项目正式开始运营时间。

---

① 亦可参见崔德高：《虎头豹尾，PPP 项目如何来一场漂亮的建设性阶段收官之战》，载《施工企业管理杂志》2020 年第 8 期。

第 102 节　委托运营单位的选择

核心条款

第一百零二条　项目公司委托第三方运营的，应严格按照采购管理制度执行。采购时，可以依据本规程第八十二条规定实施，邀请实施机构派出代表监督，共同开标、评标与定标，由项目公司发出中标通知书并签订合同。

项目公司可以委托第三方招标代理机构进行采购，其中，运营费用不得突破 PPP 项目合同约定的上限。

项目公司应完整保存相关采购文件，并按照本规程第七十一条的规定，与对应合同合并存档。以上采购管理成果文件，应随时完成、随时存档，不得滞后。

委托运营单位的选择应在当期项目公司经营管理月报中专章体现。

条款解析

确认委托运营单位，实务中大概率是委托股东方运营，部分涉及专业运营的，多为委托第三方运营。

委托股东方运营的，按照本规程第 83 条关联交易的处理执行，如果是通过公开招标形式选定的社会资本方，且社会资本具备相应的资质和能力，则项目公司可以通过股东会决议后，直接与该股东签订《委托运营服务协议》。

委托第三方运营的，则应按照本规程第 82 条采购动态管理执行，超过规定限额的，应当采用公开招标方式进行采购，建议委托招标代理机构代为采购。

委托运营单位的选择，涉及核心利益的处置，因此，实务中很有可能在建设阶段就已经充分论证，已经提前确认和落实了。提前落实的优势是，让负责运营的人在建设阶段就参与项目建设，可以从运营的角度提出项目建设需求，为下一步的运营服务打好基础，未来条件具备时，可以无缝衔接、直接上手，提高运营管理工作的效率。

所以，本项工作按照逻辑关系放在第 102 条，但是应当提前完成（也建议提前考虑，提前完成）。

实施办法

一、管理依据

（一）法律法规、政策依据

财政部《关于规范政府和社会资本合作合同管理工作的通知》（财金〔2014〕156 号）附件《PPP 项目合同指南（试行）》第 2 章第 8 节第 2 条第 3 款明确，“运营责任划分。一般情况下，项目的运营由项目公司负责。但在一些 PPP 项目、特别是公共服务和公用设施行业下的 PPP 项目中，项目的运营通常需要政府方的配合与协助。在这类项目中，政府方可能需要提供部分设施或服务，与项目公司负责建设运营的项目进行配套或对接，如垃圾处理项目中的垃圾供应、供热项目中的管道对接等。具体项目中如何划分项目的运营责任，需要根据双方在运营方面的能力及控制力来具体分析，原则上仍是由最有能力且最有效率的一方承担相关的责任”。

财政部《关于进一步加强政府和社会资本合作（PPP）示范项目规范管理的通知》（财金〔2018〕54 号）第 2 条第 4 款规定，“杜绝违法违规现象。坚守合同谈判底线，加强合同内容审查，落实项目风险分配方案，合同中不得约定由政府方或其指定主体回购社会资本投资本金，不得弱化或免除社会资本的投资建设运营责任，不得向社会资本承诺最低投资回报或提供收益差额补足，不得约定将项目运营责任返包给政府方出资代表承担或另行指定社会资本方以外的第三方承担”。

财政部《关于推进政府和社会资本合作规范发展的实施意见》（财金

〔2019〕10号）第3条要求，“各级财政部门要将规范运作放在首位，严格按照要求实施规范的PPP项目，不得出现以下行为：……（二）本级政府所属的各类融资平台公司、融资平台公司参股并能对其经营活动构成实质性影响的国有企业作为社会资本参与本级PPP项目的。社会资本方实际只承担项目建设、不承担项目运营责任，或政府支出事项与项目产出绩效脱钩的”。

2018年12月20日，交通运输部《关于〈收费公路管理条例（修订草案)〉公开征求意见的通知》附件1《收费公路管理条例（修订草案征求意见稿)》第9条规定，“建设、养护和运营政府收费公路，应当由省级人民政府或者其授权的部门依法确定的法人组织实施。前款确定的法人组织可以按照相关法律法规的规定选择养护和运营单位”。

深圳证券交易所《关于发布〈深圳证券交易所政府和社会资本合作（PPP）项目资产支持证券挂牌条件确认指南〉、〈深圳证券交易所政府和社会资本合作（PPP）项目资产支持证券信息披露指南〉的通知》（深证会〔2017〕340号）附件1《深圳证券交易所政府和社会资本合作（PPP）项目资产支持证券挂牌条件确认指南》第6条规定，“社会资本方（项目公司）以PPP项目资产作为基础资产开展证券化，除符合第四条关于PPP项目收益权的合格标准外，还需符合以下要求：……4. 社会资本方（项目公司）以PPP项目资产开展证券化，应继续履行项目运营责任，或重新确定履行项目运营责任的主体并经政府方等认可，确保不得影响基础设施的稳定运营或公共服务供给的持续性和稳定性”。第7条还规定，“社会资本方以PPP项目公司股权作为基础资产开展证券化，除符合上述PPP项目收益权的合格标准外，还需符合以下要求：……6. PPP项目公司控股股东以持有的项目公司股权发行资产支持证券，不得改变对项目公司的实际控制权和项目运营责任，不得影响基础设施的稳定运营或公共服务供给的持续性和稳定性”。

该通知附件2《深圳证券交易所政府和社会资本合作（PPP）项目资产支持证券信息披露指南》第18条规定，“社会资本方（项目公司）转让PPP项目收益权、项目资产及项目公司股权开展资产证券化，应在计划说明书、资产买卖协议、资产服务协议中明确，社会资本方（项目公司）应继续承担项目的持续维护、运营责任，或对项目持续维护、运营责任作出合理安排并取得政府方认可，不得影响基础设施的稳定运营或公共服务供给的持续性和稳定性”。

（二）PPP 项目合同常规约定

以湖南省某妇幼 PPP 项目为例，其《PPP 项目合同》第 10.1 条约定，“乙方负责非核心业务运营。非核心业务包括卫生保洁、安全保卫、机电设备维护、绿化养护、配送服务、洗涤服务、停车场管理、食堂餐饮、院区广告投放及商店运营、病患生活护理及其他辅助医疗服务等，具体以届时甲乙双方协商确定的运营方案为准。乙方可以自运营，也可以委托有资质或能力的第三方运营，但乙方始终对运营服务的结果负责”。

再以四川省某市政配套、保障性安居工程 PPP 项目为例，其《PPP 项目合同》第 37.1 条规定，“乙方作为本项目运营主体，对本项目运营相关事宜承担责任。乙方应自主运营本项目或根据项目需要和相关规定聘请专业运营机构负责本项目运营的具体事项。若乙方委托专业机构具体运营，受委托企业的选择须经政府方同意，且不因此减轻或者免除乙方对本项目的运营主体责任。同时，乙方不得将本项目运营反委托给政府方”。

（三）管理制度

一般对应《运营管理制度》《采购管理制度》等，详细内容略。

（四）经验教训

1. 运营责任和后果，始终由中标社会资本、项目公司承担，甩不开、赖不掉，项目公司应当沉心静气，认真落实，树立对运营结果负责的理念。

2. 运营工作不能直接指定给政府方承担。

二、工作实施方案

1. 项目公司事先和股东公司充分沟通，确认运营服务方案。

2. 当确定委托第三方提供运营服务时，项目公司根据《采购管理制度》

做好采购准备。

3. 项目公司根据项目服务特性，初步拟定委托运营单位的资质要求和专业要求等，内部审议通过。

4. 项目公司可以委托第三方招标代理机构代为采购，采购方式应为公开招标（通常情况下，委托运营服务的标的应当超过100万元限价标准，因此，应为公开招标方式）。

5. 对招标文件审定无误后，启动公开招标。

6. 邀请实施机构派代表共同参加招标流程，进行全程监督。

7. 项目公司和实施机构共同参与合同谈判过程，确认无误后，发出正式招标通知书。

8. 根据中标结果签订正式委托运营服务合同。

9. 签订完成后，提交一份合同原件给实施机构备案。

10. 妥善梳理和保存相关档案文件。

三、管理表单

略。

四、实务风险解析与建议

实务问题：PPP项目公司法定代表人与成交社会资本方下属的运营子公司总经理为同一个人时，双方签订《委托运营合同》是否违规？

解析与建议：

详细内容请关联《PPP项目执行阶段操作指南：100个实务问题深度解析（第二册）》问题77进行阅读。

五、管理成果要求（基础档案）

1. 项目公司内部确认运营方式的文件（委托第三方运营）；

2. 采购方案的策划（采购要求、标准等）及项目公司内部评审通过的文件；

3. 招标文件的审定和确认；

4. 完整招标采购过程文件；

5. 相关的会议纪要、专项报告、往来文件；

6. 其他相关文件等。

六、补充说明

本项是政府方监管要点内容，可以关联《PPP 项目政府方监管要点》阅读，共涉及一项监管要点如下：

监管要点 28：确认项目公司是否根据合同履约？是否及时更新和上报相关信息？

第 103 节 委托运营合同的起草、评审、谈判与签订

核心条款

第一百零三条 项目公司应严格按照合同管理制度执行，履行合同审批流程，合同评审应附法律意见书。当 PPP 项目合同有约定时，委托运营合同可以提交实施机构审核。

合同签订时，应明确具体的签约日期，不得空白。

合同签订生效后一周内，项目公司应向实施机构提交一份合同原件备案。

条款解析

委托运营单位选择的同步工作应当是《委托运营合同》的起草与签订，这里之所以单列，是因为该合同的重要性和特殊性。

其重要性表现为，通常委托运营合同的标的额不高，仅仅限于委托运营服务的折算对价，多为几百万元，千万元左右已经算较高标准。但是运营服务的结果，却与项目公司运营期的政府付费紧密关联，只有通过绩效考核和绩效评价的，项目公司才能按照《PPP 项目合同》的约定，及时、足额收到回款；如果不能顺利通过绩效考核和绩效评价，被打了低分的话，则政府方会按照《PPP 项目合同》约定打折支付，甚至不予支付，特别严重的情况下，甚至可能终止合同，追究违约责任。简单来说，就是委托运营的服务质量与项目公司的回款完全挂钩，其影响的金额通常会数倍于《委托运营合同》的合同标的。

此时就涉及违约责任设计的问题。如果项目公司设计的违约责任过高，要求被委托运营单位全额承担政府付费被扣减的金额，则被委托运营单位必

然拒绝；如果不能完全挂钩，转由被委托运营单位承担，则项目公司可能损失巨大，在合同评审的时候可能无法通过。这是一个矛盾，因此，如何设计一份适当的《委托运营合同》，就十分重要。要求既能调动被委托运营单位的积极性和主动性，又能对其有一定的威慑力，还能充分降低项目公司的未来回款风险，颇有挑战性。

其特殊性表现为，目前还没有《委托运营合同》范本，也没有成熟的经验可以借鉴，都是“摸着石头过河”，所以需要大家共同思考、共同探索。

所以，《委托运营合同》比较特殊，非常重要，不能简单按照服务合同的思维去考虑，项目公司应当非常重视、非常审慎，应当结合运营管理人员、律师、专家等因素，充分考虑、充分论证，最终确认合同文本。

实施办法

一、管理依据

（一）法律法规、政策依据

本节内容与本章第1节、第5节和第6节相关联，可以关联阅读。

详细内容可参见本章第1节、第5节。

（二）PPP项目合同常规约定

本项工作内容属于项目公司内部管理动作，一般《PPP项目合同》中不会约定。

（三）管理制度

一般对应《合同管理制度》等，详细内容略。

（四）经验教训

1. 委托运营合同没有示范文本，需要项目公司自行编制，由于一般项目公司、社会资本方对专业运营内容不熟悉，建议邀请律师全程参与合同编制。

2. 建议委托运营合同报实施机构审查，正式签订后，立即提交一份原件给实施机构备案。

二、工作实施方案

1. 委托运营单位采购前，项目公司应当先启动委托运营合同的编写工作。

2. 建议委托运营合同由律师起草编写，运营专业人员参与，提供技术支持。

3. 合同草本完成后，应组织项目公司全员参与评审，形成正式评审意见。

4. 根据评审意见重新修订，修订完成后，集体评议通过，附在招标文件后。

5. 和中标单位进行合同谈判，形成谈判备忘录。

6. 根据谈判备忘录，修订正式合同。

7. 合同修订完成后，根据合同管理制度，走正式审批程序。

8. 审批通过后，和中标单位正式签订《委托运营合同》。

9. 签订完成后，提交一份合同原件给实施机构备案。

10. 妥善梳理和保存相关档案文件。

三、管理表单

略。

四、实务风险解析与建议

严格按照管理制度执行即可。

暂无直接实务风险和问题反馈，未来待动态补充。

五、管理成果要求（基础档案）

1. 《委托运营合同》的起草，初稿；

2. 内部评审记录；

3. 律师评审意见；

4. 合同谈判备忘录；

5. 合同修订评审记录、法律意见书；

6. 中标通知书；

7. 项目公司内部审批通过的文件；

8. 正式签订的《委托运营合同》；

9. 其他相关文件等。

六、补充说明

本项是政府方监管要点内容，可以关联《PPP 项目政府方监管要点》阅读，共涉及一项监管要点如下：

监管要点 28：确认项目公司是否根据合同履约？是否及时更新和上报相关信息？

第 104 节　委托运营合同的内部交底与 WBS 深度任务分解

核心条款

第一百零四条　委托运营合同签订完成后，前端负责人员应向后端运营管理人员进行内部交底，同时，运营管理团队应对合同进行深度学习，完成 WBS 深度任务分解工作，以上交底与任务分解可以合并进行。

合同交底应以专项会议形式正式进行，就合同内容逐条分解，应分别确认责任人、实施方案、责任时间，以及要求的成果目标，不得流于形式走过场。交底会议应形成正式的会议纪要，参与交底的人员应全部在交底记录上签名确认。

WBS 深度任务分解应结合岗位职责，最终形成各管理人员的工作目标责任书（工作任务清单），以此作为个人考核的原始依据。

条款解析

和 PPP 项目合同的交底与 WBS 深度分解一样，委托运营合同签订后，项目公司同样需要安排交底与学习，这是合同管理的固定动作，只是由于《委托运营合同》为主合同体系内容之一，其重要性更高。且该合同的特殊性，决定了后期履约难度较高。因此，项目公司应当审慎，应当对全员进行交底，确保管理团队的信息流保持一致。同时，需要将各项管理任务进行深度分解，以此形成对运营全过程的实质性管理。此处的“管理”，要求必须是动态的、实效的，可以保证运营达到绩效考核标准和要求的行为——项目公司对最终的运营结果负责，承担相应的责任和后果，因此，不能“以包代管”。

关于具体的合同交底和 WBS 深度分解，以及合同管理的规则，按照本规程第 9 条项目合同交底、第 10 条项目合同的 WBS 深度任务分解，以及第 71 条建设期合同动态管理执行来看，其内涵一致。

实施办法

一、管理依据

（一）法律法规、政策依据

委托运营合同内部交底和 PPP 项目合同交底一样，在项目公司的基础工作中属于同类型工作，参照《建设工程项目管理规范》中的规定执行，具体可参见该规范第 7.5.1 条、第 7.5.2 条、第 7.5.3 条。

本节内容与本章第 9 节关联，可以关联阅读。

详细内容可参见本章第 9 节。

（二）PPP 项目合同常规约定

本项工作内容属于项目公司内部管理动作，一般《PPP 项目合同》中不会约定。

（三）管理制度

一般对应《合同管理制度》等，详细内容略。

（四）经验教训

本节内容与本章第 9 节关联，可以关联阅读。

详细内容可参见本章第 9 节。

二、工作实施方案

1. 《委托运营合同》签订完成后，项目公司总经理或副总经理应及时组织内部学习交底。

2. 学习时，所有管理团队成员全部就位，不得缺席。

3. 由主持人将文件投影，逐条、逐句、逐字学习，涉及具体工作任务时，由相关职能部门、职能岗位的具体人员认领，同时明确该项任务应如何完成，应在什么时限内完成，直至任务人员清晰明白。该项工作由项目公司总经理或副总经理确认（该方法即为WBS深度解析法）。

4. 文件研习过程中，对于发现的风险问题应专项处理、专项落实，确保无遗漏。

5. 项目公司应做好会议纪要签到、会议纪要，以及拍照等完整过程记录。

6. 学习交底完成后，项目公司管理团队成员应共同签字确认。

三、管理表单

略。

四、实务风险解析与建议

实务问题：合同WBS深度解析，应如何理解？实务中应如何应用？

解析与建议：

详细内容请关联《PPP项目执行阶段操作指南：100个实务问题深度解析（第二册）》问题22进行阅读。

五、管理成果要求（基础档案）

1. 《委托运营合同》；
2. 合同管理制度文件；
3. 内部合同交底会议纪要，附完整交底记录；
4. 合同WBS深度任务分解记录，附完整会议纪要；
5. 重要工作的专项处理方案；
6. 其他相关文件等。

六、补充说明

本项是政府方监管要点内容，可以关联《PPP项目政府方监管要点》阅读，共涉及五项监管要点，分别如下：

1. 监管要点28：确认项目公司是否根据合同履约？是否及时更新和上报

相关信息？

2. 监管要点 31：确认自身是否根据合同履约？

3. 监管要点 51：对案例 PPP 项目进行定期监督、检查、管理，确保项目建设合法合规、顺利有序推进。

4. 监管要点 70：确认 PPP 项目建设期是否按照合同约定履约？若有工期变化，是否按照约定履行了批准手续？确认是否存在实施机构原因导致的建设期延误？若有，应批准乙方的顺延建设期要求。

5. 监管要点 81：确认项目公司是否存在视为放弃或严重违约情形？若有该等情形发生，实施机构是否及时介入？是否按照合同约定追究其违约责任？

第105节　运营期绩效考核的交底与WBS深度任务分解

核心条款

第一百零五条　项目公司应根据委托运营合同的约定，明确运营期绩效考核中各项工作的完成标准，并与本规程第一百零四条形成的管理人员工作任务清单结合，逐条交底，责任到人，不得遗漏。

以上要形成精确到各岗位个人的工作任务清单、工作任务清单完成标准，同时应明确相关工作的实施方案、完成时限、形成的管理成果要求等，并通过正式文件进行发布。若岗位人员调整变动，应做好详细的交底、交接后，方可办理人员变动手续。

原则上，项目公司应于每月24日定期检查任务清单完成情况，并根据偏差制定解决方案，逐条销项，以此作为各岗位个人的工作绩效考核内容之一。

条款解析

除了合同分解形成工作任务清单外，还要同步对绩效考核的要求进行分解，形成各责任人的工作标准要求，以终为始，以最终考核的标准和要求来确定日常工作需要完成的管理成果，这样做效率最高。这是一项固定的管理动作。

当然，项目公司除了内部要十分清晰相关的标准和要求外，最重要的是需要对被委托运营单位进行交底和要求，确保双方信息流一致，沟通频率一致，十分重要。只有大家理解一致、标准一致，才能同心协力，就一个目标、一个标准共同努力，最终的结果才能符合预期。

实际管理当中，相关方经常犯的一个管理错误就是大家理解不一致，碰到问题各执一词，形成不当沟通成本，管理效率较低。因此，这里的交底务求做实，务求管理人员非常清楚相关的管理内容和标准。

实施办法

一、管理依据

（一）法律法规、政策依据

本节内容与本章第 11 节关联，可以关联阅读。

详细内容可参见本章第 11 节。

（二）PPP 项目合同常规约定

以天津市某高速公路 PPP 项目为例，其《PPP 项目合同》第 46.2 条约定，“本项目运营期内每年的可行性缺口补助金额为 4275 万元/年，按照合同附件 1《绩效考核管理办法》进行绩效支付”。

该《绩效考核管理办法》明确，“×××交通运输委员会作为×××人民政府授权的《特许经营协议（PPP 项目合同）》签署甲方，全面行使特许经营监管及考核职能。×××高速公路管理处在市交通运输委的领导下，具体实施建设期、运营期及移交后的项目绩效考核工作，并将考核结果统一上报市交通运输委作为绩效考核依据。市高速处可以委托第三方进行绩效考核”，“考核对象为本项目的项目公司，即《特许经营协议（PPP 项目合同）》的签署乙方”，“运营期考核内容依据《×××高速公路设施维护与运营服务考核办法》（现行版，后期依据行业管理需求不断完善），考核内容分为日常检查、半年考核、年终考核和社会满意度评价四个部分，以考核当期执行的考核办法为依据。考核内容包括：路况服务水平、养护管理考核、收费运营考核、服务区管理考核、路网运行考核、交通标志与数据采集考核、社会满意度评价等，详见附件《×××高速公路设施维护与运营服务考核办法》”，“运营期考核以自然年度为一个考核周期。当年投入运行时间不足一年的，按当年综合得分计算”，“绩效考核结果与补助金额支付挂钩。每年政府应支付可行性缺口补助金额的全额纳入考核基数。补助金额依据每运营年度综合考核结果对应付给项目公司补助金额进行核定。核定标准如下：年度综合考核结果得分900分（含）以上的，本年度可行性缺口补助全额支付。年度综合考核结果得分在900分以下的，本年度可行性缺口补助按照考核分数比例支付，如得分为820分，则考核分数比例为（820/900）×100%=91%；得分为560分，则考核分数比例为（560/900）×100%=62%。年度综合考核结果得分在600分以下的，甲方有权要求项目公司在一个月内进行整改并达到考核标准，对于整改后仍不达标的，甲方有权提前终止合同”。

具体的考核细则，略。

（三）管理制度

略。

（四）经验教训

本节内容与本章第11节关联，可以关联阅读。

详细内容可参见本章第11节。

二、工作实施方案

1. 项目公司总经理组织，全员参与，应安排专人做好会议记录，会议结束后，形成正式会议纪要，与会人员签字，并附会议照片（附会议录音）。

2. 按照绩效考核细则，逐条审阅，逐条确认打分证据，对应责任人，要求限时输出确认的工作成果（打分的证据文件）；对应责任人确认无误后，输出各人工作任务清单和要求。与会人员无疑义后，共同签字确认，作为下步工作的依据和要求。

三、管理表单

略。

四、实务风险解析与建议

实务问题1：对于PPP项目的绩效考核，应如何理解？

解析与建议：

详细内容请关联《PPP项目执行阶段操作指南：100个实务问题深度解

析》问题89进行阅读。

实务问题2：项目公司应如何高效通过绩效考核?

解析与建议：

项目公司应当从证据链角度开展绩效考核工作，即可大幅提高通过的概率。详见本章第87节。

五、管理成果要求（基础档案）

1. 正式签发的会议纪要；
2. 现场照片；
3. 团队成员确认的详细工作任务清单和要求；
4. 其他相关文件等。

六、补充说明

本项是政府方监管要点内容，可以关联《PPP项目政府方监管要点》阅读，共涉及三项监管要点，分别如下：

1. 监管要点38：确认是否按约及时进行绩效考核工作?
2. 监管要点87：确认运营服务是否按约执行?
3. 监管要点89：确认是否按约及时进行绩效考核工作?

第 106 节　委托运营合同与运营期绩效考核的外部交底

核心条款

第一百零六条　项目公司在委托运营合同深度任务分解后，应及时对被委托运营单位进行正式合同交底。

合同交底应以专项会议的形式正式进行，就合同背景、合同关键事项、本规程第一百零三条、第一百零四条、第一百零五条的内容逐条交底，应分别确认责任人、实施方案及责任时间，不得流于形式走过场。交底会议应形成完整的会议纪要，参与交底的人员应全部在交底记录上签名确认。

当项目公司与被委托运营单位为同一人时，可以将“委托运营合同交底”“委托运营合同的 WBS 深度任务分解”“运营期绩效考核的 WBS 深度任务分解”工作合并进行。

条款解析

项目公司首先应确保内部管理人员清晰各自的工作任务和要求标准，其次应确保被委托运营单位达到同样的要求和标准。

如果被委托运营单位就是股东方之一，那么本项工作可以和项目公司内部交底工作合并进行。如果是委托的第三方，则应当分开开展。

实施办法

一、管理依据

（一）法律法规、政策依据

委托运营合同外部交底，可以参照《建设工程项目管理规范》第 7. 5. 1

条、第 7.5.2 条、第 7.5.3 条规定执行。

本节内容与本章第 9 节、第 11 节关联，可以关联阅读。

详细内容可参见本章第 9 节、第 11 节。

（二）PPP 项目合同常规约定

本项工作内容属于项目公司内部管理动作，一般《PPP 项目合同》中不会约定。

（三）管理制度

一般对应《合同管理制度》《运营管理制度》等，详细内容略。

（四）经验教训

本节内容与本章第 9 节、第 11 节关联，可以关联阅读。

详细内容可参见本章第 9 节、第 11 节。

二、工作实施方案

1. 项目公司应当组织对第三方委托运营单位进行合同和绩效考核的交底。

2. 会议交底应一次完成，建议准备一天时间，项目公司和委托运营单位全员参与，交底的同时，互相熟悉。

3. 可以先对《委托运营合同》进行交底，建议采用 WBS 深度解析法，协助对方落实工作任务分解，明确责任人。

4. 相应责任人和项目公司主管人员互相熟悉，确认具体工作开展的配合要求。

5. 完成后，再进行绩效考核细则的逐条分解，和委托运营单位对运营标准的逐条确认。

6. 以上交底应形成正式会议纪要、交底记录，与会人员共同签字确认。

7. 交底完成后，将相关文件梳理后存档，作为未来工作的基本要求。

8. 建议工作完成后团建一次，有助于营造轻松工作氛围，彼此熟悉。

三、管理表单

略。

四、实务风险解析与建议

严格按照管理制度执行即可。

暂无直接实务风险和问题反馈，未来待动态补充。

五、管理成果要求（基础档案）

1. 外部交底会议纪要，附与会人员签字的完整交底记录；
2. 重要工作的专项处理方案；
3. 其他相关文件等。

六、补充说明

本项是政府方监管要点内容，可以关联《PPP 项目政府方监管要点》阅读，共涉及五项监管要点，分别如下：

1. 监管要点 28：确认项目公司是否根据合同履约？是否及时更新和上报相关信息？

2. 监管要点 31：确认自身是否根据合同履约？

3. 监管要点 51：对案例 PPP 项目进行定期监督、检查、管理，确保项目建设合法合规、顺利有序推进。

4. 监管要点 70：确认 PPP 项目建设期是否按照合同约定履约？若有工期变化，是否按照约定履行了批准手续？确认是否存在实施机构原因导致的建设期延误？若有，应批准乙方的顺延建设期要求。

5. 监管要点 81：确认项目公司是否存在视为放弃或严重违约情形？若有该等情形发生，实施机构是否及时介入？是否按照合同约定追究其违约责任？

第 107 节　运营工作的动态管理

核心条款

第一百零七条　项目公司应严格按照运营管理相关制度执行，对运营管理工作进行持续、动态管理，对运营结果负责。

项目公司应通过运营方案策划、执行监管、监督检查、偏差纠正的 PDCA 方式开展动态管理工作，并将过程管理成果文件妥善存档。重大运营管理问题，应根据公司章程的约定，通过“三会一层”程序集体决策，重要运营相关问题，应有律师参与，并出具法律意见书。项目公司还应通过定期的内部审计，对运营管理工作进行检查。

运营动态管理工作，应形成项目公司经营管理月报，定期向实施机构、股东方进行通报，确保项目相关方沟通顺畅、信息流一致。

条款解析

前期基础准备工作完成后，就是严格履约问题。履约过程必须强调动态管理，PPP 项目全生命周期中，运营阶段工作持续最久，任务最重。过程中，主要强调以下六条：

第一，有据可依。各项管理动作应有依据、有来源，各相关人员知道该做什么、不该做什么，而这些“有所为，有所不为”的依据在哪里，如果发生变量，应当如何及时、恰当的处理，非常重要。这些依据包括法律法规政策、合同、管理制度、项目公司决议（如股东会决议、董事会决议、总经理办公会通知等）、批准的项目公司经营管理大纲、运营方案策划、运营管理手册、政府正式发文等。

第二，坚守初心。所有的管理行为、管理动作，其根本目的是实现既定的项目公司经营管理目标。因此，项目公司应当定期梳理，确认是否存在偏差；如果有偏差，应当及时、适当地调整方案，以保证核心目标的可实现。

第三，执行为王。只要按照本规程的要求逐项落实，前期策划将会十分充分，那么执行过程中的核心就是执行力。强调逐项落实、落实到位，不得含糊，不得“和稀泥”。各项工作不是简单的“去做了”，而是强调“做了、做完了、做好了，各项管理成果也完成了，且和计划一致”。这项要求比较高，需要不断去提升，直至形成高效的紧密型组织，才能实现。执行过程中，还需要动态确认是否存在偏差，并动态修正，才可保持目标的可实现性。

第四，商务优先。各项工作当中，应当优先强调商务工作，在确保持续、稳定提供符合合同要求的公共服务的同时，应当通过商务资料同步确认当年的每项运营成本，同步确认和过程结算要求一致。这是未来政府方付费的根本要件之一（根本要件之二是顺利通过绩效考核）。这些都是未来及时、足额回款的前提条件，因此，必须优先对待、充分重视。

第五，证据同步。项目公司应当养成证据意识，要将各项重要的管理动作、管理行为，最终通过档案证据进行固定，尤其是商务部分，必须要以完整的证据链形式进行固定、确认。这是未来应对各种审计和考核的“万能公式”。因此，项目公司应当充分重视档案管理、充分重视档案管理人员，此处不再赘述。

第六，动态更新。以上的程序和办法建议每年至少更新一次，以适应当年的管理所需，只有定期动态更新，才能保证其先进性和适用性，否则，极易使项目公司的管理陷入“为了管理而管理”的陷阱。必须持续明确所有的管理动作和管理行为都是为目标而服务，不能偏离这一主线。

实施办法

一、管理依据

（一）法律法规、政策依据

本节内容与本章第95节、第96节、第97节和第98节关联，可以关联阅读。

详细内容可参见本章第95节。

（二）PPP项目合同常规约定

以天津市某高速公路PPP项目为例，其《PPP项目合同》第34条明确，“运营服务标准按照甲方与××市关于高速公路的相关规定执行。高速公路两侧及互通区禁止设置大型广告牌，其余广告依据国家和××市有关法律法规设置”。第35条明确，“在特许经营期内，如有新的运营服务标准或要求颁布，则乙方应执行新的标准和要求。如由前述原因引起运营成本的变化，可行性缺口补助金额不予调整”。

该合同第36.1条约定，“运营维护内容包括道路路面、路基、桥涵结构物及防护工程、安全设施、服务设施、管理设施等的日常运营维护保养、中修工程和大修工程。乙方在特许经营期内应保证按照有关规定对工程设计范围内的道路、桥梁、排水、交通标识设施、收费站、服务区、监控设施、交调设施、BIM管理系统等主体及附属设施进行及时维修、正常养护及必要的更新，以保证在特许经营期届满后全部设施能继续保持正常运转。本项目所有项目公司运营范围内的设施所需的特许经营期内的维修、正常养护及必要的更新费用由乙方承担”。第36.2条约定，“乙方应当编制运营维护手册，建立日常运营维护记录，并定期向甲方提供报告，包括每季度的运营报告、每半年的财务报告等”。

该合同第37条约定，“未经甲方批准，乙方不得擅自进行任何涉及本项目的改建或扩建工程。为保障本项目设施的安全运营，应定期或不定期地对设施进行更新”。第38条约定，“运营期间，乙方应根据甲方或其他相关行业主管部门的要求进行运营管理，甲方不给予特别补偿”。第40条还明确，“甲方及政府有关部门依据自身行政职能对项目运营进行监管”。

（三）管理制度

一般对应《运营管理制度》等，详细内容略。

（四）经验教训

1. 和建设阶段的动态管理一样，依然适用 PDCA 原则，聚焦运营阶段目标，持续、动态进行监管，是运营管理目标实现的必然途径，项目公司应当持续落实。

2.《项目公司经营管理月报》是运营工作动态管理的管理成果，项目公司可以根据项目运营的情况，适应性调整月报的主要结构和内容，并持续于每月 25 日输出，每年年底形成合集。这项工作应当持续落实。

二、工作实施方案

1. 项目公司根据《委托运营合同》、工作任务分解及运营管理手册等，对运营管理工作进行动态管理。

2. 建议每月 24 日定期召开一次内部例会，项目公司和委托运营单位共同参加，对运营维护内容逐条进行确认。

3. 内部确认无误后，编写《项目公司经营管理月报》，并于每月 25 日和实施机构定期召开正式月度例会。

4. 当出现履约偏差时，应当专项处理、指定专人负责。

5. 完成后，应当组织验收确认，直至问题全部关闭。

6. 按照《委托运营合同》的约定，履行适当的批准手续后，正常支付相关费用。

7. 履约过程中，及时按照要求进行运营成本的报送和确认。

8. 履约过程中，定期按照绩效考核的要求逐条准备档案证据文件。

9. 持续 PDCA，确保完全按约履行，确保可以顺利通过绩效考核，实现安全回款。

10. 每年年底编写《项目公司年度运营管理工作档案》。

三、管理表单

略。

四、实务风险解析与建议

实务问题：政府方的持股比例，对实施机构工作管理深度是否有影响？实施过程中，实施机构也管理总承包，那么哪些事项实施机构应该管理，哪些事项不应该管理？它们的权限到底有多大？

解析与建议：

详细内容请关联《PPP 项目执行阶段操作指南：100 个实务问题深度解析》问题 28 进行阅读。

五、管理成果要求（基础档案）

1. 《项目公司经营管理月报》；
2. 专项工作的处理报告；
3. 相关的会议纪要、往来文件、专项报告；
4. 整改通知及对应的整改完成报告、照片；
5. 《项目公司年度运营管理工作档案》（年初计划、具体实施执行等过程文件）；
6. 其他相关文件等。

六、补充说明

本项是政府方监管要点内容，可以关联《PPP 项目政府方监管要点》阅读，共涉及两项监管要点，分别如下：

1. 监管要点 51：对案例 PPP 项目进行定期监督、检查、管理，确保项目建设合法合规、顺利有序推进。
2. 监管要点 87：确认运营服务是否按约执行？

第 108 节　运营成本的动态确认（含调价）

核心条款

第一百零八条　项目公司应根据 PPP 项目合同的约定，妥善记录运营期间发生的各项运营成本，及时、定期进行过程确认。根据合同约定须报审计确认的，应专人跟踪、专项处理，直至获得审计报告。

条款解析

如上节所述，商务工作应当优先，这是未来及时、足额回款的前提条件之一，因此，项目公司必须充分重视，优先对待。

实施办法

一、管理依据

（一）法律法规、政策依据

财政部《关于规范政府和社会资本合作合同管理工作的通知》（财金〔2014〕156 号）附件《PPP 项目合同指南（试行）》第 2 章第 15 节第 4 条第 1 款第 2 项明确，“在运营期间，如果因发生政府方可控的法律变更导致项目公司运营成本费用增加，项目公司有权向政府方索赔额外费用或申请延长项目合作期限”。

《PPP 项目合作指南（试行）》第 3 章第 1 节第 4 条“政府付费的调价机制”明确，在长达 20 ~ 30 年的 PPP 项目生命周期中，市场环境的波动会直接引起项目运营成本的变化，进而影响项目公司的收益情况。设置合理的价格调整机制，可以将政府付费金额维持在合理范围，防止过高或过低付费导致项目公司亏损或获得超额利润，有利于项目物有所值目标的实现。常见的调价机制包括：（1）公式调整机制，是指通过设定价格调整公式来建立政府付费价格与某些特定系数之间的联动关系，以反映成本变动等因素对项目价格的影响，当特定系数变动导致根据价格调整公式测算的结果达到约定的调价条件时，将触发调价程序，按约定的幅度自动调整定价。常见的调价系数包括消费者物价指数、生产者物价指数、劳动力市场指数、利率变动、汇率变动等。调价系数的选择需要根据项目的性质和风险分配方案确定，并应综合考虑该系数能否反映成本变化的真实情况并且具有可操作性等。（2）基准比价机制，是指定期将项目公司提供服务的定价与同类服务的市场价格进行对比，如发现差异，则项目公司与政府可以协商对政府付费进行调价。（3）市场测试机制，是指在PPP项目合同约定的某一特定时间，对项目中某项特定服务在市场范围内重新进行采购，以更好地实现项目的物有所值。通过竞争性采购程序，政府和项目公司将可能会协商更换此部分服务的运营商或调整政府付费等。

财政部《关于印发〈政府和社会资本合作项目财政管理暂行办法〉的通知》（财金〔2016〕92号）附件《政府和社会资本合作项目财政管理暂行办法》第24条规定，“行业主管部门应当会同各级财政部门做好项目全生命周期成本监测工作。每年一季度前，项目公司（或社会资本方）应向行业主管部门和财政部门报送上一年度经第三方审计的财务报告及项目建设运营成本说明材料。项目成本信息要通过PPP综合信息平台对外公示，接受社会监督”。

（二）PPP项目合同常规约定

以云南省某教育园区PPP项目为例，其《PPP项目合同》第12.4条约定如下：

“12.4.1　本项目年度运营维护服务费的计算

“本项目年度运营维护服务费金额 = Σ各子项目年度运营维护服务费金额

“运营维护服务费包括中小学项目的后勤维护服务和幼儿园的项目的后

勤维护的服务费用，具体有：安全保卫服务、保洁服务、绿化养护服务、机电设备运行维护、教学大楼等建/构筑物的保养修护、食堂等配套设施的运营和管理等。

“中标人对本项目年度运营维护服务费的投标报价为 31, 353, 600. 00 元。

“12. 4. 2　本项目运营维护服务费按年予以计算并支付。任一子项目竣工验收并投入使用，但未进入整体运营期前，乙方是否需要提供除正常保修外的后勤维护服务由甲方决定：如需要乙方提供后勤维护服务，按子项目实际情况结合实施方案财务测算方式计算当年应计的运营维护服务费限价，按限价与实际发生值之间的较低值作为付费依据；如暂不需要乙方提供后勤维护服务，甲方自行安排该期间内的后勤维护服务，项目进入整体运营期后，由乙方负责后勤维护服务，开始计算运营维护服务费。

“12. 4. 3　整体运营期内第一个运营年和最后一个运营年的运营维护服务费按照如下公式计算：该年度运营维护服务费 = 年度运营维护服务费 × 该年度实际运营维护天数 ÷ 365 天。

“12. 4. 4　甲方有权会同财政部门或其他政府部门对乙方实际发生的运营维护服务费进行审核，如审计部门要求介入进行审计的，乙方应予以配合。如审核或审计确认的金额（如审计部门要求介入进行审计的，则以审计金额为准）低于第 10 条约定金额的，则按照审核或审计确认金额（如审计部门要求介入进行审计的，则以审计金额为准）确定本项目当年的运营维护服务费。

“12. 4. 5　调价机制

（a）自实际整体运营开始日起至本项目合作期届满，运营维护服务费单价每两（2）年调整一次。

（b）调价公式。

$R_n = K \times R_{n-2}$，其中：

R_n 为第 n 年调整后的运营维护服务费；

R_{n-2} 为第 $n-2$ 年的运营维护服务费；

K 为调价系数，K = CPIn - 1 × CPIn - 2 × 10 - 10。

其中：

n 为第 n 年时调价的当年（n≥2）。

CPIn - 1 为本级人民政府统计部门公布的第 n - 1 年居民消费价格指数。

CPIn - 2 为本级人民政府统计部门公布的第 n - 2 年居民消费价格指数。

“本项目合作期内，如本级人民政府统计部门公布的居民消费价格指数数值不再可以得到，则使用市级或省级人民政府统计机构公布的指数数值。

“12.4.6 每次调价工作应在价格调整年前一运营年的 12 月 31 日前完成审核与批准。乙方应先向甲方以书面形式提出调价申请文件，并附详细说明和相关证明资料。甲方收到乙方调价申请文件后，可以会同财政、发改、审计、统计等相关政府部门联合对乙方的运营成本进行审核或监审，必要时可选择第三方机构参与调查、分析与审核。确定调整后的运营维护服务费后，由甲方向本级人民政府报批，获得批准后，调整后的运营维护服务费自每个价格调整年的 1 月 1 日起执行。”

《PPP 项目合同》第 15.2.1 条、第 15.2.2 条还约定，如因履行本合同项下的义务而导致乙方在项目建设期的建设成本和/或资本性支出，或在运营期的运营成本和/或资本性支出增加，甲方给予乙方适当补偿；如因履行本合同项下的义务而导致乙方在项目建设期的建设成本和/或资本性支出，或在运营期的运营成本和/或资本性支出减少，甲方有权要求对可行性缺口补助支付标准进行调整。

（三）管理制度

一般对应《运营管理制度》《运营成本管理制度》《回款管理制度》等，详细内容略。

（四）经验教训

1. 运营成本的落实和过程结算要求一样，强调实时。建议逐月进行确认。项目公司可以逐月上报，逐月审计，逐月确认。其中，调价部分也应当逐月落实，不能等着某一时点统一考虑。

2. 一定要详细阅读《PPP项目合同》约定的成本确认原则，并完全遵照执行。

二、工作实施方案

1. 编制年初运营方案及运营成本预算，经项目公司内部评审通过后，报实施机构批准或备案。

2. 报股东会决议通过后，遵照执行。

3. 每月实时确认运营成本，并报跟踪审计审定确认。

4. 12月底形成年度运营成本结算文件，并报跟踪审计审定确认。

5. 跟踪审计、实施机构确认后，形成正式审定报告。

6. 编制第二年的运营方案及运营成本预算，继续新的循环。

三、管理表单

略。

四、实务风险解析与建议

严格按照PPP项目合同和管理制度执行即可。

暂无直接实务风险和问题反馈，未来待动态补充。

五、管理成果要求（基础档案）

1. 项目公司内部评审记录，附批准通过的年初运营方案及运营成本预算；

2. 实施机构签收记录及相关批复文件；

3. 股东会决议文件，附决议通过的运营方案、成本预算；

4. 可能的政府发出的运营标准变化文件；

5. 可能的备忘录或《PPP项目合同补充协议》；

6. 每月运营成本结算文件及跟踪审计审定报告；

7. 年度运营成本确认文件；

8. 相关会议纪要、专项报告、往来文件；

9. 第二年的运营方案及运营成本预算；

10. 其他相关文件等。

六、补充说明

本项是政府方监管要点内容，可以关联《PPP 项目政府方监管要点》阅读，共涉及一项监管要点如下：

监管要点 90：确认乙方的经营性收益，并确认是否根据合同约定及时向乙方支付相应的可行性缺口补助？

第 109 节 调价管理

核心条款

第一百零九条 项目公司应按照 PPP 项目合同的约定，对满足调价条件的，及时申请调价，不得滞后。调价工作应专人跟踪、专项处理，直至调价工作完成，必要时，可以聘请外部专家或律师参与，协助处理。

调价申请文件至少应包括：调价申请报告、调价的金额、调价的依据、调价的计算过程，以及其他相关文件等。

相关调价工作应在项目公司经营管理月报中专章体现。

条款解析

运营成本确认过程中，涉及调价部分的，项目公司应当专项处理，重点关注。

由于调价涉及核心商务条件，涉及各方的核心利益，一般各方都会比较慎重，尤其是政府方，要进行各项审查、申报，甚至是举行听证会，过程比较长、程序比较复杂，这种情况下，项目公司更应当积极主动推动调价工作的进展，不能坐等政府方落实。

在具体实施时，项目公司应当严格按照《PPP 项目合同》约定的调价机制执行，只要触发调价条件，无论项目处于何种状态，都应当主动申报，及时主张。政府方按照调价机制正式批准的，项目公司应当在运营成本的动态管理中进行确认；政府方无正当理由不予批准调价的，项目公司应当及时主张其违约责任；政府方因为公众利益等其他情形不予批准调价的，项目公司有权要求政府给予其他形式的补偿。

特殊情况下，可以邀请外部专家或律师加入专项小组，协助办理。

实施办法

一、管理依据

（一）法律法规、政策依据

本节关联本章第 108 节，可以关联阅读。

详细内容可参见本章第 108 节。

（二）PPP 项目合同常规约定

本节关联本章第 108 节，可以关联阅读。

详细内容可参见本章第 108 节。

（三）管理制度

一般对应《运营管理制度》《运营成本管理制度》《回款管理制度》等，详细内容略。

（四）经验教训

本节关联本章第 108 节，可以关联阅读。

详细内容可参见本章第 108 节。

二、工作实施方案

1. 项目公司应熟悉《PPP 项目合同》中关于调价的约定。

2. 持续关注项目情况，当触及调价情形时，应当启动调价申请工作。

3. 项目公司内部按照约定梳理关于调价的报告及其附件，充分论述调价的事由，调价的幅度，随附完整的证据附件。

4. 项目公司内部评议通过后，向实施机构提出正式调价申请，并落实专人负责、专人跟踪。

5. 通过专项会议、专项报告或往来文件的形式，持续推动。

6. 直至实施机构书面批复。

7. 必要时，可以通过《PPP 项目合同补充协议》的形式进行确定。

8. 必要时，可以根据政策规定举行听证会。

9. 按照调价后的价格，动态确认运营成本。

三、管理表单

略。

四、实务风险解析与建议

严格按照项目公司管理制度执行即可。

暂无直接实务风险和问题反馈，未来待动态补充。

五、管理成果要求（基础档案）

1. 《PPP 项目合同》关于调价的约定；
2. 相关管理制度和政策文件；
3. 各期信息价、市场价的文件记录；
4. 历次调价台账及对应的完整调价申请、批准确认文件；
5. 跟踪审计确认文件；
6. 其他相关文件等。

六、补充说明

本项工作不直接涉及政府方监管要点。

第 110 节　运营期采购管理

核心条款

第一百一十条　项目公司应严格按照采购制度执行。项目公司的采购应依据《招标投标法》和《必须招标的工程项目规定》执行，根据本规程第八十二条规定开展具体采购工作。

项目公司应完整保存运营期采购文件，并按照本规程第七十一条的规定，与对应合同合并存档。以上采购管理成果文件，应随时完成、随时存档，不得滞后。

采购管理工作应在当期项目公司经营管理月报中专章体现。

条款解析

这里的“采购管理”和本规程第 82 条采购动态管理没有本质差别，只是在运营阶段再次强调、确认。

采购管理要求没有本质变化，如果在本规程第 98 条运营管理制度的更新和批准期间有更新和调整，则应当按照批准后的最新采购管理制度执行。

最终的成果要求按照本规程第 71 条建设期合同动态管理规定执行。

实施办法

一、管理依据

（一）法律法规、政策依据

本节内容与本章第 82 节关联，可以关联阅读。

详细内容可参见本章第 82 节。

（二）PPP 项目合同常规约定

本节内容与本章第 82 节关联，可以关联阅读。

详细内容可参见本章第 82 节。

（三）管理制度

一般对应《采购管理制度》等，详细内容略。

（四）经验教训

1. 项目公司应根据“三会”批准的、更新后的采购管理制度执行。

2. 项目公司应当编制采购计划，明确各项采购内容的采购方案，并向实施机构通报。正式采购时，建议委托第三方招标代理机构代为采购。

3. 项目公司应当妥善保存完整的采购档案，未来其是重点审计内容之一。

二、工作实施方案

1. 项目公司年初根据当年的投资计划及进度安排，梳理可能的采购内容，并根据采购管理制度，匹配合适的采购方式及采购时间，编制完整的《年度采购管理计划》，并经项目公司内部会议评审通过。

2. 向实施机构提交《年度采购管理计划》，通报采购计划情况，并提前邀请实施机构派代表参加采购活动。

3. 委托第三方招标代理机构代为采购。

4. 具体开展采购工作前，邀请实施机构派员全程参与监督。

5. 开展具体采购工作，全过程做好监督记录，保存好完整采购档案。

6. 发出中标通知书，签订相关协议。

7. 提交一份协议原件给实施机构备案。

8. 做好完整档案记录。

三、管理表单

略。

四、实务风险解析与建议

实务问题1：财政部和国家发改委关于采购政策以及采购方式的规定的区别究竟是什么?

解析与建议：

详细内容请关联《PPP 项目执行阶段操作指南：100 个实务问题深度解析》问题 12 进行阅读。

实务问题2：某 PPP 项目可分两期，一期是将要进入运营，二期是将要启动，是否还需要进行二次采购的程序?

解析与建议：

详细内容请关联《PPP 项目执行阶段操作指南：100 个实务问题深度解析（第二册)》问题 53 进行阅读。

五、管理成果要求（基础档案）

1. 《年度采购管理计划》，附项目公司内部评审会议纪要；
2. 实施机构签收记录，书面批复文件（或有)；
3. 第三方招标代理机构确认文件；
4. 完整采购过程文件（招标代理机构提供)；
5. 合同评审记录；
6. 中标通知书、签订的协议；
7. 实施机构签收记录；
8. 其他相关文件等。

六、补充说明

本项是政府方监管要点内容，可以关联《PPP 项目政府方监管要点》阅读，共涉及两项监管要点，分别如下：

1. 监管要点 29：项目实施过程中，确认项目公司是否按照规定进行招标采购工作?

2. 监管要点 73：确认项目公司的各项采购程序是否合规?

第 111 节　运营期合同动态管理

核心条款

第一百一十一条　项目公司应严格按照合同管理制度执行，根据本规程第七十一条规定开展具体合同管理工作。

合同管理应按照全生命周期进行动态管理，管理成果要求按照规定顺序统一采用封面、目录、档案、封尾的样式进行存档；合同履约完成关闭后，要求将以上文件梳理后，正式胶装归档，不得缺失。

需要签订补充协议的，按照本规程第一百三十三条补充协议的处理执行。

条款解析

运营期合同动态管理原则不变，按照本规程第 71 条建设期合同动态管理规定执行。如果在本规程第 98 条运营管理制度的更新和批准期间有更新和调整的，应当按照批准后的最新合同管理制度执行。

合同管理同样强调成果意识，最终应当通过完整的档案来反映履约的成效，要求和第 71 条一致。

实施办法

一、管理依据

（一）法律法规、政策依据

《建设工程项目管理规范》第 7. 5. 4 条规定，“项目管理机构应在合同实施过程中定期进行合同跟踪和诊断。合同跟踪和诊断应符合下列要求：

“1 对合同实施信息进行全面收集、分类处理，查找合同实施中的偏差；

“2 定期对合同实施中出现的偏差进行定性、定量分析，通报合同实施情况及存在的问题。”

第 7. 5. 5 条规定，“项目管理机构应根据合同实施偏差结果制定合同纠偏措施或方案，经授权人批准后实施。实施需要其他相关方配合时，项目管理机构应事先征得各相关方的认同，并在实施中协调一致”。

本节关联本章第 71 节、第 72 节，可以关联阅读。

（二）PPP 项目合同常规约定

本项工作内容属于项目公司内部管理动作，一般《PPP 项目合同》中不会约定。

（三）管理制度

一般对应《合同管理制度》等，详细内容略。

（四）经验教训

本节关联本章第 71 节、第 72 节，可以关联阅读。

详细内容可参见本章第 71 节、第 72 节。

二、工作实施方案

1. 合同法务部应按照合同管理制度，对每份合同进行动态管理。

2. 每份合同应首先确认采购程序合规，有完整采购文件，并按照规定逐一梳理后存档。

3. 之后，应妥善保存合同评审记录，待合同签订后，由商务部门对执行团队进行正式合同交底。

4. 正式合同交底完成后，执行团队还应对合同进行主动式的 WBS 深度任务分解，形成详细的个人任务清单。

5. 个人任务清单，应每月进行跟踪和销项，确保无偏差。

6. 合同实施过程中，责任人应妥善记录重要执行文件，并逐项存档（与其他责任部门同步存档）。

7. 合同结束后，责任人应完成合同关闭总结报告，对于重要合同，部门领导、项目公司领导均应总结。

8. 以上工作完成后，应按照要求进行档案整理，并统一胶装、归档。

9. 合同法务部经理为第一责任人。

三、管理表单

略。

四、实务风险解析与建议

严格按照项目公司管理制度执行即可。

暂无直接实务风险和问题反馈，未来待动态补充。

五、管理成果要求（基础档案）

1. 合同原件；

2. 合同评审文件、合同交底文件；

3. 合同采购文件：整套；

4. 合同 WBS 深度任务分解文件及其逐月动态管理文件：会议纪要、任务清单、动态完成情况；

5. 合同执行文件：项目概况、实施计划、动态执行简报、付款记录、变更签证台账、问题整改记录、结算付款、特殊情况专项报告；

6. 合同关闭总结报告；

7. 重要往来函件、文件签收记录、政府发文、相关政策；

8. 其他相关文件等。

六、补充说明

本项是政府方监管要点内容，可以关联《PPP 项目政府方监管要点》阅读，共涉及四项监管要点，分别如下：

1. 监管要点 28：确认项目公司是否根据合同履约？并及时更新和上报相关信息。

2. 监管要点 31：确认自身是否根据合同履约？

3. 监管要点 51：对案例 PPP 项目进行定期监督、检查、管理，确保项目建设合法合规、顺利有序推进。

4. 监管要点 87：确认运营服务是否按约执行？

第 112 节　运营档案管理

核心条款

第一百一十二条　项目公司应严格按照档案管理制度、信息管理制度和档案安全管理制度执行，根据本规程第三十七条、第八十四条规定开展具体档案管理工作。档案管理可以与统计管理合并进行。

项目公司应建立完整的运营、养护、维修、中大修、更新重置档案，对项目运营内容应及时、完整、妥善归档，应做到管理事项可追溯。

条款解析

如本规程第 107 条运营工作的动态管理所述，为了绩效考核和运营成本实时确认，也为了未来的各种内部和外部审计检查，项目公司应当充分重视档案管理工作，原则与本规程第 37 条项目公司档案管理体系建立、第 84 条建设期档案管理一致。

如果在本规程第 98 条运营管理制度的更新和批准期间有更新和调整的，应当按照批准后的最新档案管理制度执行。

实施办法

一、管理依据

（一）法律法规、政策依据

本节内容与本章第 23 节、第 37 节、第 84 节和第 113 节关联，可以关联阅读。

详细内容可参见本章第 37 节。

（二）PPP 项目合同常规约定

本节内容与本章第 23 节、第 37 节、第 84 节和第 113 节关联，可以关联阅读。

详细内容可参见本章第 37 节。

（三）管理制度

一般对应《档案管理制度》等，详细内容略。

（四）经验教训

本节内容与本章第 23 节、第 37 节、第 84 节和第 113 节关联，可以关联阅读。

详细内容可参见本章第 37 节。

二、工作实施方案

1. 项目公司全体成员深度学习档案管理制度，并指定专人负责。

2. 全体成员根据工作任务清单，完成各自工作，并负责搜集、整理相关档案资料，包括合同和绩效考核两部分。

3. 每月 24 日项目公司定期召开会议，各人说明各自任务完成情况及档案资料完成情况。

4. 档案管理指定责任人负责按照档案管理体系，搜集、整理、完成正式材料的归档，归档同时，应对归档资料的有效性、完整性进行审查，已经按照规定完成的部分，应胶装成册，整体归档。

5. 归档资料，应当纸面件和电子件同时存档，电子件应当对应纸面件，为 PDF 格式。

6. 当检查发现有档案资料缺失或不合格时，应当召开会议确认整改要求，限时完成。

7. 档案管理指定责任人应当定期对股东公司内部要求、政府审计要求，以及绩效考核相关要求进行梳理，并对现有档案管理体系进行梳理优化，以促使档案管理更加高效。

8. 档案管理优化方案应经项目公司内部会议评审通过后，方可通过制度更新的方式进行确认。

9. 持续 PDCA，直至运营期结束，完成移交。

三、管理表单

略。

四、实务风险解析与建议

实务问题 1：一个开放性话题，PPP 项目实施中，政府方怠于履约，对合同约定和项目公司的请示不回复、不响应，项目公司应如何应对？

解析与建议：

详细内容请关联《PPP 项目执行阶段操作指南：100 个实务问题深度解析（第二册）》问题 48 进行阅读。

实务问题 2：项目公司的档案管理应如何开展？有没有合适的档案清单可以参照使用？

解析与建议：

详细内容请关联《PPP 项目执行阶段操作指南：100 个实务问题深度解析（第二册）》问题 50 进行阅读。

实务问题 3：政府方发出的工作联系单，其法律效力如何？能否构成对《PPP 项目合同》的实质性改变？

解析与建议：

详细内容请关联《PPP 项目执行阶段操作指南：100 个实务问题深度解析（第二册）》问题 59 进行阅读。

其他相关实务风险问题，还可以关联《PPP 项目执行阶段操作指南：100 个实务问题深度解析》问题 50、问题 51、问题 68 进行阅读。

五、管理成果要求（基础档案）

1. 档案管理制度；

2. 档案管理体系及对应清单，及其匹配的存档文件；

3. 每月24日自检报告；

4. 完善整改任务清单，随附相关会议纪要；

5. 相关工作联系函、专项会会议纪要、书面整改通知；

6. 其他相关文件等。

六、补充说明

本项是政府方监管要点内容，可以关联《PPP项目政府方监管要点》阅读，共涉及两项监管要点，分别如下：

1. 监管要点43：确认实施机构、项目公司是否按照要求妥善将全部管理资料建档保存？

2. 监管要点88：确认是否定期向政府提交年度监督检查报告？

第113节 运营期往来文件管理

核心条款

第一百一十三条 项目公司应根据本规程第二十三条规定开展具体往来文件管理工作。

条款解析

往来文件是档案管理中的重要一环。实务中，多数项目公司对此并不重视，各种往来文件可能未予妥善存档、保存，部分重要的文件甚至是残缺的、节选的复印文件，不能起到有效的证据作用，隐患较大。因此，此处单独强调。

如果在本规程第98条运营管理制度的更新和批准期间有更新和调整的，应当按照批准后的最新往来文件管理制度执行。

实施办法

一、管理依据

（一）法律法规、政策依据

对于档案管理进行规定的政策，一般包括《审计法》《政府投资条例》《建设工程项目管理规范》等，详细条款可以关联阅读本章第37节。

本节内容与本章第23节、第35节、第37节、第84节和第112节关联，可以关联阅读。

（二）PPP项目合同常规约定

本节内容与本章第23节、第35节、第37节、第84节和第112节关联，可以关联阅读。

详细内容可参见本章第23节。

（三）管理制度

一般对应《档案管理制度》等，详细内容略。

（四）经验教训

1. 往来文件应当分门别类专项存档；应建立收发文登记台账，和收发文件一一对应。

2. 收发文件必须为原件，特殊情况没有原件的，应当有佐证文件确认文件来源，源文件/原文件所在等，确保未来可以有迹可循。

3. 以有效证据的要求来衡量相关材料，并能形成完整闭环。

二、工作实施方案

1. 指定档案管理负责人为第一责任人。

2. 制定项目公司档案管理制度，并在通过“三会”决议后正式发布，遵照执行。

3. 档案管理负责人按照管理制度的要求，建立封面、目录、定期搜集、整理、存档的动态机制。

4. 定期进行搜集、存档，动态复核。

5. 每年12月底进行总结性整理，按照年度进行梳理后，胶装成册，正式归档。

6. 胶装成册的资料，不得缺少内容，相关文件应当为有效的原件，若是复印件，应当确认原件所在。

三、管理表单

略。

四、实务风险解析与建议

实务问题 1：一个开放性话题，PPP 项目实施中，政府方怠于履约，对合同约定和项目公司的请示不回复、不响应，项目公司应如何应对？

解析与建议：

详细内容请关联《PPP 项目执行阶段操作指南：100 个实务问题深度解析（第二册）》问题 48 进行阅读。

实务问题 2：政府方发出的工作联系单，其法律效力如何？能否构成对《PPP 项目合同》的实质性改变？

解析与建议：

详细内容请关联《PPP 项目执行阶段操作指南：100 个实务问题深度解析（第二册）》问题 59 进行阅读。

其他相关实务风险问题，还可以关联《PPP 项目执行阶段操作指南：100 个实务问题深度解析》问题 50、问题 51 进行阅读。

五、管理成果要求（基础档案）

1. 正式发布的项目公司档案管理制度；
2. 《项目公司年度往来文件档案（运营期）》；
3. 其他相关文件等。

六、补充说明

本项是政府方监管要点内容，可以关联《PPP 项目政府方监管要点》阅读，共涉及一项监管要点如下所述：

监管要点 43：确认实施机构、项目公司是否按照要求妥善将全部管理资料建档保存？

第 114 节　法务管理

核心条款

第一百一十四条　项目公司应严格按照法务管理制度执行，根据本规程第四十一条规定开展具体法务管理工作。

建议项目公司聘请专业法律顾问，重要事项出具法律意见书，并经总经理办公会集体决议后执行（公司章程另有规定的，从其规定）。

条款解析

和本规程第 41 条法务管理原则一致，此处单独再次强调。

项目公司可以通过持续的培训学习，使管理团队逐步提高法律意识，可以解决基础的法务问题，排除基本的法务风险，相关培训学习费用，可以通过预算计入当年的运营成本。对于重要的法务行为，可以通过聘请律师事务所提供常年法律顾问服务，重要事项出具法律意见书的形式进行落实；也可以委托股东方法务部门参与管理，给出正式法务意见，供项目公司决策参考。以此形成项目公司的法务风险控制体系。

如果在本规程第 98 条运营管理制度的更新和批准期间有更新和调整，应当按照批准后的最新法务管理制度执行。

实施办法

一、管理依据

（一）法律法规、政策依据

本节内容与本章第 41 节关联，可以关联阅读。

详细内容可参见本章第 41 节。

（二）PPP 项目合同常规约定

本项工作内容属于项目公司内部管理，一般《PPP 项目合同》中不会约定。

（三）管理制度

一般对应《法务管理制度》等，详细内容略。

（四）经验教训

1. 投融资项目的法务风险相对较高，项目公司管理人员应该具备基本的法律素养和意识，建议全员进行基本的法律专业知识培训，然后专项事件辅以专业律师，不同维度对法务风险进行管控。运营涉及的事务较多、较杂，法律风险亦较高，因此，法务管理必须审慎。

2. 合同评审、审查，建议出具法律意见书。其他重要事项，建议征询律师意见，出具法律意见书，作为决策的依据；一般事项，也应当经过法务审查，并给予法务意见。

二、工作实施方案

1. 项目公司根据更新后的管理制度，对全员进行宣贯，其中，包含法务管理制度。

2. 要求全体管理人员严格遵照执行，并输出相关管理成果。

3. 定期自检管理制度执行情况，并确认相关成果。

4. 每年年底确认是否需要更新，更新后，应当在经过“三会”决议正式发布后，再予遵照执行。

三、管理表单

略。

四、实务风险解析与建议

严格按照 PPP 项目合同和管理制度执行即可。

暂无直接实务风险和问题反馈，未来待动态补充。

五、管理成果要求（基础档案）

1. 更新批准后的正式法务管理制度文本；
2. 董事会决议相关文件；
3. 宣贯、学习的会议纪要文件，附照片；
4. 管理制度执行成果文件（过程文件，重要，核心）；
5. 建议每年年底编制《项目公司年度法务管理档案》；
6. 其他相关文件等。

六、补充说明

本项工作不直接涉及政府方监管要点。

第 115 节 运营期绩效考核的准备和开展

核心条款

第一百一十五条 项目公司应严格按照 PPP 项目合同的约定执行，依据本规程第一百零五条规定落实运营期绩效考核相关工作。

项目公司应提前做好运营期绩效考核的各项准备工作，之后再提请实施机构开展。准备时，应根据绩效考核办法约定的程序，逐项落实对应工作，责任到人、实物到位、详细策划、提前演练，确保考核工作流畅；还应根据绩效考核细则，逐条准备好对应管理成果文件，顺序摆放，做到考核内容与成果内容紧密对应，精准匹配，同时对考核现场进行有针对性的清理和预演，提前锁定考核得分。

考核过程中，项目公司应及时跟踪，对于考核发现的问题现场反馈，对于遗留需要整改的问题，应由专人负责、限时完成，并在时限内提交整改完成报告，直至问题闭环。

绩效考核完成后，项目公司应及时获得运营期绩效考核评价报告，并在当期项目公司经营管理月报中专章体现。

条款解析

运营期绩效考核是关系政府回款的核心前置要件，是最重要的关键工作之一，因此，项目公司应当审慎、重视，应当专项处理。

运营期绩效考核的原则、处理办法等，和建设期绩效考核一致。主要强调三点：

第一，事前充分准备，充分预演，确保提前锁定得分。这项工作已经在本规程第105条运营期绩效考核的交底与WBS深度任务分解中布置落实，只要项目公司完全按照工作任务分解逐项完成，并通过相关管理成果确认，即可大概率锁定得分。再通过对现场的事先排查和处理，相信可以无障碍实现。

第二，积极配合，随时响应，确保考核顺利。

第三，专人负责，专项处理，确保绩效评价报告内容适当，并迅速获得报告成果，为回款做好充分准备。

以上三项适当策划，稳步落实，相信可以顺利通过运营期绩效考核。

当然，如果原合同绩效考核方案、考核细则有问题，存在不客观情形，项目公司可以主张按照财政部《关于印发〈政府和社会资本合作（PPP）项目绩效管理操作指引〉的通知》（财金〔2020〕13号）进行修订，必要时，可以召开专家评审会，最终通过《PPP项目合同补充协议》的形式进行新方案的确认。

如果以上动作存在障碍，项目公司还可以通过中期评估来提出修正、完善。

实施办法

一、管理依据

（一）法律法规、政策依据

财政部发布的《政府和社会资本合作（PPP）项目绩效管理操作指引》（财金〔2020〕13号）第18条规定，“PPP项目绩效评价应符合以下要求：（一）严格按照规定程序，遵循真实、客观、公正的要求，采用定量与定性分析相结合的方法。（二）结合PPP项目实施进度及按效付费的需要确定绩效评价时点。原则上项目建设期应结合竣工验收开展一次绩效评价，分期建设的项目应当结合各期子项目竣工验收开展绩效评价；项目运营期每年度应至少开展一次绩效评价，每3~5年应结合年度绩效评价情况对项目开展中期评估；移交完成后应开展一次后评价。（三）绩效评价结果依法依规公开并接受监督”。

本节内容与本章第 11 节、第 105 节、第 116 节、第 117 节关联，可以关联阅读。

详细内容可参见本章第 105 节。

（二）PPP 项目合同常规约定

本节内容与本章第 11 节、第 105 节、第 116 节、第 117 节关联，可以关联阅读。

详细内容可参见本章第 105 节。

（三）管理制度

一般对应《建设工程项目管理制度》《绩效考核管理制度》等，详细内容略。

（四）经验教训

详细内容可参见本章第 105 节。

二、工作实施方案

1. 项目公司对绩效考核细则进行逐项分解，并责任到人，明确各人日常工作所需完成的工作成果和相应要求。

2. 各责任人员根据要求开展各项工作，输出对应的管理成果，档案证据。

3. 每月 24 日定期召开内部会议，逐项确认，确保各项要求执行到位。

4. 项目公司根据合同约定，按照实施机构绩效考核通知，准备启动绩效考核工作，事先准备好各项考核文件及现场准备。

5. 按照要求配合考核，逐项提供档案和证据，并向考核小组作出解释。

6. 对考核现场提前进行整理，提前进行预演，确保现场考核顺畅。

7. 跟踪考核结果和评价报告，对有疑义部分进行答疑和解释，确保无争议内容。

8. 获得正式绩效评价报告。

三、管理表单

略。

四、实务风险解析与建议

详细内容可参见本章第 11 节。

五、管理成果要求（基础档案）

1. 项目公司内部会议纪要，附工作任务分解清单；
2. 每月自检报告（会议纪要）；
3. 逐项内容对应的档案证据文件；
4. 绩效考核通知、方案、要求；
5. 绩效考核报告及评价结果；
6. 补充答疑、整改的证据文件；
7. 相关的会议纪要、往来文件、专项报告；
8. 其他相关文件等。

六、补充说明

本项是政府方监管要点内容，可以关联《PPP 项目政府方监管要点》阅读，共涉及三项监管要点，分别如下：

1. 监管要点 38：确认是否按约及时进行绩效考核工作？
2. 监管要点 87：确认运营服务是否按约执行？
3. 监管要点 89：确认是否按约及时进行绩效考核工作？

第 116 节　项目回款落实

核心条款

第一百一十六条　运营期绩效考核完成后，项目公司应根据《PPP 项目合同》的约定，及时向实施机构提请付费。

提请付费的文件至少应包括：

1. 请款报告。请款报告应根据《PPP 项目合同》的约定和绩效考核结果，明确计算过程并计算出付费金额。

2. 工程竣工验收合格证书。

3. 决算审计报告，以确定付费计算基数。

4. 运营期绩效考核过程中发现的问题，整改完成，验收通过的报告等。

以上请款报告，应及时提交实施机构审核、批准，同时开具等额增值税专用发票，并敦促提交财政部门及时支付。其中，增值税税率应为 6%。

条款解析

回款是头等大事，实务中也存在很多问题。

回款可以分为两个角度来看，一是可以算回来，二是可以要回来。能不能算回来，是项目公司必须做到的事；要回来，是项目公司应当可以做到的事。算不回来，必然是项目公司工作不到位；要不回来，可能会有各种原因，部分原因有可能是项目公司所无法左右的，因此要客观的看待。

总而言之，只有落实回款，才能向银行还本付息，向股东支付投资收益，才能为“持续、稳定的公共服务”提供资金支持。

项目公司应当重点关注、落实以下工作：

第一，按照本规程第108条运营成本的动态确认（含调价）的规定，实时、动态地确认当年运营成本，为计算回款基数做好基础准备。

第二，按照本规程第115条运营期绩效考核的准备和开展的规定，完成当年绩效考核工作，获得恰当的绩效评价报告。

第三，按照《PPP项目合同》中回款的约定条件，迅速准备完成请款报告，并随附相应完整的附件（对合同中回款的条件要求完全响应）。专人跟踪、专人落实，紧盯回款。

第四，随时关注动态，如果有意外情形，应当立即跟进处理，详见本规程第117条不能及时回款的处理，并遵照执行。

总体来说，回款是一项系统工程，需要以全生命周期去系统地考虑。实务中很多回款问题，一是由于合同约定不清，合同双方存在执行争议；二是项目公司准备不充分，达不到回款条件；三是政府方不能积极履约，项目公司无专人跟踪，导致各项工作延滞；四是政府财政吃紧，无法按约履行，及时足额付费等。各种情形不一而足，项目公司应当提前筹划，提前思考各种可能性，并逐一进行方案应对。其中，重点提出以下三点建议：

一是在《PPP项目合同》中明确约定政府方付费的前置条件，不得模糊，未来在实施过程中，任何一方不得擅自单方面提出新的要求或更改；二是在《PPP项目合同》中明确约定政府方不能及时、足额付费的违约责任；三是在《PPP项目合同》评审期间，通过WBS深度解析这个动作，对绩效考核细则进行可实现性的分解、确认，确保各项可实现。

实施办法

一、管理依据

（一）法律法规、政策依据

2014年11月29日，财政部发布的《关于印发政府和社会资本合作模式操作指南（试行）的通知》（财金〔2014〕113 号）[①] 第 26 条第 2 款、第 3 款规定，“政府有支付义务的，项目实施机构应根据项目合同约定的产出说明，按照实际绩效直接或通知财政部门向社会资本或项目公司及时足额支付。设置超额收益分享机制的，社会资本或项目公司应根据项目合同约定向政府及时足额支付应享有的超额收益。项目实际绩效优于约定标准的，项目实施机构应执行项目合同约定的奖励条款，并可将其作为项目期满合同能否展期的依据；未达到约定标准的，项目实施机构应执行项目合同约定的惩处条款或救济措施”。

财金〔2014〕113 号文失效后，征求意见中的《政府和社会资本合作模式操作指南（修订稿）》（财办金〔2019〕94 号）第 44 条强调，“项目实施机构应严格履行合同约定，切实保障社会资本和项目公司的合法权益”，并在第 29 条将财金〔2014〕113 号文第 26 条规定进行了肯定和延续。

2015 年 4 月 3 日财政部发布《关于印发〈政府和社会资本合作项目财政承受能力论证指引〉的通知》（财金〔2015〕21 号）[②]。该指引第 29 条规定，“……财政部门要严格按照合同执行，及时办理支付手续，切实维护地方政府信用，保障公共服务有效供给”。

2015 年 6 月 25 日，财政部发布《关于进一步做好政府和社会资本合作项目示范工作的通知》（财金〔2015〕57 号）。该通知第 3 条明确，“省级财政部门要统计监测所有 PPP 项目的政府支付责任并报财政部备案，加强示范项目管理，督促下级财政部门严格履行合同约定，保护社会资本的合法权益，切实维护政府信用”。

2016 年 9 月 24 日，财政部发布《关于印发〈政府和社会资本合作项目财政管理暂行办法〉的通知》（财金〔2016〕92 号），在该办法第 28 条中再次规定，“各级财政部门应依据绩效评价结果合理安排财政预算资金。对于绩效评价达标的项目，财政部门应当按照合同约定，向项目公司或社会资本

① 本文件已失效。

② 本文件已失效。

方及时足额安排相关支出。对于绩效评价不达标的项目，财政部门应当按照合同约定扣减相应费用或补贴支出”。

2016 年 11 月 4 日，中共中央、国务院《关于完善产权保护制度依法保护产权的意见》第 7 条强调，“大力推进法治政府和政务诚信建设，地方各级政府及有关部门要严格兑现向社会及行政相对人依法作出的政策承诺，认真履行在招商引资、政府与社会资本合作等活动中与投资主体依法签订的各类合同，不得以政府换届、领导人员更替等理由违约毁约，因违约毁约侵犯合法权益的，要承担法律和经济责任。因国家利益、公共利益或者其他法定事由需要改变政府承诺和合同约定的，要严格依照法定权限和程序进行，并对企业和投资人因此而受到的财产损失依法予以补偿。对因政府违约等导致企业和公民财产权受到损害等情形，进一步完善赔偿、投诉和救济机制，畅通投诉和救济渠道。将政务履约和守诺服务纳入政府绩效评价体系，建立政务失信记录，建立健全政府失信责任追究制度及责任倒查机制，加大对政务失信行为惩戒力度”。

2019 年 3 月 7 日，财政部发布的《关于推进政府和社会资本合作规范发展的实施意见》（财金〔2019〕10 号）第 1 条第 4 项要求，“诚信履约。加强地方政府诚信建设，增强契约理念，充分体现平等合作原则，保障社会资本合法权益。依法依规将符合条件的 PPP 项目财政支出责任纳入预算管理，按照合同约定及时履约，增强社会资本长期投资信心”。第 4 条第 4 项要求，“保障合理支出。符合条件的 PPP 项目形成的政府支出事项，以公众享受符合约定条件的公共服务为支付依据，是政府为公众享受公共服务提供运营补贴形成的经常性支出。各地要依法依规将规范的 PPP 项目财政支出纳入预算管理，重诺守约，稳定市场预期”。

国务院则在《政府投资条例》第 19 条规定，“财政部门应当根据经批准的预算，按照法律、行政法规和国库管理的有关规定，及时、足额办理政府投资资金拨付”。第 22 条规定，“政府投资项目所需资金应当按照国家有关规定确保落实到位。政府投资项目不得由施工单位垫资建设”。

对于违反规定的行为，《政府投资条例》第 33 条和第 34 条分别规定，“未按照规定及时、足额办理政府投资资金拨付”的，“依照有关预算的法律、行政法规和国家有关规定追究法律责任”。“要求施工单位对政府投资项目垫资建设”的，“责令改正，根据具体情况，暂停、停止拨付资金或者收回已拨付的资金，暂停或者停止建设活动，对负有责任的领导人员和直接责任人员依法给予处分”。

《优化营商环境条例》第 31 条再次规定，“地方各级人民政府及其有关部门应当履行向市场主体依法作出的政策承诺以及依法订立的各类合同，不得以行政区划调整、政府换届、机构或者职能调整以及相关责任人更替等为由违约毁约。因国家利益、社会公共利益需要改变政策承诺、合同约定的，应当依照法定权限和程序进行，并依法对市场主体因此受到的损失予以补偿”。第 32 条规定，“国家机关、事业单位不得违约拖欠市场主体的货物、工程、服务等账款，大型企业不得利用优势地位拖欠中小企业账款。县级以上人民政府及其有关部门应当加大对国家机关、事业单位拖欠市场主体账款的清理力度，并通过加强预算管理、严格责任追究等措施，建立防范和治理国家机关、事业单位拖欠市场主体账款的长效机制”。第 69 条第 7 项还规定，政府和有关部门及其工作人员“不履行向市场主体依法作出的政策承诺以及依法订立的各类合同，或者违约拖欠市场主体的货物、工程、服务等账款”的，“依法依规追究责任”。

2020 年 2 月 26 日，住房和城乡建设部办公厅《关于加强新冠肺炎疫情防控有序推动企业开复工工作的通知》（建办市〔2020〕5 号）第 7 条也强调，“切实减轻企业资金负担。加快清理政府部门和国有企业拖欠民营企业账款，建立和完善防范拖欠长效机制，严禁政府和国有投资工程以各种方式要求企业带资承包，建设单位要按照合同约定按时足额支付工程款，避免形成新的拖欠。规范工程价款结算，政府和国有投资工程不得以审计机关的审计结论作为工程结算依据，建设单位不得以未完成决算审计为由，拒绝或拖延办理工程结算和工程款支付。严格执行工程建设领域保证金相关规定，保证金到期应当及时予以返还，未按规定或合同约定返还保证金的，保证金收取方应向企业支付逾期返还违约金。优化农民工工资保证金管理，疫情防控期间新开工的工程项目，可暂不收取农民工工资保证金”。

另外，工信部在《及时支付中小企业款项管理办法（征求意见稿）》中进行了详细的规定。该办法第3条明确了及时支付义务，“国家机关、事业单位和大型企业应当依照法律规定和合同约定及时、足额地向中小企业支付货物、工程、服务款项”。第9条规定了付款期限，“国家机关、事业单位和大型企业从中小企业采购货物、工程、服务的，应当在30日内付款；合同另有约定的，付款期限最长不得超过60日。合同约定将检验或者验收作为付款条件的，上述期限最长可以延长30日。基于合同性质确实需要更长时间以及法律、行政法规另有规定的除外。前款规定的付款期限自货物、工程、服务交付之日起算。合同约定以中小企业出具账单、发票或者其他单据作为付款条件的，付款期限自该付款单据送达之日起算”。第11条强调了不得以审计为付款条件，“国家机关、事业单位不得以审计作为支付中小企业款项的条件，不得以审计结果作为结算依据。法律、行政法规另有规定的除外”。第16条则明确规定了延迟支付责任，“国家机关、事业单位和大型企业迟延支付中小企业款项的，应当支付逾期利息。双方对逾期利息的利率有约定的，从其约定，但不得低于中国人民银行同期同类贷款基准利率；未作约定的，按照中国人民银行同期同类贷款基准利率的1.5倍支付利息。迟延支付给中小企业造成的实际损失大于逾期利息的，中小企业有权要求国家机关、事业单位和大型企业赔偿实际损失”。

政府及时付费也是信息公示的内容。根据财政部《关于印发〈政府和社会资本合作（PPP）综合信息平台信息公开管理暂行办法〉的通知》（财金〔2017〕1号）第8条规定，“项目执行阶段应当公开的PPP项目信息包括……（六）项目公司财务报告，包括项目收费情况，项目获得的政府补贴情况，项目公司资产负债情况等内容……”本文件失效后，新发布的财政部《关于修订发布〈政府和社会资本合作（PPP）综合信息平台信息公开管理办法〉的通知》（财金〔2021〕110 号）附件《政府和社会资本合作（PPP）综合信息平台信息公开管理办法》第 2 章第 10 条规定，“管理库项目执行阶段应当公开的信息主要包括……财政实际支出信息，包括项目投资竣工决算数、财政实际支出等……”要求一致。

财政部《关于印发〈政府和社会资本合作（PPP）项目绩效管理操作指引〉的通知》（财金〔2020〕13 号）的附件《政府和社会资本合作（PPP）项目绩效管理操作指引》第 22 条规定，“PPP 项目绩效评价结果是按效付费、落实整改、监督问责的重要依据。（一）按效付费。政府付费和可行性缺口补助项目，政府承担的年度运营补贴支出应与当年项目公司（社会资本）绩效评价结果完全挂钩。财政部门应按照绩效评价结果安排相应支出，项目实施机构应按照项目合同约定及时支付。使用者付费项目，项目公司（社会资本）获得的项目收益应与当年项目公司（社会资本）绩效评价结果挂钩。绩效评价结果优于约定标准的，项目实施机构应执行项目合同约定的奖励条款。绩效评价结果未达到约定标准的，项目实施机构应执行项目合同约定的违约条款，可通过设置影响项目收益的违约金、项目展期限制或影响调价机制等方式实现。绩效评价结果可作为项目期满合同是否展期的考量因素。（二）落实整改。项目实施机构应根据绩效评价过程中发现的问题统筹开展整改工作，并将整改结果报送相关主管部门和财政部门。涉及自身问题的，项目实施机构应及时整改；涉及项目公司（社会资本）或其他相关部门问题的，项目实施机构应及时督促整改。（三）监督问责。项目实施机构应及时公开绩效评价结果并接受社会监督；项目实施机构绩效评价结果应纳入其工作考核范畴”。

本节内容与本章第 86 节、第 117 节关联，可以关联阅读。

（二）PPP 项目合同常规约定

以某教育园区 PPP 项目为例，其《PPP 项目合同》第 12.7 条约定如下：

“可行性缺口补助按照每年支付一次，在每个运营年年末结束后的三十（30）日内，乙方应向甲方提交付款通知，说明可行性缺口补助计算过程、运营维护成本、使用者付费收入等相关数据等内容，并附上有关证明材料。

“甲方在收到付款通知后应会同财政部门在十（10）个工作日审核完毕。

“乙方应在收到第13.3条规定的通知后向甲方开具适用法律规定的合格发票。甲方在收到发票立即通知财政部门，财政部门应在二十（20）个工作日内将审核确认的款项拨付给甲方，由甲方在收到财政部门拨付的款项后十（10）个工作日内支付给乙方，或者由财政部门直接拨付给乙方。

“如果甲方或财政部门对付款通知持有任何争议，则双方同意，对于无争议部分的款项应按本合同约定先予执行，相关争议由甲方收到付款通知后十（10）个工作日内通知乙方，否则即视为认可该等付款通知。乙方应在收到甲方通知后及时给予解答，积极配合甲方重新核定上述计算，双方应在十五（15）个工作日内为解决争议进行协商。

“本项目最后一个运营年的可行性缺口补助在移交验收合格后两（2）个月内支付。

“甲方在向乙方支付可行性缺口补助时，应扣除本合同规定的应由乙方承担但未实际支付的违约金、逾期利息、各项赔偿等。若可行性缺口补助总额不足以抵扣违约金、有关利息、各项赔偿等，则甲方有权从履约保证金中提取不足部分。”

（三）管理制度

一般对应《绩效考核管理制度》《回款管理制度》《财务管理制度》等，详细内容略。

（四）经验教训

1. 回款是绝对的关键工作，在项目落地的时候就需要做好如何及时、足额回款的思考和策划。当前来说，多地财政处于“紧平衡”状态，未来不能及时足额回款也是大概率事件，因此，应当有所侧重和思考，不能等到无法回款，不能及时还本付息的时候再警觉。

2. 建议项目公司一定要做好如果不能及时足额回款，下一步应当如何处理的预案。

二、工作实施方案

1. 项目公司应事先内部确认年度应回款金额，并作为当年度的工作目标之一。

2. 熟悉《PPP 项目合同》中关于政府付费的前提条件和要求。

3. 逐一落实前提条件和要求，指定专门负责人，定期检查，确认落实完成情况。

4. 逐月提交实际运营成本，并报跟踪审计确认，定人跟踪，持续推进，直至实时获得审计报告。

5. 提前策划和准备绩效考核，提前锁定相关得分。

6. 获得绩效评价报告，完成付费的前提条件准备。

7. 及时向实施机构提交正式请款报告，并安排专人跟踪落实，持续推进。

8. 及时向实施机构、财政部门答疑，完全满足付款要求，及时开具增值税专用发票，直至获得回款。

9. 当不能及时足额付费时，项目公司应定期发布工作联系函，必要时可以发送律师函，进行过程确认。

10. 除非双方协商一致，否则项目公司应当主张相关违约利息和违约责任。

11. 必要时，可以通过《PPP 项目合同》的约定进行确认。

12. 持续跟踪处理，直至获得回款。

三、管理表单

略。

四、实务风险解析与建议

实务问题 1：针对央企社会资本的情况，如何迅速回款，确保“两金”高效压降?①

解析与建议：

随着国内市场经济持续下行，建筑市场竞争日趋激烈，建筑施工央企为了保证国有资产持续保值增值，完成各项经济指标，不断转型扩张经营规模、扩展业务板块、发展资金类项目、打造全产业链服务。但是在规模不断扩张的同时，企业的“两金”占比也居高不下，国资委连续发布《关于进一步做好中央企业增收节支工作有关事项的通知》（国资发评价〔2015〕40 号文)、《关于中央企业开展两金占用专项清理工作有关事项的通知》（国资发评价〔2015〕82 号文）等文件都要求中央企业要做好资产清查工作，清理压缩“两金”占用规模。“两金”占用过高已经成为施工建筑央企稳健发展的“瓶颈”，系统分析“两金”占比居高的成因，进而找出对策是每个建筑施工央企亟待解决的问题。

1. 什么是“两金”占用

“两金”就是指债权使用的资金和存货占用的费用，债权包含应收账款、长期应收款、其他应收款、预付账款；存货包含原材料、周转材料、在产品、产成品、已完工未结算、房地产开发成本、房地产开发产品等。

其中，已完工未结算是施工企业最主要的存货来源，指实际已完成产值（工程施工成本）与业主确认产值批量（工程结算）之间的差额，实际完成产值大于业主确认产值批量。其形成的原因主要有：未到合同约定的施工节点，无法向业主报量；过程中签证、索赔未能及时办理，或者无法协商一致，造成积压，业主不予确认批量；业主方资金紧张等，恶意压低或拖延批量。

① 参见谭育红、崔德高：《有的放矢保施工央企“两金”压降》，载《施工企业管理》2019 年第 12 期。

2. 建筑施工央企“两金”的现状

建筑施工央企近几年“两金”占比，远远高于国资委50%的上限要求，大规模应收账款、长期应收账款和存货等，会大大增加资产减值损失的风险，夸大企业经营成果，造成国有资产总额虚增，降低国有资产质量。同时“两金”占比过高，占用时间长，严重加剧企业资金压力。资金是企业赖以生存的血液，长期供血不足，会造成企业“昏厥”。此外，国家全面治理拖欠民工工资，建筑施工央企更是要作为模范企业，即使业主方不予确认批量，恶意拖延付款，建筑施工央企也必须垫资结清民工工资，保证民工权益，无疑又进一步增加企业资金压力，若是未能及时支付，容易产生纠纷，降低企业信誉。为了维持企业正常运转，只能增加带息负债，加大融资成本，企业的资金成本、资产负债率随之增加，恶性循环。建筑施工央企“两金”为什么居高不下？这是每个建筑施工央企应该深入思考的问题，笔者梳理如下三点：

（1）建筑施工央企自身特点。

中央企业承接的是关系国计民生的大体量、高造价、高要求的重点工程，具有重大社会意义，过程中即使按照进度批量70%～80%付款，不能全额付款必然产生大量的应收账款，因此建筑施工央企“两金”是一个巨大的数字。一般项目可能需要两三年才能完工，结束后仍有3%～5%质保金，这部分保修金基本上需竣工两年后才能收回，漫长的保修期，也会导致大量资金占用。对于PPP项目，进入运营期后才可回款，且回款期限更长，必然存在大量的长期应收账款。

（2）企业内部管理因素。①事前入口把关不严。盲目追求产值，未结合自身资源、核心竞争力、当前市场环境、经济情况实事求是地去研究分析。为了业绩，为了市场，为了合作，为了规模，盲目参与投标，未建立有效的风险防控系统，降低比例支付、报价不合理、缴纳高额保证金、严重垫资的项目揽入怀中。未重视业主资信状况调研及负面信息收集，尤其经济欠发达区域，对项目的资金来源及业主的偿债能力作深入调研及跟踪管理，大大增加了应收账款的回收周期和风险。②事中风险防范意识低。一线管理人员缺乏产品经营意识。项目开工后，忽略了项目实施的背景条件，仅考虑业绩产值，加快进度大干特干。但是在干之前，却没有率领全体人员去解读合同条款，未与业主方进行深入沟通交谈，对于结算条件根本不清晰。往往是进度目标完成了，却不能及时获得业主批量，形成大量已完工未结算产值的现象。尤其是PPP项目合规性手续不全的情况下施工，或是施工过程中盲目超过总投等，都会给结算付款带来负面影响，无法及时回款，资金占用急剧上升。③事后考核机制不到位。许多建筑施工央企领导对“两金”管控意识不到位，考核奖励机制不健全，无法调动“两金”清欠的积极性。对已经形成的难点项目拖欠款项，回款责任未落到实处，具体执行人存在畏难情绪，各种理由推脱，最后将清欠工作变成吃力不讨好的工作。回款方式不够多样化，顾虑客户裙带关系，上级公司帮扶支撑不足，清欠指标的设立不合理等，都会严重影响清欠效果。

（3）外部宏观因素。

近年来，国家货币政策的调整，直接影响建筑施工合同的付款条件，造成政府的投资资金压力向下转移到建筑施工企业，直接造成建筑施工央企“两金”规模居高不下。国家不断出台新的政策法规，在规范建筑施工市场、规范各方主体行为上取得了较好的效果，但在制定有关建筑施工方面的法律法规的时候并没有全面考量，如对于工程款拨付这一核心问题，2011年修订的《建筑法》只在“一般规定”里原则性地要求：“发包单位应当按照合同的约定，及时拨付工程款项”，并没有惩处方法，导致其在具体实施的时候缺少警告督促作用，最终业主拖欠款项等情况屡见不鲜。

3. 施工企业“两金”管控措施

如何降低建筑施工央企“两金”占用规模，严控“两金”占用风险，提高公司整体资产运营质量和资源配置效率，实现内涵式高质量发展？

（1）强化目标管控，抓牢责任落实。①落实经营层领导清欠责任，严格责任考核和年度评价。根据“两金”管控目标和经营状况进行指标分解，落实责任领导和“两金”压降、清欠管控目标，纳入考核评价。②落实部门职责，加大责任考核。清欠责任部门按季度进行严格考核，根据影响清欠因素，落实各部门的清欠责任、工作内容、责任关系，加强责任部门对“两金”清欠工作全过程的管控、指导和监管，加大部门责任考核。③落实每一个环节，责任层层落实。各单位根据签订的清欠责任书，结合自身经营状况和项目特点，将清欠责任落实到的班子成员、项目经理部班子成员及相关具体责任人，签订清欠责任书，确保责任层层落实。④提高“两金”分析质量，夯实“两金”管控基础。根据管控目标，对“两金”现状进行分析，根据在手项目及项目策划，对“两金”未来走势进行分析测算，对未来营销项目“两金”影响夯实管控基础。

（2）严格审批，从源头控制新增“两金”增长。①严格执行相关规章制度，狠抓投标评审。强化“两金”增量控制的意识，严格设置风评门槛，对新承接项目坚持“四不原则”，即业主支付能力弱的不做、回款无保障的不做、资金来源不落实的不做、毛利率低的不做。严禁无预算或超预算支出及因项目变更、垫付资金等原因新增“两金”占用。加强营销环节“两金”的风险管理与控制，财务系统要配合市场部认真分析招投标文件，严格合同评审，发表评审意见。②从严从细、抓实源头控制。一是提高尽调质量，抓实投标评审：合同主体的资格审查，要关注业主自有资金实力、资金来源、有无支付拖欠事实或资金断链迹象、商业信誉、是否有故意拖欠工程款情况、运用“企查查”等现代网络信息化手段对合同主体信誉进行查询分析，尤其要加大资金类项目的尽调，地方政府的隐形债务的调查、平台公司的资信审查，对政府财政实力作出准确评价，为公司决策提供依据；二是提高投标策划质量，资金策划必须明确该项目未来每期对“两金”指标影响及管控措施，财务必须根据公司“两金”状况分析评价，确保“两金”目标受控；三是严格合同评审，严控回款风险，严把支付比例、支付节点、支付方式、进度审批、过程验收、分部分项验收、竣工验收、工程结算、尾款支付、业主付款违约处置等关键条款的审核。若工程款收取银行承兑、商业承兑、供应链、保理等，要完善贴息补偿机制，确保资金创效和资金时间价值，保证基本正常利润水平。

（3）强化完美履约，严控回款风险，确保“两金”受控。

项目管控基本依据是项目策划、总包合同、分包合同，管控原理是授权下的制度管理。①要严格遵守公司管理规定防范经营风险，杜绝无约履约，失去谈判主动权。越是市场竞争激烈，越要把握好谈判的有力时机，对合同未签订，资金未落实的新项目，不能投入较大资源实质性开工，降低回款风险。②严格履行承揽合同，及时识别和处置风险，降低回款损失。要严格遵循和应用“甲方付款违约，我方有权停工和解除合同”、结算期约定等条款，降低和杜绝应收未收的产生。③严格执行项目策划，严控项目资金策划偏差。各单位资金计划编制以项目策划为基础，资金计划编制要精细，执行偏差原因分析要到位，纠偏措施要有目标、有时间、有责任人，确保受控。

（4）强化清欠压存量，严控两金总量。千好万好，钱收回来，没风险才是真的好！要坚持“多要回来一分钱就少损失一分钱”的理念，加大清欠压降考核力度，坚持清欠和“两金”管控是责任领导和一把手工程，聚焦重点难点、攻坚克难、多措并举、抓实抓牢，一抓到底，确保“两金”受控。具体如下：①周密组织、法律清欠，多措并举、铁腕清欠。采取一切合规、合法的手段，打好清欠“攻坚战”。一是进一步强化“一账一策”的清欠法宝，针对项目特点，量身定做切实可行的两金管控方案和清欠措施，定目标、定期限和定责任人，动态考核，做到清欠工作的有效推进。二是优化两金结构，针对 PPP 项目及总承包类项目，采取加快项目公司融资及三方债权债务转移等方式压降两金。三是持续强化传统清欠手段的同时，充分利用现代金融工具实施清欠，通过应收账款保理或资产证券化，实现两金压降。四是协助业主融资实施清欠。利用大型施工企业的管理优势和资源优势，为业主融资（资金成本业主承担），解决业主资金问题，实现清欠回款。五是继续强化优先受偿权管理，积极采用法律手段实施清欠。六是加强部门联动，提升管控效果。各单位根据两金管控目标执行情况，分析产生偏差原因，落实相关责任部门和责任人，各部门相互配合，把握好每一个项目的每一个回款环节，以回款为目标制定切实可行的措施，坚持谁订立目标谁要完成的原则，确保履约。②坚持两会制度，提升管控能力。继续坚持清欠专题会及清欠例会制度：每月组织召开清欠专题会。各项目责任人对项目当期的清欠目标完成情况进行通报，并充分披露目前清欠工作中存在的主要问题并制定改进措施，在公司相关领导提出管理要求后形成会议纪要。③突出专项压降，强化重点考核。一是高度重视两金金额大、应收未收大的片区两金清欠管控，冶金、民营的两金管控；二是严格执行对两金长账龄和逾期应收账款管理考核规定，加大问责力度。④以结果为导向，加大考核奖惩。一是严格执行公司既定绩效考核管理办法，强化总体目标管控考核奖罚；二是细化“一账一策”，加大专项激励考核，以结果为导向，奖罚并重。

综上所述，“两金”管理出现的问题，不是一个结果，而是一个过程，这个过程是漫长的，建筑施工央企必须找到症结所在，对症下药，齐抓共管，才能事半功倍，药到病除，使“两金”压控得到根本改善，实现企业资金血液的正常回流，在保量的同时提高质，以保证企业做大、做强、做远、做好。

实务问题2：某 PPP 项目，政府付费时，项目公司至税务局开票，税务局要求分类开具，服务类的6%，工程类的9%，物资类的13%，上下机关整体咨询下来，让自行协商，怎么处理?

解析与建议：

由于税务总局并未发布关于 PPP 项目适用税率的指导性文件，因此，实务中适用何种税率的争议时有发生。具体争议的处理，应根据项目的具体情形进行判断。

经案例《PPP 项目合同》《实施方案》等背景文件审查，发现以下两点事实：（1）实施方案设计时，采用的税率统一为6%；（2）《PPP 项目合同》约定，法律法规政策风险由政府方承担；

再结合其他背景情况：（1）PPP 项目风险分担原则，“项目设计、建造、财务和运营维护等商业风险由社会资本承担，法律、政策和最低需求等风险由政府承担，不可抗力等风险由政府和社会资本合理共担”，税率改变属于政策风险，应由政府方承担。（2）PPP 项目的本质，属于政府采购服务，适用6%税率无障碍。（3）实践来看，多地 PPP 项目案例，已开具的均为 6%税率。

因此，实务方案建议如下：（1）请实施机构协调税务等相关部门，可以请示本级人民政府，和/或上级税务机关等相关单位，商定按照 6%税率执行。（2）按照税务部门要求税率执行，项目公司据实缴纳，纳入总投资或当年运营成本，最终仍由政府方承担。

按照实质重于形式的原则，建议按照方案 1 执行。

其他相关实务风险问题，还可以关联《PPP 项目执行阶段操作指南：100 个实务问题深度解析》问题 80，《PPP 项目执行阶段操作指南：100 个实务问题深度解析（第二册）》问题 6 进行阅读。

五、管理成果要求（基础档案）

1. PPP 项目回款相关约定；
2. 项目公司回款工作方案和工作任务清单；
3. 请款报告及其相关附件；
4. 实施机构、财政部门批示文件；
5. 财务确认的资金流水；
6. 或有的向实施机构发出的催付函；
7. 或有的相关会议纪要、专项报告、往来文件以及律师函；
8. 其他相关文件等。

六、补充说明

本项是政府方监管要点内容，可以关联《PPP 项目政府方监管要点》阅读，共涉及两项监管要点，分别如下：

1. 监管要点 39：确认是否按约履行，及时付费？
2. 监管要点 90：确认乙方的经营性收益，并确认是否根据合同约定及时向乙方支付相应的可行性缺口补助？

第117节 不能及时回款的处理

核心条款

第一百一十七条 当实施机构（或财政部门）不能及时、足额付费时，项目公司应专项处理，向实施机构发出公函，明确违约责任和后果，并积极推进实施机构拿出解决方案。本项工作律师应全程参与。

双方形成一致意见延期付款的，项目公司应明确资金缺口处理方案，相应资金成本、违约责任等核心条件，经“三会一层”决议通过后，应以《PPP项目合同》补充协议的形式进行确认。补充协议应经本级人民政府书面批准。

双方无法形成一致意见的，项目公司应根据《PPP项目合同》的约定执行，及时向实施机构主张违约责任，不得滞后。

本项工作应在项目公司经营管理月报中专章体现。

条款解析

按照当前的情形来看，不能及时、足额回款是大概率事件，具体的处理应当采用专项工作的形式进行。

项目公司应当安排专人跟踪，及时分析确认，根据不能及时、足额回款的原因进行有针对性的处理。属于合同约定不清原因的，应当立即（或提前）与实施机构协商处理，可以通过备忘录或《PPP项目合同补充协议》的形式进行确认，扫清回款障碍；属于自身原因没有达成回款条件的，应当立即（或提前）专项处理，尽快消除影响，并实现回款前置条件；属于政府方推动不积极的，应当立即（或提前）安排专人跟踪推动，不得消极等待；属于政府方违约情形的，应当立即（或提前）安排律师介入，指导项目公司进入有序清欠阶段。

进入有序清欠阶段的，项目公司应当发出正式工作联系函，明确回款主张，提醒违约责任。双方可以协商一致的，则可以通过书面形式形成回款条件；双方不能协商一致的，则律师可以迅速介入，依据《PPP 项目合同》的约定，进行正常处理程序，必要时，可以发出律师函。

回款全程工作应当紧锣密鼓，项目公司不得消极等待。同时强烈建议律师全程介入相关工作。

由于回款工作十分棘手，部分单位还组建了专门的清欠小组，一般清欠小组有公司领导加入，便于各项资源的随时调取。项目公司也可以参考，邀请股东方关键领导加入，获取强力支持。

事实上，清欠工作有完整的工作程序和工作套路，但不适合在著作中进行描述，且需要根据项目的不同情形进行修正，因此也不好总结出万能的解题建议，具体的安排，还是由项目公司按照本规程的规定，使自身的工作完全履约，充分降低回款风险，更为客观。

最高人民法院《关于审理建设工程施工合同纠纷案件适用法律问题的解释（一）》第 26 条、第 27 条规定可供参考适用，“当事人对欠付工程价款利息计付标准有约定的，按照约定处理。没有约定的，按照同期同类贷款利率或者同期贷款市场报价利率计息”。“利息从应付工程价款之日开始计付。当事人对付款时间没有约定或者约定不明的，下列时间视为应付款时间：（一）建设工程已实际交付的，为交付之日；（二）建设工程没有交付的，为提交竣工结算文件之日；（三）建设工程未交付，工程价款也未结算的，为当事人起诉之日”。这里之所以说是参考，是因为 PPP 项目的回款必须是在运营期通过绩效考核之后，根据绩效评价结果支付，所以这里的应付款时间点是不可适用的，这一点需要明确甄别。

实施办法

一、管理依据

（一）法律法规、政策依据

本节内容与本章第86节、第116节关联，可以关联阅读。

详细内容可参见本章第116节。

（二）PPP项目合同常规约定

以某教育园区PPP项目为例，其《PPP项目合同》第12.10条约定如下：

“甲方或财政部门未按照规定向乙方支付款项或乙方未按照规定的期限向甲方支付款项，则违约方应向另一方按以下公式计算、承担并支付延期付款违约金：延期付款违约金=应付未付款金额×违约日利率×从到期应付之日起至另一方实际收到款项之日止的天数。任何有争议的款项，经双方达成一致意见或作出有约束力的诉讼结果，属到期应付的款项，付款方应支付给另一方，并按以下公式计算、承担并支付应计利息：应计利息=属到期应付款的金额×违约日利率×原到期应付之日起至另一方实际收到款项之日止的天数；不属到期应付的，如付款方已经支付，则另一方应立即退返给付款方。”

（三）管理制度

一般对应《绩效考核管理制度》《回款管理制度》《财务管理制度》等，详细内容略。

（四）经验教训

1. 建议项目公司必须考虑不能及时足额回款的预案，一是如何向责任方索赔，二是如何处理银行的还本付息，缺一不可。

2. 建议项目公司安排律师全程参与、全程指导。

二、工作实施方案

1. 当不能及时足额付费时，项目公司应定期发布工作联系函，必要时可以发送律师函，进行过程确认。

2. 除非双方协商一致，否则项目公司应当主张相关违约利息和违约责任。

3. 必要时，可以通过《PPP 项目合同》的约定进行确认。

4. 过程中，建议项目公司安排律师全程参与，全程指导。

5. 持续跟踪处理，直至获得回款。

6. 完成后，梳理相关文件及档案。

三、管理表单

略。

四、实务风险解析与建议

实务问题 1：政府付费可能存在延期和不能足额支付的风险，怎样预防？

解析与建议：

详细内容请关联《PPP 项目执行阶段操作指南：100 个实务问题深度解析》问题 69 进行阅读。

实务问题 2：在运营期内，政府方如果没有资金支付相应付费，项目公司应怎么应对？

解析与建议：

详细内容请关联《PPP 项目执行阶段操作指南：100 个实务问题深度解析》问题 73 进行阅读。

实务问题 3：运营期绩效考核以后政府方才可以付款，那么运营期第一年项目公司将没有资金来源，如何还本付息？运营管理资金如何落实？

解析与建议：

详细内容请关联《PPP 项目执行阶段操作指南：100 个实务问题深度解析（第二册）》问题 70 进行阅读。

五、管理成果要求（基础档案）

1. 向实施机构发出的专项报告及其签收记录；

2. 或有的专项会议纪要、往来函件，律师函；

3. 实施机构发文或本级人民政府批文；

4. 双方协商一致的备忘录或《PPP 项目合同补充协议》；

5. 其他相关文件等。

六、补充说明

本项是政府方监管要点内容，可以关联《PPP 项目政府方监管要点》阅读，共涉及两项监管要点，分别如下：

1. 监管要点 39：确认是否按约履行，及时付费？

2. 监管要点 90：确认乙方的经营性收益，并确认是否根据合同约定及时向乙方支付相应的可行性缺口补助？

第 118 节　银行还本付息的处理

核心条款

第一百一十八条　项目公司应根据融资协议的约定及时、足额还款。项目公司在签订融资协议前应充分考虑政府方付费的时点与还本付息时点之间的时差，并提前合理筹划。

当政府方不能及时足额付费，项目公司不能正常还款时，应根据本规程第一百一十六条的规定，提前策划处理方案，必要时可以采用股东借款方式。股东借款应明确借款金额、借款利息、借款周期，通过股东借款协议形式确定，并经股东会决议通过后签订。相关资金成本应由责任方承担。

条款解析

项目公司获得回款后，应当首先考虑向金融机构或股东还本付息，避免产生违约情形。

向银行还本付息的问题主要考虑以下三点：

第一，按照《融资协议》的约定，应当在什么时间点还本付息？这是考虑政府方付费时间和金融机构还本付息时间错配的问题，尤其是政府方付费需要走的程序用时较长，因此，项目公司应当充分考虑走程序的时间差，尽量避免还本付息时间点到了，而政府付费的程序还没有走完的尴尬情形。

第二，在这个时间点之前，能否及时、足额收到相应回款？如果不能，预案是什么？这是充分考虑前面的各种情形，如果不能及时、足额获得回款，应当怎么办。不管如何，坚决不能发生还款违约的情形，因此，应当有相应的应急预案。向股东方借款，相关资金利息和违约责任依据《PPP 项目合同》的约定向政府方主张也是解决问题的方案之一。

第三，项目公司收到政府付费后，应当如何合理分配？通常情况下，项目公司获得回款后，应当通过股东会决议的方式，确认该笔资金的使用方案，包括向银行还本付息、向股东方分配利润。如果还有超额收益，应当依据《PPP 项目合同》的约定另行处理（具体处理，详见本规程第 119 条）。

实施办法

一、管理依据

（一）法律法规、政策依据

《民法典》第 674 条规定，“借款人应当按照约定的期限支付利息。对支付利息的期限没有约定或者约定不明确，依据本法第五百一十条的规定仍不能确定，借款期间不满一年的，应当在返还借款时一并支付；借款期间一年以上的，应当在每届满一年时支付，剩余期间不满一年的，应当在返还借款时一并支付”。第 675 条规定，“借款人应当按照约定的期限返还借款。对借款期限没有约定或者约定不明确，依据本法第五百一十条的规定仍不能确定的，借款人可以随时返还；贷款人可以催告借款人在合理期限内返还”。第 676 条规定，“借款人未按照约定的期限返还借款的，应当按照约定或者国家有关规定支付逾期利息”。第 678 条还规定，“借款人可以在还款期限届满前向贷款人申请展期；贷款人同意的，可以展期”。

本节内容与本章第 86 节、第 116 节、第 117 节关联，可以关联阅读。

详细内容可参见本章第 116 节。

（二）PPP 项目合同常规约定

以某教育园区 PPP 项目为例，其《PPP 项目合同》第 6.5.6 条约定，“乙方应按照项目进度要求，落实项目融资及还本付息，具体以项目实际获批贷款、实际使用资金及年度财务审计结果为准”。

该合同第 12.1.3 条约定，“运营开始日起任一运营年度，若 Y < 0，则实行超额收益返还，但应以保证本项目的还本付息优先”。

该合同第 12. 8. 2 条、第 12. 8. 3 条分别明确，“甲乙双方确认本合同总价款及支付方式是基于对项目各方面要求综合考察的结果，其中项目贷款还本付息要求是确定可行性缺口补助金额、支付标准、时间和进度的基础之一。如果本合同中任何一方或双方认为可行性缺口补助金额及支付标准、时间和进度需要作出调整时，应事先取得贷款人同意”。“如因项目投资额度、规模或进度调整等因素，导致本合同规定的可行性缺口补助金额及支付标准、时间和额度与项目贷款协议规定的还本付息计划不匹配时，甲方同意相应调整可行性缺口补助的资金支付计划。”

该合同第 12. 9. 2 条还约定，“甲方组织财政等部门根据本合同规定对乙方提交的书面报告进行审核，乙方应在保证还本付息的前提下，在审核完毕后十五（15）日内将经审核的超额返还金额支付给甲方。在保证项目还本日付息的前提下，如果乙方未及时足额返还的，甲方有权从履约保证金中提取相应金额，履约保证金担保金额不足的，甲方有权自下一次向乙方支付可行性缺口补助时从中予以扣除，并同时扣除按第 12. 10 条款规定乙方逾期付款应计算的违约金”。

（三）管理制度

一般对应《财务管理制度》《资金使用管理办法》《大额资金使用管理制度》等，详细内容略。

（四）经验教训

1. 金融机构的还本付息一般是优先级，项目公司在做预算和回款策划的时候，应当充分考虑还本付息的资金来源，确保到时足额还款，不发生违约事件。

2. 资金计划根据《公司章程》的规定，一般应当报股东会决议后遵照执行。

二、工作实施方案

1. 政府付费落实后，项目公司应做好该笔资金的使用计划，并通过内部会议确认。

2. 根据《公司章程》的规定，报“三会”决议通过。

3. 根据决议文件及《融资协议》的约定，向金融机构还本付息。

4. 完成后，妥善保存相关文档。

5. 如果根据《融资协议》，当期的费用不足以还本付息，可能还要涉及股东借款的，则履行股东借款程序。

6. 通过股东会决议后，正式签订《股东借款协议》获得相应资金，再行还本付息。

三、管理表单

略。

四、实务风险解析与建议

参照本章第 117 节的“实务风险解析与建议”，严格按照《PPP 项目合同》《融资协议》《管理制度》执行即可。

暂无其他直接实务风险和问题反馈，未来待动态补充。

五、管理成果要求（基础档案）

1. 《融资协议》相关约定；
2. 财务管理制度；
3. 资金使用计划与批准文件；
4. 或有的股东会决议；
5. 还本付息的资金流水；
6. 可能的《股东借款协议》、股东会决议及资金流水；
7. 相关的会议纪要、专项报告、往来文件；
8. 其他相关文件等。

六、补充说明

本项工作不直接涉及政府方监管要点。

第 119 节　超额收益的处理

核心条款

第一百一十九条　当项目产生计划外超额收益时，项目公司应按照公司章程和《PPP 项目合同》约定执行，通过“三会一层”程序决议后，遵照实施。

条款解析

当还本付息，且向股东方分配完收益后，依然存在超额收益情形时，项目公司应当按照《PPP 项目合同》的约定，合理地处理超额收益部分。

超额收益的处理方案应当依据合同制定，可以向各股东方按照股权比例分配，也可以计入资本公积，具体以股东会决议为准。

实施办法

一、管理依据

（一）法律法规、政策依据

国务院办公厅转发财政部、发改委、中国人民银行《关于在公共服务领域推广政府和社会资本合作模式指导意见的通知》（国办发〔2015〕42 号）的附件《关于在公共服务领域推广政府和社会资本合作模式的指导意见》第 8 条规定，“健全财政管理制度。开展财政承受能力论证，统筹评估和控制项目的财政支出责任，促进中长期财政可持续发展。建立完善公共服务成本财政管理和会计制度，创新资源组合开发模式，针对政府付费、使用者付费、可行性缺口补助等不同支付机制，将项目涉及的运营补贴、经营收费权和其他支付对价等，按照国家统一的会计制度进行核算，纳入年度预算、中期财政规划，在政府财务报告中进行反映和管理，并向本级人大或其常委会报告。存量公共服务项目转型为政府和社会资本合作项目过程中，应依法进行资产评估，合理确定价值，防止公共资产流失和贱卖。项目实施过程中政府依法获得的国有资本收益、约定的超额收益分成等公共收入应上缴国库”。

财政部、中国人民银行、中国证监会《关于规范开展政府和社会资本合作项目资产证券化有关事宜的通知》（财金〔2017〕55 号）第 11 条规定，“合理分担资产证券化的成本收益。PPP 项目公司资产证券化的发行成本应当由项目公司按照合同约定承担，不得将发行成本转嫁给政府和社会资本方。鼓励 PPP 项目公司及其股东通过加强日常运营维护管理或者提供合理支持，为基础资产产生预期现金流提供必要的保障，PPP 项目公司及其股东可综合采取担保、持有次级等多种方式进行增信，避免单一增信方式增加对项目公司或股东的负担。PPP 项目公司通过发行资产证券化产品优化负债结构的，节省综合融资成本带来的超额收益，应按照合同约定进行分配”。

财政部《关于印发〈政府和社会资本合作项目财政管理暂行办法〉的通知》（财金〔2016〕92 号）附件《政府和社会资本合作项目财政管理暂行办法》第 22 条规定，“PPP 项目中的政府收入，包括政府在 PPP 项目全生命周期过程中依据法律和合同约定取得的资产权益转让、特许经营权转让、股息、超额收益分成、社会资本违约赔偿和保险索赔等收入，以及上级财政拨付的 PPP 专项奖补资金收入等”。

财政部《关于在公共服务领域深入推进政府和社会资本合作工作的通知》（财金〔2016〕90 号）第 8 条规定，“切实有效履行财政管理职能。各级财政部门要会同行业主管部门合理确定公共服务成本，统筹安排公共资金、资产和资源，平衡好公众负担和社会资本回报诉求，构建 PPP 项目合理回报机制。对于政府性基金预算，可在符合政策方向和相关规定的前提下，统筹用于支持 PPP 项目。对于使用者付费项目，涉及特许经营权的要依法定程序评估价值，合理折价入股或授予转让，切实防止国有资产流失。对于使用者付费完全覆盖成本和收益的项目，要依据合同将超额收益的政府方分成部分及时足额监缴入国库，并按照事先约定的价格调整机制，确保实现价格动态调整，切实减轻公众负担”。

交通运输部《关于印发全面深化交通运输改革试点方案的通知》（交政研发〔2015〕26号）的附件《交通基础设施政府与社会资本合作等模式试点方案》第4条第1款规定，“完善特许经营制度。部将按照国家投融资改革的要求，研究建立交通基础设施特许经营制度，统筹考虑特许经营权、合理定价、财政补贴等因素，研究制定特许经营合同范本，逐步建立起收费价格动态调整机制、超额收益分成和超低收益补贴制度，保障投资者有长期稳定合理的收益”。

（二）PPP项目合同常规约定

以某教育园区PPP项目为例，其《PPP项目合同》第12.1.3条约定，“运营开始日起任一运营年度，若Y<0，则实行超额收益返还，但应以保证本项目的还本付息优先。计算公式如下：

年度超额返还金额=该年度应计使用者付费－［该年度应计可用性服务费×λ1×70%＋（该年度应计可用性服务费×30%＋该年度应计运营维护服务费）×λ2］”。

（三）管理制度

一般对应《财务管理制度》《资金使用管理办法》《大额资金使用管理制度》等，详细内容略。

（四）经验教训

1. PPP项目的经营性收益相对较少，所以一般《PPP项目合同》约定政府方不参与分红，合同中有此约定的，就应当按照合同约定执行。

2. 正常情况下，存在超额收益的概率较小，但通过运营方案的深入策划，其可能性可能会逐渐增大，项目公司可以从这个角度入手，适当多放一些精力调研和思考。

二、工作实施方案

1. 当项目公司出现超额收益时，项目公司应当确认超额收益的金额。

2. 根据《PPP项目合同》关于超额收益的分配原则，制定超额收益的分配方案。

3. 根据《公司章程》的规定，将超额收益分配方案报股东会审议。

4. 根据股东会决议通过的分配方案，具体落实执行。

5. 落实执行完毕后，妥善整理相关材料，进行存档。

6. 根据政策规定，及时更新财政部PPP相关管理库公示信息。

三、管理表单

略

四、实务风险解析与建议

严格按照公司章程、PPP项目合同和管理制度执行即可。

暂无直接实务风险和问题反馈，未来待动态补充。

五、管理成果要求（基础档案）

1. 超额收益确认文件；

2. 超额收益处理的初步方案，项目公司内部会议纪要及决议；

3. 股东会决议文件，附最终确认方案；

4. 过程执行文件，附资金流量表；

5. 相关会议纪要、专项报告、往来文件；

6. 其他相关文件等。

六、补充说明

本项工作不直接涉及政府方监管要点。

第 120 节　资产证券化的处理

核心条款

第一百二十条　项目公司计划再融资时，应根据 PPP 项目合同约定执行，先行策划初步方案，通过市场测试确认其可行性。

再融资方案可行的，应向实施机构提请专项报告，获得支持；同时应通过“三会一层”程序决议后实施。

相关工作应在项目公司经营管理月报中专章体现。

条款解析

鉴于当前金融市场对再融资的支持，PPP 项目进入运营期后，在可以保持稳定现金流的情况下，可以考虑资产证券化或 REITs① 等融资工具。

资产证券化或 REITs 的资金成本相对之前的项目贷款会有优势，项目公司可以通过再融资的方式降低资金成本，也可以通过该方式提前回收资金。

本项工作需要考虑的要点是：第一，项目本身具备再融资的条件，金融市场可以认可，具备再融资的可行性；第二，政府方支持，愿意配合提供相关的文件支撑；第三，再融资的资金的使用程序应当合规。

总体来说，再融资对项目公司有利，对社会资本方也有利，对于激活市场也是有利的，因此，项目公司应当综合考虑，确实需要实施的，应当提前和实施机构、金融机构充分沟通，稳步推进。

① 参见国家发改委《关于进一步做好基础设施领域不动产投资信托基金（REITs）试点工作的通知》（发改投资〔2021〕958 号），国家发改委办公厅《关于加快推进基础设施领域不动产投资信托基金（REITs）有关工作的通知》（发改办投资〔2021〕1048 号）。

实施办法

一、管理依据

（一）法律法规、政策依据

国家发改委和中国证监会发布的《关于推进传统基础设施领域政府和社会资本合作（PPP）项目资产证券化相关工作的通知》（发改投资〔2016〕2698号）第2条明确，“重点推动符合下列条件的PPP项目在上海证券交易所、深圳证券交易所开展资产证券化融资：一是项目已严格履行审批、核准、备案手续和实施方案审查审批程序，并签订规范有效的PPP项目合同，政府、社会资本及项目各参与方合作顺畅；二是项目工程建设质量符合相关标准，能持续安全稳定运营，项目履约能力较强；三是项目已建成并正常运营2年以上，已建立合理的投资回报机制，并已产生持续、稳定的现金流；四是原始权益人信用稳健，内部控制制度健全，具有持续经营能力，最近三年未发生重大违约或虚假信息披露，无不良信用记录”。

财政部、中国人民银行、中国证监会联合发布的《关于规范开展政府和社会资本合作项目资产证券化有关事宜的通知》（财金〔2017〕55号）第1条明确，“鼓励项目公司开展资产证券化优化融资安排。在项目运营阶段，项目公司作为发起人（原始权益人），可以按照使用者付费、政府付费、可行性缺口补助等不同类型，以能够给项目带来现金流的收益权、合同债权作为基础资产，发行资产证券化产品”。第8条规定，“申请材料包括但不限于PPP项目实施方案、PPP合同、物有所值评价报告和财政承受能力论证报告、项目运营年报，以及项目资产证券化方案说明书、交易结构图、法律意见书等”。且第14条要求，“建立多元化、可持续的资金保障机制，推动不动产投资信托基金（REITs）[1] 发展，鼓励各类市场资金投资PPP项目资产证券化

---

① 国家发改委《关于进一步做好基础设施领域不动产投资信托基金（REITs）试点工作的通知》（发改投资〔2021〕958号），国家发改委办公厅《关于加快推进基础设施领域不动产投资信托基金（REITs）有关工作的通知》（发改办投资〔2021〕1048号）。

产品”。

国家发改委《关于加快运用PPP模式盘活基础设施存量资产有关工作的通知》（发改投资〔2017〕1266号）第4条再次强调，“对采用PPP模式盘活存量资产的基础设施项目，支持通过资产证券化、发行PPP项目专项债券等方式开展市场化融资，提高资产流动性，拓宽资金来源，吸引更多社会资本以不同方式参与”。

深圳证券交易所《关于发布〈深圳证券交易所政府和社会资本合作（PPP）项目资产支持证券挂牌条件确认指南〉、〈深圳证券交易所政府和社会资本合作（PPP）项目资产支持证券信息披露指南〉的通知》（深证会〔2017〕340号）中的附件1《深圳证券交易所政府和社会资本合作（PPP）项目资产支持证券挂牌条件确认指南》第4条明确，社会资本方（项目公司）以PPP项目收益权作为基础资产开展证券化，除满足基础资产合格标准的一般要求外，还需要符合以下特别要求：“1. PPP项目已按规定完成PPP项目实施方案评审以及必要的审批、核准或备案等相关手续，社会资本方（项目公司）与政府方已签订有效的PPP项目合同；在能源、交通运输、水利、环境保护、市政工程等特定领域需要政府实施特许经营的，已按规定完成特许经营项目实施方案审定，特许经营者与政府方已签订有效的特许经营协议。2. PPP项目涉及新建或存量项目改建、依据项目合同约定在项目建成并开始运营后才获得相关付费的，社会资本方（项目公司）应完成项目建设或改建，按相关规定或合同约定经验收或政府方认可，并开始运营，有权按照规定或约定获得收益。3. PPP项目合同、融资合同未对社会资本方（项目公司）转让项目收益权作出限制性约定，或社会资本方（项目公司）已满足解除限制性约定的条件。4. PPP项目收益权相关的项目付费或收益情况在PPP合同及相关协议中有明确、清晰的约定。政府付费模式下，政府付费应纳入本级或本级以上政府财政预算、政府财政规划。可行性缺口补助模式下，可行性缺口补助涉及使用财政资金、政府投资资金的，应纳入本级或本级以上政府财政预算、政府财政规划。5. PPP项目资产或收益权未设定抵押、质押等权利负担。已经设有抵押、质押等权利负担的，通过专项计划安排能够予以解除，如偿还相关融资、取得相关融资方解除抵押、质押的同意等。6. 社会资本方（项目公司）与政府方不存在因 PPP 项目合同的重大违约、不可抗力因素影响项目持续建设运营，或导致付费机制重大调整等情形；也不存在因 PPP 项目合同或相关合同及其他重大纠纷而影响项目持续建设运营，或可能导致付费机制重大调整的协商、调解、仲裁或诉讼等情形。7. PPP 项目不得存在政府方违规提供担保，或政府方采用固定回报、回购安排、明股实债等方式进行变相债务融资情形。8. PPP 项目合同到期日应不早于资产支持证券的最晚到期日。9. 相关主管部门以及本所确定的其他标准。”另外，《上海证券交易所政府和社会资本合作（PPP）项目资产支持证券挂牌条件确认指南》对此也做出了类似的要求。

国家发改委《关于进一步做好基础设施领域不动产投资信托基金（REITs）试点工作的通知》（发改投资〔2021〕958 号）明确提出，“进一步做好基础设施领域不动产投资信托基金（以下简称‘基础设施 REITs’）试点工作”。该通知第 1 条明确，“充分认识基础设施 REITs 的重要意义。‘十四五’规划《纲要》提出，推动基础设施 REITs 健康发展，有效盘活存量资产，形成存量资产和新增投资的良性循环。开展基础设施 REITs 试点，对推动形成市场主导的投资内生增长机制，提升资本市场服务实体经济的质效，构建投资领域新发展格局，具有重要意义。各地发展改革委要把基础设施 REITs 作为一项重点工作，高度重视、积极推动，盘活存量资产，促进形成投资良性循环”，该通知第 2 条第 4 款、第 5 款和第 6 款分别要求，“加强项目储备管理。及时梳理汇总本地区基础设施 REITs 试点项目，将符合条件的项目分类纳入全国基础设施 REITs 试点项目库，做到应入尽入，未纳入项目库的项目不得申报参与试点。督促有关方面适时更新项目信息，动态掌握入库项目进展，及时剔除不符合要求的项目，切实保障入库项目质量”。“推动落实项目条件。对纳入项目库的意向项目，要结合发展需要和项目情况，推动做好相关准备工作。对储备项目，要及时掌握项目进展，与中国证监会当地派出机构、沪深证券交易所、有关行业管理部门、有关行政审批部门等加强沟通，依法依规办理相关手续，帮助落实发行基础设施 REITs 的各项条件。”“充分发挥政府投资引导作用。用好引导社会资本参与盘活国有存量资产中央预算内投资示范专项，支持回收资金投入的新项目加快开工建设，促进形成投资良性循环。在安排中央预算内投资、地方政府专项债券时，对使用回收资金投入的新项目，以及在盘活存量资产方面取得积极成效的项目单位，可在同等条件下优先支持，充分调动盘活存量积极性。”以“促进基础设施 REITs 长期健康发展”。

国家发改委办公厅《关于加快推进基础设施领域不动产投资信托基金（REITs）有关工作的通知》（发改办投资〔2021〕1048 号）继续要求，“进一步加快推进基础设施 REITs 试点有关工作，推动盘活存量资产、形成投资良性循环”。该通知第 7 条规定，“鼓励结合本地区实际情况，借鉴先进地区经验，研究出台有针对性的支持措施，支持本地区企业积极参与基础设施 REITs 试点。对成功发行基础设施 REITs 的企业，研究在资金安排等方面给予优先支持，充分发挥示范引领作用。及时总结先进企业典型经验做法，鼓励相关企业学习借鉴，加强基础设施资产优化整合，推动更多符合条件的项目发行基础设施 REITs”。

（二）PPP 项目合同常规约定

以四川某市政配套、保障性安居工程 PPP 项目为例，其《PPP 项目合同》第 17.4 条约定，“乙方因项目融资、资产证券化等再融资目的签订借款、融资、权益质押等合同前，应向甲方书面申请并得到书面批准，并在签订合同后 10 日内将相关主合同和担保合同的副本报甲方备案”。

（三）管理制度

一般对应《融资管理制度》《财务管理制度》等，详细内容略。

（四）经验教训

1. ABS 相对成熟，可以重点考虑；REITs 还在探索中，可以持续关注。再融资对于融资成本的降低有重要作用，对于投资回报率的影响很大，项目公司应当重点关注，必要时，可以敏感性测试作为决策的依据。

2. 项目公司应当对金融工具多加熟悉，广开渠道，选择对自身投资目标最有益的方式开展。

二、工作实施方案

1. 如果考虑再融资，进行资产证券化 ABS，项目公司应当提前专项筹划。

2. 熟悉《PPP 项目合同》中关于再融资的相关约定，熟悉相关政策规定，初步确认实施可实现性。

3. 可以初步接触相关金融机构，了解相关要求，并可以要求提供初步方案。

4. 项目公司拟定初步方案，并确认可行性。

5. 方案可行的，可以报送至股东方进行审议。

6. 股东同意的，可以继续向实施机构报送相关方案，征询相关意见。

7. 实施机构不反对的，项目公司可以正式启动资产证券化的相关流程，选择合适的金融机构。

8. 按照金融机构的方案准备相应材料，等待审批。

9. 资产证券化完成，获得相应资金。

10. 编制资金使用计划，报股东会决议通过后，遵照执行。

11. 做好相关台账，并妥善保存完整档案资料。

三、管理表单

略。

四、实务风险解析与建议

严格按照法律法规、PPP 政策、《PPP 项目合同》和管理制度执行即可。暂无直接实务风险和问题反馈，未来待动态补充。

五、管理成果要求（基础档案）

1. 资产证券化的初步方案，项目公司内部会议纪要及决议；

2. 股东方确认文件；

3. 实施机构确认文件；

4. 相关会议纪要、专项报告、往来文件；

5. 和金融机构确认的方案，以及过程执行文件，附资金流量表；

6. 资金使用方案，股东会确认文件；

7. 资金使用记录、台账及其完整附件；

8. 其他相关文件等。

六、补充说明

本项是政府方监管要点内容，可以关联《PPP 项目政府方监管要点》阅读，共涉及一项监管要点如下：

监管要点 21：确认项目公司是否采取资产证券化等方式进行融资？若有，确认应予相应支持。

第 121 节　非项目公司原因造成计划外暂停服务的处理

核心条款

第一百二十一条　项目公司应根据《PPP 项目合同》的约定执行。

事件发生时，项目公司应第一时间采取应急措施避免损失进一步扩大，同时向实施机构汇报，明确事件及其成因，固定好相关证据，避免违约责任风险。事件处理过程中，项目公司应积极、主动推进处理，尽快恢复项目运营。涉及费用和/或运营期延长的，应协同实施机构共同落实。由于非项目公司原因造成计划外暂停服务的，项目公司还应获得绩效考核豁免的文件。事件处理完成后，项目公司可以向责任方追索赔偿，实施机构应予支持和协助。本项工作律师应全程参与。

相关事项应在项目公司经营管理月报中专章体现。

条款解析

在运营过程中，也有可能会发生计划外的暂停服务。发生计划外暂停服务的，应当区分责任归属。

如果是项目公司原因，则毫无疑问，项目公司应当立即专项处理，消除影响，尽量避免被追究违约责任。

如果是非项目公司原因，项目公司应当考虑以下几项要点，并立即处理：第一，想办法协调各方迅速解决问题，恢复公共服务的持续供给。第二，固定证据，确认属于非项目公司原因，避免被索赔、被追究违约责任；同时做好未来向责任方追索责任的依据。第三，处理过程中，以迅速恢复公共服务、消除影响为优先，同时考虑相关损失和费用的处理，应当确保事后可以向责任方获得，必要时，可以请求实施机构动用行政力进行支持。

具体的处理应以《PPP 项目合同》中的约定为准。

实施办法

一、管理依据

（一）法律法规、政策依据

《民法典》第 120 条规定，“民事权益受到侵害的，被侵权人有权请求侵权人承担侵权责任”。

关于 PPP 部分，早在 2012 年 6 月 8 日，住房和城乡建设部《关于印发进一步鼓励和引导民间资本进入市政公用事业领域的实施意见的通知》（建城〔2012〕89 号）第 12 条就明确，“建立预警和应急机制。要建立健全安全预警和应急救援工作机制，提高应对突发事件的应急反应能力，妥善应对重大安全和突发事件，防范和及时化解运营风险。要制定特殊情况下临时接管的应急预案。实施临时接管的，必须报当地政府批准，并向上一级主管部门报告。必要时，上一级主管部门可跨区域组织技术力量，为临时接管提供支持和保障，确保市政公用事业生产、供应和服务的连续性、稳定性”。

2014 年 11 月 29 日，财政部发布的《关于印发政府和社会资本合作模式操作指南（试行）的通知》（财金〔2014〕113 号）第 27 条规定，“社会资本或项目公司违反项目合同约定，威胁公共产品和服务持续稳定安全供给，或危及国家安全和重大公共利益的，政府有权临时接管项目，直至启动项目提前终止程序。政府可指定合格机构实施临时接管。临时接管项目所产生的一切费用，将根据项目合同约定，由违约方单独承担或由各责任方分担。社会资本或项目公司应承担的临时接管费用，可以从其应获终止补偿中扣减”。

财金〔2014〕113 号文失效后，新的《政府和社会资本合作模式操作指南（修订稿）》（财办金〔2019〕94 号）第 33 条对该项规定没有作出任何变动，延续了上述要求。该指南（修订稿）第 34 条还规定，“有下列情形之一的，可以提前终止项目合同：（一）出现项目合同约定的提前终止合作情形；（二）因不可抗力导致项目合同无法继续履行；（三）因政府、项目公司（社会资本）严重违约，危害公共利益；（四）项目财产依法被征收；（五）法律、行政法规规定的其他情形。项目合同提前终止的，除前款第三项项目公司（社会资本）严重违约情形外，应当按照国家有关规定或合同约定，给予项目公司（社会资本）合理补偿。项目合同提前终止的，政府应当采取有效措施，保证相关公共服务的正常提供”。

2015 年 5 月 4 日，《市政公用事业特许经营管理办法》（住房和城乡建设部令第 24 号修正）第 10 条第 6 项规定，主管部门应当履行“在危及或者可能危及公共利益、公共安全等紧急情况下，临时接管特许经营项目”的责任。第 18 条规定，“获得特许经营权的企业在特许经营期间有下列行为之一的，主管部门应当依法终止特许经营协议，取消其特许经营权，并可以实施临时接管：（一）擅自转让、出租特许经营权的；（二）擅自将所经营的财产进行处置或者抵押的；（三）因管理不善，发生重大质量、生产安全事故的；（四）擅自停业、歇业，严重影响到社会公共利益和安全的；（五）法律、法规禁止的其他行为”。第 25 条还要求，“主管部门应当建立特许经营项目的临时接管应急预案。对获得特许经营权的企业取消特许经营权并实施临时接管的，必须按照有关法律、法规的规定进行，并召开听证会”。

2016 年 9 月 24 日，财政部《关于印发〈政府和社会资本合作项目财政管理暂行办法〉的通知》（财金〔2016〕92 号）的附件《政府和社会资本合作项目财政管理暂行办法》第 26 条规定，“社会资本方违反 PPP 项目合同约定，导致项目运行状况恶化，危及国家安全和重大公共利益，或严重影响公共产品和服务持续稳定供给的，本级人民政府有权指定项目实施机构或其他机构临时接管项目，直至项目恢复正常经营或提前终止。临时接管项目所产生的一切费用，根据合作协议约定，由违约方单独承担或由各责任方分担”。

2016 年 10 月 24 日，国家发改委《关于印发〈传统基础设施领域实施政府和社会资本合作项目工作导则〉的通知》（发改投资〔2016〕2231 号）的附件《传统基础设施领域实施政府和社会资本合作项目工作导则》第 20 条规定，“在 PPP 项目合作期限内，如出现重大违约或者不可抗力导致项目运营持续恶化，危及公共安全或重大公共利益时，政府要及时采取应对措施，必要时可指定项目实施机构等临时接管项目，切实保障公共安全和重大公共利益，直至项目恢复正常运营。不能恢复正常运营的，要提前终止，并按 PPP 合同约定妥善做好后续工作”。

如果确实发生以上情形，应及时进行信息公示，财政部《关于印发〈政府和社会资本合作（PPP）综合信息平台信息公开管理暂行办法〉的通知》（财金〔2017〕1 号）第 8 条第 8 项、第 9 项、第 10 项分别规定，项目执行阶段应当公开的 PPP 项目信息包括：“重大违约及履约担保的提取情况，对公众投诉的处理情况等”，“本级政府或其职能部门作出的对项目可能产生重大影响的规定、决定等”，“项目或项目直接相关方（主要是 PPP 项目合同的签约各方）重大纠纷、诉讼或仲裁事项，但根据相关司法程序要求不得公开的除外”。本文件失效后，新发布的财政部《关于修订发布〈政府和社会资本合作（PPP）综合信息平台信息公开管理办法〉的通知》（财金〔2021〕110 号）第 2 章第 10 条第 3 款规定，管理库项目执行阶段应当公开的信息主要包括：“履约信息，包括项目建设信息、绩效管理信息、项目公司运营信息、合作期间重大事件、合同变更信息、项目移交信息等”，非项目公司原因造成计划外暂停服务应属“合作期间重大事件”，因此，要求未有重大变化。

对此，江苏省财政厅还特地发文建立了 PPP 项目全生命周期法律顾问制度①，要求各财政部门在管理 PPP 项目过程中必须配备律师，充分借助第三方的专业力量，建议项目公司参照实施，同样配备专业律师。

本节内容与本章第 77 节、第 136 节关联，可以关联阅读。

① 2018 年 12 月 3 日，江苏省财政厅发布《关于建立全省政府和社会资本合作（PPP）项目全生命周期法律顾问制度的意见》（苏财规〔2018〕19 号）。

（二）PPP 项目合同常规约定

以某教育园区 PPP 项目为例，其《PPP 项目合同》第 9.10 条约定：

“如果因不可抗力事件、第三方行为、或其他非乙方严重违约事件导致需要采取暂停服务措施的，乙方应立即通知甲方和贷款方并上报相关政府部门，解释暂停服务的原因以及提出更正暂停服务的建议。乙方应尽其最大努力在发现或通知暂停服务后二十四（24）小时内恢复正常服务。

“如果暂停服务时间预期超过二十四（24）小时，则乙方应考虑甲方关于处理暂停服务的建议或意见。

“如果必要的更改措施预期需要超过四十八（48）小时，乙方应通知甲方，并应尽最大努力使暂停服务的影响减到最小。

“如果无正当理由超过七十二（72）小时乙方仍未恢复服务，则甲方有权按照规定采取临时接管措施”。

（三）管理制度

一般对应《运营管理制度》《应急管理制度》等，详细内容略。

（四）经验教训

1. 特殊情况的处理，重点应关注及时性、充分性和合规性。当发生特殊情况时，只要涉及费用或工期等核心利益，项目公司就应当及时与实施机构充分沟通，协商处理方案和责任归属，并通过书面形式进行确认。双方确认无误后，项目公司即可全面遵照执行，完成后，及时确认处理结果，避免夜长梦多。

2. 项目公司在处理过程中，其出发点应当是聚焦项目的核心目标，尽快推动问题解决为先，因此，需要项目公司总经理进行把握和平衡。

二、工作实施方案

1. 出现项目公司原因导致的计划外暂停服务时，项目公司应当立即确认事件情况，形成专项报告。

2. 根据《PPP 项目合同》约定的处理方案，立即向实施机构汇报，并提交相关情况报告。

3. 及时组织力量，消除影响，尽快恢复公共服务的持续稳定供给，同时固定相关证据。

4. 初步消除影响后，根据实际情况，向实施机构提交处理的初步方案，明确责任归属，落实费用来源。

5. 属于政府方原因的，主张获得相关补偿。

6. 属于己方责任的，应尽快落实整改，消除影响，尽量避免违约责任的产生。

7. 属于第三方责任的，可以协调实施机构代为追偿，追究责任方相关赔偿责任。

8. 必要时，可以请律师全程参与指导。

9. 持续跟踪处理，直至消除影响，问题解决。

10. 系统梳理相关档案，并妥善保存。

三、管理表单

略。

四、实务风险解析与建议

严格按照 PPP 项目合同和管理制度执行即可。

暂无直接实务风险和问题反馈，未来待动态补充。

五、管理成果要求（基础档案）

1. 具体事件的专项报告及实施机构签收文件；

2. 初步处理方案及项目公司内部会议决议文件；

3. 实施机构书面批复；

4. 或有的会议纪要、专项报告、往来文件；

5. 或有的法律意见书、律师函；

6. 相关方共同确认的处理方案；

7. 具体执行、处理过程文件；

8. 其他相关文件等。

六、补充说明

本项是政府方监管要点内容，可以关联《PPP 项目政府方监管要点》阅读，共涉及五项监管要点，分别如下：

1. 监管要点 41：确认是否存在中断或临时终止服务的情形，是否按约执行？

2. 监管要点 50：定期与项目公司沟通、召开会议，确认是否存在阻碍项目建设的情形，如有，确认是否及时推动协调解决？

3. 监管要点 81：确认项目公司是否存在视为放弃或严重违约情形？若有该等情形发生，实施机构是否及时介入？是否按照合同约定追求其违约责任？

4. 监管要点 82：确认项目是否需要提前终止？若提前终止，确认是否按约处理？

5. 监管要点 92：确认是否存在触发临时接管的情形？

第 122 节　中期评估工作的准备和开展

核心条款

第一百二十二条　项目实施 3 ~ 5 年，具备中期评估条件时，项目公司应按照《PPP 项目合同》的约定推进中期评估工作。

项目公司应提前对中期评估工作进行准备和安排：

1.《PPP 项目合同》中对中期评估约定不明时，项目公司应按照有关政策编制中期评估方案，报实施机构批准后，双方遵照执行；

2. 中期评估前，项目公司应根据政策规定和合同约定，提前准备己方诉求，并匹配相应支撑性材料，确保相关主张可以顺利通过；

3. 项目公司还应根据中期评估方案，提前做好评估准备工作，使评估工作可以顺利、高效完成；

4. 经过评估，存在需要通过《PPP 项目合同》补充协议进行确认的事项时，项目公司应及时编制补充协议，按照合同管理制度获得内部评审通过，并和实施机构沟通一致，获得本级人民政府书面批准后，方可签订。

相关工作应在项目公司经营管理月报中专章体现。

条款解析

项目实施至此，应当到了中期评估的窗口期。根据政策规定，每 3 ~ 5 年应当开展中期评估工作，对项目的推进情况进行阶段性梳理，确认实施正常，如果存在偏差，应当及时进行修正，妥善处理。

这也是一个 PDCA 的过程，只是评估周期要长于年度绩效考核，其考核的目标和对象也不同。我们认为，中期评估既包含对政府方“初心”的评估，也包含对社会资本方“初心”的评估。

政府方的“初心”是 VFM，物有所值；社会资本方的“初心”是投资回报、预期收益。对标这份“初心”，是否存在重大偏差？现有的履约条件是否满足？原先签订的《PPP 项目合同》是否还可以适用？各种问题就会随之而出。

通过这个固定的程序和动作，双方就当前的问题进行客观协商处理，可以制定专项整改方案，可以通过《PPP 项目合同补充协议》系统处理，以此消除影响，确保项目未来可以继续健康推进，分别实现各自的“初心”和目标。

这项动作非常重要，项目公司前期工作中难以协调、难以处理的问题，甚至是争议难解的部分，均可以放在该窗口期处置。项目公司应当对此有清晰的认识，有系统的思考。①

实施办法

一、管理依据

（一）法律法规、政策依据

2014 年 11 月 29 日财政部发布的《关于印发政府和社会资本合作模式操作指南（试行）的通知》（财金〔2014〕113 号）第 29 条规定，“项目实施机构应每 3－5 年对项目进行中期评估，重点分析项目运行状况和项目合同的合规性、适应性和合理性；及时评估已发现问题的风险，制订应对措施，并报财政部门（政府和社会资本合作中心）备案”。

财金〔2014〕113 号文失效后，新的《政府和社会资本合作模式操作指南（修订稿）》（财办金〔2019〕94 号）第 31 条延续了该项动作，“项目实施机构应每 3～5 年对项目进行中期评估，重点分析项目运行状况，验证物

① 具体的开展和处理参见崔德高：《PPP 项目中期评估调整窗口的把握》，载《施工企业管理》2020 年第 7 期。

有所值实现情况，按效付费执行情况以及项目合同的适应性和合理性，及时评估已发现问题的风险，制定应对措施，并报行业主管部门、财政部门备案”。

财政部《关于印发〈政府和社会资本合作项目财政管理暂行办法〉的通知》（财金〔2016〕92号）的附件《政府和社会资本合作项目财政管理暂行办法》第25条再次要求，“……开展中期绩效评估，最终促进实现项目绩效目标。监控中发现绩效运行与原定绩效目标偏离时，应及时采取措施予以纠正”。

2016年10月24日，财政部还发布了《关于征求〈政府和社会资本合作物有所值评价指引（修订版征求意见稿）〉意见的函》（财办金〔2016〕118号）。该指引第7条规定，“中期物有所值评价在项目开始运营后3年到5年内开展，考察物有所值实现程度，作为项目中期评估的组成部分。2016年1月1日之后发起的PPP项目均应开展中期物有所值评价。中期物有所值评价可以不包括定性评价”。

国家发改委对中期评估也有明确规定，其《关于印发〈传统基础设施领域实施政府和社会资本合作项目工作导则〉的通知》（发改投资〔2016〕2231号）的附件《传统基础设施领域实施政府和社会资本合作项目工作导则》第19条第2款规定，“……项目实施机构应会同行业主管部门，自行组织或委托第三方专业机构对项目进行中期评估，及时发现存在的问题，制订应对措施，推动项目绩效目标顺利完成”。

针对收费公路项目，交通运输部办公厅也发布了《关于印发〈收费公路政府和社会资本合作操作指南〉的通知》（交办财审〔2017〕173号），该通知附件《收费公路政府和社会资本合作操作指南》第40条规定，“交通运输主管部门或项目实施机构应每3－5年对项目进行中期评估，重点分析项目运行状况和项目合同的合规性、适应性和合理性；及时评估已发现问题的风险，制订应对措施，并报交通运输主管部门或者本级人民政府备案”。该条规定和财政部的原则一致。

中期评估也是PPP项目信息公示的内容之一。财政部《关于修订发布〈政府和社会资本合作（PPP）综合信息平台信息公开管理办法〉的通知》（财金〔2021〕110号）的附件《政府和社会资本合作（PPP）综合信息平台信息公开管理办法》第2章第10条第3款规定，管理库项目执行阶段应当公开的信息主要包括："履约信息，包括项目建设信息、绩效管理信息、项目公司运营信息、合作期间重大事件、合同变更信息、项目移交信息等"，中期评估属于"绩效管理信息"。

（二）PPP项目合同常规约定

以天津市某高速公路PPP项目为例，其《PPP项目合同》第40.1条约定，"中期评估为每三年一次，从开始运营之日起算。中期评估由甲方发起，组织其他政府相关部门及有关专家组成评估小组，对乙方的运营维护进行评估。评估内容包括：确认本特许协议是否实现了其目标；评估乙方在特许经营期内的运营维护状况；与特许权有关的其他需评估事项。评估小组在评估结束后15日内，向甲方提交评估报告。评估报告内容包括：评估结果、运营维护建议、修改特许经营协议的建议。甲方有权决定是否采纳评估小组所提出的建议。如评估小组提出的项目协议修改建议被采纳，协议双方应在甲方的主导下对本协议进行修改，修改的协议条款在随后的特许期内对双方都具有约束力。如评估小组所提出的修改本协议建议未被采纳，则该建议无法律效力"。

（三）管理制度

一般对应《运营管理制度》《绩效考核管理制度》等，详细内容略。

（四）经验教训

1. 中期评估是基于《PPP项目合同》和项目当前情况的一个评估动作，只要客观的去评估和处理，则其对PPP项目的健康推进作用是巨大的，建议项目公司认真、审慎应对，并主动推动落实。但是，当前对于如何开展中期评估缺少权威文件，需要我们不断探索，建议项目公司积极主动作为，主动研究，在与政府方沟通过程中可以占据主导地位。

2. 当项目上确实有短期无法调和、无法解决的问题时，首先应当考虑中期评估这个窗口期，在这一时期可以商量和处理，但是其核心在于，项目公司应当充分、完全的举证，因此，又回归到了档案管理、证据准备的工作。因此，建议项目公司配备律师或法务人员、配备专职档案管理人员，小成本可以解决大问题。

二、工作实施方案

1. 熟悉《PPP 项目合同》关于中期评估的相关约定，熟悉中期评估相关政策。

2. 项目公司应主动和实施机构协调沟通，确认中期评估方案。

3. 项目公司对确认的中期评估方案进行逐项分解，并责任到人，明确各人日常工作中所需完成的工作成果和相应要求。

4. 各责任人员根据要求开展各项工作，输出对应的管理成果、档案证据。

5. 每月 24 日定期召开内部会议，逐项确认，确保各项要求执行到位。

6. 项目公司根据合同约定，按照实施机构中期评估通知，准备启动评估工作，事先准备好各项相关文件及做好现场准备。

7. 按照要求配合评估，逐项提供档案和证据，并向评估小组作出解释。

8. 对评估现场提前进行整理，提前进行预演，确保现场评估顺畅。

9. 跟踪评估结果和评价报告，对有疑义部分进行答疑和解释，确保无争议内容。

10. 获得正式中期评估报告。

11. 必要时可以签订《PPP 项目合同补充协议》。

12. 完成首次中期评估工作，系统梳理相关档案并妥善保存，及时更新财政部 PPP 项目管理库公示信息。

三、管理表单

略。

四、实务风险解析与建议

实务问题1：技术进度、政策变化等原因导致项目的原商务条件不再适用时，如何解决此类风险？发生后应如何处理？

解析与建议：

详细内容请关联《PPP项目执行阶段操作指南：100个实务问题深度解析（第二册）》问题8进行阅读。

实务问题2：应当如何进行中期评估？

解析与建议：

PPP模式自2014年推行以来，逐步从一开始的粗放推行到循序渐进地精细化、精准化，再加上5年期间不少原来采购时没有考虑到的情形不断发生，各种因素叠加，导致部分项目举步维艰，不能健康、高效的推进。该种情形下，一线人员比较迷茫：进，按照合同约定，必亏无疑；退，按照合同约定，退无可退。但苦于并无权威良方求解，以致逐渐形成了僵持的局面，该等局面对于项目各方而言，都是强烈不利因素，必须快速化解。

对此，目前通行的做法是"再谈判"，不少合同已经预留了再谈判的触发和执行机制，这对项目的健康推进起到了积极的作用。但是部分项目合同没有考虑的特别细致，该类合同发生意外情形又该如何处理呢？事实上，除了再谈判以外，国家在制定PPP政策的时候，还预留了固定的调整窗口来应对该种情形，即"中期评估"。中期评估就是固定的，对PPP项目执行情况进行审查、确认是否与计划匹配，是否与现状匹配的一个过程调整动作，类似于项目管理中的PDCA过程，事先计划（plan），然后执行（do），执行过程中进行检查（check），根据检查结果进行纠偏后再执行（action），以此形成良性管理循环，中期评估就是"检查（check）"。

中期评估有别于年度绩效考核。我们知道，完整的绩效考核体系包括年度绩效考核、中期评估和项目后评价①，年度绩效考核是依据PPP项目绩效

---

① 参见崔德高：《PPP项目执行阶段操作指南：绩效考核实例》，法律出版社2018年版。

考核细则，针对项目年度工作表现和结果所作出的考评，衡量单位为年，属于微观考核，以此作为实施机构付费的依据和项目公司未来一年纠偏的依据；中期评估则是对 PPP 项目合同的适用性、PPP 项目预期目标达成情况（是否 VFM）所作出的全方位评估，衡量单位为 3 ~ 5 年，属于偏宏观的考评，其评估重点不同、评估范围也远超年度绩效考核；项目后评价则是项目全生命周期结束后，根据结果对原方案和目标的客观回顾和总结，属于宏观评价。（如图 2 –4 所示）

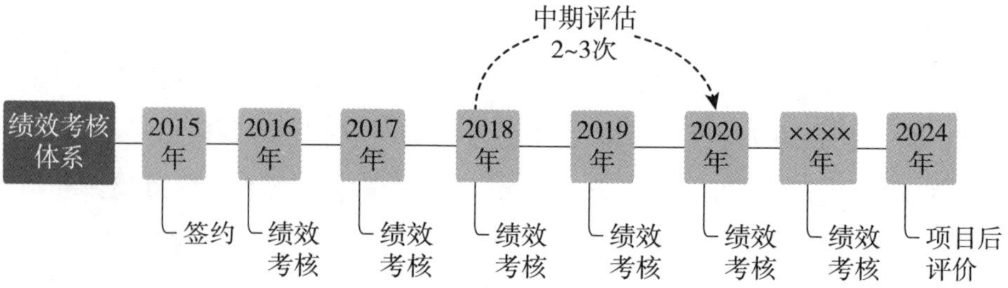

图 2 –4　绩效考核体系

如何实施中期评估？对此，相关政策已做了原则性规定。2014 年 11 月 29 日财政部发布的《关于印发政府和社会资本合作模式操作指南（试行）的通知》（财金〔2014〕113 号）① 第 29 条规定，“项目实施机构应每 3 –5 年对项目进行中期评估，重点分析项目运行状况和项目合同的合规性、适应性和合理性；及时评估已发现问题的风险，制定应对措施，并报财政部门（政府和社会资本合作中心）备案”。《关于印发〈政府和社会资本合作项目财政管理暂行办法〉的通知》（财金〔2016〕92 号）第 25 条再次要求，“……开展中期绩效评估，最终促进实现项目绩效目标。监控中发现绩效运行与原定绩效目标偏离时，应及时采取措施予以纠正”。

2016 年 10 月 24 日，财政部还发布了《关于征求〈政府和社会资本合作物有所值评价指引（修订版征求意见稿）〉意见的函》（财办金〔2016〕118

① 本文件已失效。

号）的附件《政府和社会资本合作物有所值评价指引（修订版征求意见稿）》第 7 条规定，“中期物有所值评价在项目开始运营后 3 年到 5 年内开展，考察物有所值实现程度，作为项目中期评估的组成部分。2016 年 1 月 1 日之后发起的 PPP 项目均应开展中期物有所值评价。中期物有所值评价可以不包括定性评价”。

国家发改委对中期评估也有明确规定，其《关于印发〈传统基础设施领域实施政府和社会资本合作项目工作导则〉的通知》（发改投资〔2016〕2231 号）第 19 条规定，“……项目实施机构应会同行业主管部门，自行组织或委托第三方专业机构对项目进行中期评估，及时发现存在的问题，制订应对措施，推动项目绩效目标顺利完成”。

综上可见，中期评估的内容至少应包括《PPP 项目合同》内容的可实现性和适用性、《物有所值分析》实现程度、《绩效考核办法和细则》的实现程度等。简单而言，中期评估就是通过对《PPP 项目合同》执行现状的系统梳理，来对 PPP 项目的预期目标进行一个评判，如果原定目标已有偏差，实施机构应对此采取修正措施，并报主管部门、财政部门备案，当涉及原合同内容的变化时，则需要报政府批准后方可实施。如果通过中期评估确认该项目已经失去了继续推进的意义，则可以考虑终止项目。

对此，2019 年 11 月 1 日，财政部办公厅发布的《关于征求〈政府和社会资本合作模式操作指南（修订稿）〉意见的函》（财办金〔2019〕94 号）的附件《政府和社会资本合作模式操作指南（修订稿）》第 31 条作出肯定，规定“项目实施机构应每 3－5 年对项目进行中期评估，重点分析项目运行状况，验证物有所值实现情况，按效付费执行情况以及项目合同的适应性和合理性，及时评估已发现问题的风险，制定应对措施，并报行业主管部门、财政部门备案”。

当应对措施涉及对原合同内容的修正或调整时，根据该指南第 30 条第 1 款规定，“合同条款原则上不得变更。因重大情势变更确需调整的，或者涉及非实质性条款的调整、补充或完善的，项目实施机构、项目公司（社会资本）应协商一致，按照项目合同约定的条件和程序进行修订，报政府审核同意后执行”。

那么，应如何具体开展中期评估工作呢？政策中暂时还没有细则进行指导，但鉴于项目的迫切需求和客观执行的需要，笔者建议按如下执行程序。

1. 中期评估的组织

根据政策规定，中期评估应由实施机构负责落实，可以由实施机构自行实施，可以由实施机构会同行业主管部门实施，还可以由实施机构委托第三方实施。我们建议由实施机构委托第三方进行中期评估，还建议由原PPP咨询机构进行评估，但在该项工作进行过程中，应加入律师和行业专家，原因如下：

（1）原PPP咨询机构对于PPP项目的实施方案、物有所值分析报告、财政承受能力论证最为熟悉，对于现下PPP项目的实现程度有明确思考和比较，实施效率最高。

（2）中期评估的过程，也是对咨询机构前期咨询成果的验证过程。根据财政部《关于推进政府和社会资本合作规范发展的实施意见》（财金〔2019〕10号）第4条第7款规定，“咨询机构和专家要发挥专业作用，遵守职业操守，依法合规提供PPP项目咨询服务。对于包装不规范PPP项目增加隐性债务风险、出具咨询意见违反相关政策规定、收费标准偏离市场合理水平、对PPP项目实施造成消极影响和严重后果的咨询机构和专家，要按照规定严肃追究责任”，此时咨询机构若验证原方案对项目产生不可避免后果的，更有动力亡羊补牢，为项目的健康推进提供更佳解决方案，否则将承担相应后果。

（3）由于中期评估是对合同、方案、论证和现状的开放性思考，不可避免会识别出跨行业问题，对于措施和方案的提出应十分严谨，否则可能会导致无法实施或不合规的严重后果，因此建议律师和行业专家加入。

因此建议，实施机构继续委托原PPP咨询机构开展中期评估工作，评估小组中的律师和行业专家可以从专家库中选取，也可以外部委托，实施机构派员全程参与并监督各项工作的开展，比较妥当。

2. 中期评估的开展

评估小组组建完成后，实施机构应及时书面通知被评估项目公司，要求项目公司给予充分和必要的支持。

（1）实施机构书面通知项目公司开展中期评估工作，并附评估单位的授权文件。

（2）授权评估单位编制中期评估计划、中期评估方案，经实施机构审核批准后，书面发送至项目公司，要求项目公司按照评估计划和评估方案做好准备工作。

（3）实施机构、授权评估单位、项目公司按照评估计划安排，逐一落实评估工作，形成初步评估成果。

（4）进一步论证形成最终“中期评估报告”，报政府批准后，抄送行业主管部门、财政部门备案。

（5）实施机构、项目公司，按照政府批准的“中期评估报告”作出纠偏、整改工作，并妥善记录、存档在案。

（6）中期评估工作关闭。

3. 中期评估的内容

中期评估的内容是关键要点，不能有偏差或遗漏，否则不能实现中期评估的核心目的。根据中期评估的本质目标，以及现行政策规定，中期评估的内容至少应包括：

（1）《PPP 项目合同》的评估，这是对项目合同内容的合规性、适应性和合理性的评估。不可否认，部分 PPP 项目合同在签订的时候，约定的内容不符合政策要求，甚至突破了部分强制性规定，那么在中期评估过程中，就要加以甄别，并予以修正，这是合规性。随着社会环境的变化，部分条款不能适应项目的实际需要，如 2014 年的计价标准已经远远低于 2020 年的市场环境，这是适应性。部分合同的风险分担约定由项目公司承担所有风险（包括政策风险），显然突破了风险承担原则，也不合理，必须作出修正，这是合理性。在此过程中，各方应注意“法不溯及既往”的基本司法原则，不能用合同签订后的政策去强制要求调整当时的商务条件，这是对相对方核心利益的侵犯，不受法律保护，因此要特别注意。这是 PPP 项目健康持续的根本依据，因此是中期评估的核心内容之一。

（2）《物有所值分析》的评估，这是中间性考察 VFM 的实现程度。PPP 项目实施的前提条件就是 VFM，要考察其在项目实施过程中有没有走样。通过中期评估进行检验论证，如果没有偏差，则继续实施；如果不再 VFM，则要识别原因，并对症下药，以保证公共利益的持续实现。其评估重点是定量物有所值分析。这是 PPP 项目实施的前提条件，因此是中期评估的核心内容之二。

（3）绩效考核执行情况的评估，重点内容就是“按效付费执行情况”，该项评估应包含对《财政承受能力论证》的评估。该部分应包括四点：一是财政承受能力论证中政府方支出责任金额的梳理；二是《PPP 项目合同》中关于绩效考核的约定；三是年度绩效考核的结果与应用，即付费的最终金额；四是付费金额变化是否合理，验证是否满足合同的约定，并确定该过程中无违规情形发生。该项动作就是考察执行与实施的情况，若有偏差，同样需要修正。

（4）PPP 项目运行状况的评估，这是及时发现存在的问题，制订应对措施的需要。中期评估的目的就是通过各种方式让 PPP 项目良性运转，持续提供公共服务，提高社会运行效率，所以项目运行状况就是必须的评估内容之一了。PPP 项目运行状况良好与否，其核心在于项目公司的运营管理，因此，应从项目公司的经营管理着手，结合《PPP 项目合同》进行横向、综合的评判。

以上内容仅仅是基础的、必须的核心内容，此外，还应该包括年度绩效考核中发现问题的纠偏措施和完成情况等。总而言之，要抓住关键核心，适当延伸，确保评估内容无遗漏，如此才能实现预期的评估目标。

4. 中期评估的报告与应用

中期评估的正式报告内容应包括：中期评估的结论性意见；发现的问题、

分析的原因、处理的建议及依据，以及对实施机构、项目公司的下一步工作建议。当正式评估报告提交政府审核后，还应获得政府最终的批准结论。

以上报告与批复是实施机构和项目公司的纠偏动作依据，同时也是未来政府审计的重要依据，因此非常重要，不能缺失。

纠偏动作可以大致分为三类：第一类是常规管理或技术的纠偏，在项目公司层面可以完成，实施机构予以监督即可，也可以授权评估机构进行监督，直至关闭；第二类需要实施机构和项目公司共同完成，比如，双方对部分非涉及原合同核心条件的条款进行完善、补充或量化的，如对跟踪审计的约定、对认质认价的约定、对绩效考核细则的约定、对中期评估的约定、对调价的约定等，在双方达成一致意见，形成补充协议的文本后，还应获得政府的批准，之后签订《PPP 项目合同补充协议》进行关闭；第三类则是双方无法形成共识，或项目明显已经不再物有所值，不值得再实施下去的情形，对此双方须按照《PPP 项目合同》约定的程序进行终止或其他处理。

因此，评估报告对项目的推进具有至关重要的作用，必须严肃、认真对待，不能草草了事。

5. 对实施机构的建议

中期评估是一个行之有效的工具，用之得当，则可以使项目健康安然前行；用之不当，则劳民伤财。因此，建议实施机构审慎对待，认真建立中期评估制度，将规则事先设定好，做好详细、清晰的筹划，然后稳步执行，客观纠偏，并将历次记录妥善保存，作为下次考评的依据，相信会有静水潜流的作用。中期评估是 PPP 项目客观前行的必要窗口，也是实施机构和项目公司朝着一个共同目标一起战斗的桥梁，更是调整项目各方预期目标的工具，因此，项目各方应妥善应用该窗口期，积极、稳妥的落实相关工作。

PPP 项目应当如何开展中期评估，这也是 2022 年度财政部的研究课题之一，我们也期望相关细则指引尽快出台，以满足进行中 PPP 项目的健康需求。

五、管理成果要求（基础档案）

1.《PPP 项目合同》关于中期评估的相关约定；

2. 中期评估初步方案和内容；

3. 项目公司内部准备文件，附相应会议纪要及决议文件；

4. 中期评估记录、会议纪要、整改通知；

5. 项目公司回复文件（可能包含整改文件）；

6. 专项处理方案、可能的《PPP 项目合同补充协议》；

7. 相关会议纪要、专项报告、往来文件；

8. 可能的专家评议报告、法律意见书；

9. 建议完成《PPP 项目中期评估专项管理档案（第一期）》；

10. 其他相关文件等。

六、补充说明

本项是政府方监管要点内容，可以关联《PPP 项目政府方监管要点》阅读，共涉及两项监管要点，分别如下：

1. 监管要点 40：确认是否及时进行中期评估工作？

2. 监管要点 91：确认中期评估是否按约开展？

第 123 节 设备更新、中大修专项管理

核心条款

第一百二十三条 项目公司应严格按照《PPP 项目合同》的约定执行，依据本规程第九十六条、第九十七条、第一百零七条规定开展具体工作。

项目公司应编制详细的设备更新、中大修专项方案，并随附相应成本测算，报实施机构书面批准，项目公司根据批准意见执行。

相关工作应在项目公司经营管理月报中专章体现。

条款解析

运营期间，一项重要工作就是设备更新和中修、大修，项目公司应当进行系统性思考。

一般情况下，《PPP 项目合同》中对此会有原则性约定，一种是社会资本的报价中已经包含了设备更新、中修和大修费用，还有一种是未包含，确实需要时，由项目公司提出设备更新、中修和大修的方案，并随附费用预算，报实施机构批准后执行，相关费用纳入当年运营成本。实务中多为这两种约定。

项目公司一般在运营管理大纲修订和运营管理手册编制的时候，已经有所考虑，然后通过具体的运营动态管理实施。需要注意的是，对于第一种约定方式，即社会资本的报价中已经包含了设备更新、中修和大修费用，具体发生多少均由项目公司自行承担的，项目公司应当采用固定的方式，定期提交当年的运营维护方案（包含设备更新、中修和大修的专章），并随附相应的成本预算，最终到年底时，确认实际的运营成本（包含设备更新、中修和

大修的实际费用)。高于报价部分的费用可能不会被计入当年的运营成本，但是如果持续如此，则可以在中期评估的时候提出调价申请，而此前提交的这些方案、预算和实际成本确认，就是最有力的支撑性基础材料。

实施办法

一、管理依据

(一) 法律法规、政策依据

国家发改委《关于开展政府和社会资本合作的指导意见》(发改投资〔2014〕2724号)的附件《政府和社会资本合作项目通用合同指南(2014年版)》第42条规定，“项目合同应约定项目运营维护与设施修理事项。详细内容可在合同附件中描述。(1) 项目日常运营维护的范围和技术标准。(2) 项目日常运营维护记录和报告制度。(3) 大中修资金的筹措和使用管理等”。

财政部办公厅《关于印发污水处理和垃圾处理领域PPP项目合同示范文本的通知》(财办金〔2020〕10号)的附件4《污水处理厂网一体化政府和社会资本合作(PPP)项目合同》第9.2.1条第6款明确，“本合同生效日后，项目开始运营前，乙方须向甲方提交运营维护方案，并经甲方审核同意后执行；乙方应当根据经审核确定的运营维护方案等要求编制运营维护手册(手册应包括进行定期和年度检查、日常运行维护、大修维护和年度维护的程序和计划，以及调整和改进检验及维护安排的程序和计划)，并报甲方备案”。第9.7.4条第2款明确，“乙方应于每个季度开始的____日前将上一季度执行常规普查计划的情况汇成书面材料提交甲方。管网普查的季度报告的格式及内容，应能使乙方以外的其他方据此判断对问题部位的管网进行大修、改造或者更新的必要性与紧急程度”。

该通知附件5《污水处理厂网一体化政府和社会资本合作(PPP)项目运营维护服务协议》第23.2.1条要求，“运营维护手册应包括污水处理厂、排水管网及泵站进行定期和年度检查、日常运行维护、大修维护的程序和计划，以及调整和改进检验及维护安排的程序和计划，并制定应对突发事件的应急预案”。

上述通知附件6《垃圾处理政府和社会资本合作（PPP）项目合同》第9.2.1条第6款则明确，“本合同生效日后，项目开始运营前，乙方须向甲方提交运营维护方案，并经甲方审核同意后执行；乙方应当根据经审核确定的运营维护方案等要求编制运营维护手册（手册应包括进行定期和年度检查、日常运行维护、大修维护和年度维护的程序和计划，以及调整和改进检验及维护安排的程序和计划），并报甲方备案”。该条规定和污水处理厂网一体化规定一致。

（二）PPP项目合同常规约定

以广州市某市政PPP项目为例，其《PPP项目合同》第45条约定：

“乙方在运营期间，应对项目运营情况进行评估，及时安排和实施资产更新和追加投资，保证项目达到相应的服务要求和标准，提供持续、稳定、安全和优质的服务。

“项目全部资产更新改造和追加投资由乙方负责全部资金的筹措和组织实施。

“运营期间，对于甲方要求并经双方确认确需实施的资产更新和追加投资项目，乙方应负责及时投资和实施，而无论此类项目是否符合或突破本合同所约定的更新改造和追加投资计划。

“运营期间，甲方对更新改造和追加投资工作情况予以定期抽查和监督。

“甲方自项目运营开始每6年对资产更新改造和追加投资情况进行评估，市政府相关部门对资产更新改造和追加投资完成情况进行审计，确认各期间完成的实际投资。

“特许经营期结束，如乙方实际投入的更新改造和追加投资总额较经物价调整后的计划投资额相比，有结余则结余额度随项目一并移交市政府指定机构；如有超支，则由政府方承担。

“经物价调整后的计划投资额按本合同约定的各年度固定资产投资价格

指数进行测算，所采用价格指数与服务费调价时采用的指数计算口径保持一致。”

（三）管理制度

一般对应《保修管理制度》《运营维护保养管理制度》《设备更新管理制度》等，详细内容略。

（四）经验教训

1. 设备更新、中大修的关键在于费用的约定，只要《PPP 项目合同》中约定了费用处理原则，各项工作就比较简单；如果合同中没有约定明确，项目公司应当提前与实施机构沟通，通过《PPP 项目合同补充协议》的方式进行确定。

2. 前期的建设质量与后期的运营维护紧密相关，也与后期的设备更新和中大修紧密相关，所以前后端应当通盘考虑，避免由于前期质量把控不到位，导致运营阶段的成本增加或损失。

3. 设备更新、中大修落实前，应当充分考虑对正常运营的影响，编制好应急预案，避免各种突发情况的发生。

二、工作实施方案

1. 项目公司根据《PPP 项目合同》的约定，以及项目实际情况，初步拟定设备更新和中大修的方案，附预算。

2. 项目公司内部评议确认后，报实施机构书面批准。

3. 按照实施机构书面批准的方案和预算进行工作准备，协调股东方落实相关资金，内部进行工作任务交底，分配工作。

4. 按照交底的任务开展具体工作，并妥善做好过程记录。

5. 设备更新或中大修完成时，应首先通过自检，再组织实施机构进行验收。

6. 验收通过后，各方签订验收合格报告。

7. 项目公司提交运营成本报告，跟踪审计及时审定。

8. 获得正式审定的运营成本报告。

9. 系统梳理相关材料，并妥善存档。

10. 及时更新财政部 PPP 项目管理库公示信息。

三、管理表单

略。

四、实务风险解析与建议

实务问题：《PPP 项目合同》中未对项目的设备更新、中大修作出明确约定时，应如何处理?

解析与建议：

详细内容请关联《PPP 项目执行阶段操作指南：100 个实务问题深度解析（第二册)》问题 7 进行阅读。

五、管理成果要求（基础档案）

1. 《PPP 项目合同》关于设备更新、中大修的约定；

2. 设备更新、中大修方案及相应预算，附项目公司内部会议纪要及确认文件；

3. 向实施机构报送记录及实施机构批准文件；

4. 相关资金计划和预算，附股东会决议文件；

5. 具体执行文件，含费用支付记录；

6. 验收合格报告，含完整附件；

7. 费用申报及跟踪审计确认报告；

8. 相关的会议纪要、专项报告、往来函件；

9. 其他相关文件等。

六、补充说明

本项工作不直接涉及政府方监管要点。

第 124 节　运营期保函的退还

核心条款

第一百二十四条　项目运营期结束，进入移交阶段前，项目公司应及时向实施机构申请运营期保函的退还，不得滞后。

运营期保函可以退还，也可以转为移交保函，根据 PPP 项目合同的约定以及财务部意见执行。

条款解析

以上工作持续动态发生，不断 PDCA 循环，当合作期即将结束，进入移交阶段的时候，其里程碑事件包括运营期保函的退还和移交保函的提交，这意味着移交工作的正式启动。

按照《PPP 项目合同》的约定，当到达移交节点，实施机构正式通知移交工作启动时，项目公司应当做好移交准备，同时申请退还运营保函，或直接转为移交保函。

实施办法

一、管理依据

（一）法律法规、政策依据

本节内容与本章第 30 节、第 89 节、第 99 节、第 125 节和第 130 节关联，可以关联阅读。

详细内容可参见本章第 30 节。

（二）PPP 项目合同常规约定

本节内容与本章第 30 节、第 89 节、第 99 节、第 125 节和第 130 节关联，可以关联阅读。

详细内容可参见本章第 30 节。

（三）管理制度

一般对应《财务管理制度》《担保制度》等，具体内容略。

（四）经验教训

1. 保函应当专人管理，到时即退。

2. 如果发生保函被兑取的，应当妥善保存完整证据、记录文件，并对责任方落实追责，进行处理。

二、工作实施方案

1. 财务人员熟悉《PPP 项目合同》中关于运营期保函的退还约定。

2. 满足保函退还的条件后，应及时向实施机构提交保函退还的请示报告。

3. 将保函退还当成专项工作处理，专人跟踪，及时获得。

4. 出现特殊情况时，应及时向项目公司总经理报告，并确认具体的处理方案。

5. 必要时，应当及时做好过程记录，固定过程证据。

6. 直至运营期保函退还到位。

三、管理表单

略。

四、实务风险解析与建议

严格按照《PPP 项目合同》和管理制度执行即可。

暂无直接实务风险和问题反馈，未来待动态补充。

五、管理成果要求（基础档案）

1.《PPP 项目合同》中关于运营期保函退还的约定；

2. 相关财务管理制度；

3. 运营期保函退还的申请报告；

4. 退还记录；

5. 其他相关文件等。

六、补充说明

本项是政府方监管要点内容，可以关联《PPP 项目政府方监管要点》阅读，共涉及一项监管要点如下所述：

监管要点 58：确认乙方履约保函是否已经及时足额提交？且该提交的履约保函是否“见索即付”？若提取了保函，是否履行了合适的程序，且确认乙方是否及时予以补足？

第 125 节　移交保函提交

核心条款

第一百二十五条　项目公司应按照《PPP 项目合同》的约定及时向实施机构提交移交保函，并专人跟踪管理，使保函持续处于有效期内，同时应严控保函的被提取。

移交保函应为见索即付，但实施机构提取保函时，应随附相应证据，确保提取合规。当实施机构不当提取时，项目公司应及时追索，不得形成管理真空，导致实质性损失。

项目公司向实施机构移交完成后，实施机构应于 10 日内退还履约担保。

条款解析

运营期保函退还、移交保函提交或运营期保函直接转为移交保函，均可。

移交保函是保函体系中的一环，项目公司应当按照《PPP 项目合同》约定，及时、足额提交保函，否则，可能要承担相应的违约责任。

移交保函提交意味着移交工作的正式启动。

实施办法

一、管理依据

（一）法律法规、政策依据

本节内容与本章第 30 节、第 89 节、第 99 节、第 124 节和第 130 节关联，可以关联阅读。

详细内容可参见本章第 30 节。

（二）PPP 项目合同常规约定

以天津市某高速公路 PPP 项目为例，其《PPP 项目合同》第 11.2 条约定，“……移交履约保函的金额为人民币伍仟万元”。

该合同第 44 条还约定，“乙方在特许经营期最后一个运营年开始前十个工作日内向甲方提交移交履约保函，移交履约保函金额为人民币伍仟万元整。在特许经营期最后一个运营年开始前十个工作日，乙方向甲方提交；在移交后五个工作日内，该履约保函退还给项目公司。履约担保的提取和退还详见本协议专项约定”。

本节内容与本章第 30 节、第 89 节、第 99 节、第 124 节和第 130 节关联，可以关联阅读。

其他详细内容参见本章第 30 节。

（三）管理制度

一般对应《财务管理制度》《担保制度》等，具体内容略。

（四）经验教训

其他详细内容参见本章第 30 节。

二、工作实施方案

1. 财务人员根据《PPP 项目合同》确认移交保函的金额和要求。

2. 通过项目公司内部会议确定由股东方正式开具，还是由项目公司正式开具。

3. 由股东方正式开具的，协调股东方在规定时限内，出具符合要求的保函，并及时提交实施机构，获得签收记录。

4. 由项目公司开具的，妥善准备相关材料，在规定时限内出具符合要求的保函，并及时提交实施机构，获得签收记录。

5. 由于特殊事件，导致不能按照合同约定的要求，及时足额开具保函的，应当和实施机构提前协商，获得违约责任的豁免，并保留相关记录，条件具备的，可以签订补充协议进行确认。

6. 财务人员应当专人负责，持续跟踪，确认保函始终处于有效期内，且未被不当提取。

7. 确实发生被提取事件的，应当妥善做好记录，并及时按照要求补充保函金额。

8. 向项目公司汇报被提取事件，之后继续监管。

三、管理表单

略。

四、实务风险解析与建议

严格按照《PPP 项目合同》和管理制度执行即可。

暂无直接实务风险和问题反馈，未来待动态补充。

五、管理成果要求（基础档案）

1. 《PPP 项目合同》关于移交保函的约定和要求；
2. 金融机构有关开具保函的条件和要求；
3. 向股东方发出的相关工作联系函或相关会议纪要；
4. 正式的移交保函及实施机构签收记录；
5. 过程管理记录；
6. 提取记录及其完整附件（或有）；
7. 项目公司内部会议纪要及完整的处理记录；
8. 提交新的保函文件及实施机构签收记录；
9. 其他相关文件等。

六、补充说明

本项是政府方监管要点内容，可以关联《PPP 项目政府方监管要点》阅读，共涉及一项监管要点如下所述：

监管要点 58：确认乙方履约保函是否已经及时足额提交？且该提交的履约保函是否“见索即付”？若提取了保函，是否履行了合适的程序，且确认乙方是否及时予以补足？

第 126 节　项目移交方案策划和准备

核心条款

第一百二十六条　项目公司应按照 PPP 项目合同约定，对项目公司经营管理大纲中的移交方案进行更新和确认，同时还应编制移交前大修计划与方案，报实施机构书面批准，根据批准意见执行。

项目公司应根据批准的方案做好移交前准备工作，相关工作应在项目公司经营管理月报中专章体现。

条款解析

移交是一项庞大而繁杂的工作，涉及资产的盘点、评估、转移、切割，也涉及人员的考核、去留、培训及接管，还需要保证交接期间的平稳过渡，以及公共服务的持续供给等。因此，应继续遵循 PDCA 原则，移交工作启动后，首先应当对移交方案进行完整的策划。

对于具体策划工作，项目公司应当和实施机构、政府出资代表共同进行。建议由项目公司、政府出资代表共同完成，报实施机构批准后共同执行。具体的移交方案中，还应当考虑移交前的大修和恢复，确保资产移交给政府方后，可以持续、健康的运行和使用，该部分移交前的大修和恢复，应当和本规程第 123 条设备更新、中大修专项管理结合考虑。

方案获得批准后，项目公司和实施机构应当分别遵照执行，建议定期沟通，确认各自的落实情况，以保证移交工作的稳步推进。

实施办法

一、管理依据

（一）法律法规、政策依据

2014 年 11 月 29 日，财政部发布的《关于印发政府和社会资本合作模式操作指南（试行）的通知》（财金〔2014〕113 号）[①] 第 32 条规定，“项目移交时，项目实施机构或政府指定的其他机构代表政府收回项目合同约定的项目资产。项目合同中应明确约定移交形式、补偿方式、移交内容和移交标准。移交形式包括期满终止移交和提前终止移交；补偿方式包括无偿移交和有偿移交；移交内容包括项目资产、人员、文档和知识产权等；移交标准包括设备完好率和最短可使用年限等指标。采用有偿移交的，项目合同中应明确约定补偿方案；没有约定或约定不明的，项目实施机构应按照‘恢复相同经济地位’原则拟定补偿方案，报政府审核同意后实施”。第 33 条规定，“项目实施机构或政府指定的其他机构应组建项目移交工作组，根据项目合同约定与社会资本或项目公司确认移交情形和补偿方式，制定资产评估和性能测试方案。项目移交工作组应委托具有相关资质的资产评估机构，按照项目合同约定的评估方式，对移交资产进行资产评估，作为确定补偿金额的依据。项目移交工作组应严格按照性能测试方案和移交标准对移交资产进行性能测试。性能测试结果不达标的，移交工作组应要求社会资本或项目公司进行恢复性修理、更新重置或提取移交维修保函”。第 34 条还规定，“社会资本或项目公司应将满足性能测试要求的项目资产、知识产权和技术法律文件，连同资产清单移交项目实施机构或政府指定的其他机构，办妥法律过户和管理权移交手续。社会资本或项目公司应配合做好项目运营平稳过渡相关工作”。

财金〔2014〕113 号文失效后，征求意见中的《政府和社会资本合作模式操作指南（修订稿）》（财办金〔2019〕94 号）对移交的规定并无差异。

---

① 本文件已失效。

该指南第35条明确，“项目移交时，项目实施机构或政府指定的其他机构（以下简称移交接受机构）代表政府收回项目合同约定的项目资产或权益。项目合同中应明确约定移交形式、补偿方式、移交内容和移交标准。移交内容包括项目资产、人员、文档和知识产权等；移交标准包括设备完好率和最短可使用年限等指标。采用有偿移交的，项目合同中应明确约定补偿方案。没有约定或约定不明的，项目实施机构和项目公司（社会资本）可就补偿方案协商一致并报政府审核同意后实施。无法达成一致的，按照合同约定的争议解决机制处理”。第36条规定，“政府方应与项目公司（社会资本）共同组建项目移交工作组。项目移交工作组的政府方成员应至少包括来自实施机构、行业主管部门、移交接收机构和国有资产管理部门的人员。若项目期满有偿移交或因提前终止而移交时，财政部门应参与项目移交工作。项目移交工作组应根据项目的移交情形、移交方式、移交内容和移交标准，制定移交清单，以及最后恢复性大修（如适用）、性能测试和员工安置方案。项目移交工作组应严格按照性能测试方案和移交标准对移交资产进行性能测试。性能测试结果不达标的，项目公司（社会资本）应采取恢复性修理、更新重置等补救措施或赔偿损失”。第38条也规定，“项目公司（社会资本）应将满足性能测试要求的项目资产、权益和技术法律文件、由政府方接收的人员，连同资产清单移交给移交接受机构，依法办理转让、变更程序以及管理权移交手续。项目公司（社会资本）应配合做好项目运营平稳过渡相关工作”。

2014年12月2日，国家发改委《关于开展政府和社会资本合作的指导意见》（发改投资〔2014〕2724号）第5条第6项“退出机制”明确，“政府和社会资本合作过程中，如遇不可抗力或违约事件导致项目提前终止时，项目实施机构要及时做好接管，保障项目设施持续运行，保证公共利益不受侵害。政府和社会资本合作期满后，要按照合同约定的移交形式、移交内容和移交标准，及时组织开展项目验收、资产交割等工作，妥善做好项目移交。依托各类产权、股权交易市场，为社会资本提供多元化、规范化、市场化的退出渠道”。

2016年8月10日，国家发展改革委《关于切实做好传统基础设施领域政府和社会资本合作有关工作的通知》（发改投资〔2016〕1744号）第6条要求，“项目实施期间社会投资人出现重大违约，或发生重大不可抗力等事项，需要政府提前回购的，要合理划分各方责任，妥善做好项目移交”。第7条规定，“政府和社会资本合作期满后，按照合同约定的移交形式、移交内容和移交标准，及时组织开展项目验收、资产交割等工作。推动PPP项目与资本市场深化发展相结合，依托各类产权、股权交易市场，通过股权转让、资产证券化等方式，丰富PPP项目投资退出渠道。提高PPP项目收费权等未来收益变现能力，为社会资本提供多元化、规范化、市场化的退出机制，增强PPP项目的流动性，提升项目价值，吸引更多社会资本参与”。

财政部在《关于印发〈政府和社会资本合作项目财政管理暂行办法〉的通知》（财金〔2016〕92号）第33条规定，“各级财政部门应当会同行业主管部门做好项目资产移交工作。项目合作期满移交的，政府和社会资本双方应按合同约定共同做好移交工作，确保移交过渡期内公共服务的持续稳定供给。项目合同期满前，项目实施机构或政府指定的其他机构应组建项目移交工作组，对移交资产进行性能测试、资产评估和登记入账，项目资产不符合合同约定移交标准的，社会资本应采取补救措施或赔偿损失。项目因故提前终止的，除履行上述移交工作外，如因政府原因或不可抗力原因导致提前终止的，应当依据合同约定给予社会资本相应补偿，并妥善处置项目公司存续债务，保障债权人合法权益；如因社会资本原因导致提前终止的，应当依据合同约定要求社会资本承担相应赔偿责任”。第34条还规定，“各级财政部门应当会同行业主管部门加强对PPP项目债务的监控。PPP项目执行过程中形成的负债，属于项目公司的债务，由项目公司独立承担偿付义务。项目期满移交时，项目公司的债务不得移交给政府”。

国家发改委《关于印发〈传统基础设施领域实施政府和社会资本合作项目工作导则〉的通知》（发改投资〔2016〕2231号）的附件《传统基础设施领域实施政府和社会资本合作项目工作导则》第20条规定，“在PPP项目合作期限内，如出现重大违约或者不可抗力导致项目运营持续恶化，危及公共安全或重大公共利益时，政府要及时采取应对措施，必要时可指定项目实施机构等临时接管项目，切实保障公共安全和重大公共利益，直至项目恢复正常运营。不能恢复正常运营的，要提前终止，并按 PPP 合同约定妥善做好后续工作”。第 21 条还规定，“对于 PPP 项目合同约定期满移交的项目，政府应与项目公司或社会资本方在合作期结束前一段时间（过渡期）共同组织成立移交工作组，启动移交准备工作。移交工作组按照 PPP 项目合同约定的移交标准，组织进行资产评估和性能测试，保证项目处于良好运营和维护状态。项目公司应按 PPP 项目合同要求及有关规定完成移交工作并办理移交手续”。

针对收费公路项目，2017 年 11 月 22 日交通运输部办公厅《关于印发〈收费公路政府和社会资本合作操作指南〉的通知》（交办财审〔2017〕173 号）附件《收费公路政府和社会资本合作操作指南》第 43 条规定，“在项目合作期内，因收费公路 PPP 项目合同一方严重违约或不可抗力等原因，导致社会资本方或项目公司无法继续履行合同约定义务，或者出现合同约定的提前终止合同情形的，在与债权人协商一致后，经原审批机构审批，可以提前终止合同。收费公路 PPP 项目合同提前终止的，项目实施机构或交通运输主管部门指定的其他机构可以提前收回特许经营权，并根据实际情况和合同约定给予合理补偿或惩罚”。第 44 条明确，“在 PPP 合同期满后，社会资本方或项目公司应当以良好的运营和养护状态将收费公路 PPP 项目合同约定的项目及其附属设施、相关资料等无偿移交给政府有关部门或项目实施机构。收费公路 PPP 项目合同中应当明确约定项目移交的过渡期、移交内容和标准、移交程序、质量保证及违约责任等”。第 45 条明确，“项目移交应设置过渡期。过渡期宜为 PPP 合作期限届满前 1 年或 2 年，政府有关部门或项目实施机构和社会资本方或项目公司应当联合组建项目移交委员会，研究制定项目移交方案，共同做好项目移交过渡期的相关工作。项目移交方案应当包括移交的资产、资料明细，双方委派的移交人员及移交程序等内容”。第 46 条还规定，“PPP 合同期满前 6 个月，原审批机构应当对收费公路进行鉴定和验收。经鉴定和验收，公路符合取得收费公路权益时核定的技术等级和标准的，社会资本方或项目公司方可按照国家有关规定向交通运输主管部门办理公路移交手续；不符合取得收费公路权益时核定的技术等级和标准的，社会资本方或项目公司应当在交通运输主管部门确定的期限内进行维修养护，达到要求后，方可按照规定办理公路移交手续”。

（二）PPP 项目合同常规约定

以天津市某高速公路 PPP 项目为例，其《PPP 项目合同》第 8.1 条第 3 款约定，“特许经营期满后双方按照约定的标准对项目进行验收，经验收符合移交标准后，由乙方将设施完好、无偿地移交给政府方”。

该合同第 15.3.3 条约定，“项目期满移交时，乙方须解除和清偿完毕其设置的所有债务、抵押、质押、留置、担保物权”。

该合同第 42 条对移交前的过渡期双方应如何做好各项准备进行了明确的约定：

“特许经营期结束前 12 个月，甲方和乙方应成立移交工作小组，负责有关移交事项的商定。移交工作小组应由 5 名甲方代表和 4 名乙方代表参加。移交工作小组应定期会谈，必要时经双方同意可随时会谈，以便于商定项目设施移交的详尽程序及如何保持本项目的所有设备、设施在本项目移交时，均处于可正常运营状态等，以及向公众公布移交的方式。

“移交工作小组应在移交之前的第六个月开会就项目设施移交事宜进行交谈，确定移交的实施步骤与方法。

“在特许经营期内，由乙方责任产生的债务、人员安置及股权变更等其他经济、法律责任应由其自身承担。特许经营期届满，如乙方仍存在特许经营期内形成的债务等问题，乙方应负责继续清偿或解决，并应按时、无条件地将本协议规定的移交内容完成移交工作，并且不得向甲方索取任何补偿；同时，项目场地在移交时应不存在任何环境问题或环境遗留问题的潜在因素。此项义务由乙方独家履行，且此项义务是不可撤消的。

“乙方应保证本项目所有设施、设备、工具、器材及车辆在移交时均处于可正常运营的状态。

“本项目特许经营期结束前至少六个月，乙方应免费培训甲方指定的人员，并做好本项目移交的一切准备工作，以保证本项目移交后能正常运营。

“本项目应于特许经营期届满之时完成移交工作。特许经营期满后，乙方不再承担本项目的任何养护管理费用。

“移交自查。在移交日期之前不早于十二个月，乙方应按照本协议约定的移交标准对本项目进行自查，对不符合移交标准之处进行修复，保证项目移交时符合移交标准。”

该合同第43条对项目的最终移交程序和办法进行了详细的明确：

“移交内容，本项目移交应包括以下内容：（1）特许经营项目范围内的土地、房屋及所有设施（包括设备、工具、材料、备件、生产车辆及其他设施）的占有权和使用权；（2）本项目运营和维护有关的手册、制度、财务账目和凭证等项目文件资料；（3）本项目特许经营期内所产生的与本项目有关的知识产权、记录、档案、技术资料等。

“移交程序。本项目的移交依照以下程序进行：（1）本项目的正式移交日期即项目特许经营期届满之日。乙方至少应在项目特许经营期届满前六个月提交所移交项目的移交清单；（2）乙方至少在移交前两个月内向甲方告知乙方移交代表的姓名及其他与移交有关的事项；（3）甲方应在收到乙方通知后三个工作日内以书面形式确认乙方的通知，并将甲方及有关部门参加移交代表的姓名通知乙方；（4）甲方应在正式移交日期前五个工作日内完成有关本项目移交内容的清点和复核工作，并与乙方签署《预移交备忘录》；（5）在移交之日，甲方和乙方应正式签署移交备忘录，同时甲方的管理人员正式接管本项目的运营和维护工作；（6）乙方于特许经营期届满之日起不再承担任何养护维修责任及费用。正式移交备忘录的签署，意味着乙方所拥有的本协议授予的项目特许权的结束和终止。涉及本项目设施的任何移交，双方须签署《移交备忘录》，以示移交完毕。在正式签署移交备忘录之日起六个月内，甲方可检查本项目的设施、设备是否有任何超出移交文件所描述范围的缺陷或损坏。乙方在证实甲方提出的书面索赔要求正确无误后，应根据该要求修理或更换有缺陷或损坏的设施、设备，并对甲方进行补偿。

“移交验收。第 43. 3. 1 条约定在移交日期之前，甲方和乙方共同对本项目进行移交验收，甲方可以委派专业人员或第三方机构，与甲方共同进行验收。移交时，根据当时执行的高速公路技术状况评定标准，对路况进行检测，以技术状况评定为良好水平以上作为津石高速公路天津西段 PPP 项目二十五年后移交标准，项目设施应处于良好状态，满足使用需求。达到以上标准则通过移交验收。如果参数不能达到上述要求，乙方应修正本项目的任何缺陷，并重新进行验收。如果乙方不能自前次验收日起三十日内修正任何上述缺陷，甲方可以自行修正，由乙方承担风险和费用。特许经营期届满时，如甲方要求乙方提高项目的移交标准，乙方因此增加的相关成本，应由甲方予以补偿。第 43. 3. 2 条规定本项目移交后，乙方应保证不得因乙方的债务、人员安置和股权等其他经济、法律责任而使甲方遭受任何其他方的追索，甲方不承担因此而引起的任何责任。

“保险的转让。在移交时，乙方应将所有承包商和供应商提供的、尚未期满的担保及保证无偿转让给甲方或其指定机构，并且将所有保险单、暂保单和保险单批单转让给甲方或其指定机构。

“无形资产的移交。在移交日期，乙方应将甲方或其指定或委托机构届时使用的、运营和维护本项目所需要的所有技术和技术诀窍，无偿移交给甲方或其指定或委托机构。除非乙方因上述权益向技术许可方支付了特许经营期外的使用费用。

“有效协议的移交。乙方应解除其签订的、在移交日期之后仍有效的运营维护合同、设备合同、供货合同和所有其他合同，甲方对于解除上述合同所发生的任何费用不负责任，同时乙方应保证甲方不为此受到损害。否则，乙方应对甲方因此受到的损害予以补偿。对于向甲方移交和转让本项目及有关的承包商的保证、技术和供应协议，甲方无须向乙方支付任何补偿或收购费用，协议双方另有约定的除外。

“人员的续用与解聘。特许经营期结束的六个月之前，乙方应向甲方提交一份当时乙方的雇员名单，包括每个雇员的资格、职位和收入等细节。乙方应允许甲方在合理情况下进入本项目，与这些人员进行面谈和面试。项目移交后，由甲方或接任乙方的经营者决定继续聘用或解聘。乙方应妥善地安置好公司原来的所有员工，甲方决定继续聘用部分员工，不代表乙方的责任转移。被解聘员工，甲方和接任乙方的经营者不负责安置。

“无关物品的搬移。除非双方另有协议，乙方应于移交日期之后三十日内，自费从场地移走非乙方所属的全部物品。移走的物品仅限于乙方雇员的个人用品以及与本项目的运营和维护无关的物品，不包括移交清单所列的本项目设备、工具、备品备件、设计图纸、技术资料和其他本项目运营和维护的必需物品。如果乙方在上述时间内没有移走这些物品，甲方在通知乙方之后，可以移走并将物品转运至适当的地点以便安全保管，保管期最长为九十日。乙方应承担搬移、运输和保管的合理费用和风险。保管期满仍未移走的，视为该物品为无用物品任凭甲方处理。乙方应承担移交日期前本项目的全部或部分损失或损坏的风险，除非损失或损坏是由甲方的违约或不可抗力所致。

“移交费用和支出。乙方和甲方应负责各自的因移交和转让发生的费用和支出。甲方应自费获得所有的批准或使之生效，并采取其他可能的为移交和转让所必需的行动，并且应支付与移交和转让有关的所有印花税、税收、收费和其他类似费用。如果乙方未按协议规定的范围和内容进行移交，致使甲方为此发生支出或造成损失，甲方有权向乙方要求补偿该项支出或损失。自移交日期开始，乙方在本协议项下的权利和义务即应终止，本协议另有规定的除外。甲方或其指定机构应承接乙方的运营和维护，以及本协议明示或默示的、因本协议产生的、于协议终止后仍然有效的任何其他权利和义务。

“再次授予特许权的优先权。如甲方计划在本协议规定的特许经营期结束后，再次将本项目的特许经营权授予新的经营者，在同等条件下乙方或其任一股东有优先权。若甲方在移交日之前决定了由乙方再次获得特许经营权，经双方书面同意后，本次移交程序可提前终止，移交条款由新的特许经营协议规定。

“提前移交。根据本协议发生的提前移交，参照本章执行。”

（三）管理制度

一般对应《移交管理制度》等，详细内容略。

（四）经验教训

移交工作目前来说，还缺少实务的经验积累，暂无特殊经验教训的提示。

二、工作实施方案

1. 项目公司根据《PPP 项目合同》有关移交的约定，初步策划移交方案。

2. 初步移交方案完成后，内部评议，并确认通过。

3. 初步评议的移交方案，报股东方审议。

4. 按照股东方审议意见修订完成后，报实施机构进行审批。

5. 按照实施机构的审批意见修订完成后，各方确认一致，形成正式的《项目移交方案》。

6. 项目公司内部会议，对正式移交方案进行深度学习，并进行任务分解。

7. 各责任人根据分解的工作任务进行落实准备，做好移交的准备。

8. 系统梳理相关资料、档案和证据。

三、管理表单

略。

四、实务风险解析与建议

严格按照《PPP 项目合同》和管理制度执行即可。

暂无直接实务风险和问题反馈，未来待动态补充。

五、管理成果要求（基础档案）

1. 初步移交方案，项目公司内部会议决议文件；

2. 报实施机构批准的文件；

3. 会议纪要、专项报告、往来文件（或有）;

4. 修订后，双方共同确认的正式移交方案;

5. 项目公司根据移交方案准备的各项移交文件台账及其对应的档案;

6. 其他相关文件等。

六、补充说明

本项是政府方监管要点内容，可以关联《PPP 项目政府方监管要点》阅读，共涉及两项监管要点，分别如下:

1. 监管要点 45：确认项目移交是否按约执行?

2. 监管要点 94：确认最终项目移交标准是否清晰？是否按约执行?

第 127 节　移交工作小组的成立

核心条款

第一百二十七条　项目公司应根据批准的移交方案，和实施机构在约定时间共同成立移交工作小组。

移交工作小组成员应包括实施机构、政府出资代表、行业主管部门、财政部门、移交接收机构和国有资产管理部门的人员，以政府或实施机构正式公文为准。

条款解析

根据批准的移交方案，项目公司和实施机构共同组建移交工作小组，领导各项移交工作的全面展开。

有确定的组织和人员才能具体的开展各项工作，才能有条不紊的统筹协调，才能保证移交工作的顺利进行。因此，工作小组应当迅速组建完成，建议双方责任领导加入，可以有效的调用各项资源，统筹安排，效率最高。

项目公司应当应当积极推动小组成立，并按照本规程第 21 条规定，建立起定期沟通的机制，确保各方信息高效、透明、统一。

实施办法

一、管理依据

（一）法律法规、政策依据

详细内容可参见本章第 126 节。

（二）PPP 项目合同常规约定

详细内容可参见本章第 126 节。

（三）管理制度

一般对应《移交管理制度》《人事管理制度》等，详细内容略。

（四）经验教训

无。

二、工作实施方案

1. 项目公司召开内部会议确认移交工作小组的成员，并征询股东方意见。

2. 按照股东方意见，拟定正式移交工作小组的人员名单。

3. 和实施机构充分沟通，确认政府方移交工作小组的参与部门及参与人员。

4. 双方共同确认最终移交小组的组成和成员，建议加入一名律师。

5. 相关小组的情况纳入项目移交方案中，各方确认一致。

6. 系统梳理相关资料，妥善存档。

三、管理表单

略。

四、实务风险解析与建议

严格按照《PPP 项目合同》和管理制度执行即可。

暂无直接实务风险和问题反馈，未来待动态补充。

五、管理成果要求（基础档案）

1. 初步移交方案，项目公司内部会议决议文件（含移交小组成员名单）；

2. 报实施机构批准的文件；

3. 或有的会议纪要、专项报告、往来文件；

4. 报本级人民政府的批准文件或正式回复意见；

5. 修订后，双方共同确认的正式移交方案（含移交小组成员名单）；

6. 其他相关文件等。

六、补充说明

本项是政府方监管要点内容，可以关联《PPP 项目政府方监管要点》阅读，共涉及一项监管要点如下：

监管要点 45：确认项目移交是否按约执行?

第 128 节　项目移交启动与落实

核心条款

第一百二十八条　项目公司应根据《PPP 项目合同》的约定，以及批准的移交方案，和移交工作小组共同制定移交清单，以及最后恢复性大修、性能测试和员工安置，并最终对移交资产进行验收、交接。

性能测试结果不达标的，项目公司应及时采取恢复性修理、更新重置等方案，进行整改覆灭，获得正常移交。

项目公司还应对项目接收小组进行系统培训，确保项目的持续、稳定服务。

相关移交工作应在项目公司经营管理月报中专章体现。

条款解析

策划方案完成，下面就是遵照执行，同样强调执行力，强调有特殊情况随时沟通，随时协商，随时处理。

由于还没有完全移交的项目案例，因此暂时还没有经过验证的经验和教训，按照常规工作和经验来看，只要和实施机构合力协作，按照方案逐项实施即可。

实施办法

一、管理依据

（一）法律法规、政策依据

详细内容可参见本章第 126 节。

（二）PPP 项目合同常规约定

详细内容可参见本章第 126 节。

（三）管理制度

一般对应《移交管理制度》等，详细内容略。

（四）经验教训

无。

二、工作实施方案

1. 根据确认的《项目移交方案》，项目公司做好各项移交准备。

2. 协同实施机构等移交小组，启动移交工作。

3. 对移交的资产、设备、档案等登记造册，逐项清点后交接各方签字确认。

4. 对接收小组、接收团队等进行必要的培训。

5. 对需要整改、更新和修复的部分，进行专项处理，一一落实，落实完成后，报移交小组验收通过。

6. 系统梳理相关资料，获得移交小组的签字确认，妥善存档。

三、管理表单

略。

四、实务风险解析与建议

严格按照 PPP 项目合同和管理制度执行即可。

暂无直接实务风险和问题反馈，未来待动态补充。

五、管理成果要求（基础档案）

1.《PPP 项目合同》关于移交的约定；

2. 正式批准的移交方案；

3. 相关会议纪要、专项报告、往来文件；

4. 正式移交的物资、材料清单（各方正式签字确认）；

5. 移交的其他工作专项方案与落实文件；

6. 其他相关文件等。

六、补充说明

本项是政府方监管要点内容，可以关联《PPP 项目政府方监管要点》阅读，共涉及一项监管要点如下：

监管要点 45：确认项目移交是否按约执行？

第 129 节　项目整体移交

核心条款

第一百二十九条　项目公司应提前将项目资产、权益和技术法律文件、公司完整档案进行归类、登记、造册，连同资产清单移交给工作小组或政府指定接收单位，依法办理转让、变更程序以及管理权移交手续，直至项目整体平稳交接完成。

项目公司应配合实施机构做好项目运营平稳过渡相关工作。

条款解析

移交工作一边实施，一边同步完成各项书面文件的确认，最终整体移交后，应当形成完整、清晰的资产移交清册，实现干净、无争议的整体移交。

本项工作关联档案管理，具体工作要求可以参照本规程第 37 条、第 84 条和第 112 条执行。

实施办法

一、管理依据

（一）法律法规、政策依据

详细内容可参见本章第 126 节。

（二）PPP 项目合同常规约定

详细内容可参见本章第 126 节。

（三）管理制度

一般对应《移交管理制度》等，详细内容略。

（四）经验教训

提前打包，梳理好各项资产情况，干脆利落地撤场，移交撤场时，双方应当签订正式的书面交接手续。

二、工作实施方案

1. 项目移交按照《项目移交方案》全部完成后，项目公司做好撤离的准备。

2. 获得实施机构签发的正式移交完成文件。

3. 撤离现场，完成交接。

三、管理表单

略。

四、实务风险解析与建议

严格按照《PPP 项目合同》和管理制度执行即可。

暂无直接实务风险和问题反馈，未来待动态补充。

五、管理成果要求（基础档案）

1. 《PPP 项目合同》关于移交的约定；

2. 正式批准的移交方案；

3. 相关会议纪要、专项报告、往来文件；

4. 双方正式确认的交接完成的书面文件；

5. 其他相关文件等。

六、补充说明

本项是政府方监管要点内容，可以关联《PPP 项目政府方监管要点》阅读，共涉及两项监管要点，分别如下：

1. 监管要点 45：确认项目移交是否按约执行？

2. 监管要点 94：确认最终项目移交标准是否清晰？是否按约执行？

第130节　移交保函的退还

核心条款

第一百三十条　项目公司根据《PPP项目合同》的约定完成整体移交后，应及时向实施机构申请移交保函的退还，不得滞后。

条款解析

全部移交工作完成后，项目公司即完成了《PPP项目合同》约定的全部责任和义务，这就意味着项目全生命周期的实质性终止，在符合合同约定条件的情况下，应当退还或撤销移交保函，顺利关闭本项目。

实施办法

一、管理依据

（一）法律法规、政策依据

本节内容与本章第30节、第89节、第99节、第124节和第125节关联，可以关联阅读。

详细内容可参见本章第30节。

（二）PPP项目合同常规约定

以天津市某高速公路PPP项目为例，其《PPP项目合同》第44条约定，“乙方在特许经营期最后一个运营年开始前十个工作日内向甲方提交移交履约保函，移交履约保函金额为人民币伍仟万元整。在特许经营期最后一个运营年开始前十个工作日，乙方向甲方提交；在移交后五个工作日内，该履约保函退还给项目公司。履约担保的提取和退还详见本协议专项约定”。

本节内容与本章第 30 节、第 89 节、第 99 节、第 124 节和第 125 节关联，可以关联阅读。

详细内容可参见本章第 30 节。

（三）管理制度

一般对应《财务管理制度》《担保制度》等，具体内容略。

（四）经验教训

1. 保函应当专人管理，到时即退。

2. 如果发生保函被兑取，应当妥善保存完整证据、记录文件，并对责任方落实追责，进行处理。

二、工作实施方案

1. 财务人员熟悉《PPP 项目合同》中关于移交保函退还的约定。

2. 满足保函退还的条件后，应及时向实施机构提交保函退还的请示报告。

3. 将保函退还当成专项工作处理，专人跟踪，及时获得。

4. 出现特殊情况时，应及时向项目公司总经理报告，并确认具体的处理方案。

5. 必要时，应当及时做好过程记录，固定过程证据。

6. 直至移交保函退还到位。

三、管理表单

略。

四、实务风险解析与建议

严格按照《PPP 项目合同》和管理制度执行即可。

暂无直接实务风险和问题反馈，未来待动态补充。

五、管理成果要求（基础档案）

1.《PPP 项目合同》中关于移交保函退还的约定；

2. 相关财务管理制度；

3. 移交保函退还的申请报告；

4. 退还记录；

5. 其他相关文件等。

六、补充说明

本项是政府方监管要点内容，可以关联《PPP 项目政府方监管要点》阅读，共涉及一项监管要点如下：

监管要点 58：确认乙方履约保函是否已经及时足额提交？且该提交的履约保函是否“见索即付”？若提取了保函，是否履行了合适的程序，且确认乙方是否及时予以补足？

第 131 节　项目总结与后评价

核心条款

第一百三十一条　项目公司完成整体移交后，团队解散前，应对整体项目的管理经验教训进行系统总结，形成经验性管理成果，并给出管理意见或建议，该成果可以提交实施机构或指定接收单位，以示提醒；应当提交股东公司，作为未来同类型项目投资、管理的经验性建议成果。

鼓励将该等成果形成论文、典型案例、工作操作指南、实务著作等成果。

条款解析

定期的经验教训总结是迅速提高管理能力的有效途径。这里的项目总结与后评价，只是项目完全结束后的一次全生命周期的总结和评价，实际上，在项目实施过程中，这是持续进行的一项管理行为，非常实效。

对此，我们建议按照以下方法执行：

第一，在项目公司的实际管理过程中动态地识别关键问题、典型问题，同时搜集员工、项目，以及行业的实务问题、高频问题等，作为研究的内容。

第二，针对以上问题，通过法律法规政策、合同约定、管理制度的要求，以及已经发生的案例的具体处理等，进行系统的分析和研究，提出各个阶段的解决方案和建议（事前、事中、事后）。

第三，在问题本身解决后，还应深入识别其背后的原因，如果是管理问题，可以通过论证，采用调整、更新管理制度的方式进行闭环；如果是技术问题，可以通过设定技术管理标准化、工作指导手册、应知应会手册、经验交流材料等方式进行闭环。

第四，将以上成果进行整理，形成专题论文、课题研究，也可以形成著作等理论成果。

第五，建议将以上实务经验进行延伸，通过内部宣讲、外部宣讲的方式，进行经验交流，吸取别人的优秀成功经验和失败经验教训，进一步完善和夯实实务经验成果。

第六，建议走出去，积极参与外部培训，通过外部交流搜集外部单位的各种实务问题，以此横向比对，好的吸取，差的警示，查漏补缺，继续新一轮循环。

第七，条件具备时，可以积极主动参与国家部委研究课题（宏观）、行业标准与规范研究、专业教材研究等，进一步提升理论的研究水准，切实将实践与理论紧密结合。

第八，回过头来，用研究成果反哺项目实务，继续指导实务的高效推进。同时将以上经验逐渐灌输给员工，星星之火，可以燎原，逐步引导行业进一步规范、高效前行。

实施办法

一、管理依据

（一）法律法规、政策依据

财政部《关于印发政府和社会资本合作模式操作指南（试行）的通知》（财金〔2014〕113 号）的附件《政府和社会资本合作模式操作指南（试行）》第 35 条规定，“项目移交完成后，财政部门（政府和社会资本合作中心）应组织有关部门对项目产出、成本效益、监管成效、可持续性、政府和社会资本合作模式应用等进行绩效评价，并按相关规定公开评价结果。评价结果作为政府开展政府和社会资本合作管理工作决策参考依据”。

财金〔2014〕113 号文失效后，新的《政府和社会资本合作模式操作指南（修订稿）》（财办金〔2019〕94 号）第 37 条规定，“项目移交完成后，财政部门应会同行业主管部门、项目实施机构等有关部门对项目产出、物有所值实现情况、按效付费执行情况及对本地区财政承受能力的影响、监管成效、可持续性、PPP 模式应用等进行后评价，并按相关规定公开评价结果。评价结果作为政府开展 PPP 管理工作决策参考依据”，要求几乎没有变化。

国家发改委《关于切实做好传统基础设施领域政府和社会资本合作有关工作的通知》（发改投资〔2016〕1744 号）第 6 条要求，“项目结束后，适时对项目效率、效果、影响和可持续性等进行后评价，科学评价项目绩效，不断完善 PPP 模式制度体系”。

国家发改委《关于印发〈传统基础设施领域实施政府和社会资本合作项目工作导则〉的通知》（发改投资〔2016〕2231 号）的附件《传统基础设施领域实施政府和社会资本合作项目工作导则》第 22 条规定，“项目移交完成后，地方政府有关部门可组织开展 PPP 项目后评价，对 PPP 项目全生命周期的效率、效果、影响和可持续性等进行评价。评价结果应及时反馈给项目利益相关方，并按有关规定公开”。

除了以上政策外，其他文件如《关于鼓励和引导社会资本参与重大水利工程建设运营的实施意见》（发改农经〔2015〕488 号）、《关于推进水污染防治领域政府和社会资本合作的实施意见》（财建〔2015〕90 号）、《关于进一步鼓励和扩大社会资本投资建设铁路的实施意见》（发改基础〔2015〕1610 号）、《关于推进农业领域政府和社会资本合作的指导意见》（发改农经〔2016〕2574 号）等，对于项目后评价均有要求，其原则基本一致。

此外，《建设工程项目管理规范》相关规定同样可以参考。例如，该规范第 7.6 条“合同管理总结”规定：

“项目管理机构应进行项目合同管理评价，总结合同订立和执行过程中的经验和教训，提出总结报告。

“合同总结报告应包括下列内容：1 合同订立情况评价；2 合同履行情况评价；3 合同管理工作评价；4 对本项目有重大影响的合同条款评价；5 其他经验和教训。

“组织应根据合同总结报告确定项目合同管理改进需求，制定改进措施，完善合同管理制度，并按照规定保存合同总结报告。”

该规范第 18.6 条“项目管理总结”规定：

“在项目管理收尾阶段，项目管理机构应进行项目管理总结，编写项目管理总结报告，纳入项目管理档案。

“项目管理总结依据宜包括下列内容：1 项目可行性研究报告；2 项目管理策划；3 项目管理目标；4 项目合同文件；5 项目管理规划；6 项目设计文件；7 项目合同收尾资料；8 项目工程收尾资料；9 项目的有关管理标准。

“项目管理总结报告应包括下列内容：1 项目可行性研究报告的执行总结；2 项目管理策划总结；3 项目合同管理总结；4 项目管理规划总结；5 项目设计管理总结；6 项目施工管理总结；7 项目管理目标执行情况；8 项目管理经验与教训；9 项目管理绩效与创新评价。

“项目管理总结完成后，组织应进行下列工作：1 在适当范围内发布项目总结报告；2 兑现在项目管理目标责任书中对项目管理机构的承诺；3 根据岗位责任制和部门责任制对职能部门进行奖罚。”

同样可以参考。

（二）PPP 项目合同常规约定

本项工作内容属于项目公司内部管理动作，一般《PPP 项目合同》中不会约定。

（三）管理制度

一般对应《经验总结管理制度》等，详细内容略。

（四）经验教训

1. 这是一个十分有成效的、重要的管理动作和管理行为，使用得当，长期坚持以往，可以使人迅速成长，可以迅速提升团队战斗力。国家在推动学习型、研究型组织，审计署在推行研究型审计，持续的总结和评价就是养成学习型、思考型、研究型组织的高效途径。建议项目公司团队全员认真学习、认真工作、认真思考、认真总结。

2. 强烈建议每个项目结束，项目公司就全员参与（各人自行也可，形式不限，但强调深度思考、系统总结）深度思考、系统总结，形成完整的项目总结报告，可以自己用，也可以给公司用，其他单位等也可以参考。

二、工作实施方案

1. 全体项目管理人员可以集中进行复盘，对项目的具体开展进行系统的总结和后评价。

2. 可以就具体的项目方案和实施进行总结，对实施的结果进行后评价。

3. 对高频发生的、特别典型的重点问题，可以聚焦分析、讨论，形成专项问题成果，提出明确的处理意见和建议。

4. 针对实施过程中形成的经验教训，也可以形成专项报告，给其他项目提供借鉴。

5. 建议对项目整体编写典型案例分析，形成正式书面成果。

6. 有条件的，可以形成正式的论文、研究课题或著作等。

三、管理表单

略。

四、实务风险解析与建议

实务问题：项目后评价针对的是什么？与可行性研究报告有什么关联？

解析与建议：

详细内容请关联《PPP 项目执行阶段操作指南：100 个实务问题深度解析》问题 35 进行阅读。

五、管理成果要求（基础档案）

1. 全体管理人员参加讨论的会议纪要；
2. 具体事件的复盘专项报告；
3. 各人经验教训总结报告；
4. 或有的论文、研究课题、著作；
5. 项目正式后评价报告；
6. 其他相关文件等。

六、补充说明

本项是政府方监管要点内容，可以关联《PPP 项目政府方监管要点》阅读，共涉及两项监管要点，分别如下：

1. 监管要点 46：确认是否及时进行项目后评价工作？

2. 监管要点 53：确认是否及时开展、落实项目建设后评估工作？

第132节　合同争议的处理（或有）

核心条款

第一百三十二条　项目公司应按照《PPP项目合同》约定的方式解决双方争议问题，争议处理过程中，律师应全程参与。

一般争议，建议采用以下简易程序处理：

1. 从政府专家库中随机选取3~5名相关行业专家（含1名律师），组成专家小组。

2. 就争议问题，请专家小组研讨，并出具正式的解决方案，必要时，可以请律师同时出具法律意见书。

3. 专家小组全员签字的合意作为争议的最终处理意见，项目公司和实施机构应遵照执行。

4. 专家费用由项目公司承担。

专家小组不能形成正式合意，或双方均不采纳专家小组意见的，再行采用PPP项目合同约定的仲裁或诉讼程序。

条款解析

项目实施过程中，各方存在实施争议是正常的，但不能不管不问顺其自然，或者教条的按照合同执行，抑或通过行政力强制干预。这些都不是以解决问题为目的的处理方法。

相关方在处理争议的时候，应当回归项目健康顺利推进的初衷，并不存在必然的、核心的矛盾。因此，出发点一定要健康和客观，绝对不能有“不是东风压倒西风，就是西风压到东风”的思维或想法。

合同中约定的仲裁或诉讼对于双方来说，是矛盾最终无法调和后的最后一步不是办法的办法，建议各方都不要预期仲裁或诉讼，应当以解决问题为导向来思考解决方案。

将复杂的问题放到法律和技术层面去思考，就会变得相对简单，因此，我们建议通过专家评议程序，必要时，再辅以律师的法律意见书进行支撑，以此作为解决问题的路径。对于各方来说，是相对客观、公平的，也是高效的。

最高人民法院《关于审理建设工程施工合同纠纷案件适用法律问题的解释（一）》第30条规定，“当事人在诉讼前共同委托有关机构、人员对建设工程造价出具咨询意见，诉讼中一方当事人不认可该咨询意见申请鉴定的，人民法院应予准许，但双方当事人明确表示受该咨询意见约束的除外”。因此，只要双方共同委托，共同认可，其行为就是合法有效的。

实施办法

一、管理依据

（一）法律法规、政策依据

财政部《关于规范政府和社会资本合作合同管理工作的通知》（财金〔2014〕156号）的附件《PPP项目合同指南（试行）》第20节第2条明确，“争议解决条款中一般以仲裁或者诉讼作为最终的争议解决方式，并且通常会在最终争议解决方式前设置其他的争议解决机制，以期在无需仲裁或者诉讼的情况下快速解决争议，或达成一个暂时具有约束力、但可在之后的仲裁或诉讼中重新审议的临时解决办法。争议解决方式通常需要双方根据项目的具体情况进行灵活选择。如果项目需要各方的长期合作，应考虑对抗性更低，更利于维护各方关系的争议解决方式。常见的争议解决方式包括：

“（一）友好协商。为争取尽快解决争议，在多数PPP项目合同中，都会约定在发生争议后先由双方通过友好协商的方式解决纠纷。这样做的目的是为了防止双方在尝试通过协商解决争议之前直接启动正式的法律程序。诉讼和仲裁是非常耗时且昂贵的，而且一旦开始往往很难停止。实践中，协商的具体约定方式包括：1. 协商前置。即发生争议后，双方必须在一段特定期限内进行协商，在该期限届满前双方均不能提起进一步的法律程序。2. 选择协商。即将协商作为一个可以选择的争议解决程序，无论是否已进入协商程序，各方均可在任何时候启动诉讼或仲裁等其他程序。3. 协商委员会。即在合同中明确约定由政府方和项目公司的代表组成协商委员会，双方一旦发生争议应当首先提交协商委员会协商解决。如果在约定时间内协商委员会无法就有关争议达成一致，则会进入下一阶段的争议解决程序。需要特别说明的是，通常协商应当是保密并且‘无损实体权利’的，当事人在协商过程中所说的话或所提供的书面文件不得用于之后的法律程序。因为如果双方能够确定这些内容在将来的诉讼或仲裁中不会被作为不利于自己的证据，他们可能更愿意主动做出让步或提出解决方案。

“（二）专家裁决。对于 PPP 项目中涉及的专业性或技术性纠纷，也可以通过专家裁决的方式解决。负责专家裁决的独立专家，可以由双方在 PPP 项目合同中予以委任，也可以在产生争议之前共同指定。专家裁决通常适用于对事实无异议、仅需要进行某些专业评估的情形，不适用于解决那些需要审查大量事实依据的纠纷，也不适用于解决纯粹的法律纠纷。

“（三）仲裁。1. 仲裁还是诉讼。仲裁是一种以双方书面合意进入仲裁程序为前提（即合同双方必须书面约定将争议提交仲裁）的替代诉讼的纠纷解决方式。一般而言，仲裁相较于诉讼，具有下列优点：（1）仲裁程序更具灵活性，更尊重当事人的程序自主；（2）仲裁程序更具专业性，当事人可以选择相关领域的专家作为仲裁员；（3）仲裁程序更具保密性，除非双方协议可以公开仲裁，一般仲裁程序和仲裁结果均不会对外公开；（4）仲裁程序一裁终局，有可能比诉讼程序更快捷、成本更低。依照我国法律，仲裁裁决与民事判决一样，具有终局性和法律约束力。除基于法律明确规定的事由，法院不能对仲裁的裁决程序和裁决结果进行干预。

“在 PPP 项目合同争议解决条款中，也可以选择诉讼作为最终的争议解决方式。需要特别注意的是，就PPP项目合同产生的合同争议，应属于平等的民事主体之间的争议，应适用民事诉讼程序，而非行政复议、行政诉讼程序。这一点不应因政府方是PPP项目合同的一方签约主体而有任何改变。实践中，诉讼程序相较于仲裁程序时间更长，程序更复杂，比较正式且对立性更强，因此PPP项目双方在选择最终的争议解决程序是需要仔细的考量。

"2. 国际仲裁还是国内仲裁。在一些外国投资人参与的PPP项目中，可能会在争议解决条款中选择由相对中立的国际仲裁组织进行仲裁。我国《合同法》已明确规定，具有涉外因素的合同可以选择国外仲裁机构仲裁，实践中也可以依据一些国际公约（例如《承认及执行外国仲裁裁决公约》）来处理国际仲裁裁决的承认和执行程序。需要特别注意的是，按照我国法律规定，如果合同中约定某一争议既可以依仲裁程序解决，也可以依诉讼程序解决，则原则上属于无效的仲裁条款（除非一方当事人申请仲裁后，对方当事人未在首次开庭前提出管辖权异议，使仲裁庭取得审理该案件的管辖权）。因此，PPP项目合同的争议解决条款最好在诉讼和仲裁中任选其一，避免出现'既可以仲裁，也可以诉讼'的约定。"

国家发改委《关于开展政府和社会资本合作的指导意见》（发改投资〔2014〕2724号）的附件《政府和社会资本合作项目通用合同指南（2014年版）》第73条明确争议解决方式包括，"1. 协商。通常情况下，项目合同各方应在一方发出争议通知指明争议事项后，首先争取通过友好协商的方式解决争议。协商条款的编写应包括基本协商原则、协商程序、参与协商人员及约定的协商期限。若在约定期限内无法通过协商方式解决问题，则采用调解、仲裁或诉讼方式处理争议。2. 调解。项目合同可约定采用调解方式解决争议，并明确调解委员会的组成、职权、议事原则，调解程序，费用的承担主体等内容。3. 仲裁或诉讼。协商或调解不能解决的争议，合同各方可约定采用仲裁或诉讼方式解决。采用仲裁方式的，应明确仲裁事项、仲裁机构"。

最高人民法院《关于审理行政协议案件若干问题的规定》第2条则规定，"公民、法人或者其他组织就下列行政协议提起行政诉讼的，人民法院应当依法受理：（一）政府特许经营协议；（二）土地、房屋等征收征用补偿协议；（三）矿业权等国有自然资源使用权出让协议；（四）政府投资的保障性住房的租赁、买卖等协议；（五）符合本规定第一条规定的政府与社会资本合作协议；（六）其他行政协议”。

财政部《关于印发〈政府和社会资本合作（PPP）项目绩效管理操作指引〉的通知》（财金〔2020〕13 号）的附件《政府和社会资本合作（PPP）项目绩效管理操作指引》第 20 条规定，“项目公司对绩效评价结果有异议的，应在 5 个工作日内明确提出并提供有效的佐证材料，向项目实施机构解释说明并达成一致意见。无法达成一致的，应组织召开评审会，双方对评审意见无异议的，根据评审意见确定最终评价结果；仍有异议的，按照合同约定的争议解决机制处理”。

《建设工程项目管理规范》第 7.5.9 条规定，“合同实施过程中产生争议时，应按下列方式解决：1 双方通过协商达成一致；2 请求第三方调解；3 按照合同约定申请仲裁或向人民法院起诉”。

另外，还可以结合最高人民法院《关于依法妥善审理涉新冠肺炎疫情民事案件若干问题的指导意见（二）》、最高人民法院《关于审理建设工程施工合同纠纷案件适用法律问题的解释（一）》等政策文件进行阅读。

（二）PPP 项目合同常规约定

以天津市某高速公路 PPP 项目为例，其《PPP 项目合同》第 61 条约定：

“凡因订立或履行本协议所发生的一切争议，双方应尽量通过友好协商解决。就特许经营协议中的专业技术问题发生争议的，甲乙双方可以共同聘请专家或第三方机构进行调解。调解达成一致的，应当签订补充协议并遵照执行。如果该项争议在一方提出友好协商之后的六十个工作日内内未能解决，任何一方均可依法向项目所在地人民法院提起诉讼。”

该合同第 62 条还明确了争议期间的合同履行原则，“在行政机关进行行政复议或法院进行诉讼过程中，除双方有争议的正在进行行政复议或行政诉讼的部分外，本协议的其余部分应继续履行，任何一方不得以发生争议为由，停止项目运营服务、停止项目运营支持服务或采取其他影响公共利益的措施”。

（三）管理制度

一般对应《合同管理制度》等，详细内容略。

（四）经验教训

1. PPP 项目的诉讼依据，适用于民事诉讼法还是行政诉讼法？以下意见可供参考。

对于 PPP 项目争议性质确认的问题（PPP 项目协议性质），江苏省高级人民法院民一庭课题组在《政府与社会资本合作（PPP）的法律疑难问题研究》中明确：对于因 PPP 协议引发的争议属于民事争议还是行政争议，实践中存在两种观点。第一种观点认为，2015 年 5 月 1 日施行的最高人民法院《关于适用〈中华人民共和国行政诉讼法〉若干问题的解释》（已失效）第 11 条第 1 款规定：“行政机关为实现公共利益或者行政管理目标，在法定职责范围内，与公民、法人或者其他组织协商订立的具有行政法上权利义务内容的协议，属于行政诉讼法第十二条第一款第十一项规定的行政协议。”根据该规定，PPP 协议性质属于行政协议，应作为行政案件受理。第二种观点认为，PPP 协议属于民事合同，应当作为民事案件受理。因为尽管合同当事人中有一方是政府，但是双方合同的主要内容是对合作开发进行的约定，合同签订完全遵循平等、自愿、等价有偿的原则，而不存在行政命令和强迫的意思。

江苏省高级人民法院认为，参考我国台湾地区的做法，对于 PPP 协议应当进行区分：涉及行政规划、许可、处罚、管理、监督等行政职能的争议，属于行政法律关系，典型的是特许经营协议内容本身的争议。内容上设定民事权利义务的，属于民事争议。

2. 而关于 PPP 协议争端解决机制问题，江苏省高级人民法院民一庭认为，对此需要根据争议的不同类型区分情况处理。

如前所述，如果争议的事项属于行政法律关系，则即使当事人在 PPP 协议中约定仲裁或民事诉讼，该约定不产生拘束力，当事人应当通过行政复议或行政诉讼途径处理。如果争议的事项属于民事法律关系，当事人约定仲裁或民事诉讼的，可按约定处理。

3. 对于建设工程造价争议的处理原则，项目公司应当熟悉。

最高人民法院《关于审理建设工程施工合同纠纷案件适用法律问题的解释（一）》（法释〔2020〕25 号）第 28 条规定，“当事人约定按照固定价结算工程价款，一方当事人请求对建设工程造价进行鉴定的，人民法院不予支持”。第 29 条还规定，“当事人在诉讼前已经对建设工程价款结算达成协议，诉讼中一方当事人申请对工程造价进行鉴定的，人民法院不予准许”。第 30 条进一步规定，“当事人在诉讼前共同委托有关机构、人员对建设工程造价出具咨询意见，诉讼中一方当事人不认可该咨询意见申请鉴定的，人民法院应予准许，但双方当事人明确表示受该咨询意见约束的除外”。

4. 如果发生争议，项目公司还应当释明对于鉴定、举证事宜的原则。

最高人民法院《关于审理建设工程施工合同纠纷案件适用法律问题的解释（一）》（法释〔2020〕25 号）第 31 条规定，“当事人对部分案件事实有争议的，仅对有争议的事实进行鉴定，但争议事实范围不能确定，或者双方当事人请求对全部事实鉴定的除外”。第 32 条还规定，“当事人对工程造价、质量、修复费用等专门性问题有争议，人民法院认为需要鉴定的，应当向负有举证责任的当事人释明。当事人经释明未申请鉴定，虽申请鉴定但未支付鉴定费用或者拒不提供相关材料的，应当承担举证不能的法律后果”。“一审诉讼中负有举证责任的当事人未申请鉴定，虽申请鉴定但未支付鉴定费用或者拒不提供相关材料，二审诉讼中申请鉴定，人民法院认为确有必要的，应当依照民事诉讼法第一百七十条第一款第三项的规定处理。”

上述解释第 33 条继续规定，“人民法院准许当事人的鉴定申请后，应当根据当事人申请及查明案件事实的需要，确定委托鉴定的事项、范围、鉴定期限等，并组织当事人对争议的鉴定材料进行质证”。第 34 条进一步规定，“人民法院应当组织当事人对鉴定意见进行质证。鉴定人将当事人有争议且未经质证的材料作为鉴定依据的，人民法院应当组织当事人就该部分材料进行质证。经质证认为不能作为鉴定依据的，根据该材料作出的鉴定意见不得作为认定案件事实的依据”。

5. 对于合同争议需要进行鉴定的，根据《建设工程造价鉴定规范》（GB/T5 1262—2017）执行。

该规范第5.3条规定，“5.3.1 委托人认定鉴定项目合同有效的，鉴定人应根据合同约定进行鉴定。5.3.2 委托人认定鉴定项目合同无效的，鉴定人应按照委托人的决定进行鉴定。5.3.3 鉴定项目合同对计价依据、计价方法约定不明的，鉴定人应厘清合同履行的事实，如是按合同履行的，应向委托人提出按其进行鉴定；如没有履行，鉴定人可向委托人提出‘参照鉴定项目所在地同时期适用的计价依据、计价方法和签约时的市场价格信息进行鉴定’的建议，鉴定人应按照委托人的决定进行鉴定。5.3.4 鉴定项目合同对计价依据、计价方法没有约定的，鉴定人可向委托人提出‘参照鉴定项目所在地同时期适用的计价依据、计价方法和签约时的市场价格信息进行鉴定’的建议，鉴定人应按照委托人的决定进行鉴定。5.3.5 鉴定项目合同对计价依据、计价方法约定条款前后矛盾的，鉴定人应提请委托人决定适用条款，委托人暂不明确的，鉴定人应按不同的约定条款分别作出鉴定意见，供委托人判断使用。5.3.6 当事人分别提出不同的合同签约文本的，鉴定人应提请委托人决定适用的合同文本，委托人暂不明确的，鉴定人可按不同的合同文本分别作出鉴定意见，供委托人判断使用”。

6. 简单来说，项目公司要以可以打赢官司的标准来要求自身，但是绝不要预期诉讼。实施过程中，就可以把争议问题高效处理完毕，为什么要持续拖延直至打官司呢？但是该项风险消除的前提条件是，一定要按照有效证据的要求来处理工作档案，并能够形成完整证据链，这也是为什么反复强调档案管理重要性的原因。

本书的核心逻辑点也在这里，前面各项工作的设置，就是为了避免本节情况的发生。

二、工作实施方案

1. 熟悉《PPP项目合同》约定的争议处理方式。

2. 就具体的争议内容进行内部分析，识别最佳处理方案，并经项目公司内部评议通过。

3. 建议将争议问题归结为技术问题进行处理。

4. 充分和实施机构协商沟通，建议通过专家评议的方式协调解决问题。

5. 采用专家评议方式的，专家人选可以从专家库中选取，其中必须包含一名律师，费用由项目公司支付。

6. 双方确认，同意按照专家小组合意的方案执行。

7. 必要时，可以请专业律师出具法律意见书进行支撑。

8. 当专家评议、法律意见书无法完全解决的，还可以向省级财政主管部门寻求专业帮助，请求释义。

9. 以上方案均不可行时，可以考虑按照合同约定的仲裁或诉讼方式解决。

10. 妥善整理相关档案证据，做好仲裁或诉讼的准备，全程应有律师参加。

11. 事件处理完毕后，应系统梳理相关文件和证据，并妥善存档。

12. 及时更新财政部 PPP 项目管理库公示信息。

三、管理表单

略。

四、实务风险解析与建议

实务问题 1：某 PPP 项目，2017 年 7 月政府方已经与社会投资人签订了《PPP 项目合同》，2018 年 1 月，政府方以财政部《关于规范政府和社会资本合作（PPP）综合信息平台项目库管理的通知》（财办金〔2017〕92 号）为由，直接要求另行签订一份《PPP 项目合同》，并将商务合同条件进行了单方面的调整，双方多次协商未果，这种情况下，社会投资人应如何应对?

解析与建议：

详细内容请关联《PPP 项目执行阶段操作指南：100 个实务问题深度解析》问题 92 进行阅读。

实务问题 2：某 PPP 项目程序不完善，想要转为 EPC 模式，应如何处理?

解析与建议：

详细内容请关联《PPP 项目执行阶段操作指南：100 个实务问题深度解析（第二册）》问题 71 进行阅读。

五、管理成果要求（基础档案）

1. 《PPP 项目合同》关于争议纠纷处理的约定；
2. 争议事件的专项报告，法务或律师出具的处理意见；
3. 项目公司内部会议决议，初步处理方案；
4. 相关的会议纪要、专项报告、往来函件；
5. 可能的专家评议合议报告；
6. 或有的法律意见书；
7. 各方共同确认的处理方案；
8. 具体执行文件，过程记录；
9. 仲裁或诉讼完整记录；
10. 其他相关文件等。

六、补充说明

本项是政府方监管要点内容，可以关联《PPP 项目政府方监管要点》阅读，共涉及一项监管要点如下：

监管要点 83：确认项目是否存在双方不能达成一致的争议问题？若有，应根据合同约定及时处理，不得影响项目稳定推进。

第 133 节　补充协议的处理

核心条款

第一百三十三条　当《PPP 项目合同》约定不明，或项目执行情况发生实质性变化时，项目公司应及时协调实施机构通过《PPP 项目合同》补充协议进行确认，明确双方的责任、权利和义务，以保障双方权益，不得滞后。

《PPP 项目合同》补充协议文本，应根据合同管理制度履行了审批程序，应附法律意见书。

《PPP 项目合同》补充协议签订前，应获得本级人民政府书面批准。

条款解析

项目实施过程中，和原合同发生偏离是正常的情况，原合同约定不完善也是正常现象。当碰到这种情形时，项目公司应当首先考虑“完全履约”原则，合同条款发生实质性偏离或者需要补充明确、补充完善的，最标准的做法就是签订补充协议，以此作为未来双方工作的最权威依据。

PPP 项目全生命周期为 10 年至 30 年，签订各种补充协议属于正常的行为，各方不应有不当的想法，这在政策中是完全允许的，财政部《关于规范政府和社会资本合作合同管理工作的通知》（财金〔2014〕156 号）就明确了“兼顾灵活”的原则，“鉴于 PPP 项目的生命周期通常较长，在合同订立时既要充分考虑项目全生命周期内的实际需求，保证合同内容的完整性和相对稳定性，也要合理设置一些关于期限变更（展期和提前终止）、内容变更（产出标准调整、价格调整等）、主体变更（合同转让）的灵活调整机制，为未来可能长达 20－30 年的合同执行期预留调整和变更空间”，因此，碰到需要通过补充协议进行确认的内容的，项目公司和实施机构应当客观推动，不得滞后。

当然，补充协议也强调其程序合规性，《PPP 项目合同》需要在本级人民政府正式批准后方可签订，《PPP 项目合同补充协议》也需要获得本级人民政府正式批准后方可签订。

实施办法

一、管理依据

（一）法律法规、政策依据

财政部《关于规范政府和社会资本合作合同管理工作的通知》（财金〔2014〕156 号）中明确“兼顾灵活”的合同原则，该通知明确，“鉴于 PPP 项目的生命周期通常较长，在合同订立时既要充分考虑项目全生命周期内的实际需求，保证合同内容的完整性和相对稳定性，也要合理设置一些关于期限变更（展期和提前终止）、内容变更（产出标准调整、价格调整等）、主体变更（合同转让）的灵活调整机制，为未来可能长达 20－30 年的合同执行期预留调整和变更空间”。

2014 年 11 月 29 日财政部发布的《关于印发政府和社会资本合作模式操作指南（试行）的通知》（财金〔2014〕113 号）的附件《政府和社会资本合作模式操作指南（试行）》第 28 条第 1 项规定，“按照项目合同约定的条件和程序，项目实施机构和社会资本或项目公司可根据社会经济环境、公共产品和服务的需求量及结构等条件的变化，提出修订项目合同申请，待政府审核同意后执行”。

财金〔2014〕113 号文失效后，财政部《政府和社会资本合作模式操作指南（修订稿）》（财办金〔2019〕94 号）第 30 条第 1 款规定，“合同条款原则上不得变更。因重大情势变更确需调整的，或者涉及非实质性条款的调整、补充或完善的，项目实施机构、项目公司（社会资本）应协商一致，按照项目合同约定的条件和程序进行修订，报政府审核同意后执行”。其继续保持了该项要求，还是须获得政府的批准后方可签订。

针对收费公路项目，交通运输部办公厅《关于印发〈收费公路政府和社会资本合作操作指南〉的通知》（交办财审〔2017〕173 号）的附件《收费公路政府和社会资本合作操作指南》第 42 条规定，“在收费公路 PPP 项目合同有效期内，合同内容确需变更的，协议当事人应当在协商一致的基础上签订补充合同，并报原审批机构审批”，和财政部原则一致。

补充协议也是 PPP 信息公示的内容之一，财政部《关于修订发布〈政府和社会资本合作（PPP）综合信息平台信息公开管理办法〉的通知》（财金〔2021〕110 号）的附件《政府和社会资本合作（PPP）综合信息平台信息公开管理办法》第 2 章第 10 条第 3 款规定，管理库项目执行阶段应当公开的信息主要包括：履约信息，包括项目建设信息、绩效管理信息、项目公司运营信息、合作期间重大事件、合同变更信息、项目移交信息等，表述为“合同变更信息”。

（二）PPP 项目合同常规约定

以天津某高速公路 PPP 项目为例，其《PPP 项目合同》第 5.2 条、第 5.3 条分别约定，“本协议的未尽事宜，通过签约双方友好协商进行补充。补充协议一经有关各方法定代表人或授权委托人签字并盖章生效，即与本协议具有同等效力”，“本协议内容经双方协商一致进行修改的，应当敲定变更协议。修改内容以变更协议为准”。

该合同第 63 条还约定，“本协议的未尽事宜，通过签约双方友好协商进行补充。本协议内容经双方协商一致进行修改的，应当签订变更协议。修改内容以变更协议为准。补充协议和变更协议一经有关各方法定代表人或授权委托人签字并盖章生效，即与本协议具有同等效力”。

（三）管理制度

一般对应《合同管理制度》等，详细内容略。

（四）经验教训

1. 提醒项目公司，所有与原《PPP 项目合同》相比有重大变化的，涉及利益调整的，必须通过《PPP项目合同补充协议》进行确认，不要有例外。

2. 所有补充协议都应经过律师审查，建议请律师出具法律意见书；所有补充协议签订前，都应当获得本级人民政府的书面批准，确保程序合规。

二、工作实施方案

1. 当项目实施内容或情况与原合同发生重大偏离时，项目公司应当要求签订补充协议。

2. 项目公司可以主动起草相关补充协议，并内部审议通过。

3. 和实施机构充分沟通，提请签订补充协议，并提交补充协议草本。

4. 和实施机构进行正式的补充协议条款谈判，并形成会议纪要。

5. 就双方达成的修订意见，进行补充协议条款的修订。

6. 报实施机构批准后，报本级人民政府审定，必要时，随附法律意见书。

7. 各方协商一致，确认合同文本，项目公司履行内部合同评审程序，实施机构获得本级人民政府的批准文件。

8. 签订正式的补充协议。

9. 妥善存档，及时更新财政部PPP项目管理库公示信息。

三、管理表单

略。

四、实务风险解析与建议

实务问题：《PPP项目合同补充协议》签订的原则和效力应当如何认定?

解析与建议：

1. 签订补充协议的依据

《民法典》第510条规定，“合同生效后，当事人就质量、价款或者报酬、履行地点等内容没有约定或者约定不明确的，可以协议补充；不能达成补充协议的，按照合同相关条款或者交易习惯确定”。第511条还规定，“当事人就有关合同内容约定不明确，依据前条规定仍不能确定的，适用下列规定：（一）质量要求不明确的，按照强制性国家标准履行；没有强制性国家标准的，按照推荐性国家标准履行；没有推荐性国家标准的，按照行业标准履行；没有国家标准、行业标准的，按照通常标准或者符合合同目的的特定标准履行。（二）价款或者报酬不明确的，按照订立合同时履行地的市场价格履行；依法应当执行政府定价或者政府指导价的，依照规定履行。（三）履行地点不明确，给付货币的，在接受货币一方所在地履行；交付不动产的，在不动产所在地履行；其他标的，在履行义务一方所在地履行。（四）履行期限不明确的，债务人可以随时履行，债权人也可以随时请求履行，但是应当给对方必要的准备时间。（五）履行方式不明确的，按照有利于实现合同目的的方式履行。（六）履行费用的负担不明确的，由履行义务一方负担；因债权人原因增加的履行费用，由债权人负担”。

PPP 项目一方面合作期限长，另一方面尚无高品质的实务合同范本，在合同执行过程中可针对原合同遗漏的事项、原合同约定不明确事项、或需要修改、变更原协议的内容进行补充协议的签订。

2. 签订补充协议的原则

第一，主合同必须是合法有效的合同，只有这样的合同双方当事人才能谈得上去补充。

第二，补充协议本身也要遵循主合同合法有效的条件。原合同实质性内容及明示不得变更的条款，补充协议中对该条款发生的变更则不发生法律效力。

根据《招标投标法实施条例》第 57 条第 1 款的规定，“……招标人和中标人不得再行订立背离合同实质性内容的其他协议”，最高人民法院《关于审理建设工程施工合同纠纷案件适用法律问题的解释（一）》则对合同实质性内容予以了明确，工程范围、建设工期、工程质量、工程价款等均为合同实质性内容，所以补充协议违背了原合同的实质性内容和变更了不得变更条款的均无效。

合同内容应符合法律、行政法规的强制性规定，且不存在《民法典》第

3 编第 1 分编第 3 章规定的合同无效的风险。

第三，双方基于出现的具体实际情况协商一致。

第四，补充协议签订前需要报本级人民政府进行批复。

3. 补充协议的效力

补充协议作为对原 PPP 项目合同的补充，是原 PPP 项目合同不可分割的一部分，补充协议生效后与原 PPP 项目合同具有同等的法律效力。

补充协议与原 PPP 项目合同有冲突的内容的，以补充协议约定为准；补充协议未约定事项均以原 PPP 项目合同约定为准。

其他相关实务风险问题，还可以关联《PPP 项目执行阶段操作指南：100 个实务问题深度解析》问题 18、问题 45、问题 52、问题 92，《PPP 项目执行阶段操作指南：100 个实务问题深度解析（第二册）》问题 8、问题 74 进行阅读。

五、管理成果要求（基础档案）

1. 《PPP 项目合同》关于补充协议的处理约定；

2. 相关政策规定；

3. 合同管理制度规定；

4. 补充协议事件专项报告，随附补充协议初步文本，项目公司内部会议及决议文件；

5. 和实施机构的谈判会议纪要；

6. 补充协议修订文件，法律意见书；

7. 项目公司内部审批文件、股东批准文件、本级人民政府批准文件；

8. 正式签订的补充协议文本；

9. 财政部 PPP 项目管理库公示信息；

10. 相关的会议纪要、专项报告、往来文件；

11. 其他相关文件等。

六、补充说明

本项是政府方监管要点内容，可以关联《PPP 项目政府方监管要点》阅

读，共涉及两项监管要点，分别如下：

1. 监管要点36：项目实施过程中，若原合同确需变更的，确认是否及时签订了相关补充合同？

2. 监管要点78：确认项目是否存在需要签订补充协议的情形？若有，确认双方是否已经签订补充协议或变更协议？且该协议是否已经通过本级人民政府书面批准？

第 134 节　情势变更的处理

核心条款

第一百三十四条　《PPP 项目合同》条款原则上不得变更，因重大情势变更确需调整的，或者涉及非实质性条款的调整、补充或完善的，项目公司应和实施机构协商一致，按照《PPP 项目合同》约定的条件和程序进行修订，报本级人民政府审核同意后执行。合同修订不得导致项目公司、实施机构、社会公众及其他相关方的合法权益受到损害。

条款解析

补充协议当中，情势变更导致的补充协议应当重点关注，项目公司应当安排律师全程参与，提前准备好各项证据，形成完整的证据链后，再与实施机构协商。只要事由正当、理由充分、证据完整，根据政策规定，这是合法的行为。

但是，其中涉及的法律专业知识较多，项目公司可能无法自行完成，因此，建议律师全程参加。

实施办法

一、管理依据

（一）法律法规、政策依据

《民法典》第 533 条规定，“合同成立后，合同的基础条件发生了当事人在订立合同时无法预见的、不属于商业风险的重大变化，继续履行合同对于当事人一方明显不公平的，受不利影响的当事人可以与对方重新协商；在合理期限内协商不成的，当事人可以请求人民法院或者仲裁机构变更或者解除合同。人民法院或者仲裁机构应当结合案件的实际情况，根据公平原则变更或者解除合同”。

《建设工程项目管理规范》第 7.5.6 条规定，“项目管理机构应按规定实施合同变更的管理工作，将变更文件和要求传递至相关人员。合同变更应当符合下列条件：1 变更的内容应符合合同约定或者法律法规规定。变更超过原设计标准或者批准规模时，应由组织按照规定程序办理变更审批手续。2 变更或变更异议的提出，应符合合同约定或者法律法规规定的程序和期限。3 变更应经组织或其授权人员签字或盖章后实施。4 变更对合同价格及工期有影响时，相应调整合同价格和工期”。

（二）PPP 项目合同常规约定

以某教育园区 PPP 项目为例，其《PPP 项目合同》第 39.3 条约定：

“在发生如下情形时，PPP 合同可以进行变更：（1）适用法律法规的变化，影响任一方主要权利义务的；（2）因不可抗力或非因合同任一方的原因，导致合同部分条款无法履行；（3）因情况发生变化导致情势变更，当事人双方协商一致同意；（4）双方在 PPP 合同中合意约定的其他情形。《PPP 项目合同》发生变更时，双方应通过协商解决。协商应在发生任一方提出变更之日 60 日内举行，未能协商一致的，任一方可寻求法律途径解决。”

再以天津某高速公路 PPP 项目为例，其《PPP 项目合同》第 53 条约定：

“对乙方有利的法律变更。如果本协议签订之后中国法律、法规和法令发生了任何变化，包括颁布任何新法规、修改或撤销法律法规的某些条款，或对任何法律法规作出不同解释或采取不同的实施方法，也包括任何与本项目的批准有关的实质性条件发生变化，如道路维护质量标准等。这些变化使乙方在本协议项下能获得更优惠的待遇，乙方有权立即取得或立即申请取得该优惠待遇。甲方应努力协助进行申请。

“对乙方不利的法律变更。如果本协议签订之后中国法律、法规和法令发生了任何变化，包括颁布任何新法规、修改或撤销法律法规的某些条款，或对任何法律法规作出不同解释或采取不同的实施方法，也包括任何与本项目的批准有关的实质性条件发生变化，如道路维护质量标准的变更等。这些变化使乙方在本协议项下的经济利益产生实质性不利影响。乙方可以提出书面要求改变本协议的条款或通过协商服务费特别调整、甲方特别补贴及其他双方认可的方式得到相应的补偿，以使其基本上达到发生这些变化之前的同样的经济条件。乙方在根据本协议发出书面要求中，应明确包括因这种变化造成的费用增加的合理的详细情况，以及乙方建议的对待这种变化的方式。如果本条所指的费用的增加包括资本支出，乙方应为相应事项在特许期内提供资金；如果乙方不以合理谨慎的方式经营本项目，对所发生的费用项目，不应根据本条提出获得任何补偿的要求。”

（三）管理制度

一般对应《合同管理制度》等，详细内容略。

（四）经验教训

如果确实发生情势变更，建议项目公司委托律师处理。

二、工作实施方案

1. 当发生重大情势变更时，项目公司应当根据《PPP 项目合同》和相关政策的规定，要求签订补充协议。

2. 项目公司可以主动起草相关补充协议，并内部审议通过。

3. 和实施机构充分沟通，提请签订补充协议，并提交补充协议草本，必要时，随附法律意见书。

4. 和实施机构进行正式的补充协议条款谈判，并形成会议纪要。

5. 就双方达成的修订意见，进行补充协议条款的修订。

6. 报实施机构批准后，报本级人民政府审定。

7. 各方协商一致，确认合同文本，项目公司履行内部合同评审程序，实施机构获得本级人民政府的批准文件。

8. 签订正式的补充协议。

9. 妥善存档，及时更新财政部 PPP 项目管理库公示信息。

三、管理表单

略。

四、实务风险解析与建议

实务问题 1：一个桥梁 PPP 项目，采用使用者付费 + 可行性缺口补助方式实施，政府在合同中承诺该项目合作期内，该区域不会再建设其他桥梁。但 PPP 项目实施过程中，政府却在该区域建设了另一桥梁，该行为会导致预期收益发生变化，如何处理?

解析与建议：

详细内容请关联《PPP 项目执行阶段操作指南：100 个实务问题深度解析》问题 33 进行阅读。

实务问题 2：某全民体育中心 PPP 项目，签订的 PPP 协议约定是两年半建设期，由于情势变更（国家级赛事，这是分赛场，所以要求工期提前），压缩成一年半，如何处理?

解析与建议：

详细内容请关联《PPP 项目执行阶段操作指南：100 个实务问题深度解析》问题 74 进行阅读。

实务问题 3：技术进度、政策变化等原因导致项目的原商务条件不再适用，如何解决此类风险? 发生后应如何处理?

解析与建议：

详细内容请关联《PPP 项目执行阶段操作指南：100 个实务问题深度解析（第二册)》问题 8 进行阅读。

五、管理成果要求（基础档案）

1. 《PPP 项目合同》关于情势变更的处理约定；
2. 相关政策规定；
3. 合同管理制度规定；
4. 情势变更事件专项报告，随附处理方案初步文本，项目公司内部会议及决议文件；

5. 和实施机构的谈判会议纪要（建议随附法律意见书）；

6. 处理方案修订文件；

7. 项目公司内部审批文件、股东批准文件、本级人民政府批准文件；

8. 各方正式确认的处理方案或补充协议文本；

9. 财政部 PPP 项目管理库公示信息；

10. 相关的会议纪要、专项报告、往来文件；

11. 其他相关文件等。

六、补充说明

本项是政府方监管要点内容，可以关联《PPP 项目政府方监管要点》阅读，共涉及四项监管要点，分别如下：

1. 监管要点 36：项目实施过程中，若原合同确需变更的，确认是否及时签订了相关补充合同？

2. 监管要点 78：确认项目是否存在需要签订补充协议的情形？若有，确认双方是否已经签订补充协议或变更协议？且该协议是否已经通过本级人民政府书面批准？

3. 监管要点 82：确认项目是否需要提前终止？若提前终止，确认是否按约处理？

4. 监管要点 85：确认是否存在法律变更？若有，确认是否按约处理？

第 135 节　不可抗力的处理（或有）

核心条款

第一百三十五条　当不可抗力发生时，项目公司应严格按照《PPP 项目合同》的约定执行，妥善准备好相关证据，并在合同约定时限内向实施机构主张费用和/或工期补偿。索赔工作律师应全程参与，项目公司应专人跟踪，专项处理，直至索赔工作完成。

该项工作内容应在项目公司经营管理月报中体现。

条款解析

不可抗力是或有的情形（这两年发生的疫情、洪灾，都属于不可抗力，但都已经发生了），但只要发生，项目公司就应按照法律法规政策规定及《PPP 项目合同》的约定，及时主张相应的权益。

本项工作没有特殊情形，只是重点提醒，项目公司应当充分研读《PPP 项目合同》中关于不可抗力的约定，确认有哪些需要履行的程序，继续按照“完全履约”的原则，遵照执行即可。必要的情况下，可以请律师进行指导。

与此同时，国家相关部委和地方政府在面对不可抗力时，一般也会发布相关政策指导如何处理，项目公司应当同时关注，作为自身主张的依据之一。

但实务中，项目公司可能不会在合同限定时间内按照程序提出举证和主张，导致自身权益受损。项目公司应当关注该情况，保护好自身的合法权益。

实施办法

一、管理依据

（一）法律法规、政策依据

《民法典》第590条、第591条分别规定，“当事人一方因不可抗力不能履行合同的，根据不可抗力的影响，部分或者全部免除责任，但是法律另有规定的除外。因不可抗力不能履行合同的，应当及时通知对方，以减轻可能给对方造成的损失，并应当在合理期限内提供证明。当事人迟延履行后发生不可抗力的，不免除其违约责任”。“当事人一方违约后，对方应当采取适当措施防止损失的扩大；没有采取适当措施致使损失扩大的，不得就扩大的损失请求赔偿。当事人因防止损失扩大而支出的合理费用，由违约方负担。”

财政部《关于规范政府和社会资本合作合同管理工作的通知》（财金〔2014〕156号）的附件《PPP项目合同指南（试行）》第2章第16节第1条第2款对不可抗力进行了分类。鉴于PPP项目合同的签约主体一方为政府，其所控制风险的范围和能力与一般的签约主体不同，因此实践中一些PPP项目合同会将不可抗力事件分为政治不可抗力和自然不可抗力，并对不同类型不可抗力事件的法律后果进行区别处理。1. 政治不可抗力。政治不可抗力事件通常包括非因签约政府方原因导致的且不在其控制下的征收征用、法律变更（即“政府不可控的法律变更”）、未获审批等政府行为引起的不可抗力事件。在PPP实践中，考虑到政府方作为PPP项目合同的签约主体，对于上述不可抗力事件具有一定的影响能力，因此一些PPP项目合同中，将此类政治不可抗力事件归为政府方应承担的风险，并约定如下的法律后果：（1）发生政治不可抗力事件，项目公司有权要求延长工期、获得额外补偿或延长项目合作期限；（2）如因政治不可抗力事件导致项目提前终止，项目公司还可获得比其他不可抗力事件更多的回购补偿，甚至可能包括利润损失（关于回购补偿机制，请见本章第十八节）。2. 自然不可抗力。主要是指台风、冰雹、地震、海啸、洪水、火山爆发、山体滑坡等自然灾害；有时也可包括战争、武装冲突、罢工、骚乱、暴动、疫情等社会异常事件。这类不可抗力则通常按照一般不可抗力的法律后果处理……

针对不可抗力的具体后果和处理原则，《PPP 项目合同指南（试行）》在第 2 章第 16 节第 2 条中进行了明确的规定，“在 PPP 项目合同中，除政治不可抗力外，一般不可抗力的法律后果通常包括：（一）免于履行。如在 PPP 项目合同履行过程中，发生不可抗力并导致一方完全或部分无法履行其合同义务时，根据不可抗力的影响可全部或部分免除该方在合同项下的相应义务。但在一些 PPP 项目、特别是采用政府付费机制的项目中，也可能在 PPP 项目合同中约定由政府方承担全部或部分不可抗力风险，在不可抗力影响持续期间，政府仍然有义务履行全部或部分付款义务。（二）延长期限。如果不可抗力发生在建设期或运营期，则项目公司有权根据该不可抗力的影响期间申请延长建设期或运营期。（三）免除违约责任。不可抗力条款启动后，在不可抗力事件持续期间（或双方另外约定的期间），受影响方无需为其中止履约或履约延误承担违约责任。（四）费用补偿。对于不可抗力发生所产生的额外费用，原则上由各方自行承担，政府不会给予项目公司额外的费用补偿。（五）解除合同。如果不可抗力发生持续超过一定期间，例如 12 个月，任何一方均有权提出解除合同（关于因不可抗力导致终止后的处理，请见本章第十八节）”。

国家发改委《关于开展政府和社会资本合作的指导意见》（发改投资〔2014〕2724 号）规定，“按照风险收益对等原则，在政府和社会资本间合理分配项目风险。原则上，项目的建设、运营风险由社会资本承担，法律、政策调整风险由政府承担，自然灾害等不可抗力风险由双方共同承担”。其附件《政府和社会资本合作项目通用合同指南（2014 年版）》第 60 条、第 61 条分别规定，“项目合同应约定不可抗力的类型和范围，如自然灾害、社会异常事件、化学或放射性污染、核辐射、考古文物等”。“项目合同应约定不可抗力事件的认定及其影响后果评估程序、方法和原则。对于特殊项目，应根据项目实际情况约定不可抗力事件的认定标准。”针对不可抗力的处理，该指南第 62 条规定，“项目合同应约定不可抗力事件发生后的各方权利和义务，如及时通知、积极补救等，以维护公共利益，减少损失”。第 63 条进一步规定，“项目合同应根据不可抗力事件对合同履行造成的影响程度，分别约定不可抗力事件的处理。造成合同部分不能履行，可协商变更或解除项目合同；造成合同履行中断，可继续履行合同并就中断期间的损失承担做出约定；造成合同履行不能，应约定解除合同”。

（二）PPP 项目合同常规约定

以天津市某高速公路 PPP 项目为例，其《PPP 项目合同》第 49 条“不可抗力事件”约定，不可抗力是指在签订本协议时不能合理预见的、不能克服和不能避免的事件或情形。以满足上述条件为前提，不可抗力包括但不限于：（1）雷电、地震、火山爆发、滑坡、水灾、暴雨（雪）、海啸、台风、龙卷风；（2）瘟疫；（3）战争行为、入侵、武装冲突或外敌行为、封锁或军事力量的使用，暴乱或恐怖行为；（4）全国性、地区性、城市性或行业性罢工；（5）国家政策的变更，如对项目设施的国有化等。

该合同第 50 条“不可抗力事件的认定和评估”约定，“如果任何不可抗力事件，阻止一方履行其义务且经过努力仍无法克服，主张因不可抗力阻碍其全部或部分履行其在本协议项下义务的一方，应当提交由政府有关部门或公证机关机构提交的证明不可抗力发生、不可抗力的程度和不可抗力所持续时间等书面材料”。

该合同第 51 条明确了相应的处理程序：“不可抗力的通知。声称受到不可抗力影响的一方，应在发生不可抗力或知道发生不可抗力后，及时书面通知另一方，并详细描述不可抗力的发生情况和可能导致的后果，包括该不可抗力发生的日期和预计停止的时间，以及对该方履行在本协议项下义务的影响，并在另一方合理要求时提供证明。

“费用及进度日期的修改。（1）除本协议或双方另有约定外，发生不可抗力时，双方应各自承担由于不可抗力造成的支出。如遇地震、洪水等不可抗力因素造成高速公路较大损坏，需进行重建、改建等工程，项目公司可向甲方另行申请资金完成修复。申请资金额度仅用于弥补成本，不得盈利。(2）如果声称遭受不可抗力影响的一方已履行了通知程序，并且在不可抗力事件影响项目进展的情况下，已履行了请求延长进度日期的程序，则本协议中规定的履行某项义务的任何期限，经受到影响的一方请求，应根据不可抗力对履行该项义务产生影响的相同时间相应顺延。

“减少损失的责任和协商。受到不可抗力影响的一方，应尽一切合理努力以继续履行其在本协议下的义务，尽努力减少不可抗力对其造成的影响，包括根据该等措施为可能产生的结果支付合理的金额。双方应协商制定并实施补救计划及合理的替代措施以消除不可抗力的影响，并决定为尽量减少不可抗力给每一方带来的损失应采取的合理的手段。声称受到不可抗力影响的一方在不可抗力的影响消除之后应尽快恢复履行本协议项下的义务。

“免于履行。任何一方，由于不可抗力事件使该方不能全部或部分履行其在本协议项下的义务时，根据不可抗力的影响，该方可全部或部分免除在本协议项下的相应义务，本协议中有相反规定的除外。”

该合同第52条还明确，“双方应本着诚信原则，立即就此等不可抗力事件进行协商：(1）如果双方自该不可抗力发生或者知道发生之日起九十日内达成一致意见，继续履行在本协议项下的义务，则甲方应按照本协议的规定向项目公司进行补偿。(2）如果双方不能够在上述九十日期限内达成一致意见，则任何一方有权根据本协议送达终止通知，立即终止本协议。因不可抗力提出终止的一方，须以书面形式详细说明不可抗力事件在何种程度上导致本协议无法继续履行”。

(三）管理制度

一般对应《合同管理制度》等，详细内容略。

(四）经验教训

1. 金融风险不属于不可抗力。

2. 疫情、特大暴雨都可归属于不可抗力，项目公司可以根据《PPP项目合同》约定的不可抗力处理原则主张相关的权益。

3. 材料价格大幅上涨不属于不可抗力，适用材料调差的约定，遵照执行即可。

二、工作实施方案

1. 当发生不可抗力时，项目公司应当搜集相关证据，形成专项报告，内部审议通过。

2. 根据《PPP 项目合同》相关约定，以及相关政策、政府发文，及时向实施机构发出索赔意向通知书。

3. 根据不可抗力持续发生的时间，按照合同约定持续发出相关报告。

4. 当不可抗力事件结束后，迅速、及时向实施机构发出正式索赔报告，并附证据及相关的政策。

5. 指定专人负责，持续跟踪，直至获得实施机构的书面批准。

6. 签批人员应当有适当的授权。

7. 签批完成后，建议梳理形成《不可抗力专项档案》。

8. 系统梳理相关文件和证据，并妥善存档。

三、管理表单

略。

四、实务风险解析与建议

实务问题：金融危机是否属于不可抗力？

解析与建议：

详细内容请关联《PPP 项目执行阶段操作指南：100 个实务问题深度解析》问题 24 进行阅读。

五、管理成果要求（基础档案）

1. 《PPP 项目合同》关于不可抗力的约定；

2. 相关政策规定；

3. 不可抗力事件专项报告，随附相关证明文件；

4. 向实施机构提交的正式索赔报告；

5. 实施机构的正式批复（若必要，应附授权书）；

6. 相关的会议纪要、专项报告、往来函件；

7. 政府发文；

8. 其他相关文件等。

六、补充说明

本项是政府方监管要点内容，可以关联《PPP 项目政府方监管要点》阅读，共涉及两项监管要点，分别如下：

1. 监管要点 84：确认是否存在不可抗力？若有，确认是否按约处理？

2. 监管要点 85：确认是否存在法律变更？若有，确认是否按约处理？

第136节　合同提前终止管理（或有）

核心条款

第一百三十六条　当发生特殊情形，项目无法继续实施时，项目公司应严格按照《PPP项目合同》的约定执行。

项目公司应根据特殊情形产生的原因，提出相应的解决方案，如改变模式继续推进或直接清算退出等，并报股东方、实施机构确认。问题处理过程中，项目公司应始终处于主导状态，积极推进问题解决。

合同确需提前终止的，项目公司应及时完成项目清算工作，并推动政府审计限时完成，直至和实施机构签订《PPP项目合同终止协议》和《还款协议》。资金到位后，应当尽快向金融机构还本付息，并向社会资本方注资回款。

本项工作律师应全程参与，重要事项应出具法律意见书，必要时，可以发出律师函。

条款解析

项目实施过程中，有可能会发生提前终止的情形。比如，2018年新疆发布政策，要求不具备合规性手续的PPP项目一律终止，这就发生了部分项目的提前终止。也有一些项目，是由于征地拆迁或土地指标始终无法解决，从而得提前终止。

发生提前终止的，项目公司应当按照《PPP项目合同》的约定执行，通常合同中对于提前终止都有明确的约定。

除了按照合同约定具体执行外，项目公司还应当重点考虑以下四点：

第一，为什么要提前终止？是政府方的原因，还是己方自身的原因？如果是政府方的原因，则要考虑下步如何实施，如何向政府方主张自身的投资损失；如是自身的原因，则要考虑如何避免被追究违约责任。

第二，只要涉及提前终止，就一定涉及地方审计机关介入，因此，项目公司应当提前将商务文件准备妥当，为审计确认实际投资做好充分准备。

第三，假设前面各项工作推动顺利，政府方补偿的费用应当何时到账？如果不能及时足额到账，应当如何处理？

第四，金融机构的融资贷款，应当如何处理？社会资本的前期投资，应当如何迅速回收？

以上内容，需要项目公司认真策划，逐项落实。当有其他问题时，应当积极主动，协调社会资本方和政府方协商一致，协同推进。

实施办法

一、管理依据

（一）法律法规、政策依据

《民法典》第 562 条规定，“当事人协商一致，可以解除合同。当事人可以约定一方解除合同的事由。解除合同的事由发生时，解除权人可以解除合同”。第 563 条规定，“有下列情形之一的，当事人可以解除合同：（一）因不可抗力致使不能实现合同目的；（二）在履行期限届满前，当事人一方明确表示或者以自己的行为表明不履行主要债务；（三）当事人一方迟延履行主要债务，经催告后在合理期限内仍未履行；（四）当事人一方迟延履行债务或者有其他违约行为致使不能实现合同目的；（五）法律规定的其他情形。以持续履行的债务为内容的不定期合同，当事人可以随时解除合同，但是应当在合理期限之前通知对方”。第 566 条、第 567 条还分别规定，“合同解除后，尚未履行的，终止履行；已经履行的，根据履行情况和合同性质，当事人可以请求恢复原状或者采取其他补救措施，并有权请求赔偿损失。合同因违约解除的，解除权人可以请求违约方承担违约责任，但是当事人另有约定的除外。主合同解除后，担保人对债务人应当承担的民事责任仍应当承担担保责任，但是担保合同另有约定的除外”。“合同的权利义务关系终止，不影响合同中结算和清理条款的效力。”

财政部《关于印发政府和社会资本合作模式操作指南（试行）的通知》（财金〔2014〕113 号）的附件《政府和社会资本合作模式操作指南（试行)》第 27 条规定，“社会资本或项目公司违反项目合同约定，威胁公共产品和服务持续稳定安全供给，或危及国家安全和重大公共利益的，政府有权临时接管项目，直至启动项目提前终止程序。政府可指定合格机构实施临时接管。临时接管项目所产生的一切费用，将根据项目合同约定，由违约方单独承担或由各责任方分担。社会资本或项目公司应承担的临时接管费用，可以从其应获终止补偿中扣减”。财金〔2014〕113 号文失效后，财政部《政府和社会资本合作模式操作指南（修订稿)》（财办金〔2019〕94 号）第 34 条明确，“有下列情形之一的，可以提前终止项目合同：（一）出现项目合同约定的提前终止合作情形；（二）因不可抗力导致项目合同无法继续履行；（三）因政府、项目公司（社会资本）严重违约，危害公共利益；（四）项目财产依法被征收；（五）法律、行政法规规定的其他情形。项目合同提前终止的，除前款第三项项目公司（社会资本）严重违约情形外，应当按照国家有关规定或合同约定，给予项目公司（社会资本）合理补偿。项目合同提前终止的，政府应当采取有效措施，保证相关公共服务的正常提供”。

财政部《关于规范政府和社会资本合作合同管理工作的通知》（财金〔2014〕156 号）的附件《PPP 项目合同指南（试行)》第 2 章第 10 节第 3 条第 3 款规定，“一旦发生违反股权变更限制的情形，将直接认定为项目公司的违约行为，情节严重的，政府方将有权因该违约而提前终止项目合同”。第 2 章第 18 节第 2 条第 1 款明确了提前终止的事由包括：“1. 政府方违约事件——发生政府方违约事件，政府方在一定期限内未能补救的，项目公司可根据合同约定主张终止 PPP 项目合同；2. 项目公司违约事件——发生项目公司违约事件，项目公司和融资方或融资方指定的第三方均未能在规定的期限内对该违约进行补救的，政府方可根据合同约定主张终止 PPP 项目合同；3. 政府方选择终止——政府方在项目期限内任意时间可主张终止 PPP 项目合同（关于政府方选择终止的适用范围，请见下文）；4. 不可抗力事件——发生不可抗力事件持续或累计达到一定期限，任何一方可主张终止 PPP 项目合同。”

针对终止后的处理机制，《PPP 项目合同指南（试行）》第 2 章第 18 节第 3 条规定，其包括回购义务和回购补偿，第 3 条第 1 款明确规定，“在 PPP 项目终止后，政府可能并不一定希望全盘回购已经建成或者正在建设的项目设施。但如果政府方有权选择不回购该项目，对于项目公司而言可能是非常重大的风险。因为项目公司不仅将无法继续实施该项目并获得运营回报，甚至无法通过政府回购补偿收回前期投资。鉴于此，在 PPP 项目合同中，对于回购的规定一般会比较谨慎。实践中，通常只有在项目公司违约导致项目终止的情形下，政府才不负有回购的义务而是享有回购的选择权，即政府可以选择是否回购该项目。但对于一些涉及公共安全和公众利益的、需要保障持续供给的 PPP 项目，也可能在合同中约定即使在项目公司违约导致项目终止的情形下，政府仍有回购的义务”。第 3 条第 2 款明确规定，“根据项目终止事由的不同，项目终止后的回购补偿范围也不相同，在具体项目中，双方应对补偿的金额进行合理的评估。常见的安排如下：1. 政府方违约事件、政治不可抗力以及政府方选择终止。对于因政府方违约事件、政治不可抗力以及政府方选择终止所导致的项目合同终止，一般的补偿原则是确保项目公司不会因项目提前终止而受损或获得额外利益（即项目公司获得的补偿等于假设该 PPP 项目按原计划继续实施的情形下项目公司能够获得的经济收益）。补偿的范围一般可能包括：（1）项目公司尚未偿还的所有贷款（其中可能包括剩余贷款本金和利息、逾期偿还的利息及罚息、提前还贷的违约金等）；（2）项目公司股东在项目终止之前投资项目的资金总和（必要时需要进行审计）；（3）因项目提前终止所产生的第三方费用或其他费用（例如支付承包商的违约金、雇员的补偿金等）；（4）项目公司的利润损失（双方通常会在 PPP 项目合同中约定利润损失的界定标准及补偿比例）。2. 项目公司违约事件。实践中，对于因项目公司违约事件导致的项目合同终止，如果政府有义务回购或者选择进行回购时，政府需要就回购提供相应补偿。常见的回购补偿计算方法包括：（1）市场价值方法，即按照项目终止时合同的市场价值（即再进行项目采购的市场价值）计算补偿金额。此种方法相对比较公平，并且在项目回购后政府必须要在市场中重新进行项目采购，因此通常适用于PPP市场相对较为成熟的国家。（2）账面价值方法，即按照项目资产的账面价值计算补偿金额。与市场价值方法不同，该计算方法主要关注资产本身的价值而非合同的价值。这种计算方法比较简单明确，可避免纠纷，但有时可能导致项目公司获得的补偿与其实际投资和支付的费用不完全一致。在具体项目中适用哪一种计算方法，需要进行专项评估，但一般的原则是，尽可能避免政府不当得利并且能够吸引融资方的项目融资。此外，根据上述计算方法计算出的补偿金额，通常还要扣减政府因该终止而产生的相关费用和损失。3. 自然不可抗力。由于自然不可抗力属于双方均无过错的事件，因此对于自然不可抗力导致的终止，一般的原则是由双方共同分摊风险。通常来讲：（1）补偿范围一般会包括未偿还融资方的贷款、项目公司股东在项目终止前投入项目的资金以及欠付承包商的款项；（2）补偿一般会扣除保险理赔金额，且不包括预期利润损失”。

针对具体的补偿支付，《PPP项目合同指南（试行）》第2章第18节第3条第3款规定，“在PPP项目合同中还会约定政府回购补偿的支付方式、时间和程序。具体支付方式包括以下两种：1. 一次性全额支付。对项目公司而言，当然希望可以一次性获得全额补偿。但对政府而言，一次性全额支付可能会增加政府的资金压力，需要政府进行合理的财政预算安排。2. 分期付款。分期付款可以在一定程度上缓解政府的资金压力，但是否能够采用这种方式还取决于项目公司和融资方能否同意。此外，如果采用分期付款方式，项目公司一般会向政府主张延期支付的利息，并且在未缴清补偿款前，项目公司一般不愿意移交项目资产，因此采用分期付款方式有可能会影响项目的移交时间”。

财政部《关于印发〈政府和社会资本合作项目财政管理暂行办法〉的通知》（财金〔2016〕92号）的附件《政府和社会资本合作项目财政管理暂行办法》第26条规定，“社会资本方违反PPP项目合同约定，导致项目运行状况恶化，危及国家安全和重大公共利益，或严重影响公共产品和服务持续稳定供给的，本级人民政府有权指定项目实施机构或其他机构临时接管项目，直至项目恢复正常经营或提前终止。临时接管项目所产生的一切费用，根据合作协议约定，由违约方单独承担或由各责任方分担”。第33条还规定，“……项目因故提前终止的，除履行上述移交工作外，如因政府原因或不可抗力原因导致提前终止的，应当依据合同约定给予社会资本相应补偿，并妥善处置项目公司存续债务，保障债权人合法权益；如因社会资本原因导致提前终止的，应当依据合同约定要求社会资本承担相应赔偿责任”。

国家发改委《关于印发〈传统基础设施领域实施政府和社会资本合作项目工作导则〉的通知》（发改投资〔2016〕2231号）的附件《传统基础设施领域实施政府和社会资本合作项目工作导则》第20条规定，“在PPP项目合作期限内，如出现重大违约或者不可抗力导致项目运营持续恶化，危及公共安全或重大公共利益时，政府要及时采取应对措施，必要时可指定项目实施机构等临时接管项目，切实保障公共安全和重大公共利益，直至项目恢复正常运营。不能恢复正常运营的，要提前终止，并按PPP合同约定妥善做好后续工作”。

交通运输部办公厅《关于印发〈收费公路政府和社会资本合作操作指南〉的通知》（交办财审〔2017〕173号）的附件《收费公路政府和社会资本合作操作指南》第43条规定，“在项目合作期内，因收费公路PPP项目合同一方严重违约或不可抗力等原因，导致社会资本方或项目公司无法继续履行合同约定义务，或者出现合同约定的提前终止合同情形的，在与债权人协商一致后，经原审批机构审批，可以提前终止合同。收费公路PPP项目合同提前终止的，项目实施机构或交通运输主管部门指定的其他机构可以提前收回特许经营权，并根据实际情况和合同约定给予合理补偿或惩罚”。

本节内容与本章第77节、第121节关联，可以关联阅读。

（二）PPP项目合同常规约定

以天津市某高速公路PPP项目为例，其《PPP项目合同》第54条约定：

“由甲方提出的终止。下述任一条款，如果不是由于不可抗力或甲方违约所致，如果有允许的期限而在该期限内未能得到纠正，即构成乙方违约事件，甲方有权立即发出终止协议的意向通知。（1）乙方未按照本协议的规定提交履约保函；（2）乙方所作的任何声明和保证被证明在做出时实质不属实，使乙方履行本协议的能力受到不利影响；（3）乙方未经甲方同意转让特许权、项目设施或本协议或其任何部分，或乙方已经事实上不能或不再运营维护项目设施；（4）未经甲方事先书面同意，乙方连续七十二小时无故中止运营项目设施，经甲方警告后五日内仍未恢复运营；（5）乙方不能或不愿根据规定进行移交前自查，并进行相关缺陷的修正；（6）贷款人开始行使其担保协议项下的担保权利并可能造成项目无法正常运营；（7）乙方违反适用法律而被相关部门依法吊销营业执照；（8）项目工程出现重大质量问题且无法修复的；（9）乙方因经营管理不善，发生重大质量、生产安全事故的；（10）乙方放弃或被视为放弃本项目建设，甲方介入项目建设的；（11）乙方违反本协议约定，对项目设施以及在项目协议项下获得的特许权等权利设定任何抵押、质押或其他担保物权及第三方权益；（12）乙方未履行本协议的义务构成实质性违约，并且在收到甲方要求说明其违约并予以补救的书面通知后三十日内仍未能补救该实质性违约。

“由乙方提出的终止。下述任一条款，如果不是由于不可抗力或乙方违约所致，如果有允许的期限而在该期限内未能得到纠正，即构成甲方违约事件，乙方有权根据第55.1款的规定立即发出终止意向通知：（1）甲方或其指定机构由于与其他部门机构调整、合并或被撤销，且无相应的部门及其指定机构能够承继本协议约定的权利和义务，从而实质上使乙方在本协议下的权利受到严重不利影响；（2）甲方非依本协议所约定的情况擅自撤销了本协议项下的特许权，或将特许权给乙方以外的公司或经济实体；（3）甲方未履行本协议的义务构成实质性违约，并且在收到乙方要求说明其违约，并予以补救的书面通知后三十日内仍未能补救该实质性违约。”

该合同第 55 条还约定：“终止意向通知。（1）根据第 54.1 款和第 54.2 款发出的任何终止意向通知，应表述引起发出该通知的乙方违约事件或甲方违约事件的合理详细情况；（2）在终止意向通知发出之后，双方应在二十日之内或双方同意的更长时间内（下称‘协商期’）协商避免本协议终止的措施；（3）如果乙方和甲方就将要采取的措施达成一致意见，或者乙方或甲方（视情况而定）在协商期内纠正了违约事件，终止意向通知应立即自动失效。

“终止通知。（1）在协商期届满之时，除非双方另外达成一致，或导致发出终止意向通知的违约事件得到纠正，发出终止意向通知的一方，可以向另一方发出终止本协议的终止通知；（2）任一方有权根据不可抗力的规定向对方发出终止通知；（3）另一方收到终止通知之日起，本协议终止（‘提前终止日’）。另一方收到终止通知之日的次日即为‘提前移交日’。”

该合同第 56 条约定，“甲方或其指定机构和乙方应于本协议提前终止后三十个工作日内按本协议约定支付终止补偿金，并就数额达成一致。双方确认，若甲方向乙方支付补偿金，则甲方或其指定机构应在确定终止补偿金后九十个工作日内支付终止补偿金的 40%。乙方对项目设施的权益中不需要办理过户或其他法定手续的部分，即全部转给甲方或其指定机构。乙方应与甲方或其指定机构办理为移交项目设施权益的其他部分所必需的产权过户或其他法定手续。甲方或其指定机构将在完成所有的过户或其他法定手续之日起九十个工作日内一次性支付余下的 60% 的终止补偿金。终止补偿金全部支付完毕之日即为‘实际终止日’，移交即全部完成。本协议终止后，除向乙方支付终止补偿金外，甲方不应就上述终止或导致上述终止的任何事件向乙方承担任何义务。乙方向甲方支付违约金和赔偿金适用上述规定”。

该合同第 57 条、第 58 条分别约定，“提前终止后的项目移交规定参照本协议第八章执行”。“自任何一方发出终止意向通知起至提前终止日，双方应继续履行项目协议下的权利和义务。本协议终止后，双方在本协议下的权利和义务相应终止。但是，自提前移交日至‘实际终止日’期间，乙方有义务行使看守职责，使项目设施始终保持提前移交日的状态”。

该合同第60.5条明确了提前终止补偿金额的计算。

（三）管理制度

一般对应《合同管理制度》等，详细内容略。

（四）经验教训

1. 如果发生提前终止事件，项目公司首要任务就是内部清算，确认实际总投资，并提前做好被审计准备，做好、做足相关证据。

2. 清算期间，项目公司应当熟知相关造价确认规则，并充分准备和应对。

合同解除争议需要进行鉴定的，根据《建设工程造价鉴定规范》（GB/T 51262—2017）第5.10条的规定：“5.10.1 工程合同解除后，当事人就价款结算发生争议，如送鉴的证据满足鉴定要求的，按送鉴的证据进行鉴定；不能满足鉴定要求的，鉴定人应提请委托人组织现场勘验或核对，会同当事人采取以下措施进行鉴定：1 清点已完工程部位、测量工程量；2 清点施工现场人、材、机数量；3 核对签证、索赔所涉及的有关资料；4 将清点结果汇总造册，请当事人签认，当事人不签认的，及时报告委托人，但不影响鉴定工作的进行；5 分别计算价款。”

“5.10.2 当事人对已完工程数量不能达成一致意见，鉴定人现场核对也无法确认的，应提请委托人委托第三方专业机构进行现场勘验，鉴定人应按勘验结果进行鉴定。”

“5.10.3 委托人认定发包人违约导致合同解除的，应包括以下费用：1 已完成永久工程的价款；2 已付款的材料设备等物品的金额（付款后归发包人所有）；3 临时设施的摊销费用；4 签证、索赔以及其他应支付的费用；5 撤离现场及遣散人员的费用；6 发包人违约给承包人造成的实际损失（其违约责任的分担按委托人的决定执行）；7 其他应由发包人承担的费用。”

“5.10.4 委托人认定承包人违约导致合同解除的，应包括以下费用：

1 已完成永久工程的价款；2 已付款的材料设备等物品的金额（付款后归发包人所有）；3 临时设施的摊销费用；4 签证、索赔以及其他应支付的费用；5 承包人违约给发包人造成的实际损失（其违约责任的分担按委托人的决定执行）；6 其他应由承包人承担的费用。”

“5.10.5　委托人认定因不可抗力导致合同解除的，鉴定人应按合同约定进行鉴定；合同没有约定或约定不明的，鉴定人应提请委托人认定不可抗力导致合同解除后适用的归责原则，可建议按现行国家标准计价规范的相关规定进行鉴定，由委托人判断，鉴定人按委托人的决定进行鉴定。”

“5.10.6　单价合同解除后的争议，按以下规定进行鉴定，供委托人判断使用：1 合同中有约定的，按合同约定进行鉴定；2 委托人认定承包人违约导致合同解除的，单价项目按已完工程量乘以约定的单价计算（其中，单价措施项目应考虑工程的形象进度），总价措施项目按与单价项目的关联度比例计算；3 委托人认定发包人违约导致合同解除的，单价项目按已完工程量乘以约定的单价计算，其中剩余工程量超过 15% 的单价项目可适当增加企业管理费计算。总价措施项目已全部实施的，全额计算；未实施完的，按与单价项目的关联度比例计算。未完工程量与约定的单价计算后按工程所在地统计部门发布的建筑企业统计年报的利润率计算利润。”

“5.10.7　总价合同解除后的争议，按以下规定进行鉴定，供委托人判断使用：1 合同中有约定的，按合同约定进行鉴定；2 委托人认定承包人违约导致合同解除的，鉴定人可参照工程所在地同时期适用的计价依据计算出未完工程价款，再用合同约定的总价款减去未完工程价款计算；3 委托人认定发包人违约导致合同解除的，承包人请求按照工程所在地同时期适用的计价依据计算已完工程价款，鉴定人可采用这一方式鉴定，供委托人判断使用。”

二、工作实施方案

1. 当发生合同提前终止的情形的，项目公司应充分了解提前终止的原因，并形成专项报告，内部评议确认。

2. 根据《PPP 项目合同》约定的提前终止的处理办法，初步拟定工作方案，内部评议确认。

3. 报股东方和实施机构，充分沟通，协商一致，形成正式的终止工作方案。

4. 按照正式的工作方案，召开内部会议，充分交底，确认各项工作的准备和开展。

5. 各项工作落实后，召开内部会议审定，确认无误后，提请股东方和实施机构开展终止工作。

6. 政府审计介入，确认实际投资金额。

7. 报本级人民政府批复确认。

8. 协商补偿方案和还款方案。

9. 签订合同终止协议及还款协议。

10. 过程中，要求律师全程参与，必要时，出具相关法律意见书。

11. 启动内部复盘，开展经验教训总结，以及后评价工作。

12. 系统梳理相关文件和证据，并妥善存档。

三、管理表单

略。

四、实务风险解析与建议

实务问题 1：某实施中的 EPC 项目，政府方想要转成 PPP 模式，需要履行什么程序？

解析与建议：

详细内容请关联《PPP 项目执行阶段操作指南：100 个实务问题深度解析》问题 46 进行阅读。

实务问题 2：某 PPP 项目程序不完善，想要转为 EPC 模式，应如何处理？

解析与建议：

详细内容请关联《PPP 项目执行阶段操作指南：100 个实务问题深度解析（第二册）》问题 71 进行阅读。

实务问题3：政府方在建设期提出项目提前终止，经双方协商同意后，终止合作事项应注意哪些具体细节？

解析与建议：

详细内容请关联《PPP 项目执行阶段操作指南：100 个实务问题深度解析（第二册）》问题 72 进行阅读。

五、管理成果要求（基础档案）

1. 《PPP 项目合同》关于提前终止的约定；
2. 相关管理制度（合同管理制度）；
3. 提前终止事项的专项报告及处理方案，项目公司内部会议纪要及决议文件；
4. 报股东方的文件，股东方决议文件；
5. 报实施机构的正式文件，实施机构签收记录；
6. 实施机构批准文件或回复意见；
7. 相关的会议纪要、专项报告、往来文件；
8. 或有的法律意见书；
9. 本级人民政府批准文件、回复意见或会议纪要；
10. 各方确认一致的处理方案；
11. 合同终止协议和回款协议，以及财政部 PPP 项目管理库公示信息；
12. 其他相关文件等。

六、补充说明

本项是政府方监管要点内容，可以关联《PPP 项目政府方监管要点》阅读，共涉及三项监管要点，分别如下：

1. 监管要点 82：确认项目是否需要提前终止？若提前终止，确认是否按约处理？
2. 监管要点 85：确认是否存在法律变更？若有，确认是否按约处理？
3. 监管要点 92：确认是否存在触发临时接管的情形？

第 137 节　项目公司固定提交的类型和报告

核心条款

第一百三十七条　项目公司应及时、规范的向股东方和实施机构提交相关材料，以保证各方信息流一致，积极争取获得各方的支持，保证项目顺利推进。相关材料至少应包括以下文件：

1. 向股东方提交的汇报类材料：合规性手续、项目公司经营管理大纲、项目公司经营管理月报、项目公司经营管理半年报、项目公司经营管理年度报告、项目保险、“三会一层”决议文件、项目月度例会或专项会议的会议纪要、特殊事项的专项报告、项目公司财务年报、项目公司内部审计报告或专项检查报告、政府审计报告等；

2. 向股东方提交的审批类材料：项目公司签订的协议及其评审意见（附法律意见书）、项目公司大额用款申请、项目公司对外重要发文、律师函、《PPP 项目合同》补充协议（附法律意见书）、索赔报告等；

3. 向政府方提交的汇报类材料：项目公司经营管理月报、项目公司经营管理半年报、项目公司经营管理年度报告、项目月度例会或专项会议的会议纪要、特殊事项的专项报告、项目公司财务年报、项目公司专项检查报告、审计报告等；

4. 向政府方提交的请示、备案类材料：项目公司经营管理大纲（含建设方案、运营方案、移交方案等）、一级控制进度计划、采购计划、变更签证材料、调价申请报告、询价和认质认价文件、项目公司签订的合同原件、《PPP 项目合同》补充协议等。

条款解析

本规程始终强调有效证据，以及充分沟通、各方信息源一致，而实务当中，项目公司一线人员对于各种类型报告、不同相关方随时要求提供各种数据颇有微词，很多信息属于重复要求，大幅增加工作量的同时，还极易造成信息错误，对项目的推进产生负面影响。因此，固定信息源头、固定信息格式，定期提供，就非常有必要。

根据前面标准化的各项管理动作，我们对于一些重点的报告进行梳理和建议，供各项目公司参考。项目公司可以在此基础上，结合项目情况和需求，进行修订和完善，确认后遵照执行，即可事半功倍。

实施办法

一、管理依据

（一）法律法规、政策依据

本项工作属于项目公司内部管理行为，无直接对应的法律法规和政策。

（二）PPP 项目合同常规约定

这是项目公司内部管理行为，一般《PPP 项目合同》中不会明确约定。

（三）管理制度

一般对应《会议管理制度》《信息管理制度》《档案管理制度》等，详细内容略。

（四）经验教训

1. 固定提交的报告并不是一成不变的，可以根据项目情况、股东公司情况，以及政府情况随机应变，适时调整，满足项目健康、顺利推进的要求即可。

2. 这些报告同样强调妥善分类和保存，由档案管理专员统一格式（Word、Excel、PPT 等，建议统一设计）、统一编号、统一保存。

3. 得体的报告、得体的材料、得体的汇报，会为项目公司的管理锦上添花，建议管理人员统一培训学习、统一口径。

二、工作实施方案

1. 项目公司内部会议，讨论确定固定提交的报告类型和模板。

2. 各项报告指定专人负责，定期编制，并报主要负责人审定后发出。

3. 各项报告发出后，签收人签收，保存好签收记录。

4. 系统梳理相关文件和证据，并妥善存档。

三、管理表单

略。

四、实务风险解析与建议

严格按照项目公司管理制度执行即可。

暂无直接实务风险和问题反馈，未来待动态补充。

五、管理成果要求（基础档案）

无，项目公司按照提示，正常提交各项报告，并妥善存档即可。

六、补充说明

本项是政府方监管要点内容，可以关联《PPP 项目政府方监管要点》阅读，共涉及四项监管要点，分别如下：

1. 监管要点 30：确认项目公司是否定期提交了建设、运营情况报告？

2. 监管要点 74：要求项目公司及时提交《项目公司经营管理大纲》、年度建设进度计划、采购计划、资金计划等，作为年度监管的重要依据。要求项目公司按期提交固定格式的《项目公司经营管理月报》、《项目公司经营管理年报》、会计师事务所出具的财务年报等。要求定期召开周例会或月例会，施工总承包单位、监理单位、跟踪审计单位、项目公司、实施机构等共同参加，听取各方工作汇报，并及时落实、处理问题。以上确认定期执行，并存档备案。

3. 监管要点 88：确认是否定期向政府提交年度监督检查报告？

4. 监管要点 93：确认项目信息是否及时披露？

第 138 节　项目公司应特别熟知项

核心条款

第一百三十八条　项目公司应对法律法规、政策规定定期学习，应特别熟知以下基本原则并善加运用：

1. 遵循合同相对性和法不溯及既往的基本司法原则，并灵活运用。

2. PPP 项目风险分担原则明确，法律法规、政策风险由政府方承担，当有新的政策规定强制实施时，项目公司应遵照执行，但由此增加的费用应据实结算，纳入总投资或运营成本。

3. 投融资风险、建设风险和运营风险由项目公司（社会资本方）承担，因此，管理过程中实施机构对投融资、建设和运营提出《PPP 项目合同》以外的条件时，应提供正式书面文件，项目公司不得根据口头要求执行。

4. “谁主张，谁举证”，项目公司应将管理工作成果按照“有效证据”的要求形成完整证据链，并妥善存档。以诉讼的标准对工作进行要求，但绝不预期诉讼。

5. 根据现行政策规定，地下土质情况应属于不可抗力，项目公司不应承担因地下土质情况变化而产生的后果。

条款解析

对于项目实施过程中，项目公司应当熟悉的基本事项，虽然在每一项操作规程中均有提及或要求，但由于固有的传统工程思维理念，这些事项很有可能会被忽略，因此，有必要再次提醒，要求项目公司重视。

确认上述基本原则，会对具体的项目实施产生正面影响，因此，项目公司管理人员应当确认、熟知。

上述基本原则和要求并非完全列示，未来可以根据各项目和项目公司的情形，动态地增加和补充，删减也是可以的，以保证其先进性和适用性。

实施办法

一、管理依据

（一）法律法规、政策依据

本项工作属于项目公司内部管理行为，无直接对应的法律法规和政策。

（二）PPP 项目合同常规约定

这是项目公司内部管理行为，一般《PPP 项目合同》中不会明确约定。

（三）管理制度

不涉及。

（四）经验教训

1. 这些提示的内容都属于实务经验提醒，都是“血与泪的教训”，未来，各社会资本、项目公司可以持续提炼、持续提醒，在 PPP 项目的实务上越来越成熟，越来越高效。

2. 程序要合规、依据要充分、证据要完整、数据要翔实、计算要清晰、签字要有效，做事也要有原则，问题也要有“红线”，如此坚持，无往不利。

二、工作实施方案

1. 项目公司应定期组织培训，就专业问题、管理问题等，持续学习、持续思考。

2. 就该类必须熟知项，应当定期复盘、定期思考、定期总结、定期补充、定期完善。

3. 系统梳理相关文件和证据，并妥善存档。

三、管理表单

略。

四、实务风险解析与建议

实务问题：“对于上述任何土地的状况，甲方不对乙方做出任何声明和保证。乙方已接受该土地的现状（包括地下土层条件），甲方无须为此承担任何责任和义务”，这样的条款是否具备法律效力？

解析与建议：

详细内容请关联《PPP 项目执行阶段操作指南：100 个实务问题深度解析（第二册）》问题 2 进行阅读。

五、管理成果要求（基础档案）

无，项目公司按照提示，正常提交各项报告，并妥善存档即可。

六、补充说明

本项工作不直接涉及政府方监管要点。

第 139 节　其他：投资收益动态管理

核心条款

第一百三十九条　项目公司还应定期对投资收益进行动态管理，分析建设期投资变化、投资节奏以及项目融资变化等对项目收益率及总利润的影响，指导项目实施及调整后续应对措施。

条款解析

回归初心，项目公司应当聚焦社会资本方最为关注的投资收益，并在过程中动态监控，本项工作应当按照本规程第 55 条投资控制动态管理的规定执行。

项目实践中，鲜有项目公司对该项指标进行动态监管，但这也是 PPP 项目和传统项目的区别之一，项目公司应当进行动态监控、动态管理。这也是 PDCA 原则的具体体现。

通过对实际投资收益的动态测算、动态管理，当有重大偏差时，其可以反向对其他工作提出适当的整改要求。这是各项工作互相交叉、互相提醒的路径之一，全部核心目标还是投资回报。

实施办法

一、管理依据

（一）法律法规、政策依据

本项工作属于项目公司内部管理行为，无直接对应的法律法规和政策。

（二）PPP 项目合同常规约定

这是项目公司内部管理行为，一般《PPP 项目合同》中不会明确约定。

（三）管理制度

一般对应《投资收益分析制度》等，详细内容略。

（四）经验教训

1. 社会资本方决议投资 PPP 项目的时候，核心指标之一就是投资收益率/投资回报率，而 PPP 项目的全生命周期长达 10 年至 30 年，在此期间，外部环境不断变化，我们最初设定的“梦想”实现得如何了？这就需要我们不断去验证、去确认，所以要定期进行投资收益的动态测算。通过测算，确认是否存在偏差，确认是否需要采取进一步的行动。

2. 社会资本方的初心是投资收益，政府方的初心则是 VFM，需要区别看待。未来将会通过政府审计进行确认。

3. 强烈建议各项目公司定期进行测算，每季度一次即可。

二、工作实施方案

1. 项目公司应根据确定的投资回报率目标，定期进行动态测算。

2. 根据实时确认的总投资或运营成本，定期测算，识别偏差。

3. 形成正式测算报告，并作出阶段性结论，偏差较大的，应充分识别原因，并给出适当建议，报项目公司总经理评议。

4. 项目公司总经理根据报告作出判断，必要时组织内部会议，要求进行整改。

5. 项目公司管理团队按照整改要求进行纠偏、修正。

6. 持续 PDCA，直至项目结束，达成投资人的投资目标。

7. 系统梳理相关文件和证据，并妥善存档。

三、管理表单

略。

四、实务风险解析与建议

实务问题：一个开放性话题，为了抢项目，前期预测均较乐观，但运营后项目公司亏损甚至破产，届时如何收场？有何建议？

解析与建议：

详细内容请关联《PPP 项目执行阶段操作指南：100 个实务问题深度解析（第二册）》问题 9 进行阅读。

五、管理成果要求（基础档案）

1. 项目公司确认的工作目标责任书；
2. 定期测算的正式投资回报率文件，以及形成决议的整改措施；
3. 整改要求落实的文件；
4. 相关的会议纪要、专项报告、往来函件等；
5. 可能的总经理办公会决议文件；
6. 其他相关文件等。

六、补充说明

本项工作不直接涉及政府方监管要点。

第 140 节　附件

核心条款

第一百四十条　根据各项工作要求，项目公司应当根据档案管理规定，对相关的附件进行妥善搜集、整理、归类和存档，确保形成完整的证据链，确保各项具体工作“依据充分、证据完整”。

附件 1：《项目公司标准操作规程》配套表单（略）

附件 2：《项目公司经营管理标准化地图》（略）

附件 3：PPP 项目政策汇总（略）

条款解析

一份完整的实务指导，简单的一份操作规程无法做到“全覆盖”，其应当包含完整的逻辑关系，包括：

1. 应当做什么，以及怎么做？

2. 做的时候，应当如何具体进行？这个可以根据具体企业的管理特点和管理体系进行针对性的设计、确认。

3. 在具体做的时候，可能碰到什么实务风险？应当如何思考和处理？这是一个长期持续的更新完善过程，是持续动态的。

4. 当这些工作完成以后，应当提供怎样的档案管理成果？

5. 做这些工作的时候，有哪些政策支撑？这也是持续更新、动态的过程。

站在项目公司层面，还应当将项目公司的管理制度作为附件附上，因为这也是具体执行的依据，非常重要。

按照以上原则，列示了本项附件（并非完全列示，仅供示例参考）。

实施办法

一、管理依据

（一）法律法规、政策依据

本项工作属于项目公司内部管理行为，无直接对应的法律法规和政策。

（二）PPP 项目合同常规约定

这是项目公司内部管理行为，一般《PPP 项目合同》中不会明确约定。

（三）管理制度

略。

（四）经验教训

不涉及。

二、工作实施方案

无，不涉及。

三、管理表单

略。

四、实务风险解析与建议

暂无直接实务风险和问题反馈，未来待动态补充。

五、管理成果要求（基础档案）

无，不涉及。

六、补充说明

本项工作不直接涉及政府方监管要点。

第三章

项目公司档案管理体系

完整的档案管理体系可以有效地促进管理，是规范经营管理的结果体现，也是未来审计和绩效考核的根本，甚至是未来可能存在的争议纠纷解决的有效证据，不管是从规范经营管理角度，还是投资控制角度，抑或“所做即所得”的实时确权角度而言，项目公司都有义务和责任将档案管理实时完成，且都应当以“有效证据”的标准，以及“完整的证据链”的要求去完成。

基于以上要求，我们对项目公司标准操作规程的具体工作内容进行了详细分解，同时结合审计和绩效考核的规定及项目案例经验，设计编制了 PPP 项目档案管理体系，本档案管理体系已经是第三版，从实践来看，非常高效。

档案管理体系包括三类内容：一是基于标准操作规程的每一项工作，完成后均应有确认完成管理的成果，这部分为基本档案资料，该部分基础资料详见第 2 章每一节第 5 部分“管理成果要求（基础档案）”；二是基于专项工作的专项档案，即本章节内容，该部分亦为部分范例，供各位读者参考；三是针对绩效考核专门整理的档案，该部分根据不同项目的约定有针对性的作出，故本书未予示例。

本档案管理体系遵循管理依据、管理目标、计划、执行、检查、纠偏、总结与关闭，以及第二年的计划等完整逻辑关系，并佐以附件支撑，要求单项档案完成后，即妥善按照封面、目录、文件、封尾的要求装订成册，最终胶装。一份纸面件、一份电子件（该份纸面件的扫描版本，结果为一份对应的 PDF 文件）同步存档。

本档案管理体系现有档案目录并不重要，其内在逻辑最为关键，抓住内在逻辑关系后，可以随时进行变化，以应对各种不同的要求，非常灵活。

本档案管理体系通过《项目公司标准化管理地图》（本书略）中具体工作对应档案信息的归属，第 2 章具体工作表单要求的档案内容，以及本档案管理体系中专项工作的档案梳理，从三个角度、三个层面纵横交叉，确保没有遗漏，确保全生命周期有迹可循，因此相对比较完善。经过多轮项目检查和审计，该种形式形成的管理档案，一次成型，效果非常好。

其中，专项工作档案遵循管理逻辑，以及常规审计的逻辑要求进行设计，简洁明了，同时还结合了专业工作部分的系统性思考，可以不受项目类型的束缚，比如进度管理、商务管理等，经过项目实践，比较容易被项目一线接受，效率较高。

但目前本档案管理体系并非全生命周期，建设期档案较为完善，运营期档案尚不完备，需要在项目进入运营期后，遵照本原则，持续补充、校验及确认。

未来可以考虑形成软件平台，直接生成，效率更高，目前正在积极探索中。

可以说，档案管理做得好，会使项目的成功概率大幅提升，投资收益也必将得到保障，但是传统施工单位对于档案管理的重视不足及专业能力相对较弱，因此，强烈建议项目公司重视、股东公司重视。

第 1 节 《项目公司经营管理月报专项档案》范例[1]

项目公司经营管理月报，是项目公司主动、规范管理的关键一环，是向实施机构和各股东方沟通、汇报的高效路径，可以通过定期沟通机制的建立，设定每月 25 日定期召开月度例会，并于例会上发放管理月报，对于高效推动工作来说，非常实效。同时，这也是过程管理行为的忠实记录，也可以成为完整证据链中的一环，非常重要。

项目公司经营管理月报应当由项目公司总经理审定签名，或加盖项目公司公章后发出，签收单位应当书面签收，项目公司妥善定期存档。

① 本章节所有填写内容均为示例。

××××PPP 项目
项目公司经营管理月报
(20××年第××期)

(插入项目图片)

××××××××有限责任公司

20××年××月××日

项目概况

1. 项目概况

项目名称：

项目授权主体：

项目实施机构：

政府方出资代表：

中标社会资本方：

项目公司：

项目合作期限：〔　　〕年（建设期〔　〕年+运营期〔　〕年）

开工令日期：

一级控制进度计划批准日期：

采购方式：

项目运作方式：BOT（建设—运营—移交）

项目回报机制：

项目中标商务条件：项目中标投资额9.9亿元，投资回报率为5.6%，工程造价下浮率为8%，初始年运营维护服务费843万元，银行贷款利率为4.9%，折现率为5%。

2. 项目区位

3. 主要建设运营内容

公司下达目标及其完成情况

1. 投资控制目标：××××万元

项目总投资估算88,915万元，批复概算85,000万元，施工图预算×××××万元。截至2021年8月25日，实际投资×××××万元，暂不存在超概现象。

序号	指标名称	批复概算/万元	实际完成/万元	完成比例/%
1	工程费用			
2	其他费用			
3	预备费			
4	建设期利息			
项目总投资				

2. 融资成本目标：4.9%

项目银行贷款利率为4.9%，实际融资贷款利率为3.9%，息差为1%。计划融资×××××万元，目前已提取×××××万元，无异常。

3. 工期目标：2022年6月30日

2022年6月30日竣工验收交付，进入运营期，目前进度无偏差。

4. 建设利润目标：7800万元

××××万元，已实现××××万元（按照施工图预算下浮率8%下浮后）。

5. 运营利润目标：2000万元

××××万元，尚未进入运营期，不涉及。

6. 初始年运营维护服务费回款目标：843万元，尚未进入运营期，不涉及。

7. **投资回报率目标：**5.6%

实时动态测算8.9%**，未负偏差**。

8. **《项目公司经营管理大纲》：**已策划，已完成，已批复，执行中。

备注：

项目公司经营管理月报分为报股东版本和报实施机构版本两种。

报股东版本包括《公司下达目标及其完成情况》内容。

报实施机构版本则没有，请注意。

目　　录

一、项目合规性情况

1. 项目前期决策审批情况
2. 合规性文件批复情况
3. 项目中标及合同签订情况
4. 财政承受能力论证及动态确认情况

二、目前存在的主要问题、风险及方案

1. 主要问题、风险识别
2. 应对措施与方案
3. 领导支持

三、本月项目公司主要工作及进展情况

1. 上月布置主要工作完成情况
2. 本月“三会”组织召开情况
3. 本月招投标及采购情况
4. 本月合同管理情况
5. 本月项目安全、进度、质量完成情况
6. 本月过程结算与投资控制情况
7. 本月绩效考核对标情况
8. 本月项目信息公示情况

四、投融资专项汇报

1. 年度投资计划下达、资金到位与投资完成情况
2. 融资管理
3. 本月财务管理情况

五、下月主要工作安排与计划

六、其他需要汇报的工作

审核签发： 项目公司总经理签名或盖章，签发日期

签收人员（实施机构）： 签收人员与签收日期

签收人员（出资代表）： 签收人员与签收日期

签收人员（股东1）： 签收人员与签收日期

签收人员（股东2）： 签收人员与签收日期

一、项目合规性情况

1. 项目前期决策审批情况

序号	前期决策文件	审批机构	批复日期	审批情况
1	入库证明	政府和社会资本合作中心		
2	政府方决策相关会议纪要、发文等	政府方		
3	社会资本决策相关会议纪要、发文等	社会资本方		

2. 合规性文件批复情况

序号	合规性文件	批复机构	批复日期	批复情况
1	可行性研究报告的批复			
2	××政府市长办公会议纪要			
3	物有所值评价的审核意见			
4	财政承受能力论证的意见			
5	政府批文			
6	人大决议			
7	国有建设用地划拨决定书			
8	建设用地规划许可证			
9	不动产证			

续表

序号	合规性文件	批复机构	批复日期	批复情况
10	建设工程规划许可证			
11	建筑工程施工许可证			
12	质监、安监备案			
13	初步设计及概算的批复			
14	其他合规性文件			

3. 项目中标及合同签订情况

本项目于2017年11月27日中标，相关合同签订情况如下所示：

序号	合同名称	合同签订时间	签约相对方	备注
1	PPP项目投资协议	2017年11月	××市卫生和计划生育委员会	
2	股东协议、公司章程	2018年2月	××市妇幼保健院	
3	PPP项目合同	2018年5月	××市卫生健康委员会	
4	融资协议	2018年10月	××市妇幼保健院	
5	施工总承包合同	2018年12月	××市卫生健康委员会	

4. 财政承受能力论证及动态确认情况

本项目由××市卫生和计划生育委员会向××市财政局提交《××市妇幼保健院迁建及××市儿童医院新建PPP项目物有所值评价》以及《××市妇幼保健院迁建及××市儿童医院新建PPP项目项目财政承受能力论证》，于2017年4月7日获得××市财政局物有所值评价报告以及财政承受能力论证报告批复意见，项目通过物有所值评价以及财政承受能力论证。

我方对市财政也进行了独立的测算，2020年财政一般公共预算支出测算为××××××万元，实际官方公布为××××××万元，测算情况与实际情况比对，暂无重大偏差。

二、目前存在的主要问题、风险及方案

1. 主要问题、风险识别

（1）因征地拆迁滞后，导致《PPP 项目合同》工期延误。

（2）因土地指标缺失，导致合规性手续无法顺利办理，目前处于违规施工状态。

2. 应对措施与方案

（1）因政府方原因（深化设计滞后，外部电源、气源、医疗设备、医疗家具、办公家具等招采滞后），造成工期延误的，关注未按时完成对总工期造成的影响，及时收集过程资料，证明我方无责任。我方完成合同范围工作后，要求办理移交。

（2）……

3. 领导支持〔重点〕

三、本月项目公司主要工作及进展情况

本月主要工作简述：……

各专项工作简报如下：

1. 上月布置主要工作完成情况

2. 本月“三会”组织召开情况

根据《公司章程》规定，本月召开董事会 1 次，总经理办公会 3 次，台账如下：

（1）2021 年 8 月 10 日，董事会，议案《关于……》，决议：通过。

（2）2021 年 8 月 12 日，总经理办公会，议题《……》，结论：……

3. 本月招投标及采购情况

本月项目公司完成采购 × × 份，总体采购金额为 × × × × 万元。招标采购台账如下：

序号	合同名称	采购方式	中标时间	合同签订时间	中标金额/万元	中标单位名称
1	××土石方工程测绘	询价	2018 年 4 月 9 日	2018 年 4 月 12 日	5.02	××设计院
2		询价	2018 年 5 月 30 日	2018 年 6 月 1 日	0.00	
3			2018 年 6 月 12 日	2018 年 6 月 14 日	52.64	××建筑设计院
	合计				1848.68	

本月还完成询价、认质认价 3 项，具体为：……已经完成各方确认。

4. **本月合同管理情况**

本月新增合同 3 份，关闭合同 4 份，履约情况良好。

本月新增合同已经完成合同对外交底、合同对内 WBS 深度分解与任务分工，处于受控状态。

本月完成合同履约 4 份，已经对合同履约的经验教训进行总结，已经按照合同档案管理要求将全生命周期的履约文件装订成册，合同关闭。

本月对《PPP 项目合同》《施工总承包合同》进行了月度动态偏差分析，结论为无重大偏差，无相关风险。

当月合同台账如下表：

序号	合同编号	合同名称	合同相对方	合同价/万元	备注
1		施工总承包合同	中国××有限公司	53,416.00	执行中
2	HX-YYFY-S	土石方工程测绘	××市规划勘测设计院	5.02	执行中
3				73.80	已关闭
	合计			58,662.87	

5. 本月项目安全、进度、质量完成情况

（1）安全

按照《安全文明施工管理制度》《HSE 管理计划》《重大风险安全隐患识别》《应急预案》执行，本月组织安全月、应急演练、安全知识竞赛活动，组织现场安全、文明施工，开展环保检查，无安全事故发生。

（2）进度

本月完成计划投资××××万元，形象进度……较批准的一级控制进度计划偏差 3 个月。

原因：疫情影响。

措施：已按照合同约定向政府方提请工期和费用索赔，已考虑疫情解禁后赶工措施。

（3）质量

按照《质量管理制度》《质量管理计划》《质量控制点分析表》《质量通病防治措施》执行，本月参与关键部分隐蔽工程验收，组织第三方对实体机构进行检测，结论为合格。监理已组织进行主体工程验收，并邀请质监站全程监督，验收结论为合格，无质量问题或事故。

6. 本月过程结算与投资控制情况

本月发生实际投资××××万元，2021 年 8 月 24 日已经提交跟踪审计审核。详细包括：

（1）一类费发生××××万元，其中，工程变更约××××万元，内容为……相关合规性手续正在实施机构批准中。变更签证××××万元，内容为……人工费、主材费调差为×××万元。

（2）二类费发生××××万元。

（3）建设期利息××××万元。

实际投资与投资控制目标匹配，按照批复概算执行，无违规超概算事项发生，无违规超概算风险。

7. **本月绩效考核对标情况**

按照合同关于建设期绩效考核的标准与要求，项目公司进行了对标与自检。

逐条对照考核细则与指标，无不可实现风险。

8. **本月项目信息公示情况**

四、投融资专项汇报

1. **年度投资计划下达、资金到位与投资完成情况**

项目总投资 88,915 万元，截至目前项目公司累计完成投资 41,636 万元，完成项目总投资计划的 46.8%；2021 年下达投资计划为 40,826 万元，截至 7 月完成年度投资 6643.6 万元，完成年度投资计划的 16.3%。

2. **融资管理**

2019 年 6 月 11 日召开的 2019 年度股东会第六次会议以及第一届董事会第十次会议批准，项目公司于 2019 年 7 月 30 日与中国农业发展银行××市分行营业部签订 59,200 万元固定资产借款合同。

融资情况如下：

序号	贷款银行	放款时间	放款金额/万元	备注
1	中国农业发展银行××市分行营业部	2019 年 7 月 31 日	7500	年利率：5.145%
2		2020 年 3 月 10 日	12,000	年利率：4.545%
3		2020 年 8 月 9 日	3000	年利率：4.650%

3. **本月财务管理情况**

本月现金流入：××××万元，其中，项目资本金到位××××万元，按照合同约定及时足额到位；融资贷款资金到位××××万元，与融资计划匹配；专项奖补资金××××万元。

现金流出：××××万元，其中……满足合同约定付款条件，满足三流一致要求。

目前余额：××××万元。

与年度预算无重大偏差。

五、下月主要工作安排与计划

六、其他需要汇报的工作

疫情；索赔与被索赔；处罚。

领导视察、领导指令、领导指示；上级检查。

对某一重要事项、重要主题进行深入研究，经验教训总结、成果等。

第2节 《20××年度股东会管理专项档案》范例

项目公司属于独立法人经营，因此，根据公司章程的规定，及时召开股东会、董事会、监事会，以及或有的总经理办公会，对约定的事项进行决议确认，是项目公司合规经营管理的必要条件，因此，应当对股东会、董事会、监事会，以及总经理办公会的相关过程档案进行专项管理。

由于项目公司管理人员多为施工单位出身，所以对“三会”治理不熟悉，因此，我们建议通过固定的档案管理体系，来指导相关人员高效实施，为此建立了“封面、目录、会议通知、议案、表决票、决议、会议纪要、照片、授权委托书”清单，当以上资料完成，最终装订成一册，实际应用测试，效率很高，效果很好，各项目公司可以参考使用。

董事会、监事会、总经理办公室的档案管理类型一致，因此，本节仅示范股东会管理专项档案。

××××PPP 项目
股东会 2022 年度管理档案

××××项目公司

目　　录

一、《公司章程》及议案清单

二、项目公司股东会管理制度

三、2022 年度股东会管理文件

1. 2022 年度第 1 次会议：关于××××的议案

（1）封面、目录、会议通知、议案、表决票、决议、会议纪要、照片、授权委托书等，完整过程记录档案；

（2）股东会决议执行记录，相关文件；

（3）执行成果。

2. 2022 年度第 2 次会议：关于××××的议案，要求同上。

3. 2022 年度第 3 次会议：关于××××的议案，要求同上。

4. 2022 年度第 4 次会议：关于××××的议案，要求同上。

5. 2022 年度第 5 次会议：关于××××的议案，要求同上。

6. 2022 年度第 6 次会议：关于××××的议案，要求同上。

四、2022 年度股东会管理工作总结及建议

五、2022 年度股东会管理工作计划与方案

六、附件

《公司法》（关于股东会要求相关部分用颜色标识）及其他相关政策

第 3 节 《20××年度合同管理专项档案》范例

合同管理是各种类型审计的必要内容，因此，合适的专项档案管理就非常重要，优秀的专项档案管理，可以一次处理，应对所有类型审计。按照本范例执行，即可实现这个效果。

本档案示范清单的逻辑关系，就是构建在政府审计的思维角度之上，从管理依据，到具体管理内容，再到总结和计划，内容已经超出审计思考的范畴，因此，效率和效果可以保证。

其中，具体管理内容是核心，这是审计关注的重点。从合同的来源，即完整采购文件，到合同履约（合同交底、主动分解、履约执行等），再到合同关闭，覆盖了合同全生命周期的主要内容，一本档案即可覆盖所有审计关注要点。

××××PPP 项目
合同管理 2022 年度管理档案

××××项目公司

目　录

一、项目公司合同管理制度

二、合同管理档案目录

三、合同管理文件：一份合同一册，按照要求装订，与目录对应

1. 第一册：《××××合同》管理文件

（1）采购文件：合同正本及评审文件、中标通知书及定标文件、评标报告、开标记录、投标文件及签收记录、招标文件及签收记录、评审文件、采购计划及评审文件等；

（2）交底文件；

（3）WBS 深度任务分解文件；

（4）过程履约执行文件；

（5）合同关闭总结报告。

2. 第二册：《××××合同》管理文件，同上。

3. 第三册：《××××合同》管理文件，同上。

……

四、2022 年度合同管理工作总结及建议

五、2023 年度合同管理工作计划与安排

六、其他相关文件

第 4 节　《20 × ×年度投资控制专项档案》范例

投资控制是项目公司建设阶段管理的核心工作之一，应当专项处理，防止违规超概算的情形发生，同时也是过程结算，实时核定实际总投资的关键工作，因此，非常重要。

本范例将商务相关的工作，按照依据、目标、关键工作、过程管理文件、例外情形处理、总结与计划，以及相关附件等进行了全覆盖，并已按照一定逻辑关系进行系统串联，有助于专项工作系统开展，避免遗漏，应用效能非常高。

××××PPP 项目
投资控制 2022 年度管理档案

××××项目公司

目　录

4. 相关会议纪要、股东会决议

5. 其他相关文件如处罚文件、政府发文等

6. 附件：资本金相关国家政策、地方政策

十、融资贷款相关文件

1. 融资方案

2. 融资协议

3. 提款记录

4. 还本付息记录

5. 其他相关文件

十一、股东借款相关文件

1. 股东会决议文件

2. 股东借款协议：附合同评审意见、法律意见书

3. 到账记录：附银行流水

4. 还款记录：附银行流水

5. 其他相关文件，合同关闭

十二、专项资金或奖补资金相关文件

1. 专项资金或奖补资金相关政策文件

2. 项目公司请款相关文件：专项报告、会议纪要等

3. 到账记录：附银行流水

4. 资金使用管理办法：附相关政策等

5. 资金使用记录：台账及附件

6. 专项资金审计报告

十三、2022 年度投资控制管理文件

1. 2022 年 1 月投资控制月报：无超概算风险

2. 2022 年 2 月投资控制月报：无超概算风险

3. 2022 年 3 月投资控制月报：

（1）有超概算风险：风险识别与提示

（2）超概算风险处理方案与过程文件

（3）超概算风险灭失、关闭报告

4. 2022 年 4 月投资控制月报

5. 2022 年 5 月投资控制月报

6. 2022 年 6 月投资控制月报

7. 2022 年 7 月投资控制月报

8. 2022 年 8 月投资控制月报

9. 2022 年 9 月投资控制月报

10. 2022 年 10 月投资控制月报

11. 2022 年 11 月投资控制月报

12. 2022 年 12 月投资控制月报

（每月月报中，应包含动态投资收益测算及评价、建议内容）

十四、概算调整记录

十五、设计变更、工程签证管理文件

1. 关于××××的设计变更文件：按照变更签证管理制度执行，装订一册

2. 关于××××的设计变更文件：按照变更签证管理制度执行，装订一册

3. 关于××××的设计变更文件：按照变更签证管理制度执行，装订一册

……

十六、索赔与被索赔管理文件

1. 关于××××的索赔文件，装订一册

2. 关于××××的索赔文件，装订一册

3. 关于××××的被索赔文件，装订一册

……

十七、工程进度款支付记录

1. 2022 年 1 月工程进度款支付记录：附完整附件，装订一册

2. 2022 年 2 月工程进度款支付记录：附完整附件，装订一册

……

12. 2022 年 12 月工程进度款支付记录：附完整附件，装订一册

十八、其他二类费支付记录

1. 2022 年 1 月工程进度款支付记录：附完整附件，装订一册

2. 2022 年 2 月工程进度款支付记录：附完整附件，装订一册

……

12. 2022 年 12 月工程进度款支付记录：附完整附件，装订一册

十九、建设期利息计取文件

二十、询价、认质认价管理文件

1. 第一批：关于×××的询价文件，一套，装订成册

2. 第二批：关于××××的认质认价文件，一套，装订成册

二十一、跟踪审计过程结算管理文件

工程产值与实际总投资确认文件：1 月、2 月……12 月

二十二、竣工结算管理文件

二十三、财务决算管理文件

二十四、2022 年度投资控制管理工作总结及建议

二十五、2023 年度投资控制管理工作计划与安排

二十六、附件

1. 国家发改委《关于印发〈中央预算内直接投资项目概算管理暂行办法〉的通知》（发改投资〔2015〕482 号 ）

2. 国务院《政府投资条例》（国务院令第 712 号）

3. 询价、认质认价程序确认文件

4. 信息价文件

5. 过程结算相关政策文件

6. 审计、其他相关政策文件等

第 5 节 《20 × ×年度不可抗力索赔专项档案》范例

新冠肺炎疫情发生以来，多数项目受到了相关影响，但是经过调研发现，多数项目公司未按照 PPP 项目合同约定执行，未及时提出索赔意向，导致后期产生争议和纠纷。

因此，本范例就从依据、过程和相关附件角度，对档案管理进行设定，同时也是提醒项目公司，应当开展相关专项工作，确保合法、合理的保障自身权益。

××××PPP 项目
不可抗力索赔专项管理档案

××××项目公司

目　录

第 6 节 《20××年度进度管理专项档案》范例

进度管理和投资控制息息相关，也是最为重要的工作之一。

根据项目情况调研，至少 90% 以上 PPP 项目存在进度滞后的情形，而多数项目公司没有按照合同约定执行，同样给后期的工作带来争议和纠纷。因为工期滞后，必然带来建设单位管理费的增加、违约责任的追索，如果不在过程中实时的进行处理和关闭，未来必然会有争议，因此，本专项档案工作，实际就是对过程管理的倒逼和提醒。

项目公司应当重点关注、重点落实、专人处理，按照示范档案清单走，即可规避各项进度相关的风险。

××××PPP 项目
2022 年度进度管理档案

××××项目公司

目　　录

12. 2022 年 12 月进度计划与进度报告

七、进度索赔与批准（索赔与被索赔）

1. 索赔台账

2. 索赔报告与批准

八、赶工措施相关文件

九、2022 年度进度管理工作总结与建议

十、2022 年度进度管理工作计划与安排

十一、附件：

1. 发文、收文

2. 专项会议会议纪要

3. 相关政策等

第7节 《20××年度绩效考核专项档案》范例

绩效考核的重要性不用再重复了，这是政府付费的必要前置条件，所以项目公司必须把这项工作当作头等大事来抓。

按照前期的工作要点介绍，通过系统的专项档案确认，即可高效通过证据链的方式通关考核和评价。相应的逻辑关系同样是管理依据、前期工作分解、过程文件与档案证据、考核文件、回款结果等。

所有档案，均强调全生命周期的系统性，项目公司应当严格遵照执行。

××××PPP 项目
绩效考核专项管理档案

××××项目公司

目　录

3. 建设期绩效考核相关文件：

会议纪要、考核报告、整改报告、评价结论等

4. 其他相关文件等

七、运营期绩效考核管理文件

1. 建设期绩效考核实施方案（项目公司策划）

2. 建设期绩效考核实施准备（具体工作任务安排）

3. 建设期绩效考核相关文件：

会议纪要、考核报告、整改报告、评价结论等

4. 其他相关文件等

八、项目公司回款记录表（历年回款记录，与绩效考核结果对应）

九、绩效考核结论与总结、分析报告

1. 2020 年建设期绩效考核分析报告及 2021 年工作建议

2. 2021 年建设期绩效考核分析报告及 2022 年工作建议

3. 2022 年建设期绩效考核分析报告及 2023 年工作建议

4. 2023 年建设期绩效考核分析报告及 2024 年工作建议

5. 2024 年建设期绩效考核分析报告及 2025 年工作建议

6. 2025 年建设期绩效考核分析报告及 2026 年工作建议

……

十、附件：

1. 财政部《关于规范政府和社会资本合作（PPP）综合信息平台项目库管理的通知》（财办金〔2017〕92 号）

2. 财政部《关于推进政府和社会资本合作规范发展的实施意见》（财金〔2019〕10 号）

3. 财政部《关于印发〈政府和社会资本合作（PPP）项目绩效管理操作指引〉的通知》（财金〔2020〕13 号）

4. 建设期绩效考核成果文件

5. 运营期绩效考核成果文件

6. 中期评估成果文件

第 8 节 《20××年度土地问题专项档案》范例

土地指标和征地拆迁是 PPP 项目多发顽症之一，一旦发生该类情况，相关工作将会是一场持久战，因此，项目公司应当专项处理，也就应当建立相关专项档案。

其逻辑关系依然是管理依据、过程文件、违约情形的处理等，内容不复杂，但强调专项推进，逐项落实。触发 PPP 项目合同违约责任条款时，应当及时索赔。

项目公司应当严格遵照执行。

××××PPP 项目
土地问题专项管理档案

××××项目公司

目　　录

一、PPP 项目合同

关于土地指标、征地拆迁相关的条款

二、一级控制进度计划（附批准文件）

三、土地证/不动产权证

四、过程管理文件

1. 土地指标过程管理文件

（1）专项报告、请示报告、工作联系函等

（2）专项推进会议，会议纪要

（3）政府发文等

2. 征地拆迁过程管理文件

（1）专项报告、请示报告、工作联系函等

（2）专项推进会议，会议纪要

（3）政府发文等

五、土地相关费用支付文件

1. 实施机构承诺函（费用上限原则 + 税费据实缴纳，纳入总投原则）

2. 费用支付记录（流水 + 票据）

六、工期和/或费用索赔文件（或有）

七、2023 年度土地相关问题工作总结及建议

八、2023 年度土地相关问题工作计划与方案

第 9 节　说明

从以上八项专项档案中应当可以看出其共性所在，其实质上就是对某项工作的系统性思考，并完全合并整理。这样执行既是对专项工作的高效应对，形成系统性思维，也是对未来检查、考核的高效应对。

简单来说，只要系统性思考、全面性研究、前瞻性策划、完整性处理，就不会有特别高深难做的内容。

我们可以清楚识别其中的二八定律，即用 20% 的精力解决 80% 的问题，另外或有的重点、难点问题，我们可以通过专项工作进行处理，形成专项报告，如果有研究价值，还可以继续深入挖掘，形成正式研究成果。如此“劳逸结合”，就可以很容易地形成完整的、高效的管理套路，非常有效率。

另外还有两个隐形的含义。

一是成果思维，结果导向。就是过程中我们不管采取怎样的管理动作、管理行为，最终都要通过成果来固化、来确定，形成具体的管理结果。无论是基础档案，还是专项档案，都属于具体的结果和成果，“口说无凭”，无论未来项目如何推进，人员如何变换，都可以通过这样的结果和成果来真实地反映全部过程的管理行为，再现“场景”。

二是证据意识。建设工程行业的管理人员，普遍缺少证据意识，所以经常在竣工结算、财务决算的时候发生大额审减的情况。通过这种全面交叉的档案管理体系设定，可以从不同角度、不同维度确认过程证据，从而形成完整的证据链，这也是为未来结算所做的充分准备。

当然，以上的专项档案并不是全部，这里仅仅是范例，未来需要我们在项目的实际经营管理中不断发掘，不断完善，从而实现更加实效的管理效能。

后　记

写作是一场耐力赛，不在于一时的得失成败，而在于目标的坚定性、方向性和持久性，只要持续的聚焦这个目标，不跑偏，慢慢走，总是能走出一个阳光灿烂出来的。

坚信并乐观地折腾！

写这种系统集成类图书，我的本意是三步走：第一步是不断积累实务问题，形成实务成果，100 问也好，绩效考核也好，都算是实务的具体问题；第二步是规范的标准化，提升一个台阶，算是前面的实务问题的更高阶系统解决方案，这本标准操作规程是，已经发布的政府监管要点也是，未来的 PPP 项目审计指引和 PPP 项目合同体系示范文本及其解析还是，形成了各个角色的工作标准化，实现了一个小闭环；第三步就是对自己更高层次的挑战了，基于前面的成果，往理论政策方向研究，这个时候算是言之有物，有扎实的基础。与此同时，再横向跨越一些其他的模式，互相打通，旁征博引，乐趣满满，就一定不会枯燥无味了。所以，我还是喜欢按照体系的目标去折腾的，这样就可以保持持续的活力，和旺盛的产出生命力。虽然过程会很煎熬，但是结果总是振奋人心的。本标准操作规程，是基于实践中的经验积累和关键工作提炼，也是阶段性规范管理的深度思考和总结，但由于能力的局限，难免存在不当或疏漏，我们欢迎各位读者发表不同意见，未来期望可以在结合各方意见的基础上继续优化，逐渐形成更高品质的成果，为 PPP 的健康发展持续提供助力。

崔德高

2022 年 8 月 15 日